설탕

설탕

2500년 동안 설탕은
어떻게 우리의 정치, 건강, 환경을
변화시켰는가

윌버 보스마 지음 | **조행복** 옮김

책과함께

차례

일러두기

- 이 책은 Ulbe Bosma의 THE WORLD OF SUGAR(Belknap Press, 2023)를 우리말로 옮긴 것이다.
- 각주는 옮긴이가 덧붙인 설명이다.

머리말

설탕이 우리의 삶에서 얼마나 중요해졌는지는 부엌 선반에서 포장 식품 몇 개를 꺼내 성분 표시를 읽어보기만 해도 알 수 있다. 거의 대부분 설탕이 들어가 있다. 설탕은 우리의 식생활을 근본적으로 바꿔놓았고, 노예제와의 긴밀한 관계를 통해 인간관계에 깊은 영향을 미쳤으며, 극심한 환경 오염을 초래했다. 이는 설탕이 인류 역사 대부분의 기간 동안 알려지지 않은 물질임을 생각할 때 상당히 곤혹스러운 사실이다.

단순한 백설탕이 흔한 것이 되기까지는 시간이 걸렸다. 만들기가 어렵기 때문이다. 예를 들면 소금보다 훨씬 더 만들기가 어렵다. 원료 식물에서 $C_{12}H_{22}O_{11}$로 알려진 복잡한 자당 분자, 다시 말해 상대적으로 단맛이 좀 더 강한 과당 분자와 좀 더 약한 포도당 분자를 결합한 이당류인 합성 설탕을 추출하려면 인간의 창의력과 인내심이 필요하다. 이렇게 만든 백설탕은 200년 전에는 사치품이었다. 비용과 시간이 많이 드는 수공 제조 과정을 통해 소량만 생산할 수 있었다. 오늘날에는 커다란 압착기와 보일러,* 원심분리기를 갖춘 거대한 공장이 엄청난 양의 사탕무나 사탕수수를 불과 몇 시간 만에 흰색 결정질 설탕으로 바꿔놓는다.

그래뉼러당이 나온 지는 2500년이 안 되었고, 결정질 백설탕은 훨씬 더 나중인 약 1500년 전 아시아에서 순전한 사치품으로, 금을 주고 살 수 있는 권력과 부의 상징으로 등장하면서 그 역사가 시작되었다.●● 처음에는 용도가 제한되었다. 왕궁의 연회와 의식에, 또는 의학적 용도로 소량이 쓰였다. 왕궁에서만 소비되던 설탕은 시간이 지나면서 중국과 인도, 중앙아시아와 북아프리카의 넓은 지역에서 성장하던 도시의 엘리트층으로 퍼져나갔고 결국 유럽에 전해졌다. 13세기가 되면 설탕 제조 기술이 상당히 발전하여 설탕은 유라시아 전역에서 주요 상품으로 첫발을 내디딘다. 설탕 자본주의의 역사는 아시아에서 시작했다. 1870년대까지 지구상의 설탕은 대부분 아시아에서 생산되었다.

설탕이 상업적으로 널리 성공하자 사탕수수를 압착하고 즙을 끓이는 과정에서 일련의 소규모 혁신이 이어져 설탕 가격이 하락했다. 지난 700년 동안 세계 곳곳에서 설탕이 들어간 조리법이 빠르게 늘어나면서 설탕은 점차 일상적으로 먹는 음식의 일부가 되었다. 사탕수수를 세계 곳곳에서 재배하는 농산물 원자재로 바꿔놓은 이들은 유럽인이다. 적어도 사탕무가 전래되기 전까지는 유럽 대륙에서 설탕을 많이 생산할 수 없었기 때문이다. 유럽인이 설탕을 좋아하게 되었을 때, 그 수요

● 사탕수수 즙을 끓이는 기구. boiler는 '보일러'로, boiling pan은 '보일링 팬'으로 옮겼다.

●● 여기서 지은이는 정제 설탕이되 당밀 성분이 많이 남은 초기 설탕(granulated sugar)과 당밀이 거의 제거된 백설탕(crystalline sugar)을 구분하는데, 오늘날 이 두 용어를 포함하여 white sugar, table sugar, regular sugar는 전부 당밀을 제거한 정제 백설탕을 일컫는 용어로 쓰인다. 국어사전의 '그래뉼러당'도 정제 백설탕을 뜻하지만, 〈서론〉과 1장에 몇 차례 나오는 granulated sugar는 '그래뉼러당'으로 옮겼다. 문맥상 오해의 소지는 없을 듯하다. 그 뒤에 나오는 white sugar, crystalline sugar, white crystalline sugar는 전부 '백설탕'으로 옮겼다.

는 해외에서, 특히 아메리카에서 생산된 것으로 충당해야 했다. 여기서 상상할 수 없을 정도로 매우 충격적이고 잔인한 이야기가 펼쳐진다. 배에 태워져 대서양을 건넌 아프리카인 1250만 명 중 절반에서 3분의 2 정도가 사탕수수 플랜테이션 농장으로 끌려갔는데, 그곳의 노동 관리 방식은 사람의 진을 빼고 죽음을 초래하는 것이었다. 담배 농장과 커피 농장보다 훨씬 더 가혹했다. 카를 마르크스가 그 기념비적인 《자본론》을 썼을 때, 유럽과 북아메리카의 산업 프롤레타리아트가 소비한 설탕의 절반을 여전히 노예가 생산했다.[1]

19세기 중반에 설탕은 20세기의 석유와 비슷했다. 즉 글로벌 사우스 Global South°에서 가장 가치 있는 수출품이었다.[2] 그러나 석유와는 결정적 차이가 있다. 거의 모든 나라가 설탕을 생산할 수 있었다는 점이다. 나폴레옹이 지배하던 시절에 유럽은 카리브해의 설탕을 공급받지 못했기에 사탕무가 발전 가능한 대안이 되었다. 사탕무의 뿌리에서도 똑같은 백설탕 결정을 추출할 수 있었지만, 사탕수수에서 추출할 때보다 비용이 더 많이 들었다. 부유한 나라들의 강력한 사탕무 설탕 카르텔은 자국 정부에 보호무역 정책을 취하라고 설득하여 더 가난한 사탕수수 설탕 생산 국가들의 경쟁을 막고 자신들의 과잉 생산량을 외국에 저렴한 가격으로 판매할 수 있었다. 전 세계에 확산된 자본주의와 점점 더 강력해지는 국민 국가의 결합으로 보호무역주의가 더 강해졌고 설탕 가격은 낮아졌다. 그 결과로 설탕은 공업적으로 생산된 식품과 음료에

° 국제연합 무역개발회의에 따르면 글로벌 사우스는 아프리카와 라틴아메리카, 카리브해, 아시아(이스라엘, 일본, 한국 제외), 오세아니아(오스트레일리아와 뉴질랜드 제외)의 여러 나라를 폭넓게 일컫는 용어다. 유럽과 북아메리카, 아시아의 이스라엘, 일본, 한국, 오세아니아의 오스트레일리아와 뉴질랜드를 포함하는 글로벌 노스(Global North)와 대비되는 사회경제적·정치적 개념이다.

대량으로 투입되었다. 오늘날 설탕 산업의 규모와 그 경제적 영향력 때문에 시장의 엄청난 비효율과 과잉 생산, 과잉 소비에 대처하기는 점점 더 어려워지고 있다.

인류학자 시드니 민츠는 고전적 연구 《설탕과 권력Sweetness and Power》 (1985)에서 설탕의 역사가 근대의 소비와 세계적 불평등, 근대 자본주의의 출현이 전부 왜 우리 세계의 거대한 변화의 일부인지를 보여준다고 주장했다.[3] 자본주의는 엄청난 물질적 진보를 가져왔지만 동시에 사회적 고통과 건전하지 못한 소비 행태, 환경 파괴의 원인이었기에, 그 역사는 야누스의 얼굴을 하고 있다.[4] 설탕 생산이 환경에 초래한 귀결만으로도 우리는 설탕 생산을 재고해야 한다. 현재 서유럽인이 소비하는 설탕과 감미료는 1인당 연평균 40킬로그램이다. 북아메리카에서는 60킬로그램에 육박한다. 전 세계가 유럽인이 소비하는 것과 동일한 양의 설탕을 소비한다고 치면, 전 세계의 설탕 생산은 현재의 1억 8000만 톤에서 3억 800만 톤으로 늘어야 할 것이다. 단위 면적당 생산성은 거의 증가하지 않기 때문에 그러한 수요를 충족하려면 설탕이 땅을 마구 잡아먹을 것이다. 이른바 바이오 연료라며 에탄올을 생산하려고 점점 더 많은 땅을 사탕수수 재배에 쓰고 있음을 생각해보라.

엄청난 양의 설탕을 쏟아내고 있는 설탕 산업은 의료계의 막강한 적으로 등장했다. 지난 세기에 의료계가 과도한 설탕 소비를 경고했기 때문이다.[5] 인간의 신진대사는 풍부한 칼로리가 아니라 식량 부족에 맞춰 진화했으며, 오늘날 우리는 그 귀결로 고통을 겪고 있다. 설탕은 이미 많은 사람의 건강을 망가뜨렸고 상황은 더욱 나빠질 기세다. 제2형 당뇨병(과도한 설탕 섭취가 주된 원인인 비만과 연관이 있다)의 발생률은 차후 몇십 년간 걱정스러울 정도로 높아질 것으로 예상된다.[6] 1999년에 세계보건기구World Health Organization(WHO)가 비만을 세계적 유행병으로 선언한 데에는 그럴 만한 이유가 있었다. 그렇지만 이는 거의 아무런 주목도 받지 못했다. 어쨌거나 설탕이 바이러스는 아니었지만 아무런 저지도 받지 않고 시나브로 재앙을 불러왔다.

이 책은 설탕에 관한 책이면서 인간이 만든 설탕의 역사이기도 하다. 밭에서부터 공장까지 녹초가 되도록 노동하여 설탕을 생산한 수백만 노동자의 이야기다. 노예들의 저항, 오늘날의 사탕수수와 사탕무 설탕 노동자들이 보여주는 저항, 수확한 사탕수수를 거대 기업가에게 넘기지 않고 고집스럽게 스스로 원당을 생산한 수많은 농민이 벌여온 저항의 역사다. 대개 조밀한 가족 네트워크에서 활동한 기업가들도 중요한 행위자다. 대규모 설탕 생산자들은 국가적으로나 민족적으로 다양한 배경을 지녔지만, 사탕수수 설탕 생산자들은 열대 지방에서 나고 자란 사람이 흔하다. 이들은 세계에서 처음으로 증기력, 물리학·화학의 혁명적 지식을 이용하여 정제 설탕을 생산한 사람들이다. 비록 그 진보성이 편협한 계급의 이익에 갇히기는 했지만, 이들이야말로 산업적 근대성을 확산시킨 진정한 식민지 설탕 부르주아지다. 이들은 거대한 카르텔을 형성해 노동과 자연을 무자비하게 착취했다.[7] 우리가 만나볼 세계적으로 매우 중요한 설탕 권세 집단은 이집트의 카리미, 키프로스의 베네치아 코르네르(코르나로) 가문, 바베이도스의 래설스, 미국의 해브마이어와 판훌, 인도의 비를라 가문이다. 독자들의 이해를 돕고자 이 책의 앞쪽에 설탕 세계의 등장인물 명단을 정리해놓았다.

설탕의 대두는 전 세계에 걸친 놀라운 이야기로, 그 역사는 2000년이 넘는다. 그중 가장 중요한 순간들을 책의 앞쪽에 시대순으로 배열하여 제시했다. 인류는 수백 년에 걸쳐 설탕 생산 기술을 완성했으며 화학의 기적을 이루어 산업과 상업의 능력을 최고치로 끌어올렸다. 한때 물에 녹는 흰색 금이었던 설탕은 오늘날에는 먹을 수 있는 음식이라면 무엇에든 들어간다. 이 현실 속에는 천연 식품보다 더 단 것을 대량 판매 상품으로 만든 인간 창의력의 역사가 들어 있다. 설탕의 편재성은 우리에게 진보를 이야기하지만, 동시에 인간의 착취와 인종주의, 비만, 환경 파괴의 어두운 이야기도 드러낸다. 설탕의 소비는 비교적 최근의 현상이기에 우리는 아직 그것을 통제하여 과거의 모습으로, 즉 달콤한 사치품으로 되돌릴 방법을 알아내지 못했다.

등장인물

글래드스턴, 존(1764~1851) 서인도 제도로 인도인 노예살이 계약 노동자 이주를 처음 시도한 리버풀의 상인이자 데메라라의 플랜테이션 농장주.

데론, 루이 샤를(1780~1846) 사탕무 설탕 생산의 선구자. 장프랑수아 카유와 함께 데론-카유 진공 팬을 발명한 프랑스 화학자.

라바트, 장바티스트(신부 라바트, 1663~1738) 도미니쿠스회 신부이자 식물학자. 여섯 권짜리 카리브해 여행기로 그 지역의 설탕 산업을 기록한 서인도 제도 플랜테이션 농 장주.

래설스, 에드윈, 제1대 헤어우드 남작(1713~1795) 바베이도스의 설탕 왕조 래설스 가문의 일원, 강력한 설탕 무역 금융업자, 서인도 제도 최대 규모의 설탕 플랜테이션 농 장주.

로보 이 올라바리아, 훌리오(1898~1983) 1960년 망명하기 전까지 세계에서 가장 강력한 설탕 중개업자였던 쿠바 상인.

루이스, W. 아서(1915~1991) 플랜테이션 사회의 경제적 발전과 빈곤을 다룬 선구적 연구로 노벨상을 수상한 세인트루시아 태생의 경제학자.

리온다, 마누엘(1854~1943) 에스파냐 태생의 쿠바 설탕 거물, 차르니코프-리온다 회사의 공동 창립자.

릴리외, 노르베르(1806~1894) 다중 효과 진공 팬을 발명한 루이지애나 태생의 화학 기술자.

마이릭, 허버트(1860~1927) 미국 사탕무 설탕 산업을 옹호한 인민주의자이자 농민 잡지 발행인.

매콜리, 재커리(1768~1838) 시에라리온 총독, 노예제반대협회 공동 설립자이자《앤티슬레이버리 먼슬리 리포터》의 편집인.

밀른, 제임스(1815~1899) 스코틀랜드 출신으로 인도에서 활동한 철도 기술자이자 지주. 파트너인 월터 톰슨과 함께 이동식 베히아 압착기를 발명했다.

밴팅, 윌리엄(1796~1878) 저탄수화물 식이 요법인 밴팅 다이어트를 개발한 영국인 장의사.

웨첼, 조제프 마르시알(1793~1853) 저비용·고효율의 설탕 정제 장치인 베첼 보일링 팬을 발명한 화학 기술자.

비를라, 간시암 다스(1894~1983) 인도의 비를라 그룹과 비를라 설탕회사의 창립자.

슈프레켈스, 아돌프 클라우스(1828~1908) 독일 태생으로 샌프란시스코에서 활동한 설탕 정제업자. 하와이에서 대규모 설탕 플랜테이션 농장을 운영했다.

아랑고 이 파레뇨, 프란시스코 데(1765~1837) 쿠바가 세계 최대의 사탕수수 설탕 수출국으로 올라설 수 있게 한 주역.

아하르트, 프란츠 카를(1753~1821) 사탕무 뿌리에서 효과적으로 설탕을 추출하는 공정을 고안한 독일인 발명가.

앳킨스, 에드윈 F.(1850~1926) 쿠바 최대의 설탕 생산자, 미국 정부를 압박한 영향력 있는 로비스트였던 보스턴의 상인.

유드킨, 존(1910~1995) 저서《순수하고 하얀, 죽음의 설탕》으로 설탕 소비의 위험성을 경고한 영국인 영양학자.

옥스너드, 헨리 T.(1860~1922) 프랑스 태생의 미국인 사탕무 설탕 생산자, 미국 사탕무 설탕 회사 사장.

와일리, 하비 워싱턴(1844~1930) '순정식품·약품법'(1906)을 발의한 미국의 화학자, 설탕 전문가. 잡지《굿 하우스키핑》의 기고가.

윌버포스, 윌리엄(1759~1833) 의회에서 노예무역 금지를 위한 입법 활동에 앞장선 영국의 노예제 폐지 운동 지도자.

채드본, 토머스 링컨(1871~1938) 세계 설탕 시장을 조절한 채드본 협정(1931)의 입안자인 월 스트리트의 변호사.

카유, 장프랑수아(1804~1871) 데론-카유 진공 팬을 비롯해 증기로 구동하는 기계를 제작한 프랑스인 제조업자.

캠벨, 존 미들턴 작(1912~1994) 영연방설탕협정을 이끌어낸 영국 노동당 정치인이자 영국 식품 도매 회사 부커 매코널의 회장.

테이트, 헨리(1819~1899) 각설탕을 도입한 테이트 앤드 라일 설탕 왕국의 설립자, 오늘날의 테이트 브리튼 미술관 설립자.

투생 루베르튀르, 프랑수아도미니크(1743~1803) 노예 반란을 이끌어 성공한 아이티 독립 전쟁 지도자.

트루히요, 라파엘(1891~1961) 1930년부터 암살로 사망할 때까지 폭정을 자행한 도미니카 공화국의 독재자. 국가의 설탕 산업 대부분을 착복했다.

판 덴 보스, 요하너스(1780~1844) 강제 재배 제도를 도입하여 자와를 세계에서 두 번째로 큰 사탕수수 수출 지역으로 바꾼 네덜란드 총독.

푸아브르, 피에르(1719~1786) 식물학자, 일드프랑스(모리셔스) 팡플레무스 식물원 설립자.

프린선 헤이를러흐스, 헨드릭 쿤라트(1864~1953) 유명한 설탕 전문가이자 네덜란드 화학자.

헤이릭, 엘리자베스(콜트먼)(1769~1831) 1824년에 발표된 유력한 소책자《노예제의 점진적 폐지가 아니라 즉각적 폐지》의 저자이자 영국 노예제 반대 운동가.

해브마이어, 헨리 O. (1847~1907) 미국 설탕 정제업자 제3세대의 대표자, '설탕 트러스트'로 알려진 미국설탕정제회사 사장.

연표

서기전 500~300년   남아시아에서 그래뉼러당이 언급되다

서기전 200년 전후   인도의 설탕이 중국에 전래되다

5세기   군디사부르(페르시아)에서 처음으로 결정질 설탕이 제조되다

6세기   중국에 설탕 제조법이 전래되다

9세기   이집트와 지중해 지역에서 설탕을 생산하기 시작하다

13세기   인도, 중국, 이집트가 설탕 생산을 주요 경제 부문으로 발전시키다

14세기   지중해의 생산자들이 설탕을 공급하여 유럽 시장이 성장하다

1401년   티무르가 중동에 침입하여 이집트 설탕 산업의 쇠퇴를 재촉하다

1419년   포르투갈인들이 마데이라 제도를 대서양 최초의 설탕 섬으로 바꾸다

1516년   아메리카의 사탕수수가 에스파냐에 전래되다

1630년대   네덜란드 공화국이 유럽의 설탕 정제와 교역을 지배하다

1640~1670년   바베이도스와 프랑스령 앤틸리스의 설탕 혁명

1766~1769년   타이티(부르봉) 사탕수수가 아메리카에 전래되어 지배적 품종이 되다

1791년   생도맹그(아이티) 혁명, 쿠바의 설탕 산업 출범

1807년   영국 제국의 노예무역 폐지

1811년   나폴레옹이 사탕무로 정제한 설탕 견본을 받다

1813년   에드워드 찰스 하워드가 진공 팬을 발명하다

1830년   자와에 강제 재배 제도가 도입되어 설탕 생산이 크게 확대되다

1834년   영국 제국이 노예제 폐지를 폐지하고, 인도가 공업적 설탕을 생산하기 시작하다

1846년	노예가 생산한 설탕이 영국 시장에 진입하고, 인도와 자메이카의 설탕 산업이 붕괴하다
1879년	콘스탄틴 팔베르크가 사카린을 발견하다
1884년	설탕 가격 폭락으로 설탕 공장과 상인, 세계 곳곳의 은행이 파산하다
1897년	'딩글리 법'이 미국의 신생 사탕무 설탕 산업을 보호하다
1902년	브뤼셀 협정이 체결되어 사탕무 설탕의 덤핑이 종식되다
1931년	채드본 협정이 체결되어 수출입 할당제를 통해 설탕 시장을 조절하다
1934년	미국이 설탕 지원책을 도입하여 국내 생산자와 종속 국가의 이익을 조화롭게 조정하다
1937년	국제설탕협정이 채드본 계획을 대체하다
1952년	영연방설탕협정 발효
1965년	효소의 발견으로 액상과당 생산이 가능해지다
1980년대	설탕 과잉 생산과 액상과당 도입으로 감미료의 극심한 과잉 생산 및 설탕 가격 폭락
2005년	세계무역기구가 유럽연합에 설탕 덤핑의 중단을 명령하다

1

아시아의 설탕 세계

1826년 9월 어느 뜨거운 날, 영국군의 젊은 장교 로버트 미그넌은 페르시아 후제스탄Khuzestan주에 있는 카룬Karun강의 둑에 서 있었다. 그는 강을 따라 몇 킬로미터 펼쳐진 거대한 폐허에서 돌을 가져와 세운, 매력 없는 작은 도시를 막 떠나온 참이었다. 그는 옛 문서를 통해 그 폐허가 13세기 초에 몽골인이 침입하여 약탈한 도시의 잔해라는 것을 알았다. 그는 수로와 교량, 사원, 궁전의 유적을 목격했지만 도무지 무엇인지 알 수 없는 물체도 보았다. "둥글고 평평한 돌이 사방에 무더기로 쌓여 있었다. 돌의 가운뎃부분에 구멍이 뚫려 있었으니 분명히 곡식을 가는 용도로 썼을 것이다. 그렇지만 대개 직경이 120센티미터, 150센티미터, 180센티미터가 넘었기 때문에 그러한 용도로 쓰기에는 실로 꽤 거대했다. 몇몇은 글자가 새겨져 있었다."[1] 미그넌은 이 돌들이 곡물에 쓰였을 리 없다고, 분명히 '설탕 공장'에서 사용했으리라고 추측했다. 돌들은 강을 따라 늘어선 밭에서 재배한 사탕수수를 잘게 으깨는 수많은 공장에서 쓰이던 것들이었다. 밭은 오래전에 다시 숲으로 바뀌었다. 미그넌은 한때 엄청나게 중요했으나 이제는 잊힌 설탕 산업의 폐

허를 우연히 맞닥뜨린 것이다.[2]

19세기 초 유럽의 탐험가와 언어학자, 역사가, 지리학자는 아시아 설탕 경제가 상당히 발달했음을 밝혀냈다. 그들은 인도, 중국 제조업자들이 대서양 권역의 생산품과 대등하거나 심지어 더 뛰어난 품질의 설탕을 생산했으며, 이를 아시아 전역, 나아가 유럽과 북아메리카에도 판매했다는 사실을 이미 알고 있었다. 예를 들면 중국의 설탕은 유럽 상인의 관여 없이 아시아의 거의 모든 지역에 도달했다. 미그넌과 동시대인으로 외교관이자 탐험가였던 알렉산더 번스는 그러한 설탕 전파 과정에 깜짝 놀라 자신의 중앙아시아 여행기에서 그중 하나를 묘사했다. "설탕은 맨 먼저 중국에서 뭄바이로 갔고, 그곳에서 배에 실려 부셰르Bushehr로 이동한 다음, 내지의 테헤란과 카스피해 연안으로 보내졌고, 세 번째로 배에 올라 사막을 건너 히바Khiva에 도달했다. 그곳에서 그 설탕은 러시아인들이 수출한 우리의 서인도 제도 설탕과 만났다. 그렇게 아메리카의 설탕과 중국의 설탕이 아시아 한복판에서 서로 경쟁했다."[3] 번스와 미그넌, 영국 제국의 다른 정탐꾼들은 자신들이 알고 있는 대서양 설탕 경제보다 더 오래되고 더 거대한 설탕의 세계를 마주했다.

미그넌이 찾은 폐허는 5세기부터 등장한 결정 설탕 생산 산업의 자취였다. 아브와즈Abwaz에서 멀지 않은 군디사부르Gundisabur의 병원에서 설탕 제조업자들은 끓고 있는 사탕수수 즙에 라임이나 다른 알칼로이드(자당이 다시 포도당과 과당으로 되돌아가는 것을 막아주는 물질이다)를 첨가하여 수소이온농도(pH)를 높임으로써 설탕 결정을 얻는 방법을 발견했을 것이다. 구체적으로 말하자면 이렇다. 식어서 굳어가는 덩어리를 삽으로 퍼서 밑바닥에 작은 구멍이 뚫린 원뿔 모양의 용기에 담는다. 그러면 당밀(자당이 포함되지 않은 분자와 결정화하지 않은 자당으로 이루어져 있다)이 떨어져 빠져나가면서 흰색 설탕 결정체만 남는다.[4] 사탕수수를 재배하여 설탕을 추출하는 방법은 아브와즈와 군디사부르에서 티그리스-유프라테스 삼각주로, 그 너머 시리아로 전파되었다. 그렇게 지중해 동부 연안은 9세기에 설탕 생산의 중심지가 되었다.[5] 설탕 생산은 남쪽으로 확산되면서 나일강 삼각주에 이르렀고, 그곳은 곧 설탕을 생산하여 아랍 세계 대다수 지역은 물론이고 중세 유럽에까지 공급하는 중심지가 되었다. 아랍인과 베르베르족은 자신들이 지배하는 지중해 영토 곳곳에, 동아프리카 해안을 따라 멀리 잔지바르Zanzibar와 마다가스카르Madagascar까지 설탕 제조법을 전파했다. 16세기에 온 세상을 돌아다닌 포르투갈인 두아르트 바르보자는 마다가스카르섬에 갔을 때 비록 그곳의 설탕 제조 방법에 대한 지식은 오래전에 사라진 듯했지만 엄청나게 많은 사탕수수가 자라는 광경을 보았다.[6] 빅토리아 시대의 탐험가 데이비드 리빙스턴과 리처드 버턴, 리처드 손턴이 기록했듯이, 중앙아프리카의 대호수 지대와 동아프리카 킬리만자로산 기슭에서도 사탕수수가 재배되었다.

모든 것이 시작된 곳, 인도

정제 백설탕은 한때 귀중한 진미였다. 지상에 존재한 기간 대부분에 걸쳐 최고 부자들만 누릴 수 있는 사치품이었다. 반면 사탕수수는 아시아의 곳곳 어디에서나 자랐다. 그곳에서부터 사탕수수는 북아프리카와 남유럽, '신세계'로 전파되었다. 크고 날카로운 칼만 있으면 누구든지 사탕수수 줄기를 잘라 씹을 수 있었다. 시골 사람들은 밭에서 사탕수수 줄기를 얻었고, 도시 사람들은 거리의 행상에게서 구입할 수 있었다. 지리학자 카를 리터가 썼듯이, 마닐라에서 샌드위치 제도Sandwich Islands(하와이 제도)와 리우데자네이루까지 전 세계 열대 지방의 아이들은 저마다 손에 사탕수수를 들고 씹었다. 그 아이들에게는 사탕이었다.[7]

　사탕수수 가공의 첫 단계는 압착하여 즙을 내는 것이다. 오늘날에도 남아시아에서는 노점상이 이 맛있는 음료를 즉석에서 만들어 판다. 사탕수수 즙은 하루 안에 마셔야 하는데, 사탕수수를 수확한 즉시 발효가 시작되기 때문이다. 그러나 즙을 끓여 고체 덩어리로 만들면 몇 달 동안 저장할 수 있다. 수천 년 전 인도 북부 지방 어느 곳의 농민들이 틀림없이 이러한 방법을 고안했을 것이다. 그들은 사탕수수 즙을 오랫동안 불에 올려놓아 응고시켜 구르gur라고 부르는 거친 황설탕 결정을 얻었고, 겨울이면 매일 아침 쟁기질을 하러 밭에 나가기 전에 한 덩어리씩 먹었다. 구르 덩어리는 농민의 겨울 아침밥이었을 뿐만 아니라 에너지 보충제로도 귀중한 대접을 받았다. 기진맥진한 순례자들이 인정 많은 부락민들에게서 구르를 조금 얻어먹고 기력을 회복했고, 얼음으로 뒤덮인 힌두쿠시산맥의 고지대를 지나 중앙아시아로 가는 여행자들은 가쁜 숨을 진정시키려고 구르를 섭취했으며, 병사들의 배급 식량에도 구르가 들어갔다. 심지어 동물도 구르 소비에 동참했다. 수레를 끌고 먼 거리를 이동하는 말이나 황소에게 구르를 먹였으며, 왕궁 외양간의 코끼리들은 구르가 섞인 건초를 씹었다.[8]

　인도 북부 지방에서는 사탕수수를 수확하고 즙을 끓여 거친 덩어리로 만드는 일이 농사 월력에 확고히 자리 잡았다. 사탕수수 압착은 벼와 다른 작물을 수확한 직후인 11월에 시작된다. 다섯 가구에서 열 가

1915년경 거리에서 사탕수수를 파는 자와의 행상. 사탕수수 줄기는 오늘날에도 인기가 있어서 세계 곳곳에서 단맛을 즐기려는 사람들이 사서 씹는다.

구가 가축과 노동력을 합치는데, 대개 마을에서 부유한 가구들이었다. 사탕수수가 고급 작물이었기 때문이다. 사탕수수를 압착하는 맷돌은 대개 공동 소유였다. 맷돌을 소유하는 것이 가치 있을 만큼 넓은 땅을 가진 농민은 거의 없었기 때문이다. 사탕수수 밭을 갖지 못한 노동자들은 일반적으로 현물, 다시 말해 구르로 품삯을 받았다. 구르는 사실상 이발사, 성직자, 음유시인, 목수, 대장장이 등 마을의 온갖 서비스업 종사자에게 지급되는 화폐와도 같았다. 구르 덕분에 촌락 경제가 매끄럽게 돌아갔다. 구르가 촌락 밖으로 판매되지 않는 한, 화폐는 필요 없었다.[9]

　인도 농촌의 설탕은 끈적끈적한 갈색 덩어리로 오늘날 우리가 아는 백설탕과는 완전히 달랐다. 그러나 앞서 보았듯이, 이 그래눌러당을 만드는 기술은 5세기에 페르시아에 이미 알려져 있었다. 그보다 300년 전에 인도 북부에서 그래뉼러당을 제조했다는 증거도 있기는 하다. 그래뉼러당이라는 개념은 다시 몇백 년 더 거슬러 올라간다. 산스크리트어에서 모래 섞인 입자라는 뜻의 '사카라sakkara'라는 낱말이 서기전 500년에서 서기전 300년 사이에 쓰였다.[10] 인도와 사산 왕조 페르시아 제국 사이의 폭넓은 교류를 통해 그래뉼러당 제조법이 페르시아의 군디사부르에 전해졌고, 그곳에서 더 멀리 서양으로 퍼졌던 것이다.[11] 인도의 설탕은 동쪽 방면으로는 일찍이 서기전 200년경에 중국에 도달했고, 800년 뒤 인도의 불교 승려들이 먼 여행 끝에 황제의 궁정에 도착해 설탕 제조 기술을 가르쳤다. 그 후 설탕은 여러 도시에 고루 퍼졌다.[12]

백설탕은 서기 1000년이 저물 무렵에 아시아 전역에 알려졌지만, 상품이 되기까지는, 실로 유라시아에 막 출현하던 자본주의 경제의 일부가 되기까지는 200년이 더 지나야 했다. 제조에 품이 많이 들던 시기에 백설탕은 금을 주고 사야 했다. 세계의 대다수 주민은 설탕이 무엇인지 알지 못했고, 꿀이나 찹쌀, 보리처럼 자당이 전혀 없거나 거의 없는 일군의 감미료를 입수할 수 있는 한 설탕이 필요하지도 않았다. 백설탕은 수백 년 동안 사치품이요, 중국 황제와 인도의 라자raja(군주), 이집트의 칼리파, 페르시아 궁정, 나중에는 유럽 군주들과 제후들이 부와 권력을 과시하는 표지였다.

오늘날 사탕수수나 사탕무로 백설탕을 만드는 데에는 몇 시간이면 족하지만 19세기 중엽까지도 몇 주가 걸렸고, 게다가 그 기술을 아는 사람은 많지 않았다. 스코틀랜드인 여행가이자 의사, 식물학자였던 프랜시스 뷰캐넌해밀턴(1762~1829)이 인도에서 지내던 시기에, 그곳의 몇몇 공국에서는 백설탕의 제조가 군주의 특권이었다. 뷰캐넌해밀턴은 지역 통치자들이 여러 세대 동안 아버지에게서 아들로 전해진 비밀 제조법으로 작업하는 설탕 제조 기술자들을 보유했다고 전한다.[13] 그럼에도 그는 인도 곳곳의 다양한 제조법을 설명할 수 있었다. 원당을 담은 주머니를 눌러 당밀을 빼내는 방법부터 설탕 덩어리를 흙으로 만든 원뿔 형태의 용기에 담는 방법까지 다양했는데, 페르시아에서 쓰던 방법과 비슷했다. 인도의 설탕 정제업자들은 남아 있는 갈색 당밀을 제거하기 위해 설탕 덩어리 위에 수초를 올려놓았다. 똑똑 떨어지는 물이 설탕 덩어리를 통과하여 당밀을 씻어냈는데, 당밀이 설탕 결정보다 물에 더 잘 녹는 원리였다.[14] 이렇게 하면 약 3분의 1 정도가 백설탕으로 남았고, 나머지가 당밀이었다. 이렇게 나온 당밀은 여전히 사람이 먹을 수 있었고, 가축의 사료나 화주火酒의 증류에 쓸 수 있었다.

설탕 정제소는 시골로 사람을 보내 밭에서 자라는 사탕수수를 살핀 후 선금을 주고 설탕을 확보했다. 정제소는 사탕수수를 수확하기 반년 전에 선금을 주었고 나중에 17~20퍼센트의 이자를 받았지만 농민 가구에게는 고마운 추가 소득인 셈이었다. 게다가 다른 작물을 다 수확한 후 농한기에 구르를 만들었기에 경제적 비용도 적게 들었다.[15] 이 원당은 여전히 식물 섬유질로 가득했기에 부패하기 쉬웠지만, 도시의 정제소에서는 쉽게 썩는 이 입자들을 대부분 제거했다. 고운 칸드사리khandsari(수초로 정제하는 방식으로 생산한 설탕)는, 쿠안드quand라는 다른 이름으로 부르기도 했는데, 불순물을 충분히 제거하면 몇 년 동안 저장할 수 있었다. 그렇게 설탕은 인도의 시장 경제에 편입되었다.

마르코 폴로는 벵골에서 설탕의 상업적 생산이 활발하게 이루어지는 것을 목격했다. 그곳에서는 사탕수수가 대량으로 재배되었다. 그가 벵골을 방문한 13세기 말 인도 북부에는 사탕수수 재배가 이미 널리 퍼져 있었고, 델리에는 거대한 설탕 시장이 섰다. 14세기 후반, 델리 술탄국의 피루즈 샤 투글라크 술탄은 인더스 평야와 갠지스 평야에 운하를 건설하여 사탕수수 재배를 더욱 확산시키려 했다.[16] 재배 규모가 급증하자 가공 기술도 발달했다. 벵골에서는 오랫동안 인력으로 고되게 사탕수수를 압착했는데, 이제 가축의 힘을 빌려 절구와 공이를 이용하는 방식으로 대체되었다. 아주 오래된 절구를 오늘날에도 볼 수 있는데, 아름다운 문양이 새겨진 돌절구도 종종 보인다. 설탕 정제는 보일링 기술자라는 고유의 신분을 통해 일종의 기술로 정착되었다.[17] 설탕 정제가 전문 직업이 되고 설탕 상업이 번창하면서, 인도의 도시 지역에 설탕 자본주의가 굳건히 뿌리내렸다. 설탕 자본주의는 농민이 생산한 설탕의 구매를 통해 정제소에서 시골로 확산되었다. 그 결과로 촌락 경제에 화폐가 침투했다. 마르코 폴로가 방문할 당시에 인도 촌락에서는 임금 노동과 화폐 경제가 확실하게 자리 잡았다.[18] 자본주의를 노동과 자연의 지속적인 상품화를 통해 사적 기업가에게 이윤을 가져다주는 것으로 정의한다면, 인도의 설탕 부문은 명백히 자본주의적 작동 원리를 드러냈다.

인도의 설탕 교역은 초기에는 주로 육상으로 이루어졌다. 인도를 출발하여 중앙아시아로 향한 대상隊商은 아프가니스탄의 헤라트Herat와 칸다하르Kandahar로, 인도와 중앙아시아 사이 교역의 중심지인 카불Kabul로 이동했다. 이들은 그곳에서 더 나아가 오늘날의 우즈베키스탄에 속하는 부하라Bukhara와 사마르칸트Samarkand로 갔다. 곳곳으로 퍼진 대상이 취급하던 많은 상품 가운데 하나인 순도 높은 얼음사탕은 중앙아시아 깊은 내륙까지, 멀리 오늘날의 투르크메니스탄까지 전해졌다.[19] 사탕수수 재배가 확산되면서, 비용이 더 적게 드는 해상 운송이 인도의 육상 교역을 서서히 압도했다. 16세기에 바르보자는 백설탕이 더는 고급 상품이 아니며 벵골의 주요 교역품 중 하나일 뿐이라는 사실을 알아챘다. 17세기에 무굴 제국의 왕실 의사였던 프랑수아 베르니에는 갠지스강을 따라 내륙으로 500킬로미터를 들어가면 어디서나 사탕수수가 자란다고 썼다. 벵골의 수계를 통해 수많은 배가 당밀과 술은 물론 다양한 품질의 설탕도 실어 날랐다. 설탕은 항해에 적합한 선박에 실려 남쪽 스리랑카와 인도의 서해안으로 갔다. 페르시아만이나 아덴만과 상당한 규모로 설탕 무역을 유지하던 곳들이다.[20]

마르코 폴로의 방문 이래로 인도에서 사탕수수 재배가 팽창한 곳이 벵골뿐만은 아니었다. 17세기에 남아시아를 여행한 네덜란드인 지형학자 요하너스 더 라이트는 넓게 퍼진 관개 수로 덕분에 아그라Agra와 라호르Lahore 사이의 수천 제곱킬로미터에 달하는 농지에 물이 공급되어 일군의 작물, 특히 사탕수수 재배가 가능했다고 말했다.[21] 아대륙 남부의 동해안에서 서해안까지 뻗은 비자야나가라 제국에서도 사탕수수가 재배되었다. 서부 지역의 카르나타카에서 관개 수로를 이용해 사탕수수를 재배했음을 보여주는 고대의 비문도 있다.[22] 벵골과 비슷하게, 인도 남부 지역에서도 설탕 수요가 늘면서 새로운 압착 기술이 등장했다. 그곳에서는 롤러 두 개를 수평으로 설치한 압착기가 주류였다. 북부 지방에서 계속 쓰인 절구와 공이 방식보다 훨씬 깨끗한 즙이 나왔고 섬유질도 덜 섞였다. 훗날 포르투갈의 위요지圍繞地인 고아Goa를 통해 다른 혁신이 전해졌다. 롤러 세 개를 수직으로 설치한 압착기였는데, 아메리카의 에스파냐 식민지에서 만들어진 것이었다. 그 덕분에 인도 남부의 일부 지역은 설탕 생산에서 북부 지역보다 앞서갈 수 있었

다.[23]

프랑스 루이 14세 왕정의 사절이자 첩자였던 신부 바르텔레미 카레에 따르면, 인도 최고의 설탕은 오늘날 뭄바이 인근 포르투갈인 도시였던 바세인Bassein(바사이Vasai)에서 팔렸다. 그 설탕은 페르시아와 아라비아에 수출되어 큰 이윤을 남겼다. 이 해상 설탕 무역의 중심지는 인도의 북서부 해안을 따라 늘어선 유명한 항구 도시 바티칼라Baticala(카르와르Karwar), 수라트Surat, 캄바트Khambhat였다. 영국 동인도회사에 고용된 의사 존 프라이어는 1670년대에 수라트의 배후지인 구자라트Gujarat에서 많은 양의 설탕이 생산된다고 썼다. 구자라트의 도시 아흐마다바드Ahmadabad에서 설탕 정제업자들은 분말 백설탕을 원뿔형 덩어리(슈거로프sugarloaf)로 만들어 배에 실어서 서쪽 멀리 아라비아의 하드라마우트Hadramaut로 보냈고, 그곳에서 대상이 아라비아반도 내지로 운반했다. 동쪽에서는 구자라트 상인들이 믈라카Melaka로 설탕을 보냈고 그곳에서 설탕은 더 멀리 전파되었다.[24] 인도의 칸드사리는 19세기에 유럽 시장에도 등장한다. 서인도 제도의 노예가 생산하는 설탕이 점차 큰 논란이 되자 그 대안으로서 인도에서 엄청나게 많이 생산되는 설탕이 영국 노예제 폐지 운동 세력에게서 적극적인 지지를 얻어 조금씩 영국에 들어간 것이다.

중국의 설탕과 설탕 무역

아마도 1346년이었을 텐데 이븐바투타는 중국에 도착해서 다음과 같은 사실을 알게 되었다. "품질에서 이집트 사탕수수와 맞먹는, 아니 더 뛰어난 사탕수수가 넘쳐난다."[25] 이 유명한 지리학자는 두 나라를 다 방문했기에 이렇게 판단할 자격이 있었다. 마르코 폴로는 중국의 푸젠성福建省이 세계에서 사탕수수가 가장 많이 자라는 곳이라고 주장했다. 그곳에 널리 퍼진 상업용 설탕 생산은 쌀농사를 밀어냈다.[26] 송나라 (960~1279) 때 설탕 소비는 궁정에서 대중으로 확산되어 의약품과 과자, 과일 절임, 음료에 쓰였다. 마르코 폴로가 방문했을 때, 설탕은 중국의 요리책 곳곳에 등장했고, 과자류와 조각상 형태로 만들어 먹기도 했다. 사탕과자 판매상은 도시에서 흔히 마주치는 부류였다. 설탕은 여전히 사치품이어서 잔치 때나 쓰기는 했지만, 시골에서도 소비했다. 마르코 폴로가 중국에 오기 100년도 더 전에 이미 푸젠성에서, 특히 푸저우福州에서 얼음사탕을 배에 실어 캄보디아, 태국, 스리비자야(수마트라), 말레이반도 북부의 도시들로 보냈다. 아마 일본으로도 갔을 것이다.[27]

인도에서 그랬듯이, 다른 곳에서도 설탕 교역의 확대는 노동 집약적 성격이 덜한 생산 방식을 낳았다. 14세기에 이르러, 이러한 방법이 송나라 때 발전한 정교한 기술을 대체했다. 당시 중국의 보일링 기술자들은 당밀에서 직접 백설탕을 제조하는 법을 알아냈다. 그들은 사탕수수를 잘라 껍질을 벗긴 뒤에 짓이긴 상태에서 즙을 짜내기 전에 끓였다. 짓이긴 사탕수수를 끓이면 세포벽을 통해 자당이 빠져나온다. 마지막 단계로 즙을 천으로 거른다. 이렇게 하면 이례적으로 깨끗한 설탕 덩어리가 만들어지는데, 이를 2주 정도 놔두면 거의 백색에 가까운 크고 투명한 얼음사탕이 된다. 송나라 궁정은 이렇게 큰 설탕 결정을 높이 평가했다.[28] 그러나 이 같은 노동 집약적 방식은 이미 마르코 폴로가 중국을 방문했을 당시에 성장하고 있던 소비자 시장을 따라잡지 못하는 상황이었다. 마르코 폴로는 도시의 제조업자들이 어떻게 농민이 생산한 거친 황설탕을 숯을 이용하여 정제했는지를 기록했다. 이 제조업자들은 외국인들에게서 그러한 공정을 소개받았다. 후대의 학자들이 짐작하기로 그 외국인들은 이집트인이다.[29] 실제로 7세기부터 중국과 아랍 제국 간의 교류가 폭넓게 확대된 덕분에 아랍 세계의 기술이 순조롭게 중국으로 전해질 수 있었다. 중국의 선박은 멀리 페르시아만까지 항해했으며, 이란 상인과 아랍 상인은 광둥廣東에 점포를 두었는데 일부 상인은 설탕을 교역했다.[30]

푸젠성의 설탕 생산은 명나라(1368~1644) 때에 이르러 급증했다. 이 설탕은 양쯔강 남쪽 광대한 지역, 인구수가 10만 명이 넘는 여러 도시에 공급되었다. 상인들이 시골로 들어가 농민에게 선금을 주고 사탕수수를 재배하게 했다. 한편 동남아시아의 시장도 성장했고, 포르투갈인들이 일본과 설탕을 교역하기 시작했다. 나중에는 네덜란드인들도 설탕 무역에 끼어들었다. 설탕 무역이 성장하자 당밀과 설탕 결정을 더 빨리 분리하는 공정의 혁신이 이루어졌다. 원뿔형 용기에 사탕수수 덩어리를 집어넣고 그 위에 수초를 올려놓는 인도 방식의 변형으로서 중국인들은 점토를 이용했다. 점토에서 천천히 물이 떨어지면 당밀에서 설탕 결정이 분리되는 방식이었다. 실제로 이 공정은 중국뿐만 아니라 지중해 세계와 대서양 세계에도 널리 퍼졌다. 기본적으로 정제 백설탕이 만들어졌지만, 점토 냄새가 남아 있을 위험성이 있어서 유럽에서는 이 설탕이 주로 과일 절임에 쓰였을 것이다.[31]

명나라 말기에 사탕수수 재배가 크게 늘어난 중국 동남부에서, 두 개의 윗돌이 밑돌의 가장자리를 도는 모서리 회전 압착기edge-runner mill를 나무 롤러 압착기가 대체했다. 인쇄기의 기원에 관한 논쟁과 비슷하게, 유럽인들이 이 중국 특유의 압착기를 신세계의 플랜테이션plantation 농장에 도입했는지, 아니면 예수회 신부들이 유럽의 혁신 기술을 중국에 소개했는지는 여전히 논쟁 중이다. 중국인들과 유럽인들이 따로따로 압착기를 개발했을 가능성도 없지 않다.[32] 어쨌거나 중국에서는 가축을 이용하는 압착기가 비용이 적게 들고 쉽게 운반할 수 있어서 오랜 세월 놀랍도록 흔히 쓰였으며, 중국인 이주자들이 동남아시아 전역에 이 방식을 전파했다.

보일링 과정에서도 근본적 혁신이 일어났는데, 설탕 제조업 때문에 얼마 안 가서 목재 연료가 귀한 자원이 되었기 때문이다. 중국의 설탕 제조업자들은 에너지 절약 방법을 모색하다가 화구에서 굴뚝으로 이어지는 화도 위에 여러 개의 솥을 연달아 설치하는 방법을 개발했다. 수체타 마줌다르는 네덜란드인들이 '다중 화구 스토브'의 원형이라고 할 만한 이 장치를 자와에서 보고 모방했을 것이라고 말했다. 이 장치를 네덜란드인들이 브라질의 플랜테이션 농장에 도입했고, 그곳에서 카리브해 지역으로 퍼져나갔다.[33] 설탕 정제 기술은 17세기에 놀랍도록 빠른 속도로 전파되어 생각할 수 있는 문화적 경계를 전부 뛰어넘었다. 그리고 만약 새로운 압착기나 여타 장비가 채택되지 않았다면 대개는 경제적으로 더없이 합당한 이유가 있었다.

사탕수수 재배 면적이 확대되고 압착 기술과 보일링 기술이 개선되면서 푸젠성은 동남아시아로 설탕을 수출하는 주요 거점이 되었다.[34] 푸젠성의 설탕이 향한 다른 행선지는 일본이었다. 일본은 7세기나 8세기에 당나라 황제의 사절과 불교 승려들이 설탕을 조금씩 지니고 방문했을 때 그것을 알게 되었다. 용도는 아마 약용이었을 것이다. 포르투갈인들이 일본에 사탕과 캐러멜, 과자를 전했을 때, 그리고 전통적인 떡과

교자에 설탕이 첨가되었을 때 일본인의 설탕 소비가 비약적으로 늘어났다.[35] 이러한 설탕 수요를 충족하기 위해, 17세기에 약 100척의 중국 선단이 명나라의 설탕 수출 금지를 무시한 채 위험을 무릅쓰고 일본의 유일한 개항인 나가사키 항구에 연간 약 3000톤의 설탕을 하역했다.[36]

17세기에 중국 동남부와 인도 갠지스 평원에서 생산된 설탕이 대서양 연안 식민지에서 생산된 설탕의 양을 훌쩍 넘어섰음은 확실하다. 그러나 그 지역은 대서양 일대와 달리 수출 중심의 고립된 식민지 영토가 아니었다. 한 곳만이 두드러진 예외였다. 18세기 초에 세계 최대의 설탕 수출 식민지는 대서양 세계에 있었을 것으로 생각하기 쉽지만, 사실은 그렇지 않았다. 중국 근처의 섬 타이완이다. 이 새로운 설탕 변경邊境, frontier은 설탕과 기타 작물의 상업적 재배가 중국 동남부 주민에게 가한 압박에 대응하는 과정에서 출현했다. 당시 세계에서 인구가 가장 조밀한 지역이었던 그곳은 상황이 위태로웠다. 1620년대와 1630년대에 소작농의 부채가 쌓였고, 많은 농민이 지주의 착취에 맞서 항거하여 지역이 혼란에 빠지고 명나라 왕조는 지지를 잃었으며, 청나라가 뒤를 이을 길이 열렸다.[37]

이러한 소요는 네덜란드 동인도회사Vereenigde Oostindische Compagnie(VOC)에 심각한 후퇴를 초래했다. 중국 동남부에서 설탕을 구매하여 일본에 판매할 계획을 수립해놓았기 때문이다. 1609년, 네덜란드 동인도회사는 유럽 회사로서는 유일하게 일본의 도쿠가와 막부로부터 나가사키 입항 허가를 받았다. 이제 상황이 바뀌어 네덜란드 동인도회사는 대안을 찾았고, 그래서 타이완이 산업화 이전 설탕 생산 변경으로는 세계에서 가장 중요한 곳이 되었다. 네덜란드 동인도회사가 인구수는 희박하지만 비옥한 이 섬에 근거를 확보한 뒤, 그 총독은 사탕수수를 들여오고 사탕수수 재배에 능숙한 중국 농민들을 데려왔다. 네덜란드인들은 1662년에 쫓겨났지만, 그들의 개척 덕분에 타이완은 세계 최대의 설탕 수출지로서 놀라운 등장을 선보일 수 있었다. 18세기 초 1000개가 넘는 제당소*에서 약 6만 톤의 설탕이 생산되었는데, 이는 당시에 단연 대서양 권역 최대 생산국이었던 브라질의 산출량을 크게 뛰어넘는 양이었다. 노동력은 중국 본토에서 이주한 남성 노동자가 압도적으로 많았는데, 이들은 공시公司(회사)를 조직했다. 이는 동남아시아 곳곳의 플랜테이션 농장과 광산에서 일하는 중국인 이주 노동자들의 일반적인 모델이 된다.[38] 농민들은 사탕수수를 가공하기 위해 일종의 협동조합으로 연합하여 자신들이 소유한 황소를 모아 압착기를 돌렸다. 개인 기업가들이 50~100명의 농민과 사탕수수 공급 계약을 체결하여 설탕 생산에 뛰어들기도 했다. 두 가지 방식에서 공히 중국 본토에 설탕과 쌀을 수출하는 일을 주도한 도매상이 상품 사슬의 맨 위에 자리를 잡았다.[39]

18세기 중반에 타이완의 설탕 수출은 정체했다. 그 시기에 광둥의 설탕 생산이 회복되었고, 결과적으로 설탕은 중국 해안 교역에서 가장 중요한 품목은 아닐지라도 매우 중요한 품목이 되었기 때문이다. 설탕은 그곳에서 면직물 교역과 한데 얽혔다. 광둥의 설탕은 인도양 곳곳으로 소량 교역되었고, 일부는 유럽까지 도달했다. 19세기에 들어선 후로도 오래도록 사탕수수는 광둥성과 푸젠성에서 쌀보다 더 수익이 나은 인기 작물이었다. 광둥성의 몇몇 현에서는 적어도 두 가구 중 한 가

---

* mill이 압착기가 아닌 설탕 제조소를 뜻하는 경우에는 사탕수수 밭에서 가까운 곳에 자리 잡아 당밀 성분이 완전히 제거되지 않은 원당을 만드는 곳을 가리킨다. 반면 refinery는 원당을 원료로 백설탕을 생산하는 공장을 뜻한다. 세월이 흐르면서 mill과 refinery의 차이가 없어지지만 어느 시기까지는 양자가 구분되므로 mill을 '제당소'로, refinery를 '정제소'로 옮긴다.

구가 사탕수수를 재배했다.[40] 그러나 상업화가 크게 진척되었는데도 사탕수수는 인도의 경우와 마찬가지로 여전히 농민의 작물이었고, 대서양 세계와는 대조적으로 재배와 가공이 한 농장에서 동시에 진행되지 않았다. 명나라 조정을 향해 비일비재하게 일어난 반란의 근본 원인이 소농의 농노화였기 때문에, 청나라 황제들은 대규모 사탕수수 농장의 출현을 막기 위해 신경을 곤두세웠고 소농을 보호했다. 그렇지만 농촌의 설탕 생산 상업화와 농촌 주민의 착취를 막지 못했음은 분명하다.

도시의 자본가들은 높은 이자율로 선금을 지급하고, 사탕수수 값을 낮게 후려치고, 압착과 보일링의 비용을 비싸게 받아 농민을 착취했다. 이 상인들은 대리인을 보내 밭에서 자라는 사탕수수를 토대로 선금을 냈고 종종 압착과 보일링 작업을 수행할 작업조를 조직하기도 했다. 설탕 제조업자들은 수확한 사탕수수를 밭에서 강변으로 가져왔다. 18세기에 동인도와 중국을 여행한 스웨덴 사람 칼 구스타브 에케베리에 따르면, 그들은 '대나무와 돗자리로 오두막'을 지었다. "그 한쪽 끝에 화덕을 설치하고 커다란 철제 보일러 두 개를 올려놓았고, 다른 쪽 끝에는 나무판자를 깐 꽤 넓은 면적의 평평한 바닥에서 황소 두 마리가 단단한 나무로 만든 각진 롤러를 끌었다."[41] 쉽게 운반할 수 있는 롤러 두 개짜리 간단한 압착기는 이곳에서 그 가치를 증명했다. 상인들이 수로를 이용하여 압착기를 보일러와 함께 밭으로 보낼 수 있었기 때문이다. 북유럽의 정제소는 설탕을 재차 가열하여 비자당 입자를 더 많이 걸러내기 위해 나무와 이탄, 나아가 석탄까지 점점 더 많이 태웠지만, 중국의 정제업자들은 연료로 쓸 나무가 부족했기에 설탕을 햇볕에 말려 희게 만들었다. 기술자들의 솜씨와 재치 덕분에 중국의 설탕은 19세기에 들어선 후로도 오랫동안 전 세계에서 그 품질을 인정받았다.

육십칠六十七(자字는 거노居魯)의 《번사채풍도고番社采風圖考》(1744~1747) 속에 묘사된 제당소. 18세기 초 타이완은 세계 최대의 설탕 수출지였다.

한편 일본은 설탕 부문의 자립을 추구했다. 국내 설탕 소비의 증가를 걱정한 통치자들은 자체 생산을 권장하고 수입을 제한했다. 18세기 초, 쇼군은 중국인들에 의해 사탕수수가 도입된 류큐 제도(타이완과 일본 사이에 있는 열도)를 장악하고 그 주민들에게 일본 시장에 설탕을 공급하라고 권했다. 쇼군은 또한 류큐 제도로부터 사탕수수 묘목을 수입하라고 명령하여 일본에서 상대적으로 따뜻한 남쪽 섬들에 공급했다.[42] 일본의 남쪽 지방인 시코쿠四國의 섬들은 사탕에 쓰는 매우 고운 입자의 설탕인 와산본和三盆으로 유명해진다. 이 설탕은 원당을 천으로 감싸 물로 적시며 주물러서 당밀을 제거하여 얻어낸 것이다. 이 과정을 세 번 반복한 뒤 일주일 동안 말렸다. 쌀가루와 섞어 형태를 만들면 별미가 되었다. 다회가 열리면 참석자들은 쌉쌀한 차를 마시기 전에 이 와가시和菓子를 입에 넣었다. 음식에는 설탕을 쓰지 않았기 때문에, 소비량은 1인당 연간 200그램을 넘지 않았다. 그리하여 일본은 19세기 거의 내내 설탕을 수입하지 않아도 되었다.[43]

동남아시아의 중국 설탕

사탕수수를 재배하는 중국인들은 해협 건너 타이완으로 갔을 뿐만 아니라 시간이 지나면서 동남아시아 전역으로 퍼져나갔다. 중국 동남부의 과밀한 현에 살던 농민들은 중국 상인 네트워크의 자극을 받아 설탕 제조 기술을 육상과 해상으로 확산시켰다.[44] 동남아시아 대부분의 지역에서 설탕 교역이 조금씩 이루어졌지만, 중국인 이주자들이 압착과 정제의 기술을 전해주기 전까지 아마 현지에서 생산된 설탕은 없었을 것이다.[45] 중국 본토에서는 사탕수수 설탕이 쌀농사 주기에 통합되고 도시의 정제업자들과 연계된 농민의 생산물이었지만, 타이완이나 동남아시아에서는 적어도 초기에는 그렇지 않았다. 중국 밖에서는 밭과 제당소를 통합한 농장이 출현했다. 예를 들면 바타비아Batavia(자카르타) 주변의 중국인 정제업자들은 중국인 이주자들 말고도 자와인 십장을 통해 노동자를 고용하거나 노예를 충원했다. 중국인 이주자들은 주로 밭에서 노동자를 감독하고 압착기와 보일러를 다루었다.[46]

이러한 해외 팽창은 19세기까지 지속되었으며 멀리 하와이로도 이어졌다. 1778년 제임스 쿡 선장이 유럽인으로서는 처음으로 하와이에 도착한 직후, 이 섬들은 백단白檀을 거래하는 중국 상인들의 행선지가 되었다. 1802년, 백단 교역 선박 한 척이 압착기와 보일러를 싣고 하와이에 도착했다. 그 뒤로 더 많은 배가 찾아왔는데, 배를 끌고 온 중국인 선주들은 모두 하와이인 아내를 통해 땅을 구입했다. 그러나 이는 유럽인의 선박이 동아시아와 동남아시아에 처음 도착하기 훨씬 전부터 시작된, 중국 설탕 생산의 폭넓은 확산이라는 긴 이야기의 종장이었을 뿐이다. 이븐바투타가 푸젠성을 방문하여 설탕 수출이 늘어나고 있다고 적었을 때, 중국인 사탕수수 재배 농민과 설탕 제조업자의 이주는 이미 상당히 진행된 상황이었다.

14세기에 중국 상인들의 활동 중심지로 분주했던 류큐 제도는 아마도 중국 설탕의 첫 번째 해외 변경이었을 것이다. 동남아시아 본토와 자와의 서쪽 끝이 그 뒤를 이었다. 필리핀 제도에 정착한 중국인 이주자들은 북부의 큰 섬인 루손Luzon에 사탕수수를 들여왔지만, 이는 아마도 16세기 초 에스파냐인들이 도래한 이후의 일이었을 것이다.[47] 에스파냐인들이 섬을 지배했을 때 중국인 정착민들은 대체로 가축으로 맷돌 롤러를 돌려 사탕수수를 압착한 수천 개의 작은 정제소에서 설탕을 구입하여 재차 정제하고 다시 포장하는 일만 했다.[48] 마닐라의 중국인 설탕 상인들은 이른바 파르데리아farderia(설탕을 건조하고 포장하는 곳)에서 이 설탕의 수출을 준비했다. 영국 상인과 미국 상인 덕분에 1789~1831년에 수출 물량은 1만 3000톤 이상이 되어 네 배가 증가했다. 바베이도스 같은 카리브해의 중간 규모 수출지에서 생산한 양에 견줄 만했다.[49]

중국인 기업가들은 동남아시아 전역에 사탕수수 농장을 세웠고, 그 생산량은 대부분 국제 설탕 무역에 들어갔다. 예를 들면 중국인 이주자 설탕 제조업자들은 시암Siam(사암)을 네덜란드 동인도회사의 설탕 공급지로 바꿔놓았다.[50] 오늘날 베트남 남부 지방인 코친차이나Cochin-China를 방문한 유명한 프랑스인 식물학자 피에르 푸아브르는 1749~1750년에 중국인의 설탕 산업이 번창하고 있다고 전했다. 그의 추산에 따르면 그곳의 중국인들은 4만 6000톤의 설탕을 생산했다. 이는 아마도 과장된 수치였겠지만, 그가 확장되던 중국 시장에 설탕을 공급한 설탕 산업의 번창을 목격했음은 분명해 보인다.[51] 푸아브르의 방문 이후 몇십 년이 지났을 때, 정치적 혼란과 군사적 충돌로 시암과 코친차이나의 설탕 생산은 급감했다. 19세기 초 이 지역의 설탕 생산량은 거친 황설탕 수천 톤에 불과했다.[52]

그러나 이 시기에는 중국 동남부도 기근과 폭력에 시달린 탓에, 수많은 농민이 시암으로 이주하여 그곳의 설탕 부문을 회생시켰다.[53] 시암의 교황 대리 주교 장바티스트 팔레구아는 중국인이 소유한 설탕 플랜테이션 농장 수십 개를 발견했다. 그는 실린더 두 개짜리 경질 목재 압착기와 거대한 창고 두 동을 갖춘 중국인 농장을 묘사한 글을 남겼다.

또 창고 안에서 200여 명의 노동자가 놀라울 정도로 흰 설탕을 생산하고 있었다고 기록했다.[54] 1850년대 말, 설탕은 시암의 주요 수출품이 되어 북아메리카에서 독일에 이르기까지 여러 시장에 1만 2000톤가량 팔려나갔다. 전부 전통적인 제당소에서 생산한 것이었다. 1860년대에 들어선 이후에야 증기로 가동하는 사탕수수 압착기 두 대가 시암에 처음 들어왔기 때문이다. 이는 산업 혁명으로 설탕 생산 방식이 이미 크게 바뀐 시기에, 중국인의 설탕 제조가 세계적으로 얼마나 경쟁력 있었는지를 보여주는 흥미로운 이야기다.[55]

유럽인들은 자신들이 만난 중국인 설탕 제조업자들을 깊이 존경했다. 피에르 푸아브르는 코친차이나에서 목격한 중국인 설탕 제조업자들에게서 깊은 인상을 받았다. 그 중국인들은 카리브해 지역에서보다 품질이 더 좋은 설탕을 더 많이 생산하여 훨씬 좋은 값에 팔았다. 푸아브르는 자유로운 노동자들이 신세계의 노예보다 설탕을 두 배 더 생산할 수 있다고 결론 내렸으며, 1749년에 코친차이나를 여행한 뒤에 중국인 노동자와 설탕 장인을 모리셔스로 데려오자고 제안했다.[56] 실제로 서西수마트라에서 1777년에 헨리 보섬이 중국인 노동자들을 데리고 그 같은 농장을 세웠다. 이 농장주는 앞서 서인도 제도에서 성공하고 싶었지만 학대받는 노예 노동자들의 모습에 마음이 심히 불편했다. 그가 수마트라에서 한 실험은 크게 주목을 끌었다. 노예제 폐지를 두고 논쟁한 영국 의회 위원회도 관심을 보였다. 증언에 나선 보섬은 감독 없이도 부지런히 일한다고 중국인 노동자들을 칭찬했으며, 자신이 서인도 제도에서 겪은 일과는 완전히 다르다고 했다.[57]

보섬이 수마트라에 플랜테이션 농장을 세우고 그리 오래 지나지 않아, 영국 동인도회사는 말레이반도 해안에서 멀지 않은 곳에 새로 획득한 피낭Pinang섬으로 중국인 설탕 제조업자들을 초청했다. 아마도 광둥에서 왔을 약 2000명의 중국인 이주 노동자들은 곧이어 사탕수수 밭에서 일하며 돌로 튼튼하게 지은 창고에서 사탕수수를 가공했다. 정제 작업을 하는 철이 끝나면 노동자들은 이 번창하는 벤처 사업을 통해 주머니 두둑하게 돈을 벌어 고향으로 돌아갔다.[58] 이주자 수가 늘자 개척자였던 중국인들은 피낭에서 해협 건너 말레이반도로 들어가 웰즐리Wellesley주(세베랑 페라이Seberang Perai)의 습지를 간척한 뒤에 사탕수수를 재배하기 시작했다.

당연히 네덜란드인들이 먼저 모범을 보였다. 1596년 자와에 발을 내디딘 순간부터 네덜란드인들은 중국인의 설탕 제조가 갓 출범한 자신들의 상업 제국에 엄청난 가능성을 열어줄 수 있음을 알아보았다. 이들은 자와섬의 서쪽 끝에 있는 반텐Banten의 시장에서 설탕을 발견했고, 자카르타시에서 아라크arrack(사탕수수 즙을 증류하여 만든 럼과 비슷한 술)를 만드는 중국인의 증류소를 보았다.[59] 네덜란드 동인도회사는 지체 없이 현지 설탕 교역에 뛰어들었다. 처음으로 50톤의 설탕이 암스테르담을 향해 출발했을 때쯤, 네덜란드 동인도회사는 자카르타를 완전히 지워버리고 그 자리에 자신들의 아시아 수도 바타비아를 건설했다. 이 설탕은 동인도회사 관리들이 강탈하여 중국인 정제업자들에게 임대한 바타비아 남쪽의 땅에서 왔다. 18세기 초, 네덜란드 동인도회사를 위한 설탕 생산은 자와의 북쪽 해안을 따라 널리 퍼졌으며, 향신료 무역의 이윤이 줄어든 후 설탕은 커피와 더불어 회사의 새로운 핵심 상품 중 하나가 되었다.

앞서 언급한 타이완의 설탕 변경은 어떤 측면에서 보면 자와섬의 중국-네덜란드 협력 관계에서 파생했다고 볼 수도 있다. 1636년, 네덜란드 동인도회사의 타이완 총독은 원주민을 희생시키며 내륙으로 더 밀고 들어가 변경을 확장한 뒤, 4년간의 세금 면제와 토지 소유권을 약속하며 중국 본토인에게 이주를 권고했다. 이러한 메시지를 전달하는 주된 역할은 네덜란드 동인도회사 수도 바타비아의 중국인 사회 지도자 소명강(수밍강)에게 돌아갔다. 푸젠성 태생의 소명강은 바타비아의 건설자인 총독 얀 피테르스존 쿤의 가까운 친구였다. 소명강은 1636년에 바타비아에서 소유하던 아름다운 저택을 팔아 타이완에서 설탕 플랜테이션 농장을 시작하고 푸젠성에서는 네덜란드 동인도회사의 대리인으로 활동했는데, 그다지 성공적이지는 못했던 것 같다. 그럼에도 1640년대에 이주자와 압착기, 설탕 상자를 만들 널빤지가 타이완으로 지속적으로 유입되었음은 분명하다.[60] 그러다 큰 문제가 발생했는데, 타이완에서 설탕 생산을 조직한 중국인 상인들이 이주 농민들을 착취한 것이다. 그들은 선금을 지급하고 과도한 이자를 거두었다. 1652년, 혹독한 가뭄이 들자 농민들은 더 참지 못하고 들고일어났다. 네덜란드인들은 이 반란을 진압하면서 무장이 허술한 2500~4000명의 농민을 도륙했다. 1661년, 정성공(유럽인들은 콕싱아Koxinga, 國姓爺라고 불렀다)이 타이완을 침공하자 중국인 노동자들은 다시 봉기를 일으켰다. 그들에게는 네덜란드인 압제자들을 제거할 기회였다.[61]

네덜란드인들은 중국 기업가와 이민자 사회에 의존하는 것은 호랑이 등에 올라타는 꼴이라는 사실을 뼈저리게 느꼈는데, 이것이 마지막 경험은 아니었다. 그들은 타이완에서는 중국인 이민자를 충원하려 애썼지만, 바타비아 남쪽의 설탕 변경에서 생산된 물량은 네덜란드 동인도회사의 수요를 훌쩍 뛰어넘었다. 유일하게 매입 권리를 보유한 네덜란드 동인도회사는 과잉 생산이 발생하자 구매를 엄격히 제한했고, 이에 제당소 수가 급격하게 줄어들었다. 그럼에도 바타비아는 많은 중국인 이주자를 끌어들여서 네덜란드인 주민들의 걱정이 더욱 커졌다. 중국인들이 음모를 꾸민다는 소문이 퍼지자 네덜란드인들은 살인적인 광기에 빠져 중국인들을 살해했다. 이것이 1740년의 악명 높은 중국인 대학살이다. 이 행위는 끔찍하기는 했어도 자와의 중국인 설탕 생산을 중단시키지는 못했다. 30년 뒤, 산출량이 회복되었을 뿐만 아니라 4000~5000톤의 기록적인 수준에 도달했다. 아마 지력 고갈과 땔나무 부족이라는 생태 환경의 제약만 아니었다면 더 확대되었을 것이다.[62]

아시아의 설탕이 대양을 건너다

유럽의 무역 회사들은 아시아의 설탕 세계에서 부차적 역할만 했지만, 그 지역에서 설탕이 널리 거래되고 소비되었기 때문에 설탕 교역은 돈벌이가 되는 일이었다. 네덜란드 동인도회사는 다국적 무역 회사로 발전한 이후 아시아 설탕 교역에 각별히 적극적이었다. 그들에게 유럽 시장의 중요성은 줄어들고 있었다. 아시아 설탕이 유럽 일부 지역에 들어갔지만, 네덜란드 동인도회사의 선박에 실린 설탕은 대부분 유럽에서 적극적인 시장이 형성되어 있는 다른 물품을 조달하는 데 쓰였다. 처음에는 향신료였고 나중에는 차와 중국 도자기였다. 네덜란드 동인도회사는 다양한 품질의 설탕을 구매하여 여러 시장에 팔았다. 예를 들면 저급한 벵골 설탕은 일본에 팔았고, 바타비아 인근의 중국인 정제업자들이 생산한 고급 설탕은 수라트 항구로 가져갔다.[63]

　페르시아는 네덜란드 동인도회사와 영국 동인도회사에 똑같이 중요

한 시장이었다. 두 회사는 벵골에서 생산한 칸드사리를, 나중에는 바타
비아산 설탕을 수백 톤씩 들여왔다. 그러나 이는 일시적인 일이었고,
18세기에 네덜란드 동인도회사가 홍해와 페르시아만의 항구에서 판매
한 설탕 양은 감소했다. 그리하여 인도 서부 구자라트의 상인들이 이
무역을 접수했다. 이들은 자신들의 배후지나 벵골에서 생산한 설탕뿐
만 아니라 자와, 혹은 더 멀리 필리핀에서 생산한 설탕까지 점점 더 많
이 운송했다. 다양한 깃발을 매단 선박들이 페르시아만 입구의 반다르
아바스Bandar Abbas에, 나중에는 만 안쪽으로 더 들어가 바스라Basra 항구
에 설탕을 하역했다.[64]

이렇게 늘어나는 설탕은 오스만 제국의 모든 주요 도시에 있던 수많
은 셔벗(레모네이드) 가게에서 쉽게 소비처를 찾았다. 바그다드 같은 몇
몇 도시는 인구 50만 명이 넘는 진정한 대도시였다.[65] 한편 18세기 말
카리브해의 설탕은 프랑스의 무역 회사, 특히 마르세유에 있던 무역 회
사를 통해 페르시아뿐만 아니라 스미르나Smyrna와 이즈미르Izmir, 이스
탄불Istanbul, 알레포Aleppo로도 갔다. 그곳에서 인도와 이집트에서 온 설
탕과 만났다. 카리브해의 설탕은 대부분 무스코바도muscovado로, 더 많
이 정제된 이집트 설탕보다 값이 많이 저렴했다. 커피 소비가 늘어나면
서 설탕의 인기가 높아졌기 때문에 가격이 중요한 요건이었다.[66] 동시
에 러시아의 정제소들이 카리브해의 설탕을 가공하여 중앙아시아 내
륙으로 수출했다. 부유한 고객들이 매우 귀하게 여긴 그 설탕은 대상이
가져온 인도 설탕과 경쟁했다.[67]

역사적 기록을 살펴보면 아시아의 설탕 무역은 1800년 무렵 대서양
의 설탕 무역보다 돋보이지 않지만, 이는 남아 있는 증거를 제대로 반영
하지 못한 결과다. 예를 들면 1805년에 인도에서 미국과 영국, 페르시

아, 아랍으로 수출한 설탕은 약 2만 톤에 달했다. 15년 뒤, 콜카타Kolkata 항구 한 곳에서만 약 1만 2800톤이 멀리 케이프타운과 오스트레일리아의 항구로 떠났으며, 영국으로 간 설탕도 7000톤이 넘었다.[68] 당시 자메이카와 쿠바를 제외하면 카리브해의 어느 섬도 1만 톤에서 1만 5000톤 이상을 수출하지 못했다. 유럽과 미국으로 점점 더 많은 설탕이 수출되었지만, 그 밖에도 상당한 양의 설탕이 뭄바이를 떠나 인도양 서해안과 더 나아가 홍해의 여러 항구로 운송되었고, 그곳에서 페르시아 상인들에 의해 북쪽의 투르크메니스탄으로, 아랍 상인들에 의해 남쪽의 모잠비크로 이동했다.[69]

19세기 초, 분주한 뭄바이 항구에서 설탕은 가격 면에서 최대의 단일 교역 상품이었다. 오늘날 구자라트주의 캄바트에서도 마찬가지였는데, 그곳에서는 여러 등급의 설탕이 연간 1만 2000톤까지 수입되었다.[70] 뭄바이 항구에는 벵골산 설탕뿐만 아니라 중국산 설탕도 들어왔고(1805년에 약 6600톤), 이는 말라바르 해안을 따라 팔렸다. 마드라스와 콜카타는 다양한 품질의 설탕을 많이 수출하면서 동시에 중국으로부터 고품질 얼음사탕을 수입했고, 바타비아에서도 설탕을 어느 정도 수입했다.[71] 이렇게 뒤얽힌 무역이 이상해 보일 수 있지만, 품질과 입자의 크기가 다양한 중국산 설탕이나 인도산 설탕을 찾는 소비자의 취향에 더할 나위 없이 잘 어울렸다.

중국 동남부의 설탕 생산 지역이 해상과 육상으로 탄탄하게 교역을 유지하는 데에는 어려움이 없었다. 19세기 초 영국과 미국의 선박들은 해마다 광둥을 찾아 수천 톤의 설탕을 구입했다. 1831년에 영국이 확보한 양은 7500톤에 이르렀다.[72] 중국 상인들은 멀리 히말라야산맥 가장자리에 위치한 야르칸트Yarkant(샤처莎車)로도 설탕을 공급했다. 피낭,

바타비아, 코친차이나는 전부 중국인이 운영하는 제당소에서 생산된 설탕을 콜카타를 비롯한 인도에 수출했다. 싱가포르의 새 항구에서는 시암과 코친차이나로부터 중국 설탕을 들여왔다. 바타비아에서도 들여왔을 것이다. 싱가포르 항구에서 상인들이 말레이반도 동해안을 따라 보르네오 북쪽의 술루Sulu 군도로 설탕을 운반했다. 마지막으로, 중국 설탕은 뭄바이를 거쳐 중앙아시아의 가장 외진 오지까지 도달했다.[73]

중국 동남부와 타이완, 시암, 인도의 설탕 수출은 19세기의 마지막 몇십 년까지 번창했다. 타이완의 설탕 수출은 일본과 오스트레일리아, 홍콩의 정제소, 심지어 캘리포니아에서조차 수요가 늘어난 덕분에 호황이었다.[74] 1856년, 미국 회사 로비넷Robinet & Co.은 네덜란드 동인도회사가 타이완에서 쫓겨난 뒤 서양 회사로는 처음으로 그 섬에서 사업을 펼칠 수 있었다. 그 회사는 샌프란시스코의 대표적인 정제업자인 클라우스 슈프레켈스가 1870년대에 하와이에 자체의 플랜테이션 농장을 세울 때까지 캘리포니아로 설탕을 수출했다. 중국 동남부 광둥의 몇몇 현에서는 설탕이 전체 수출 양의 90퍼센트를 차지했다. 몇몇 해안 도시에 등장한 현대식 설탕 정제소 덕분이었다. 중국의 여러 도시와 일본에 사무소를 갖춘 홍콩의 유명한 회사 자딘 매서슨Jardine Matheson & Co.은 1869년에 황푸黃埔에, 몇 년 뒤에는 산터우汕頭에 정제소를 열었다. 이 회사는 홍콩에 세 번째 정제소를 세웠는데, 그곳에는 이미 강력한 회사인 버터필드 앤드 스와이어 타이쿠Butterfield & Swire Taikoo가 거대한 정제소를 차려놓은 상태였다. 농민이 생산했지만 점차 공업적으로 정제된 중국 설탕은 19세기가 끝날 때까지 세계 시장에서 경쟁력을 유지했다.[75]

2

서양으로 간 설탕

1500년 전 인도에서 동쪽의 중국으로 설탕 제조 기술이 이동할 때, 페르시아의 설탕 제조 기술은 메소포타미아를 거쳐 지중해 동부 해안과 이집트로 이동했다. 8세기에 나일강 삼각주로 전래된 뒤, 사탕수수 재배는 강을 따라 상上이집트로 점차 확산되었다. 200년 뒤, 이집트는 무슬림 세계와 기독교 세계 두 곳 모두에 주된 설탕 공급지가 된다. 수천 명의 소농이 사탕수수를 대개 다른 작물과 함께 재배했다. 이들은 수천 헥타르의 면적에 사탕수수를 재배했는데, 헥타르당 연간 1~2톤의 원당을 생산했다. 이들은 나일강에서 용수를 끌어왔고, 강의 수위가 낮을 때에는 황소로 수차를 돌려 관개 수로에 물을 댔으며, 사탕수수 밭 둘레로 진흙 둑을 쌓아 쥐가 들어오지 못하게 막았다.[1]

이집트의 농민들은 수확한 사탕수수를 칼리파의 관료에게, 나중에는 술탄의 관료에게, 또는 정부의 허가를 받은 압착기 보유자에게 직접 전달했다.[2] 이 이집트의 사탕수수 압착기는 상세히 묘사된 것으로는 가장 오래된 축에 든다. 고대 이래로 사용된 올리브유 압착기와 동일한 이 압착기는 수평으로 놓인 밑돌 위에 수직으로 윗돌을 올려놓고 그 가운데에 구멍을 뚫어 뺑이를 꽂아 축력으로 돌렸다. 이러한 도구로 사탕수수 줄기 전체를 압착할 수는 없었으므로 우선 사탕수수를 세척하여 작은 조각으로 잘라야 했다. 짓이긴 사탕수수 덩어리를 삽으로 퍼서 바구니에 담아 돌 롤러 밑에 놓고 눌러 남은 즙을 마저 짜냈다. 그다음으로 즙을 천으로 거른 후 끓였다. 그렇게 해서 나온 설탕 덩어리를 위쪽에 작은 구멍이 뚫린 원뿔형 용기에 담고 이를 뒤집어 당밀이 빠져나오게 했다. 이 과정은 페르시아에서 시작되었겠지만 이집트에서 더욱더 발전했다. 또한 뒤집힌 원뿔형 용기를 진흙으로 덮었는데, 이렇게 하면 점토나 수초와 동일한 효과가 생겨났다. 도시의 정제소에서 아직 원당 형태인 이 설탕을 물에 녹이고 달걀흰자(반드시 필요하다)를 섞은 우유를 첨가하여 더 순수한 설탕을 얻어냈다.[3]

　이집트의 큰 도시들은 수십 개의 정제소를 세워 널리 인정받는 백설탕을 생산했다. 낙타 수백 마리를 거느린 대상이 최대 150톤의 설탕을 싣고 이집트를 출발하여 아랍 세계의 다른 지역을 향했다.[4] 이 교역은 숙련된 설탕 장인들, 특히 강력한 상인 네트워크인 카리미Karimi에 의존했다. 이 집단은 주로 무슬림으로 구성되었지만 유대인도 일부 포함했기에 완전한 무슬림 단체는 아니었다. 대개 미천한 출신이었지만 부자로 널리 알려진 이 카리미들(역사가 엘리야후 아슈토르는 이들을 진정한 부르주아지라고 묘사한다)이 향신료 무역과 노예무역을 장악했다. 이제 그들은 설탕 무역에 뛰어들어 제당소를 매입하거나 직접 세웠다.[5] 이들의 네트워크는 이집트의 설탕 생산과 더불어, 13세기 이후로 이집트를 통치한 맘루크 제국 술탄들의 영토 정복에 뒤이어 확대되었다. 나일강 유역과 삼각주에서 이미 상당한 양의 설탕이 생산되었지만, 맘루크 제국 술탄들은 여기에 더하여 지중해 동부 연안과 요르단강 유역을 따라 고품질 설탕을 생산했다.

지중해 동부 연안 레반트 지역에 십자군이 들이닥친 이후로 200년간에 걸쳐 유럽은 설탕에 익숙해진다. 그러므로 십자군이 결정적이었다고 할 수 있다. 그전까지 기독교 세계에서는 설탕이 거의 알려지지 않았다. 튜턴 기사단과 성전 기사단, 구호소 기사단은 트리폴리(레바논의 트라블루스)와 티베리아스(이스라엘의 타바리야) 인근 무슬림 지주들 소유의 사탕수수 밭을 강탈했다. 예루살렘으로 가는 성지 순례를 도우라는 교황의 명령에 따라 설립된 기사단들은 신속히 설탕을 주된 수입원으로 삼아 유지비로 사용했다. 그리고 구호소 기사단은 환자를 치료하는 데에도 설탕을 많이 사용했다.[6]

구호소 기사단과 성전 기사단은 무슬림 전쟁 포로를 노동력으로 이용하여 레반트와 요르단강 유역으로 설탕 생산을 확대하고 생산 기술을 발전시켰다. 수차로 용수로에서 물을 흠뻑 퍼 올려 빠른 속도로 흐르도록 하여 무거운 맷돌을 돌렸다. 이집트에서는 짓이긴 사탕수수 줄기를 자루에 담아 롤러로 한 번 더 눌렀지만, 그와 달리 이들은 사탕수수를 압착한 뒤 한 곳에 모아 눌러서 즙을 더 짜냈다. 그러고 나서 커다란 구리 솥에 즙을 담아 결정이 생길 때까지 끓인 뒤, 널리 알려진 원뿔형 단지에 담았다. 이런 단지를 많이 발굴한 고고학자들은 1192년 예루살렘 왕국이 회복되었을 때 그 수도였던 아코Akko(아크레Acre) 외곽에서 거대한 정제소가 운영되었다고 판단했다.[7]

1291년에 십자군이 마지막까지 남아 있던 점령지에서 쫓겨나면서 십자군의 레반트 설탕 생산도 끝났지만, 설탕의 유럽 유입이 중단되지는 않았다. 맘루크 제국이 지배할 때 비록 교황이 무슬림 국가들과의 교역을 금지하기는 했으나 이집트와 그 속령의 설탕 수출은 새로운 고점을 찍었다. 베네치아와 제노바는 금지 명령을 회피하거나 바티칸에 값을 치르고 특면장特免狀●을 확보했다.[8] 맘루크 왕조와 이집트의 강력한 가문들은 요르단강 유역에서 설탕 생산 지대를 더 확대했다.[9] 알렉산드리아는 인도양의 향신료 무역과 이집트의 설탕 무역, 유럽의 수출품을 연결하는 핵심 중추의 지위를 확고히 다졌다. 알렉산드리아의 '프랑크족' 상인들(이탈리아, 프랑스, 카탈루냐의 상인들)은 술탄의 보호를 받으며 활동했다. 1327년에 알렉산드리아에서 유럽 상인들에게 대항하는 폭동이 일어나자 술탄은 주저 없이 군대를 파견하여 가차 없이 진압했다. 이 폭동은 외국인의 경쟁에 대응하려는 카리미가 사주했을 것이다.[10]

한편 베네치아와 제노바는 이집트가 아닌 다른 설탕 공급처를 발굴했다. 리처드 1세가 점령한 뒤로 십자군이 사탕수수 재배를 시작한 키프로스섬에서 점점 더 많은 설탕을 들여온 것이다. 1291년에 십자군이 레반트에서 축출된 이후, 키프로스섬은 유럽 시장의 주된 설탕 공급처가 되었다. 여러 이탈리아 도시의 많은 상인이 키프로스의 항구 아모코스토스Ammochostos(파마구스타Famagusta)를 거점으로 삼아 활동했다. 뤼지냥 왕조의 키프로스 왕들은 시간이 지나면서 제노바인들과 베네치아인들에게 경제적 권력의 많은 부분을 내주어야 했지만, 설탕 수출로 상당한 수입을 올렸다.[11]

강력한 부자 가문으로 유명했던 베네치아 코르네르 가문의 한 분가는 맘루크 제국과 싸우느라 빚을 많이 진 뤼지냥 왕조에 자금을 빌려주고 그 대가로 넓은 영지를 획득했다. 1361년, 피스코피Piskopi 마을 인근에 있던 그 영지에 그들은 거대한 플랜테이션 농장을 세웠다.[12]

● 특정 사례에서 교회법을 지킬 의무를 면제해주는 것을 의미한다.

키프로스섬 쿠클리아–스타브로스의 사탕수수 설탕 정제소 발굴지. 13세기 말과 14세기에 지중해의 이 섬은 사탕수수 설탕의 주요 생산지였다. 그곳에서 생산된 설탕은 이탈리아 상인을 통해 유럽으로 들어갔다.

300~400명의 노동자가 사탕수수를 키우고 수확한 그 농장은 당시 유럽 최대의 농업 기업 중 하나가 되었다. 고고학자들은 키프로스의 정교한 수력 압착기를 복원했는데, 복잡한 기계 장치의 한가운데에 압착기가 자리 잡은 형태다. 물은 도수로導水路를 통해 끌어왔는데 그 끝부분은 수차를 돌리기 위해 압력이 높아지도록 만들었다. 전형적인 맷돌로 짓이긴 사탕수수를 수력을 이용해 다시 압착했다. 물의 힘이 수평으로 설치한 밑돌 위에서 상대적으로 작은 윗돌 두 개를 돌렸다. 아코의 십자군처럼 코르네르 가문도 현장에서 설탕을 정제했다. 이를 위해 베네치아에서 구리로 만든 보일러를 들여왔다.[13] 베네치아의 어느 순례자는 예루살렘으로 가던 길에 이곳을 방문하고는 정제소에서 출하되는 엄청난 양의 설탕을 보고 깜짝 놀랐다. 그는 전 세계가 쓰고도 남을 만

큼 많다고 생각했다.[14]

이 베네치아 여행자의 말은 확실히 과장되었다. 키프로스에서 플랜테이션 농장들이 번창했다고 해서 맘루크 제국 영토와 유럽 상인들 간의 설탕 무역이 사라지지는 않았다. 1348년에 흑사병이 이집트를 덮쳐 주민의 3분의 1에서 절반이 사망했을 때 그 무역은 분명히 큰 타격을 받았을 것이다. 많은 사탕수수 밭이 버려졌고, 복잡하게 뻗은 관개 수로는 파손되었다.[15] 게다가 사막 부족들의 습격으로 농사의 리듬이 깨졌고, 가뭄이 닥쳐 수차가 멈추었다. 이집트의 설탕 생산 중심지인 푸스탓Fusṭāṭ(카이로)에서 운영하던 예순여섯 군데의 제당소 중 흑사병의 첫 번째 파고가 지나간 후 여전히 설탕을 생산한 곳은 열아홉 군데뿐이었다. 이집트의 다른 설탕 생산 지역의 상황도 거의 비슷했다.[16]

그러나 이집트의 설탕 생산은 회복되었고, 1370년에 제노바와 베네치아의 대표단이 술탄과 평화 조약을 체결한 이후 유럽으로의 설탕 수출도 다시 활발해졌다. 바티칸은 일단의 유럽 상인들에게 카이로, 시리아와 무역할 수 있도록 특면장을 부여했다. 이는 결국 교회에 매력적인 수입원이 되었다. 맘루크 왕조 통치자들은 유럽 상인들에게 변함없이 우호적인 태도를 취했고, 일부 유럽 상인은 아랍어를 유창하게 구사할 수 있게 되었다. 갤리선보다 항해 거리가 더 길고 선창도 더 큰 선박인 코게Kogge선이 이 교역에 기세를 더했다. 제노바의 코게선을 이용한 알렉산드리아의 무역은 다른 모든 유럽 국가의 무역을 압도했으며, 잉글랜드와 플란데런(플랑드르)으로 직접 연결되어 그곳의 아마포가 레반트를 향했다. 이 시기에 제노바 상인들은 대서양 권역으로 팽창할 토대도 마련했다.[17]

대서양 세계로의 팽창은 15세기 초에 지극히 중요했던 맘루크 제국 설탕 경제가 심각한 쇠퇴를 겪은 후 설탕 생산이 지중해 서부로 이동한 뒤에 이루어졌다. 1401년, 티무르의 튀르크-몽골 군대가 요르단강 유역을 휩쓸고 이어 대도시 다마스쿠스Damascus를 파괴했다. 한편 기후 변화로 가뭄이 더 잦아졌고, 거듭 재발한 전염병으로 농산물의 소출이 급감했다. 맘루크 제국 술탄들이 풍비박산된 세입을 설탕을 포함한 여러 사업을 독점하여 강화하고자 필사적으로 노력하면서 독립적인 설탕 상인들과 생산자들은 설 자리를 잃었다. 활력 넘치던 설탕 부르주아지는 그렇게 사라졌다.[18] 한때 번성했던 중동의 설탕 경제는 무너졌고, 16세기에 이집트의 설탕 생산이 다시 회복되기는 했으나 중동과 기독교 세계 사이의 설탕 무역은 종결되었다.[19]

흑사병과 티무르의 침공이 초래한 파괴는 유럽을 아시아의 설탕 경제에서 분리시켰기에 지정학적으로 중요한 의미가 있다.[20] 유럽 상인 가문들은 기존의 설탕 생산지를 확장하거나 새로운 생산지를 찾아 나섰다. 예를 들면 베네치아인들은 자신들의 영토가 된 크레타섬의 카니아Chania(하니아)에서 사탕수수 재배를 시도했으나, 곡물과 포도주 수출로 유명했던 그곳에서 사탕수수는 성공적인 작물이 되지 못했다. 수백 년 전 무슬림 통치자들이 확립한 오래된 설탕 생산지는 매우 성공적으로 부활했다. 7세기에 아랍인들이 서부 지중해를 점령한 뒤, 설탕 생산은 마그레브 서부로 확산되었고 바다 건너 에스파냐와 시칠리아로 전파되었다. 페르시아와 이집트에서 개발된 기술은 이 경로를 통해 이베리아반도에 도달했다.[21] 그 결과 안달루시아의 무슬림 왕국 그라나다에서 사탕수수가 소량 재배되었는데, 이 사탕수수는 웅장한 알람브라 궁전을 세운 그곳 통치자들에게 수입원이 되었다. 제노바 상인들이 그라나다의 항구 도시들에서 여전히 규모는 작지만 빠르게 성장하던 유럽 시장으로 그 수출품을 퍼뜨렸다.[22] 에스파냐 동해안의 발렌시아 왕국이 육성한 설탕 생산 지대 역시 크게 번성하여 프랑스 남부와 멀리 독일 남부의 시장에까지 설탕을 공급했다.

당시에 시칠리아도 약간 중요한 설탕 생산지가 되었다. 10세기에 아랍인들이 이 섬에 도입한 사탕수수 재배가 활력을 잃고 있었는데 13세기에 이르러 신성로마제국 황제이자 시칠리아의 왕위에 오른 십자군 프리드리히 2세가 이를 부활시켰다. 십자군으로 출정했을 때 레반트에서 높은 수준의 설탕 생산을 두 눈으로 직접 목격했던 황제는 시리아인 설탕 기술자들을 고용했다.[23] 이집트의 설탕 생산이 쇠퇴하면서 부유한 시칠리아인들이 농장에 대규모로 투자할 유인이 생겼을 때, 소소했던 시칠리아의 설탕 생산이 다시 활기를 띠었다. 그들은 도수교를 건설하여 상당히 먼 곳에서 물을 끌어와 사탕수수 밭에 물을 대고 압착기를 돌렸다.[24] 로마 제국 시대 이래로 올리브유를 짜는 데 썼던 맷돌을 압착기에 사용했다. 시쿨리 트라페툼siculi trapetum(시칠리아의 올리브 착유기)으로 알려진 그 압착기는 지중해 전역에서 사용되었다. 시칠리아 안에서는 사탕수수를 재배하고 가공할 노동자가 충분하지 않아서 지주들은 멀리 오늘날의 알바니아까지 가서 노동자를 데려왔다.[25]

이집트와 레반트, 키프로스에서 생산된 설탕의 품질은 중국과 인도에서 생산된 최고 품질의 설탕과 견줄 만했겠지만, 지중해 서부 지역에서 생산된 설탕은 훨씬 저렴하고 품질도 크게 떨어졌다.[26] 갤리선을 이용한 무역에서 이는 심각한 문제였다. 갤리선으로 원당을 운송하는 데는 정제 설탕보다 두 배 넓은 면적이 필요했기 때문에 장거리 운송에 터무니없이 많은 비용이 들었다. 그러나 코게선을 이용하면 원당을 이탈리아 북부와 북유럽, 특히 안트베르펜Antwerpen의 정제소로 가져가도 이윤이 남았다. 15세기 중반 이집트의 설탕 생산 지대가 쇠락한 지 불과 몇십 년 뒤, 코게선들이 마데이라 제도에서 생산된 설탕을 유럽으로 운반했다. 대서양 시대가 시작된 것이다.

지중해의 여운

유럽은 지중해 지역에서 세계적 자본주의의 중심으로 부상하기 시작했는데, 여기서 설탕이 핵심적인 역할을 했다. 그러나 설탕의 역사는 또한 이 자본주의가 훨씬 더 큰 유라시아 체제의 일부로 시작되었음을 보여준다. 산터우에서 수라트까지, 카이로에서 안트베르펜까지 상인들은 선박이나 짐마차에다 설탕을 점점 더 많이 실었다. 국제 설탕 무역에는 중국, 인도, 이집트, 에스파냐의 말라가주 상인들이 관여했다. 이 무역은 종교의 경계를 뛰어넘었고, 특면장과 사면absolution●을 통해 바티칸의 돈궤를 채웠다. 설탕은 통치자들의 주요 수입원이 되었다. 베네치아와 제노바, 기타 유럽의 상인 공동체는 15세기 초까지 페르시아, 이집트, 레반트와 활발하게 무역했다. 이베리아반도에 제당 기술이 확립된 점, 포르투갈의 대서양 탐험, 제노바의 원거리 무역이 대서양 권역에 설탕을 들여오는 데 결정적 역할을 했다.

14세기에 이르러, 앞서 언급한 카리미처럼 장거리 설탕 교역로를 장악한 강력한 상인 네트워크들이 출현했다. 지역의 도시 부르주아지가 교역로를 통제하여 경쟁자를 물리치고 이윤을 늘리기 위해 네트워크를

● 사제가 회개한 신도의 죄를 사해주는 것을 일컫는 용어.

구축했다. 이는 설탕의 역사에서 거듭 나타나는 현상이다. 유력한 가문들이 설탕 무역을 장악하려고 가족의 일원을 해외 항구로 파견했다. 발렌시아의 설탕 무역을 지배한 홈피스 가문은 경제적·정치적 근거지가 라벤스부르크Ravensburg였지만 한동안 교황의 거처였던 아비뇽에도 진출했다. 이 가문은 독일 남부에 퍼진 여러 가족 조직들이 통합되어 만들어진 라벤스부르크 대大무역상사Grße Ravensburger Handelsgesellschaft에서 주도적 역할을 수행했다.[27] 유명세가 덜한 다른 무역 네트워크와 마찬가지로 홈피스 가문과 그 협력자들도 결혼으로 확장되고 보장된 친족 간의 유대를 통해 독점을 확보했다.

그렇지만 이렇게 경제적 힘을 합친 가족 네트워크들도 강력한 통치자의 정책과 변덕으로부터 자유롭지 못했다. 카리미 네트워크는 맘루크 제국 통치자들이 기후 변화와 전염병, 티무르의 침입으로 압박을 받아 경제적 고삐를 바짝 죄었을 때 손해를 보면서 그 점을 뼈저리게 느꼈다. 독일 남부와 지중해 지역을 상업적으로 연결한 라벤스부르크 대무역상사는 15세기 말에 쇠락했다. 유럽의 경제적 무게중심이 지중해에서 북쪽으로 급속히 이동하고 점점 더 많은 설탕이 마데이라 제도에서 브뤼허Brugge와 안트베르펜으로 직접 이동했기 때문이다.[28] 포르투갈과 에스파냐의 왕실은 자본주의가 대서양 권역으로 이동하던 새로운 시대의 주역으로 부상했다. 그 시기에 라벤스부르크 대무역상사는 해체되었고 홈피스 가문은 시골로 물러나 지주 귀족으로 남았다.

리스본과 마드리드의 왕실이 국제적 설탕 생산과 교역에 직접 참여했다는 사실은 그때가 어떤 시대였는지를 잘 보여준다. 설탕은 상업적 가치가 컸기 때문에 지정학적으로 중요한 상품이었다. 곡물과 올리브유, 포도주와 달리 설탕의 정제와 거래는 통치 엘리트가 엄격하게 통제했다. 그렇지만 이들이 자본을 조달하고 멀리 떨어진 시장까지 침투하려면 상인 공동체에 의존해야만 했다.[29] 이집트의 맘루크 왕조 술탄들은 카리미와 프랑크족 상인들과, 십자군 국가들은 베네치아인들 및 제노바인들과, 무슬림의 그라나다 왕국은 제노바인들과, 발렌시아 왕국은 라벤스부르크 대무역상사와 협력했다. 제노바 상인들은 그라나다의 나스르 왕조 군주들을 구하는 데 힘을 보탰고, 베네치아의 코르네르 가문은 키프로스 통치자인 뤼지냥 왕조와 금융 관계를 맺은 결과로 그 왕국의 통치권까지 획득했다. 마찬가지로, 이베리아반도의 기독교도 왕들은 피렌체와 제노바의 자본을 이용해야만 마데이라 제도와 카나리아 제도에서 설탕을 생산하여 플란데런의 항구들로 가져갈 수 있음을 잘 알았다.[30] 카나리아 제도에서는 포르투갈인들과 제노바인들이, 뒤이어 카탈루냐인들과 피렌체인들이 아우크스부르크의 강력한 은행가인 벨저 가문과 푸거 가문의 지원을 받아 사탕수수 농장 소유주로서 하나의 기준을 세웠다. 플란데런 상인들은 농장을 소유하지는 않았지만 그들의 선박이 이 섬들로 와서 설탕을 실어갔다.[31]

인도, 중국, 이집트의 경우와 대조적으로 기독교 공국들에서의 설탕 생산은 개별 농민이 아니라 대농장과 얽혔다. 설탕 생산은 상인과 군주의 긴밀한 협력으로 이루어졌으며, 비옥한 토지와 물이 반드시 필요했기에 식량 작물과 포도의 재배를 밀어냈다. 중세 기독교 세계의 가장 강력한 행위자들이 귀한 천연자원을 차지하려는 경쟁에서 충돌했다. 종종 왕실 인사와 교황의 개입이 필요할 정도였다. 교황은 아코 인근에서 농장을 운영하면서 압착기를 돌리고 사탕수수를 재배하는 데 필요한 물을 두고 경쟁한 성전 기사단과 구호소 기사단 사이의 갈등을 직접 해결해야 했다.[32] 키프로스에서는 피스코피 인근의 코르네르 가문 농장과 인근의 구호소 기사단 플랜테이션 농장이 같은 강의 물을 차지하기 위해 맹렬하게 싸웠다. 결국 국왕의 관료들이 개입해야 했고 구호소 기사단 농장 쪽으로 물을 돌렸다. 그로써 베네치아인들의 농장에서 키우던 사탕수수 중 일부가 말라 죽었고, 그 결과 뤼지냥 왕조의 왕과 그에게 자금을 댔던 베네치아 금융가들 사이에 위기가 발생했다.[33]

지중해의 기독교도 사탕수수 농장에서는 현장에 제당소를 세우고 노동자들을 데려와 설탕을 생산했다. 이 또한 밭으로 압착기를 가져간 중국 본토나 인도와 완전히 대조적이었다. 마데이라 제도에는 사탕수수를 재배하여 자본가의 제당소에 넘긴 소농들이 있었지만, 시간이 지나면서 이들은 줄어드는 천연자원을 차지하려는 싸움에서 제당소 소유자들에게 밀려났다.[34] 카나리아 제도에서는 물이 부족했고, 점령한 식민지를 설탕 변경으로 바꾸고 싶어 했던 에스파냐 정부는 근처에 물이 있는 땅을 제당소를 세울 능력이 있는 자본가에게만 제한했다. 큰 덩어리의 땅을 불하하여 소유자들이 발원지부터 바다까지 강의 관할권을 갖게 하는 방식이었다.[35] 설탕 자본주의는 자원을 둘러싼 치열한 싸움을 초래했고, 이는 대개 소농의 복속이나 추방, 밭과 제당소의 통합으로 끝났다. 그러한 과정은 지중해 일대에서 시작하여 대서양 동부의 섬들에서 계속되었으며 카리브해의 작은 섬들에서 가장 철저한 형태를 띠었다. 밭과 제당소의 통합이 그러한 장소에서만 일어났던 현상은 아니다. 중국인의 해외 설탕 플랜테이션 농장에서도 볼 수 있었다. 그렇지만 지중해 지역과 대서양 동부 섬들에서 통합의 동력은 부족한 천연자원, 특히 물을 차지하려는 경쟁이었다.

종종 유럽 자본주의의 혁명적 시기를 이끌었다고 이야기되는 카리브해 사탕수수 플랜테이션 농장 지대에는 지중해의 이 오래된 자본주적 설탕 생산 방식이 깊이 뿌리내렸다. 요컨대 농장의 제당소가 중심이 되어 천연자원을 독점하고 노동력을 끌어들였다. 카리브해의 플랜테이션 농장은 수백 년간 이어져 내려온 지식의 결과물이었다. 설탕 기술 장인들은 이집트와 시리아에서 키프로스와 시칠리아로 이동했고, 그곳에서 그들의 지식과 기술은 발렌시아로 건너간 뒤, 마데이라 제도에 도달했다. 포르투갈의 설탕 장인들은 안달루시아의 무슬림에게서 기술을 배워 마데이라 제도와 카나리아 제도에 도입했다. 기술과 더불어 용어도 이동했다. 시칠리아어인 트라페토trapetto (올리브유 압착기)는 발렌시아어의 트라피그trpig가 되었고, 그 뒤 이베리아반도의 대서양 지역에서는 트라피체trapiche가 되었다.[36]

기술적으로 말하자면 대서양 설탕 산업의 기본 특징은 지중해의 섬들에서 이미 발전한 상태였다. 고고학자들은 18세기에 카리브해 농장에 대한 묘사를 토대로 키프로스의 설탕 정제 공장이 어떻게 작동했는지 복원할 수 있었다.[37] 이집트에서 시칠리아와 안달루시아까지 지중해 곳곳에서, 이어 카나리아 제도에서도 도수교로 물을 끌어와 수차의 압착력을 높였고 사탕수수 밭에 비료를 뿌렸다.[38] 1300년이면 벌채로 거의 숲이 사라진 이집트에서는 야자나무 잎과 버개스bagasse (사탕수수를 압착한 뒤에 남은 찌꺼기를 말린 것), 그리고 특히 밀짚이 연료로 쓰여 숲을 아껴 쓰는 데 도움이 되었다. 맘루크 제국 통치자들은 숲을 보존하기 위해 갖은 애를 썼다.[39]

지중해와 대서양의 설탕 생산 방식 사이에는 공통점이 많으며 그 역사는 서로 중첩된다. 18세기 말까지 설탕 부문의 생산성 증가는 완만한 성장의 변화를 보여준다. 운송비가 비쌌기 때문에, 생태 환경과 기후에서 불리하더라도 설탕 생산의 전통이 강한 지역은 예상보다 더 오랜 시간 사탕수수를 재배했다. 카나리아 제도와 마데이라 제도는 생태 환경의 제약과 브라질의 급속한 설탕 생산 증가에 굴하지 않고 16세기 내내 설탕을 생산했다.[40] 이집트의 설탕 생산도 다시 회복되어 18세기 에 품질 면에서 카리브해 설탕과 여전히 경쟁할 수 있었다. 비록 이집 트 설탕에 비하면 중요성이 떨어졌지만, 에스파냐 남부 해안과 키프로 스에서도 설탕 생산은 한참 동안 지속되었다.[41]

지중해와 대서양의 설탕 생산 방식이 진정으로 단절된 계기는 아프 리카인 노예제였다. 지중해의 농장에서 노예제는 흑사병으로 극심한 노동력 부족이 초래된 이후에도 예외적이었다. 9세기에 동아프리카인 수천 명이 노예로 끌려와 사탕수수 밭에서 죽도록 일하고 유프라테스 강 삼각주에서 관개 수로 작업을 했지만, 이들이 파괴적인 반란을 일으 킨 후로 대규모 노예 노동력을 사탕수수 밭에 투입하는 것은 너무나 위 험한 일로 여겨졌다. 이집트의 사탕수수 밭이나 제당소는 현명하게도 노예를 이용하지 않았고 실제로 노예가 필요하지 않았다.[42]

십자군은 전쟁 포로를 사탕수수 밭에 투입했지만 짐작건대 보조 노 동력으로만 썼을 것이다. 키프로스에서는 나중에 흑사병이 돌았을 때 는 더 체계적으로 노예 노동력에 의존할 수밖에 없었겠지만 주로 자유 인 노동자와 농노가 노동력의 주력이었다.[43] 모로코에서는 농민들이 강제로 사탕수수를 재배하고 제당소에서 일해야 했지만 노예 노동자 들이 관여하지는 않은 듯하다. 발렌시아에서는 노예가 밭에서 일했지 만 결코 주요한 노동력은 아니었다.[44] 대서양 동부 섬들의 사탕수수 농 장에서는 노예제가 체계적으로 도입되지 않았다. 마데이라 제도와 카 나리아 제도의 제당소에서는 소수의 노예가 일했지만 사탕수수 재배는 여전히 소농과 소작인의 몫이었다. 서아프리카 해안의 무인도인 상투메Sao Tomé에서만 16세기에 사탕수수 플랜테이션 농장에서 아메리카와 비슷한 방식으로 노예 노동력을 이용했다.[45]

의약품에서 별미로

백설탕의 역사는 군주의 궁정에서 시작한다. 마침내 대중에게 도달했을 때 처음에는 대체로 약의 원료로 사용되었다.[46] 인도와 페르시아, 중국, 이집트, 뒤이어 유럽에서도 실제로 그런 식이었다. 페르시아와 기독교 세계, 무슬림 세계를 막론하고 중세의 약전藥典과 약제사의 약품 목록에서 설탕은 높은 평가를 받았다. 설탕의 치료 효과에 대한 믿음은 2세기의 그리스 의학자 클라우디오스 갈레노스의 가르침에 의해 확고히 자리 잡았다. 갈레노스는 설탕을 체액의 불균형을 원상태로 되돌리는 수단으로 여겼다. 그의 의학 이론은 사탕수수 재배를 통해 서쪽으로, 중국과 아랍 간 교류를 통해 동쪽의 중국으로 전해졌다.[47] 유럽인들은 7세기의 그리스 의사 파울로스 아이기네테스의 매우 유력한 책 《일곱 권의 의학 개론Epitomes iatrikes biblia hepta》을 통해, 그리고 아랍 세계로부터 이븐시나(아비센나)와 콘스탄티누스 아프리카누스를 통해 갈레노스의 이론을 알게 되었다.[48]

유럽에서는 이미 심한 기침에 꿀이 효과가 있다고 알려졌지만, 설탕은 더 달았고 따라서 효능이 더 뛰어나다고 여겨졌다. 게다가 설탕은 인체에 쉽게 흡수되었기 때문에, 설탕물은 만성적인 설사로 고생하는 환자를 살리는 데 도움이 되었다. 설탕물에 더하여 시럽과 설탕 절임도 복통과 호흡기 질환을 치료하는 약으로 널리 쓰였다.[49] 설탕은 카이로에서 이베리아반도에 이르기까지 아랍 세계의 병원에서 널리 쓰였으며, 그리고 당연히 예루살렘의 구호소 기사단도 사용했다. 십자군 연대기를 쓴 대주교 빌렐무스 티렌시스(티로스의 빌렐무스)는 12세기 말에 설탕이 "사람의 건강에 매우 필요하다"라고 썼다.[50] 그는 분명히 설탕이 장 기능에 심각한 문제가 있는 사람을 살리는 힘이 있음을 말한 것이다. 당시 여행자들은 언제나 새로운 박테리아와 바이러스에 노출되고 아주 쉽게 감염되었다. 17세기에 메소포타미아를 여행한 숙련된 프랑스인 의사 바르텔레미 카레는 셔벗(로즈워터와 라임과 석류로 만든 레모네이드)이 오염된 식수로 인한 장염 치료에 특효약이라고 결론 내렸다.[51]

인도와 중앙아시아와 아랍 세계에서 설탕물이나 로즈워터는 점차 레모네이드의 선구자 같은 존재가 되었다. 처음에는 부와 권력을 가진 자들만이 설탕물을 즐겼지만 시간이 지나면서 대중도 소비하기 시작했다. 셔벗은 얼음과 섞여 소르베sorbet로 바뀐다. 이탈리아에서는 소르베토sorbetto라는 이름으로 일찍이 17세기에 개발되었다.[52] 달콤한 별미를 대접하는 것은 신분의 상징이었고 국왕의 접견과 외교에 필수 절차가 되었다. 예를 들면 페르시아에서는 고관의 출입 의식에 사탕과자가 빠지는 경우가 없었다.[53]

그러나 설탕 사용법 중 가장 기발한 것은 조각이었다. 설탕은 조각의 재료로 더할 나위 없이 훌륭했다. 16세기에 중국을 방문한 유럽 여행객들은 고관들이 연회에 설탕 조각상을 전시했다고 전했다.[54] 이집트에서는 칼리파들과 그 계승자들, 맘루크 제국 술탄들이 이슬람 축제 때 설탕 조각상으로 연회를 장식했다. 예를 들면 파티마 왕조의 어느 칼리파는 라마단이 끝날 때 카이로의 거리에 설탕으로 만든 조각상 152개, 역시 설탕으로 만든 성 7개를 디오라마(소형 입체 모형)로 전시했다. 맘

피에르 폴 세뱅의 〈추기경 레오폴도 데 메디치를 위해 마련한 승리의 연회 식탁〉(1667)은 귀족의 식탁을 장식한 설탕 조각상을 보여준다. 설탕으로 조각상을 만들어 장식하는 것은 유럽과 지중해, 중국의 고관들 사이에서 수백 년 동안 유행한 관행이었다.

루크 제국 통치자들은 여러 차례 설탕으로 부를 자랑했는데, 1332년 술탄 아들의 혼례 때처럼 때로는 너무 요란해서 카이로의 저명한 울라마(율법학자)에게서 비난을 들었다. 이스탄불의 오스만 제국 통치자들은 궁정에 설탕으로 만든 인물상 수백 개를 전시했다. 이는 틀림없이 비잔티움 제국 황제들에게서 물려받은 관행이었을 것이다.[55]

유럽의 군주들도 이 전통을 따랐다. 페루자Perugia의 통치자는 자신의 혼례 연회를 설탕으로 만든 동물상들로 화려하게 장식했다. 이보다 더 매혹적인 것은 카테리나 데 메디치(카트린 드 메디시스)가 프랑스 왕 앙리 2세와 결혼하기 전에 펼친 고별 연회의 조각상들이었을 것이다. 두 사람의 아들인 프랑스 왕 앙리 3세는 1574년에 베네치아를 방문했을 때 약제사와 건축가가 디자인한 설탕 장식들로 똑같이 성대한 접대를 받았다. 그 무렵에 대서양의 설탕 생산이 시작되었고, 설탕 조각상을 만드는 기술은 유럽 서쪽과 북쪽으로 확산되었다. 1565년, 알레산드로 파르네세(알레한드로 파르네시오)가 마리아 드 포르투갈과 혼례를 치를 때 브뤼셀의 궁정에는 이 공예품들이 멋지게 전시되었다.[56]

설탕 소비는 먼저 중국과 인도에서, 그다음으로는 일찍이 13세기부터 사탕수수가 대규모로 재배된 이집트에서 귀족 사회 밖으로 퍼졌다. 마그레브의 베르베르족 학자이자 탐험가 이븐바투타가 14세기에 중국과 이집트를 방문했을 때, 그 나라들 도시의 시장에는 이미 설탕이 널려 있었다. 그는 카이로의 상점주들이 라마단 전부터 금식이 끝나고 펼쳐지는 축제인 아이드 알 피트르Eid al-Fitr까지 두 달 동안 가게 앞에 온갖 형상의 사탕과자를 걸어둔 광경을 보았을 것이다.[57]

당시 북유럽에는 설탕이 여전히 거의 없는 것이나 매한가지였다. 1226년에 잉글랜드 왕 헨리 3세는 윈체스터Winchester 시장에게 알렉산드리아산 설탕 3파운드(약 1.3킬로그램)를 '그렇게 많이 입수할 수 있다면' 자신을 위해 구해달라고 부탁했다. 15년 후, 이집트와 레반트, 키프로스에서 수입한 설탕 양이 크게 늘었고, 부유한 잉글랜드 가구들은 설탕을 킬로그램 단위로 구입할 수 있었다.[58] 시간이 흐르면서 베네치아와 제노바, 피렌체, 라벤스부르크의 상인들을 통해 점점 더 많은 양의 설탕이 북유럽에 들어왔다.[59] 유럽의 귀족들은 설탕을 몹시 탐했고, 그래서 합스부르크 왕가의 여러 통치자가 충치로 고생했다.[60] 생애 막바지에 이른 잉글랜드 여왕 엘리자베스 1세의 이는 검은색이었다. 여왕의 궁정을 방문한 어느 독일인에 따르면 설탕을 많이 섭취하여 생긴 직접적 결과였다. 당시에 설탕이 이에 어떤 작용을 하는지는 이미 알려져 있었다. 거의 평생을 잉글랜드에서 일한 프랑스인 약제사 테오필뤼스 드 그랑시에르에게 설탕은 저주였다. 그는 설탕을 인도로 돌려보내는

편이 낫겠다고 생각했다.[61]

16세기에 들어서면 궁정 밖의 유럽인들마저 분명히 충치가 생겼을 것이다. 콜럼버스가 대서양 횡단 항해를 하던 시기에 유럽의 여러 시장에 들어온 설탕은 연간 5000톤에 불과했지만, 그 이후 100년 동안 그 양이 세 배로 늘어났다. 1700년경에 유럽에서는 설탕을 6만 톤 수입했다.[62] 중국 본토와 벵골, 펀자브의 생산량에 비하면 미미해 보일지 몰라도 서유럽 인구가 중국과 인도의 인구수보다 훨씬 적었음을 고려하면 이는 상당한 양이었다. 그러나 18세기에조차 유럽 대다수 지역에서 설탕은 결코 평범한 물품이 아니었다. 예를 들면 꿀이 외부에서 수입한 사탕수수 설탕보다 저렴할 때는 커피와 차에 타 먹는 감미료로 흔히 쓰였다.

대다수 유럽인은 순수한 설탕을 보지 못했다. 그들은 설탕절임과 사탕과자 형태로 설탕을 맛볼 가능성이 더 높았다. 이 두 낱말은 프랑스어 '콩피즈리confiserie'(글자 그대로의 뜻은 '합치다')에서 왔고, 콩피즈리는 사탕과자를 넉넉하게 모아놓았다는 뜻의 이탈리아어 '콜레아치오네colleazione'에서 왔다.[63] 세계의 다른 지역처럼 유럽에서도 제빵사는 사탕과자와 페이스트리를 만드는 데 꿀보다 설탕이 더 편리하다는 사실을 알아보았다.[64] 그러나 유럽에서 설탕을 마음껏 사용한 곳은 부유한 네덜란드 공화국뿐이었다. 17세기 초, 네덜란드 공화국은 유럽에서 소비되는 설탕의 절반을 정제했다. 그곳에서는 한때 귀족의 식탁만 장식했던 설탕 조각상들이 부유한 평민의 잔치에서도 인기 있는 품목이 되었다. 1655년, 암스테르담 시 당국은 설탕의 헤픈 소비를 금지하며 노동자의 반년 치 임금에 해당하는 500휠던이라는 무거운 벌금을 물렸는데도 무시되기 일쑤였다. 네덜란드 시민들에게 성 니콜라스 축일과 주현절, 연애, 혼례, 세례식을 상당한 양의 설탕 없이 보내는 것은 생각할 수 없었다. 이 같은 설탕 소비 양상이 도시민에게만 국한되지는 않았다. 부유한 농민도 자녀가 세례를 받을 때면 설탕을 넉넉히 준비하여 이웃을 초대해서 축하했다.[65]

페이스트리와 여타 요리에 설탕을 쓰는 조리법은 유라시아와 아메리카에 널리, 대개 군사적 점령에 뒤이어 전파되었다. 750년에 아바스 왕조 통치자들이 권력을 장악하여 그때까지 요리 수준이 높고 설탕을 사랑한 페르시아의 일부였던 바그다드에 수도를 정했을 때, 대체로 초라했던 아랍의 요리도 개선되었다. 오스만 제국의 요리는 페르시아와 아랍 세계의 달콤한 음식 전통이 뒤섞이는 도가니가 되었다. 그곳의 아이드 알피트르는 '설탕 잔치'였다.[66] 한편 풍요로워진 아랍 요리에 바그다드와 이베리아반도의 많은 달콤한 별미가 첨가되어 부엌이 혁명적으로 변했다. 에스파냐인들과 포르투갈인들은 아랍-안달루시아 전통에서 완성된, 작은 사탕과자와 페이스트리 만드는 기술을 식민지로 전파했다. 사탕과자를 특별히 좋아한 이베리아반도의 수녀원들은 라틴아메리카와 필리핀에, 남아시아의 식민지 정착촌에 그 제조법을 퍼뜨렸다. 에스파냐령 아메리카의 도시들에서는 17세기부터 거리의 행상들이 사탕과자와 케이크를 팔았고, 설탕은 곧 잡화점의 흔한 품목이 되었다.[67]

포르투갈은 동쪽으로 일본에 이르기까지 사탕과자 제조법을 전했다. 일본에서 이른바 남쪽의 야만인 사탕과자('야만인'은 유럽인에게서 전해진 물품임을 뜻한다)는 특히 다회에 곁들이는 품목으로서 적극적인 소비층을 찾았다. 사탕과자 만드는 법은 일본에서 시암으로 전파되었다. 프랑스어로 마리 기마르로 알려진 마리아 구예마르 드 피냐(1664~1728)가 시암의 요리법에 설탕을 도입했다. 그녀는 1688년에 궁정 쿠데타로 국왕과 함께 처형된 총리 콘스탄틴 폴컨(콘스탄티노스 게라키스)의 아내였다. 마리아는 기독교도 박해 때 나라를 떠나 피신한 일본인 가톨릭교도였던 어머니로부터 일본-포르투갈 요리를 배웠다. 시암에서도 18세기에 사탕과자의 소비는 왕궁에서 방콕의 거리로 퍼져나갔다.[68]

사탕수수 설탕은 전 세계에 확산되었는데도 대부분의 지역에서 단지 가용한 감미료 가운데 하나였을 뿐이다. 인도에서는 과일과 꽃에서 추출한 설탕이 야자와 사탕수수로 만든 설탕과 나란히 쓰였다. 물론 이러한 설탕은, 특히 꽃에서 추출한 설탕은 틀림없이 일반적인 소비재가 아니라 별미였을 것이다.[69] 실제로 말레이반도 전역에서 야자 설탕은 중국인 이주자들이 설탕 제조법을 소개한 이후로도 우세한 지위를 잃지 않았다. 페르시아에서는 궁정과 부유한 도시 가정이 열렬한 설탕 소비자였지만, 보통의 페르시아 가정에서는 꿀과 대추야자, 포도, 만나 같은 현지의 감미료가 지배적이었다.[70] 중앙아시아와 아랍의 다른 곳과 마찬가지로 오늘날 우즈베키스탄의 부하라에서도 사탕수수 설탕보다 포도와 멜론, 기타 과일의 즙이 매미충이 남긴 단물인 투룬지빈turunjbeen(타란자빈taranjabin)과 함께 소비되었다.[71] 이븐바투타에 따르면, 맘루크 제국에서는 나블루스Nablus 주변에서 널리 지배된 캐럽(구주콩나무) 열매가 감미료로 높은 평가를 받아 카이로와 다마스쿠스로 수출되었다.[72] 설탕이 잘 알려졌고 사탕과자와 사탕이 널리 인기를 끌었던 오스만 제국에서도 설탕은 흔한 물품이 되지 못했다. 포도 시럽이 흔해서 쉽게 구할 수 있었고, 설탕의 절반 값인 꿀보다도 저렴했다. 18세기 말에 카리브해 지역에서 설탕이 들어온 뒤에야 사정이 바뀌었다.[73]

콜럼버스가 도착하기 이전의 아메리카 대륙에서도 주민들은 다양한 과일로 만든 많은 사탕과자에 익숙했다. 게다가 아스테카인들은 옥수수로 시럽을 만들었다. 코르테스는 카를 5세(카를로스 1세)에게 보낸 편지에서 옥수수 시럽이 사탕수수 설탕만큼이나 달다고 썼다. 그럴 것 같지는 않다. 옥수수 시럽에도 포도당이 들어 있었겠지만 사탕수수에서 추출한 자당만큼 달지는 않으니 말이다.[74] 온대 지방에서 순수한 자당과 가장 가까운 것은 단풍나무 설탕maple sugar이었다. 허드슨만 인근에서 살며 알곤킨어를 쓰는 아메리카 원주민들은 아득한 옛날부터 나무 껍질에 수액이 올라오는 봄이면 단풍나무에 구멍을 뚫어 단풍당을 추출했다.[75] 그런데 온대 기후에서는 꿀뿐만 아니라 보리나 수수로 만든 자당 시럽도 매우 흔한 감미료였다. 그러한 감미료는 중국 북부에서 수천 년 동안 소비되었으며 오늘날에도 쓰이고 있다. 마지막으로, 벼 재배 사회는 찹쌀로 감미료를 만들었고 나중에 여기에 설탕을 섞었다.[76] 이렇게 다양한 감미료는 전부 고유의 독특한 맛으로 현지 음식을 풍요롭게 했으며, 20세기에 백설탕이 세계 거의 대부분의 지역을 지배한 뒤로도 계속 쓰였다.

산업 사회 유럽 도시에 퍼진 설탕

18세기 중엽, 설탕은 세계 거의 모든 지역에서 도시 소비 문화의 일부가 되었다. 예를 들면 타이완에서 설탕이 풍부하게 생산되고 중국 동남부의 설탕 생산이 회복된 덕분에 18세기 중엽이면 중국 해안을 따라 상하이와 인접 도시 쑤저우蘇州까지 설탕 소비와 사탕과자 제조가 확산되었다.[77] 1750년이면 아메리카의 연간 설탕 생산량이 15만 톤을 넘어서고 1790년까지 60퍼센트가 더 증가한다. 그 덕분에 이제 유럽의 도시 중간 계급도 설탕을 섭취할 수 있게 된다. 서유럽의 1인당 연간 설탕 소비량은 1600년에 87그램으로 소소했지만 1700년에는 614그램으로, 프랑스 대혁명 직전에는 2킬로그램으로 늘었다.[78] 1800년이 되면 이 지역의 설탕 소비량은 1인당 1.5~2.5킬로그램에 이르렀던 중국의 소비량에 근접한다. 그러나 연평균 4킬로그램의 원당을 소비한 인도에 비하면 이 수치도 크게 뒤처진 것이다.[79]

18세기에 설탕 소비는 유럽의 도시 부르주아지 구역에서 서민이 사는 동네로 확산되었고, 영국과 네덜란드 공화국에서는 시골까지 퍼졌다. 백설탕을 사 먹기에는 여전히 부담스러웠던 하층 계급은 당밀에 의존했다.[80] 당밀을 담은 커다란 통이 영국뿐만 아니라 북아메리카의 13개 영국 식민지에도 마구 쏟아져 들어와 거의 무제한으로 소비되었다.[81] 서유럽과 북아메리카에서 설탕은 요리책에서 흔히 볼 수 있는 재료였으며, 사탕과자와 아이스크림, 마멀레이드, 디저트의 조리 방법을 알려주는 책자가 급증했다. 설탕은 사탕과자와 사탕, 엿, 그리고 설탕과 아몬드로 만드는 과자인 마지팬marzipan에 점점 더 많이 쓰였다. 북아메리카의 필라델피아는 네덜란드와 독일에서 건너온 이민자들 덕분에 사탕과자 생산의 중심지로 부상했다. 퀘이커교도 여성들은 특히 페이스트리를 만드는 데 능숙했다. 이들이 만든 사탕과자는 도시 부유층의 저녁 식탁을 장식했다. 필라델피아를 '사탕과자의 수도'로 만드는 데는 신문 광고가 일조했다.[82]

설탕이 확산되면서 의사들이 설탕 소비를 경고하는 일도 잦아졌다. 의사들은 설탕이 인간의 신진대사에 위험하다며 충치와 괴혈병, 나아가 폐 질환까지 일으킬 수 있다고 지적했다.[83] 비판자 중에서 17세기 네덜란드 의사 스테번 블랑카르트가 돋보이는데, 그는 보통 사람이 소비하는 황설탕과 시럽(당밀일 것이다)을 격하게 비난했다. 그는 네덜란드 공화국 최고의 의사들은 이제 설탕과 시럽을 처방하지 않는다고 주장하며 그것들을 약방의 선반에서 치워버리라고 촉구했다. 그는 또 마카롱과 마지팬, '방케 레터banquet letter'(아몬드로 만든 글자 모양의 사탕과자),[84] 설탕 입힌 아몬드처럼 설탕이 들어간 단 과자를 절제하라고 강력히 충고했다. 이것들은 모두 다 네덜란드 공화국에서 크게 사랑받던 과자들이다. 마지막으로, 그렇지만 결코 사소하지 않은 문제가 더 있다고 경고했다. 그는 과도한 설탕 섭취가 어린이의 복부 비만과 괴혈병을 야기한다고 주장했다.[85]

게다가 설탕은 각성제라는 의심을 받아 조사를 유발했다. 그러나 이슬람의 술처럼 완전히 금지되지 않았고 종교적 비난도 받지 않았다. 가톨릭 성직자에게 단맛에 빠지는 행태는 무절제로 여겨졌기에 어느 정도 중요한 죄였다. 어쨌거나 대다수 사람은 극소량의 설탕만 맛볼 수 있었으니 말이다.[86] 초기 (프로테스탄트) 계몽 운동의 부르주아 문화는 더 엄격한 절제를 요구했겠지만, 이러한 환경에서 설탕은 과도한 음주에 비하면 문제도 아니었다. 게다가 성직자들이 무슨 말을 했든 간에, 맛있는 페이스트리와 케이크, 사탕과자가 쏟아져 나오는 것을 막을 수는 없었다. 설탕으로 형체를 만드는 기술은 궁정에서 설탕 정제업자들에게로 전파되었고, 그 비밀을 책방에서 입수할 수 있었다.

프랑스의 최고위 외교관 샤를모리스 드 탈레랑과 차르 알렉산드르 1세를 위해 요리한 앙토넹 카렘은 제과 기술을 한 단계 격상시켰다. 그의 책《그림 같은 파티시에Le Pâtissier pitoresque》(1815)는 1768년에 조제프 질리에가 출간한《프랑스 제과사Le Cannameliste français》부터 이어지는 긴 목록의 페이스트리 요리책 가운데 하나였다. 이 시기에 담배와 커피,

차의 소비가 서유럽 곳곳으로 퍼져 남녀를 가리지 않고 매혹했으며, 이 열대의 흥분성 식품들의 새로운 소비 기준과 새로운 교역 형태가 나타났다. 요컨대 더 세계화한 경제와 보편적인 요리법이 만들어졌다. 영국에서는 차에 설탕을 첨가했다. 교토와 에도(도쿄)에서는 다회에 설탕이 따라왔다. 고운 와산본 설탕으로 만든 사탕과자는 쓴맛의 차와 잘 어울렸다.[87]

한편 유라시아의 1인당 설탕 소비량은 지역적으로 매우 다양했다. 인도가 가장 많았고 중국, 페르시아, 오스만 제국이 뒤를 이었다. 유럽은 한참 뒤처졌다.[88] 유럽 안에서는 많은 사람이 설탕이라고는 구경도 하지 못했지만 일부에게 설탕은 매일 먹는 일상의 식품이었다. 오스트리아에서는 여전히 빈의 도시민에게 설탕 소비가 제한되었던 반면, 네덜란드 공화국에서는 시골에서도 커피 한 잔에 숟가락 가득 설탕을 넣었다. 영국에서 설탕은 특별히 인기가 많아 1인당 소비량이 1700년에 약 2킬로그램에서 1775년에 7킬로그램 이상으로 증가했다. 이는 유럽에서는 볼 수 없고 세계적으로도 인도에만 견줄 수 있는 양이었다.[89] 부유한 계급을 제외하면 소비자를 찾을 수 있는 곳은 임금이 대폭 인상된 영국의 신흥 공업 도시였다. 그뿐만 아니라 영국의 시골에도 소비자가 있었는데, 18세기 초부터 잡화점들은 창고에 상당한 양의 설탕을 쌓아두었다. 당시 영국에서 그러한 상점은 수만 개를 헤아렸다. 어쩌면 10만 개가 넘었을지도 모른다.[90]

반면 프랑스의 설탕 소비는 여전히 압도적으로 도시의 관행이었다. 한편으로는 농촌 주민들이 영국 농민에 비해 훨씬 더 가난했고, 또 따뜻한 기후 때문에 설탕을 대신할 감미료가 다양했기 때문이다. 파리 시민들은 확실히 설탕에 익숙해졌고, 1인당 연간 소비량은 프랑스 대혁명 직전에 약 23킬로그램 정도였을 것이다.[91] 온갖 계층의 파리 시민은 아침마다 600여 개의 카페나 집에서 카페오레café au lait(밀크커피)에 설탕을 타서 마셨다.[92] 1792년에 파리에서 설탕 가격이 두 배 인상되어 일상생활에 큰 타격을 받은 사람들이 이에 항의하여 폭동을 일으킨 것은 잘 알려진 일이다.[93] 19세기 말까지, 파리의 노동자들은 사내답지 않게 유약하게 만든다는 이유로 설탕을 싫어했다는 주장이 있지만 이는 시골에서 새로 올라온 자들에게만 해당하는 말이었을 것이다. 분명히 도시민들은 다르게 생각했다.[94]

유럽 도시에서 설탕 소비를 촉진한 다른 요인은 맥주와 포도주가 일상적으로 마시는 음료의 자리에서 점차 밀려난 것이었다. 이 알코올음료는 수백 년 동안 널리 소비되었다. 물보다 안전하다고 생각되었기 때문이다. 옳은 판단이었다. 물은 특히 도심에서 심하게 오염되는 경향이 있었기 때문이다. 끓인 물로 커피나 차를 마시는 것은 완벽한 대안이었다. 한편 미국에서는 퀘이커교도 같은 비국교도의 독실한 믿음과 금주의 가르침 때문에 시골에 단 음료와 감미료가 침투했다. 이처럼 농촌 지역으로 확산된 현상은 독일의 몇몇 공국에서도 나타났을 것이다. 그 공국들이 영국과 프랑스의 항구에 도착한 식민지 설탕을 많이 받지는 못했지만, 18세기에 1인당 소비량은 프랑스와 대등했다. 방직 같은 제조업 부문이 융성해지자 많은 독일 주민은 수입이 늘어났다.[95]

마멀레이드나 쌀죽을 곁들인 파이의 조리법이 플란데런과 네덜란드 공화국의 남부 주들을 거쳐 독일에 들어온 뒤로 독일 곳곳에 사탕과자 가게가 들어섰다. 독일인들도 곧 설탕을 넣은 커피를 마시는 습관에 빠졌다. 함부르크와 라이프치히, 쾰른 같은 도시에서 설탕은 일상적인 음식에 들어갔을 것이다. 도시에서 하인으로 일하다 결혼하려고 시골로 돌아온 사람들은 커피나 차에 설탕 한 숟가락 넣는 데 익숙했을 것이고 그러한 습관을 촌락 가정에 소개했을 것이다.[96] 이 모든 일은 네덜란드에서 라인강을 거쳐 들어온 1만 2000톤의 설탕과 함부르크에 하역된 3만 톤의 설탕 덕분에 가능했다. 그 대부분은 프랑스령 앤틸리스 제도 French Antilles에서 생산된 것이었다. 독일의 정제업자들과 상인들은 멀리 러시아까지 설탕을 운반했지만, 약 2000만 명의 자국 시장 소비자에게 3만 톤에서 4만 톤의 설탕을 공급했을 것이다. 이는 1인당 연간 1.5킬로그램에서 2킬로그램에 해당하는 양으로, 당시 프랑스인의 평균 소비량과 비슷했다.[97]

18세기 말, 설탕을 사탕과자와 케이크 등에 쓰고 커피나 차의 조미료로 첨가하는 관행은 서유럽과 북아메리카의 도시 부르주아 계층에 널리 퍼졌고, 이어 농촌의 부유한 가정에도 전파되었다. 영국에서는 하인까지도 설탕을 소비했다.[98] 1인당 소비량에서 이 지역은 이제 중국과 맞먹었다. 유럽과 북아메리카의 설탕 소비량은 19세기가 지나면서 인도의 소비량과 대등한 정도가 되지만, 도시화와 산업화가 급속하게 진행되던 당시 사회는 충족하기 어려울 만큼 설탕 수요를 창출했다. 비극적이게도 이렇게 치솟은 수요 때문에 아프리카인의 대규모 노예화가 초래되었다.

3

전쟁과 노예제

유럽이 막 설탕을 사랑하게 된 15세기 초, 이집트의 설탕 생산이 망했다. 그 시기는 향후 몇백 년 동안 설탕과 유럽의 대서양 역사를 연결하게 될 결정적 순간이었다. 우선 지중해 서부의 오래된 생산지가 부활했고 새로운 생산지가 등장했다. 그러나 이러한 팽창은 곧 한계에 부닥쳤다. 기후 때문에 사탕수수 재배가 유럽 남단의 섬들과 지중해 연안으로 제한되었기 때문이다. 그러자 곧 마데이라 제도가 유럽 시장 최대의 설탕 공급지가 되었는데, 자본주의적 미가공 농산물 생산의 전형적 사례였다. 장소의 이전을 통해 지역의 생태적 제약을 극복하는 방식으로, 지리학자 데이비드 하비가 '공간적 해결spatial fix'이라는 표현을 만들어 설명한 현상이다.[1] 설탕 산업의 역사에서 가장 중요한 공간적 해결은 아마도 마데이라 제도로부터의 공급량이 감소했을 때 발생했을 것이다. 새로운 설탕 변경은 유럽인이 막 알게 된 세계에 열렸다. 콜럼버스는 1500년을 목전에 둔 두 번째 항해에서 라에스파뇰라(히스파니올라Hispaniola)섬에 사탕수수를 조금 심었고, 시칠리아나 안달루시아보다 그 섬에서 사탕수수가 더 달고 두껍게 자란다고 열렬히 보고했다.[2]

20년 뒤, 페르난도 왕의 임종에 맞추어 라에스파뇰라섬에서 제조된 설탕이 처음으로 에스파냐에 들어왔다.

설탕은 페르난도의 손자 카를 5세의 방대한 제국 내의 여러 접점을 연결했다. 열아홉 살 된 군주는 1519년에 신성로마제국 황제에 올랐을 때, 제위 등극에 넉넉하게 자금을 댄 금융가인 벨저 가문과 푸거 가문에 빚을 진 상태였다. 벨저 가문은 또한 카를 5세의 아메리카 팽창도 후원했으며, 그 대가로 중요한 상업상의 특권을 획득했다. 바로 에스파냐령 아메리카의 노예무역을 사실상 독점했다. 게다가 그들은 라에스파뇰라섬의 수도 산토도밍고Santo Domingo에 상관商館을 설치하여 그곳에 설탕을 선적했고 수많은 노예를 제당소로 보냈다.[3]

라에스파뇰라섬의 플랜테이션 농장은 당대에 가장 큰 농장이었는데, 모서리 회전 압착기보다 압착력이 두 배 좋은 새로운 유형의 압착기를 사용했다. 이 압착기는 롤러 두 개를 수평으로 설치한 것으로, 13세기나 14세기에 인도 서부에서 등장한 모델이었다. 그 압착기가 고아에 식민지를 세운 포르투갈인들을 통해 라에스파뇰라섬에 들어왔다는 주장이 있었지만, 마데이라 제도에서 창안되어 카나리아 제도를 거쳐 라에스파뇰라섬에 도입되었을 가능성이 더 높다. 압착력을 키우기 위해 롤러에 쇠막대를 튀어나오게 박은 수평 압착기는 수력으로 돌리기에 더없이 적합했으며, 라에스파뇰라섬의 제당소는 운송에 유리하도록 강을 따라 설치했다.[4]

푸에르토리코뿐만 아니라 누에바 에스파냐(오늘날의 멕시코와 콜롬비아, 페루)에도 제당소가 급격하게 늘었다. 콩키스타도르들은 무자비한 진격 이후 새로이 세운 농장에 사탕수수를 심으라고 명령했다.[5] 16세기 중엽이면 아메리카의 에스파냐인 영토에서는 총 2000~2500톤의 설탕이 생산되었을 텐데, 카나리아 제도나 기니만의 포르투갈령 설탕 섬 상투메의 산출량을 여전히 넘어서지 못했다.[6] 라에스파뇰라섬에서 설탕 생산은 노예가 된 자들과 도망친 노예들(머룬maroon)의 격렬한 저항에 부닥쳤다. 그들은 제당소를 불태우고 가축을 잡아갔다. 프랑스와 잉글랜드의 해적들도 주기적으로 섬을 약탈하고 사탕수수 농장을 파괴했다. 한편 플랜테이션 농장주들은 세비야의 에스파냐 설탕 독점 구매를 피해 잉글랜드인 밀수업자들에게 설탕을 팔았고, 이들은 런던으로 설탕을 가져갔다. 이러한 요인들을 고려하면 16세기 중반에 에스파냐에서 아메리카산 설탕 수입이 정체된 이유가 설명된다.[7]

포르투갈은 에스파냐보다 훨씬 더 강력했다고 보기는 어렵지만 대서양에서 지배적인 설탕 생산국으로 등극했다. 16세기 이른 시기부터 포르투갈 왕실과 그 신하들은 독일 상인과 안트베르펜 상인의 자본을 끌어와 상투메를 노예 노동에 입각한 주요 설탕 생산지로 바꿔놓았다. 라에스파뇰라섬과 매우 비슷한 사례였다.[8] 설탕 생산이 왜 상투메에서 서아프리카로 가지 않고 대서양을 건넜는지 의아하게 생각할 수 있다. 특히 서아프리카에서는 이미 플랜테이션 농업이 시행되고 있었기에 더욱 그렇다. 그렇지만 그 지역은 대부분 생태적으로 사탕수수 재배에 적합하지 않은 것으로 드러났다. 연중 내내 비가 쏟아져 땅을 산성화했기 때문이다. 그러한 토양은 야자나무에는 적합했으나 사탕수수를 망쳐놓았다. 사탕수수는 건기가 있는 몬순 기후에서 가장 잘 자란다. 게다가 적도 아프리카에서는 압착기를 돌리는 말이 체체파리에 물려 감염으로 죽어나갔다.[9] 이처럼 생태 환경 탓에 설탕 생산이 대서양 너머로 밀려난 듯하다. 그리고 익히 알려진 대로, 그 결과 수백만 아프리카인이 끌려갔다.

1816년경 브라질의 설탕 공장. 16세기와 17세기에 브라질은 지배적인 설탕 생산 식민지로 등극하는데, 이에 기여한 압착기의 특징은 수직으로 설치된 세 개의 롤러였다.

브라질의 긴 해안이 대서양 세계의 주된 사탕수수 재배 지대로 부상했다. 광대한 브라질 해안 지역은 많은 사람에게 기회를 제공했으며, 포르투갈인들이 그 땅에 발을 들인 지 100년이 지나지 않아 브라질은 연간 7500톤가량의 설탕을 생산했다. 이는 시칠리아와 이베리아반도, 에스파냐와 포르투갈의 식민지에서 생산된 양을 합친 것의 약 1.5배였다. 수백 척의 선박이 브라질에서 포르투갈로, 그곳에서 다시 유럽의 항구들로, 특히 안트베르펜으로 설탕을 실어 날랐다. 실제로 브라질의 설탕 변경이 기세를 얻은 것은 이 도시의 상인들에 힘입은 바가 크다. 안트베르펜 상인들이 포르투갈 왕실로부터 네덜란드의 설탕 판매 독점권을 얻어 자신들의 도시를 북유럽의 설탕 정제 중심지로 만들었기 때문이다. 이 상인들이 브라질 플랜테이션 농장의 자본을 대부분 제공했으며 그곳에서 생산된 설탕의 절반을 배에 실어 유럽으로 가져갔다. 또 상당히 많은 플랜테이션 농장, 특히 주된 설탕 생산지인 페르남부쿠Pernambuco와 바이아Bahia의 농장들을 네덜란드인들이 소유했다. 이들의 지위는 이베리아반도에서 박해를 피해 달아나 브라질에서 새로운 삶을 시작한 유대인 상인들에 의해 강화되었다.[10]

비옥한 토지가 넘쳐나고 열대라는 조건을 갖춘 브라질 설탕 변경이 개척되면서 투자자들은 당시에 세상에서 압착 용량이 가장 큰 거대한 제당소를 건설했다. 이 제당소들의 압착기는 세 개의 롤러가 '수직으로' 설치된 것인데, 이는 필시 에스파냐령 아메리카에서 시작된 방식이었을 것이다. 이러한 설계의 압착기는 사탕수수를 더 빠르고 더 완벽하게 가공하여 결과적으로 더 많은 즙을 짜냈다.[11] 플랜테이션 농장주들은 대부분 그렇게 강력한 압착기를 보유할 여력이 없었다. 그렇지만 비옥한 토지가 풍부했다. 그래서 브라질은 마데이라 제도의 초기 상황을 모방한다. 압착 작업을 소농에게 맡긴 것이다. 17세기 중엽에 페르남부쿠에서 가공한 사탕수수의 약 87퍼센트를 약간의 토지와 노예, 가축을 보유한 포르투갈 라브라두르lavrador(농민)가 재배했다. 이들은 사탕수수를 가장 가까운 엔제뉴engenho(제당소)에 넘겼다.[12] 이곳은 풍부한 천연자원 덕분에 카나리아 제도와 라에스파뇰라섬, 상투메보다 덜 발달한 형태의 자본주의가 가능했다. 이곳들에서 물을 쓸 수 있는 땅은 주로 정제소를 운영할 자본이 있는 상인들에게 불하되었기에 유럽인 소농들에게 돌아갈 여력이 없었다.

브라질의 경우, 가혹하리만큼 많은 노예 노동자를 요구했다. 17세기 중엽에 설탕 생산이 연간 3만 톤까지 치솟았고, 설탕 1톤을 생산하는 데 노예 노동력 두세 명이 필요했다. 그중 아메리카 원주민은 극소수였고, 17세기를 통틀어 100만 명의 아프리카인이 계속해서 납치되어 브라질의 설탕 변경으로 끌려갔다.[13]

네덜란드인들이 유럽에서 설탕 독점을 추구하다

프랑스와 잉글랜드가 유럽의 패권을 두고 합스부르크 왕가와 전쟁을 벌이는 동안 두 나라의 해적들이 카리브해의 에스파냐 영토를 약탈하면서, 설탕은 지극히 중요한 상품으로 등장했다. 이 분쟁으로 대서양 세계는 유럽 전역의 상인들을 끌어들이는 싸움터로 변질되었다. 교전국들은 적의 식민지를 파괴하는 것이 적어도 자국의 식민지를 발전시키는 것만큼이나 중요하다고 믿었기에 서로 격하게 충돌했다. 가장 큰 소득은 설탕의 독점이었는데, 네덜란드 공화국이 손에 쥘 듯했지만 이는 실제로 달성할 수 없는 목표였다.

　네덜란드에서 가장 큰 도시인 안트베르펜은 16세기 거의 내내 유럽 설탕 무역의 중심지였다. 그런가 하면 1568년에 에스파냐의 펠리페 2세에 맞서 일어난 프로테스탄트 반란을 이끈 영웅적 도시였다. 안트베르펜은 반란의 수도라는 역할을 떠맡은 탓에 유럽 설탕 시장에서, 특히 1585년 에스파냐 군대에 점령당한 뒤로 그 지위가 크게 흔들렸다. 설탕 상인들과 정제업자들은 쾰른과 함부르크 같은 분란이 적은 다른 지역으로 이주했다. 게다가 안트베르펜은 암스테르담의 뜨거운 열기를 느꼈다. 암스테르담은 이미 유럽 곡물 교역의 주요 시장이었고 기술적으로 뛰어난 함대를 보유했다. 네덜란드가 에스파냐에 맞서 싸운 80년 전쟁(1568~1648)의 가장 잔혹했던 기간에도 이베리아반도와의 교역은 지속되었다. 네덜란드 선박들은 리스본으로 곡물을 실어 나르고 소금과 설탕을 싣고 돌아왔다. 1620년대에 포르투갈 수도의 인구는 16만 5000명이었는데, 그 배후지를 가지고는 결코 먹여 살릴 수 없는 규모였다. 리스본과 안트베르펜, 암스테르담, 쾰른, 함부르크 같은 유럽 여러 도시에 안착한 상인 네트워크는 교역 금지를 교묘히 피해 갔고, 합스부르크 왕가와의 전쟁에서 용병들이 유럽의 농촌을 약탈했는데도 해상 설탕 무역은 번창했다.

17세기에 들어설 무렵 네덜란드 공화국과 에스파냐의 전쟁이 교착 상태에 빠졌을 때, 안트베르펜은 에스파냐의 지배를 받았다. 에스파냐인들은 네덜란드 선박들이 바다로 나가는 길을 봉쇄했는데, 이는 안트베르펜이 더는 유럽 설탕 무역의 중심이 될 수 없음을 의미했다. 1609년에 네덜란드와 에스파냐가 휴전 협정을 체결했을 때, 암스테르담은 이미 브라질이 수출한 설탕의 절반을 처리했다.[14] 그러나 네덜란드는 더 많은 설탕을 원했기에 1621년에 에스파냐와 체결한 '12년 휴전'이 종결되자 네덜란드 서인도회사GWC를 설립했다. 네덜란드 서인도회사는 포토시Potosí의 은을 운반하는 에스파냐 함대에 더하여 브라질의 풍요로운 사탕수수 재배지를 확실한 표적으로 삼았다. 네덜란드 서인도회사는 1624~1625년에 잠시 바이아를 점령했다가 1630년에 헤시피Recife를 좀 더 길게 점령했으며, 1637년에 네덜란드 서인도회사가 헤시피의 배후지인 페르남부쿠를 점령했을 때 설탕 공급은 보장된 듯이 보였다. 네덜란드 서인도회사는 서아프리카에 있는 포르투갈의 주요 화물 집산지인 엘미나Elmina도 점령하여 아프리카인 노예를 끊임없이 공급하는 방법을 확보했다. 동시에 네덜란드 동인도회사가 타이완에 설탕 변경을 열었다. '17인의 신사Heeren XVII'라고 불린 이 회사

17세기와 18세기에 암스테르담은 유럽에서 설탕 정제 산업의 중심이었다. 이 그림은 1812년에 흐라나타펄 정제소 내부를 그린 것인데, 대부분 도시의 운하를 따라 자리 잡은 100여 개 정도의 정제소는 대체로 이와 같았다.

이사들은 양이 얼마가 되었든 네덜란드로 수출할 설탕을 확보하겠다고 바타비아에 알렸다.[15]

이러한 점령으로 암스테르담은 유럽 설탕 교역에서 성공을 구가했지만, 결정적 역할은 바이아와 안트베르펜의 비밀 유대교Crypto-Judaism 사회와 긴밀히 접촉한 세파르딤 유대인 사회가 맡았다. 아마 우연은 아닐 텐데, 네덜란드 서인도회사가 헤시피를 점령하고 2년이 지났을 때 유대인은 암스테르담 시민이 될 자격을 얻었다. 이 또한 이들이 설탕 무역에 뛰어들어 특히 정제소에 투자하도록 고무한 요인이었다. 17세기 중반 네덜란드 정제소의 4분의 3이 암스테르담에 있었는데 여기서 유럽인이 소비하는 설탕의 절반을 공급했다.[16] 엄청난 양의 연료를 태운 탓에 화재 위험성이 높은데도 높은 굴뚝을 갖춘 6~7층의 공장들이 암스테르담 운하를 따라 늘어섰다. 이 시기에 상당히 자주 일어난 화재로 값비싼 건물과 훨씬 더 귀중한 설탕이 소실되었다.[17]

네덜란드 서인도회사가 포르투갈령 브라질의 여러 곳을 점령했을 때, 그들은 그것이 노예 소유주가 되는 길임을 깨닫지 못했을 것이다. 당시 네덜란드인들에게는 노예제라는 개념이 실제로 용납되지 않았다. 노예제 관행은 지중해 지역에 아직 남아 있었고 에스파냐와 포르투갈에 제도로서 존속했지만, 유럽 북서부 국가들에서는 중세가 지나면서 사라졌다. 게다가 네덜란드 공화국이 거대한 해상 제국을 건설하기 시작했을 때, 노예제는 네덜란드인들이 그토록 격렬하게 싸워서 얻으려 한 자유와는 상반되는 관념이었다. 네덜란드의 국부 빌럼 판 오라녀는 독립을 촉구할 때 다른 무엇보다도 에스파냐가 노예를 잡아들이고 아메리카 원주민 2000만 명을 학살했다고 비난했다. 그래서 네덜란드 서인도회사는 초기에 노예 소유주가 아니었고 기독교도는 노예 매매를 용납할 수 없다고 주장했다. 그러나 나중에는 악명 높은 노예 소유주가 된다.[18]

노예 노동자가 없었다면 브라질의 제당소는 운영을 멈추어야 했을 것이다. 네덜란드 서인도회사는 노예 보유 금지에 대한 양심의 가책 따위는 치워버렸고, 나아가 스스로 거대한 노예상이 되었다.[19] 네덜란드인들은 곧 노예를 보호하는 법률에 구애받지 않는 잔인한 노예 소유주임이 드러났다. 에스파냐인들, 포르투갈인들과 대조적으로 이들은 노예의 처우에 관한 중세 이베리아반도의 법률 규정이나 세례를 지시한 가톨릭 법률에 구속되지 않았다. 에스파냐인과 포르투갈인의 플랜테이션 농장은 흔히 중세의 규정과 가톨릭의 규정을 무시했지만, 네덜란드인에게는, 그리고 이 점에서는 잉글랜드인에게도 그러한 규정 자체가 없었다. 이들은 아무런 제한 없이 노예를 상품으로 취급했으며 인격과 영혼을 지닌 존재로 인정하지 않았다.

네덜란드인들은 요한 마우리츠가 네덜란드령 브라질의 총독으로 있던 1637년부터 1644년까지 페르남부쿠에서 연간 6600톤에 이를 정도로 설탕 생산을 크게 늘렸다.[20] 그러나 세계 설탕 무역의 중심이라는 힘들게 얻은 지위는 오래가지 못했다. 네덜란드인들이 점령한 브라질에서 큰 빚더미에 쪼들린 포르투갈 플랜테이션 농장주들이 1645년에 대대적으로 반란을 일으켜 암스테르담으로의 설탕 공급은 1000톤으로 떨어졌다.[21] 동시에 타이완의 설탕 변경도 실망스러워서 네덜란드 동인도회사가 그 섬에서 거둔 최대 생산량은 연간 2100톤을 넘지 못했다. 이는 17세기 중반에 브라질에서 확보한 양에 한참 못 미쳤다.[22] 네덜란드 동인도회사는 설탕 생산량이 늘고 있던 자와와 모리셔스로 시선을 돌렸다. 그러나 이러한 시도도 실패로 돌아갔다. 자와는 브라질에서 입은 손실을 보충하기에는 결코 충분하지 못했다.

17세기 중반에 이르자 네덜란드 공화국이 유럽 설탕 무역을 독점할 기회는 점차 사라졌다. 세계적인 경제 대국이요, 해상 대국으로서 정상에 올라섰지만 이제 그 자리에서 밀려났다. 대서양 세계에서 네덜란드 공화국은 프랑스와 잉글랜드의 거센 도전에 직면했다. 1626년, 프랑스의 해적이 루이 14세의 총리인 리슐리외 추기경의 축복을 받으며 에스파냐로부터 카리브해의 섬인 세인트크리스토퍼Saint Christopher(세인트키츠)를 빼앗았다. 9년 뒤, 마르티니크Martinique와 몇몇 작은 섬이 프랑스의 수중에 떨어졌다. 네덜란드인들의 바이아 정복과 프랑스인들의 세인트크리스토퍼 점령 사이에, 잉글랜드인 헨리 파월이 담배와 인디고,

사탕수수를 포함한 일련의 작물을 가지고 아직 짙은 수목으로 뒤덮인 섬이었던 바베이도스에 발을 들였다.[23]

　카리브해 지역에서 네덜란드인들과 잉글랜드인들은 처음에는 서로 협력했고, 그 결과로 바베이도스는 깜짝 놀랄 정도로 급속하게 설탕 섬으로 변신했다. 브라질의 네덜란드인들은 1640년대에 광범위한 반란으로 점차 지위가 불안정해진 뒤로 바베이도스에서 새로운 기회를 포착했다. 이들은 암스테르담의 정제업자들에게 새로운 원당 공급처를 찾아주어야 했고, 아프리카인 포로들을 데려갈 새로운 구매자를 찾아야 했다. 어쨌거나 당시 네덜란드 서인도회사는 대서양 노예무역의 20퍼센트를 점유했다.[24] 브라질에서의 설탕 수출이 감소하자 바베이도스의 플랜테이션 농장주들은 인디고와 담배를 포기하고 설탕에 집중할 유인이 생겼다. 그래서 잉글랜드인 제임스 드랙스와 그의 동료 플랜테이션 농장주 몇 사람은 페르남부쿠에서 사탕수수를 들여왔고 네덜란드인들에게서 조언을 얻어 작은 압착기를 설치하는 방법을 알아냈다.[25] 몇 년 지나지 않아 바베이도스는 진정한 설탕 섬이 된다. 이곳에서는 롤러에 쇠막대를 박거나 철판을 두른 개선된 압착기를 사용했으며, 보일링 공간에는 솥을 줄지어 늘어놓았고, 원당을 담은 원뿔형 용기를 격자 선반 위에 올려놓아 당밀이 빠져나가게 했다.[26]

　그러나 올리버 크롬웰이 잉글랜드 공화국을 완전히 장악한 이후로는 잉글랜드와 네덜란드의 협력 관계가 파탄 났다. 크롬웰은 자국과 네덜란드 공화국을 가톨릭에 반대하여 연합한 프로테스탄트 형제 국가로 생각했다. 이 싸움에서 그는 에스파냐로부터 잉글랜드는 서유럽을, 네덜란드는 아시아와 아프리카를 빼앗아 세계를 반분한다는 계획을 세웠다. 그러나 네덜란드는 이 방대한 구상에서 잉글랜드가 자신들에게 부차적 역할을 맡기려 한다는 것을 알고 놀라고 짜증스러웠다. 네덜란드로부터 퇴짜를 맞은 잉글랜드는 1651년에 항해 법을 제정하여 뛰어난 경쟁력을 갖춘 네덜란드 선박이 자국과 식민지의 항구에 입항하지 못하게 막았다. 이러한 조치는 1652~1654년의 1차 잉글랜드-네덜란드 전쟁으로 이어졌다. 전쟁으로 두 나라의 자원이 소모되었을 뿐만 아니라 포르투갈이 네덜란드에 빼앗긴 브라질 땅을 되찾을 절호의 기회가 생겼다. 네덜란드 의회Staten-Generaal는 네덜란드령 브라질의 수도인 헤시피에서 대표단이 파견되어 간절하게 호소하자 다급히 페르남부쿠로 함대를 파견했지만, 때는 이미 늦었다. 함대는 네덜란드인 주민들을 배 안이 북적일 정도로 태워 소개疏開하는 것밖에 할 수 있는 일이 없었다.

그러나 브라질의 상실도, 잉글랜드의 항해 법도 암스테르담이 유럽 설탕 무역에서 차지한 역할을 심각하게 훼손하지는 못했다. 실제로 설탕 생산과 시장을 독점하려는 이 모든 전쟁은 국경을 가로지른 상품 사슬을 근본적으로 바꿔놓았다기보다는 혼란에 빠뜨렸다고 말할 수 있다. 암스테르담의 설탕 무역은 해상 정복이 아니라 카리브해에서 아소르스Açores 제도와 런던까지 퍼진 세파르딤 유대인의 강력한 교역망에 의존했다.[27] 게다가 당시 런던에는 정제소가 조금밖에 없었기 때문에 암스테르담은 런던 상인들을 통해 가져오든, 항해 법을 피해 카리브해의 밀수 항로를 통해 가져오든 서인도 제도의 설탕을 상당히 많이 빨아들였다. 바베이도스의 부총독 크리스토퍼 코드링턴은 이 불법 거래에 깊이 관여했다. 그는 자신이 소유한 선박 다섯 척뿐만 아니라 자신이 지휘하는 해군 선박까지 이용하여 퀴라소Curaçao, 역내 설탕 무역의 중요한 절점節點인 네덜란드의 다른 식민지 신트외스타티위스Sint Eustatius와 교역했다.[28]

1660년경에 함대 100척이 암스테르담으로 설탕을 운송했고, 설탕 산업은 여전히 네덜란드 경제에서 비중이 가장 큰 부문이었다.[29] 런던에서 거의 1만 톤에 가까운 설탕이 들어왔고, 브라질에서, 그리고 카리브해의 프랑스령 섬과 영국령 섬에서 다양한 경로를 통해 추가로 3500톤이 들어왔다. 아시아에서도 네덜란드 동인도회사의 선박들이 비록 양은 일정하지 않았지만 설탕을 들여왔다. 암스테르담은 1713년이면 서인도 제도 설탕의 정제소라는 역할을 잃지만, 프랑스령 앤틸리스 제도, 특히 생도맹그Saint Domingue에서 원당이 대량 유입되어 마침내 보상을 받았다. 이러한 화물은 프랑스에서 합법적으로 구매했거나 카리브해 지역에서 불법적으로 획득한 것이었다.[30] 부르주아지의 광범위한 밀수와 교역 디아스포라는 중상주의 정책의 효력을 없애는 데 크게 기여했다.

잉글랜드와 프랑스의 설탕 혁명

프랑스, 잉글랜드, 네덜란드가 합스부르크 제국에 맞서 전쟁을 벌이고 네덜란드가 브라질에 들어갔다가 쫓겨나면서 카리브해의 섬들에서는 아프리카인 노예들에 의한 설탕 생산에 새로운 국면이 전개되었다. 바베이도스는 잉글랜드인 정착민들과 기결수 노동자들이 다양한 작물을 재배하는 섬에서 아프리카인 노예에 의존해 사탕수수를 재배하는 섬으로 빠르게 바뀌었다. 1660년대에 바베이도스는 대서양 세계에서 브라질 다음으로 많은 양의 설탕을 수출했지만 급속하게 늘어나는 잉글랜드 플랜테이션 농장주들을 수용하기에는 너무 작은 섬이었다. 그래서 그들은 카리브해의 다른 섬들에 정착하기 시작했다.

바베이도스가 20년 안에 생태적으로 고갈되어 버려지지 않은 것은 오로지 플랜테이션 농장주들이 자연적 제약을 극복한 덕분이다. 그들은 섬을 카리브해 전역의 모범적 사례로 바꾸어놓았다.[31] 섬의 숲이 빠르게 파괴되어 목재가 부족했는데, 건축에 필요한 목재는 뉴잉글랜드에서 수입하고 난방을 위해서는 잉글랜드에서 석탄을 수입하여 부분적으로 문제를 해결했다. 또 바베이도스의 비교적 건조한 기후 덕분에 버개스를 햇볕에 말려 연료로 쓰는 해법도 가능했다. 이에 못지않게 중요한 것은 강력한 풍차를 도입한 것이었다. 1670년경에 바베이도스에서는 약 400쌍의 풍차 날개가 압착기의 롤러를 돌렸다. 그 덕분에 대규모로 소를 키우지 않아도 되었다. 섬에는 그럴 만한 공간도 없었다.[32] 산업 혁명으로 세계 곳곳에 증기 압착기가 확산된 이후에도 풍차는 살아남았다. 제1차 세계대전 직전까지도 바베이도스의 219개 사탕수수 농장은 여전히 풍력으로 가동되었다.[33]

바베이도스의 플랜테이션 농장주들은 풍차를 이용하고, 버개스를 태우고, 목재와 석탄까지 수입하여 에너지 문제를 해결했을 뿐만 아니라 만만치 않은 생태적 장애도 극복했다. 이들은 급속한 지력 감퇴와 토양 침식으로 인한 수확량 감소를 막기 위해 양방향으로 두둑을 파 올리는 '케인 홀링cane holing'을 도입했다. 그렇게 하면 거름을 더 잘 이용할 수 있었다. 이 기술은 서인도 제도 전역으로 전파되었고, 이와 더불어 노예 노동자들을 집단으로 나누어 특정한 리듬에 따라 밭 위에서 이동하게 하는 방식도 퍼졌다.* 이는 곧 카리브해 지역 사탕수수 플랜테이션

---

* 노동자들을 세 집단으로 나누어 첫 번째 집단은 가로세로 약 1.5미터 정사각형 형태의 땅을 약

농장의 표준적인 방식이 되었다.[34] 사탕수수 재배는 지력을 고갈시키는데, 얌 같은 식량 작물을 교대로 재배하는 윤작은 지력 고갈을 완전히 막을 수는 없더라도 지력을 회복하는 데 어느 정도 도움이 되었다. 바베이도스의 플랜테이션 농장주들은 생산을 유지하기 위해 필사적으로 노력했다. 심지어 잉글랜드가 잠시 장악했던 수리남에서 퇴비를 수입하기까지 했다.[35]

수백 년간의 설탕 생산 기술과 경험이 바베이도스에서 하나로 합쳐졌다. 롤러 세 개짜리 압착기는 포르투갈령 브라질에서 왔으며, 연료 절감을 위해 여러 개의 솥을 함께 쓰는 방법은 네덜란드인들이 개발했을 것이다. 네덜란드인들은 페르남부쿠 산림의 급속한 벌채에 놀랐고, 아마도 아시아에서 점유한 영토에서 사탕수수 즙을 끓이는 중국인 기술자들로부터 그 기술을 전해 들었을 것이다.[36] 윤작과 시비施肥의 관행은 중세 이집트와 중국의 밭에서 이미 널리 쓰이고 있었다. 버개스를 연료로 쓰는 방식은 숲이 아직 많이 남아 있던 브라질에서는 쓰이지 않았지만, 몇백 년 전 이집트에서는 필시 이용되었을 것이다.[37]

바베이도스의 플랜테이션 농장주들은 그 작은 섬에서 노예 노동자를 이용해 최대한 수확하기 위해 나름의 혁신을 더했다. 정제소와 밭의 통합, 엄격한 노동 분업, 시간 조절은 중요한 전환점이었다. 이는 또한 헨리 드랙스(1693~1755, 제임스 드랙스의 손자)와 다른 농장주들이 담배 생산에 적용한 방식과는 완전히 달랐다. 담배는 노예살이 백인 계약 노동자들이 자그마한 땅에서 재배하는 경향이 있었다. 아프리카인 노예의

15~22센티미터 깊이로 파 구덩이(hole)를 만들고, 거기서 파낸 흙으로 가장자리에 둑을 만든다. 두 번째 집단이 여기에 사탕수수 모종을 심고 거름을 져 날라 뿌린다. 세 번째 집단은 밭을 매고 쥐를 잡는다.

절반 값에 그들을 쓸 수 있었다. 그러나 노예살이 계약 노동자들은 농민이 될 여지가 없었기에 불만을 품고 반란을 일으켰고, 따라서 노동력의 공급원으로서 매력이 떨어졌다. 아프리카인 노예가 풍부하게 공급되자 곧 플랜테이션 농장에서 백인 노동자를 배제하는 쪽으로 상황이 바뀌었다.[38] 브라질과 대조적으로 사탕수수를 재배하는 백인 농민은 바베이도스 설탕 경제의 구성원이 되지 못했다.

바베이도스는 생태적 한계 때문에 노동자들이 이미 자본에 종속된 옛 지중해 모델로 되돌아갔다. 그러나 이제 노동자의 완전한 상품화에 따라, 다시 말해 노동자의 완전한 탈인격화와 더불어 그런 일이 일어났다. B. W. 히그먼에 따르면 이는 '설탕 혁명', 특히 인종 관계의 혁명이었다.[39] 1660년대에 바베이도스에서 노예 수입은 두 배 이상 증가한 반면, 이제 일자리를 찾을 수 없던 백인 정착민들은 상당수가 카리브해의 다른 섬과 북아메리카로 이주했다. 그리하여 플랜테이션 농장주들과 백인 감독들을 한 편으로, 노동자들을 다른 한 편으로, 다시 말해 백인 자본가와 흑인 노동자로 인종적 구분이 확실해졌다. 네덜란드인들이 공급한 아프리카인 노예들, 바베이도스를 떠난 잉글랜드인 플랜테이션 농장주들, 브라질에서 쫓겨난 세파르딤 유대인이 바베이도스의 설탕 혁명을 카리브해 지역으로 더욱 확산시켰다. 먼저 1652년부터 1667년까지 잉글랜드의 지배에 떨어진 네덜란드령 수리남으로, 이어 1655년에 에스파냐로부터 빼앗아 잉글랜드의 가장 중요한 플랜테이션 농장 섬이 되는 자메이카로 퍼졌다.[40] 앞서 언급한 크리스토퍼 코드링턴을 비롯한 바베이도스의 유명한 다른 플랜테이션 농장주들은 안티과Antigua섬으로 이동했다.

한편 브라질을 떠난 유대인과 네덜란드인 피란민은 기아나 해안을 따라 새로운 식민지를 건설했다. 원래의 종교로 다시 개종한 수백 명의 세파르딤 유대인(네덜란드령 페르남부쿠에서는 유대교로의 재개종이 허용되었다)이 1644년 총독 요한 마우리츠가 본국으로 불려갔을 때 장래가 걱정된 나머지 브라질을 떠나면서 이미 시작된 과정이었다. 10년 뒤, 네덜란드령 서인도회사가 브라질을 떠나 네덜란드 공화국이나 기아나 해안의 네덜란드 식민지, 카리브해의 섬들(주로 바베이도스와 프랑스령 앤틸리스 제도)로 갔을 때 세파르딤 유대인의 두 번째 집단이 출발했다. 이러한 디아스포라에서 그들은 새로운 박해의 물결을 피해 이베리아반도에서 도망친 유대인 이주자들, 그리고 함부르크와 이탈리아의 리보르노Livorno에서 떠나온 유대인들과 만났다.[41]

결국 네덜란드령 브라질과 그 몰락에 뒤이은 디아스포라가 프랑스령 앤틸리스 제도의 설탕 혁명을 촉발했다. 이 섬들은 바베이도스처럼 원래 담배와 카카오와 인디고를 생산했던 곳이다. 페르남부쿠에서 살던 어느 프랑스인 설탕 정제업자는 프랑스령 앤틸리스의 총독과 계약하여 세인트크리스토퍼섬에 사탕수수 플랜테이션 농장을 세웠다. 1646년, 농장이 완성되어 약 100명의 노예, 200명의 장인, 노예살이 계약 노동자, 기타 노동자로 운영에 들어갔다.[42] 8년 뒤 페르남부쿠의 피란민을 가득 태운 네덜란드 선박들이 마르티니크에 도착했다. 섬에 있던 예수회 수도사들의 개입으로 이 숙련된 설탕 기술자들은 더 멀리 프랑스령 앤틸리스 제도로 들어갔다. 저명한 프로테스탄트 네덜란드인과 세파르딤 유대인 설탕 생산자들의 존재가 불쾌했던 예수회 수도사들이 총독을 압박하여 상대적으로 그들에게 더 우호적인 과들루프Guadeloupe로 그들을 추방하게 한 것이다.[43]

바베이도스와 매우 유사하게 프랑스령 앤틸리스 제도에도 처음에는 강제 노동에 동원된 유럽인인 앙가제engagé가 거주했다. 이들은 여러 해 동안 플랜테이션 농장에서 담배와 인디고를 재배하고 나면 자신의 땅을 가질 수 있었다. 이는 그 취약한 식민지를 정착민들로 공고히 하려는 프랑스 정책의 일환이었다. 그런데 농장에서 작물을 사탕수수로 전환하고 네덜란드인들이 아프리카인 노예를 공급하자 앙가제들은 프랑스령 앤틸리스 제도의 생산 체제에서 밀려나 땅을 잃었다. 과들루프에서는 곧 설탕이 많이 생산되어 루이 14세 정부의 재무부 장관이자 프랑스 중상주의의 대부 장바티스트 콜베르는 프랑스로 설탕을 운반할 선박이 곧 부족해질 것이라는 보고를 받았다. 밀수꾼들이 이 문제의 해결에 도움이 되었을지도 모른다. 실제로 프랑스령 앤틸리스 제도의 설탕 생산량 급증에 제동을 건 것은 농장주들의 노예 수요가 증가하는데 이를 충족할 노예선이 충분치 않다는 점이었다.[44]

카리브해 지역의 설탕 생산이 도약기에 들어서면서, 브라질의 설탕 산업은 100년간의 정체기에 들어갔다. 그때까지 설탕의 역사에서 생태적 한계나 기후 변화, 군사적 침공이 설탕 변경의 작동을 멈추게 하거나 심지어 파괴한 적도 있었지만, 브라질에는 그 어느 것도 해당하지 않는다. 다만 브라질의 플랜테이션 농장주들은 비옥한 토지와 풍부한 수자원, 수많은 견인 동물, 그리고 1700년에서 1760년 사이에 배에 태워져 들어온 100만 명의 아프리카인 노예, 그러니까 프랑스령 앤틸리스 제도와 영국령 서인도 제도에 유입된 노예를 합친 것만큼 많은 노예를 제대로 이용하지 못했을 뿐이다.[45] 이 노예들은 실제로 대부분 금광과 다이아몬드 광산으로 보내졌다. 브라질의 플랜테이션 농장주들은 설탕 가격 상승으로도, 영국과 프랑스와 에스파냐가 빈번하게 휘말린 전쟁에서 중립을 지킨 것으로도 이익을 얻지 못했다. 이 나라들, 특히 영국은 설탕이 아니라 금과 다이아몬드에 관심이 있었다. 그 나라들은 카리브해의 식민지에서 설탕을 얻었다.[46]

　18세기 말에 브라질 설탕에 대한 수요가 마침내 회복되었을 때, 페르남부쿠 제당소 중 수력으로 가동되는 것은 5퍼센트에 불과했고 철판을 댄 롤러는 거의 없었다. 그래서 가공 능력과 압착력이 약했다.[47] 브라질의 농장주들은 삼림 자원 고갈에 버개스를 연료로 쓸 생각은 하지 못하고 내륙으로 더 깊이 들어가 품질과 상관없이 더 많은 나무를 베어내 대응했다. 숲을 불태운 직후 묘목을 심으면 거름을 아낄 수 있었지만 더 많은 땅이 필요했다. 지력 회복을 위해서는 넓은 면적을 여러 해 동안 묵혀야 했기 때문이다. 이런 방식은 방대한 숲을 파괴했을 뿐만 아니라 매우 비경제적이었다. 사탕수수 농장이 노동자를 두고 금광이나 다이아몬드 광산과 경쟁하고 부족한 목재 연료를 두고 피혁 산업과 경쟁해야 했던 시기에 노예 노동자들은 사탕수수 밭까지 먼 거리를 걸어가야 했다. 그 결과 수익성이 떨어져 1780년대에 이르자 많은 정제소가 문을 닫아야 했다.[48] 그 무렵이면 브라질은 설탕 수출지로서 생도맹그와 자메이카에 추월당했다.

노예

합스부르크 제국의 패권에 맞선 전쟁의 결과로 이베리아반도 사람들이 아메리카에 들여온 노예제는 네덜란드, 영국, 프랑스의 식민지로 확산되었다. 이베리아반도 사람들에게 노예제는 오래된 제도였는데, 타인의 재산이 되어버린 사람들의 최악의 비인격화 효과는 가톨릭교회 덕분에 다소 완화되었다. 가톨릭교회는 아메리카에서도 가톨릭 군주들에게 노예가 된 신민의 세례를 도우라고 요구함으로써 플랜테이션 자본주의 체제에서 노예가 된 사람들의 비인격화를 지속적으로 역전시키려 했다. 그러나 프로테스탄트 노예 소유주들은 노예의 영혼을 돌볼 의무가 전혀 없었다. 당시 유럽이 매우 종교적인 사회였음을 감안할 때 이 새로운 자본주의적 노예제의 철저한 비인간화 성격은 충격적이다.

아프리카인 노예가 주로 향한 곳은 사탕수수 플랜테이션 농장이었다. 아프리카에서 납치되어 대서양을 건너는 동안 살아남은 약 1250만 명 중 적어도 절반에서 3분의 2가 사탕수수 플랜테이션 농장으로 들어갔다.[49] 유럽에서 설탕의 수요가 빠르게 증가했기에 노예선은 노예 수요를 맞출 수 없었다. 이는 특히 18세기 말 생도맹그의 설탕 생산이 절정에 달했을 때 해당하는 말이다. 그때 프랑스의 노예상들은 포로들을 구매하려고 끊임없이 배를 타고 아프리카 동해안으로 갔다.[50]

18세기 후반에 카리브해 지역과 브라질의 사탕수수 플랜테이션 농장에서 일하거나, 압착기 돌리는 소를 방목하거나, 설탕을 항구로 운반하고 식량 작물을 재배하는 밭을 돌보는 보조적 노동을 수행한 노예는 연평균 60만 명을 크게 웃돌았다. 서인도 제도 사탕수수 농장의 토지에서 사탕수수를 심은 땅은 30~40퍼센트 정도였고, 나머지는 식량 작물과 소를 키우는 데 쓰였다.[51] 노예 노동자들은 관개 작업과 배수 작업을 비롯한 기간 시설 건설과 유지에도 투입되었다. 이 일은 가능하면 수확이 한창일 때를 피했다. 수확기는 플랜테이션 농장의 일정에서 가장 바쁜 때였는데, 사탕수수를 잘라 운반하고 압착하고 즙을 끓이는 일을 동시에 진행해야 했다. 이런 노동은 하나같이 손으로 해야 하는 노동 집약적 작업이었다. 산업화 이전의 플랜테이션 농장에서 정제 작업을 하는 철에 노동력의 수요를 줄일 수 있는 방법은 거의 없었다.

트리니다드의 저명한 역사가 C. L. R. 제임스가 지적했듯이, 자신의 가족과 사회, 토지에서 잔인하게 절연된 노예들은 '근대적 삶'을 살았다. 친족 관계가 파괴되었고, 음식과 의복은 대부분 남의 것이었으며, 당시 유럽의 프롤레타리아들보다 더 긴밀하게 미세한 노동 분업과 시간 관리에 얽매였다는 점에서 근대적이었다는 뜻이다.[52] 납치된 아프리카인들은 틀림없이 전쟁에서 패했거나, 마을이나 도시가 습격을 받은 결과로 그렇게 냉혹한 처지에 몰렸다고 생각했을 것이다. 노예가 된 자들은 남자보다 여자가 훨씬 사정이 나빴다. 현대의 독자들은 다르게 생각할 수 있겠지만, 많은 여성이 고된 밭일에 투입되었다. 그러나 사탕수수 즙을 끓이고 통을 만드는 일, 돌과 나무를 다루는 석공과 목수의 일은 대체로 남자가 했다. 노동은 고되었다. 낮에 밭에서 일하면 등골이 휘어질 것 같았고, 사탕수수 즙을 끓이는 공간의 열기는 견디기가 어려웠다. 출산한 여성들은 보름 뒤에 다시 밭에 나갔는데 종종 아이를 업고 일했다.[53]

대서양 세계의 사탕수수 플랜테이션 농장주들은 노예에게서 최대한으로 노동력을 짜냈을 뿐만 아니라 그들이 먹을 식량을 스스로 재배하게 했다. 그런 일은 저녁이나 일요일에 해야 했다. 수확기가 지나면 토요일 오후에도 했을 것이다. 식민지 당국은 그렇게 해도 적정한 양의 식량을 생산하기에는 결코 충분치 않다는 점을 인정했다. 페르남부쿠에서 사탕수수 단일 경작이 영양 부족과 아사까지 초래하자 요한 마우리츠는 사탕수수 농장주들에게 노예 한 명당 카사바 200주를 심으라고 명령했으나 별 효과는 없었다.[54] 콜베르는 1686년 '흑인법Code Noir'에 프랑스령 앤틸리스 제도에서 주인이 전적으로 노예를 부양할 책임을 지도록 하는 조항을 포함시킴으로써 노예의 영양 상태를 개선하려 했다. 그러나 이 또한 긍정적 효과는 거의 없었다. 도미니쿠스회 수도사 장바티스트 라바트에 따르면, 노예 노동자들은 수확기가 되면 묘목 심을 시간은 고사하고 밥 먹을 시간도 없었다.[55] 라바트는 17세기 말의 사제였을 뿐만 아니라 사탕수수 농장주이자 기술자, 카리브해 문제 전문가였기에 사정을 잘 알았다. 사탕수수를 재배하는 카리브해 섬들의 소름 끼치는 사정은 유럽에서 비밀이 아니었고 우려를 낳기도 했다. 1737년에 영국 의회에 전달된 조사 보고서는 노예의 급식에 부족한 부분이 많으며 그것이 사탕수수 식민지의 수익성이 감소하는 원인이라고 결론 내렸다.[56]

완전한 영양 부족까지는 아니었어도 몹시 초라했던 영양 기준 때문에 노예들은 각기병 같은 일련의 질병에 점점 더 쉽게 걸렸다. 각기병은 특히 여성 노예가 육아 중에 잘 걸렸다. 매년 8월이 되면 사망률이 치솟았다. 연중 그때가 되면 식량 재배에 할당된 땅의 소출이 매우 부족했기 때문에 8월은 굶주림의 달로 알려졌다. 발굴된 유골의 이가 그 굶주림의 시기에 고기는 거의 먹지 못하고 옥수수와 당밀만 섭취하여 아사했음을 증언한다.[57] 노예들은 농장주를 위해 쥐나 도마뱀, 뱀을 근절해야 했는데 기회가 있으면 그것들을 잡아먹고는 했다. 그러한 동물의 섭취를 혐오한 라바트 신부는 자신이 어떻게 사탕수수 밭에 쥐덫을 설치했는지를 자세히 설명한다. 그는 놀라운 속도로 번식하여 사탕수수를 수확하는 사람을 공격하고 어디에나 나타난 그 해로운 동물을 덫을 놓아 줄이려 했다. 노예들은 그러한 동물을 잡아 팔았는데, 라바트 신부는 그런 일을 그만두게 하려고 덫마다 노예 노동자를 지정하여 가져오는 대로 돈으로 보상했다. 라바트의 이야기는 노예들 사이에 화폐

경제가 존재했음을 우연히 알려준다.[58]

노예 노동자들은 종종 플랜테이션 농장주들이 강요한 영양 부족의 관리 방식을 무력화할 식량 경제를 창출하는 데 성공했다. 네덜란드에서 태어난 스코틀랜드인 장교 존 게이브리얼 스테드먼은 1770년대에 수리남에서 농장주들이 노예에게 준 음식이라고는 카사바와 플랜틴plantain이 전부였을 것이라고 썼다.[59] 그러나 아프리카인 노예들은 용케도 얌, 수수, 기장, 쌀, 땅콩을 재배했다. 이들은 오두막 주변의 좁다란 땅을 채마 밭으로 바꾸고 가금을 키웠으며, 때로는 염소와 돼지까지 키웠다. 바베이도스 해안 근처의 농장에서 살았던 이들처럼 운이 좋으면 게나 물고기를 잡기도 했다.[60] 노예가 된 아프리카인들이 어떻게 아메리카로 씨앗과 작물을 가져왔는지는 불가사의한 일이다. 벼를 비롯한 씨앗을 머리카락 속에 숨겨서 배에 탔을 수도 있고 카리브해 항구들에서 출발한 노예선에서 치운 식물 쓰레기에서 주웠는지도 모른다.[61] 어쨌거나 노예들은 채소와 과일에 관한 지식이 있었기에 비타민을 적어도 조금은 섭취했다. 이것은 플랜테이션 농장주들조차 종종 섭취하는 데 신경 쓰지 못한 필수 영양소였다.[62] 크리오요의 음식은 점차 식용유와 채소가 곁들여졌고 이런 요리법은 플랜테이션 농장주의 집으로도 들어갔다. 노예 하인들의 전문 지식이 없었다면 유럽인은 사탕수수 재배 식민지에서 거의 틀림없이 살아남지 못했을 것이다.

노예들에게 생존을 돌보라고 허용된 시간은 턱없이 부족했지만, 그들은 식량 작물을 재배하는 데 성공했을 뿐 아니라 내다 팔기까지 했다. 18세기에 아메리카의 플랜테이션 농장 소유주들은 흔히 노예들이 경작한 땅의 소유권을 인정했다. 더 나아가 그 소유권은 친구나 친척에게 증여할 수도 있었다. 노예들은 자신의 밭을 돌보지 않을 때면 농장을 위해 땔감을 줍거나 밧줄을 만드는 등의 일을 추가로 했을 것이다. 그들은 바구니를 엮거나 도자기를 만들어 돈을 벌 수도 있었다.[63] 이로 인해 카리브해의 플랜테이션 농장이 들어선 섬들에는 도시 시장 경제가 출현했고, 그 덕분에 플랜테이션 농장을 탈출한 여성들이 주인의 손아귀에서 벗어나 생계를 꾸릴 공간이 생겼다.[64]

서인도 제도에서 태어난 플랜테이션 농장 노동자에게 이미 생존은 고생스러웠지만, 새로 도착한 아프리카인들의 사망률은 정말로 끔찍했다. 18세기 초 네비스Nevis섬에 정착한 목사 로버트 로버트슨에 따르면, 아프리카인 노예의 약 5분의 2가 도착한 첫해에 사망했다. 많은 사람이 지독히 열악한 상태로 도착했다. 예를 들면 스테드먼은 수리남에서 뼈만 앙상한 노예들이 배에서 내리는 모습을 두 눈으로 직접 목격했다.[65] 도착할 때 이미 정신적으로 큰 충격을 받은 노예들은 플랜테이션 농장의 조건에 기겁하여 자살하는 경우가 많았다. 추방당한 잉글랜드 왕당파 리처드 라이건은 17세기 중반에 바베이도스에서 살았는데, 노예들이 목숨을 전혀 돌보지 않는 듯하여 당혹스러웠던 모양이다. 그는 상당히 많은 아프리카인 노예가 스스로 목숨을 끊어 영혼이 되어 그 끔찍한 운명에서 벗어나 조상의 땅으로 돌아갔다고 전한다.[66] 18세기 말 자메이카의 플랜테이션 농장주였던 윌리엄 벡퍼드는 이렇게 쓴다. "몇몇은 두려움을 무릅쓰고 펄펄 끓는 솥으로 뛰어들었고, 어떤 이들은 나무나 문에 목을 맸으며, 급류에 몸을 던지는 자들도 있었고, 어떤 이들은 칼로써 절망적 삶을 끝내려 했다."[67] 벡퍼드와 같은 시대를 살았던 스테드먼도 수리남에서 벌어진 똑같이 끔찍한 사건들을 전한다. 노예들은 잔인한 주인에게서 벗어나려고 설탕 즙이 끓는 솥으로 뛰어들었다. 그렇게 자신을 고문하는 자에게 금전적 손실을 입혀 섬뜩하지만 최

소한의 만족감을 얻은 것이다.[68]

그러나 노예들이 만연한 고통과 잔인한 짓을 즐기는 감독, 고질적인 굶주림, 지나치게 긴 노동 시간을 무작정 참지는 않았다. 노예들은 자신들끼리는 아프리카식 이름을 씀으로써 플랜테이션 농장주가 이름을 지어주는 관행을 교묘히 회피했다. 이들은 또한 고유의 장례식과 노래, 춤, 약, 조리법, 옷 입는 법, 종교를 유지하고 보호했다. 고향 땅인 아프리카에서 절연되어 인종주의적 억압과 자본주의적 착취를 당하는 공통의 경험에서 아프리카인들만의 통합주의가 출현했다.[69] 여성들은 노예가 될 아기를 출산하지 않으려고, 혹은 감독에게 강간당한 뒤에 낙태약을 복용하여 자신의 몸에 대한 자율성을 지켰다.[70]

저항은 정신적·문화적 영역이나 노예의 몸에만 국한되지 않았다. 그들은 마른 사탕수수에 자주 불을 질렀다. 사탕수수는 불에 타도 가공할 수 있었지만, 지체 없이 바로 가공하지 않으면 안 되었기에 늘 가능하지는 않았다. 그러나 그러한 방화 행위는 사탕수수 수확자의 삶을 약간 편하게 해주었다. 쥐를 죽이거나 적어도 쫓아내기는 했기 때문이다.[71] 노예 노동자들은 수확기에 하루 열여덟 시간 동안 초주검이 되도록 일하다가 잠시 쉴 틈을 얻었을 뿐이지만 기회를 포착하면 압착기를 망가뜨리기도 했다. 집 안에 들어갈 기회가 있으면 주인 가족에게 독을 써서 혹사당한 것에 복수하기도 했다.[72] 그렇지만 가장 강력한 저항은 반란과 탈주였다. 이는 16세기 초에 상투메와 라에스파뇰라에서 노예 노동자들이 선례를 보여준 일이었다.[73] 저항은 언제나 있었고, 1791년 생도맹그와 1832년 자메이카의 경우처럼 대규모 노예 반란으로 폭발하기도 했다. 두 반란은 노예제 폐지에 결정적 역할을 했다.

노예가 된 사람들이 서로 어느 정도까지 연락할 수 있는지에 따라 조직적 저항의 수준은 달라졌다. 노예가 되어 새로이 도착한 이들의 종족과 언어가 다양한 점은 반란의 위험성을 낮추는 요인이었지만, 조직적 저항이 나타나기까지는 그리 오래 걸리지 않았다. 바베이도스에서는 일찍이 1675년에 대규모 반란 계획이 적발되었다. 3년에 걸쳐 준비하던 단계였는데, 플랜테이션 농장주들은 어느 노예 여성의 밀고를 받고서야 그 사실을 알게 되었다.[74] 그때부터 바베이도스의 노예 소유주들은 늘 폭동을 경계했다. 그들은 가옥을 요새로 만들고 민병대를 조직했으며, 통행증을 만들어 노예들이 농장을 떠나 있을 때는 항상 휴대하게 했다. 그러한 규정을 지키게 하기는 사실상 불가능했다. 노예들은 종종 통행증을 위조하여 바베이도스의 수도인 브리지타운Bridgetown에서 탈출하려 했다.[75] 1685년, 프랑스 식민지에서 적용된 흑인법에는 반란 음모를 예방하거나 최소한 늦추기 위해 서로 다른 주인 밑에서 일하는 노예들의 접촉을 금지하는 조항이 있었는데, 이 또한 마찬가지로 효과가 없었다. 플랜테이션 농장주들은 늘 폭동을 걱정하며 살았기에 노예들이 치는 북소리에도 깜짝 놀랐다. 장단에 신호가 숨어 있다고 의심하여 때로 그러한 악기 사용을 금하기도 했다.[76]

노예들이 도망쳐 나오기는 노동 집약적으로 사탕수수를 재배한 작은 섬 바베이도스보다는 브라질이나 기아나, 자메이카가 더 쉬웠다. 그곳의 도망 노예들은 곧 수천 명에 이르렀다. 자메이카에서는 영국 정부가 이들을 붙잡으러 군대를 파견했지만 재앙으로 끝났다. 대체로 뚫고 지나가기가 불가능한 지형이었을 뿐만 아니라, 도망 노예들은 유능한 군사적 전술가였다. 많은 노예가 고향 땅에서 전쟁 포로로 잡힌 후에 노예로 팔린 자들이었던 것이다. 영국은 매우 강력한 몇몇 도망 노예 공동체의 독립을 마지못해 인정했고, 그들은 그 대신 탈주자들을 붙잡아

돌려보냄으로써 플랜테이션 농장 체제의 유지를 도왔다. 1760년대에는 오늘날의 가나에 속하는 판티족Fanti 족장인 타키와 다호메이 왕국의 족장 아퐁고가 반란을 조직하여 자메이카섬 전체를 휩쓰는 사건이 발생했다. 이때 도망 노예 공동체들이 영국군을 지원하지 않았다면 영국의 자메이카 지배가 종식되었을지도 모른다.[77]

네덜란드령 기아나에서의 저항도 이에 못지않게 격렬했고 식민지 통치에 위협적이었다. 존 스테드먼은 부대를 이끌고 수리남의 도망 노예들을 토벌하러 갔는데, 그의 설명은 도망 노예 공동체들이 만만치 않았다는 인상을 준다. 식민지 군대는 그들을 괴멸할 수 없었고 다만 더 깊은 숲속으로 밀어냈을 뿐이다. 1760년에 네덜란드 정부는 이 도망 노예 공동체들의 독립을 인정할 수밖에 없었다. 한편 탈주한 노예들은 다리 절단과 같은 몹시 무서운 처벌을 감수해야 했다. 다리가 절단되면 살아남기가 어려웠다.[78] 생도맹그에서는 수천 명의 도망 노예들이 산속에서 살면서 플랜테이션 농장주들을 실질적으로 위협했다. 노예들과 자유민들이 공통의 대의로 뭉칠 기회가 늘어났기에 더욱 위협적이었다. 1763년에 아프리카인 노예와 그 주인 사이에서 태어난 자들의 후손으로서 일부는 인디고 플랜테이션 농장주로 성공한 혼혈인(상멜레sang mêlé)들은 공직뿐만 아니라 학술 직업에서도 배제되었다. 프랑스에서 교육받을 권리까지 이 제한 조치에 포함되었다. 이로써 자유민의 불만은 더욱 커졌다.[79]

어디서나 볼 수 있던 잔인한 처벌은 플랜테이션 농장의 노예제가 사라질 때까지 지속되었다. 노예 노동자는 아주 사소한 위반으로도 고문을 당했는데, 이들에게서 고분고분한 복종을 끌어내기 위해 플랜테이션 농장에 새로 들어온 감독들을 그러한 고문에 참여시켰다. 유럽에서 막 도착한 자들은 인간성을 포기하고 플랜테이션 농장의 잔혹한 현실에 몰입했다.[80] 1784년에 열여섯 살의 나이로 자메이카의 플랜테이션 농장으로 보내진 스코틀랜드인 재커리 매콜리에게도 그런 일이 일어났다. 전기 작가에 따르면, 그는 노예들의 운명에 충격을 받고 비탄에 빠졌으나 곧 '무감하고 냉담하게' 변하는 일반적 경로를 밟았다. 그는 "그들에 관해 경망스럽게 이야기했는데 자신의 타락을 드러내기에 충분했다."[81] 그가 영국에 돌아갔을 때 매부인 토머스 배빙턴은 노예제 반대 운동을 통해 그를 역사의 옳은 편으로 데려오는 데 성공했다. 재커리는 우선 1790년대에 시에라리온의 총독으로서, 뒤이어 영국의 주요 노예제 폐지론자이자 《앤티슬레이버리 먼슬리 리포터Anti-Slavery Monthly Reporter》의 초대 편집자로서 열성적으로 그 대의에 헌신했다.

노예들의 저항이 점점 더 격해지고 영국에서 노예제 폐지 운동이 일어나면서 노예 소유주들은 노예무역이 자신들에게 정치적 문제가 되었음을 인식했다. 한편 설탕 수요의 증가와 플랜테이션 농장에서의 높은 사망률 때문에 노예 시장에서 가격이 등귀하여 노예 소유주의 수익이 떨어지고 있었다. 플랜테이션 농장주들은 아프리카에서 노예를 잡아 오지 않는데도 북아메리카에 세운 영국 식민지에서 노예 인구가 증가한다는 사실을 깨달았다. 이에 노예제 폐지론자들은 노예무역을 금지하면 노예 소유주들이 장기적으로 경쟁력을 유지하기 위해 노예를 더 인간적으로 대우할 수밖에 없을 것이라고 주장했다. 농장주들은 변화의 바람을 느꼈다. 사망률을 낮추고 출생률을 높이는 수밖에 달리 방도가 없었다. 바베이도스의 플랜테이션 농장주들은 1786년에 노예의 처우를 개선하고 노예 여성에게 더 많은 자녀의 출산을 장려하기 위한 조치를 담은 성명서를 발표했다.[82] 18세기가 끝날 무렵 바베이도스는 카리브해의 섬들 중에 실제로 노예 인구가 외부 유입 없이도 거의 안정된 유일한 지역이었다.

사탕수수 플랜테이션 농장이 담배와 면화 농장보다 훨씬 더 치명적이었음에 주목할 필요가 있다. 18세기 말에 연간 사망률은 4~6퍼센트에 이르렀다.[83] 영양 부족에 고된 노동이 겹쳐 대부분의 아이가 다섯 살을 채우지 못하던 시기였음을 감안해도 유아 사망률이 극도로 높았다. 많은 신생아가 칼슘과 마그네슘 결핍으로 인한 근긴장성 경련으로 사망했다. 그러한 영양소의 부족은 턱의 경련을 유발했고, 이는 곧 아기가 젖을 빨 수 없음을 뜻했다.[84] 한편 파상풍도 많은 아기를 죽음으로 내몰았는데, 이는 밭에서 거름을 많이 사용하고 노예들이 소 우리 근처에 머물렀기 때문이다. 노동자들은 또 커다란 삼태기에 분뇨를 담아 머리에 이고 밭으로 날라야 했다.[85] 게다가 쥐와 뱀이 사탕수수를 수확하는 일꾼들을 공격했다. 부적절한 의복과 주택, 맨발, 심각한 화상, 압착기 사고로 인한 사망률도 매우 높았다. 수확기에는 녹초가 된 노예 노동자들이 압착기에 사탕수수를 밀어 넣으며 졸다가 롤러에 손이나 소매가 말려 들어가 끔찍한 부상을 입었다. 보통은 근처에 있던 감독이 노예가 롤러 사이로 완전히 빨려 들어가지 않도록 도끼로 팔을 잘랐다.

게다가 노예들은 카리브해 지역 전체에 퍼진 극도의 폭력 때문에 늘 위험에 처해 있었다. 유럽의 전쟁은 거의 전부가 이 지역으로 번졌다. 작은 섬들은 손쉬운 먹잇감이었고 큰 섬들은 습격을 막기가 어려웠다. 예를 들면 1694년에 프랑스의 자메이카 침입으로 50개가 넘는 정제소가 파괴되었고 2000명의 노예가 포로로 잡혔다. 에스파냐 왕위계승전쟁(1701~1714)은 플랜테이션 농장주들에게 지극히 걱정스러운 사태였고, 영국의 과들루프 포격과 프랑스의 자메이카 상륙, 프랑스의 세인트 키츠 파괴, 네비스와 몬트세랫Montserrat 약탈이 진행되는 동안 위험한 상황에 내몰린 노예들은 끔찍한 결과를 맞닥뜨렸다. 전쟁이 닥칠 때마다 군주의 허가를 받아 활동한 해적들은 많은 배를 약탈했다. 예를 들면 1704년의 어느 한 시기에 바베이도스와 리워드 제도Leeward Islands를 출항한 108척의 선박 중에 43척이 프랑스에 강탈당했다.[86]

7년전쟁(1756~1763)과 영국-프랑스 전쟁(1778~1783)이 재차 해상의 연결을 끊었다. 선박을 잃으면 사탕수수가 해변에서 썩었고 식량이 들어오지 못했다. 1780년대에는 파괴적인 허리케인이 닥쳐 수많은 지역 주민과 수만 명의 노예가 사망했다.[87] 1688년부터 1813년까지, 전쟁이 거의 끊이지 않은 긴 세월의 몇십 년 동안 가장 많은 사상자가 발생했다. 카리브해 지역은 식민지 자본주의의 변경이었다. 총탄과 채찍, 굶주림, 질병의 지옥에서 자신의 의사와 무관하게 연루된 자들이 대부분 고통을 당하고 사망했으며, 소수의 운 좋은 자들만 믿을 수 없을 만큼 엄청난 부자가 되었다.

플랜테이션 농장주

살아남아 깜짝 놀랄 만큼 큰 재산을 모은 소수의 플랜테이션 농장주들은 더 건강한 환경에서 부를 향유하고자 했다. 예를 들면 바베이도스의 유명한 플랜테이션 농장주들은 가족과 자본을 뉴잉글랜드, 특히 사우스캐롤라이나로 옮겼다. 그곳의 백인 정착민 중 절반은 서인도 제도 출신이었다.[88] 그들은 새로운 터전에서 노예제를 일반적인 것으로 만들었으며, 많은 사람이 귀족적 삶을 영위하며 즐겁게 지냈다. 북아메리카 식민지들이 해외의 영국인 사회가 발전할 여지를 주었다면, 서인도 제도는 문화적으로나 경제적으로나 영국에 계속 의존했다. 카리브해의 네덜란드인과 프랑스인, 영국인 사회는 그 어느 것도 고등 교육기관을 유지할 만큼 크지 않았다. 일찍이 17세기 초에 성공한 플랜테이션 농장주 가족은 아들을 잉글랜드의 케임브리지 대학교나 옥스퍼드 대학교로, 아니면 1636년에 개교한 매사추세츠의 하버드 칼리지로 보냈다. 대학 교육을 받은 플랜테이션 농장주들은 행정부의 최고위직에 올랐다.

앞에서 언급한 크리스토퍼 코드링턴도 그중 한 사람이다. 잉글랜드 부호 가문 태생인 그의 할아버지는 바베이도스에서 플랜테이션 농장주로 성공했다. 이름이 같은 그의 아버지는 리워드 제도의 총사령관이었고, 그도 아버지의 길을 따라 리워드 제도의 총독이 되었다. 1668년에 바베이도스에서 태어난 크리스토퍼는 옥스퍼드 대학교에서 공부했고 프랑스어가 유창했다. 그는 플란데런에서 프랑스의 '태양왕' 루이 14세의 군대에 맞서 네덜란드 국가 원수이자 잉글랜드 왕인 윌리엄 3세(빌럼 판 오라녀) 편에서 싸운 뒤, 마지못해 서인도 제도로 돌아와 맡겨진 직책에 올랐다. 그는 명성을 얻고 상속받은 것보다 더 많은 재산을 쌓아 기회를 잡자마자 잉글랜드로 돌아가기를 원했지만 그럴 수 없었다. 그는 1710년에 마흔한 살의 나이로 바베이도스에서 사망했다. 그의 시신은 옥스퍼드 대학교의 올솔스 예배당All Souls Chapel에 안치되었다. 그 대학은 그가 멋진 도서관을 기증한 곳이다.[89]

코드링턴은 직무를 위해 서인도 제도로 가는 것이 달갑지 않았지만 그곳에서 군주처럼 살았다. 도미니쿠스회 신부이자 플랜테이션 농장주었던 라바트는 코드링턴이 하인 여덟 명과 나팔수, 노예를 수행원으로 데리고 돌아다녔다고 묘사한다. 노예들은 나팔수 앞에서 말과 보조를 맞추었다.[90] 대니얼 디포는 이것이 부유한 플랜테이션 농장주들이 사교 행사에 오갈 때의 표준적 관행이었던 것 같다고 당혹스럽다는 듯이 전한다.[91] 서인도 제도의 백인 주민들은 북아메리카 식민지 정착민보다 훨씬 부유했으며, 그 부 때문에 서인도 제도는 영국에 경제적으로 체서피크만보다 훨씬 중요했다. 1772년의 은행 위기 이후로도, 그리고 미국 독립 전쟁과 1780년대의 허리케인 같은 재앙 이후로도 서인도 제도의 백인 거주민은 아메리카의 그 어느 영국인 정착지보다 상당히 더 부유했다.[92]

영어권 아메리카에서 두 번째로 큰 도시인 바베이도스의 브리지타운은 플랜테이션 농장주들이 카리브해 지역에 새로운 사탕수수 플랜테이션 농장을 세우는 위험한 사업에 착수할 때 중심지가 되었다. 그런 사람들 중에 한 명인 게드니 클라크는 1730년대 초에 매사추세츠의 세일럼Salem에서 브리지타운으로 건너와 정착했다. 1742년에 그는 런던을 방문하여 바베이도스에 근거지와 재산을 갖춘, 설탕 산업에서 이름난 금융가 헨리 래설스(1690~1753)와 사업에서 협력을 시작했다. 1762년에 동명의 아들 게드니 클라크 주니어가 결혼으로 래설스 가족이 되었고 나중에 아버지를 뒤이어 헨리 래설스 회사의 공동 경영자가 된다.[93] 뉴잉글랜드와의 연결은 여전히 유지되었다. 1751년에 게드니 클라크는 바베이도스의 집에서 조지 워싱턴 형제를 접대했다. 조지 워싱턴도 버지니아의 성공한 노예 소유주 가문 출신이었다.[94]

게드니 클라크는 기아나 해안의 네덜란드 식민지인 베르비스Berbice와 데메라라Demerara에 집중적으로 투자했다. 18세기에 450개가 넘는 플랜테이션 농장이 들어선 뜨거운 새 설탕 변경이었다. 클라크 부자는 영국과 미국 출신 투자자들 중 가장 유명한 축에 속했다. 그들은 열한 개 플랜테이션 농장에 8만 파운드에서 10만 파운드를 투자했다. 상인들과 기업가들은 수백 년 동안 국경을 넘나들며 설탕 생산의 새로운 투자 기회를 찾았지만, 17세기 중반부터는 점차 중상주의 경제 정책에 적응하거나 그것을 염두에 두고 일해야 했다. 게드니 클라크는 1755년에 아들을 암스테르담으로 보내 네덜란드어를 배우고 네덜란드 시민권을 획득하게 함으로써 이 문제를 해결했다고 생각했다. 클라크 주니어는 결국 미델뷔르흐Middelburg에 정착했고, 그렇게 두 나라에 근거지를 확보하여 아버지와 함께 상당한 이익을 거두었다. 그 덕분에 이 부자는 네덜란드령 기아나에 아프리카인 노예들을 공급할 수 있었고 네덜란드 자금을 낮은 이자율로 쓸 수 있었다.

그러나 불리한 점도 있었다. 네덜란드 자금으로 생산한 설탕은 네덜란드 공화국의 저당 회사에 고정 가격으로 넘겨야 했던 것이다. 또 다른 문제도 있었다. 영국 세관은 데메라라의 설탕을 외국산으로 규정하여 높은 관세를 부과했다. 그래서 클라크 부자 같은 플랜테이션 농장주들은 외국산 설탕에 매겨지는 영국의 관세를 회피하기 위해 데메라라 설탕의 일부를 바베이도스 설탕으로 속여서 팔았고, 네덜란드 자금으로 생산한 설탕의 일부를 바베이도스로 밀수하여 네덜란드의 수탁자에게 손해를 끼쳤다.[95] 1763년과 1765년에 베르비스에 휘몰아친 파괴적인 노예 반란도 문제였다. 네덜란드인들이 반란을 진압할 수 없었기에 클라크 부자는 자신들의 비용으로 군대를 보내야 했다. 그런데 게드니 클라크는 1764년에 갑자기 사망했고, 네덜란드인들의 태도에 실망한 클라크 주니어는 1765년에 다른 설탕 변경인 토바고Tobago에 투자하기

시작했다. 4년 뒤, 그는 네덜란드 식민지 두 곳의 열한 군데 플랜테이션 농장을 대부분 팔아치웠다.[96]

클라크 부자가 위험을 감수하고 설탕 변경에 투자하여 손실을 입는 동안, 그의 래설스 일가 쪽 친척들은 이익을 거두었다. 영국에 기반을 둔 상인들과 정제업자들이 설탕 상품 사슬에서 가장 큰 돈을 벌었기 때문이다.[97] 래설스 가문은 바베이도스 플랜테이션 농장주들 중에서 각별히 두드러진 성공을 거둔 설탕 왕조다. 1648년에 그 가족의 일원이 처음으로 바베이도스에 도착했으며, 그 가족이 바베이도스에서 끝까지 보유한 두 플랜테이션 농장은 1975년까지 팔리지 않았다. 생애의 일부를 바베이도스에서 보낸 헨리 래설스는 서인도 제도의 플랜테이션 농장주와 노예 상인에게 자금을 공급하는 일에 깊이 관여한 빈틈없는 사업가였다. 그뿐만 아니라 영국 동인도회사 이사 스물네 명 중 한 사람이었다.[98] 케임브리지 대학교에서 공부한 그의 아들 에드윈 래설스(1713~1795)는 제1대 헤어우드 남작에 봉해졌고, 웨스트요크셔에 웅장한 저택을 지었다. 1772~1773년의 런던과 암스테르담 은행 위기의 여파로 플랜테이션 농장들이 시장에 헐값에 나왔을 때, 에드윈과 두 남동생은 다른 가족의 반대를 무릅쓰고 직접 투자로 농장을 소유하고자 했다. 그들은 채무를 갚지 못한 자들에게서 빠르게 농장을 사들였다. 그중에는 클라크 주니어의 플랜테이션 농장도 있었다. 그는 친척인 래설스 형제들에게 가족의 생존을 지키도록 도와달라고 간청했다.[99]

이 세대의 다른 저명한 자메이카 플랜테이션 농장주로는 영국에서 손꼽히는 강력한 지위에 오른 윌리엄 벡퍼드가 있다. 벡퍼드는 청년 시절에 네덜란드의 레이던과 파리에서 의학을 공부했으며, 스물일곱 살에 가산을 관리하러 자메이카로 가서 빚을 갚지 못한 채무자들의 플랜테이션 농장을 재빨리 인수하여 재산을 불렸다. 그는 런던 시장 자리에 올라 화려한 경력의 대미를 장식했으며, 총리 윌리엄 피트(대大 피트)의 친구가 되었다. 벡퍼드의 형제자매 중 두 명이 귀족 가문 사람과 혼인했고, 그의 아들이자 유일한 상속자인 윌리엄 토머스 벡퍼드도 같은 길을 걸었다.[100] 플랜테이션 농장을 소유하거나 노예 기반 상업에 상당한 액수를 투자하거나 서인도 제도에 자금을 빌려준, 대략 일흔 명의 하원 의원들은 그 힘이 잘 드러나지는 않았어도 영향력은 컸다. 그들의 이익 중에 자메이카에 걸린 몫이 가장 컸다. 그다음으로 바베이도스, 세인트크리스토퍼, 안티과 순이었다. 이들은 하원에서 소수에 지나지 않았지만 놀랍도록 전문적인 로비 기구 덕분에 대단한 영향력을 행사했다.[101]

제인 오스틴의 소설 《맨스필드 파크Mansfield Park》(1814)와 샬럿 브론테의 소설 《제인 에어Jane Eyre》(1847)는 영국의 지배 계급이 서인도 제도 경제에 얼마나 깊이 관여했는지, 서인도 제도 플랜테이션 농장주들이 어떻게 영국 지배 계급의 일부가 되어 왕실까지 침투했는지를 문학으로 보여준다. 제6대 헤어우드 백작인 헨리 래설스는 영국 왕 조지 5세의 딸 메리 공주와 결혼했다. BBC(영국방송공사)의 인기 연속극 〈다운튼 애비Downton Abbey〉(2010~2015)를 바탕으로 2019년에 개봉한 동명의 영화는 헤어우드 성에서 일부를 촬영했지만, 관객에게 그 성의 돌 하나하나가 노예의 노동으로 벌어들인 돈으로 값을 지불한 것이라는 사실을 전혀 알리지 않는다.[102]

13세기부터 거의 500년간 이어진 설탕 자본주의는 설탕 무역의 엄청난 이윤과 숙련된 설탕 정제 기술자들의 존재, 제당소를 세우는 데 필요한 자본, 무자비한 노동 착취, 설탕 산업을 장려하여 세입 기반을 확대하는 데 여념이 없던 정부가 결합하여 이루어낸 것이다. 자본과 전문 지식이 동아시아와 동남아시아와 남아시아, 지중해 곳곳에 퍼지고 대서양을 건넜으며, 브라질에서 서인도 제도와 프랑스령 앤틸리스 제도로 이동했다. 그러나 프랑스 정부와 영국 정부는 설탕 산업을 국가적 사업으로 바꾸어 법으로써 관세를 부과했지만 십자군과 맘루크 제국, 이베리아반도의 왕실과 달리 설탕의 생산과 판매에 직접 관여하지는 않았다. 대서양 경제는 유럽에서 가장 강력한 국가들의 국제 교역 금지를 뛰어넘은 사람과 물자, 금융과 지식의 이동으로 번성했다. 광범위한 밀수는 대체로 식량과 여타 생필품을 구하려는 생존의 수단이었다.[103] 클라크 가문과 같은 몇몇 가문은 세일럼과 미델뷔르흐, 런던에서 사업을 했고 캐롤라이나의 노예무역에도 관여했다. 크리스토퍼 코드링턴과 라바트 신부는 진군의 북소리가 들리는 가운데 프랑스어로 대화하며 명랑하게 저녁 식사를 즐겼다. 플랜테이션 농장주들은 국익에 마음을 썼지만, 그중에서도 거물들은 자신이 정치에 보탬이 되어야 하는 것이 아니라 정치가 자신의 이익에 보탬이 되어야 한다고 생각했다.

유럽이 설탕으로 얻은 수익

유럽의 주요 항구 도시는 대서양과 맺은 관계 덕분에 번성했다. 예를 들면 1790년경 영국에서 두 번째로 큰 도시 브리스틀Bristol은 부의 40퍼센트가 대체로 설탕과 연관된 노예 기반 활동에서 나왔다.[104] 브리스틀의 퀸스 스퀘어Queens Square는 보르도와 낭트의 인상적인 18세기 건물들이나 리버풀의 로드니 스트리트처럼 이 무역에서 생긴 부를 지금도 증언해준다. 멋진 암스테르담 운하를 따라 늘어선 수십 채의 주택은 플랜테이션 농장의 노예 노동이나 설탕과 커피, 담배의 가공으로 벌어들인 돈으로 세워졌다. 런던과 글래스고, 네덜란드의 미델뷔르흐를 여기에 덧붙여야 하지만, 함부르크나 벨기에의 오스텐더Oostende(오스탕드)처럼 노예를 토대로 하여 쌓은 부와 직접적으로 관련 없는 도시들도 마찬가지였다. 그 도시들의 상인들은 노예에 기반한 대서양 무역으로 축적한 부를 화려한 저택으로 드러냈다. 상인과 플랜테이션 농장주들은 당연히 도시에 호사스러운 집을 갖고 있었을 뿐만 아니라 시골에도 저택을 마련하여 부를 과시했다.[105]

노예에 기반한 대서양 무역의 경제적 중요성은 이러한 항구 도시들의 엘리트 상인들을 넘어 광범위한 영향력을 미쳤다. 예컨대 1800년경 서인도 제도의 설탕 경제는 30만 명이 넘는 노예를 착취했고, 영국의 정제소와 설탕 선적과 중개에 수만 명이 고용되었다. 영국 내부의 고용으로 말하자면 모직물 산업만이 이 수치를 뛰어넘었다.[106] 특히 정제소가 부가 가치의 큰 몫을 차지했다. 영국 시장의 게이트키퍼라는 위상을 이용하여 사실 다른 유럽 국가들로부터의 설탕 수입을 막아 이득을 보았기 때문이다.[107] 고전 경제학의 아버지 애덤 스미스는 이 거대한 산업 부문은 독점을 통해 소비자에게 손해를 끼침으로써만 이익을 얻을 수 있었다고 믿었다. 200년 뒤, 일부 역사가들도 이러한 주장을 되풀이한다. 1773년에 식민지 투기 과열의 거품 붕괴, 서인도 제도 설탕에 대한 높은 수준의 보호무역주의, 아메리카에서 영국의 지위를 유지하는 데 들어간 엄청난 군사비는 식민지가 영국의 목에 맷돌을 매달았다는 주장을 뒷받침하는 듯하다.[108]

사실을 말하자면, 압도적으로 노예에 기반한 대서양 무역의 급속한 성장은 영국 경제의 지구력에 엄청나게 기여했다. 그 무역의 수익으로 영국은 세계적 정복으로 치솟은 정부 부채를 갚을 수 있었다. 주로 네덜란드 금융가들이 갖고 있던 외국의 채권 지분은 1780년대에 10퍼센트 미만이었다.[109] 인구는 세 배 더 많고 군사적으로 훨씬 강력한 나라였던 프랑스가 유럽 시장을 봉쇄하여 영국의 진입을 막은 이후, 영국의 대서양 지향성은 수출 측면에서 지극히 중요했다. 영국의 가장 큰 산업 부문인 모직물 산업은 영국 해협 건너편의 고객들을 잃었지만 서인도 제도와 빠르게 증가하는 북아메리카의 영국인 주민들 중에서 새로운 고객을 찾았다. 미국이 독립을 선언한 1776년에 영국의 아프리카 및 아메리카와의 교역은 수출의 3분의 1을 넘었고 수입의 절반을 넘었다. 한편 영국이 노예 기반 대서양 무역에 의존하여 수입한 품목에는 자국 식민지에서 가져온 담배, 설탕, 면화, 인디고뿐만 아니라 브라질에서 대량으로 들여온 금도 있었다.[110]

게다가 노예 기반 대서양 무역은 투자 대비 수익률이 높았다. 바버라 솔로는 서인도 제도에서의 투자 수익이 영국 내에서 거둔 수익에 비해 네 배에서 일곱 배 많았다고 결론 내렸다.[111] 자본이 풍부한 네덜란드 공화국에서도 대서양 무역은 약 2.5퍼센트인 국내 이자율보다 훨씬 높은 수익을 약속했다. 프랑스에서도 장거리 무역은 국내 활동에 비해 높은 투자 수익을 가져다준 것 같다.[112] 대서양 경제는 포르투갈과 에스파냐보다 이 나라들에서 조선과 열대 산물의 가공, 은행과 보험 부문처럼 식민 모국에서 가장 역동적인 부문과 긴밀히 연결되었다.[113]

영국, 북아메리카, 서인도 제도는 유일무이한 삼각 무역을 이루었으며, 그 안에서 영국은 공산품과 서비스를 생산했고, 북아메리카는 서인도 제도에 목재와 식량, 기타 기본 상품을 제공했으며, 서인도 제도는 열대 작물을 재배했다.[114] 절대적 수치로 말하자면, 프랑스의 국제 무역은 영국 무역을 크게 뛰어넘었고, 프랑스 대혁명 직전에 프랑스령 앤틸리스 제도의 수출은 서인도 제도 수출의 2.5배가 넘었다. 1780년대에 앤틸리스 제도의 무역이 프랑스 국내총생산에서 차지하는 몫은 실제로 9퍼센트에 이르렀을 텐데, 이는 인상적인 수치다.[115] 그랬는데도 대서양 경제의 시너지 효과는 프랑스보다 영국에서 더 컸다.

설탕은 유럽에 들어온 열대 상품 중에 가장 중요한 품목이며 대서양의 시너지가 어떻게 작동했는지를 보여준다. 영국의 설탕 부문은 1794~1795년에 국내총생산의 3퍼센트를 넘었을 것이다. 비교하자면 대혁명 직전 프랑스는 3.5퍼센트였다.[116] 그러나 프랑스의 설탕 부문은 잠재력을 온전히 발휘하지 못했다. 프랑스 도시들은 정부로부터 세제 혜택을 얻으려고 서로 경쟁하여 손해를 보았다. 프랑스 구체제의 편협한 마구잡이식 재정 정책은 한때 유명했던 낭트의 설탕 산업이 쇠퇴하는 결과를 초래했다. 생도맹그가 세계 최대의 설탕 수출지가 되었을 때 프랑스의 정제 능력은 아무리 잘 봐줘야 정체를 면치 못했다고 할 수 있다.[117]

생도맹그의 설탕은 상당한 몫이 암스테르담의 정제소로 갔다. 네덜란드 공화국은 뛰어난 선박과 저금리의 풍부한 자본이라는 뚜렷한 이점이 있었다.[118] 게다가 네덜란드 의회는 프랑스의 정제 부문이 허우적거리자 유럽 설탕 무역의 우위를 되찾을 기회를 포착했고, 1771년에 외국산 설탕의 수입 관세를 80퍼센트 낮추었다. 이 조치는 수리남과 네덜란드령 기아나의 자국인 플랜테이션 농장주들에게 다소 손해를 끼쳤다. 그렇지만 네덜란드인들이 수리남과 그 인근의 베르비스, 에세키보Essequibo(에세케보), 데메라라의 설탕과 커피 플랜테이션 농장에 재산을 투자했는데도 공급량은 정체했다. 반면 생도맹그는 커피와 더불어 엄청난 양의 설탕을 낮은 비용으로 생산해냈다. 암스테르담이 수리남과 네덜란드령 기아나에서 수입한 설탕은 1770년대에 약 1만 톤에 달했지만, 프랑스에서 수입한 설탕은 그 10년대에 약 3만 6000톤으로 정점을 찍었다.[119]

그래서 네덜란드 공화국은 외국산 설탕의 수입 관세를 급격하게 낮추고 자국 국경 안에서 정제한 설탕의 면세 수출 정책을 지속하는 현명한 결정을 내렸다. 1770년대에 암스테르담의 정제소들은 4000명의 노동자를 고용했고 5만 톤의 설탕을 가공했다.[120] 강으로 독일과 직접 연결된 네덜란드 도시 도르드레흐트Dordrecht의 열일곱 군데 정제소에서 일한 노동자들이 틀림없이 수백 명은 되었을 것이다. 그 정제소는 대부분 18세기 초에 독일의 루터교도가 세운 것들이었다.[121] 대서양 권역의 노예가 생산하고 네덜란드가 가공하여 수출한 설탕은 전부 합하면 연간 1만 휠던에 달했고, 라인강을 통해 독일 깊숙이 소비자를 찾아간 설탕이 급증했다. 애덤 스미스가 《국부론》에서 네덜란드 공화국이 세계에서 가장 부유한 나라라고 썼을 때, 대서양의 노예 기반 무역은 그 나라 국내총생산의 5퍼센트를 넘었다.[122]

영국은 대서양 설탕 무역의 시너지를 온전히 누렸지만, 유럽 대륙에서는 프랑스와 네덜란드 공화국만이 아니라 더 많은 나라가 이를 나누어 가졌다. 1770년대 이후로 네덜란드 공화국의 설탕 수입은 실제로 정체한 반면, 함부르크의 수입량은 급증했다.[123] 1769년에 프랑스와 함부르크가 무역 협정을 체결한 이래로, 함부르크가 중부 유럽과 러시아로 수출되는 프랑스 설탕의 관문이 되었다. 1795년 프랑스가 네덜란드 공화국을 점령한 이후, 함부르크는 네덜란드 설탕 산업을 거의 다

넘겨받았으며 그 수입량은 1800년 무렵 연간 5만 톤에 달했다.[124]

생도맹그, 영국령 인도, 노예무역 금지

18세기 말 커피와 차, 레모네이드, 사탕, 페이스트리의 대중적 소비가 뉴잉글랜드와 오스만 제국의 도시들은 물론 북서 유럽에서도 잉크가 번지듯이 확산되면서 대서양 권역의 설탕 생산은 더욱 촉진되었다.[125] 카리브해 지역의 설탕 생산량은 아프리카인을 무자비하게 납치하고 비옥한 새 땅으로 플랜테이션 농장을 옮김으로써 이러한 소비 증가에 보조를 맞추었다. 놀랍도록 비옥한 섬인 생도맹그 한 곳에서만 당시 유럽에서 소비한 양의 3분의 1에 가까운 연간 8만 톤의 설탕을 생산했다.[126]

　그러나 아프리카인 노예의 대규모 유입은 플랜테이션 농장에서의 저항을 부채질했고, 이는 점차 식민지의 자유로운 시민들(일부는 과거에 노예였던 유색인 자유민)의 도덕적 지지를 받았다. 그들은 신문과 여타 출처를 통해 북아메리카뿐만 아니라 영국에서도 노예 제도에 대한 비판이 커지고 있음을 알게 되었다. 노예제 폐지를 요구한 초기의 청원 중 하나는, 어쩌면 최초의 진정서일 텐데, 1688년 펜실베이니아의 퀘이커교도 식민지에서 유포되었다. 퀘이커교도가 노예제 폐지에 관여한 것은 얄궂게도 바베이도스에 그 뿌리가 있었다. 그곳에서 초기 노예제 폐지론자로 가장 유명한 사람인 퀘이커교도 벤저민 레이는 상점을 운영했는데 노예들에게도 물건을 공급했다. 그는 노예들이 얼마나 제대로 먹지 못하고 심하게 학대를 당하는지 목격했고 일찍부터 열렬한 노예제 폐지 옹호자가 되어 1731년 펜실베이니아에 정착한 뒤에는 고독한 십자군을 홀로 수행했다. 그는 아내가 사망한 뒤로 동굴을 개조하여 은둔한 채 채소밭을 가꾸며 채식주의자로 살았다.[127]

쿼이커교도 사이에서는 노예가 생산한 것을 죄받을 사치품으로 여겨 불매 운동으로 거부해야 한다는 생각이 지속적으로 공감을 얻었다. 존 울먼은 1764년에 쓴《빈민을 위한 탄원Plea for the Poor》(사후 1793년에 출간)에서 노예제와 소비 사회의 관계에 관해 썼다. 거친 천으로 된 소박한 옷을 입으면 자유로워지며 그러한 복장 자체가 노예제에 반대한다는 표시라는 주장이었다.[128] 대다수 쿼이커교도는 레이와 울먼처럼 노예가 생산한 제품을 거부하지는 않았지만 대안을 생각하기는 했다. 이를테면 어떤 이들은 단풍당을 만들기 위해 땅을 구입했다. 그들 중 한 사람은 신문에 기고한 글에서 단풍당을 만들면 돈을 많이 아낄 수 있다고 지적했다.[129] 미국 정신 의학의 아버지이자 독립 선언문에 서명한 56명 중 한 사람인 벤저민 러시는 수백만 에이커(1에이커는 약 4000제곱미터)의 땅에 단풍나무를 심어 소농들이 수액을 받을 수 있게 하자고 주장했다. 그는 1793년에 국무부 장관 토머스 제퍼슨에게 보낸 공개서한에서 이에 관해 썼다. 러시는 수신인을 신중하게 선택했다. '건국의 아버지들' 중에 소농을 근간으로 하는 분권적 국가를 장려한 사람이 바로 제퍼슨이다.[130]

러시가 제퍼슨에게 보낸 공개서한에는 앞서 1장에서 언급한, 자와의 수도 바타비아 인근에서 중국인들을 데리고 설탕을 생산한 수마트라의 농장주 헨리 보섬의 보고가 추신으로 첨부되었다. 러시는 이를 서인도 제도 설탕을 포기해야 할 또 하나의 논거로 제시했다.[131] 20년 전인 1773년에 러시는, 역시 앞서 1장에서 이야기한, 프랑스의 유명한 식물학자 피에르 푸아브르의 여행기를 인용했다. 출간되자마자 영어 번역본이 나온 그 책자에서 푸아브르는 이렇게 말한다. 중국인 노동자들은 "불운한 흑인들의 노동으로 얻는 것보다 두 배 많은 양을 생산했을 것이다."[132] 비록 당시 러시도 여전히 노예를 하인으로 두고 있었고 검은 피부가 질병의 결과물이라는 독특한 견해를 지니기는 했지만, 같은 책자에서 노예제가 "율법과 복음의 모든 것을 위반했다"라고 비난했다.[133]

러시가 쓴 책과 같은 소책자들은 상업적으로 연결된 필라델피아와 런던의 퀘이커교도를 통해 빠르게 대서양 건너편으로 전해졌고, 1780년대에 노예제 폐지 운동이 영국에서 가장 두드러진 대중 운동이 되는 데 도움을 주었다. 퀘이커교도는 1783년에 의회에 청원을 시작했고, 이를 실태 조사와 애덤 스미스 경제학에 기반한 보편적 운동으로 확대했다. 어쨌거나 애덤 스미스는 이미 농업 부문의 강제 노동을 후진적이라며 거부했고, 비록 설득력은 떨어졌지만 이러한 시각에 흑인 노예제를 포함시켰다.[134] 노예가 생산한 설탕의 소비에 항의하는 것은 진정한 대중 운동이 되었다. '인간의 피로 얼룩진' 설탕의 소비를 비난한 윌리엄 폭스가 1791년에 발표한 소책자는 총 25쇄, 5만 부를 찍었다. 해적판까지 포함하면 거의 25만 부 가까이 인쇄된 것으로 추정된다. 메시지는 명쾌하고 간단하다. "만일 그 상품을 구매하면 우리는 범죄에 가담하는 것이다."[135]

'인간의 피로 얼룩진'이라는 문구는 거의 식인을 연상케 하는 불편한 시각적 효과를 냈는데 설탕의 경우에 특히 강력했다.[136] 쿠바의 페르난도 오르티스는 담배와 설탕을 다룬 유명한 책에서 이렇게 썼다. "설탕은 라스트 네임 없이 이 세상에 들어온다."[137] 실제로 설탕은 독특한 향 때문에 어디서 생산되었는지 알 수 있는 담배처럼 출처에 결합된 명확한 속성이 전혀 없다. 일반적으로 산업화 이전 시대의 설탕은 정제 수준과 입자의 크기에 따라 등급이 매겨졌다. 노예제 폐지 당시 유럽의 잡화점은 디종Dijon의 겨자나 카스티야의 비누, 자메이카의 럼주처럼 상품을 출처에 따라 표기했지만, 설탕은 여러 색깔의 종이로 포장하여 정제 등급만 알렸다.[138]

폭스의 절박한 요청은 여성 소비자를 직접적으로 겨냥하여 호소했고 큰 반향을 일으켰다. 영국의 가장 유명한 노예제 폐지론자인 윌리엄 윌버포스가 1790년대에 예언했듯이, 여성은 노예제 폐지 운동에서 일정한 역할을 수행하면서 결국 자신들의 해방도 더 촉진하게 된다.[139] 절제의 미덕은 전국적으로 퍼졌으며, 영국 왕과 왕비, 그 딸들이 식탁에 둘러앉아 용감하게도 설탕을 넣지 않아 쓰디쓴 차를 홀짝거리는 풍자 만화를 사실 그대로 믿을 수 있다면 왕실까지도 침투한 것이 분명하다. 그러나 대안이 있었다. 앞서 러시가 했듯이, 폭스는 그 책자의 미국 판에서 보섬의 발언을 거론했다. 한편 보섬은 자와에서 중국인 기술자들이 생산한 설탕을 서인도 제도의 설탕보다 훨씬 싸게 들여올 수 있다고 영국 의회에서 증언했다.[140]

이 시점에 노예가 생산한 설탕의 현실적이면서도 강력한 대안이 나타났다. 1772년 이후로 영국은 벵골을 지배했는데, 그곳에서 한때 설탕 경제가 번창했으나 전쟁과 기근 때문에 붕괴했음을 알게 되었다. 영국 동인도회사는 재빨리 설탕에 부과되는 세금을 낮추었고, 공무원들을 내보내 지역 상인들에게 선금을 지불하게 했다. 선금을 받은 상인들은 직원들을 농촌으로 파견하여 수확 직전의 사탕수수를 밭떼기로 구매했다.[141] 몇 년 안에 벵골은 영국으로 1만 톤의 설탕을 보낸다. 1800년경 서인도 제도에서 들어오는 15만 7000톤에 비하면 여전히 소소한 양이었지만, 이는 시작이었고 조만간 더 많은 설탕이 들어오게 된다. 그것은 당시 인도에서 연간 정제되는 약 50만 톤의 원당 중 일부였을 뿐이다.[142]

게다가 열정적인 기업가들의 말에 따르면, 인도의 잠재력은 계발되지 않았을 뿐 엄청나게 컸다. 출신은 상당히 미천했지만 인도에서 구리채굴, 주화, 인디고, 친츠chintz(날염 무명천) 생산으로 엄청난 재산을 모은 존 프린셉도 그중 한 사람이다. 그는 인도와의 무역을 옹호하는 글을 발표했고 벵골의 설탕 생산 잠재력을 강조했다.[143] 다른 사람들도 인구가 많고 대체로 비옥한 이 광대한 아대륙에서 서구의 최신 장비와 방법으로 설탕을 생산할 기회를 포착했다. 영국 동인도회사 이사회에 보내는 문서에 자신을 자메이카의 사탕수수 농장 관리인이었다고 소개한 윌리엄 피츠모리스도 그런 사람이다. 그가 볼 때 벵골이 설탕 수출지로서 성과가 좋지 못했던 이유는 분명했다. 우선 사탕수수 즙을 절구와 공이라는 한물간 장비로 압착했기에 너무 더러워서 이미 "끓이는 작업을 시작하기도 전에 조기 발효 상태"에 들어갔다.[144] 서인도 제도의 설탕 생산 방식을 들여오면 인도의 설탕 생산이 엄청나게 개선될 수 있다고 피츠모리스는 결론 내린다.

영국 동인도회사는 서인도 제도의 장비로 하는 실험을 돕기로 하고 저명한 식물학자 윌리엄 록스버러를 콜카타의 식물원으로 파견하여 외국 사탕수수, 특히 중국 사탕수수 품종을 시험하게 했다. 그러나 인도의 기후와 토양 조건이 훌륭했는데도 서인도 제도 방식의 설탕 생산 실험은 아무런 성과도 내지 못했다. 1820년대까지도 유럽의 설탕 생산 기술은 여전히 인도의 전통적 설탕 생산을 능가할 만큼 발전하지 못했다. 영국인들은 서인도 제도에서 농장을 소유하고 노예 노동자를 부릴 수 있었지만 인도에서는 그렇지 못했다. 그들은 농민에게서 사탕수수를 구매해야 했다. 도시의 정제소인 칸드사리 공장과의 경쟁도 만만치 않았다. 칸드사리 공장의 대리인들이 시골 구석구석까지 돌아다니면서 수확 전의 사탕수수를 사들였기 때문이다. 콜카타의 영국 동인도회사 당국은 영국 정제소에 사탕수수를 공급하기 위해 밭으로 직원을 내보내 선금을 지불할 것을 고려했지만, 1786년부터 1794년까지 인도 총독이었던 찰스 콘월리스는 이에 반대했다. 그는 중국으로 수출되어 영국 가정의 차 값을 벌어들인 아편과 달리, 인도의 설탕이 영국에 전략적으로 중요하다는 생각이 들지 않았다.[145]

영국과 펜실베이니아에서는 노예가 생산하는 설탕을 대체할 방법을 두고 활발한 토론이 이루어졌지만, 프랑스에서는 계몽 운동의 선구자로서 자부심을 느낀 소수의 열렬한 작가들만 노예제를 문제 삼았다. 이들이 내놓은 문헌의 가장 주목할 만한 사례는 간략하게 《두 인도의 역사Histoire des deux Indes》라고 부르는 《두 인도의 유럽인 식민지와 상업의 철학적·정치적 역사L'Histoire philosophique et politique des établissements et du commerce des Européens dans les deux Indes》(1777)다. 기욤토마 레날이 편집한 이 글에는 급진적 계몽철학자 드니 디드로가 노예제를 신랄하게 비판한 내용이 들어 있다. 이 책은 수십 쇄를 찍고 영어와 네덜란드어로 번역되어 널리 퍼졌는데도 프랑스에서 노예제 폐지 운동을 폭넓게 고취하지는 못했다. 네덜란드에서도 반향이 전혀 없었다. 그렇지만 프랑스에서 노예제 폐지 운동이 영국만큼 대중을 견인하지 못했다는 사실은 그곳이 더 급진적이었음을 설명해줄 수도 있다. 즉각적 노예제 폐지를 주장했기 때문이다. 프랑스 대혁명과 더불어 기회가 찾아왔다. 프랑스의 노예제 폐지론자들은 1791년에 국민의회에 즉각적 노예제 폐지를 요구했다. 제1공화국이 이 대의를 받아들여 1793년에 프랑스 영토에서 노예제를 금지한다.

한편 영국 의회는 훨씬 덜 급진적인 조치로서 노예무역의 금지를 향해 나아갔다. 1790년 전후, 서인도 제도 플랜테이션 농장주들과 우호적 관계였던 사업가들조차 당시의 인신매매를 지속할 수는 없으며 노예의 생활 조건 개선이 시급한 문제임을 인정했다. 1792년에 하원은 4년 내에 영국의 노예무역을 금지하기로 결정했다. 이는 사실상 마지막으로 아프리카인을 대량 납치하여 서인도 제도의 노예 인구를 늘릴 수 있게 한 조치였다. 그러나 토머스 배빙턴은 시에라리온의 대리 총독인 처남 재커리 매콜리에게 보낸 편지에서 이렇게 기뻐했다. "기즈번과 나는 오늘 오전 여섯 시까지 하원 복도에 앉아 있었네. 238 대 85로 점진적 폐지안이 가결되었어. 날마다 수많은 청원이 올라와 의원들의 마음에 깊은 인상을 남긴 것이 분명하다네."[146]

의회에서 법안을 토의하는 동안, 카리브해에서도 노예 수가 가장 많은 곳에서 전면적 반란이 일어났다. 생도맹그의 노예와 자유민 흑인이 봉기하여 서인도 제도 플랜테이션 농장주들에게 충격을 안겼다. 도피한 프랑스인 거주자들은 자랑스러운 수도 포르토프랭스Port au Prince가 아름다운 주택과 극장, 기타 유럽 문명을 드러내는 많은 것들과 함께 화염 속에서 사라졌다는 끔찍한 소식을 전했다.[147] 서인도 제도의 영국인 거주민들이 1793년에 양국 사이에 전쟁이 발발하기 전까지 연대감을 품고 이들을 따뜻하게 맞이했다. 노예무역 금지 법안은 하원에서 대다수의 찬성을 얻고 총리 윌리엄 피트(소小 피트)가 이 문제로 감동적인 연설을 했지만 상원에서 계류되었다. 상원은 우선 법안을 연기했다가 1793년에 부결시켰다. 생도맹그의 혁명이 걷잡을 수 없는 형국이

된 듯이 보였을 때, 영국령 서인도 제도는 가장 강력한 경쟁자의 몰락으로부터 큰 수혜를 입었다. 자메이카가 급속하게 노예 수입을 늘린 것이다.[148]

소 피트는 이제 영국 해군의 우위를 이용하여 카리브해 지역을 혁명 프랑스에 맞선 부차적 전선으로 변경하기로 결심하고 카리브해의 프랑스 혁명을 분쇄하기 위해 최선을 다했다. 영국 군대는 대규모 군대를 생도맹그에 파견했지만, 혁명 지도자 투생 루베르튀르는 파리의 국민공회로부터 도덕적 지지를 받아 자신의 혁명을 지키는 데 성공했다. 1793년에서 1796년 사이에 피트 정부는 총 6만 명의 병력을 카리브해의 섬들로 보냈는데, 그중 3분의 1이 생도맹그를 향했다. 그 가운데 거의 3분의 2가 사망했는데, 대부분 황열병 때문이었다.[149]

영국인 병사 수천 명이 사망하고 영국 정부가 카리브해의 군사 작전에 약 2000만 파운드를 허비했지만, 서인도 제도의 플랜테이션 농장주들은 잘 버텼다. 그들 중 대다수가 영국인의 저택에 안전하게 머물렀다. 그렇지만 영국인들이 볼 때 상황이 좋지는 않았다.[150] 1794년, 영국 신문에는 이러한 경고의 메시지가 실렸다. "영국에서 신속히 증원군이 도착하지 않으면, 영국인들은 새로 확보한 영토인 생도맹그에서 피란해야 할 것이다. 자메이카에서 병사들과 선원들이 황열병으로 너무도 많이 사망했기에 임무를 수행할 인원이 충분히 남아 있지 않다."[151]

대서양 건너편에서 많은 영국 병사가 죽고 설탕 사업이 번창하는 동안, 노예무역 폐지안은 정치적 의제에서 사라졌다. 1793년에서 1806년까지 대부분의 기간 동안 영국은 크게 축소된 생도맹그 설탕은 물론 마르티니크와 과들루프에서 생산한 설탕까지 제국의 산출량에 더할 수 있었다. 게다가 영국은 네덜란드령 기아나와 트리니다드, 토바고를 점령했다. 그 결과 영국이 들여온 설탕은 1802년에 아미앵 조약의 체결 직전에 20만 톤으로 정점을 찍었다. 사실 영국은 유럽의 설탕 시장을 독점했다. 조약의 일환으로 프랑스에 일부 설탕 섬을 반환한 후로도, 영국은 카리브해의 설탕 무역을 대부분 장악했고, 영국인 플랜테이션 농장주들과 상인들은 국내에서, 또 유럽 대륙에서 방대한 양의 설탕을 쉽게 판매할 수 있다고 확신했다. 그렇지만 이를 위해서는 아프리카인 노예를 새로이 공급해야 했으며, 따라서 그들은 노예무역 금지에 전혀 관심이 없었다.[152]

그러나 1806년 나폴레옹의 대륙 봉쇄 체제로 유럽 대륙은 영국 제품의 수입, 그중에서도 특히 설탕 수입이 금지되었다. 게다가 쿠바와 푸에르토리코가 중요한 설탕 생산지로 부상했고, 루이지애나도 설탕을 생산하기 시작했다. 중립국인 미국의 선박은 프랑스와 그 동맹국에 나포될 가능성이 없었기에, 나폴레옹전쟁 중 그 시기에는 미국 선박을 이용하는 것이 비용이 덜 들었다. 이 또한 영국의 유럽 설탕 시장 장악력을 약하게 했다. 영국인 플랜테이션 농장주들에게는 설탕 가격의 하락과 유럽 시장의 봉쇄 말고도 더는 노예무역 폐지에 반대할 이유가 없게한 또 다른 동기도 있었다. 이제 그들은 대서양 노예무역을 전체적으로 금지하면 영국 영토의 농장보다 쿠바에서 새롭게 자리 잡은 플랜테이션 농장들이 훨씬 크게 타격을 입으리라 추측했다. 영국인 플랜테이션 농장주들이 이제 노예무역 없이도 이미 노예 노동자를 충분히 보유하고 있다고 생각하는 것도 당연했다.[153]

한편 카리브해 지역의 설탕이 영국 시장에 과도하게 공급되는 것은 수백 톤의 소소한 양에서 약 1만 톤까지 선적량이 증가하던 동인도의 설탕업자에게는 나쁜 소식이었다. 동인도 제도 설탕 수입량은 급감해 1834년에 영국 제국에서 노예제가 폐지된 이후에야 완전히 회복된다.[154] 서인도 제도는 확실히 영국의 해외 영토 가운데 가장 중요하고 큰 이익이 나는 곳이었고, 그곳의 플랜테이션 농장주들은 의회에 확고한 기반을 갖고 있어서 동인도 설탕에 불리한 차별적 수입 관세를 유지할 수 있었다. 이들은 영국의 정제업자들로부터 지지를 받았다. 추가 정제 없이 바로 판매할 수 있는 동인도의 전통적인 설탕 칸드사리에 관세를 부과하는 것이 그들에게도 똑같이 이익이었기 때문이다. 한편 노예무역 종식에 적응해야 하는 노예 소유주들을 보호하기 위해 서인도 제도 이외의 다른 곳에서 수입되는 모든 설탕에 추가로 25퍼센트의 관세가 1813년에 부과되었다. 이는 저렴한 인도산 설탕을 겨냥한 조치임이 분명했다. 관세는 서인도 제도의 설탕 옹호자들이 의회에서 휘두른 강력한 무기였다.[155]

그러나 인도산 설탕 수출에 모든 것이 다 나쁜 소식만은 아니었다. 유럽 대륙을 포함하여 설탕 수출 시장이 여전히 확대되고 있었기 때문이다. 1813년 이후 20년간 인도의 설탕은 영국 세관을 거의 통과하지 못했기에, 영국 상인들은 이를 함부르크로 가져가 프랑스를 대신하여 독일의 주된 설탕 공급자가 되었다. 그 시기에 독일의 이 설탕 교역 허브에 하역된 설탕의 70퍼센트가 영국에 온 것이었고, 그중 절반이 인도산이었다. 더불어 쿠바와 브라질에서 들여온 설탕도 늘었다. 함부르크는 세계 최대의 설탕 정제 중심지 중 하나라는 지위를 유지했으며, 슈뢰더 가문 같은 함부르크의 유력 가문은 설탕 무역을 통해 세계적 은행 네트워크의 토대를 구축하기에 이른다. 이들은 유럽의 여섯 도시에 지점을 세웠고, 바타비아와 싱가포르뿐만 아니라 아메리카까지 회사를 확장했다. 이 가족 회사의 런던 지점은 쿠바 설탕 무역과 그 섬의 철도 건설에서 주요한 역할을 했다. 19세기 전반, 함부르크에 도착한 설탕 중 쿠바에서 온 것이 점차 늘었다. 처음에는 미국을 거쳐서 왔지만 1820년대부터는 곧바로 왔다. 게다가 함부르크는 브라질에서도 점점 더 많은 설탕을 들여왔다.[156]

이처럼 완전히 새로운 무역 형태가 출현했다. 프랑스령 앤틸리스 제도와 영국령 서인도 제도는 유럽 시장의 주된 설탕 공급지라는 지위를 빠르게 상실했다. 북대서양 시장의 수요를 충족시키는 새로운 설탕 생산 지대는 에스파냐령 카리브해 섬들과 인도, 루이지애나였다. 그리고 마지막으로 사탕수수 설탕의 무시할 수 없는 중요한 경쟁자가 출현했다. 사탕무 설탕이었다. 설탕의 세계는 바야흐로 완전히 새로운 공업화 시대로 진입한다. 산업적인 식민지 설탕 부르주아지의 새로운 정신이 이를 추동했다.

4

과학과 증기 기관

18세기가 끝날 무렵 아메리카의 설탕은 유럽의 도시 하층 계급에 도달했다. 아메리카의 설탕은 멀리 러시아와 중앙아시아까지 들어가 중국과 인도에서 수입된 설탕과 경쟁했다. 세계적으로 시장이 팽창하여 필라델피아의 페이스트리 판매점부터 바그다드의 셔벗 가게와 빈의 커피하우스까지 수요가 늘면서 설탕을 판매할 기회는 차고 넘쳤다. 이렇게 설탕 소비가 급증하자 브라질의 설탕 생산 하락 추세가 멈추었고 오늘날의 볼리비아 접경까지 내륙 깊숙이 설탕 변경이 확대되었다. 놀라서 뒤로 넘어갈 정도의 엄청난 운송비도 이런 사태 진전을 막지 못했다.[1]

  그때까지 수확 감소, 특히 지력 고갈에 대응할 수 있는 유일한 방법은 지리적 확대였기에 기아나와 자메이카, 생도맹그의 여러 변경이 출현했다. 그렇지만 18세기 말에 수확량이 많은 사탕수수 품종이 도입되었고 뒤이어 증기 기관이 등장했다. 증기 기관은 노동자 1인당 산출량이 하락하는 추세를 역전시켰다. 1770년에서 1840년 사이에 노동자 1인당 설탕 생산량은 40퍼센트라는 인상적인 수치로 증가했는데, 이는

당시 경제적으로 세계에서 가장 앞선 나라인 영국 전체의 생산성 증가와 대등한 비율이었다.[2]

18세기에 화학과 물리학과 식물학의 실험은 열대 지방의 농업에 변화를 일으켰고 설탕의 세계를 알아볼 수 없을 만큼 바꿔놓았다. 열대 지방 최초의 식물원은 1757년에 바타비아(자와)에 세워졌고, 곧이어 적도 인근에 여섯 개 이상의 식물원이 건립되어 세계 곳곳에 여러 작물을 전파시켰다. 1767년에는 자메이카에서 최초로 증기를 이용하여 사탕수수를 압착하는 기술을 시험했다. 당시에는 성공을 보장할 수 없는 실험이어서 단발적 사건이었지만, 이는 곧 10여 개의 다른 특허와 함께 사탕수수 압착의 완전한 공업화로 이어진다. 널리 알려진 대로 산업 혁명이 진행되는 데는 면직물 방직이 결정적 역할을 했으나, 사탕수수 압착기는 열대 지방에서 증기로 구동한 최초의 기계들에 속했다.[3] 19세기에 일찍부터 이런 기계 수백 대가 전 세계의 사탕수수 농장에 들어갔다.

한편 많은 전쟁과 혁명이 이어진 나폴레옹 시대는 지나고 보니 창조적 파괴의 단계였다. 그 시대는 플랜테이션 농장주들의 디아스포라를 여러 차례 유발했다. 다시 말해 그들은 영국, 프랑스, 에스파냐, 네덜란드, 미국의 영토 사이에서 빠르게 바뀌는 제국의 경계를 넘나들었다. 농장주들은 자와, 수마트라, 피낭, 인도, 필리핀으로 기술을 이전했다. 예를 들면 생도맹그의 어느 플랜테이션 농장주는 1804년에 바타비아까지 이동하여 도시 인근의 망해가는 사탕수수 농장을 되살리는 데 힘을 보탰고, 또 다른 이들은 서인도 제도에서 영국령 인도로 건너갔다. 그러한 여행으로 지식의 전파가 빨라졌고 설탕 기술자들의 세계적 공동체가 형성되었다.

19세기에 들어설 무렵, 나폴레옹전쟁이 한창일 때 약제사들과 화학자들이 사탕무를 진공 상태에서 끓여 설탕을 추출하는 생산 공정을 개발한 것이 결정적으로 중요했다. 그러한 방법은 사탕수수 설탕 부문까지 혁명적으로 바꿔놓는다. 프랑스와 영국의 산업가들은 식민지 부르주아지와 함께 구체제의 고립된 플랜테이션 농장 세계를 철도와 증기로 가동하는 대규모 공장을 갖추고 거대한 변경을 지배하는 농공업 지대로 탈바꿈시켰다. 이렇게 수력과 축력으로 가동한 정제소가 철골 구조물과 골함석 지붕, 증기력으로만 구동하는 기계를 갖춘 공장으로 바뀌는 이행기를 지배한 주체는 식민지 부르주아지였다. 이러한 발전으로 설탕은 농업과 수공업의 상품에서 서로 경쟁하는 두 가지 작물로 만들어지는 농공업의 벌크 상품으로 그 성격이 철저하게 변했다.

이 공업화는 더 넓은 사회적 변화의 일부였는데, 그 과정에서 인권과 인간의 진보에 관한 논의가 전면에 부상했다. 자신의 노예 상태에 반대하여 일어난 자들과 노예제와 그 잔학 행위에 공모자가 되기를 거부한 소비자들에게서 공히 자유는 그 논쟁의 중심 개념이 되었다. 진보와 자유라는 개념은 산업 발전을 고된 육체노동으로부터, 종국에는 노예제 자체로부터 인간을 해방하는 수단으로서 중시한 새로운 부르주아적 가치가 되었다.[4] 식민지 설탕 부르주아지 가운데 가장 진보적이고 교육을 많이 받은 자들은 근대성과 노예제 사이의 심한 모순을 뚜렷이 인식했으며 노예제의 점진적 폐지를 준비했다. 이들은 기계화에 투자했고, 대안적인 노동력 수급을 모색했으며, 아시아의 설탕 생산에 주목했다. 그러나 수많은 플랜테이션 농장주는 대다수 사람에게는 진보를 허용하지 않는 인종주의로 무장했다. 비극적이게도 노예제와 강제 노동은 산업 자본주의 체제에서, 공업적 설탕 생산의 세계적 확산 속에서 사라지지 않고 오히려 확대된다.

과학과 열대 농업

7년전쟁(1756~1763)은 네 개 대륙이 휘말린 최초의 분쟁으로, 영국이 세계의 패권국으로 확고히 자리 잡은 시대의 개막을 알렸다. 영국은 세계 최대의 설탕 생산지인 인도를 가장 중요한 식민지로 삼았다. 이 세계 전쟁은 프랑스와 에스파냐가 영국에 굴욕적 패배를 당하며 끝났다. 유럽에서 인구가 가장 많은 프랑스와 여전히 아메리카에 광대한 제국을 보유한 에스파냐는 식민지에서 더 많은 수입이 발생하지 않으면 영국이 해상에서 우위를 점하고 있었기에 자신들이 곧 이류 식민국의 지위로 전락할 것임을 깨달았다. 두 나라는 7년전쟁으로 축소된 제국의 경제를 다시 생각해야 했다. 중농주의의 관념에 따라, 열대 농업이 그러한 추격에서 핵심 역할을 할 것으로 기대되었다. 중농주의자란 원래 농업이 모든 부의 원천이고 농산물의 가격을 높게 책정해야 한다고 주장한 일군의 프랑스 경제학자들을 일컫는 말이다. 그들은 돈이 많이 드는 식민지 전쟁을 비난했다. 그들이 보기에 식민지 전쟁은 오도된 보호 무역주의, 즉 한 나라의 경제적 손실은 다른 나라의 이익이라는 중상주의적 신조에서 비롯했다. 중농주의자들 중에는 마르티니크의 지사 피에르폴 르 메르시에 드 라 리비에르 같은 유력한 식민지 관료도 있었다. 그는 뉴잉글랜드와의 중상주의적 교역 금지를 파리의 정부가 허용한 것보다 훨씬 광범위하게 해제했다.[5]

에스파냐 정부도 제국 영토와 그 신민에게 부과했던 대외 무역 금지를 풀었다. 이제 그들은 현지의 주도적 조치를 완전히 지지하겠다고 밝혔다. 게다가 영국이 1762년에 아바나를 점령함으로써 의도하지 않게 에스파냐에 큰 혜택을 안겨주었다. 그로써 영국과 체서피크의 무역에 쿠바의 문호가 열렸기 때문이다. 영국이 점령한 11개월 동안,● 쿠바의 크리오요 주민들은 여태껏 에스파냐 제국에서 살았기 때문에 북아메리카 정착민 식민지와 지리적으로 가깝다는 이점을 누리지 못했음을 깨달았다. 1776년에 아바나 항구가 에스파냐의 승인으로 외국 선박을 받아들였을 때, 시기는 더없이 적절했다. 바로 그해에 영국의 13개 아메리카 식민지가 독립을 선언한 것이다. 미국은 아바나의 가장 중요한 교역 상대가 되었다. 에스파냐가 영국에 맞선 프랑스와 아메리카 반란자들의 전쟁에 합류하면서 쿠바와 미국 사이의 무역은 확연히 발전했다. 이 무역에서 축적된 부는 기운차게 발전하는 쿠바의 플랜테이션 농업으로 흘러 들어갔다.[6]

제국의 중상주의적 정책의 약화로 국제 무역과 교류가 확대됨과 동시에, 18세기 후반의 설탕 생산도 앞선 200년간보다 더 많은 혁신을 이루었다. 그동안 진전이 전혀 없었다는 말은 아니다. 바베이도스의 설탕 생산을 생태적으로 지속 가능한 토대 위에 올려놓기 위해 취해진 여러 조치는 나름 성공적이었다.[7] 그러나 오로지 현장의 경험을 통해서만 지식을 얻을 수 있는 것은 아니라는 관념은 새로웠다. 그리하여 최선의 방식을 다룬 책, 더 나아가 과학적 식견의 응용을 다룬 책들을 열성적으로 찾는 독자들이 나타났다. 예를 들면 윌리엄 벨그로브의 《농경과 정식에 관한 논고Treatise on Husbandry and Planting》(1755)는 7쇄까지 찍었다.[8] 전문성도 증대했다. 서인도 제도와 프랑스령 앤틸리스 제도의 부유한 사탕수수 플랜테이션 농장주들 상당수가 유럽이나 미국

● 아바나는 7년전쟁 중인 1762년 3월에 영국군에게 포위되어 8월에 항복했고, 1763년 2월에 7년전쟁을 끝낸 파리 조약으로 에스파냐에 반환되었다.

의 대학교에서 공부했으며, 그들 중 일부는 수준 높은 아마추어 과학자였다.[9]

플랜테이션 농장주들이 아프리카인 노예를 사들이는 데 드는 비용의 상승, 이윤율의 하락, 유럽의 설탕 수요 증대, 임박한 노예무역 폐지도 혁신을 자극했다. 이러한 요인들이 결합하여 플랜테이션 농장주들의 계산법을 바꾸어놓았다. 이제 노예의 건강에 관심을 보이기 시작한 것이다.[10] 플랜테이션 농장 의사들의 의학적 탐구는 대개 백인의 편견으로 얼룩졌다. 예를 들면 높은 유아 사망률을 노예 여성의 탓으로 돌리는 식이었다. 그렇지만 대가들은 키니네의 사용처럼 노예들이 가진 높은 수준의 약초 지식을 정당하게 평가할 줄 알았다.[11] 각별히 영향력이 컸던 저서는 7년전쟁 이후에 간행된 제임스 그레인저의 《서인도 제도 질병에 관한 소론Essay on the West Indian Diseases》이다. 이 책은 농장주들에게 매주 손가락과 발가락을 검사하고 항상 기생충을 경계하라고 강력히 촉구했다. 그레인저는 널리 퍼진 다양한 해충의 구제 방법을 탐구했으며, 특히 노예가 발과 발목에 궤양이 있을 때조차 맨발로 걸어 다녀야 한다는 점을 개탄했다.[12] 1760년대에 서인도 제도에서 천연두를 퇴치하기 위해 예방 접종을 도입하면서 예방 측면에서 결정적 진전이 이루어졌다. 1800년경에 에스파냐 국왕이 파견한 예방 접종단의 세계 순회 일환으로 이 질병을 막기 위한 제너 종두법이 쿠바에서 시작되었을 것이다. 이로써 라틴아메리카 본토와 필리핀은 얼리어답터가 되었다. 이는 확실히 사망률의 상당한 감소로 이어졌을 것이다. 앞선 유행병에서는 새로 도착한 서아프리카 출신 노예의 10~20퍼센트가 천연두로 사망했다.[13]

대규모 투자는 물론이고 기간 시설과 관리 부문에서의 일련의 혁신도 생산성을 끌어올렸다. 생도맹그의 플랜테이션 농장주들은 관개 작업을 수행했고, 네덜란드인들은 네덜란드령 기아나와 수리남에서 제방을 쌓고 배수로를 팠다. 그로써 비옥한 늪지를 활용하고 물레방아를 사용하고 수상으로 설탕을 운반할 수 있었다. 카리브해 지역 곳곳의 플랜테이션 농장주들은 노동력을 아끼기 위해 농장의 물류를 간소화하려 했다. 제당소를 개선하고 그 위치를 바꾸고 운하를 건설하고 초보적 수준의 삭도索道를 설치하여 운송을 편리하게 했다. 이들은 설탕을 신속하게 선적하기 위해 바다 근처에 새로운 농장을 세웠다. 그리하여 귀중한 노동력과 견인 동물을 아낄 수 있었다. 플랜테이션 농장주들은 소에서 물레방아로 동력을 전환했다. 수리남에서는 그 과정이 거의 전적으로 네덜란드 공화국에서 유입된 자금 덕분에 이루어졌다. 카리브해 지역의 일부 플랜테이션 농장주는 수로를 건설하여 물을 끌어와 수력을 이용했다. 안티과와 과들루프는 풍차를 널리 이용했는데, 수력이나 소로 구동하는 압착기보다 시간당 처리 양이 더 많았기에 농장주들은 야간 교대 근무를 시키지 않아도 되었고 결과적으로 노예의 건강에 유익한 효과를 가져왔다.[14]

그럼에도 노예의 삶은 여전히 고되었다. 특히 밭에서는 기계화가 지연되었기 때문이다. 사탕수수 수확은 사람의 진을 빼는 노동이었고, 노예가 일하는 플랜테이션 농장의 사탕수수 밭에는 쟁기가 거의 들어갈 수 없었다. 게다가 플랜테이션 농장주들은 대개 수확기가 지나면 노동력을 아끼는 데 관심이 없었다. 몇몇 섬에서는 언덕이 너무 가팔라 쟁기질을 하면 토양 침식이 발생했다. 트리니다드에서는 땅이 너무 질었고, 반면 기아나에서는 간척지의 배수로 때문에 쟁기질하기가 힘들었다.[15] 이렇듯 혁신과 개선도 혹독한 착취를 줄이지 못했다. 결과적으로

안티과에서 노예 노동자들이 미리 준비된 밭에 사탕수수 줄기를 심는 모습이 담긴 그림(1823). 배경의 성채는 카리브해 설탕 경제의 폭력적 성격을 강조한다.

출생률은 낮은 상태로 정체되었고, 반면 18세기에 서인도 제도 대다수 지역에서 6퍼센트였던 사망률은 1800년에서 1830년 사이에 3퍼센트로 하락했다. 이 정도로는 노예 인구가 성장하기에 충분치 않았다. 8월은 곡물을 재배하는 땅에서 식량이 충분히 나오지 않는 굶주림의 달인데, 식량 수입으로 사정이 약간 나아지기는 했을 것이다. 플랜테이션 농장주들이 노예들에게 이 곡물 재배지를 돌볼 시간을 더 많이 준 것도 영양 상태를 개선했을 것이다. 그렇지만 영양 부족은 카리브해 지역 플랜테이션 농장에서 지속된 심각한 문제였고 그 때문에 노예는 질병에 걸리기 쉬웠다. 19세기 초에는 인플루엔자 유행과 백일해가 많은 노예의 목숨을 앗아갔으며, 이질도 여전히 무서운 킬러였다.[16]

식물학

식민지 부르주아지의 성장과 중농주의 관념의 확산에 따라온 것이 있었다. 바로 중상주의 시대와의 뜻깊은 단절로서, 지식과 전문 기술이 제국의 경계를 넘어 활발하게 전파된 것이다. 생도맹그의 수도 포르토프랭스의 인쇄업자인 샤를테오도르 모자르는 여러 학회의 회원이자 아마추어 기상학자였는데, 1788년에 자메이카에서 여러 식물종을 가지고 돌아오는 프랑스 선박에 대해 이렇게 썼다. "국가들이 자연의 풍요를 일부 독점하려던 시대는 지나갔다."[17] 과연 식물학은 끝 모를 유럽 전쟁의 어둠을 뚫고 나온 계몽 운동의 한 줄기 빛이었다. 카리브해의 섬 세인트빈센트의 가장 오래된 식물원은 7년전쟁 직후 섬의 수비대 군의관 조지 영이 세운 것인데, 영국 정부의 지원 없이 제국의 경계를 가로지르는 접촉에만 의지하여 유지되었다. 과들루프, 남아시아, 동남아시아에서 온 식물로 꾸려진 이 식물원에서는 1773년에 서른 종의 상업 작물이 자라고 있었다.[18] 2년 뒤, 자메이카에도 비슷한 식물원이 설립되었고, 망고부터 계피까지 다양한 새로운 작물이 그곳에서 시작해 섬 전체에 퍼졌다.[19] 모자르가 증언하듯이, 그중 몇몇 종이 생도맹그에 들어왔다.

　영국 식민지에 세워진 식물원 사이의 연결을 공고히 다진 핵심 인물은 런던의 지체 높은 부르주아 조지프 뱅크스였다. 뱅크스는 말년에 가서야 준남작의 지위를 얻는데, 제임스 쿡 선장의 첫 번째 태평양 항해(1768~1771) 때 식물학자로서 동행하여 학자로서 첫발을 내디딘 이력 덕분에 작위를 얻었다.[20] 중농주의 관념을 받아들인 지주였던 뱅크스는 추밀원 위원이자 런던왕립학회 회장으로서 최고의 권위 있는 자리에 올랐다. 그는 사사로운 개입으로 순조롭게 식물 자원을 들여왔고, 오랫동안 큐Kew 왕립식물원을 이끌며 세계적 식물원으로 키웠다.

식물 표본의 순조로운 전파 덕분에 아메리카 곳곳에서는 새로운 유형의 사탕수수가 급속히 확산되었다. 7년전쟁의 여파로 식물학자들은 태평양의 섬들과 인도네시아 군도에서 야생의 '장대한noble'(두껍고 즙이 많다는 뜻) 사탕수수를 찾아 나섰다. 1766년부터 1769년까지 이어진 루이앙투안 드 부갱빌의 세계 일주 항해는 식물 지식의 축적이라는 면에서 대단히 놀라운 성공이었다. 게다가 그 항해는 '타이티 사탕수수' 또는 '부르봉 사탕수수'라는 이름이 붙은 새로운 사탕수수 품종의 발견으로 이어졌다. 부갱빌은 타이티섬에서 그 사탕수수를 발견하여 일드프랑스(모리셔스)와 일부르봉(레위니옹)의 지사이자 그곳에 식물원을 세운 피에르 푸아브르(1장에서 중국인을 데려와 설탕을 생산하자고 주장한 인물로 등장한다)에게 넘겨주었다. 푸아브르는 프랑스 식민지에 열대 작물을 확산시킨 주역이다.

푸아브르는 타이티 사탕수수를 널리 퍼뜨리려고 애썼다. 그가 일부르봉섬에 있었다는 사실 때문에 그 사탕수수는 부르봉이라는 다른 이름을 얻었다. 타이티 사탕수수는 1780년대 초에 프랑스령 앤틸리스 제도에 도착했고, 뒤이어 1789년에 수리남에, 1793년에 세인트빈센트와 쿠바에 도착했다.[21] 한편 윌리엄 블라이 선장이 태평양의 타이티 사탕수수를 영국령 서인도 제도로 가져갔으며, 이것이 19세기에 그곳에서 라틴아메리카 본토 곳곳으로 퍼졌다.[22] 타이티 사탕수수가 급속히 확산된 이유는 몇백 년 전 콜럼버스가 두 번째 항해에서 카나리아 제도에서 가져온 크리오요 품종보다 수확량이 15~20퍼센트 많았기 때문이다. 그 외에도 이점이 있었는데, 타이티 사탕수수를 압착하고 남은 버개스는 크리오요 사탕수수의 버개스보다 제당소의 화로에서 훨씬 더 잘 탔다. 이는 사탕수수 플랜테이션 농장 때문에 숲이 황폐해진 카리브해의 섬들에서는 매우 중요한 특성이었다.[23]

수확량이 많은 사탕수수는 전략적 중요성이 커졌고, 인도의 영국 동인도회사도 이 점을 분명하게 인식했다. 뱅크스는 인도에 적합한 사탕수수를 찾고 있었는데, 노예제 폐지를 지지했기 때문이 아니라 경제적·농업경제적 이유에서 인도를 영국의 이상적인 원료 공급지로 생각했기 때문이다.[24] 스코틀랜드 출신 의사이자 식물학자이면서 인도에서의 사탕수수 재배 전문가였던 윌리엄 록스버러는 콜카타 식물원에서 여러 사탕수수 품종을 가지고 인도의 조건에 맞는지 시험했으며, 뱅크스와 긴밀히 연락을 주고받았다.[25] 그는 1793년에 콜카타 식물원 원장에 임명되었다. 이때는 우연하게도 생도맹그에서 혁명이 일어나고 2년이 지났을 때이며, 영국 의회가 노예무역 폐지 법안을 통과시키고 1년이 지난 뒤였다. 법안은 최종적으로 상원에서 부결되었다(3장 참조).

학술 단체와 경제 학회

18세기 말 유럽의 식민지에서는 오늘날의 최신 기술 발전만큼이나 뜨겁게 과학적 탐구가 이루어졌다. 프랑스, 영국, 에스파냐, 네덜란드의 식민지에서는 학술 단체가 우후죽순처럼 출현했다. 1784년에 생도맹그의 외과 의사와 내과 의사, 상인 아홉 명이 '필라델피아회Cercle des Philadelphes'를 설립했다. 이 명칭은 벤저민 프랭클린에게 경의를 표한 것이다.● 프랭클린의 전기 관련서는 카리브해 지역 플랜테이션 농장주

들 사이에 널리 알려져 있었다.[26] 그러나 프랭클린은 아직 확실한 선택
은 아니었다. 그가 1781년에 자신의 노예를 해방했으며 노예제 사회에
내재한 타락뿐만 아니라 노예제가 초래한 고통과 죽음까지 비난했기
때문이다.[27] 그럼에도 그는 필라델피아회의 명예 회원 자격을 수용했
다. 당시에 프리메이슨의 급속한 확산과 더불어 과학에 대한 관심이 싹
트기 시작했는데, 이는 아무런 양심의 가책도 없이 노예들의 피부에 자
신의 이름을 낙인으로 찍었으면서도 사회적 진보의 지도자로 자처한,
부르주아지의 인습에 얽매이지 않는 태도를 반영했다.[28]

필라델피아회는 1778년에 설립된 열대 지방의 가장 오래된 학술 단
체인 바타비아 예술과학협회Batavia Society of Arts and Sciences와 공통점이 많
았다. 바타비아 협회는 곧 회원 수가 200여 명을 헤아렸고 프랑스 계몽
운동의 상징적 인물인 콩도르세 후작은 물론 앞서 언급한 뱅크스도 외
국 통신원으로서 이름을 올렸다.[29] 발기인인 야코뷔스 라데르마허르가
그랬듯이, 이 학술 단체에는 확실히 계몽 운동의 정신이 스며들었다.
네덜란드 동인도회사의 고위 간부였던 라데르마허르는 아시아 최초의
프리메이슨 지부를 창설한 인물이기도 했다. 그러나 바타비아 협회의
목표는 눈에 띄게 실용적이었다. 자와에는 작지만 믿을 수 없을 만큼
부유한 식민지 부르주아지 사회가 있었고, 그들은 부정하게 획득한 부
의 상당한 몫을 농업 연구에 투자했다. 바타비아 협회에서 가장 활동적
인 축에 들었던 회원 요하너스 호이만은 루터 교회 목사였지만 지주의
면모가 더 두드러졌다. 그는 영혼의 문제보다 상업적 농업의 발전에 더
관심이 많았던 듯하다. 그가 쓴 논문 중에 가장 중요한 것은 성경이 아

• 벤저민 프랭클린은 필라델피아에서 태어났다.

닌 바타비아 인근 지역의 사탕수수 설탕 공장에 관한 글이었을 것이다. 이 점에서 호이만은 바타비아 협회를 대표했다. 협회는 '예술과 과학'이라는 빛나는 낱말을 이름에 집어넣었으면서도 농업과 공업의 발달을 촉진한다는 세속적 목표에 헌신했다. 실제로 필라델피아회의 회원들도 자신들의 농장주 사회에 대해 동일한 실용적 목표를 우선시했다.[30]

바타비아에서 설탕은 유명한 토론 주제였다. 긴급한 문제였다고도 할 수 있는데, 현지 설탕 산업이 지력 고갈과 땔감 부족 탓에 침체를 벗어나지 못했기 때문이다.[31] 유럽인 지주들과 네덜란드 동인도회사는 이같은 우려 때문에 적극적인 개입에 나섰다. 이들은 이제 오로지 중국인 정제 기술자들의 지식에만 의존하려 하지 않았다. 예들 들면 필시 모리셔스에서 들여왔을 텐데, 연료를 아낄 수 있는 '자메이카 열차Jamaica Train' 공정●을 도입했다. 생도맹그에 플랜테이션 농장을 갖고 있던 고댕 뒤타유는 1804년에 바타비아로 건너와 자신이 만든 보일링 장치를 오로지 버개스만으로 작동시킬 수 있다고 주장하며 시연해 보였다. 만일 그 주장이 사실이었다면 곤란한 문제를 해결할 수 있었을 것이다.[32] 이는 비록 실패로 돌아가기는 했지만 자와의 설탕 생산이 중국인의 지식에서 벗어나 유럽인의 지식으로 넘어가는 전환에서 의미 있는 단계였다.

1781년에 바베이도스에 설립된 기술·제조업·상업의 장려를 위한 협회The Society for the Encouragement of Arts, Manufactures and Commerce는 아마도 플랜테이션 농장주들이 재배와 가공 방식의 수준을 높이고 노예의 생활 조건을 개선할 방법에 관한 지침을 제시하기 위해 세운 최초의 단체

● 끓는 사탕수수 즙을 한 솥에서 다른 솥으로 퍼 옮기는 방식이다.

였을 것이다. 1767년에 인접한 프랑스령 섬들의 급속한 발전을 선망하여 재배와 무역을 개선하고자 애향 단체를 출범시키려고 모인 자메이카의 플랜테이션 농장주들이 이를 앞섰다고도 할 수 있다. 자메이카의 플랜테이션 농장 관리인들은 압착과 보일링의 개선과 관련된 특허를 연이어 획득했다. 세 개의 분쇄기를 수평으로 설치한 19세기의 증기 구동 압착기의 선구자 격인 설계도 그중 하나다. 1754년에 존 스미턴이 제작한 이 기계는 존 스튜어트의 증기 구동 정제소 운영 계획의 토대가 되었다. 스튜어트는 13년 뒤에 증기 구동 정제소의 특허를 획득한다. 두 사람 다 자메이카에서 살았다.[33]

아바나에서는 신생 독립국 미국과의 무역이 늘어난 덕에 빠르게 부자가 된 상인과 지주 계급이 목축과 담배 재배를 뛰어넘어 섬의 낙후한 설탕 부문을 탈바꿈시키는 작업에 착수했다. 이 이행을 추동한 배후 인물은 1765년에 아바나의 크리오요 부르주아 가정에서 태어난 지식인 프란시스코 데 아랑고 이 파레뇨다. 널리 존경받던 쿠바인인 그는 여러 명예직을 받았지만 진정한 부르주아로서 귀족의 직함을 거부했다.[34] 아랑고 이 파레뇨는 학생 시절에 《두 인도의 역사》를 읽고 분명히 높이 평가했을 것이다. 당대에 유명했던 이 책의 저자 기욤토마 레날은 에스파냐 국왕에게 쿠바를 사탕수수 플랜테이션 섬으로 개발하라고 권하면서 그 백색의 결정체가 금과 은을 대체하여 제국의 주된 수입원이 될 수 있다고 주장했다.[35] 마드리드에서 공부하던 아랑고 이 파레뇨는 1788년 집으로 돌아오는 길에 영국에 잠시 들러 노예무역 단체에 관한 정보를 입수했다. 그후 쿠바로 돌아와 쿠바 엘리트층 동료들과 함께 쿠바 내륙을 조직적으로 개발할 방법을 모색했다. 인구가 과밀한 아바나를 위한 과학적 식민화 계획부터, 아바나에서 남쪽 항구 도시 바타바노Batabanó까지 섬을 횡단하는 운하를 건설하는 과대망상에 가까운 계획까지 다양했다. 그는 또한 쿠바 주민들이 독자적으로 노예를 수입할 수 있게 해달라고 에스파냐 국왕을 설득했다. 에스파냐 왕의 독점으로부터, 그의 말을 그대로 따르자면 '중상주의적 규제'로부터 노예무역을 해방하기 위해서였다.[36]

2년 뒤에 인접한 식민지 생도맹그에서 혁명이 일어났을 때, 당시 마드리드에 있던 아랑고 이 파레뇨는 에스파냐가 쿠바 노예무역의 자유화에 주저할까 걱정하여 에스파냐 국무원에 황급히 서한을 보냈다. 그는 혁명이 쿠바로 전파될 위험성은 거의 없다고 지적하면서, 자신의 섬에서는 노예 노동자들이 생도맹그에 비해 훨씬 더 나은 대접을 받고 있다고, 그리고 생도맹그는 정치적으로 불만이 많아 목소리를 내는 유색인 자유민에도 대처해야 했다고 주장했다. 그는 세계 최대의 설탕 수출지가 붕괴하여 쿠바에 열린 기회를 놓치지 말라고 에스파냐 정부에 촉구했다. 어쨌거나 상황은 곧 끝날 수 있었기 때문이다.[37]

이듬해인 1792년, 아랑고 이 파레뇨는 당시 여전히 거의 전체가 숲으로 뒤덮여 있던 쿠바가 어떻게 그 농업 잠재력을 개발할 수 있는지를 다룬 유명한 글을 썼다. 그 영향으로 아바나에 농업·상업 영사Consulado de Agriculture y Comercio가 설치되어 쿠바가 설탕 수출지로 올라서는 데 핵심적 역할을 수행하게 된다.[38] 쿠바의 설탕 생산은 아랑고 이 파레뇨의 엄청난 포부 말고도 생도맹그의 혁명을 피해 고용인들 및 1만 8000명의 노예와 함께 넘어온 프랑스인 플랜테이션 농장주들에게서도 큰 도움을 받았다.[39] 프랑스인 피란민은 쿠바의 농장주들에게 최첨단 제당소 세우는 방법을 가르쳤다. 아이티 혁명 이후 10년 동안, 쿠바의 설탕 수출은 사실상 전무인 상태에서 3만 톤 이상으로 급증했고 19세기 첫

사분기에 다시 두 배로 늘었다.[40]

농업·상업 영사는 이러한 확대를 가능케 하려고 쿠바 산림을 이용하여 에스파냐 최고의 전함을 건조한 해군 선창으로부터 산림 관할권 일부를 빼앗아왔다. 해군은 산림을 재생 가능한 자원으로서 존중한 반면, 약탈적 광기에 빠진 설탕 부호들의 눈에 숲은 연료로서는 물론이고 공장의 소모품에 무진장 사용할 수 있는 원료로만 보였다. 1815년, 개인 지주들이 자신의 땅에서 무차별적으로 벌목할 권리를 획득했을 때, 쿠바의 설탕 변경은 공간적으로 무제한 확장되어 탐욕스럽게 섬의 숲을 집어삼켰다.

아랑고 이 파레뇨와 그의 동료 플랜테이션 농장주들은 땅을 차지하려는 싸움에서 승리하고 몇 년 지났을 때 노예제의 온존을 위한 싸움에서도 이겼다. 1810~1814년, 나폴레옹의 에스파냐 점령을 저지하는 마지막 보루로서 에스파냐 제국 전체의 대표자들이 카디스에 코르테스Cortes(의회)를 소집했다. 자유주의자들이 지배한 코르테스는 노예제 문제를 토의했다. 이를 판도라의 상자 개봉으로 여긴 쿠바의 플랜테이션 농장주들은 크게 두려워했다. 아랑고 이 파레뇨는 '아이티의 야만족 왕'이 카리브해 지역의 모든 아프리카인을 자신의 깃발 아래 끌어 모을 준비를 하고 있다고 경고했다. 아랑고 이 파레뇨는 스스로 카디스 코르테스의 의원들 못지않게 자유주의적이고 진보적이라고 생각했지만, 그에게는 자유주의 사회에서 재산이란 신성불가침이어야 했고 노예는 어쨌거나 재산이었다.[41]

아이티의 지배자들이 카리브해 지역 노예를 전부 해방할 의도를 품었다는 아랑고 이 파레뇨의 주장은 분명히 과장이 아니었다. 그의 엄중한 경고가 나온 지 고작 한 해 뒤에 자유인 목수이자 흑인 의용대 상병이었던 호세안토니오 아폰테가 이끄는 음모가 적발되었다. 아프리카인 후손의 쿠바인들과 흑인 의용대, 쿠바의 노예들이 이에 합세했고, 아이티 군대의 고위 장교 한 명이 이를 지원했다. 아폰테 음모는 카디스의 코르테스가 노예 해방에 찬성했는데 쿠바의 백인들이 그 명령을 따르지 않았다는 소문으로 촉발되었다. 어쨌거나 아폰테의 반란은 실패하고 노예제는 유지되었으며, 쿠바로의 노예 밀매는 반백 년 동안 더 지속된다.[42]

아랑고 이 파레뇨가 자연과 인권을 무시했음을 감안하면, 그가 현대 생태학의 아버지인 알렉산더 폰 훔볼트와 그토록 가까운 친구가 되었다는 사실은 놀랍다. 알렉산더 폰 훔볼트는 1800년 12월에 쿠바를 방문하여 1801년 3월까지 머물렀으며 1804년에 다시 잠시 쿠바를 찾았다. 두 사람은 함께 섬 곳곳을 여행했다. 폰 훔볼트는 새로이 출현한 설탕 산업뿐만 아니라 노예제도 연구했는데, 노예제를 인류에게 가해진 모든 악폐 중에서도 최악이라고 비난했으며 노예제가 점차 사라지기를 희망했다.[43] 폰 훔볼트는 이 점에서 에스파냐 법이 약간의 희망을 준다고 주장했다. 노예에게 결혼할 권리, 잔인한 대우를 받을 경우 더 나은 주인을 찾을 권리(페디르 파펠레스pedir papeles), 재산을 소유할 권리, 돈으로 자유를 살 권리(코아르타시온coartación)를 주었기 때문이다. 그뿐만 아니라 적절한 의복과 음식을 제공해야 한다는 규정도 있었다. 그렇지만 그는 잔인한 착취의 현장에서 이러한 법적 의무는, 일부는 13세기 카스티야에서 시작되었고 일부는 1789년에 에스파냐 국왕이 쿠바에 도입했는데, 대부분이 무시되었음을 아주 잘 알았다.[44] 폰 훔볼트가 노예제 폐지에 점진주의 방식을 취한 것은 분명하다. 그는 문명의 진보와 산업화에 따라 노예제가 점차 사라지리라고 보았다.

증기 기관의 도래

1794년, 아랑고 이 파레뇨는 에스파냐에서 쿠바로 돌아가던 길에 당시 영국에서 거주하던 에스파냐의 '왕국 기계 고문Real Gabinete de Máquinas' 오귀스탱 베탕쿠르를 찾아갔다. 베탕쿠르는 당대의 가장 유능한 공학자 중 한 사람으로, 막 증기 압착기를 설계한 터였다. 아랑고 이 파레뇨는 먼저 볼턴 앤드 와트Boulton and Watt에 그 기계를 제작해달라고 했으나 이 회사는 베탕쿠르가 자사의 작업장을 방문한 뒤 설계를 표절했다고 비난하며 거부했다. 그 이후 아랑고 이 파레뇨는 레이놀즈Reynolds에 주문했다. 비록 기계는 성능이 여전히 만족스럽지 않았지만 1797년에 쿠바에 인도되어 아메리카에 설치된 최초의 증기 압착기가 된다.[45]

사탕수수 압착기는 산업 혁명의 선봉에 섰으며, 압착력과 효율이 점차 개선되어 1871년에 최종적으로 완전한 형태를 갖추었다.[46] 19세기 초 여전히 실험 단계에 있던 이 증기 압착기는 생산량이 급증하던 영국 석탄을 점점 더 많이 소비했다. 영국 석탄의 15퍼센트 이상이 서인도 제도로 수출되었다.[47] 1820년경에 대서양 건너편으로 선적된 증기 압착기는 최소한 200대는 되었는데, 절반이 과거에 네덜란드 식민지였으나 이제 영국 식민지가 된 베르비스, 에세키보, 데메라라 세 곳(훗날 영국령 기아나로 통합된다)에, 3분의 1은 자메이카에 설치되었다.[48] 알렉산더 폰 훔볼트가 일찍이 1817년에 25대의 증기 압착기가 있다는 이야기를 들은 쿠바가 또 다른 얼리어댑터였다. 30년 뒤, 쿠바의 제당소 중 3분의 1 이상이 증기 압착기를 사용했으며, 1860년이 되면 그 비율은 70퍼센트까지 올라간다.[49]

증기 압착기는 루이지애나에서도 급속히 퍼졌다. 일리노이에서 태어났지만 프랑스에서 공부한 에티엔 드 보레가 처음으로 그래뉼러당을 생산했다. 그는 프랑스에 있을 때 프랑스 국왕 근위대 대위 제복을 입고 지냈다. 당시 루이지애나는 아직 프랑스 식민지였고, 드 보레는 자신의 인디고 플랜테이션 농장이 페스트로 폐허가 되자 필사적인 심정으로 사탕수수 재배를 시작했다. 그는 1793년 제당소를 구입해 사탕수수를 심었으며 생도맹그를 떠나온 플랜테이션 농장주들과 함께 도착한 전문가들을 고용했다. 그의 첫 번째 설탕 제조 실험을 보려고 식민지의 저명인사들이 떼로 몰려들었다. 그들은 사탕수수 즙이 끓어 알갱이가 생기는 과정을 조바심을 내며 지켜보았다. 그는 이전의 직업에 어울리게 자신의 플랜테이션 농장을 마치 군사 기지처럼 조직했다. 루이지애나의 동료 플랜테이션 농장주들은 인디고에서 사탕수수로 작물을 전환하면서 드 보레 농장의 군대식 설계를 본받았다.[50]

1822년, 뉴올리언스의 유명한 산업가이자 정치인인 에드먼드 J. 포스톨이 루이지애나 최초의 증기 압착기를 설치한 이후 6년 만에 81대의 압착기가 설치되었다. 이는 인상적인 수치였다. 1840년대 초가 되면 거의 700군데에 달하는 루이지애나 사탕수수 농장 중 400군데 이상이 증기 압착기를 가동했는데, 다수가 포스톨의 철공소에서 온 것이었다. 포스톨은 6000달러로 기계를 제작해냈는데, 이는 큰돈이긴 했어도 시장에서 판매되는 몇몇 기계에 비하면 절반 값이었다. 1832년에 쿠바산 설탕에 관세가 부과되면서 루이지애나 사탕수수 투자는 큰 이익을 남겼으며 포스톨의 압착기는 더 널리 퍼졌다.[51] 뉴욕과 매사추세츠에 뒤이어 미국에서 세 번째로 확립된 루이지애나의 은행 제도도 필수적이었다. 포스톨의 친구인 은행가 토머스 베링이 루이지애나 플랜테이션 농장주조합연합Consolidated Association of the Planters of Louisiana의 공동 투자자로 막후에서 참여했다. 사탕수수 플랜테이션 농장주들의 토지 은행인 이 조합은 1827년에 문을 열었다.[52]

1840년대가 되면 쿠바와 루이지애나, 트리니다드, 영국령 기아나에 증기로 가동하는 제당소가 번창했다. 이런 제당소가 세인트키츠에서도 급속하게 확산되었고, 토바고와 자메이카에서는 제당소의 약 3분의 1이 증기로 가동했다. 당시 인도에서도 증기 압착기 78대가 가동되었다.[53] 1830년대에 전 세계 수백 곳에서 시끄러운 기계음이 들렸지만, 바베이도스와 안티과, 과들루프에는 그런 것들이 없었다. 바람이 거센 곳이어서 풍차가 계속 돌아갔기 때문이다.[54] 19세기에 전 세계 설탕 생산의 선봉에 섰던 자와는 1820년에 첫 번째 증기 압착기가 설치되었지만 여전히 단발적 실험에 지나지 않았다. 1870년대까지도 그곳 제당소는 계속해서 수력을 이용했다.[55] 풍력과 수력이 풍부한 곳에서는 값비싼 증기 압착기를 구매할 유인이 적었다. 증기 압착기는 엄청난 양의 석탄을 소비했으며, 숙련된 기술자가 가까이에서 지켜봐야 했고, 여분의 부품도 비축해놓아야 했기 때문이다.

사탕무 설탕

1820년대 말, 쿠바 대표단이 서인도 제도를 순회하면서 최선의 설탕 생산 방법에 관한 정보를 수집하던 중에 데메라라의 어느 플랜테이션 농장이 특별한 관심을 끌었다. 그곳에서는 혁명적인 기계가 작동하고 있었다. 사탕수수 즙의 비등점을 섭씨 100도 바로 아래로 낮춘 진공 팬이었다. 이로써 재앙을 떠안을 위험성이 크게 줄었고 고품질의 설탕을 생산할 수 있었다. 이는 17세기에 들어설 무렵 '다중 화구'를 도입한 이래로 보일링 공정에 나타난 첫 번째 큰 변화였다. 원래 정제 목적으로 설계된 이 진공 팬은 영국 최초의 화학 기사로 인정받는 에드워드 찰스 하워드가 고안했다. 데메라라의 플랜테이션 농장에 진공 팬을 갖고 있던 존 글래드스턴(빅토리아 시대의 유명한 총리 윌리엄 글래드스턴의 아버지)은 부유한 리버풀 상인으로 인도와 대규모로 교역했을 뿐 아니라 서인도 제도에도 플랜테이션 농장을 여러 개 가지고 있었다. 그는 값비싼 새 장치 덕분에 유럽으로 더 많은 정제 설탕을 보낼 수 있었는데, 그 설탕은 더 좋은 값을 받았을 뿐만 아니라 식물 섬유질 함량이 적어서 쉽게 썩지 않았기에 대양을 건너는 동안 더 좋은 형태를 유지했다.[56]

그러나 진공 팬의 이력은 열대 지방에서 시작하지 않았다. 초기 개발 단계의 진공 팬은 설탕 정제와 사탕무 설탕 산업의 출현과 밀접한 연관이 있었다. 유럽에서는 오랫동안 설탕 유통을 지배한 약종상들이 화학 지식을 응용하여 새로운 물질에서 자당을 추출했다. 어쨌거나 사탕수수는 감미료를 제조할 수 있는 여러 원천 중 하나였을 뿐이다. 단풍나무와 대추야자가 오랫동안 가장 주목할 만한 대안이었으나 세계적 차원에서는 중요성이 떨어졌다. 1747년, 약종상 안드레아스 지기스문트 마르그라프가 사탕무 뿌리에서 설탕 추출하는 방법을 발견했다. 그의 제자이자 후계자인 프란츠 카를 아하르트(아샤르)는 마르그라프의 연구를 더 진척시켜 사용 가능한 공정을 개발했다. 아하르트는 베를린 동물원에서 기상 관측 기구를 띄워 이미 발명가로서 어느 정도 명성을 획득했고, 동시대인 벤저민 프랭클린처럼 번개와 전기 현상을 이해하겠다는 단호한 의지를 보였다.

함부르크와 경쟁할 수 있도록 자체의 정제 산업을 발전시키려 노력한 프로이센 정부는 아하르트의 사탕무 설탕 실험에 잠재된 경제적 가치를 알아보았고, 그의 작은 공장과 사탕무를 심은 몇 헥타르의 땅을 후원했다. 1799년, 아하르트는 사탕무로 설탕을 생산하는 데 성공했다고 알렸다. 그 소식은 곧 빈과 런던, 파리, 상트페테르부르크로 전해졌다. 서인도 제도의 사탕수수 플랜테이션 농장주들은 깜짝 놀라서 아하르트에게 뇌물을 주어 그 벤처 사업을 포기하게 하려 했다. 프랑스인들이 곧 인정했듯이, 자신들의 사업에 파괴적인 타격을 입힐까 우려했기 때문이다. 1801년, 프로이센 국왕은 아하르트가 슐레지엔에 실험적으로 설탕 공장을 건립할 수 있게 허용했다. 4년 뒤, 아하르트의 친구인 모리츠 프라이헤어 폰 코피가 거대한 공장을 추가로 세운다.[57]

사탕무 설탕을 촉진한 동력은 상당했기에 1806년에 나폴레옹 군대가 아하르트와 폰 코피의 공장을 불태워 없앴어도 좌절은 일시적이었다. 나폴레옹 군대가 프로이센을 휩쓴 그해, 황제는 대륙 봉쇄령을 발하여 서인도 제도의 설탕을 비롯해 영국 상품이 유럽 본토에 들어오지 못하게 막았다. 그로써 사탕무 설탕은 유일무이한 도약의 기회를 맞이했다. 아하르트는 프로이센 정부의 지원으로 파괴된 공장을 재건했다. 그 이후 몇 해 안에 아하르트는 사탕무 뿌리에서 설탕 추출하는 방법에 관해 쓴 책이 인기 저서가 되면서 빠르게 유명인사가 되었다. 대륙 봉쇄령으로 하늘 높은 줄 모르고 치솟는 설탕 가격 때문에 유럽 전역에는 사탕무 설탕 공장이 마구 들어섰다. 아하르트가 다시 세운 시험적인 공장은 1811년에 문을 열었고, 유럽 전역에서 학생들이 몰려와 그의 수업을 들었다.[58] 그 시절에는 혁명적 잠재력을 지닌 혁신에 관한 소문이 나폴레옹 군대보다 더 빠르게 퍼졌다. 아하르트는 이 주제에 관한 기념비적 저서에서 사탕무 설탕이 혁명적이라고 강조했다. 영국은 카리브해의 주인으로서 설탕 가격을 정할 수 있었는데, 프로이센이 장기적으로 영국의 설탕 공급에서 자유로워질 수 있는 정치적 이익을 얻을 수 있기 때문이었다. 그는 또 사탕무 설탕이 노예무역을 종식시킬 훌륭한 방법이라고 지적했다.[59]

생도맹그를 탈환하여 노예 기반의 플랜테이션 농장 섬으로 되돌리려는 원정이 비참한 실패로 돌아간 후, 그리고 1810년에 영국에 마르티니크와 과들루프를 빼앗긴 뒤로 나폴레옹에게 사탕무 설탕 문제는 긴급한 사안이 되었다. 당시 프랑스의 화학자들은 사과와 배에서 설탕 시럽을 추출하려 했다. 당장에 사탕무 뿌리 재배로 전환할 수 없었기 때문이다. 게다가 나폴레옹은 이미 포도당 실험을 전국적 생산 규모로 끌어올릴 수 있는 자에게 부와 명성을 약속했다.[60] 준공보의 성격을 띤 《르 모니퇴르Le Moniteur》 1810년 6월 22일자에 발표된 공식 보고서에서, 동포들에게 감자가 식용이라고 설득한 것으로 유명한 화학자 앙투안 오귀스탱 파르망티에는 사탕무로 설탕을 만들지 말고 이미 대규모로 재배하고 있는 포도를 이용하라고 권고했다.[61] 한편 유럽 전역에서 감자, 심지어 버섯으로 설탕을 생산하려는 정신 나간 시도가 있었다. 독일인들은 좀 더 현실적이게 아호른(단풍)나무에서 설탕을 추출하려 했으나 독일의 단풍나무 종에서는 맛있는 시럽이 나오지 않았기에 곧 실망하고 만다. 이로써 실험은 끝이었다. 적합한 종의 씨앗을 수입하여 큰 나무로 키우려면 수십 년이 걸릴 것이었기 때문이다.[62]

한편 프랑스에서는 황제가 주시하는 가운데 사탕무 설탕을 생산하는 최선의 방법을 찾기 위한 노력이 열정적으로 진행되었다. 나폴레옹은 파리 인근 파시Passy에서 방자맹 델레세르가 실험에 성공했다는 소식을 듣자마자 "가보자!"라고 외치며 작업장으로 달려갔다고 한다. 설탕 결정을 본 그는 입고 있던 제복에서 레지옹 도뇌르 십자 훈장을 떼어내 발명가의 외투에 달아주었다. 사탕무에서 설탕을 얻어낸 최초의 프랑스인이 누구인지는 여전히 불확실하지만, 이 점에서 성공한 실험은 전부 즉각 황제의 뜨거운 관심을 받았다.[63] 프랑스 최초의 사탕무 정제 설탕의 생산에 관해 《르모니퇴르》에 쓰인 문장은 이러하다. "프랑스는 그 땅에서 그것을 거둘 것이다. 우리의 정제소는 이제 적들의 탐욕에 의존하지 않을 것이다."[64]

나폴레옹은 1811년에 추가 실험을 명령했고 10만 에이커의 땅에 사탕무를 심으라고 지시했다. 그는 아하르트와 폰 코피의 공장으로 전문가들을 파견했고 의학과 약학, 화학을 공부하는 학생 100여 명을 선발하여 자신의 사탕무 학교로 보내라고 명령했다. 나폴레옹의 첫 번째 사탕무 수확량은 1500톤으로 초라했지만, 아하르트의 연구가 나폴레옹이 지배하는 영토의 모든 지사에게 주목의 대상이 되었다는 사실은 이를 보상하고도 남았다. 1812년이면 유럽 곳곳에 사탕무 설탕 공장이 세워져 운영된다.[65]

그러나 유럽 사탕무의 밝은 미래는 겨울 러시아에서 나폴레옹의 원정군과 함께 얼어붙었다. 실제로 1814년 황제의 몰락 이후 사탕무 생산은 수익을 내지 못했고, 제조업자들은 아직은 보호무역주의의 관세장벽을 세워 유아기에 있는 산업을 보호해달라고 정부를 설득할 힘이 없었다. 해상의 연결 회복, 마르티니크와 과들루프의 프랑스로의 반환, 쿠바와 루이지애나, 인도의 주요 설탕 수출지로서의 부상, 이 모든 것이 프랑스와 독일의 사탕무 설탕 산업을 파괴했다.

그러나 이 모든 불리한 점을 극복하고 일부 사탕무 설탕 생산자가 살아남았다. 그중 한 사람인 루이 프랑수아 사비에르 조제프 크레스펠은

1810년에 사탕무 설탕 공장을 세웠다. 아마도 프랑스 최초였을 것이다. 10년 뒤, 그는 영국에서 들여온 장비로 공정의 모든 단계마다 증기력을 도입했다. 이 과정에 거의 틀림없이 하워드 진공 보일링 팬이 포함되었을 것이다. 대체로 크레스펠의 놀라운 인내 덕분에 프랑스는 주된 사탕무 설탕 생산지가 되었고, 그 자신도 부자가 되었다. 크레스펠은 1862~1863년의 사탕무 수확 실패로 300만 프랑을 잃긴 했지만 한때는 사탕무 설탕 공장을 여덟 군데나 운영했다. 크레스펠의 친구들은 프랑스 황제 나폴레옹 3세를 부추겨 그에게 사의를 표하게 했다. 황제는 크레스펠에게 국가 연금을 수여했다.[66] 그가 사망하고 2년이 지난 1867년, 이 프랑스 사탕무 설탕 산업의 개척자에게 경의를 표하는 기념물이 아라스Arras에 건립되었다. 크레스펠은 프랑스 설탕 산업에 기여했을 뿐만 아니라 독일의 설탕 산업에도, 앞으로 보겠지만 자와의 사탕수수 설탕 산업에도 기여했다.

프랑스의 사탕무 설탕 산업이 생존한 데에는 프랑스 설탕 식민지의 사탕수수 생산이 영국의 노예무역 금지 이후 충분한 노동력을 확보하는 데 어려움을 겪어 정체한 것도 한몫했다. 1822년, 프랑스 국왕은 자국 설탕 식민지를 돕기 위해 높은 관세를 도입했다. 그러나 이는 훗날 황제가 되는 루이나폴레옹이 1842년에 썼듯이, 쿠바·브라질과의 경쟁으로부터 식민지의 사탕수수 설탕뿐만 아니라 국내의 사탕무 설탕도 보호했다. 그는 쿠데타 실패로 감옥에 갇혀 있을 때 설탕 문제를 다룬 논문을 썼다. 산업가나 은행가 같은 생산적 계급이 사회를 이끄는 미래를 내다본 앙리 드 생시몽의 테크노크라시 이데올로기에 고무된 루이나폴레옹은 나중에 황제로서 전제 정치를 펼칠 때 프랑스의 사탕무와 사탕수수 설탕 생산의 산업화를 적극적으로 지원했다.[67]

루이나폴레옹이 그 논문을 쓰기 몇 년 전, 사탕무 설탕 산업은 큰 타격을 입었다. 앤틸리스 제도의 플랜테이션 농장주들이 정부를 설득하여 프랑스산 사탕무 설탕에 세금을 부과하게 했던 것이다. 그 때문에 많은 공장이 파산했고, 프랑스 북서부 지방을 제외한 대다수 지역에서 사탕무 재배가 사라졌다.[68] 프랑스에서 철도 건설이 진척되지 않았다면, 아마 사탕무 설탕 산업은 소멸했을 것이다. 이제 철도 덕분에 원거리로 벌크 화물을 운송할 수 있었기에 북서부 지방의 얼마 남지 않은 공장들에 생산이 집중되었다. 사탕무 설탕의 원당 생산량은 급속하게 증가하여 1850년대가 되면 이미 프랑스에서 소비되는 설탕의 절반을 책임지는 수준에 도달한다.[69]

한편 독일은 에른스트 루트비히 슈바르트, 유스투스 폰 리비히 같은 뛰어난 기술 개척자들 덕분에 프랑스 사탕무 설탕 산업의 주된 경쟁자로 떠올랐다. 그러나 이들의 연구는 너그럽게 지식을 나누어준 프랑스인 선구자들에게 크게 빚진 것이었다. 슈바르트는 헤센 대공으로부터 장학금을 받아 프랑스에서 화학자로 훈련받았는데, 그 덕에 1837년에 프랑스의 사탕무 설탕 산업에 관한 저서를 출간할 수 있었다. 폰 리비히는 1828년에 아라스에 있는 크레스펠의 공장을 방문했고, 나중에 그의 독일인 동료 몇 명도 공장을 세우려고 준비할 때 이 공장을 방문했다. 크베틀린부르크Quedlinburg의 공장 소유주들도 이곳을 방문했다. 고지대인 하르츠Harz에 있는 이 오래된 도시는 작센주에 속했는데, 작센은 나폴레옹의 대륙 봉쇄 체제 막간에 사탕무 설탕 생산에 특히 적합한 곳으로 이미 입증되었다. 1830년대에 작센의 사탕무 설탕 공장은 서른한 군데를 헤아렸다.[70]

독일 과학자들의 혁신, 프로이센의 독일 관세 동맹 수립에 뒤이은 수입 사탕수수 설탕에 대한 높은 관세는 사탕무 설탕 산업의 번창에 결정적으로 기여했고, 사탕수수 설탕 수입의 중추였던 함부르크에 심한 타격을 가했다. 식민지 사탕수수 설탕이 제한되면서 독일의 사탕무 설탕 생산은 프랑스보다 더 빠르게 발전했다. 독일의 산업가들은 생산 공정의 효율성 제고에 아낌없이 투자했다. 예를 들면 1840년대에 어느 공장주는 사탕무를 얇게 썰어 뜨거운 물에 집어넣음으로써 '발산 기술'을 실험했는데, 이는 슈바르트가 프랑스의 마티외 드 동바즐의 공장에서 본 기술임이 분명하다. 여러 해 동안의 실험 끝에 1865년에 처음으로 성공적인 생산이 이루어졌다. 15년 뒤, 독일의 모든 공장이 발산 기술을 사용했고, 그 결과 사탕무에서 자당을 추출하는 방법이 크게 개선되었다. 사탕수수 설탕 생산자들은 부러워하면서 지켜보았고 그 공정을 모방하려 했지만 성공하지 못했다(이에 관해서는 7장에서 다루겠다). 한편 사탕무 설탕 산업은 식물학과 화학의 발전을 추동하는 힘이 된다. 예를 들면 사탕무 설탕 산업조합을 세워 1867년에 문을 연 베를린의 실험실은 독일 화학의 토대 역할을 했다. 그곳 연구자 중에는 얄궂게도 설탕의 만만찮은 경쟁자인 인공 감미료 사카린을 발견한 콘스탄틴 팔베르크도 있었다.[71]

사탕무 설탕 생산은 또한 유럽 대륙의 다른 강국들, 그중에서도 특히 러시아에서 뜨거운 관심을 받았다. 차르 알렉산드르 1세는 1800년 러시아 땅에서 실험이 처음 성공한 이후 사탕무 설탕 산업을 꾸준히 장려했다. 이 산업은 다른 곳에서는 1814년 이후 거의 살아남지 못했지만 러시아에서는 그렇지 않았다. 낮은 밀 가격, 보호무역, 저렴한 농노 노동력이 정교한 기술의 부족을 메웠다. 그러나 1861년에 농노제 폐지로 400군데 남짓 되던 러시아의 설탕 공장 중 절반은 문을 닫았을 것이다.

그때부터 귀족들, 주로 우크라이나 귀족들이 더 선진적인 장비에 투자하기 시작했고, 그리하여 설탕 산업은 러시아 제국 시장의 수요를 채웠을 뿐만 아니라 중앙아시아로 수출까지 했다.[72]

놀랍지 않게도, 미국에서는 필라델피아의 퀘이커교도들이 노예가 생산하는 설탕을 대체하고자 사탕무 설탕을 얻는 데 열성적이었지만 재배와 추출에 관한 지식이 부족했기에 그 벤처 사업은 실패할 운명이었다.[73] 스트라스부르에 있는 나폴레옹의 설탕 학교 교장을 역임한 막시맹 이스나르가 주도한 노력이 더 유망했다. 그 학교는 연합군이 나폴레옹을 그의 땅에서 격파할 때 파괴되었다. 이스나르는 미국에서 새 출발을 했고 매사추세츠주에서 사탕무 설탕 산업의 옹호자가 되었다. 프랑스 주재 미국 영사를 지낸 에드워드 처치가 이에 화답하여 기금을 모아 이스나르를 모국에 보내 모종을 가져오게 했다.[74] 처치는 1836년에 출간한 《사탕무 설탕 소개Notices on Beet Sugar》에서 대담하게도 이렇게 말했다. "사탕무 재배와 사탕무 설탕 제조의 도입은 분명코 우리 공화국의 번영에 목화 재배에 뒤지지 않는, 기억할 만한 시대를 열 것이다."[75] 처치와 이스나르의 노샘프턴 설탕회사Northampton Sugar Company는 주로 미국의 노예제 폐지론자들에게서 넉넉하게 자본을 투자받았지만, 기업으로 생존하려면 그 정도로는 충분하지 않았다.[76]

그다음으로 시도한 사람들은 예수 그리스도 후기 성도 교회의 모르몬교도였다. 프랑스 사탕무 설탕 산업의 발전에 고무된 이들은 프랑스로 대표단을 보내 솔트레이크 분지Salt Lake Valley로 그 기술을 들여왔다. 그러나 1840년대에 이는 물류의 악몽이나 다름없었다. 기계를 배에 실어 대서양을 건너는 것은 확실히 아주 어렵지는 않았지만, 그런 다음에 미시시피강을 따라 상류로 운반해야 했고 뒤이어 육로로 유타주까지

가야 했다. 고작 64킬로미터에 불과한 여정이었지만 8주나 걸렸다. 모르몬교도들은 진공 보일링 팬을 다룬 경험이 없었기에, 사업 전체가 실패할 운명에 처했다.[77] 이로써 미국에서의 사탕무 설탕 생산은 중단되었고 그 이후 30년간 재개되지 않는다. 인구가 희박한 그 나라에서는 사탕무 재배와 수확이 지나치게 노동 집약적인 일이었기 때문이다.[78]

설탕 생산은 이제 값비싼 거대 기계로 수행되는 산업 공정이 되는 길에 접어들었지만, 여전히 많은 농업 노동자를 필요로 했다. 산업 혁명의 주된 원자재였던 목화와 달리, 사탕수수는 세상의 어느 곳에서는 자라지 않았고 또 다른 곳에서는 가공되지 않았다. 그래서 목화가 영국의 산업을 혁명적으로 바꿔놓은 반면, 설탕의 경우에는 증기와 강철이 열대 지방의 제당소로 건너가 열대 농업을 혁명적으로 변화시켰다. 벤저민 프랭클린부터 알렉산더 폰 훔볼트까지 당대의 가장 유명한 지식인들이 사탕수수 설탕 생산의 중심지와 접촉을 유지한 반면, 나폴레옹과 프로이센 국왕은 개인적으로 사탕무 설탕 실험을 장려했다. 사탕무 설탕 공장들은 나폴레옹전쟁 시기에 상시로 군대의 약탈 위협을 받았지만 이를 극복하고 살아남았다. 나폴레옹이 세인트헬레나로 떠난 뒤, 이 공장들은 보호무역주의의 혜택을 입고서 겨우 생존할 수 있었다. 열대의 사탕수수 재배가 옛 독점 자본주의에서 지식의 공유, 증기력, 식물종의 전파라는 새로운 시대로 빠르게 이동했기 때문이다. 수백 대의 증기 압착기가 배에 실려 사탕수수 밭으로 간 이후, 사탕무에만 주목했던 약종상들과 기술자들은 열대의 사탕수수 식민지에도 기계를 판매하고자 했다. 이에 관해서는 다음 장에서 살펴보겠다. 프랑스와 프로이센의 사탕무 설탕 생산자들은 이를 부러워하며 그저 바라볼 수밖에 없었다.

5

국가와 산업

1848년 혁명의 기운이 유럽을 휩쓸었을 때, 새로운 관념과 새로운 기술이 세계 여러 곳에서 삶의 모든 측면을 바꿔놓기 시작했다. 그러나 이 새로운 세계는 여전히 과거에 무겁게 짓눌려 있었다. 19세기 중반, 유럽과 북아메리카로 선적된 설탕의 절반 이상을 여전히 노예가 생산했으며, 중국과 인도의 농민들이 나머지 세계의 생산량을 합친 것보다 더 많은 설탕을 생산했다. 온전히 증기력으로만 가동되는 설탕 공장이 널리 확산되었지만, 세계의 설탕은 대부분 아직도 단순한 도구로 생산되었다. 그 이후로도 40년간 축력이 압착기를 돌렸다. 전통적인 생산 방식은 중국과 인도에만 국한되지 않았다. 신기술이 빠르게 채택된 카리브해 지역에서도 여전히 곳곳에서 전통적 생산 방식을 볼 수 있었다. 1850년에 토바고섬의 60개가 넘는 전前산업적 농장이 인근 과들루프의 최신 공장 네 곳보다 적은 양을 생산하고 있었다. 각각 매우 다른 시기에 속한 산업적 생산과 전산업적 생산은 그렇게 같은 시기에 공존하기도 했다.

유럽의 설탕 생산 방식은 카리브해 지역에만 머물지 않고 인도와 인도네시아, 필리핀으로 퍼져나갔다. 프란시스코 데 아랑고 이 파레뇨와 존 글래드스턴 같은 기업가들은 설탕 제조가 공업적 공정이 된 새로운 시대를 대표했다. 플랜테이션 농장의 자본은 19세기 초까지는 대부분 노예에 투입된 반면, 그때 이후로는 상당한 자금이 증기 구동 기계에 투자되었다. 이 국면에서 결정적이었던 것은 국가의 역할이다. 그때까지 국가의 역할은 없었거나, 혹여나 있었어도 파괴적이어서 플랜테이션 농장주들은 대개 이를 회피했다. 이제 제당소를 증기와 강철의 통합된 단위인 설탕 공장으로 바꾸기 위한 산업가와 국왕 사이의 협력은 혁명적인 것으로 드러났다. 각국 정부는 철도와 항만의 건설을 촉진했고, 금융 활동을 규제했으며, 노동 계약을 계획했고, 설탕 농장의 토지 수용을 입법했다.

한편 부르주아지 설탕 산업가들은 계몽 운동으로 노예제와 양립할 수 없는 새로운 인도주의적 이상이 출현했다는 사실을 잘 알았다. 그럼에도 이들은 도덕성과 장기적 이윤 사이의 조화를 꾀하고자 했고, 산업화의 힘에 기대어 설탕 제조의 노동 강도를 축소함으로써 노예 노동력에 대한 의존을 줄이기를 바랐다. 독일의 농학자이자 노예제 폐지론자로 1844년에 트리니다드에서 살았던 콘라트 프리드리히 슈톨마이어 같은 이상주의자들은 '쇳덩어리 노예들'(증기력의 은유)의 대량 이용에 관해 이야기했으며, 신이 달콤한 옥수수뿐만 아니라 태양과 수력도 주었기에 고된 육체노동 없는 밝은 미래가 올 것이라고 말했다. 1980년대에 와서야 가능한 일이기는 하지만, 옥수수 설탕, 즉 과당 함량이 높은 옥수수 시럽은 실제로 세계 감미료 시장에 강력한 변화를 가져온다. 슈톨마이어의 시대에 영국 식민지 정책의 지배를 받던 사람들은 그가 완벽하게 논리적이지는 않지만 독특한 사람이라고 생각했다.[1] 그는 과

연 샤를 푸리에와 앙리 드 생시몽의 유토피아적 사고에 깊이 젖은 괴짜 사상가였지만, 당대의 분위기에서 철저하게 벗어난 사람은 아니었다. 실제로 생시몽주의 정신은 쿠바와 자와의 새로운 설탕 변경을 사로잡았다. 19세기 말부터 1920년대 말까지 이 두 섬은 세계 사탕수수 설탕 수출의 절반을 차지했다. 이러한 지배력은 쿠바가 에스파냐에 맞서 수행한 파괴적인 독립 전쟁(1895~1898)으로 중단된다.[2]

진공 팬

1840년이면 유럽의 사탕무 설탕 산업은 기술적으로 사탕수수 설탕 생산자들을 훌쩍 뛰어넘어 발전한다. 플랜테이션 농장은 자본주의 초기의 동력이었지만 농장주들의 자만심, 투자 자본의 부족, 노예무역 폐지와 그에 따른 노동력 부족 탓에 혁신이 지체되었다. 실제로 카리브해 지역 사탕수수 농장들은 300~500에이커에 이르는 땅에 약 200명의 노예를 투입해 노동 분업을 엄격히 관리하고 완성도 높은 생산 단계를 유지하는 등 전산업 시대 유럽 제조업에서 가장 크고 가장 조직적인 생산 체제 중 하나였다. 그러나 19세기 초가 되면 이러한 농장은 값비싼 증기 구동 장비를 이용하여 수익을 내기에는 너무 작은 것으로 판명된다.

최신식 기계의 가격표는 '억' 소리가 날 만큼 위협적이었다. 게다가 최신 증기 기술에 투자하는 것은 카리브해 지역 플랜테이션 농장주들에게는 대단한 위험을 동반했다. 철의 품질이 종종 여러 달 동안 연이어 진행되는 사탕수수 압착의 엄청난 압력을 버티지 못했기 때문이다.

전쟁 같은 설탕 생산 과정에서 압착기가 망가지면 플랜테이션 농장주는 절망에 빠졌다. 기계를 수리하는 데 필요한 철공소가 가까운 경우가 드물었기 때문이다. 그러면 제당소 바닥에서 사탕수수가 썩어갔다. 수리 지연의 효과는 파괴적일 수 있었다. 루이지애나에서는 단 하룻밤의 서리로도 밭의 사탕수수가 못쓰게 되기에 충분했다.[3] 흔히 바닷가 인근의 열대 환경에서 쓰인 기계는 염분 섞인 습한 공기 때문에 쉽게 부식되곤 했다. 이러한 조건에서는 즙의 추출량이 적기는 해도 축력을 이용하여 천천히 돌리는 압착기가 증기 압착기보다 더 바람직했다. 이 모든 점을 고려할 때, 열대 지방에서 수백 대의 증기 기관이 쓰였다는 것은 기적이다.

그렇지만 1840년대까지도 대다수 플랜테이션 농장주는 더 좋은 장비를 갖춘 더 부유한 동료에게 사탕수수를 팔 기회가 있었는데도 여전히 전산업적 정제소를 묵묵히 지켰다. 인종주의와 계급에 따른 구분이 심한 사회에서 제당소를 포기하는 것은 곧 귀족에서 농민으로 신분이 하락하는 것이나 다름없었기 때문이다. 시드니 민츠는 푸에르토리코가 카리브해 지역 제2의 설탕 생산자 지위에서 밀려난 원인을 이러한 보수적 태도에 돌렸다.[4] 과거 방식을 옹호자하는 자들의 저항은 때로 격렬했고, 레위니옹의 생마리 플랜테이션 농장주인 오귀스트 뱅상은 이를 과소평가했다가 이루 말할 수 없이 끔찍한 대가를 치른다. 사탕수수 플랜테이션 농장에 진공 팬을 처음으로 설치한 프랑스인인 그는 그 성능에 크게 고무되어 섬의 사탕수수 대부분을 가공할 수 있는 일련의 '중앙공장usines centrales'(여러 농장의 사탕수수를 가공하는 거대한 설탕 공장)을 세우려 했다. 그의 계획이 실현되었다면 동료 플랜테이션 농장주들은 사탕수수 재배 농부로 전락할 처지에 놓였을 것이다. 그러나 뱅상은 계획을 실행하지도 못하고 무대에서 흔적도 없이 사라졌다. 소문에 따르면 그를 질시한 동료들이 공모하여 없앴다고 한다.[5]

18세기 말 설탕 식민지에서는 여전히 다양한 혁신이 일어나고 있었지만, 이제 산업화의 주된 유인은 사탕무 설탕 산업의 장비 제조업자들과 혁신자들에게서 나왔다. 프랑스와 벨기에의 농부들은 사탕무를 엄청나게 많이 재배하여 설탕 공장에 공급했다. 밀보다 수익성이 좋았기 때문이다. 그리고 중부 유럽과 동유럽의 지주들은 홀로 또는 이웃과 힘을 합쳐 공장을 세웠다.

사탕무 설탕 제조 기술의 선구자로 가장 영향력이 컸던 사람은 파리의 약사 집안에서 태어난 화학자이자 산업가인 루이 샤를 데론(1780~1846)이다. 그의 이력은 약종상이 아직까지 설탕 유통에서 중요한 역할을 하던 시기와 증기·강철의 산업화 시대 사이에 걸쳐 있다. 1809년에서 1810년으로 넘어가는 겨울, 데론은 사탕무에서 처음으로 황설탕 몇 킬로그램을 생산해냈다. 한 해 뒤, 그는 아하르트의 방법을 알게 되었고(4장 참조), 이를 더 많은 사람에게 알릴 필요가 있다고 생각했다.[6] 데론은 아하르트가 1812년에 출간한 사탕무 관련서의 프랑스어 번역판에 서문을 썼다. 또 1812년 말, 사탕무 설탕을 생산하기 위한 조직적 활동이 진행될 때 크레스펠의 선구적 공장에 머물면서 전문 지식을 습득했다.[7]

데론은 산업계 유명 인사가 된다. 그는 초라한 농촌 출신의 스무 살짜리 보일러 제조공과 함께 이 명성을 쌓았다. 1824년에 데론의 파리 작업장으로 온 장프랑수아 카유(1804~1871)는 더할 나위 없이 적절한 시기에 도착했다. 데론은 그때 포도와 감자, 비트의 증류를 기반으로 새로운 보일링 기술을 발명하기 직전이었다.[8] 데론은 동료 공학자들의 발명을 일부 도용하여 1830년대 초에 영국인 하워드의 선구적 진공 팬을 대폭 개선하는 데 성공했다. 시골 출신의 청년 카유는 데론의 완벽한 파트너가 되었고, 두 산업가는 프랑스 국경을 넘어 브뤼셀까지 활동을 확장하여 1838년에 그곳에 공장을 세웠다. 몇 년 뒤, 데론 에 카유Derosne et Cail는 여러 국적의 노동자 2500명을 고용했다. 당시로는 놀라운 규모의 산업 시설이었다.[9]

지칠 줄 모르고 스스로를 독려하는 사람이었던 데론은 자신의 공장을 진공 팬 시장의 선도자로 바꿔놓았다.[10] 그는 처음에는 힘겹게 버티던 사탕무 설탕 산업 쪽에 장비를 팔기만 했다. 그러다가 레위니옹의 불운한 오귀스트 뱅상이 열대 지방에 처음으로 데론의 장비를 설치했다. 그때부터 데론의 사업은 급속도로 팽창했다. 1844년, 데론 에 카유의 진공 팬은 쿠바의 여덟 군데 공장에 설치되어 가동되었고, 자와에 일곱 군데, 과들루프에 다섯 군데, 일부르봉에 네 군데, 수리남에 한 군데, 멕시코에 한 군데가 있었다. 이는 당시로는 엄청난 액수에 해당하는 규모였다. 장비 한 대의 가격은 약 1만 파운드(5만 달러)에 상당하는 액수였으며, 공장 하나에 필요한 투자액은 그 두 배였다. 그 기계를 구입할 비용의 대출이 어려웠기에, 데론 에 카유는 4년간 분할 납부 제도를 마련했고 설탕으로도 대금을 받았다.[11] 플랜테이션 농장주들은 자본이 부족하고 그 복잡한 보일링 기술은 생소했기에 만만찮은 장애가 있었지만, 이 프랑스 회사는 세계 곳곳에서 자사의 진공 팬 설치에 자금 공동 투자자로 참여하고 고객에게 자체 기술자를 파견함으로써 이 장애를 극복했다. 카유는 심지어 시범을 보이기 위해 직접 농장을 구매하여 설탕 공장을 세웠다. 1857년, 그는 우크라이나의 트로스탸네츠Trostianets에 부지를 사들여 사탕무 설탕 공장을 세웠다.[12]

데론이 쿠바에 처음으로 판매한 진공 팬으로 말하자면, 그는 1841년에 플랜테이션 농장 부호인 돈 웬세슬라오 데 비야우루티아의 농장에 직접 진공 팬을 들고 갔다. 데론은 원래 유럽의 사탕무 설탕 공장을 위해 설계한 그 장비를 쿠바의 고유한 조건에 맞도록 조정했다. 장비가 잘 작동하자 그는 사용 설명서를 만들었다. 그것을 아바나 대학교 화학과 학과장이자 아랑고 이 파레뇨의 수하였던 호세 루이스 카사세카가 에스파냐어로 번역했다. 카사세카는 〈쿠바의 산업 혁명〉이라는 제목으로 서문을 썼다. 1000부가 인쇄되었고, 3년 안에 추가로 일곱 대의 데론 에 카유 진공 팬이 쿠바에 도착했다.[13]

자와에서 진공 팬으로의 전환은 식민지 정부의 사업이었다. 식민지 정부는 1830년에 강제 재배 제도를 도입했고, 이로써 자와 농촌 가구의 60퍼센트가 보잘것없는 임금을 받고 사탕수수를 포함한 몇몇 작물의 재배에 토지와 시간의 일부를 내주어야 했다.[14] 이것은 정부의 독점 사업이었지만, 정부는 사탕수수 가공을 위한 정제소를 직접 세우지 않고 개인과 가공 계약을 체결했다. 정부는 보조금을 지급하기는 했지만 계약에 따라 진공 팬의 사용을 의무화했다. 이러한 방식이 급속히 확산된 데에는 각각 군대의 고위 장교와 유명한 식민지 관료였던 처남과 매부 사이의 두 사람이 결정적 역할을 했다. 이들은 네덜란드 식민지부를 설득하여 자와에 데론 에 카유의 진공 팬을 도입하게 했다. 1840년대 초에 이 두 사람은 네덜란드 기술자 휘베르튀스 후베나어르를 대동하고 벨기에와 프랑스를 여행했다. 마침 후베나어르는 아라스에 있던 크레스펠의 공장에서 일한 적이 있었다. 그 저명한 프랑스 사탕무 설탕 개척자의 공장을 독일의 과학자들과 프랑스 왕을 비롯해 많은 유럽인이 방문했던 것이다. 그러나 이들의 방문이 대개 짧았던 반면, 네덜란드인 방문객들은 한동안 공장에 머물렀다. 그들은 허락을 받아 공정을 시험해보았고 많은 조언을 들었다.[15]

　네덜란드 대표단의 프랑스와 벨기에 방문은 분명코 데론 에 카유에 엄청나게 중요했을 것이다. 자와에는 영국 무역 회사들이 진출해 있었고 이들은 영국산 하워드 진공 팬이 수입될 길을 잘 닦아놓았다. 일찍이 1835년에 자와 동부의 영국인 찰스 에티의 농장에 처음으로 하워드 진공 팬이 설치되었다. 네덜란드인들은 자와에서 영국의 영향력을 줄이기 위해서라면 기꺼이 데론 에 카유와 협력할 의사가 있었다. 데론 에 카유는 아마도 중요한 자와 시장에 더 깊이 진입하려는 목적이었을 텐데, 파울 판 플리싱헌과 제휴하여 1847년에 암스테르담에 공장을 세웠다. 판 플리싱헌은 암스테르담의 유명한 기업가로, 자와에서 잠시 지낸 뒤 암스테르담에서 증기선 수리 선거船渠를 운영했다. 이 협력 관계와 네덜란드 정부의 적극적인 지원 덕분에 1852년에 자와에서는 하워드 진공 팬 아홉 대에 더하여 데론 에 카유 진공 팬 열다섯 대가 가동되었다. 5년 뒤, 자와 설탕 수출량의 3분의 2가 진공 팬 기술로 생산되었다. 이 점에서 세계의 다른 설탕 생산자들은 크게 뒤처졌다.[16]

　자와 설탕 산업의 발전에서 영국 상인들은 절대로 배제되지 않았지만, 200년 동안 현지 설탕 산업을 지배한 인도인과 중국인은 점차 설탕 기업가 중에서 소수로 전락했다. 식민지 정부는 전직 정부 관료와 퇴역 장교 출신의 설탕 부르주아지를, 그리고 소수의 부유한 인도인, 중국인 상인을 충원했다. 새로운 기업가 계층이 등장했는데, 로저 나이트의 말을 빌리자면 '유달리 운이 좋은' 자들이었다. 이들은 노예를 구매할 필요가 없었고 정부에서 선금을 받아 운영 자금으로 썼다. 이 제조업자들에게 부여된 유일한 의무는 진공 팬을 포함하여 최신 장비에 투자하는 것이었다.[17] 모든 설탕 정제업자가 다 하청업자는 아니었다. 1870년대에 자와 설탕의 25퍼센트는 자와 중부의 준자치 지역인 공국들에서 생산되었는데, 그곳에서는 강제 재배 제도가 실시되지 않았다. 그곳의 수출 농업은 유럽인 부사관과 장교가 자와 여성과 결혼하여 낳은 아들이나 손자가 발전시켰다. 이 기업가들은 자와 현지의 왕실과 긴밀한 관계를 유지하며 그들로부터 토지와 노예 노동력을 빌렸다.[18]

쿠바와 모리셔스, 영국령 기아나, 인도처럼 자와도 유럽의 설탕 기업가들에게 새로운 변경이었다. 그들은 새로운 산업 사회의 정신을 아주 쉽게 받아들였다. 값비싼 진공 팬으로 제일 먼저 전환한 사람들이 바로 이들이었다. 진공 팬으로 전환한 덕분에 이들은 옛 플랜테이션 농장주들보다 더 나은 성과를 보였다. 인도에서는 영국 상인 자본이 새로운 출구를 발견했다. 1847년에 인도가 영국으로 수출한 설탕의 3분의 1이 진공 팬으로 생산한 것이었는데, 이는 자와의 수출량과 견줄 만했고 더 선진적 설탕 생산지인 쿠바와 모리셔스보다 많았다.[19] 그러므로 진공 팬은 루이지애나에서도 적어도 자와만큼 빠르게 성과를 내리라는 기대를 받았다. 그곳도 새로운 변경이었고 필요한 조건이 전부 갖추어져 있었기 때문이다. 증기 구동 사탕수수 압착기는 실로 신속하게 도입되었고, 진공 팬도 꽤나 이른 시기인 1832년에 처음으로 설치되었다(짐작건대 하워드 진공 팬이었을 것이다). 미국이 쿠바산 설탕에 관세를 부과하면서 루이지애나 설탕 산업에 대한 투자가 촉진된 바로 그해였다.[20] 고품질 설탕에 매겨진 높은 관세에 쿠바와 서인도 제도의 플랜테이션 농장주들은 낙담했지만, 루이지애나의 농장주들은 그렇지 않았다. 루이지애나의 주도 뉴올리언스는 1840년대에 미국에서 세 번째로 큰 도시로 산업과 상업의 중심지였다.[21] 유명한 플랜테이션 농장주들은 교육을 잘 받은 자본가였고 혁신에 매우 민감했다. 그들은 1842년에 루이지애나 농장주·기계공협회Agriculturalists' and Mechanics' Association of Louisiana를 세웠다. 이 명칭은 그 기업가적 야심을 온전히 드러내 보여준다. 같은 해, 루이지애나 최초의 데론 에 카유 진공 팬이 바이우 러푸시Bayou Lafourche *의 농장에 도착했고, 뒤이어 1845년과 1846년에 두 대가 더 들어왔다. 루이지애나의 플랜테이션 농장주들은 프랑스 및 프랑스에서 교육받은 과학자들과 폭넓게 교류하여 보일링에 관한 기존의 지식을 온전히 습득할 수 있었다. 혁신적 사고를 보여주는 다른 징후는 출판인이자 통계학자인 J. D. B. 디보가 《디보스 리뷰Debow's Review》를 창간하여 플랜테이션 농장주들에게 과학적·기술적 정보를 전파한 일이다.[22]

기업가의 에너지와 과학적 열정은 부족하지 않았지만, 1860년까지도 진공 팬으로 생산한 루이지애나 설탕은 11퍼센트밖에 안 되었다.[23] 자본 부족도 진공 팬의 더딘 도입을 설명해주지는 못한다. 1830년대에 미국에 심각한 금융 위기가 닥쳐서 신용 경색이 초래된 것은 사실이다. 유명한 기업가 에드먼드 포스톨은 당시 우연히 루이지애나 주지사 대리를 맡아보고 있었는데, 사탕수수 농장들이 은행 융자를 받는 데 갖추어야 할 조건을 줄여주어야 했다. 그렇지만 잘 운영된 플랜테이션 농장들은 대출에 어려움이 없었고, 농장주들은 심지어 노예를 담보로 융자를 받는 데도 성공했다. 큰 플랜테이션 농장의 경우, 노예들은 무시하지 못할 자본이었다. 게다가 루이지애나의 많은 정제소가 버개스를 연

---

* 루이지애나주 동남부의 강. 바이우(bayou)는 유속이 지극히 느린 평지의 강이나 호수, 습지를 뜻한다.

료로 쓰는 기술에 투자했는데, 이 또한 상당한 자금이 필요했다.[24]

19세기의 가장 뛰어난 설탕 기술자라고 해도 과언이 아닐 노르베르 릴리외가 루이지애나에서 태어나 살았음을 생각하면 진공 팬의 부진한 도입은 한층 더 이해할 수 없는 일이다. 그는 파리에서 교육받은 뒤 증기 기술 강의를 하다가 고향으로 돌아와 데론 에 카유의 진공 팬보다 성능이 뛰어난 진공 팬을 개발했다. 릴리외의 진공 팬은 한 번 사용한 증기를 재활용했기에 에너지 효율이 높았고, 그 때문에 '다중 효과' 팬이나 '삼중 효과' 팬이라는 이름을 얻었다. 그러나 남북전쟁 직전에 루이지애나에서 그의 진공 팬을 설치한 농장은 열여덟 곳뿐이었다. 중요했던 것은 포스톨이 자신의 사탕수수 압착기로 사업을 잘 하고 있었고 진공 팬에 관심이 없었다는 사실이다. 그는 그 장치가 아프리카인 노예들이 사용하기에는 너무 복잡하다고 생각했다.[25] 다른 설명을 덧붙이자면, 릴리외의 어머니는 '유색인 여성'이었다. 그는 분명히 인종주의적 편견으로 고통을 겪었을 것이며, 그 결과 루이지애나는 진공 팬 기술 측면에서 선도적 역할을 수행할 기회가 없었다. 한편 릴리외의 진공 팬은 쿠바, 심지어 유럽에까지 전파되었다. 그가 독일의 마그데부르크Magdeburg 증기선 회사의 어느 공학자에게, 명백히 무료로 사탕무 설탕 산업에 자신의 장치를 채택하라고 조언한 뒤에 그렇게 되었다. 그 공학자는 아무런 양심의 가책도 없이 자신의 고용주에게 설계도를 팔았고, 이는 다시 카유 에 콩파니Cail et Cie에 매각되었다. 이 회사는 릴리외의 설계를 자체의 장치에 통합하여 '삼중 효과'라는 이름을 붙였다.[26] 이 진공 팬은 가장 선진적인 설탕 공장의 표준이 되었지만, 루이지애나의 공장들은 여전히 밀폐되지 않은 솥에서 보일링 작업을 수행했다.

생시몽주의와 노예제 폐지론

19세기 초, 당대의 산업주의 정신은 앙리 드 생시몽이 가장 철저하고 설득력 있게 표현했다. 생시몽은 기술자가 정치적으로 나라를 이끌어야 하며 국가가 산업화에서 중요한 역할을 수행해야 한다고 주장했다. 네덜란드령 동인도 제도에서 금융상으로 식민지 농업을 가장 강력히 촉진한 준정부 단체인 네덜란드 무역협회Nederlandsche Handel-Maatschappij(NHM)는 생시몽주의자들이 주요 직책에 포진하여 산업화의 선봉대 역할을 수행했다.[27] 이 거대한 식민지 기업은 1824년에 네덜란드 국왕의 후원으로 설립되었고, 네덜란드에서 설탕을 비롯한 열대 산물의 운송과 경매의 독점권을 획득했다. 이러한 국가 개입의 목적은 네덜란드 식민지 영토의 수익성을 높이는 동시에 네덜란드령 동인도 제도에서 영국 상인들의 영향력을 억제하는 것이었다.

쿠바와 인도, 자와에서 식민 모국의 기업가들, 부유하고 영향력 있는 식민지 부르주아지, 제국 정부는 힘을 합해 사탕수수 설탕 식민지에 산업 혁명을 도입했다. 프랑스의 정부 고위 관료들과 기업가들은 프랑스 설탕 플랜테이션 농장주들의 보수적 태도를 극복하려 노력했다. 농장주들은 진공 팬의 도입에 강력히 반대했고 심지어 증기 압착기의 도입마저 미적거렸다.[28] 프랑스에서는 노예 소유주들의 사고방식 때문에 해외 영토의 경제적 발전이 지체되었고, 노예제 폐지와 산업 발전은 불가분의 관계로 얽혔다.[29]

노예제 폐지와 산업화의 연관성을 특별히 강조한 사람은 프랑스의 가장 유명한 노예제 폐지론자로 1848년에 임시정부에서 노예제 폐지의 대변자였던 빅토르 쉴셰르였다. 쉴셰르는 열대의 설탕 생산을 폭넓게 근대화해야 한다고 주장했다. 그는 P. 도브레의 《산업적 관점에서 본 식민지 문제Questions coloniales sous le rapport industriel》(1841)를 인용하며 찬성의 뜻을 나타냈다.[30] 과들루프의 설탕 공장에서 일했던 기술자인 도브레는 증기 압착기가 추출률이 높아 프랑스령 앤틸리스 제도의 설탕 생산량을 쉽게 두 배로 늘릴 수 있다고 생각했다. 그러나 대다수 플랜테이션 농장은 증기 기관에 투자하기에는 너무 작았기에, 도브레에 따르면 더 많은 양을 처리할 수 있는 중앙공장이 절실히 필요했다. 도브레는 자와의 진공 팬 도입을 감독한 '빌럼 왕'과 레위니옹에서 사라진 플랜테이션 농장주 오귀스트 뱅상이 규모의 경제와 투자 은행의 필요성을 이해했다고 칭찬했다.[31]

과들루프에 데론 에 카유의 장비를 처음으로 설치한 플랜테이션 농장주인 샤를 알퐁스 드 샤젤 백작은 식민지 설탕 문제를 약간 다른 시각에서 바라보았지만 동일한 결론에 도달했다. 그는 아프리카인 노예 공급의 축소와 임박한 노예 해방을 날카롭게 인식했다. 그의 메시지는 분명했다. 영국인들은 실수를 저질러 손해를 많이 보았으니 그런 실수를 되풀이하지 말라는 것이었다. 영국인들은 매우 혁신적이고 똑똑했지만 육체노동을 기계로 완전히 대체할 수 없는 상황에서 노예제를 폐지하는 실수를 저질렀다.[32] 샤젤 백작은 기다리고 싶지 않았다. 그는 노예를 점진적으로 해방하고 땅을 나누어 줌으로써 소농 계급을 창출하고 동시에 유럽인을 식민지로 들여와 정착시켰다.[33] 그는 프랑스 노예제 폐지론자들과 같은 마음이었고, 산업화가 숙련된 백인 직원들을 유인할 것이라고 생각했다. 그러한 백인 노동자로 구성된 부르주아지가 플랜테이션 농장 사회에서는 눈에 띄게 부족했다. 그러나 샤젤 백작도 역시 플랜테이션 농장주였고 백인 이민에 가진 돈을 전부 투입하지는 않았다. 그는 또한 "떠돌이 생활에 대한 억압적 규제가 절실히 필요하다"라고 주장하며 해방된 노예들이 플랜테이션 농장에서 계속 일하도록 확실하게 조처할 것을 옹호했다.[34]

샤젤 백작은 과들루프의 설탕 산업을 근대화하는 야심 찬 계획에 적극적으로 관여했다. 1843년에 강진이 섬을 강타하면서 더할 나위 없이 좋은 기회가 생겼다. 데론 에 카유는 프랑스 식민지부의 요청에 응하여 섬의 사탕수수 가공을 산업화할 계획을 제시했고, 데론의 사위인 은행가의 개입 덕분에 이 계획은 결국 개인 자본과 은행 자본이 투자된 앙티유(앤틸리스) 회사Compagnie des Antilles의 설립으로 이어졌다. 프랑스 식민지에서 노예제가 폐지된 날인 1848년 4월 27일, 과들루프에는 열두 개 중앙공장이 있었는데, 그중 둘은 도브레가 소유했고, 넷은 샤젤 백작이 이사로 근무한 앙티유 회사가 소유했다.[35] 프랑스인들은 영국인들이 자메이카에서 저지른 실수를 피해 갔지만 재앙을 막지는 못했다. 1848년 혁명으로 회사의 주된 자금 공급자들이 몰락해버렸기 때문이다. 설상가상으로 플랜테이션 농장주들에게 노예제 폐지의 보상비로 지급된 수백만 프랑은 빚더미에 시달리는 농장에 한 푼도 들어가지 않고 전부 채권자들의 손아귀에 떨어졌다. 그 결과 도브레와 동료들 대부분이 파산했다.[36]

그렇지만 지진과 식민 모국과 산업, 은행의 개입이 없었다면, 과들루프의 설탕 산업은 압도적으로 전산업의 단계에 머물렀을 것이다. 아마 1847년에 매서운 허리케인이 들이닥쳐 제당소의 거의 절반이 파괴되고 나머지도 큰 손상을 입은 토바고의 설탕 부문과 똑같이 쇠락했을 것이다. 영국이 이 망가진 섬에 2만 파운드를 빌려주었지만 앙티유 회사가 모은 600만 프랑(24만 파운드에 해당한다)의 자본에 비하면 실망스럽게도 초라한 액수였다. 결과적으로 약 60개에 달하는 토바고의 농장들은 과들루프의 앙티유 회사가 소유한 네 개 회사보다 생산량이 적었다.[37] 이 회사가 더 잘되었다면, 프랑스의 모든 설탕 식민지가 쿠바·자와와 동일한 방향으로 신속하게 움직였을지도 모른다. 그렇지만 플랜테이션 농장주들은 보수적인 데다 자본이 부족했기에 중간 매개 기술을 모색했다.

중간 매개 기술

많은 플랜테이션 농장주가 사회 변화를 두려워했고 모국의 기업가와 은행에 휘둘리고 싶지 않았지만 동시에 농장의 경쟁력을 필사적으로 유지하고 싶어 했다. 1840년대 중반, 루이지애나에는 《디보스 리뷰》가 있었고, 영국령 기아나와 자메이카와 바베이도스의 플랜테이션 농장주 모두가 농업 단체를 만들어 농장의 기술적·식물학적 수준을 높이려 했다. 농장주들과 그 직원들이 농업 혁신에 보인 관심은 인상적이었다. 예를 들면 1846년에 자메이카의 콘월Cornwall에서 열린 농업 박람회에는 무려 5000명이 다녀갔다.[38]

혁신의 정신은 레위니옹의 플랜테이션 농장주들에게도 스며들었다. 그곳에서는 전통적 방식과 진공 팬 방식 중간의 보일링 기술이 발전했는데, 이것이 다른 설탕 식민지로 확산된다. 데롤의 동료였던 조제프 마르시알 웨첼은 레위니옹에서 설계를 계속하여 진공 팬보다 훨씬 더 간단하고 저렴한 보일링 설비에 자신의 이름을 붙이게 된다. 워털루 전투가 벌어진 1815년, 그는 에콜 폴리테크니크에서의 학업을 포기하기로 결정하고 레위니옹으로 건너가 플랜테이션 농장주의 아들들에게 2, 3년간 수로학水路學을 가르친다. 그 후 프랑스로 돌아와서는 설탕 생산에 뛰어들어 데론과 함께 일했다. 1828년, 웨첼은 북부 프랑스의 사탕무 설탕 공장장을 맡아달라는 매우 매력적인 제안을 받았지만 레위니옹의 친구들인 플랜테이션 농장주들에게 의리를 지키고자 이 제안을 거절했다.[39] 그곳의 농장주들은 열성적으로 설탕 산업의 수준을 높이려 했지만 중앙공장을 세우는 방편에 기대지는 않았으며, 확실히 식민 모국의 자본과 이에 부수하는 감독, 자신들의 사업 방식을 상대로 실시될 정밀 조사를 원하지 않았다. 어쨌거나 그들의 사업에는 아프리카 동해안과 마다가스카르로부터의 불법 노예 수입이 포함되었다. 그 인신 매매 활동의 규모는 상당해서 1817년에서 1835년까지 총 4만 5000명이 끌려갔다.[40]

웨첼은 저온 보일링 방식을 개발하여 18세기에 지배적이었던 '자메이카 열차' 공정보다 설탕을 25~33퍼센트 더 많이 생산했으며, 자신의 장비를 데론 에 카유에서 제작한 진공 팬의 4분 1 가격으로 공급할 수 있었다. 웨첼은 자신의 기술 덕분에 자본력이 부족하고 가까이에 유지·보수 시설이 없는 플랜테이션 농장도 번창할 수 있다고 강조했다. 웨첼 팬은 모리셔스와 나탈Natal, 마다가스카르, 피낭, 앤틸리스 제도, 브라질, 푸에르토리코에 중간 매개 기술로 확산되어 식민지 설탕 부르주아지의 사랑을 받았다.[41]

카유에게는 결코 좋은 일이 아니었다. 그의 파트너 데론은 1845년에 사망했다. 1860년, 카유는 실패한 앙티유 회사의 후신으로 은행을 설립하여 자신의 진공 팬 전파에 자금을 공급하게 해달라고 나폴레옹 3세를 설득했다. 생시몽주의자였던 황제는 나라의 저명한 기업가들이

하는 말에 늘 귀를 기울였다. 카유의 강력한 권유에 나폴레옹 3세는 파리의 부유한 금융가들에게 식민지 은행Crédit colonial(1863년에 식민지 부동산 은행Crédit Foncier Colonial으로 개칭한다)을 설립하여 플랜테이션 농장주들에게 농장을 담보로 장기 대출을 제공하라고 권고했다.[42] 1860년대에 이 은행은 과들루프와 마르티니크, 레위니옹의 설탕 생산 산업화에 3700만 프랑이 넘는 자금을 투자했다.[43] 그러나 그러한 결과에 카유는 분명히 실망했을 것이다. 이 은행의 지원으로 과들루프에 공장 열다섯 개가 새로 세워졌지만 그중 열한 개는 여전히 웨첼 팬을 사용했으니 말이다.[44]

프랑스 제국은 생시몽주의 산업화 이데올로기와 플랜테이션 농장주들 간의 불화를 극명하게 보여준다. 플랜테이션 농장주들은 신기술을 자율성과 기존 사회 질서에 대한 위협으로 여기고 불신했다. 게다가 그들은 비용-편익 계산에도 익숙했는데, 현상 유지뿐만 아니라 관세 제도도 그 안에서 중요한 역할을 했다. 영국 정제업자들이 높은 세율의 관세 제도 안에서 고품질 설탕을 꾸준히 생산했기에, 서인도 제도의 설탕 생산자들은 계속해서 무개無蓋 팬으로 작업했다. 바베이도스의 일부 플랜테이션 농장주들은 런던의 정제업자 오거스트 게이즈던이 발명한 팬으로 작업했다. 그 장치는 웨첼 팬처럼 보통의 기압 조건에서 작동했다.[45] 자와와 쿠바에 진공 팬이 설치될 때 영국령 기아나의 공장에 진공 팬을 설치한 부유한 영국 상인들과는 대조적인 행태였다. 바베이도스의 플랜테이션 농장주들은 거친 황설탕 생산에 여전히 만족했다.[46] 1858년에 서인도 제도를 여행한 영국의 우정국 관료이자 소설가인 앤서니 트롤럽이 그들에게 원시적인 방법을 쓰는 이유를 물었더니, 정제 설탕에 높은 관세를 부과하는 기존의 영국 관세 제도에서는 그것이 가장 수익성 높은 방식이라는 답변이 돌아왔다.[47] 이들은 노예 해방 이후 20년간 구식 기술인 게이즈던의 팬 몇 개와 네 개의 진공 팬으로 설탕 수출을 60퍼센트 이상 늘리는 데 성공했다.[48] 진공 팬을 향한 저항은 루이지애나보다 서인도 제도에서 훨씬 더 큰 의미가 있었다.

플랜테이션 농장주들은 신기술을 선별적으로 채택한 반면, 한 가지 혁신은 깜짝 놀랄 정도로 보편적 우세를 차지했는데 이 혁신은 20세기에 접어들 무렵 인도 농민의 사탕수수 밭에도 당도했다. 1839년 파리 박람회에서 직물을 건조하는 새로운 기계가 등장하여 설탕 생산의 혁명을 촉발한다. 1830년대까지도 당밀에서 설탕 결정을 분리하는 유일한 방법은 당밀이 서서히 빠져나가게 하는 것이었다. 원당 덩어리에서 당밀을 분리하는 데 처음으로 널리 쓰인 것은 수초와 점토였다. 그러나 그 작업에는 몇 주가 걸렸다(1장 참조). 약 1300년간 전 세계적으로 쓰인 이 기술은 당밀과 설탕 결정을 즉시 분리한 원심분리기의 등장으로 하룻밤 사이에 퇴물이 되었다. 콜카타 인근의 카시푸르Kashipur 공장이 처음으로 원심분리기를 채택했다. 원심분리기는 그곳에서 시작하여 1844년에 마그데부르크, 1850년에 쿠바와 벨기에, 1851년에 모리셔스, 1853년에 자와로 퍼졌다.[49] 기술에 완고하게 보수적 태도를 유지한 바베이도스 플랜테이션 농장주들마저도 원심분리기의 장점에는 굴복했다.

정제소, 기술자, 자본가

옛 설탕 식민지의 플랜테이션 농장주들이 마지못해 산업화 시대에 발을 들였다면, 쿠바와 자와에서는 거대한 설탕 산업 복합체가 등장하여 1930년대에 대공황이 오기까지 사탕수수 설탕 세계를 지배한다. 쿠바에서는 강력한 부르주아들이, 자와에서는 식민지 행정관들이 산업화 과정을 주도했고, 이는 두 식민지의 정반대로 다른 성격을 반영했다. 1817년에 57만 2363명의 쿠바 인구 중 45퍼센트가 백인으로 분류되었다. 루이지애나의 백인 비율과 비슷한 수치였다. 그러나 자와에서는 유럽인이 약 1만 5000명으로, 인도네시아인이 압도적으로 많은 750만 명의 인구에서 아주 작은 부분이었다.[50] 네덜란드 식민지부와 네덜란드 국왕이 특히 진공 팬의 도입에 보조금을 지급함으로써 식민지 부르주아지의 창출 임무를 직접 떠맡은 반면, 쿠바에는 이미 자의식으로 충만한 경제적 엘리트층이 존재했다.[51] 북아메리카와 카리브해의 다른 섬들, 라틴아메리카 본토, 그리고 당연하게도 유럽으로부터 상인과 기술자, 플랜테이션 농장주가 유입됨으로써 세력을 형성한 계급이었다.[52]

열대 농업의 선봉대라는 쿠바의 지위는 쿠바 부르주아지와 에스파냐 왕실, 국제적 은행 간 긴밀한 협력의 결과물이기도 했다. 예를 들면 에스파냐 여왕이 보증한 대출로서 1837년 11월 19일에 처음으로 철도가 개통하여 운송비가 10분의 1로 줄었다. 철도는 미국인 기사가 건설했고 잉글리시 로버트슨 뱅크English Robertson Bank가 자금을 제공했다. 18세기 함부르크 설탕 무역에서 출발한 슈뢰더 가문이 1850년대부터 내내 철도 확장을 지배했는데, 이들은 1200킬로미터가 넘는 철도망을 구축하여 플랜테이션 농장주들이 내륙 깊숙이 들어갈 수 있도록 했다. 농장 내부에는 협궤 열차를 도입하여 훨씬 더 넓은 면적의 땅에서 사탕수수를 공장으로 운반할 수 있었다. 증기선이 외국의 목적지로 설탕을 운송했고, 일찍이 1844년에 전신이 도입되어 사업 관련 소식이 즉각 전해졌다. 아바나 인근에서 석탄층이 발견됨으로써 쿠바의 철도망은 급속하게 늘어났고, 이는 플랜테이션 농장주의 행운을 더욱 북돋웠다.[53] 설탕 생산은 모든 점에서 증기와 강철의 이야기가 되었다. 그렇지만 영국과 미국의 관세가 고품질 설탕 생산을 방해했다. 관세 탓에 진공 팬의 도입이 지체되었다. 1863년, 쿠바에서 진공 팬 장비를 이용한 설탕 생산은 겨우 20퍼센트에 불과했고 자와에서는 그 비율이 더 낮았다. 그 이후 차츰 비율이 증가하기는 한다. 쿠바의 엘리트 플랜테이션 농장주들의 기술적 역량은 후스토 헤르만 칸테로의 아름다운 화보를 곁들인 《제당 공장Los Ingenios》에 소개되어 있다.[54]

쿠바의 기계들은 관리할 기술자들이 필요했기에 산업 혁명의 출발지인 영국에서 많은 기술자가 그 섬으로 들어갔다. 1850년대 초 쿠바는 600명이 넘는 기술자를 고용했는데 대다수가 영국인이었다. 1860년대에는 800명이 넘었다. 이 작은 무리가 쿠바 경제는 물론 열대 농업 전반의 세계적 발전에서도 전략적으로 중요한 역할을 수행했다. 그들 덕분에 쿠바가 다른 대부분의 설탕 수출지와의 경쟁에서 승리할 수 있었다. 자와에도 전문적 훈련을 받은 외국인 인력이 꾸준히 유입되었다.[55] 이러한 정비공들은 기술자로 대우받고 그에 따른 급여를 받았다. 자와에서 그들이 받은 임금은 식민지 고위 관료의 급여에 견줄 만했다. 남북전쟁 이후 루이지애나에서는 기술자들이 150달러 이상의 월급을 받을 수 있었고, 수확기에는 미시시피강 상류 유역과 인디애나주, 오하이오주, 일리노이주에서 꽤 많은 기술자가 들어왔다.[56]

기술자들이 유입되었을 뿐만 아니라 현지에도 정비 공장이 생겼다. 훗날 데론 에 카유의 파트너가 되는 암스테르담의 기업가 파울 판 플리싱헌의 부추김에 네덜란드 정부는 1835년에 야코프 바이여르를 주철 전문가 두 명과 함께 자와로 파견했다. 1860년에 이르러서는 750명을 고용하는 수라바야Surabaya의 야코프 정비소에 더하여 상당히 많은 설탕 공장이 자체적으로 철공소를 갖추었으며, 종종 인접한 설탕 공장의 일도 봐주었다. 이 무렵 대부분의 설탕 공장이 적어도 일부 공정에는 증기 기관을 이용했다. 1870년경에는 모든 공장이 진공 팬을 설치했다. 자와의 설탕 공장 소유주들은 이제 기업가를 자처했고, 이에 따라 네덜란드-동인도 제도 산업협회Netherlands–Indies Industrial Society를 설립했다. 당시에 프랑스령 앤틸리스 제도는 항구에 정박한 선박에 기술자들이 있을 때만 고장 난 기계를 고칠 수 있었다.[57]

한편 프랑스의 설탕 식민지에서는 교육을 더 잘 받은 새 세대 설탕 생산자들이 식민 모국의 기술자들의 지원을 받아 공장의 기술적 수준을 빠르게 높였다. 결정권을 쥐고 지휘한 이 기술자들은 대부분 카유 에 콩파니와 관련된 이들이었는데, 그 회사는 프랑스령 앤틸리스 제도의 크리오요 가문이 운영하는 개선된 공장에 자사 기계를 설치하는 자금을 종종 공동으로 출자했다. 웨첼 팬은 폐기되었고, 진공 팬을 설치한 중앙공장들이 출현하여 인근 농장들에서 사탕수수를 가져왔다. 프랑스인 평자들은 이러한 중앙공장이 사탕수수를 재배하는 소농과 대농에게 공히 최신 산업 기술을 제공함으로써 농업 관계를 민주화했다고 주장했다.[58] 과연 기술적 진보와 사회적 변화는 불가분의 관계로 얽혔다.

플랜테이션 농장 금융

일반적으로 플랜테이션 상업은 자체에서 발생한 이윤으로 확장했다.

제국의 법률은 대개 농장의 부채 총액을 제한했다. 아메리카에 처음 제당소가 등장할 당시까지 거슬러 올라가는 이 법률적 관행 때문에 은행에서 자본을 새로 융통하기가 어려웠다.[59] 개척자들의 제당소 건립을 장려하는 법률도 있었고, 채권자들이 채무 불이행 농장을 그 노예들의 분할 매각을 통해 무너뜨리지 못하도록 막는 법률도 있었다.[60] 영국은 프랑스, 포르투갈, 에스파냐보다는 농장 보호에 적극적이지 않았지만, 18세기 서인도 제도에서의 상업을 선구적으로 연구한 역사가 리처드 페어스의 결론처럼, "식민지 사회가 유럽의 채권자들보다 현지 거주민 채무자의 이익을 앞세우는 경향을 완전히 막을 막을 방법은 없었다."[61] 그리하여 래설스 가문과 벡퍼드 가문, 피니 가문처럼 매우 강력한 플랜테이션 농장주 겸 상인들만이 채무자의 재산을 수용할 수단을 손에 넣었고, 그 결과 플랜테이션 농장주들에게 자본을 제공하는 은행가 역할을 할 수 있었다.[62]

플랜테이션 농장의 가치를 토대로 한 담보 대출은 19세기 중반까지는 예외적 현상이었다. 네덜란드인들은 18세기에 수리남과 네덜란드령 기아나에 협상 대출negotiation loan이라는 혁명적 금융 수단을 도입했지만, 이 제도는 호황기에 담보물 가치가 과도하게 높이 평가된 탓에 사실상 실패했다. 플랜테이션 농장주들은 조건이 악화되자 곧 이자 지불 능력이 없는 것으로 드러났다.[63] 19세기 초에 루이지애나의 은행들은 6~8퍼센트 이자율로 플랜테이션 농장의 담보 가치를 50퍼센트까지 확대했지만 루이지애나는 예외적 경우였고, 1837년의 금융 위기로 이 제도도 종말을 고했다.[64]

19세기 중반까지는 사실상 모든 나라의 정부가 은행이 플랜테이션 농장의 자산을 담보로 장기 대출을 해주는 것을 금지했다. 채권자를 보호하는 법률적 장치가 부족했기 때문이다.[65] 그러자 무역 회사들이 개입하여 수확물에 선금을 지불했고, 노예선을 담보로 융자를 제공했으며, 루이지애나의 경우에는 노예까지 담보로 받았다. 선금을 지불한 유럽 회사들은 채무자를 압박하여 수확물을 넘기게 했다. 그러나 설탕 가격의 지속적 하락으로 사탕수수 농장의 수익성도 크게 감소했고, 무역 회사들은 커진 위험성을 분산하기 위해 이자율을 높였으며, 이에 플랜테이션 농장주들은 더 많은 빚을 졌고 그에 따른 채무 불이행의 위험도 더 커졌다.[66] 이 악순환을 끊을 확실한 해법은 플랜테이션 농장 설비의 가치가 점점 더 높아졌으니 이를 토대로 한 대출을 용이하게 하여 채권자의 지위를 강화하는 것이었다. 에스파냐, 브라질, 영국, 프랑스는 19세기 중엽에 그렇게 했다. 그렇지만 이것으로도 설탕 식민지에 새로운 자본이 충분히 유입되지는 않았다.[67]

예를 들면 쿠바의 플랜테이션 농장주는 대부분 계속해서 미국, 영국, 에스파냐, 라틴아메리카 상인들과 노예 상인들의 융자에 깊이 의존했다. 그들은 이자율을 20퍼센트까지 부과했으며 여전히 작물을 담보로 잡았다. 1880년에 와서야 토지의 저당을 허용하는 새로운 법이 제정되었다.[68] 쿠바의 새로운 파산법은 사탕수수 농장으로의 자금 유입을 늘리기 위한 것이었지만 바라던 효과를 내지 못했다. 그 대신 대개 상인을 겸한 부유한 플랜테이션 농장주들에게 농장이 빠르게 이전되는 결과를 가져왔다. 이런 부류에 속하는 쿠바의 설탕 부호 토마스 테리 이 아단은 베네수엘라의 카라카스Caracas에서 무일푼으로 넘어와 부자가 되었다. 아마도 그 섬의 최고 부자, 어쩌면 세계 최고 부자 가운데 한 사람이었을 것이다. 그는 먼저 노예무역으로, 특히 병들고 영양실조에 걸린 채 쿠바에 도착한 노예들을 위한 회복 시설을 통해 재산을 모았다.[69] 그는 '쿠바의 크로이소스•'가 되었다. 그는 쿠바 설탕 산업의 전반적 추세, 다시 말해 500명 이상의 노예와 1000헥타르 이상의 토지를 갖추고 진공 팬을 신속히 도입한 거대 플랜테이션 농장을 보여준 대표적 인물이었다.

쿠바와 서인도 제도에서 국영 은행과 식민 모국 은행은 대체로 식민지 설탕 공장에 대한 자금 공급을 자제한 반면, 네덜란드와 프랑스 영토에서는 본국의 은행이 중요한 역할을 수행했다. 앞서 보았듯이, 식민지 제국을 되살리기 위한 목적에서 국왕의 후원으로 상인 자본을 모아 만든 네덜란드 무역협회는 직접 자와의 설탕 생산 산업화를 추진했다. 프랑스 식민지에서는 기업가 카유의 강력한 권유에 따라 설립된 식민지 은행(식민지 부동산 은행)이 설탕 식민지에 신규 자본을 투입하여 설탕 부문의 구조 개편이 이루어졌다. 예를 들면 레위니옹에서 이 은행은 빚을 갚지 못한 채무자의 플랜테이션 농장을 신속하게 인수하여 1873년이면 총 5761헥타르에 달하는 열두 개 농장의 소유권을 넘겨받았다. 식민지 은행은 카유 에 콩파니의 기술자들을 고용하여 웨첼 장비를 대체했다. 그들은 웨첼 장비가 구식이어서 쓸모없다고 비난했다. 레위니옹의 설탕 부문은 거의 다 두 주역의 수중에 떨어졌다. 하나는 식민지 은행이었고, 다른 하나는 설탕 부호 케르베구엔의 똑같이 대단한 부동산 왕국이었다. 케르베구엔은 자체적으로 화폐 '케르베구엔'까지 도입했는데, 실은 오스트리아-헝가리 왕국의 한물간 옛 은화를 구입해서 가져온 것이었다.[70]

한편 영국 정부는 설탕 식민지의 산업화에서 거의 존재감이 없었다.

• 부자로 유명한 서기전 6세기 전반 리디아의 왕.

1911년 레위니옹의 어느 설탕 공장 내부. 1863년에 프랑스 식민지의 설탕 생산을 근대화하기 위해 설립한 식민지 은행(식민지 부동산 은행)이 이 공장을 비롯해 많은 공장을 소유했다.

심지어 정제소의 압박에 고품질 설탕에 추가 세금을 부과하는 관세 정책으로써 산업화를 방해했다. 플랜테이션 농장은 빠르게 주인이 바뀌어 소유권의 집중을 낳았지만 역시 새로운 투자는 없었다. 자메이카에서는 설탕 생산이 사실상 포기되었다. 영국의 채권자들은 설탕 산업이 쇠락하고 있다고 생각했기에 새로이 자본을 투자할 생각이 없었다.[71] 노예 소유주들이 받은 보상비도 대체로 설탕 농장에 재투자되지 않았다. 존 베링과 프랜시스 베링, 존 글래드스턴 같은 주요 수혜자들도 여기에 포함된다. 그들은 보상비를 넉넉하게 받았지만 그 상당한 액수의 자금을 다른 곳에 투자했다.[72] 글래드스턴은 인도에서 설탕 생산을 시작했고, 베링 형제는 루이지애나의 은행 사업과 쿠바의 철도 건설에 참여하여 노예의 설탕 생산을 연장하는 데 기여했다.

글래스고의 부유한 상인 콜린 캠벨만 영국령 기아나에서 넓은 농장들을 계속 유지했다. 20세기에 그의 후손들은 그 농장들을 부커 매코널Booker McConnell과 합병하여 1970년대 기아나 독립 초기까지 지배적인 설탕 사업체로 만든다.[73] 글래드스턴 가문과 마찬가지로 리버풀 출신인 부커 가문은 리버풀과 영국령 기아나의 수도인 조지타운 사이의 해운 노선으로 첫걸음을 내디뎠다. 캐번 브로스Cavan Bros와 콜로니얼 컴퍼니Colonial Company 같은 다른 식민 모국 회사들처럼, 이들도 영국령 기아나와 트리니다드에서 상당히 많은 플랜테이션 농장을 보유했고 그곳에 빠르게 진공 팬을 도입했다. 이 회사들은 영국령 기아나의 철도 건설에 필요한 자금도 확보할 수 있었다. 그 철도는 해안선을 따라 이어져 제방과 운송 수단이라는 이중의 목적을 달성했다.[74]

그러나 바베이도스의 플랜테이션 농장주들은 철도 사업을 성공시키지 못했다. 보상비와 플랜테이션 농장의 수익이 대부분 영국에 있는 부재 소유주의 주머니로 들어갔기 때문이다. 원래는 영국 식민지였으나 프랑스 플랜테이션 농장주 가문들이 지배하게 된 당시의 모리셔스(이 섬은 18세기에 프랑스의 소유가 되었다)에서는 그런 일이 일어나지 않았다. 모리셔스에 정착한 플랜테이션 농장주들은 자본을 프랑스로 보내지 않고 계속해서 사탕수수 농장에 투자했다. 게다가 보상비가 분배되지 않고 정부의 예비 기금으로 비축되었고, 그중 20만 파운드가 항구 도시 포르루이Port-Louis와 배후지를 연결하는 철도 건설에 투입되었다. 모리셔스 정부는 채권을 발행하여 런던 자본 시장에 판매함으로써 추가로 80만 파운드를 확보했다.[75] 1860년대 초에 와서야 모리셔스의 플랜테이션 농장주들도 철도를 갖추었고 설탕의 3분의 1을 진공 팬으로 생산

했지만, 나머지 설탕은 대부분 레위니옹에서 수입한 웨첼 기술로 생산했다.[76]

　세인트루시아의 야심 찬 총독 조지 윌리엄 데보는 섬에 중앙공장을 세워 여러 농장의 사탕수수를 압착하려는 계획에 착수했을 때 플랜테이션 농장주들에게 알아서 하라고 내버려두는 영국 제국의 방침을 경험한다. 데보는 마르티니크에서 그와 같은 공장 덕분에 소규모 플랜테이션 농장주들이 기계에 막대한 지출을 하지 않아도 되었음을 알게 되었다. 그는 마르티니크를 돌아보고서(세인트루시아에서 바다로 겨우 50킬로미터 정도 떨어져 있다) 잘 발달한 설탕 산업과 잘 관리된 도로에 감탄했고, 자신이 직접 중앙공장을 세우겠다는 결의를 다졌다. 그는 프랑스로 갔고 파리의 카유 공장에서 환대를 받았다. 거대한 작업장에 깊은 인상을 받은 데보는 자신이 생각한 공장을 그 회사가 지어야 한다고 확신했다. 세인트루시아의 플랜테이션 농장주들은 프랑스어를 할 줄 알았기에 편한 측면이 있었고, 매우 중요하게도 정비소의 경우 50킬로미터 밖의 마르티니크에 카유의 기술자들이 있었다. 그러나 그때 실망스러운 일이 벌어졌다. 데보는 자금을 모으러 영국 곳곳을 돌아다니다가 부자들은 서인도 제도에 투자하려는 의사가 없음을 알게 되었다. 결국 영국의 어느 건설 회사가 신용으로 데보의 예산에 생긴 공백을 메워주어 공장 건설 준비를 할 수 있었고, 데보는 카유 에 콩파니와 협상하려던 계획을 단념해야 했다. 데보는 세인트루시아에 개인적으로 큰 희생을 치르면서 첫 번째 중앙공장을 세웠지만 곧 다른 두 사람의 합류로 만족하게 된다.[77] 프랑스와 네덜란드, 쿠바와 대조적으로 영국에는 생시몽주의의 산업 정책 관념이 뿌리를 내리지 못했다는 점을 고려할 때, 데보는 영국 제국의 공무원으로서는 예외적 인물이었다.

새로운 설탕 자본주의와 옛 군주제

군주들은 설탕의 세계에서 늘 두드러진 존재였다. 설탕의 가치가 높았기 때문에, 중세의 세속과 종교의 지체 높은 권력자들은 손상되기 쉬운 귀한 자원의 이용을 통제하려고 개입했다. 그 이후 설탕 식민지는 유럽 주요 강국들의 끝없이 반복되는 전쟁의 가장 중요한 목표가 되었다. 19세기 중반, 점점 더 강력해지는 근대 국가의 관료 기구와 설탕 산업 자본주의 사이에 새로운 관계가 형성되었다. 이제 국가도 산업화의 자금을 준비하기 시작한 것이다. 이윤이 줄어들던 때에 이는 반드시 필요한 개입이었다. 앞서 보았듯이, 특히 영국 식민지의 플랜테이션 농장주들 그리고 레위니옹과 프랑스령 앤틸리스 제도의 농장주들도 투자를 제한하여 부채를 축소함으로써 수익을 유지하려 했다. 그러나 이는 잘 못된 전략으로 판명된다. 제국 정부와 식민지 당국이 산업화를 추진하여 설탕 가격이 더욱 하락하고 중간 매개 기술이 무용지물이 되었기 때문이다.

19세기 중반부터 국왕과 강력한 기업가, 부유한 상인, 플랜테이션 농장주 부호가 중앙공장을 세워 여러 농장의 사탕수수를 가공함으로써 설탕 생산은 새로운 국면에 접어들었다. 브라질과 이집트에서도 이러한 일이 벌어졌다. 브라질 정부는 큰 성공을 거두지는 못했지만 영국과 프랑스, 네덜란드의 투자자들에게 투자 자본에 대한 확정 수익을 보장함으로써 중앙공장을 세우게 하여 만성적 자본 부족에 시달리던 브라질 설탕 산업을 근대화하려 했다.[78] 반면 이집트에서는 세계 최대의 국가 주도 설탕 산업화 사업이 착수되었다. 이집트의 통치자들은 산업화라는 큰 목표를 세우고 한때 매우 유명했던 설탕 제조를 부활시키려 했다.

1818년, 이집트의 케디브 무함마드 알리 파샤는 자메이카의 기술을 기반으로 하는 공장을 건립하라고 명령했다. 이는 이집트를 산업화 국가의 반열에 올려놓으려는 생시몽주의 목표의 일환으로, 그 나라에 프랑스인 의사들과 기술자들이 존재한 덕분에 힘을 얻었다. 그의 아들이자 후계자인 이브라힘 파샤는 1840년부터 1845년까지 설탕 공장 네 개를 건설할 계획을 세웠는데, 데론 에 카유를 위해 과들루프에 설탕 공장을 세웠던 프랑스 기술자가 그 일을 수행했다.[79] 미국에서 남북전쟁이 끝난 후 면화 생산이 회복되어 이집트의 면화 호황이 끝나자, 이브라힘의 아들인 이스마일은 이집트의 공업적 설탕 생산을 대대적으로 확대하기로 결심한다. 그는 촌락민에게서 땅을 강탈하고 황무지를 개간하여 확보한 13만 2556헥타르의 토지에 펠라fellah(농민)를 데려다 자신이 원하는 작물을 재배하게 했다.[80] 이스마일에게서 거대한 설탕 복합 단지의 건설을 위임받은 업체는 카유 에 콩파니, 그리고 기관차 생산과 철도 건설 회사 피브릴Fives-Lille이었다.

1867년, 파리 만국 박람회가 열리는 동안 프랑스 정부는 연회에서 이 거래를 용이하게 했다. 나폴레옹 3세는 이 연회에서 전략적으로 이스마일 파샤와 장프랑수아 카유를 같은 식탁에 앉혔다. 이집트의 케디브는 자신의 대규모 이집트 설탕 사업 계획을 면밀히 검토했고, 여러 사탕수수 품종의 수입을 준비했으며, 세계의 대표적인 설탕 기술자들을 초빙하는 데 더해 압착기 롤러의 설계까지 지시했다. 카유 에 콩파니와 피브릴은 이집트 기획 사업의 일환으로 공장을 열여섯 개 세웠고 사탕수수 운반을 위해 500여 킬로미터의 협궤 철도를 건설했다. 나일강을 따라 약 160킬로미터 길이로 이어진 설탕 벨트가 그 결과물이었다.[81]

당대 최대의 산업 프로젝트였던 이집트 설탕 공장 건설은 카유 에 콩파니가 시행한 단일 사업 중에서도 최대 규모였다. 1878년에 그 회사가 배포한 안내 책자에 그렇게 나와 있다. 카유 에 콩파니는 쿠바에 총 7만 톤의 설탕을 생산할 수 있는 50개 공장을, 프랑스 식민지에는 6만 톤을 생산하는 25개 공장을, 이집트에는 10만 톤을 생산할 수 있는 16개 공장을 세웠다고 밝혔다. 이집트의 공장들은 설탕 공장의 보편적인 설계 모델이 되었는데, 처음으로 철골조에 골함석 지붕을 갖추었다. 우연히도 카유의 기부로 1867년 박람회에서도 똑같은 철골조 건물이 등장했다.[82] 보잘것없는 시골 소년이었던 카유는 프랑스 산업의 전설이 되었다. 그는 파트너인 데론보다 25년을 더 살면서 죽을 때 2800만 프랑을 유산으로 남겼다. 프랑스가 프로이센에 패한 뒤 1871년에 파리 코뮌 중에 그가 파리 시내에 소유한 부동산 일부가 파괴되었는데, 다행히도 그 꼴을 볼 만큼 오래 살지는 않았다. 이는 산업적 포부가 컸던 생시몽주의자 황제 나폴레옹 3세와 밀접한 연관이 있는 그의 성공을 되돌리는 상징적 사건이었다. 나폴레옹 3세는 당시 이미 망명 중이었다.[83]

이집트의 케디브 이스마일 파샤는 이집트를 오스만 제국의 지배에서 해방하여 유럽 국가로 바꿔놓겠다는 거창한 꿈을 품어 '위대한 자'라는 별칭을 얻었는데, 그 꿈은 수에즈 운하의 화려한 개통 이후 6년 만에 치솟은 부채와 파산, 영국에 대한 완전한 경제적 의존으로 끝났다. 결과적으로 이집트의 수에즈 운하 지분뿐만 아니라 설탕 복합 단지 전체가 레반트의 프랑스계 투자자들에게 매각되었다. 그렇게 이집트의 설탕 부문은 외국인의 수중에 떨어진다.[84]

그렇지만 국왕들의 개입은 설탕의 세계에서 자유 방임 경제의 시대가 끝났음을 알렸다. 설탕 산업 자본주의는 국가의 직접적 개입 덕분에 전진했다. 예외가 있다면, 영국 식민지였다. 그곳에서는 국가의 주도적 조치가 소수의 강력한 식민 모국 회사에만 국한되었고 담당자도 한 명뿐이었다. 전체적으로 보건대 설탕 생산은 7년전쟁 이후 프랑스 중농주의자들로 시작하여 1840년대 국가가 주도하는 생시몽주의적 산업 프로젝트로 끝나는 결정적 이행기를 거쳤다. 다음 장에서 보겠지만, 국가는 노동자 공급을 보장하는 필수적 역할까지 수행한다. 그 노동자들은 거의 언제나 강압적인 조건에서 일했다.

6

노예제가 지속되다

생도맹그(오늘날의 아이티)에서 투생 루베르튀르의 지휘로 혁명이 일어나고 50년이 지났을 때, 세계 설탕 수출 지도는 알아볼 수 없을 만큼 변했다. 이제 프랑스와 영국의 카리브해 식민지 섬 전체가 수출하는 양에 거의 맞먹는 설탕을 생산한 쿠바가 지배적 위치에 올라섰다. 브라질과 인도, 자와, 루이지애나, 모리셔스, 푸에르토리코, 영국령 기아나의 수출이 내림차순으로, 어느 정도 차이를 두고 뒤따랐다.[1] 그러나 변하지 않은 것이 있었으니 사탕수수 밭에서 노예제가 수행한 지배적 역할이다. 그러한 지속성은 관련 사회에 엄청난 결과를 가져왔으며 노예제의 유산과 상처를 악화시켰다. 그 유산과 상처는 오늘날까지 이어지고 있다.

목화 밭의 경우에도 해당하는 내용인데, 노예제가 지속된 특별한 이유는 사탕수수 밭의 심한 육체노동이 기계화로 완전히 대체되지 않았으며 그리하여 노동력이 비용 가격cost price(원가)을 결정하는 인자로서 지닌 중요성이 약해지지 않았기 때문이다. 이런 상황은 아시아로서는 이점으로 작용했다. 저명한 노예제 폐지론자 재커리 매콜리가 1823년에 이미 알아챘듯이, 아시아에서는 생활비와 사탕수수 재배와 가공에 필수적인 물자의 가격이 아메리카에 비해 훨씬 낮았던 것이다.[2] 게다가 아시아의 농민이 생산하는 설탕은 다른 작물을 수확한 뒤의 한가한 시기에 생산되었다. 한편 아메리카의 생산자들은 미완성인 상태인데도 식겁할 정도로 비싼 기술과 만성적 노동력 부족, 특히 식물생리학에서 여전히 원시적 상태에 머문 농경학과 씨름해야 했다. 인도의 설탕 생산은 19세기 전반기에 정체했을 수도 있지만 그래도 중국을 제치고 세계 최대의 생산지로 남았다. 게다가 인도는 야자 설탕 부문이 번창하여 1870년대에 벵골 한 곳에서만 연간 8만 톤이 생산되었다.[3] 당시 중국과 인도 두 곳이 전 세계 설탕 생산량의 절반을 책임졌다. 압도적으로 많은 양이 자국 시장에서 소비되었지만, 배에 실려 외국으로 나간 양도 상당했다.[4]

1807년에 영국이 식민지에서 노예무역을 불법화했을 때, 이는 노예제 종식의 시작이라기보다 국제적 인신매매에 맞선 기나긴 투쟁의 서막이었다. 영국에 뒤이어 1820년까지는 거의 모든 유럽 식민국이 노예무역을 금지했지만, 영국은 쿠바와 브라질에서 대서양 노예무역을 봉쇄하느라 애를 먹어야 했다. 쿠바는 아프리카인 노예의 대량 수입으로 세계 최대의 설탕 수출지로 부상했다. 노예들이 담대하게 저항하고 노예제 폐지론자들이 열심히 노력했는데도, 노예제는 아메리카 사탕수수밭을 계속 지배했다.

노예 노동을 점차 대체하거나 그것과 나란히 존재한 다른 노동 체제도 일반적으로 강압적 요소가 있었다. 이는 특히 자와에 해당하는 말이다. 그곳의 식민지 정부는 섬의 농민 가구 중 60퍼센트에 해당하는 수에 아주 작은 보상을 해주고 사탕수수나 인디고, 커피를 재배하게 했

다. 쿠바와 자와는 거대한 사탕수수 설탕 수출지로 등장하여 1860년
대부터 1920년대까지 세계 사탕수수 설탕 수출의 거의 절반을 책임졌
다.[5] 두 곳 모두 열대 지방의 산업 혁명을 이루어냈는데, 노예제나 강제
노동이 없었다면 불가능했을 것이다.

개선과 저항

영국이 노예무역을 금지한 후, 영국령 서인도 제도와 네덜란드령 서인
도 제도, 그리고 프랑스령 앤틸리스 제도에서는 노예가 처한 조건을 개
선하기 위한 규제가 시행되었다. '개선'이라는 이름을 얻은 이 정책으
로 자본주의적 노예제 최악의 비인간적 측면이 완화되었다. 노예를 인
간으로 보는 인식이 핵심 요소였다. 그렇게 되면 사춘기 이전의 자녀가
있는 가족을 서로 떼어놓는 것은 당연히 금지된다. 개선은 또 노예가
된 사람을 법정의 증인으로 인정했고 그들의 재산 소유도 허용했다. 다
른 결정적 변화는 플랜테이션 농장에서 종교 의식을 받아들인 것이다.
네덜란드인과 영국인의 플랜테이션 농장은 대부분 18세기 말까지 성
직자의 접근을 금했다.
　　자유민 흑인 사회, 가사 노예, 특히 교회가 플랜테이션 농장 노예들
의 문화에서 유럽의 음악과 복식, 기독교식 이름을 채택하는 데 영향을
미쳤다.[6] 아름다운 화음의 목소리로 들려주는 아프리카-크리오요 음
악은 서인도 제도 교회 예배에 참석한 유럽인 방문객들에게 깊은 인상
을 심어주었다. 플랜테이션 농장들은 수확 주기에 짧은 축제를 집어넣
었다. 아마 1819년이었을 텐데, 서인도 제도에서 정제 시기가 끝났음

을 뜻하는 '하비스트 홈Harvest Home'이 휴식하면서 좋은 식사를 하는 날로 도입되었다.[7] 루이지애나의 플랜테이션 농장주들은 수확의 종료와 독립 기념일을 카드리유 춤과 스퀘어 댄스로 즐길 수 있게 했다. 이는 당연히 새로 만들어진 것은 아니고 프랑스와 유럽의 여흥을 변형한 형태였는데, 백인의 배타적 경계를 허무는 데 도움이 되었다.[8] 수리남에서는 1년에 서너 차례 노예들이 누더기 같은 플랜테이션 농장 작업복 대신 가장 좋은 옷을 입고 잔치를 벌일 수 있었다.[9] 프랑스령 앤틸리스 제도의 노예들은 일요일에 나들이옷을 입을 수 있었다. 빅토르 쇨셰르는 이렇게 쓴다. "우리는 그들이 일요일에 공단 조끼와 주름 셔츠, 부츠 차림에 프록코트나 아주 잘 지은 옷을 입고 또 빠져서는 안 되는 우산을 받쳐 쓴 모습을 본다. 그들은 우리의 복식을 완벽하게 채택했으며 옷을 갖춰 입으면 거의 몰라볼 지경이다."[10]

이러한 의복을 입는 것은 누더기를 걸친 일상의 현실로부터 벗어나는 도피였다. 예를 들면 루이지애나의 사탕수수 농장에서 노예는 거친 황마 섬유의 옷을 입었다. 아이는 목과 팔이 나오게끔 황마 자루에 구멍을 내 걸쳤고, 성인은 참을 수 없을 만큼 딱딱한 신발을 신었다.[11] 노예의 나들이옷과 일상적으로 입는 누더기는 강렬한 소망과 현실 사이의 점점 크게 벌어지는 간극을 보여주는 완벽한 상징이었다. 유럽의 비품이 점차 채택되고 이전에는 성직자를 환영하지 않던 식민지에 기독교가 수용되고 식민지 당국과 플랜테이션 농장주들이 미약하게나마 (노예의) 인간성을 인정한 것은 더 많은 설탕을 생산해야 한다는 압박과 어울리지 않았다. 그러한 압박은 노예가 받아내야 했는데 노예 수가 줄어들고 있었기에 플랜테이션 농장에서 그들이 겪는 고초는 더욱 심해졌다. 한편 흑인 자유민의 문자 해독 능력이 향상되고 노예제 폐지 운동의 진척에 관한 소식이 플랜테이션 농장에 침투하면서 기대하는 분위기가 감돌았다.

1791년 생도맹그의 봉기 소식은 즉각 카리브해의 여러 섬과 수리남에 퍼졌다. 2년 전 프랑스 식민지에서 노예제가 폐지되었다는 소식도 마찬가지였다.[12] 노예 수백 명의 죽음으로 끝난 1816년 바베이도스의 반란은 그 전해에 대표적인 노예제 폐지론자 윌리엄 윌버포스가 끊이지 않는 불법 노예무역을 막기 위해 의회에 '제국노예등록법안Imperial Registry of Slaves Bill'을 제출했다는 소식으로 촉발되었다.[13] 이 법안은 통과되지 못했지만, 플랜테이션 농장주들의 분노가 바베이도스의 여러 신문 지면에 대서특필되었다. 섬의 노예들에게 그 소식이 전해지는 것은 피할 수 없었다. 여기에 노예들이 봉기할 경우를 대비해 아이티 병사들이 도울 준비를 하고 있다는 아찔한 소문이 더해졌다.[14]

데메라라에서는 플랜테이션 농장주들이 1823년에 런던에 퍼진 '개선' 회람장에 반대했다는 소식에 대규모 폭동이 일어나 플랜테이션 농장 수십 군데를 휩쓸었다.[15] 이 사건으로 영국 노예제 폐지 운동은 더욱 과격해진다. 폭동의 규모 자체도 그랬거니와 리버풀의 유명한 상인 존 글래드스턴이 소유한 농장에서 폭동이 시작되었다는 사실은 공개적 논쟁을 새로이 촉발했다.[16] 글래드스턴과 그의 아들들은 데메라라의 빚을 갚지 못한 채무자들로부터 농장 여섯 군데를 인수했고 자메이카에서도 같은 방식으로 다섯 농장을 인수했는데, 그들에게서 관리를 위임받은 대리인들이 지극히 열악하고 건강에 해로운 조건에서 잔인하게 노예를 착취하여 이질이 창궐했다. 황량한 설탕 변경인 데메라라에서 사탕수수 농장의 조건은 전체적으로 소름 끼칠 정도여서 사망률이 서인도 제도의 대다수 플랜테이션 농장에 비해 두세 배 높았다. 분명코 노예 노동자의 건강을 돌보려는 의지는 존재하지 않았다. 농장주들은 오로지 줄어드는 노예 인구로 어떻게 생산을 늘릴 수 있을지만 생각했다.[17]

개선에서 폐지로

데메라라의 폭동은 영국에서 반향을 불러일으켰고 노예제 폐지 운동에 새로운 추진력을 부여했다. 이는 대체로 리버풀 출신의 퀘이커교도 상인인 제임스 크로퍼 덕분이었다. 그는 작은 드라마로 조명을 받는다. 1823년 가을, 신문에 〈노예제의 부적절함〉이라는 글을 기고하며 행동을 촉구했을 무렵 그는 글래드스턴과 친구 사이였다. 크로퍼는 글래드스턴을 정면으로 공격하지는 않았지만 노예제의 잔혹함과 폭력성, 부재 플랜테이션 농장주들의 사악한 역할을 매우 분명하게 암시했기에 독자들이 무슨 뜻인지 모를 수가 없었다.

뒤이어 글래드스턴과 크로퍼 사이에 논쟁이 벌어졌고, 이에 노예제 폐지 운동은 더욱더 과격하게 방향을 틀어 이제는 노예제 폐지 자체가 목표가 되었다. 이는 윌버포스의 점진적 폐지론에서 이탈한 주장이었다. 윌버포스는 영국 의회의 플랜테이션 농장주들에게 의지하여 다른 유럽 국가들, 이를테면 쿠바에서 주된 경쟁자인 에스파냐의 불법 노예무역을 단속하고 서인도 제도에서 노예의 조건을 개선하도록 정부를 압박하려 했다. 그러나 크로퍼의 노선이 우세해졌다. 처음에는 그의 친구이자 시에라리온의 총독을 지낸 대표적인 노예제 폐지론자 재커리 매콜리 덕분이었다. 매콜리는 윌버포스와 함께 노예제 완화와 점진적 폐지를 위한 협회Society for the Mitigation and Gradual Abolition of Slavery(나중에 노예제반대협회Anti-Slavery Society로 바뀐다)를 설립했지만, 이제는 크로퍼 편에 섰다. 매콜리는 1822년 말에 이미 서인도 제도 설탕의 보호가 동인도 제도 설탕의 유입을 막는 역할만 했다고 지적했다. 누구나 알 수 있듯이 인도인들이 훨씬 낮은 비용으로 설탕을 생산했기 때문이다.[18] 매콜리가 옳았다. 콜카타 항구에서는 지구상에서 가장 저렴한 설탕이 판매되고 있었지만, 영국 정부는 자국 항구에서 무거운 관세를 추가함으로써 이 이점을 없애버렸다.[19] 한편 서인도 제도 설탕 수입이 정체된 탓에 런던 시장의 설탕 가격이 올랐다. 동인도 설탕 옹호자들은 그 점을 지적했다.[20] 크로퍼는 이렇게 말했다. "수많은 빈민이 실제로 〔설탕을〕 얻지만 그 양은 매우 적다." 인도인들은 영국을 위해 설탕과 옷감 둘 다 더 싸게 생산할 수 있었다. 영국은 그 옷감을 새로운 시장에 판매하여 이득을 취할 수 있었고, 아시아의 농민들도 수익을 얻었을 것이다.[21]

크로퍼는 플랜테이션 농장주들의 이름을 거론하며 창피를 주고 동시에 동인도 제도 설탕을 옹호했으며, 매콜리는 이러한 노력을 이어받아 1825년에 《앤티슬레이버리 먼슬리 리포터》를 창간했다. 이 잡지는 영국 제국 전역에서, 베르비스에서 모리셔스까지 사탕수수 농장에서 노예에게 가해진 잔학행위를 기록했고, 공무원들과 플랜테이션 농장주들이 노예 노동자를 돌본다는 신화를 깨뜨렸다. 예를 들면 모리셔스의 사탕수수 플랜테이션 농장에서 노예 노동자들이 어떻게 고문을 당했는지, 그 섬의 노예 인구 증가가 어떻게 자연 증가의 결과일 리가 없는지 상세하게 설명했다. 그것은 마다가스카르와 아프리카 동해안에서 불법적으로 노예를 들여와 초래된 끔찍한 결과였다.[22]

이제 윌버포스의 온건한 방식에서 등을 돌린 여성들이 핵심적 역할을 수행했다. 이들은 할 수 있는 곳이라면 어디서든 서인도 제도 설탕 소비를 자제해달라고 호소하고 이를 직접 실천했다. 많은 가구가 식탁 위의 설탕 용기에 다음과 같은 표어를 붙여놓았다. "동인도 제도 설탕은 노예가 만들지 않는다."[23] 화가이자 교사이고 퀘이커교도로 개종한 사람이요, 노예제 반대협회의 초기 회원이었던 엘리자베스 헤이릭은 유명한 소책자에서 윌버포스와 그 동료들의 소심함과 이들이 거만한 서인도 제도 플랜테이션 농장주들을 배려했음을 비난했다. 1824년에 간행된 그녀의 소책자 《노예제의 점진적 폐지가 아니라 즉각적 폐지Immediate not Gradual Abolition》의 목표는 누가 봐도 명확했다. 무엇을 해야 하는지도 분명했다. "사치품을 완전히 끊어야만 서인도 제도 노예제가 근절될 것이다!! 그러나 그것을 끊기abstinence라고 말할 수는 없다. 서인도 제도 설탕을 동인도 제도 설탕으로 대체하기만 하면 된다. 그러면 영국의 분위기는 즉각 노예제라는 해로운 전염병에서 깨끗하게 벗어날 것이다."[24]

이제 대체하라는 요구가 끊으라는 요구를 대신했다. '끊기'는 원래 18세기 말 퀘이커교도들이 옹호한 가치였다. 1791년에 급진적 저술가 윌리엄 폭스는 노예가 생산한 설탕의 불매를 촉구한 《서인도 제도 설탕과 럼주 소비 자제의 정당성에 관하여 영국 국민에게 전하는 말An Address to the People of Great Britain, on the Propriety of Refraining from the Use of West India Sugar and Rum》을 발표했다. 책자는 몇 달 만에 5만 부가 팔렸고, 폭스 추종자는 약 30만 명을 헤아렸다. 당시 '끊기'는 정당한 대의를 위해 쓴 차를 마시는 희생을 뜻했다. 1820년대의 구호는 '대체'였다. 이는 훨씬 더 편해서 실천하기도 더 쉬웠다. 헤이릭의 소책자는 영국에서 널리 반향을 얻었을 뿐만 아니라 펜실베이니아까지 영향을 미쳤다. 그곳에서 '대체' 메시지에 고무된 현지의 프리 프로듀스 운동Free-Produce

Movement ●은 자체 상점을 열어 아이티와 필리핀, 그리고 더 가까운 곳인 플로리다의 자유인 노동으로 생산된 설탕을 공급하는 대안을 모색했다. 심지어 사탕수수가 아닌 다른 작물로 만든 설탕을 찾기도 했다.[25] 대서양 양안에서 사람들은 소비자로서의 힘을 발견했다.

크로퍼와 매콜리, 헤이릭은 순수하게 도덕적인 싸움을 경제적인 싸움이자 진실에 관한 싸움으로 바꿔놓았다. 노예제 반대협회의 글에서 '완화'와 '점진적'이라는 낱말이 사라졌다. 1830년대 초에 도합 40만 명의 여성과 90만 명의 남성이 서명한 약 5000건의 청원이 의회를 습격했다. 영국의 급속한 산업화와 발행 부수가 계속 증가하는 신문이 이 운동을 지속시켰다. 조사이어 웨지우드 같은 퀘이커교도 기업가들은 열렬한 노예제 폐지론자였는데, 그들의 공장에서 "동인도 제도 설탕은 노예가 만들지 않는다"라는 문구가 새겨진 설탕 용기가 만들어져서 영국 가정에 들어갔다.[26]

영국의 상황 전개에 용기를 얻은 노예들은 스스로 해방을 쟁취하고자 했다. 영국 의회의 노예 해방에 관한 토의가 지지부진하게 끝났다는 소식은 흑인 자유인 거주자들을 통해 플랜테이션 농장 지역에까지 퍼졌을 것이다. 1831년 크리스마스에 자메이카에서 대대적인 폭동이 발생하여 열하루 동안 지속되었다. 약 3만 명의 노예가 참여했으며, 많은 플랜테이션 농장과 농장주의 저택이 불탔다. 역사서에 '침례파 전쟁'이나 '크리스마스 반란'으로 기록된 이 폭동은 200명의 사상자와 노예 500명의 집단 처형을 초래한 뒤에 진압되었다. 폭동에 관여한 노예의 수, 뒤이어 학살된 노예의 수는 상황이 더 나빠질 수 있음을 보여주는

● 노예가 생산한 상품의 국제적 불매 운동.

대대적인 노예제 폐지 운동이 펼쳐진 1820년대에 많은 영국인이 손님에게 내용물이 노예 노동자가 생산한 것이 아님을 보증하는 문구가 적힌 용기에 설탕을 담아 대접했다.

불길한 징조, 피로 쓰인 징조였다.

이 비극에 영국 정부는 더는 노예 해방을 미룰 수 없다고 확신했고, 1834년에 노예제는 영국 제국 전역에서 폐지되었다. 이는 설탕 생산에 잠재적으로 엄청난 귀결을 가져온다. 영국령 서인도 제도의 노예 66만 7925명의 대다수가 사탕수수 플랜테이션 농장에서 일했기 때문이다. 자메이카와 바베이도스에 압도적으로 많았고, 영국령 기아나에는 그보다 적은 수의 노예가 있었다.[27] 그러나 노예제가 폐지되었다고 해서 노예 노동자들이 즉각 자유를 얻은 것은 아니다. 그들은 우선 1838년까지 견습 기간을 거쳐야 했다. 그동안은 계속해서 이전 주인의 농장에서 일해야 했다. 견습 생활을 마치면 대부분의 노동자는 오로지 떠나기만을 원했다. 그래서 서인도 제도 거의 전역에서 노동력이 부족했다. 플랜테이션 농장주가 거의 모든 경작지를 소유한 바베이도스만 뚜렷한 예외였다. 그 섬에서는 서인도 제도의 다른 모든 섬보다 임금이 낮았는데, 예를 들면 영국령 기아나에 비해 3분의 1밖에 되지 않았다. 황폐해진 브리지타운 거리를 지나가는 방문객의 눈에 들어온 것은 만연한 빈곤이었다. 이주나 파나마 철도 건설 같은 곳에서 일자리를 구하는 것이 비참한 생활을 끝낼 유일한 길로 보였다.[28]

서인도 제도에서 가장 큰 섬인 자메이카에는 바베이도스에 비해 자유인 촌락과 농가가 들어설 공간이 훨씬 많았다. 1840년대 말 과거에 노예였던 사람들의 3분의 2가 이미 농장을 빠져나왔다.[29] 상당히 부유한 농장주들은 기계화로써 노동력 부족을 극복하려 했고, 비록 기계의 신뢰도는 많이 부족했지만 영국에 경철도와 값비싼 장비를 주문해서 들여왔다. 플랜테이션 농장주들은 여전히 미래를 확신했다. 다시 말해 영국 시장에서 보호를 받아 외국산 설탕과의 경쟁에서 승리하리라

1831년 크리스마스, 자메이카의 노예들이 플랜테이션 농장과 농장주 저택에 불을 지르기 시작했다. 3만 명의 노동자가 참여한 폭동은 잔인하게 진압되었지만, 영국 제국 안의 노예제 폐지 운동에서 전환점이 된 사건으로 판명되었다.

고 확고히 믿었다. 그래서 그들은 1846년에 영국 정부가 보호 조치를 폐지해 세계 설탕 가격이 붕괴하자 깊은 배신감을 느꼈다. 다른 재앙도 닥쳤다. 엄청난 가뭄에 콜레라와 천연두가 뒤따라 자메이카 인구의 10퍼센트가 사라졌다.[30]

　1820년대에도 여전히 거의 9만 톤에 달했던 자메이카의 설탕 생산은 30년 뒤에 3분의 1로 급락했다.[31] 플랜테이션 농장들은 버려지거나 분할되어 파나마 철도 건설 현장에서 돈을 번 자메이카인들에게 매각되었다. 1860년이면 자메이카의 소농지는 5만 개에 이르렀고, 그 뒤로도 그 수는 계속 늘어났다. 그렇지만 많은 자메이카 가구가 농민으로 살아남을 수 없었고, 설탕 부문의 몰락으로 빈곤이 만연했다.[32] 섬의 플랜테이션 농장주들과 식민지 당국자들이 농장의 근대화를 거부했고 프랑스의 노예제 폐지론자들과 달리 소농의 사탕수수 재배와 근대적 공장이 어떻게 조화를 이룰 수 있을지 알아보지 못한 탓에 궁핍이 더 심해졌다. 1865년, 가난에 허덕이던 자메이카인들이 필사적으로 '모런트 베이Morant Bay 반란'을 일으켰지만, 잔인하게 진압되어 수백 명의 사상자를 낳았다.

결국 농민들의 생산이 자메이카 농촌 경제의 취약성을 완화했고, 그 덕에 자메이카는 서인도 제도의 다른 섬들에서 계속 지배적 형태로 남은 단일 경작 경제에서 벗어났다. 과거에 노예였던 사람들의 많은 후손이 미국 시장에 판매할 과일을 재배했는데, 이들은 사탕수수 농장 노동자들보다 훨씬 형편이 좋았다. 이는 영국 정부 조사단이 1897년에 서인도 제도의 섬뜩한 조건을 조사하며 내린 결론이다.[33] 자메이카 설탕 부문의 몰락은 플랜테이션 농장주들의 오판 탓이었다. 그들은 지난 200년간 그랬듯이 계속해서 노동력을 통제할 수 있을 것이고 영국 관세의 보호를 받을 수 있을 것이라고 잘못 생각했다. 그러나 크로퍼가 강조했듯이, 영국은 기본적으로 저렴한 설탕에 관심 있는 산업 사회로 변모했다. 1846년에 영국은 쿠바에 노예를 보유한 자들을 비롯해 새로운 생산자들에게 시장을 개방해 한때 영국의 가장 중요한 설탕 섬이었던 자메이카를 대체했다. 이런 조치는 영국이 인도에서 증기 압착기와 진공 팬으로 설탕 생산을 산업화하는 데 들인 공을 망쳐놓는다.

인도 공업적 설탕 생산의 호황과 몰락

1790년대에 영국 상인들은 인도의 설탕을 처음으로 의미 있는 규모로 수출하기 시작했다. 그 대부분은 영국 세관에 도착하지 않고 유럽 시장, 특히 함부르크로 방향을 틀었다. 영국 제국 내에서 노예제가 폐지되자 상황이 완전히 바뀌었다. 1834년, 영국의 면직물 산업과 연관된 리버풀의 상인들이 투자자로서 인도에 들어갔다. 그들은 인도를 자신들이 생산한 저렴한 공산품 옷감의 주요한 시장으로서 주시하고 있었다. 그중에서도 존 글래드스턴이 두드러졌다. 그가 인도로 방향을 튼 것은 놀랍게 보일 수 있다. 글래드스턴은 데메라라에 있는 자신의 여러 공장에 처음으로 진공 팬을 도입한 인물이자 일찍이 인도인 노예살이 계약 노동자들을 카리브해 지역으로 데려온 사람이었으니 말이다. 그러나 글래드스턴은 자신의 공장에 인도인을 데려오는 것보다 공장을 인도로 옮기는 편이 더 안전하고 아마 수익성도 더 높을 것으로 생각했는지도 모른다. 그래서 1840년에 그는 데메라라와 자메이카의 농장을 전부 팔아치우고 서인도 제도의 직원 여러 명을 초가차Chowgacha에 새로 세운 최신 야자 설탕 공장으로 데려갔다. 당시에 그 공장은 연간 설탕 생산 능력이 7000톤에 달하는 세계 최대 규모로, 그 생산량은 바베이도스 전체 생산량의 3분의 1에 해당했다.[34]

인도의 영국인 설탕 기업가들은 1830년대 중반부터 황금기를 맞이했다. 바베이도스와 자메이카의 영국인 기업가들처럼 이들도 로버트 필 총리가 흔들림 없이 식민지의 이익을 대변하고 노예가 생산한 쿠바와 브라질 설탕의 영국 시장 진입을 계속 막을 것이라고 확신했다. 리버풀과 콜카타의 상인 가문들이 자본을 넉넉하게 투자하여 인도에 수십 개 공장이 들어섰다. 전부 최신 장비를 갖춘 공장이었다. 신문《프렌드 오브 인디아Friend of India》의 어느 기고자는 인도에서 노동력을 수입하는 '불합리한' 체제에 의존하여 생존한 서인도 제도의 플랜테이션 농장들은 곧 과거가 될 것이라고 주장했다. 타당성 없는 말은 아니었다.[35]

그러나 언제나 농민이 직접 사탕수수를 재배하고 가공하여 설탕을 생산한 인도의 현실을 바꾸기에는 돈과 기계만으로 충분하지 않았다. 노벨상을 수상한 시인 라빈드라나트 타고르의 조부인 드와르카나트 타고르 같은 현지의 강력한 지주조차 농민들에게 사탕수수를 재배하여 자신의 공장으로 가져오게 할 수 없었다. 타고르는 1840년대에 많은 자금을 투자하고 서인도 제도에서 일한 경험이 있는 최고의 영국인 기술자들을 고용하고 모리셔스로 선박을 보내 사탕수수를 가져왔지만, 전부 다 허사였다. 인도의 농민은 지주에게 지대는 납부했어도 지주를 위해 특정한 작물을 재배할 의무는 전혀 없었다. 그들은 계속해서 자신들의 원당(구르)을 생산했고 독립성을 단호히 유지했다. 공장들이 사탕수수나 야자로 만든 구르를 팔아 벌 수 있는 돈과 거의 대등한 값을 제시하며 사탕수수를 요구해도 가볍게 무시했다. 인도에서 자본주의는 퇴짜를 맞았고, 기업가들은 사탕수수 압착과 정제를 포기하고 농민이 생산한 설탕을 가공하는 것으로 사업을 전환해야만 생존할 수 있었다.

그러나 예외가 있었다. 네팔에 인접한 티르후트Tirhut에서 플랜테이션 농장주들은 현지의 마하라자(군주)에게 토지를 임대하면서 계약의 일부로 노예 노동자를 확보했다. 곧 열아홉 개 공장이 설립되어 우뚝 선 굴뚝들이 지평선을 내려다보았다. 그러나 티르후트에서 콜카타까지는 아직 철도로 연결되지 않았고, 그곳의 설탕은 갠지스강을 통해서만 인도를 떠날 수 있었다. 당대의 어떤 사람의 말에 따르면, 갠지스강은 "철도로 인한 피해와 부실한 배에 물이 새는 일이 잦아 선박과 화물의 손실이 드물지 않았다."[36]

영국인 투자자들은 다른 설탕 생산지를 찾아 나섰지만 아시아에서는 인도가 아닌 다른 선택지는 거의 없었다. 모리셔스는 적합한 조건을 갖추었으나 프랑스-모리셔스 플랜테이션 농장주들이 장악한 상태였다.

스리랑카는 설탕 생산에 적합하지 않은 것으로 드러났고, 말레이반도는 유망하나 아직 개발되지 않은 땅이었다. 카리브해의 플랜테이션 농장 모델을 아시아로 이전할 것을 끈질기게 옹호한 레너드 레이는 말레이반도의 웰즐리에서 운을 시험했지만, 늪지인 데다 해적이 우글거리는 위험한 해안을 맞닥뜨려야 했다. 19세기가 끝날 때까지 말레이반도와 피낭의 설탕은 대부분 중국인 정제업자들이 생산했으며, 유럽인의 역할은 소소했다. 레이 자신은 남아프리카로 떠났다가 종국에는 미국으로 갔다.[37]

대서양 지역에서 아시아로의 설탕 생산 재배치는 상당히 진척되었지만, 영국 노예제 폐지론자들의 기대만큼 빠르지는 않았다. 이것은 문제가 되었다. 1834년 노예제 폐지법이 통과된 후 노예가 생산한 설탕은 영국 시장에 들어올 수 없었기 때문이다. 그러므로 급증하는 도시 프롤레타리아트 사이에 기근과 높은 곡가 때문에 이미 동요가 일어나는 가운데, 설탕은 여전히 보통 사람에게는 비싼 물품이었다.[38] 산업적 이해관계와 식량 폭동은 자유 무역 운동으로, 특히 수입 식량의 관세 인하를 촉구하는 운동으로 융합되었다. 곡물 관세 인하 운동은 기업가이자 정치인 리처드 코브던의 이름을 따서 코브던주의Cobdenism라고 부른다. 국가의 필요에 민감했던 토리당 총리 로버트 필은 1844년 의회에서 서인도 제도 이익의 강력한 옹호자라는 명성을 쓰레기통에 던져버리고 영국 식민지 밖에서 노예의 손을 거치지 않고 생산해 들어온 설탕에 대한 관세 인하를 밀어붙였다. 2년 뒤, 휘그당 출신 총리 존 러셀은 이 관세 인하에 노예가 생산한 설탕을 포함시킴으로써 선을 넘었다. 10년 전이라면 생각할 수 없는 일이었다. 이는 독일 산업 경제의 약진에 대비해 영국 제조업의 경쟁력을 유지해야 할 필요성에서 나온 조치였다.

결과적으로 1856년에 이르러 영국에서 소비되는 설탕의 40퍼센트가 노예 노동자들이 생산한 것으로 충당된다.[39]

1846년, 관세 균일화로 런던 시장의 설탕 가격이 빠르게 낮아졌으며 이미 고투하고 있던 자메이카의 설탕 산업은 급격히 쇠락했다. 인도의 공장들은 비용 가격을 낮출 입장이 아니었다. 칸드사리 공장의 대표자들과 사탕수수를 두고 경쟁해야 했기 때문이다. 칸드사리 공장주들은 모든 촌락에 중개인을 두고 사탕수수를 밭떼기로 사들였다. 그리하여 인도의 공업적 설탕 생산이 노예가 생산한 설탕을 대체하리라는 높았던 기대는 무산되었다. 영국 시장에 노예가 생산한 설탕을 받아들이기 위해 인도와 서인도 제도 최대의 설탕 식민지인 자메이카에서 영국 설탕 공장이 사라지게 놔둔 것은 거의 잊힌 역사다. 그러나 자메이카의 플랜테이션 농장주들은 결코 잊지 않았고 철저하게 배신당했다고 느꼈다. 그들에게 로버트 필은 그저 배신자였을 뿐이다.[40]

인도의 몇몇 공장은 19세기 중반 설탕 가격의 폭락을 딛고 생존했다. 남부 벵골에서는 회복력이 좋은 기업가들이 야자 설탕으로 만든 구르를 가공했다. 그 구르는 도로를 따라 늘어선 나무나 고액의 지대를 부담할 필요가 없는 한계지의 나무들에서 추출한 것이었다.[41] 소수의 공장은 공장 주변의 매우 중요한 지주들과 좋은 인연을 맺은 덕분에 살아남았다. 그중 한 사람인 프레더릭 민친은 인도 여성과 결혼한 아일랜드인으로, 오디샤Odisha(오리사)주의 아시카Asika에서 설탕 공장을 운영했다. 민친의 설탕은 인도의 전통적인 방식으로 정제한 사탕수수 설탕이나 야자 설탕과 달리 영국으로 가지 못했다. 전통 방식으로 생산한 이른바 칸드사리는 정제 설탕으로 여겨지지 않았기에, 바베이도스의 원당과 마찬가지로 낮은 관세가 적용되었다. 칸드사리는 1880년대 독일 사탕무 설탕의 덤핑으로 시장에서 밀려날 때까지 영국에 쉽게 수입되었다.

설탕을 얻기 위해 전 세계를 뒤진 영국

영국은 노예가 생산한 브라질과 쿠바의 설탕을 시장에 받아들였다는 사실을 정당화할 수 있을 듯이 보였다. 계속되고 있는 대서양 노예무역을 중단시킬 추가 수단을 확보하기 위한 전술적 조치라는 논리였다. 어쨌거나 영국은 1845년에 에스파냐와 새로운 양자 협정을 체결하여 노예무역을 금지했다. 이는 대체로 무시된 1817년의 첫 번째 조약과 1835년의 두 번째 조약을 갱신한 것이었지만, 마찬가지로 극단적으로 기피되었다. 새로운 영국-에스파냐 조약에서 에스파냐 정부는 영국 해군이 쿠바로 가는 노예선을 막아 처벌할 수 있게 함으로써 크게 양보했지만, 이 역시 전혀 효과적이지 않았다. 영국은 군함을 보내 브라질 영해를 단속하고 1851년에 노예무역을 금지하는 다른 조약을 체결함으로써 브라질에 노예무역을 중단하도록 압박했지만, 쿠바에는 다소 유연한 태도를 취했다. 쿠바의 엘리트들을 미국의 품으로 내몰고 싶지 않았기 때문이다. 미국의 저명한 정치인들은 이미 에스파냐로부터 그 섬을 구입하고 싶다는 욕망을 드러냈다. 영국이 지닌 수단이라고는 에스파냐가 미국의 쿠바 병합 위협을 막으려면 자신들의 지원이 필요하다는 사실뿐이었다.[42]

영국 정부는 노예가 생산한 설탕에 자국 시장을 개방하면서 동시에 대서양 노예무역 금지를 갱신하려고 상당히 노력했지만, 그러한 노력 역시 항복이나 마찬가지였다. 시간이 지난 뒤에 되돌아보면, 자유주의자이자 노예제 폐지론자인 코브던이 체화한 정치적 의제, 즉 자유 무역과 산업화, 노예 해방을 결합한 노예제 폐지론의 토대는 허약했다. 이는 엄청나게 높은 관세로 유지해야 했는데, 관세는 영국의 설탕 가격을 밀어 올렸다. 게다가 이 관세는 일관되게 적용되지 않았다. 예를 들면 커피나 면화까지 확장되지는 않았다. 일부 노예제 폐지론자들은 노예가 생산한 설탕에 대한 추가 관세를 없애는 조치에 맞서기를 포기했다. 강제 노동이 내재적 비효율성 때문에 자유 시장의 가혹함을 견디고 살아남을 수 없다고 믿었거나, 혹은 그러기를 바랐기 때문이다. 이들은 노예무역 금지가 철저히 준수되는 조건에서 영국과 브라질 사이의 교역이 늘어나면 브라질의 생산이 합리화하고 산업화하여 결국에는 노예제가 사라질 것으로 추정했다. 그러나 그 점에서 어떠한 합의도 없었고, 애덤 스미스 시절과는 반대로 감히 자유로운 노동자가 노예 노동자보다 비용이 더 적게 든다고 말할 노예제 폐지론자는 거의 없었다.[43]

한편 공산품 시장은 물론 저렴한 곡물과 설탕의 추구도 영국 제국의 정책 지침이 되었다. 영국은 해상 패권과 빠르게 성장하는 금융 부문을 이용하여 자국 공산품의 새로운 시장을 열고 그 상업 제국에 새로운 상품 공급자를 연결하려 했다. 브라질에 군함을 파견하고, 버마(미얀마)를 군사적으로 정복하고, 시암(사얌)에 조약을 강요하여 영국을 위해 쌀을 생산하게 하고, 영국 시장에 들여올 설탕을 생산하기 위해 필리핀의 네그로스Negros섬을 개방한 조치, 이 모두가 1850년대에 일어난 일이다. 이러한 조치는 전부 라틴아메리카와 동남아시아의 주변부를 영국 소비자를 위한 식량 생산지인 동시에 영국 공산품의 시장으로 만든다는 거대한 계획에서 비롯되었다. 미가공 농산물 원자재에 낮은 수입 관세를 부과한다는 코브던주의 정책은 설탕에 관한 한 확실히 목표를 달성했

다. 설탕 소비는 수십 년간 정체되어 있다가 이 정책에 임금 인상이 맞물리자 급속하게 성장했다.[44]

필리핀 제도의 네그로스섬에 사탕수수 플랜테이션 농장 지대가 출현한 것은 이 같은 영국 정책의 직접적 결과였다. 이는 1855년에 파나이Panay섬의 항구 도시 일로일로Iloilo가 외국 무역에 개방되면서 시작되었다. 영국은 이 도시에 부영사를 파견했는데, 처음 이 직책을 맡은 사람은 맨체스터의 여러 직물 회사를 위해 대리인으로 일한 니컬러스 로니였다. 그는 리버풀 출신의 존 히긴을 파트너로 맞아들였는데, 히긴은 리처드 코브던의 조카였다. 로니는 정치적으로 또 사사로이 코브던과 연결되었지만 경제적으로는 필리핀 최대의 무역 회사인 러셀 스터지스Russell Sturgis & Co.의 지원을 받았고, 스터지스는 런던의 저명한 베링 가문에서 후원을 받았다.[45]

로니는 네그로스섬의 설탕 생산, 그리고 비사야 제도Visayas의 파나이섬과 다른 섬들의 면화 소매를 적극적으로 장려했다. 그는 합리적인 이자율로 작물 재배에 필요한 자금을 빌려주었고, 증기 구동 사탕수수 압착기 같은 장비를 할부로 판매했다. 아우구스티누스 명상수도회Ordo Augustinianorum Recollectorum(OAR)가 로니와 플랜테이션 농장주 사이의 중재에서 핵심적 역할을 했고, 더 나아가 대출금 상환의 보증인도 되었다. 게다가 대부분 중국계였던 일로일로의 직물 생산자들은 공장에서 얻은 수익을 바다 건너편 고작 30여 킬로미터 떨어진 네그로스섬의 설탕 변경에 투자했다. 개간은 대체로 일로일로에서 온 이주자들이 했지만, 자본 투자자들이 이들을 내쫓고 스스로 아센데로hacendero, 즉 지주가 되어 실제로 땅을 경작한 소작농을 지배했다. 이 지주들은 수확과 운반을 계절노동자에게 의존했다. 이 노동자들의 십장이 점점 더 멀리 떨어진 곳에서 스무 명 남짓 되는 무리를 데려왔다. 1886년, 네그로스섬은 증기 압착기 200대와 축력으로 구동하는 철 압착기 500대, 수력 정제소 30군데를 갖춘 설탕 섬이 되었다.[46]

　한때 세계 최대의 설탕 수출지였던 브라질은 영국 시장 진출에서 놀라울 정도로 얻은 것이 없었다. 자본의 부족, 연료의 감소, 지력 고갈에 부분적으로 원인을 돌릴 수 있지만, 가장 중요한 요인은 브라질 남동부에 커피 변경이 출현하여 1888년에 노예제가 폐지되기 전 마지막 몇십 년간 줄어드는 노예 노동력을 두고 경쟁한 일이었다.[47] 그 시기에 비록 페르남부쿠의 설탕 생산량이 두 배로 늘기는 했지만, 어쩌면 더 인상적인 성장도 가능했을지 모른다. 사탕수수 밭은 여전히 17세기의 제당소인 엔제뉴가 지배했다. 중앙공장을 설립하려는 브라질 정부의 시도가 실패했기 때문이다. 페르남부쿠의 플랜테이션 농장주들은 광대한 토지를 집어삼켰고, 그로써 미개간지에 사탕수수를 식재하고 최대 6년까지 래투닝ratooning(새로운 줄기를 심는 대신 그루터기만 남기고 줄기를 잘라낸 뒤 새로운 싹을 틔워 재배하는 방법)을 할 수 있었다. 그 기간이 지나면 토양의 지력은 고갈되었다. 그러면 농장주들은 사탕수수 밭을 축력을 이용하는 정제소와 함께 다른 곳으로 옮기곤 했다. 이러한 방식이 증기와 강철의 도입을 지연시켰고, 브라질에서 사탕수수 1톤당 설탕 생산량은 자와나 쿠바의 생산량에 크게 못 미쳤다.[48]

노예제가 잔존한 지역: 쿠바, 브라질, 루이지애나

쿠바가 영국의 노예제 금지를 성공적으로 회피하고 세계 최대의 설탕 수출지로 올라선 데에는 지정학이 결정적 역할을 했다. 미국에 노예제가 온존했고 미국 대통령들이 주기적으로 쿠바의 병합에 관심을 표명했다는 사실은 쿠바의 플랜테이션 농장주들에게 에스파냐의 노예제 폐지 의도에 반대할 강력한 무기가 되었다. 앞서 에스파냐 식민지로의 노예무역을 금지한 조약을 갱신하고 개선한 1845년의 영국-에스파냐 조약이 무색하게, 쿠바의 아프리카인 노예 밀매는 1859년에 연간 2만 5000명으로 정점을 찍는다. 남아 있는 추정치에 따르면, 1835년부터 1864년까지 적어도 32만 3800명의 노예가 그 섬에 도착했다.[49]

그러나 이러한 대규모 불법 노예무역도 쿠바의 노예 인구 감소를 막지 못했다. 1841년에 43만 6500명이었던 노예 수가 1868년에 36만 3288명으로 줄었다.[50] 아프리카에서 건너온 노예들이 아메리카의 치명적인 질병에 쉽게 걸렸다는 점이 분명히 중요한 원인이었지만 극도의 착취도 치명적 효과를 냈다. 쿠바의 노예들은 하루에 적어도 열두 시간 일했는데, 수확기에는 열여덟 시간까지 늘어날 수 있었다. 쿠바 노예의 연간 사망률은 1835년에서 1841년에 이르는 동안 6.3퍼센트였는데, 노예제 폐지 직전 서인도 제도 대부분의 지역보다 더 높았다. 심히 고통스러울 정도로 긴 노동 시간이 기대 수명을 축소한 것은 분명하지만, 성비 불균형(남자가 여자보다 두 배 많았다)도 출생률을 낮추는 한 가지 요인이었다.[51]

쿠바의 노예들은 녹초가 되도록 일하면서 매우 가혹한 감독을 받았다. 이는 19세기 초 '개선' 정책이 완전히 역전된 것이다. 대부분의 카리브해 식민지에서는 노예가 자신의 땅을 보유하고 채소를 재배하여 시장에 내다 팔 수 있었던 반면, 푸에르토리코와 쿠바에서는 노예들이 생계를 유지할 땅을 잃었고 자유를 매입할 기회도 줄었다. 이들은 주인이 주는 음식을 먹고 농장에 갇혀서 지냈다. 이는 식량 시장에서 여러 플랜테이션 농장의 노예들이 만나는 것을, 그로써 독립적인 시장 경제가 발달하여 그들이 자유를 매입할 힘을 얻는 것을 막기 위한 조치였다.[52] 노예제 폐지론자였던 영국의 쿠바 주재 영사 데이비드 턴불의 묘사에서 드러난 대로, 노예제는 잔인함이 제도화한 체제였다. 그는 무시무시한 채찍질 말뚝whipping post의 사용에 관해 이렇게 썼다. "당국은 울타리를 세워 지나가는 사람들의 호기심 어린 시선을 막아 고통을 당하는 자들에게서 흘러나온 피와 터져나간 살을 보지 못하게 하는 데 성공했지만, 귀청을 찢는 비명과 자비를 구하는 애처로운 외침은 전혀 막지 못했다."[53] 이 처벌과 고문의 온상은 최대한의 통제를 위해 설계한 체제의 정점에 있었다. 저녁에는 많은 노예가 막사 안에 갇혀 있었기 때문에 그 통제 체제는 감옥살이나 마찬가지였다.[54]

브라질의 노예는 대체로 이보다는 덜 감옥 같은 조건에서 살았지만, 19세기에 그 나라는 여전히 최대의 노예 수입국이었다. 거의 200만 명에 가까운 아프리카인이 밀매되었는데 다수가 사탕수수 농장으로 향했으며, 노예의 신체적·정신적 학대는 줄어들지 않았다. 영국에서 태어나 미국으로 이민한 토머스 유뱅크는 1850년대에 브라질을 여행하고 글을 남겼는데, 고문 도구의 그림을 첨부하여 노예의 고문을 매우 생생하게 묘사했다. 그럼에도 저항의 정신은 꺼지지 않아서 주인 살해, 공장 방화와 파괴, 자살이 빈번했고 당연히 반란도 주기적으로 일어났다. 저항은 쿠바에서도 격렬했다. 자유인 흑인과 행상인이 카리브해의 다른 식민지들에서는 노예제가 폐지되었다는 소식을 전해주자 저항이 더욱 거세졌다.[55]

노예 수가 줄어들고 반란을 일으키는 상황에 직면한 쿠바의 플랜테이션 농장주들은 아프리카 이외의 지역에서 노동자를 데려오기 위해 필사적으로 매달렸다. 이들도 출신과 상관없이 노예 노동자만큼이나 가혹한 대우를 받았다. 중국인 계약 노동자들, 아일랜드, 멕시코의 유카탄반도, 카나리아 제도, 에스파냐의 갈리시아에서 온 많은 노동자도 대체로 상품 취급을 받았다. 1840년대에는 갈리시아에서 꽤 많은 사람이 납치되어 아프리카인 노예의 절반 이하 가격으로 팔렸다.[56]

루이지애나 사탕수수 농장의 억압적인 노동 체제도 19세기에 수많은 노예의 사망을 초래했다. 루이지애나 플랜테이션 농장주들이 출생률을 높이려고 갖가지 조치를 취했겠지만, 이는 노예에게서 노동력을 최대한 뽑아내려는 단기적 고려에서 비롯했다. 그러나 쿠바와 대조적으로 루이지애나의 성장하는 설탕 경제는 아프리카, 중국, 멕시코, 유럽으로부터의 노동력 수입에 의존할 필요가 없었다. 1820년부터 1860년까지 대략 87만 5000명의 노예가 북부 주들에서 루이지애나 남부로 넘겨져 사탕수수와 면화 재배에 투입되었다. 예를 들면 버지니아에서도 노예들이 내려왔는데, 그곳에서는 지력 고갈로 담배에서 곡물로 작물 전환이 이루어져 많은 노동력이 필요하지 않았다. 루이지애나에서 노예 수입의 필요성이 줄어든 것은 1850년대에 와서 기계화가 진척되고 생활 조건이 약간 개선되었기 때문이다.[57]

루이지애나에서 노예의 생활 조건이 개선되었다는 것은 그들이 신발을 신을 수 있었다는 뜻이다. 심지어 어떤 경우에는 신발 착용이 지켜야 할 규정이 되기도 했다.[58] 출산한 여성에게 주어진 한 달의 회복 기간도 소소한 개선 사항 중 하나였다. 새로운 세대의 노예를 낳는 것은 지극히 중요하게 생각되었기 때문이다. 루이지애나 플랜테이션 농장주들은 대용 화폐를 도입했다. 노예들은 야간에 땔나무를 줍거나 자신들의 땅에서 기른 가금이나 채소를 팔거나 농장 밖의 땅에서 거둔 호박과 감자, 건초를 농장 관리자에게 파는 등 추가 노동으로 대용 화폐를 획득할 수 있었다. 노예와 행상 간의 상업적 거래를 방지하기 위해 대용 화폐는 플랜테이션 농장 내 상점에서만 유효했다. 행상이 노예를 부추겨 (이를테면 기계 부품 따위를) 훔치게 했다는 이야기가 전하는데, 그런 일은 효과적인 파괴 행위 수단이 될 수 있었다.[59]

노예제 옹호자들은 이 같은 제한적 개선을 거론하며 미국 남부 주들의 노예가 산업 노동자보다 더 나은 조건에서 지낸다고 주장했다. 미국 북부 도시 노동자들의 물질적 조건이 확실히 더 나빴을 수도 있지만, 노예가 당한 학대는 이에 비할 바가 아니었다. 고문과 신체 절단, 노예를 물어뜯는 블러드하운드를 직접 목격한 사람들의 증언은 수없이 많다. 턴불이 쿠바에서 보고 묘사한 것과 같은 채찍질 도구는 루이지애나에도 있었다.[60] 남북전쟁 이전 루이지애나의 향수를 불러일으키는 이야기에 나오듯이, 플랜테이션 농장의 조건을 낭만적으로 그리면 미국 노예제 연구의 선구자인 허버트 앱시커의 말을 이해할 수 없을 것이다. "노예제는 장기간에 걸친 전쟁 상태였으며, 흑인 아닌 자는 전부 법에 따라 압제자의 상비군에 속했다."[61]

사탕수수 농장의 노예살이 계약 노동자

영국과 프랑스의 식민지 제국에서 노예제는 자유의 이름으로 폐지되었지만, 플랜테이션 농장 노동자의 자유는 심하게 제약된 것으로 드러난다. 첫째, 샤를 알퐁스 드 샤젤 백작이 프랑스령 앤틸리스 제도에서 시행하자고 제안했듯이(5장 참조), 식민지의 지역 의회를 지배한 플랜테이션 농장주들은 정부를 설득하여 해방 노예를 다시 강제로 플랜테이션 농장으로 데려오는 법을 제정하게 했다. 프랑스 제국에서 노예가 해방되고 겨우 2, 3년 지났을 때, 마르티니크와 과들루프는 해방 노예들을 플랜테이션 농장으로 돌아오도록 압박하려고 소농지에 부담스러운 세금을 부과하고 방랑 생활을 엄격히 규제하는 법을 제정했다. 프랑스어를 쓰는 사탕수수 플랜테이션 농장주들이 섬의 의회를 지배한 모리셔스에서도 비슷한 법이 제정되었다. 프랑스의 위대한 노예제 폐지론자인 빅토르 쇨셰르는 이러한 규정이 플랜테이션 농장주에게 해방 노예의 노동력을 저렴하게 이용할 수 있게 하려는 의도적 조치라며 격하게 비난했다.[62]

게다가 중세 흑사병의 여파로 노동력이 몹시 부족했던 때까지 거슬러 올라가는 오래된 강제 노동 체제가 곳곳에 퍼졌다. 노예살이 계약 제도에는 주인에게 계약이 지속되는 동안 하인의 삶을 법적으로 지배할 수 있는 권한을 부여하는 문서가 필수적으로 수반되었다. 이는 곧 식민지의 플랜테이션 농장과 광산에서 이루어지는 노동 계약의 토대가 되었다. 그러한 계약에 따라 노동자가 계약 기간을 마치기 전에 일을 그만두는 것은 언제나 범죄 행위였다. 3장에서 언급했듯이, 노예살이 계약은 서인도 제도와 프랑스령 앤틸리스 제도에서 노예제에 앞서 존재했다. 노예 해방 직후부터 서인도 제도와 모리셔스에서 노예살이 계약 노동자들이 다시 등장했으며, 프랑스 식민지에서는 앙가제가 다시 나타났다. 사탕수수 플랜테이션 농장으로 일하러 온 수십만 아시아인 노동자는 거의 변함없이 그러한 노예살이 계약을 체결했다. 실제로 이러한 계약은 하와이와 에스파냐 식민지를 비롯한 전 세계 사탕수수 밭

의 보편적 현상으로, 유럽인도 예외가 아니었다.[63]

중국인 노동자들은 노예무역이 폐지되기 한참 전부터 노예를 대체할 이상적인 노동력으로 취급되었다. 자메이카에 플랜테이션 농장 '메소포타미아'를 소유한 조지프 포스터 바럼 2세는 중국인들이 열심히 일하고 검소하다는 소문을 듣고는 회사를 설립하여 그들을 14년 노예살이 계약으로 고용하려는 계획을 세웠다. 사실상 노예제나 마찬가지인 계약이었다. 그러나 역사에 아시아-카리브해 노예살이 노동 제도를 세운 자로 기록된 자는 로버트 파쿠아이다. 그는 피낭의 부총독으로 근무하는 동안(1804~1805) 숙련된 중국인 설탕 기술자들이 플랜테이션 농장을 돌아가게 하는 모습을 보고는 마카오에서 트리니다드로 최초의 중국인 이주 노동자 192명을 배에 태워 보냈다. 이 시도는 성공적이지 못했다. 그렇지만 그 노예살이 기간이 끝날 무렵, 영국령 기아나의 플랜테이션 농장주들이 존 글래드스턴의 도움을 받아 다시 시도하여 최초의 인도인 계약 노동자 396명을 데려왔다.[64] 일견 글래드스턴은 이 해법에 별로 확신이 없었던 것 같다. 데메라라의 공장들을 매각하고 1840년에 인도에서 다시 사업을 시작한 것을 보면 말이다. 이는 현명한 결정으로 판명되었다. 한 해 뒤에 육군·식민지부 장관 존 러셀이 이 '쿨리 무역'을 '새로운 형태의 노예제'라며 비난하고 중단한 걸 보면 말이다.[65]

그러나 글래드스턴은 너무 성급했는지도 모른다. 이러한 방식의 노동자 충원 금지는 1844년에야 풀렸다. 플랜테이션 농장주들이 지배한 모리셔스의 입법위원회는 이주 비용을 마련하기 위해 포도주와 술에 세금을 부과했다. 세금으로 충당한 비용은 1844년에서 1848년 사이에만 42만 3579파운드에 달했다.[66] 트리니다드의 플랜테이션 농장주들은 식민지 국고를 강탈하여 노예살이 계약 노동자들의 충원 자금을 마련했다. 저항이 없지는 않았다. 트리니다드의 유색인들은 세금을 인상하고 플랜테이션 농장의 임금을 삭감하여 25만 파운드의 자금을 모은 그 방식을 비난하면서 이러한 노동력 수입에 반대하여 청원을 올렸다. 이들은 트리니다드의 기간 시설과 공공 서비스에 절실히 필요한 자금이 플랜테이션 농장주들의 이익에 전용된다며 분개했다. 자메이카 입법부와 침례파 선교원의 유색인들은 플랜테이션 농장주들이 자메이카 정부의 자금을 인도인 계약 노동자를 수입하는 비용으로 쓰지 못하게 막으려 했다.[67] 해방 노예들은 계약 노동자를 충원하는 비용을 자신들이 부담해야 한다는 사실에 분노했다. 자신들의 임금을 의도적으로 낮추려는 시도였기 때문이다.

플랜테이션 농장주들은 미친 듯이 노예살이 노동자를 충원했고, 이는 곧 큰 사업이 되었다. 첫째, 영국령 기아나와 트리니다드의 계약 노동자 모집인들은 인원수에 따라 보수를 받기로 하고 서인도 제도의 작은 섬들로 가서 노동자 1만 8000명을 고용했다.[68] 이들은 또한 대서양의 포르투갈령 섬들에서 흑인과 백인 노동자를 데려왔고 시에라리온과 세인트헬레나에서도 노동자를 데려왔다. 노예선에서 해방된 약 4만 명의 아프리카인이 영국령 기아나와 트리니다드, 자메이카에 내려 대부분 사탕수수 플랜테이션 농장에 노예살이 노동자로 투입된 것은 비교적 잘 알려지지 않은 사실이다.[69] 영국의 유력한 사업가들은 인도인 계약 노동자의 이송, 특히 영국령 기아나로의 이송에 관여했다. 이들이 영국령 기아나와 트리니다드에 대규모로 투자했기에, 서인도 제도를 향한 인도인 노예살이 계약 노동자 85퍼센트의 최종 목적지가 이두 곳이었다. 반면 훨씬 큰 설탕 식민지인 자메이카에 하선한 노동자는

10퍼센트밖에 안 되었다.[70]

한편 아시아에서는 인구 과잉과 분쟁으로 노동자 모집인들에게 점차 더 많은 기회가 생겼다. 태평천국운동 시기(1850~1864)에 중국 동남부의 상황이 절망적이어서 하와이는 물론 쿠바와 페루의 사탕수수 밭으로도 중국인의 이주가 촉진되었다. 이는 태국과 말레이반도에서 중국인 이주민의 사탕수수 재배가 활발해진 이유도 설명해준다. 사탕수수 플랜테이션 농장과 계약한 30만 중국인 계약 노동자는 대부분 쿠바나 페루, 하와이로 갔다. 이들은 납치된 것은 아니었지만, 대체로 자신이 어디로 가는지 전혀 알지 못했다. 어느 증인에 따르면, 상당히 많은 사람이 캘리포니아의 황금산(금광)이 자신을 기다리고 있다고 생각했다. 배 위의 사정은 거의 노예선만큼이나 열악하여 공간이 부족했다. 승객의 25퍼센트가 여정 중에 사망했다.[71] 쿠바에 도착한 이들은 노예처럼 취급되어 경매에 부쳐졌고, 그곳에서 플랜테이션 농장주들은 아프리카인 노예보다 저렴한 가격에 그들을 구매했다. 플랜테이션 농장주들은 "쿨리를 산다"라고 말했고, 그들의 변발을 잘라내 모욕했으며, 인격을 박탈하는 조치로서 그들에게 에스파냐식 이름을 부여했다. 사탕수수 즙이 펄펄 끓는 솥에 뛰어들어 자살한 중국인의 비극적인 이야기는 많다. 중국인 쿨리의 대략 절반이 학대받고 고문당하고 때로는 수족이 절단되어 8년간의 계약 기간이 종료되기 전에 죽었다.[72] 1854년 페루에서 노예 해방이 이루어진 이후 그곳 사탕수수 농장의 노예 노동자를 대체하기 위해 마카오를 거쳐서 데려온 9만 명의 중국인 쿨리의 운명도 별반 나을 것이 없었다. 영국은 1874년에 마카오의 중국인 노동자 공급을 중단했지만, 페루로 아편 수출을 크게 늘려 현지 중국인 노동자들의 복종적 태도를 이끌어낼 수 있었다. 노예제와 거의 똑같은 조건이었다.[73]

자와의 강제 재배 제도(1830~1870)

19세기 거의 대부분의 기간 동안 강제 노동이 전 세계 사탕수수 밭을 계속 지배했다. 아메리카가 '두 번째 노예제'와 노예살이 계약 노동자의 유입을 겪는 동안, 자와에서는 농촌 주민의 60퍼센트가 토지와 시간의 일부를 식민지 정부를 위해 커피와 인디고, 기타 작물과 함께 사탕수수를 재배하는 데 바쳐야 했다. 이 강제 재배 제도를 기획하고 실행한 사람은 공병 장교 요하너스 판 덴 보스였다. 부르주아 집안에서 태어난 판 덴 보스는 지도력과 열정을 갖춘 사람으로, 1810년대에 오늘날의 네덜란드와 벨기에에서 전국 차원의 빈민 정착촌 운동을 일으켜 인상적인 조직 능력을 보여주었다. 가난을 구제하려는 목적으로 설립한 이 정착촌 중 다섯 곳이 2021년에 유네스코 세계문화유산으로 지정되었다. 몇 년 뒤 판 덴 보스는 네덜란드 서인도 제도의 행정 장관으로 부임한다. 그 지역에는 설탕 생산지로서 여전히 조금은 중요한 곳이었던 수리남도 포함되었다. 그는 이 식민지들의 행정을 개편했고, 영국의 '개선' 정책과 유사하게 노예의 인격을 인정했다. 판 덴 보스는 노예제를 반대했지만, 네덜란드 왕국에 노예제 폐지 운동이 거의 전무했기에 그 정도가 얻어낼 수 있는 최선이었다.

1829년, 네덜란드 동인도 총독으로 임명된 판 덴 보스의 임무는 큰 손실을 보고 있는 아시아의 네덜란드 식민지 제국의 수익성을 회복하는 것이었다. 그가 자와에 도착했을 때, 설탕 생산은 여전히 주로 중국인 정제업자들의 영역이었다. 영국이 노예무역을 폐지한 후 얼마 안 되었을 당시, 판 덴 보스는 자와의 제당소가 유럽 시장에 설탕을 공급할 수 있으리라 믿었다. 그는 노예무역의 종식으로 아메리카의 플랜테이션 농장주들이 어쩔 수 없이 노동 조건을 개선할 수밖에 없으며 그에 따른 운영비의 인상으로 결국 노예제가 사라질 것으로 전망했다. 그러나 1830년에 아시아로 향했을 때, 그는 노예무역 금지의 효과가 그리 뚜렷이 나타나지 않으며 노예제는 가까운 미래에 계속 존속할 것임을 깨달았다. 그런 경우, 자와의 설탕은 유럽 시장에서 기회를 얻을 수 없었다. 희망봉을 돌아가는 긴 여정 탓에 가격이 두 배 이상 올라갈 것이었기에 특히 그러했다.[74]

앞서 거듭 보았듯이, 설탕 생산자들은 노동 비용을 최저한으로, 노동자들이 생존할 수 있는 수준으로만 유지해야 겨우 살아남았다. 생계비가 낮은 자와에서도 그러한 조건에서 일할 의사가 있는 사람을 찾기는 어려웠다. 판 덴 보스에 따르면, 자와인들은 작은 땅뙈기를 보유하여 생계를 꾸렸기에 더 열심히 일할 동기가 없었다. 자와인 농민 중 상당수가 토지를 보유하지 못했거나 자그마한 땅만 가졌지만, 그들은 보통 부유한 농민의 경작지에서 일하고 수확물의 일부를 받아 생계를 꾸렸다. 정부가 유럽인과 중국인, 그 후손들이 토지를 매입하지 못하게 한 것도 대규모 프롤레타리아트의 출현을 막았다. 자와의 농민들이 자기 땅에서 쫓겨나는 것을 막기 위해 1823년에 정부는 이러한 금지 조치를 취했다. 그러한 상황은 사회 불안의 요인이 되어 식민지 지배를 위협할 수 있었기 때문이다. 그 결과 농촌 프롤레타리아트가 존재하지 않는 가운데, 18세기에 영국 무역 회사들이 시작한, 임금 노동자를 이용해 사탕수수 농장을 운영하는 방식은 노동력 부족 탓에 실패로 돌아갔다.[75]

이러한 교착 상태를 최소한 식민지적 시각에서 해결하기 위해, 판 덴 보스는 자와 농민들에게 강제로 작물을 재배하게 하고 금전적으로 보상해 그것으로 토지세를 납부하게 함으로써 자본주의 경제를 자극하자고 제안했다. 그들을 화폐 수입에 의존하는 납세자이자 소비자로 바꿔놓으려 한 것이다. 이는 식민지 정부가 공언한 목표에 반하는 생각이었지만, 식민지의 가장 중요한 수출 작물인 커피의 강제 재배가 이미 중대한 예외로 취급되고 있었다. 게다가 판 덴 보스는 원칙적으로 강제 노동에 반대하지 않았다. 그는 네덜란드 식민지를 지배하는 유일한 권력자인 네덜란드 국왕 빌럼 1세에게 보낸 편지에서 자유 노동이라는 개념은 인류 대다수에게 아무런 의미도 없다고, 그들에게 일 없이 지내는 것은 곧 굶어 죽는다는 뜻이라고 말했다. 사람은 누구나 일을 해야 하므로, 모든 노동은 원래 강제 노동이라는 말이었다.[76] 1830년, 부임하기 위해 네덜란드령 동인도로 떠난 판 덴 보스는 강제 재배 제도를 실행해도 좋다는 국왕의 승인을 받았다. 그는 그 제도가 앞서 영국 무역 회사의 자와 플랜테이션 농장 실험을 망친 노동력 부족 문제를 해결하리라 기대했다. 유럽인과 자와인 관리들의 감독을 받으며 강제 노동에 투입된 자와인 12만 5000명이 개인 공장으로 사탕수수가 지속적으로 유입되는 길을 보장했다. 판 덴 보스는 이 노동자들이 카리브해 지역 노예보다 네 배나 저렴하다고 자랑스럽게 주장했다.[77]

판 덴 보스는 자신의 강제 재배 제도를 일시적 조치로 보았다. 자와의 농촌 경제가 화폐 경제가 되고 충분히 많은 자와인이 임금 노동을 해야 할 정도에 이르면 점차 사라지리라 생각한 것이다. 그 과정을 촉진하기 위해 식민지 정부는 1830년대 초 자와에 작은 단위의 동전을 엄청나게 뿌렸다. 이때 준정부 단체인 네덜란드 무역협회가 중대한 임무를 떠맡았다. 5장에서 보았듯이, 네덜란드 무역협회는 자와의 설탕 부문 산업화에서 핵심적 역할을 수행했다. 협회는 또한 농민에게 지불할 현금을 공급했고 네덜란드에서 식민지 생산품의 선적과 경매를 처리했다.[78] 이 모든 일에서 판 덴 보스는 네덜란드 역사책에서 상인-왕으로 언급되는 국왕 빌럼 1세의 전폭적 지지를 받았다. 3대에 걸쳐 이집트의 케디브를 지낸 세 명의 파샤와 나폴레옹 3세처럼, 이 네덜란드 국왕도 명백히 직접적인 책임하에 열대 농공업 자본주의를 국가 차원의 기획 사업으로 발전시켰다.

네덜란드 식민지 관료들이 유럽 시장을 위한 환금 작물의 재배를 강요하고 감독했지만, 그 집행은 점차 식민지 관료 기구에 통합된 자와의 전통적 통치자들과 촌장들이 주도했다. 이들은 그에 대한 보상으로 이윤의 일부를 받았고, 이로써 환금 작물 생산을 최대한으로 늘리는 데 이해관계가 생겼다. 자영농의 토지와 노동력을 징발하여 적은 임금만 주고 이용했다. 자영농들은 그 임금으로 토지세를 납부해야 했다. 이론상 이 제도는 공정하고 참을 만한 것이어야 했지만, 실제로는 강제 재배 제도의 부담이 자와 농촌 여러 지역에 불균등하게 돌아갔으며, 각 마을 내부에서도 상대적으로 부유한 농민이 자신에게 생계를 의존하는 여러 소농과 토지 없는 소작농에게 노동을 전가했다.

한계 상황에 내몰린 수많은 소작농은 떠안겨진 부담을 회피하려 했고 인구 밀도가 상대적으로 낮은 지역에서 새로운 자작 농가를 꾸리고자 했다. 농민의 징발이 특히 심한 지역에서는 대규모 이주가 이루어졌다.[79] 틀림없이 야반도주인 경우도 많았을 것이다. 자와인들이 촌장과 식민지 관료의 허락 없이 거주 지역을 벗어나는 것은 허용되지 않았기 때문이다. 여행 허가증은 강제 재배 제도가 사라질 때까지 존속했으며, 통행증 없이 붙잡힌 자에게는 등나무 줄기 태형이나 투옥이 기다렸다. 실제로 강제 징발을 위해 취해진 조치는 노예제 폐지 이후 카리브해의 섬들과 모리셔스에서 사람들을 다시 플랜테이션 농장으로 끌어오기 위해 입법된 잔인한 방랑 금지법과 동일한 이데올로기와 냉소적 실용성에서 비롯했다.[80]

자와의 사탕수수 강제 재배는 광범위한 탈주와 격렬한 저항을 낳았다. 몇몇 경우에는 과도한 부담에 불만을 품은 농민들이 떼를 지어 지사의 저택으로 몰려갔다. 쿠바에서는 결코 생각할 수 없는 행동이었다. 많은 사탕수수 밭이 불타 사라졌다. 처벌과 야간 경비도 소용없었다. 자와의 농민들은 때때로 파수꾼의 머리 위로 불붙인 화살을 쏘아 날렸다. 파수꾼들은 경비 중에 방화가 발생하면 심하게 구타당했다.[81] 이곳의 강제 재배 제도에서 쿠바와 브라질, 루이지애나의 플랜테이션 경제에 나타난 체계적인 잔인함은 없었지만, 어쨌거나 폭력이 동반되었다. 게다가 사탕수수 재배는 인디고 재배와 더불어 1840년대 중반에 자와를 무섭게 휩쓴 기근의 원인이었기에 고난과 많은 사람의 죽음을 초래했다. 강제 재배는 자와 전역에서 주민을 이동시켰다. 구체적으로 1000~2000명의 노동자와 그 가족들을 설탕 공장 주변의 야영지로 보내 조밀한 환경에서 지내게 한 결과, 질병의 빠른 확산을 초래했다. 자와의 연간 사망률은 쿠바와 루이지애나의 사탕수수 플랜테이션 농장보다 훨씬 낮았으나, 강제 재배 제도는 자와 전체의 사망률을 10퍼센트 내지 30퍼센트 높였을 것이다.[82]

실제로 식민지 정부는 기존의 설탕 생산 방식이 자영농에게 과도한 부담을 안긴다고 인정했다. 자와에 3년간 기근이 이어진 1847년, 식민지 정부는 설탕 공장에 관급 계약으로 진공 팬을 의무적으로 사용하게 했다. 진공 팬을 사용하면 사탕수수에서 더 많은 설탕을 추출할 것이고 따라서 동일한 양의 노동력을 투입하고도 면적당 생산량이 증가할 것이었다. 식민지 정부는 또한 자영농에게서 사탕수수를 수확하는 부담을 덜어주기로 결정하고 공장이 의무적으로 임금 노동자를 고용하게 했다. 자와의 인구가 급증했기 때문에 시간이 지나면서 임금 노동자를 충원하기가 더 용이해졌다. 1860년대에 사탕수수 재배를 위한 징발은 폐지되었다. 그것은 이제 공장주와 공장 주변 촌락 사이에서 협상으로 처리할 문제가 되었다.[83] 그러나 그 이후에 나타난 상황은 자유로운 노동 시장이라고 부를 만한 형태는 아니었다. 공장들이 개별 농민과 협상하지 않았고 노동자 개개인과 고용 계약을 체결하지 않았기 때문이다. 모든 것은 촌장과 마을 유지를 통해 이루어졌다. 그들은 공장에 노동자와 땅을 연결해주고 수당을 받았다. 한편 자와의 인구가 빠르게 증가하고 있었기에 확보할 수 있는 토지가 줄어들었고, 농민의 수입 중에 설탕 공장에서 일해 벌어들이는 몫이 점차 늘어났다. 실제로 일찍이 19세기 중반에 부업이 절실히 필요했던 공장 인근 농업 노동자의 약 56퍼센트가 설탕 경제 안에서 일자리를 얻었다.[84]

자와 농업의 내향적 정교화

자와는 강제 재배 제도로 쿠바에 뒤이어 두 번째로 큰 사탕수수 설탕 수출지로 변모했다. 풍부한 노동력이 결정적 요인이었는데, 이는 급속한 인구 성장과, 자와의 촌락 경제를 조종하고 지역 유지들을 식민지 착취 사업에 동원한 네덜란드 식민지 관료들의 능력이 결합된 결과였다. 카리브해 지역에서는 지력의 고갈이 대개 설탕 변경의 급속한 팽창과 토지의 휴경을 낳았지만, 이와 달리 자와에서는 사탕수수가 새로운 변경을 열지 않았고 촌락 경제에 굳게 자리를 잡았다. 따라서 자와의 식민지 설탕 생산은 사회적으로는 물론 생태적으로도 독특했다.

중국과 이집트에서, 나중에는 카리브해의 섬들에서 일찍부터 사탕수수 재배로 인한 지력 고갈을 늦추는 데 작물 돌려짓기를 이용했다. 자와에서 작물의 윤작은 기존의 논벼 재배 방식에 사탕수수 재배를 끼워넣어 효과를 극대화했다. 사탕수수가 지력을 고갈시킨다면, 벼는 지력의 회복에 기여했다. 그러므로 두 작물의 돌려짓기는 비교적 작은 면적의 땅에서 비료를 많이 쓰지 않고도 사탕수수를 재배할 수 있게 했을뿐만 아니라 면적당 생산량도 상당히 늘렸다. 매년 수만 헥타르의 논이 사탕수수 밭으로 바뀌었고, 이를 위해 벼 재배를 위한 논둑을 없애야 했다. 들짐승이 어린 묘목을 해치지 못하도록 울타리를 쳤고, 해마다 사탕수수 수확이 끝나면 사탕수수를 가득 실은 무거운 수레 때문에 망가진 다리와 도로를 완벽하게 보수해야 했다.

그러나 이렇게 면적당 산출량을 최대한으로 늘리려는 무자비한 노력은 강제 재배 제도에서 자와 주민이 떠안은 부담을 줄이려는 식민지 정부의 정책과 날카롭게 충돌했다. 식민지 정부는 고된 강제 인디고 재배를 중단했고 사탕수수 재배를 위한 징발도 점차 폐지했다. 그 이유는 충분했다.[85] 이 방향에서 다음 단계는 분명했다. 해걸러짓기를 포기하는 대신 같은 땅에 여러 해 동안 연속해서 사탕수수를 재배한 뒤에 작물을 바꾸는 것이었다. 1850년대 초 정부의 위원회는 이 조치를 준비하면서 이것이 환영받을지 아닐지 알아내고자 촌장을 포함한 모든 현지 공무원과 사탕수수 재배에 관여한 일부 농민까지 면담했다. 식민지 관료들에게는 놀랍게도, 농민들과 촌장들은 압도적 다수가 사탕수수와 벼의 재배 주기를 감안하면 기존의 방식이 부족한 토지를 가장 효과적으로 이용하는 것이니 이를 유지해야 한다고 지적했다. 사탕수수를 연작하려면 새로 정식한 묘목이 잘 자랄 수 있도록 해마다 수확한 뒤에 밭에서 사탕수수 그루터기를 파내야 하는데, 이는 물을 대서 논을 복구하는 것보다 더 귀찮은 일로 여겨졌다. 논을 복구하면 그루터기는 물에 잠겼다. 더 할 일은 없었다.[86]

　생태적으로나 사회적으로나 논은 그러한 재배 방식이 자와 농촌의 설탕 부문에 뿌리내리는 과정에서 중심이 되었다. 강제 재배가 촌락에 강요되었고, 촌락 안에서는 토지 소유권, 특히 논의 소유권에만 적용되었기에 촌락 유지들은 마을에 할당된 작업의 부담을 분담하기 위해 종종 여러 논을 공동으로 소유하여 작은 지분을 지닌 주민들을 최대한 많이 끌어모아야 했다.[87] 이는 촌락 주민들이 서로 간에, 그리고 촌락과 설탕 공장이 논을 공유하는, 복잡하면서도 노동 집약도가 점점 강화되는 체제로 귀결되었다. 이와 같은 자본주의적 설탕 생산의 활착에 영감을 받은 클리퍼드 기어츠는 그의 유명한 연구 《농업의 내향적 정교화Agricultural Involution》●에서 자와의 설탕 산업을 '켄타우로스'(이중적 성격의 체제)로 규정했다. 고도로 복잡한 사탕수수 가공과, 논에 점점 더 많은 사람이 투입되어 노동 집약적 성격이 더해가는 사탕수수 재배의 결합이라는 것이다.[88]

　사회생태학적 발전으로서의 이러한 내향적 정교화를 되돌리기란 불가능한 일은 아니었을지라도 매우 어려웠다. 1860년대에 네덜란드의 자유주의자들은 자본주의가 자와 농촌을 지배할 수 있도록 공유나 공동체 소유를 금지하고 사유 재산권을 촉진하려 했다. 이들의 이상적

● 이 책은 국내 번역서의 제목을 따랐다(김형준 옮김, 일조각, 2012).

인 목표는 한계 농민을 밀어내고 모든 토지를 소유하는 강력한 농민 계급의 창출이었다. 그렇게 되면 밀려난 농민들은 '자유로운' 임금 노동자, 진정한 농촌 프롤레타리아트가 될 것이었다. 그러나 그렇게 하려면 30년간 이어진 강제 재배를 되돌리는, 농촌 사회의 완벽한 변신이 필요했을 뿐만 아니라 논과 사탕수수 재배도 분리해야 했다.[89] 설탕 공장들은 마른 땅으로 갈 생각이 전혀 없었다. 그런 곳은 면적당 생산량이 급격하게 감소했기 때문이다. 그리고 촌락 유지들은 확실히 현상 유지에서 이익을 보았다. 그리하여 설탕 공장과 논벼 농업의 운명은 계속해서 서로 얽혔다. 20세기 초 몇십 년간 설탕 산업이 자와의 지배적 농공업이 되었을 때, 몇몇 지역에서는 공장 주변 5킬로미터 이내에 있는 논의 절반 이상을 사탕수수가 차지했다.[90]

당대인들이 보기에 자와에서 발생한 일은 쿠바에서 일어난 현상과 마찬가지로 역설적이었다. 세계에서 가장 발전한 산업적 사탕수수 설탕 복합 단지가 자유로운 토지 시장과 노동 시장이라는 경제적 합리성을 끌어안지 않고 격세유전에 가까운 공동체적 토지 이용과 노예제에 의존했으니 말이다. 그러나 이는 정확히 어째서 많은 설탕이 농공업의 생산물인지를 드러내준다. 설탕 생산의 농공업에서 공장과 밭은 점차 두 개의 상이한 세계, 다시 말해 기어츠가 말한 켄타우로스가 되었다. 전 세계적으로 공장은 동일한 형태로 수렴했지만, 사탕수수 밭은 놀라울 정도로 다양성을 드러냈다. 자와의 엄청나게 노동 집약적인 사탕수수 재배는 쿠바의 경우와는 정반대 방향으로 이동했다. 쿠바에서는 사탕수수 재배의 혁신을 자극하는 유인이나 작물 윤작과 모종 수의 제한 같은 오래된 조치의 채택도 거의 없었다. 비옥한 토지가 널려 있고 수확기에 노동력 부족이 심했으나, 노동자는 거의 말 그대로 죽도록 일했다.

쿠바의 플랜테이션 농장주들은 치열하게 노동력을 아끼려 했기에 자연을 잔인하게 다루었다. 새로운 사탕수수 밭을 확보하기 위해 나무를 잘라내고 쟁기질을 하는 대신 숲을 불태웠다. 설탕 변경은 급속한 산림 벌채가 환경에 치명적 영향을 미칠 것이라는 준엄한 경고를 무시하고 오래된 거목들을 무자비하게 짓이겼다. 일찍이 1840년대에도 해마다 5만 헥타르가 넘는 숲이 사라졌다.[91] 목재는 여러 가지 측면에서 설탕 생산에 필요했다. 건설 공사와 설탕 운반을 위한 상자뿐만 아니라 연료로도 필요했다. 플랜테이션 농장주들은 처음에는 거대한 증기 구동 압착기와 진공 팬의 연료로 버개스와 석탄을 쓰지 않았다. 그런데 연료로 쓸 목재를 얻기 위해 나무를 엄청나게 많이 베어내다 보니 숲이 빠르게 사라졌고, 따라서 주기적으로 공장을 이전해야 했다. 1860년에 쿠바의 설탕 산업에서 직접적으로 이용한 땅은 12만 헥타르였고 점유한 땅은 80만 헥타르였다. 비교하자면 자와에서는 고작 2만 8000헥타르였다. 40년 뒤, 전자는 170만 헥타르, 후자는 12만 2000헥타르였다.[92] 그때쯤이면 쿠바 땅 대부분에서 숲이 사라졌고, 앞선 설탕 변경들과 동일한 생태적 문제에 직면했다. 한때 토양이 비옥하기로 유명했던 섬에서 가뭄, 홍수, 지력 고갈이 두루 나타났다.

산림 벌채로 인한 강수량 감소도 심각한 문제였으며, 일찍이 1860년대에 알바로 레이노소가 이를 제기한 바 있다. 그는 아바나의 화학 연구소 소장이었다. 아바나 인근에서 태어난 그는 파리의 대학교에서 의학 박사 학위를 받았다. 그는 쿠바의 플랜테이션 농장주들에게 지속 가능한 재배 방식을 채택하라고 설득하는 것을 자신의 과제로 삼아 밭갈이와 시비, 관개의 개선을 권고했고, 여러 해 동안 래투닝을 하는 대신 해마다 묘목을 정식하라고 권고했다. 그는 사탕수수 수확기(사프라zafra)가 끝났을 때 잠재적 여유 노동력을 이용하여 농업을 더욱더 지속 가능한 토대 위에 올려놓고 화전 관행을 포기하는 것은 플랜테이션 농장주에게 달린 일이라고 주장했다.[93]

레이노소의 경고는 그의 고향 땅에서는 먹히지 않았지만, 자와에서는 이야기가 달랐다. 자와에서는 새로운 사탕수수 정식 방법을 개관한 그의 책자가 번역되어 설탕 생산 지역에서 널리 읽혔다. 자와에서 레이노소의 방식을 적용하느라 10만 명이 넘는 노동자가 고랑을 파고 그 사이에 두둑을 만들었다. 뒤이어 똑같이 많은 자와 여성이 밭으로 가서 사탕수수 묘목을 고랑에 심었다. 묘목이 넉 달간 자란 뒤에 남자들은 두둑의 흙을 고랑에 덮어 사탕수수가 땅속 깊이 뿌리내리고 바람에 흔들리지 않게 했다.[94] 자와의 한계농 인구 급증은 엄청나게 노동 집약적인 사탕수수 설탕 산업을 촉진하여 면적당 생산량에서 세계 최고 수준에 이르게 했다. 1920년대에 자와의 사탕수수 밭 1헥타르를 담당한 노동자는 평균 7.7명이었는데 쿠바의 경우 0.5명이었다. 이는 세계 설탕 산업의 양극단을 대표하는 결과다. 자와에서 설탕 1톤을 생산하는 데에는 쿠바에서 같은 양의 설탕 생산에 필요한 노동력의 3.5배가 필요했지만 토지는 그 절반이 필요했을 뿐이다.[95]

산업화와 강제 노동

1834년에 영국이 선도적으로 노예제를 폐지했을 때, 플랜테이션 농장의 노예제가 19세기 거의 내내 존속하리라고 예상한 사람은 아마 거의 없었을 것이다. 사탕수수 플랜테이션 농장의 노예제는 지속되었을 뿐만 아니라, 데일 토미치가 말한 이른바 '두 번째 노예제' 시기에 약간 늘어났다.[96] 19세기 중반 약 80만 명의 노예가 사탕수수 밭에서 고된 노동을 했는데, 그 절반이 쿠바에 있었고 약 3분의 1은 브라질에 있었다.[97] 1864년 루이지애나에서 노예제가 폐지된 이후에도, 전 세계 사탕수수 설탕 수출량의 거의 절반이 여전히 노예 노동으로 생산되었다. 그 수출량의 4분의 1은 노예살이 계약 노동자가 생산했다.[98] 다양한 형태의 노예제와 강제 노동이 종종 거의 노골적으로 지속되었다. 예를 들면 레위니옹에서는 아프리카에서 노동자를 구매하여 앙가제로 신분을 '세탁'할 수 있었다. 영국 당국은 이러한 관행을 격하게 비난했지만 소용없었다.[99] 자와의 강제 재배 제도는 1860년대 이후로 서서히 사라졌으나, 앞에서 보았듯이 대다수 자와 농민의 상황은 바뀌지 않았다. 촌락 유지들이 계속해서 그들에게 공장에 공급할 사탕수수를 재배하라고 명령했기 때문이다.

제2차 세계대전 이전에는 사탕수수 밭의 기계화가 별다른 진척을 보이지 않았기에, 세계 설탕 생산은 대부분 노예제와 강제 재배, 노예살이 계약 노동, 방랑 금지법, 그리고 바베이도스의 경우처럼 기아 등의 다양한 강압적 조건에 의존했다. 이는 기계화가 농업 분야의 고된 강제 육체노동을 서서히 소멸시킬 것이라는 생시몽주의적 낙관론과 모순되는 현상이었을 뿐만 아니라, 산업화와 노예 기반 생산 체제가 양립할 수 없다는 잘못된 믿음을 드러내 보여주었다. 다시금 문제의 핵심은 자와와 쿠바가 강제 노동이 없었다면 사탕수수 설탕 수출지로서의 지배적 지위를 결코 획득할 수 없었을 것이라는 점이다.

박식한 경제학자 존 엘리엇 케언스(1823~1875)는 노예 기반 경제에서는 노동 생산성이 증대될 수 없다고 주장하며 그 원인을 사탕수수 밭과 목화 밭에 기계화를 도입하는 방법에 한계가 있다는 사실이 아니라 강압적 조건에 돌렸는데, 이는 잘못이다. 그러나 노예 기반 경제가 성장하려면 더 많은 사람을 노예로 삼아야 할 것이라는 그의 경고는 옳았다. 노예제나 식민주의의 옹호자는 결코 아니었던 케언스는(어쨌거나 그는 아일랜드인이다) 남북전쟁이 벌어진 첫해에 자신의 책《노예 소유주의 권력The Slave Powers》에서 노예제를 옹호하는 남부연합이 승리하면 노예무역이 부활할 것이라고 예견했다. 그래서 그는 미국 남부와 같은 경제 체제는 원래 공격적이고 팽창주의적이라고 주장하여 알렉시 드 토크빌이 그 유명한《미국 민주주의Democracy in America》에서 한 발언을 되풀이했다.[100] 노예제는 열등한 노동 체제이므로 사라져가는 제도라는 19세기 초 자유주의적 자본주의의 낙관론은 노예제가 선진 경제에 정치적으로나 군사적으로나 실질적 위협이 된다는 두려움에 자리를 내주었다. 미국 남북전쟁이 비극적으로 입증했듯이, 이 두려움은 전적으로 옳았다.

실제로 산업화와 노예제가 결국에는 양립할 수 없으리라는 케언스와 동시대인들의 생각이 완전히 틀리지는 않았다. 사탕수수 농장은 언제나 숙련된 노예 노동자를 이용했지만, 파괴 행위의 위험성을 줄이기 위해 그들에게 종종 보수를 지급했다. 또는 브라질의 전산업 사회 정제소에서 보이듯이, 보일링 공정이나 설탕 포장의 감독 같은 매우 중요한 일에는 아프리카인-유럽인 후손의 자유민 노동자를 고용했다.[101] 그렇지만 위험성이 있었는데도 제당소의 중요한 위치에 노예 노동자들이 투입되기도 했다. 이유는 분명했다. 적어도 19세기 중반까지는 열대 지방에 백인 숙련 노동자가 일반적으로 드물었고 임금을 많이 주어야 했기 때문이다. 데론은 저서 《설탕》에서 1840년대 초에 돈 웬세슬라오 데 비야우루티아가 소유한, 쿠바에서 가장 선진적인 공장이 고용한 백인 설탕 장인은 단 한 명뿐이었다고 썼다.[102] 마찬가지로 루이지애나에서도 노예는 목수는 물론 경리, 증기 구동 기계 운전자로도 일했으며, 아마 플랜테이션 농장의 운영도 맡았을 것이다.[103] 그러나 이 전문가 노예들은 노예라는 처지에는 전혀 어울리지 않는 권위를 획득했다. 게다가 19세기 말에 유럽인 노동자들이 점차 많이 들어오면서 노예 노동자와 유럽 출신의 자유민 노동자가 함께 기계를 조작하는 상황은 짜증스러운 일이 되었다. 예를 들면 쿠바의 사탕수수 농장에 일하러 온 에스파냐인 이주자들은 공장에서 노예가 일하는 것에 반대했다. 노예제가 자신들의 임금을 깎고 지위를 낮춘다고 생각했기 때문이다.[104]

19세기가 지나면서 공장의 강압적 노동 조건은 결국 사라졌지만, 밭에서 일하는 노동자들은 여전히 가혹한 신체적 징계에서 벗어나지 못했다. 전반적 추세를 말하자면, 공장이 지리적으로 더 넓은 영역에서 사탕수수를 가져와 다른 방식으로 운영되면서 플랜테이션 농장에 존재하던 밭과 공장의 통합은 사라졌다. 노예제의 종식으로 종전의 플랜테이션 농장 섬들에서 소농의 사탕수수 재배가 출현했다. 자메이카의 경우처럼 모리셔스에서도 농장들이 해방 노예들에게, 그리고 파나마 철도 건설 현장에서 돌아온 많은 노동자들에게 토지를 매각했다. 정도는 덜했지만 바베이도스에서도 그런 일이 있었다. 토바고와 세인트루시아, 그레나다, 프랑스령 앤틸리스 제도의 플랜테이션 농장주들은 메테예métayer 제도를 도입했다. 농장주가 토지와 묘목을 제공하고 노동자는 농사의 위험성과 이윤을 공유하는 일종의 분익소작제였다. 예를 들면 토바고에서는 1843년에 그런 제도가 도입되어 1845년쯤이면 널리 퍼졌는데, 그곳 노동자는 사탕수수를 재배하여 수확할 땅 1에이커를 받았다. 이는 농장주의 가난에서 비롯한 조치이기는 했지만 당대의 평자에 따르면 해방 노예의 지위를 향상시켰다. 1843년, 작은 메테예 협동조합이 설립된 세인트루시아에서도 동일한 효과가 분명하게 확인되었다.[105] 한편 트리니다드에서는 점점 늘어나는 인도인들 사이에서 소농 계급이 출현했다. 인도인 이주자들은 거의 80퍼센트가 고용 계약이 종료된 이후에도 떠나지 않았다. 이러한 소농 수천 명이 1872년에 건립된 서인도 제도 최대의 중앙공장 생마들렌Saint Madeleine에 사탕수수를 인도했다.[106] 그러나 카리브해의 몇몇 섬과 모리셔스에서 종속적인 소규모 사탕수수 재배 농민 계층이 생겨나기는 했어도, 수확기에 사탕수수 밭에는 여전히 점점 더 많은 계절노동자가 필요했다. 이 노동자들이 이제 설탕의 세계에서 가장 열악한 처지에 놓였고 1884년에 심각한 설탕 위기가 닥쳤을 때 그 예봉을 받아내야 했다.

7

위기, 그리고 기적의 사탕수수

산업 혁명으로 설탕의 생산과 운송, 판매는 철저한 변화를 겪었다. 그러나 그것은 빙빙 돌아가는 점진적이고 더딘 혁명이었다. 자본의 부족, 플랜테이션 농장주의 보수적 태도, 내실 없는 기술, 그리고 특히 수확의 기계화 불가능성 때문에 노예제는 오래 이어졌고 새로운 형태의 강제 노동이 생겨났다. 한편 아시아의 생계비가 아메리카에 비해 훨씬 적었기에 중국과 인도의 농민이 생산한 설탕은 세계 시장에서 잘 버텼다. 그리고 저렴한 노동력과 높은 자본 집중도를 결합한 자와의 공장들은 당연히 20세기 초에 세계에서 가장 높은 경쟁력을 갖춘 설탕 산업으로 부상했다.

대중적 소비로 설탕 생산 세계화와 시장 통합은 더욱 빠르게 진행되었다. 1840년대부터 제국 정부들과 식민지 행정 당국들은 진공 팬과 원심분리기의 도입에서 핵심적인 역할을 떠맡았다. 베세머 전로법Bessemer process의 발명으로 19세기 후반에 강철 가격이 5분의 1로 하락했고, 뒤이어 교통이 혁명적으로 바뀌었다. 그로써 설탕 중앙공장들은 철도망을 구축하여 멀리 떨어진 곳에서도 사탕수수를 가져와 압착

홍콩 쿼리 베이의 타이쿠 당업. 1895년 당시 세계 최대의 설탕 정제소 중 하나였다. 그곳에서 가공된
설탕은 대부분 자와에서 가져온 것이었다.

할 수 있었다. 가장 선진적인 설탕 생산 지역에서는 철도가 밭에서 공
장까지 몇 킬로미터씩 이어졌다. 또 강철 덕분에 저렴한 설탕이 전 세
계에 퍼질 수 있게 되었고, 완전히 새로운 식량 생산과 무역의 지리가
생성되었다. 미국의 곡물이 유럽 대륙에 넘치게 들어온 이후, 노동력이
풍부한 북대서양 권역의 시골에서는 밀에서 사탕무로 재배 작물의 전
환이 이루어졌다. 밀 재배 농민과는 대조적으로 유럽의 사탕무 설탕 산
업은 세계 시장에서 설탕 가격이 급락하는 가운데 수입 관세와 수출 보
조금으로 든든한 보호를 받았다.

19세기 내내 사탕수수 플랜테이션 농장은 급속하게 주인이 바뀌다
가 종국에는 소수 부유한 소유주의 손에 들어갔다. 몇몇 지역에서는

식민 모국의 자본이 거의 모든 농장을 집어삼켰다. 영국령 기아나는 1850년대 이래로 식민 모국의 몇몇 큰 무역 상사가 지배했다. 그러나 성공적인 식민지 설탕 부르주아지가 식민 모국의 기업가들이나 대자본과 어깨를 나란히 하는 경우도 적지 않았고, 식민지 행정부는 기간 시설 건설과 노동력 충원에 힘을 보탰다. 거대한 중앙공장들은 옛 농장과 그곳에 있던 압착기, 노예 숙소, 농장주 저택을 가차 없이 밀어냈다. 끔찍하게 시끄러운 이 공장들에서 몇 킬로미터 떨어진 밭까지 협궤 철도가 이어져 몇 톤씩이나 되는 사탕수수 줄기를 가져왔고, 이 줄기들은 불과 몇 시간 만에 거의 백설탕에 가까운 상태로 바뀌었다. 이 거대한 사탕수수 가공 공장의 외부 구조는 세계 어느 곳의 사탕수수 설탕 지대에서나 동일했으며, 사탕무 설탕 공장에도 대체로 비슷하게 적용되었다. 이 인상적인 산업 복합 단지는 북대서양 항구들, 그리고 정도는 덜했지만 아시아의 항구들에 있는 훨씬 더 큰 정제소에 설탕을 공급했다. 정제업자들은 각국 정부와 긴밀하게 접촉해 고품질 설탕에 대한 수입 관세가 유지되게 했고, 그 때문에 식민지의 설탕 공장들은 인근에 정제소를 건립하는 것을 단념했다. 그런 대신 뉴욕, 홍콩, 런던의 수변에 등장한 거대한 복합 단지가 점점 더 표준화하는 기술을 이용하여 거의 완벽하게 정제된 백설탕을 대규모로 쏟아냈다.[1]

한편 사탕수수 밭은 파괴된 숲으로 둘러싸여 방치된 쿠바의 땅부터, 세심하게 조성한 자와의 레이노소 고랑에 이르기까지 놀랍도록 다양한 형태를 보였다. 모든 사탕수수 밭은, 이 점에서는 사탕무 밭도 마찬가지인데, 거의 끝없이 노동력을 필요로 했다. 중국과 인도에서 온 노예살이 계약 노동자일 수도 있었고 에스파냐의 갈리시아나 폴란드의 갈리치아, 마데이라, 자와, 마두라Madura, 아이티, 바베이도스, 인도 서부의 건조한 배후지, 시칠리아에서 온 가난한 이주민일 수도 있었다. 해마다 더 많은 노동자가 유럽의 사탕무 밭이나 자와의 사탕수수 밭으로 수백 킬로미터를 이동했다. 이들의 임금은 최저 수준이었고, 공장들의 형태는 단일 모델로 수렴했다. 그 생산물도 빛나는 백설탕으로 동일했다. 한편 공장 직원들은 점차 더 나은 급여를 받았고, 북대서양 세계에서 일반적이었던 복지도 제공받았으며, 공장 인근에 세워진 테니스장과 수영장에서 호사스러운 생활을 즐겼다.

집중과 카르텔화

소비가 급증했는데도 설탕 가격은 지속적으로 하락 추세를 보였다. 노예나 기타 강제 노동의 대규모 동원으로 쿠바와 루이지애나, 자와에 비옥한 설탕 변경이 새로이 열렸기 때문만은 아니었다. 이에 못지않게 중요한 것은 사탕무 설탕 산업의 비약적 성장이었다. 사탕무 설탕 산업은 불과 몇십 년 사이에 세계 설탕 시장의 변두리에서 벗어났다. 1860년대 초부터 생산량이 급격히 증가했고, 영국은 독일산 사탕무 정제 설탕의 수입을 걱정한 정제업자들의 요구로 1864년에 파리에서 프랑스, 벨기에, 네덜란드와 협상을 벌였다. 그때 이 나라들은 수입 관세와 수출 장려금의 상한선에 합의했다.[2]

그러나 휴전은 짧았다. 유럽의 매우 강력한 국가들이 자국 농민이 100만 헥타르가 넘는 토지를 밀 재배에서 사탕무 재배로 전환하도록 돕기 위해 수출 보조금을 지급하면서 사탕무 설탕 공장의 산출량이 급증했기 때문이다. 사탕무의 잎과 심은 소의 먹이가 되었고, 소는 빠르게 성장하는 유럽 도시 인구에 유제품과 고기를 공급했다. 사탕무 설탕 산업은 특히 절실히 필요했던 농업 일자리를 많이 제공했다. 사탕무를 키우고 수확하는 시기에는 낙농이나 밀 재배보다 네 배 많은 일꾼이 필요했다.[3] 이 노동자들은 19세기 막바지에 토지 없는 소작농이 네 배로 늘어난 폴란드 같은 나라들에서 왔다. 유럽 전역의 수백만 농촌 프롤레타리아트가 사탕무 설탕 산업에서 쓸 수 있는 노동력의 공급원이 되었다. 유럽의 사탕무 설탕 생산은 폭증했다. 1884년 세계적 설탕 위기가 오기 전 15년간 독일 한 곳의 생산량만 보더라도 다섯 배가 늘었다.[4]

유럽은 곧 설탕 속에서 헤엄치는 상황에 처하며, 시장이 할 일을 하도록 놔두었다면 독일의 공장들은 발전이 뒤처진 프랑스의 공장을 여럿 멈추게 했을 것이다. 그러나 1870년대에 프랑스는 여전히 독일에 군사적으로 패한 굴욕에서 회복하는 중이었다. 유럽 최대의 사탕무 설탕 수출국에 대한 복수심에 사로잡힌 프랑스 정부는 사탕무 설탕 수출을 늘려 독일을 따라잡기로 결정한다. 프랑스 소비자들은 몇 푼 더 써서 자국의 수십만 사탕무 설탕 산업 노동자의 일자리를 보호하라는 요청을 받았다.[5] 오스트리아-헝가리, 러시아 같은 다른 유럽 국가들이 당시에는 장려금이라고 부르던 이 보조금 경쟁에 합류했다. 그러나 독일은 고삐를 늦추지 않고 설탕에서 나오는 조세 수입의 대부분을 수출 장려금으로 썼다. 실제로 독일인들은 영국인의 식탁에 오르는 설탕 비용을 보조하기 위해 자신들이 소비하는 설탕에 추가 비용을 지불했다.[6] 1884년에 이르자 구조적 과잉 생산으로 세계 시장의 설탕 가격은 엄청나게 하락했고, 그 이후 15년간 다시 절반으로 떨어졌다. 거의 모든 설탕 생산 지역에서, 원료가 사탕무든 사탕수수든 상관없이, 설탕 공장과 정제소 수가 급감했다. 이러한 감소는 영국과 프랑스의 카리브해 식민지, 푸에르토리코, 페르남부쿠, 루이지애나, 남아프리카는 물론 유럽과 미국에서도 감지되었다. 심지어 당시 세계에서 설탕 산업이 가장 발달한 쿠바에서도 1884년 이후 합병 속도가 빨라졌다. 쿠바에 거주하던 보스턴의 정제업자 에드윈 F. 앳킨스 같은 강력한 설탕 생산자들은 채무불이행에 빠진 정제소들을 인수하여 놀라운 설탕 제국을 건설했다. 쿠바에서 태어나 바르셀로나에서 기술자 교육을 받은 훌리오 데 아페스테기아 이 타라파의 설탕 사업도 이에 못지않게 화려했다. 1890년 그의 중앙공장 '콘스탄시아Constancia'의 연간 생산 용량은 20만 톤이었는데, 이는 자메이카 전체의 생산량보다도 많았다.[7]

세계 곳곳에서 정제업자들은 물론 사탕수수 설탕과 사탕무 설탕 생산자들까지 사업 규모를 키우고 카르텔을 형성해 이윤율 하락에 대응했다. 사탕수수 설탕 지역에서는 자와 설탕조합Java Sugar Syndicate, 하와이 사탕수수 플랜테이션 농장주조합Hawaiian Sugar Planters' Association(HSPA), 루이지애나 사탕수수 플랜테이션 농장주조합Louisiana Sugar Planters Association이 두드러진 사례였다. 미국에서는 정제업자들이 연합하여 악명 높은 '설탕 트러스트'를 결성했으며, 반면 독일과 오스트리아-헝가리, 네덜란드, 벨기에에서는 설탕 생산자들과 정제업자들이 카르텔을 이루거나 합병했다. 제정 러시아의 사탕무 설탕 지대인 우크라이나에서는 주로 부유한 귀족 가문 출신인 설탕 생산자들이 카르텔을 형성하고 정부의 지원을 받아 페르시아 같은 외국에 설탕을 덤핑으로 판매했다. 우크라이나에서 생산된 저렴한 사탕무 설탕은 19세기 초부터 이미 페르시아의 사탕수수 설탕 산업의 발전을 방해했는데, 이제는 벨기에가 설탕을 간절히 원하는 자국민을 위해 보조금을 지급하여 세운 유아기의 사탕무 설탕 산업을 파괴했다.[8] 오스트리아-헝가리 제국의 설탕 공장들과 정제업자들도 카르텔로 연합하여 이윤을 확대하려 했다. 이에 희생된 소비자들과 사탕무 재배 농민들은 그러한 힘의 집중에 강력히 항의했다.[9] 네덜란드에서는 이윤율이 하락한 공장들의 무자비한 합병과 폐쇄 끝에 1919년에 네덜란드 중앙설탕조합Central Dutch Sugar Society이 탄생했다. 이 합병은 국경을 뛰어넘었다. 그 배후의 주동자인 폴 비투크가 바로 벨기에 최대의 설탕 기업가로, 티를르몽(티넌) 정제소Raffinerie Tirlemontoise의 대표였고 네덜란드에도 공장을 소유했기 때문이다.[10]

가격 하락과 이에 뒤이은 규모의 경제 추구는 전 세계적으로 설탕 부문의 카르텔과 집중을 재촉했다. 그러나 사탕수수 설탕 부문에서는 이 과정에 과감한 금융 구조 조정이 동반되었다. 신용의 토대는 여전히 밭의 작물에 지급한 선금이었는데, 1884년에 그 취약성이 눈에 띄게 명확해졌기 때문이다. 그 전해에 설탕 가격이 점차 하락하여 전례 없이 대대적인 신용 위기가 발생했다. 설탕 공장에 신용을 공급한 설탕 식민지의 은행들은 파산했다. 토바고의 경우처럼 때로는 설탕 부문 전체가 함께 무너졌다.[11] 자와 설탕 산업을 떠받친 금융 기반 전체가 붕괴 직전에 내몰린 것이 가장 극적인 사례다.

네덜란드의 은행들은 처음에는 구제 조치에 나서기를 주저했다. 그러자 바타비아의 식민지 정부와 헤이그의 네덜란드 정부, 암스테르담 은행가들 사이에서 미친 듯이 전보가 오갔다. 다급히 3000만 휠던(300만 파운드)의 자금을 모아 사탕수수 플랜테이션 농장주들에게 선금을 지급했던 개발 은행들에 자본이 투입되었다.[12] 네덜란드에서 자와의 설탕 산업은 너무도 큰 규모여서 무너지게 놔둘 수 없었던 것이다. 자와 설탕 산업이 붕괴하면 심각하게 빈곤한 지역에서 이미 농민 폭동이 일어나고 있던 차에 자와 지역 대부분이 즉각 엄청난 빈곤의 나락으로 떨어질 수밖에 없었다. 일단 혼란이 진정되자, 자와 설탕 산업이 식민지 정책에 미치는 영향력은 더 커진 듯했다. 본국 은행들이 자와 설탕 산업의 생존에 많은 자금을 투자했기 때문이다. 놀랄 일도 아니지만 설탕 공장들은 자신들이 식민지 경제에 매우 중요하다는 점을 부각하여 자와 설탕의 수출 관세를 중단시켰고 1894년에는 완전히 폐지시켰다.[13]

자와 설탕 산업은 1884년의 위기 직전에 기술적으로 발전한 단계에 도달함으로써 생존에 적지 않게 힘이 실렸다. 이는 영국령 기아나와 트리니다드의 설탕 산업에도 해당하는 말이다. 식민 모국의 대규모 투자에 노예살이 계약 노동자의 대량 유입이 결합한 덕분에 서인도 제도의 이 두 식민지는 설탕 자본주의의 선봉대로 도약했다. 1884년 이후 설탕 산업에 대한 투자가 확대되었고 설탕 산업의 집중도 더 강해졌다. 1900년 무렵 영국령 기아나의 설탕 산업은 네 개의 큰 회사가 70퍼센트 이상을 장악했다. 그중 가장 유명한 회사인 부커 앤드 매코널이 결국 20세기의 오랜 기간 영국령 기아나의 설탕 경제 대부분을 소유한다. 이와 비슷하게 트리니다드에서도 콜로니얼 컴퍼니 한 회사가 섬을 지배하게 된다. 20세기 초 트리니다드의 거대한 공장 생마들렌은 한때 수백 개 제당소에 사탕수수를 공급할 정도로 넓은 면적의 사탕수수 밭을 소유하거나 통제했다. 영국령 기아나와 트리니다드의 설탕 공장들은 똑같이 임금을 낮추거나 소농에게서 사탕수수 값을 후려쳐 매입하여 노동 비용을 짜냈다.[14]

실제로 노동자들은 전체적으로 설탕 부문의 철저한 구조 조정을 위해 대폭 희생되었다. 그러나 노동자에게 위기의 부담을 떠넘기면서 아무런 저항도 없을 것이라고 기대할 수는 없었다. 여러 밭에서 파업이 일어나고 사탕수수가 불탔다.[15] 임금이 삭감되자 그때까지 집과 땅을 가지고 있던 사람들은 자신들의 농장이나 트라피체trapiche(전산업 방식의 작은 제당소)로 돌아갔다. 페루, 푸에르토리코, 도미니카 공화국, 브라질에서는 꽤 많은 노동자가 최신 공장을 외면했다.[16]

식민지 설탕 부르주아지의 회복력

역사가들은 1884년을 식민지에서 런던, 암스테르담, 파리, 뉴욕의 식민 모국 상인들과 은행들로 권력이 이동한 시점으로 본다. 유럽과 미국이 지구의 많은 부분을 지배한 흉포한 제국주의 시대에, 산업국들은 식민지 영토 곳곳에서 농산물 원자재 생산에 막대한 투자를 했다. 1884년의 설탕 위기로 수많은 플랜테이션 농장주가 망한 것은 부정할 수 없는 사실이다. 식민 모국의 은행들은 농장들로부터 추가 자본 투자를 요청받았다. 이 채권자들은 설탕 공장의 운영권을 장악했다. 그렇다고 재산이 반드시 유럽이나 미국으로 이전된 것은 아니며 식민지 설탕 부르주아지가 소멸한 것도 분명 아니었다.

 설탕 부르주아지는 사라지지 않았다. 20세기에 들어설 무렵 가족 농장이 주식회사로 전환한 것을 두고 역사가들이 식민 모국의 회사들이 이를 인수했다고 잘못 해석했을 뿐이다.[17] 실제로 가족 소유의 많은 유력한 사탕수수 설탕 공장과 사탕무 설탕 공장이 유한 책임 회사로 변신했어도 여전히 가족 소유의 회사로 남았다. 예를 들면 마티아스 라베트게와 그의 사위 율리우스 기세케가 세운 작센의 유명한 사탕무 농장 클라인 반츨레벤Klein Wanzleben은 1881년 기세케가 사망한 뒤 유한회사가 되었다. 그런데 그 회사는 마티아스 라베트게의 손자들이 이끄는 가족 기업이었다. 마찬가지로, 하와이 사탕수수 플랜테이션 농장주 제2세대 도 각기 상이한 지역에서 사는 여러 가족 구성원에게로 재산이 쪼개지는 것을 피하고자 사업체를 유한회사로 바꾸었다.[18] 도미니카 공화국의 비치니 가문, 푸에르토리코와 쿠바의 유명한 가문들도 상속의 난제를 피하고 신규 자본을 유치하기 위해 가족의 설탕 기업을 유한회사로 만들었다. 예를 들면 바르셀로나에 기반을 두었으나 쿠바에 방대한 설탕 관련 재산을 보유한 고이티솔로 가문은 1893년에 미국에서 새로운 자본을 유치하여 자신들의 설탕 중앙공장을 더욱 발전시키고 사탕수수를 공장으로 운반할, 비용이 많이 드는 철도를 건설하고자 가업을 유한회사로 바꾸기로 결정했다.[19]

가족 기업은 놀라울 만큼 좋은 회복력을 보여주었다. 1910년, 자와의 177개 설탕 공장 중 절반이 두 세대 동안, 심지어 세 세대 동안에도 한 집안 소유였다. 게다가 그 밖에도 25개 공장은 확실한 기반을 다진 인도-중국 부르주아 가문의 소유였다. 같은 해 푸에르토리코의 부르주아지는 섬의 중앙공장에서 생산되는 설탕의 57.4퍼센트를 통제했다.[20] 과들루프와 마르티니크의 크리오요 가문들은 식민지 은행(식민지 부동산 은행)으로부터 많은 액수를 대출받았겠지만, 조부 세대보다 더좋은 교육을 받은 이들은 카유 에 콩파니의 기술자들 손에서 공장 관리를 되찾아왔다. 심한 빈곤에 처한 서인도 제도의 플랜테이션 농장주들도 영국 채권자들에게서 벗어나 급속히 성장하는 미국 시장으로 수출을 돌렸다.[21] 바베이도스의 대규모 농장들과 무역 회사들은 플랜테이션 농장과 무역 부문을 통합하여 수직적으로나 수평적으로나 집중화한 기업 집단으로 바꾸어놓았다. 이러한 기업 집단이 부재 소유주를 널리 대체해 1930년경에 부재 소유주가 보유한 토지는 7.4퍼센트에 불과했다.[22]

하나의 계급으로서 식민지 부르주아지는 식민 모국의 업자들에게 거의 아무것도 넘겨주지 않았으나, 1884년의 위기와 거의 20년간 지속된 가격 하락은 고비용의 대출로 자금을 끌어와 팽창하려는 지나치게 야심 찬 계획을 응징했다. 1870년대 말 이집트의 이스마일 파샤를 찾아온 비극(5장 참조)은 도미니카 공화국과 푸에르토리코, 쿠바에서 작은 규모로 되풀이된다. 자신감이 과했던 현지 투자자들과 정부들은 바다 건너 유럽이나 미국의 은행에 자산을 빼앗겼다. 저명한 플랜테이션 농장주들은 불운과 경영 실패, 쿠바 독립 전쟁(1895~1898)의 참사로 농장을 잃었다. 그러나 식민 모국의 투자자들은 대체로 농장의 지속적인 운영을 간절히 원했다.[23] 돈 레오나르도 이가라비데스가 푸에르토리코에 세운 인상적인 설탕 중앙공장이 푸에르토리코 사회의 파벌주의와 부패로 망했을 때, 식민 모국의 은행들과 카유 에 콩파니(이들의 자금이 기계에 투자되었다)는 필사적으로 공장을 구하려 했다. 결국 소용없었지만.[24]

식민 모국의 은행들과 여타 투자자들은 식민지 부르주아지를 경쟁자가 아닌 고객으로 여겼기에, 플랜테이션 농장주들은 제국의 정치와 금융의 중심지에 연결된 네트워크에 더 깊이 뿌리내렸다.[25] 흔히 두 세계에서 동시에 살았던 이 가문들의 이동성이 식민지 영역과 식민 모국 영역 간의 경계를 더욱 흐리게 했다. 앞서 언급한 앳킨스나 에스파냐인 마누엘 리온다 같은 쿠바 설탕 산업의 주요 인물들은 1년 중 일정 기간을 미국에서 살았겠지만 수확기에는 확실히 농장 근처에서 지내곤 했다.[26] 이러한 연결을 통해 식민 모국의 중심지와 설탕 변경 사이에 자본과 인력, 지식이 순환했다. 1840년대에 페루에 와서 그 나라 최대의 사탕수수 플랜테이션 농장주가 된 길데마이스터Gildemeister 가문은 페루 사람이기도 했으나 확실히 독일 사람이기도 했다. 그들은 독일에서 자본과 기술자들을 끌어왔다.[27] 게다가 식민지 부르주아지와 식민 모국 부르주아지 사이의 결혼으로 플랜테이션 농장주 네트워크와 암스테르담이나 월 스트리트의 금융가가 연결되는 일도 드물지 않았다.[28]

몇 세대에 걸쳐 사탕수수 농장이나 그 인근에서 살았던 플랜테이션 농장주 가족들조차 유럽의 최신 생활 방식과 복식을 따랐다. 파리나 베네치아, 스위스의 여행객들 가운데에서는 종종 부유한 플랜테이션 농장주를 찾아볼 수 있었다. 쿠바의 플랜테이션 농장주들은 수확기가 아닐 때면 뉴욕이나 파리, 에스파냐에서 시간을 보냈다.[29] 루이지애나의 어느 플랜테이션 농장주가 그런 여행에서 자와나 쿠바에서 온 동료를 만날 가능성은 컸다. 쿠바나 푸에르토리코의 성공한 기업가들은 농장 경영을 다음 세대에게 맡긴 뒤에는 바르셀로나에 정착했다. 에스파냐의 코스타 브라바Costa Brava에 있는 마을 베구르Begur 같은 몇몇 장소는 쿠바에 친척을 둔 사람들만 사는 진정한 고립 지역이었다.[30] 부유한 네덜란드 플랜테이션 농장주 가족의 일원은 자와에서 태어나 네덜란드에 가끔 다녀갔더라도 은퇴하면 헤이그로 갔다. 바베이도스에서 몇 세대에 걸쳐 지낸 플랜테이션 농장주 가족도 영국을 고향으로 여겼다. 한편 영국령 기아나의 플랜테이션 농장주 가족들은 농장과 영국의 저택을 오가며 지냈다.

플랜테이션 농장주들은 자녀를 미국·영국·프랑스·에스파냐·네덜란드의 고등학교와 대학교에 보냈고, 필리핀과 자와의 메스티소-중국인 설탕 부르주아지도 그렇게 했다.[31] 대학교가 있는 브라질에서도 부유한 사탕수수 플랜테이션 농장주는 아들을, 때로는 딸까지 영국과 프랑스에 보내 교육시켰다.[32] 이는 때때로 단순히 보여주기 위한 속물근성에서 비롯했지만, 최고의 농업 학교나 대학교에 아들을 보내 열대 농업을 배우게 하려는 경우가 더 많았다. 그렇게 교육받음으로써 농장주의 아들들은 공장을 맡아 관리하면서 채권자의 신뢰를 유지할 수 있었다.

유럽의 고급 문화와 교육을 지향한 것이 설탕 부르주아지가 지닌 힘의 원천 중 하나였다면, 또 다른 원천은 가문을 인상적인 사업 네트워크로 발전시킨 방법에 있었다. 이는 19세기에 부르주아지가 일반적으로 활동한 방식과 조금도 다르지 않다. 당시 뉴욕의 경제 엘리트 집단처럼 자와·모리셔스·푸에르토리코·쿠바·하와이·필리핀의 크리오요 사탕수수 플랜테이션 농장주들, 그리고 루이지애나의 프랑스계 미국인 플랜테이션 농장주들도 똑같이 가족을 기반으로 삼았고 결혼으로 결합했다.[33] 부자 집안의 딸들은 부유한 상대를 만나지 못하면 농장을 직접 관리하기도 했고, 루이지애나에서 볼 수 있듯이 때로는 결혼 후에도 자신의 재산을 통제했다. 브라질에서는 농장주의 딸들이 재산 분할을 막고 포르투갈에서 막 떠나온 투기꾼들의 재산 탈취를 피하기 위해 가문 내 사람과 결혼했다.[34]

결혼을 통해 축적된 재산은 플랜테이션 농장주들의 네트워크 안에서 위계를 형성했고, 대개 한 명 이상이 지도자로 인정되었다. 예를 들면 하와이에서는 스물여덟 살이던 1836년에 보스턴에서 배를 타고 들어와 선교원의 회계 관리자로 일한 새뮤얼 노스럽 캐슬(1808~1894)이 지도자였다. 그는 선교원 일을 그만둔 뒤 1851년에 에이머스 S. 쿡과 함께 회사를 차리고 금융 업무도 대행했다. 캐슬은 긴 일생 동안 하와이 설탕 산업 성장을 추동한 힘이었다. 그는 자본과 장비를 공급했고, 샌프란시스코 정제업자들과의 연결을 구축했으며, '하울리 빅 파이브haole Big Five'로 알려진(하울리는 선교사들 또는 다른 미국인과 유럽인 이민자들의 후손을 가리킨다), 선교사 자녀들이 운영한 플랜테이션 농장들을 지원했고, 1863년에 하와이 왕의 추밀원 위원에 임명되었다.[35]

강력한 설탕 부르주아지 가족들은 저마다 조국에서 최고 부자 반열에 올랐다. 예를 들면 루이지애나의 대규모 농장주들은 보유한 노예 수가 1000명을 넘었고 전 재산의 가치가 100만 달러에 달했다. 어떤 이들은 사탕수수 밭까지 길게 이어진 철도를 갖춘 거대한 공장을 여러 개 소유하기도 했다. 예를 들면 레위니옹의 케르베구엔 가문은 섬의 사탕수수 밭을 절반이나 소유했다. 다 해서 면적이 3만 헥타르에 달하는 30개 농장이었다. 페루에서는 1884년의 세계적 설탕 위기 이후 이탈리아 출신의 라르코 가문과 독일 출신의 길데마이스터 가문이 지배적인 지주로 등장했다. 길데마이스터 가문은 1927년에 빅토르 라르코가 설탕 제국을 지나치게 확장했다가 파산했을 때 그의 막대한 재산을 인수하여 페루의 치카마Chicama 사탕수수 지대를 거의 다 장악했다.[36] 부유한 설탕 왕들은 확실히 세계 최고의 부자 반열에 들어갔다. 이는 18세기 말의 래설스 가문과 백퍼드 가문에도 해당한다. 베네수엘라 태생의 토마스 테리 이 아단은 19세기에 아마도 쿠바 최고의 부자였을 텐데, 1886년 파리에서 사망할 때 그의 이름으로 된 재산은 약 2500만 달러였다. 래설스 가족의 일원이 영국 왕 조지 5세의 딸과 결혼한 것처럼, 그의 자녀들도 유럽의 고위 귀족 가문과 혼인했다.

식민지 부르주아지는 씨족적 배타성을 보여주지는 않았더라도 명백히 피아를 구분하는 시각에서 사고하는 가족들의 네트워크였다. 이들은 외부의 매우 강력한 위협도 이겨냈다. 하울리 빅 파이브가 이를 물리친 방식은 환상적이다. 그들은 하와이의 설탕 생산을 완전히 지배하려는 야심을 품은 캘리포니아의 유력한 설탕 정제업자 클라우스 슈프레켈스를 성공적으로 저지했다.

독일에서 무일푼으로 이주한 슈프레켈스는 캘리포니아에서 설탕 사업을 구축하여 눈부신 성공을 거두었다. 그는 설탕 부호로 출세하기 전에 맥주 양조업자로서 재산을 조금 모았다. 남북전쟁으로 루이지애나의 사탕수수 농장들이 파괴되자, 그는 캘리포니아에 필리핀의 사탕수수를 들여와 독일의 기술로 설탕 정제를 시작했다. 설탕 정제로 그는 몇 년 만에 큰돈을 벌었고, 그중 일부를 투자하여 하와이의 왕령지 4만 헥타르를 임대했다. 그는 기민하게도 왕실의 부채를 이용하여 땅을 획득했다. 왕실에 돈을 빌려주어 곤란한 재정 상황에서 벗어나게 해주는 식이었다. 현지의 신문들은 이를 토지 강탈이라며 비난했다. 십중팔구 그의 적인 하울리들이 소유한 신문이었을 것이다.[37]

슈프레켈스는 약 50킬로미터에 달하는 관개 수로에 50만 달러를 투자했으며, 축축한 초록색 버개스를 자동 운반 장치로 끌어와 연료로 쓸 수 있는 최신 기술의 공장을 세웠고, 철도를 통한 운반을 도입했으며, 일찍이 1881년에 전등을 설치했다. 해운 회사를 소유한 그는 하울리 가족들의 농장뿐만 아니라 이 농장까지 캘리포니아에 있는 자신의 공장과 연결했다. 이렇듯 그는 호놀룰루와 샌프란시스코를 잇는 화물과 승객의 운송을 부당하게 독점했다.[38] 하울리 플랜테이션 농장주들이 지배한 하와이 정부로서는 슈프레켈스가 분명 점점 목을 죄어오는 세력으로 보였을 것이다. 슈프레켈스는 현지 협력사인 어윈Irwin & Co.을 통해 하와이 사탕수수의 거의 절반을 장악했다. 게다가 하와이 왕국의

국채를 50퍼센트 이상 보유하여 왕좌 배후의 진정한 숨은 권력자가 되었다.[39]

그러나 슈프레켈스는 불사신이 아니었다. 1884년의 위기로 하와이의 모든 플랜테이션 농장이 타격을 입었을 때 슈프레켈스가 특히 큰 손실을 보았으며, 일설에 따르면 주주를 속여 손해를 끼치고서야 살아남았다고 한다. 적어도 《샌프란시스코 크로니클San Francisco Chronicle》의 어느 기자는 그렇게 생각했다. 그는 그러한 견해를 드러냈다가 거의 목숨을 잃을 뻔했다. 슈프레켈스의 아들 하나가 정신이 나가 그를 총으로 쏜 것이다. 이 사건은 하와이에서 슈프레켈스가 쇠락하고 있다는 첫 번째 징후였다. 1886년에 하울리 빅 파이브는 런던 금융가들에게 막대한 자금을 빌려 금융으로 왕국의 목을 조르는 슈프레켈스에게서 왕국을 빼앗았는데, 이 사건이 분명히 자극제가 되었을 것이다.[40] 그들은 잃었던 입지를 되찾았고, 1898년이면 슈프레켈스의 플랜테이션 농장은 거의 다 하울리 측 회사인 캐슬 앤드 쿡Castle & Cooke과 알렉산더 앤드 볼드윈Alexander & Baldwin의 수중에 들어갔다.[41] 몇 년 뒤, 하울리 빅 파이브의 가족들은 슈프레켈스 가문의 해운 독점을 깨뜨렸고, 1910년에 슈프레켈스 가문의 대양 해운 노선 자체를 장악하여 하와이 설탕 부문에 대한 지배를 완성했다.[42]

바베이도스와 과들루프와 관련하여 이미 보았듯이, 하울리 식민지 부르주아지가 지위를 되찾은 방식 역시 유일무이한 것은 아니었다. 중국인 기업가 가문과 필리핀인 지주의 결합으로 이루어진 필리핀의 플랜테이션 농장주들은 20세기 초 미국이 관리할 때 한층 더 인상적인 복귀를 보여주었다. 20세기 초 미국 투자자들이 필리핀의 설탕 산업을 대규모 자본이 투입된 소수의 중앙공장으로 개편했을 때, 필리핀인 설탕 엘리트들은 금융 수단을 조성해 이 공장들을 수중에 넣었다. 1930년대에 필리핀 사람들은 사탕수수 재배지의 94퍼센트를 소유했고 중앙공장이 생산하는 설탕의 51퍼센트를 통제했다. 20퍼센트는 에스파냐인의 몫이었다. 그리고 필리핀인 설탕 기업가들의 조밀한 네트워크가 등장하여 20세기 거의 내내 나라를 지배하게 된다.[43]

부유한 플랜테이션 농장주와 은행가 가문의 구성원들은 영국과 네덜란드에서 언제나 중요한 정치적 역할을 맡았지만, 페루와 도미니카 공화국, 필리핀 같은 설탕 생산 국가에서는 설탕 왕들의 정치적·경제적 힘이 훨씬 더 큰 영향을 미쳤다. 비올레타 B. 로페스곤사가의 표현을 빌리자면, 그 힘으로부터 삶의 거의 모든 측면이 강력한 설탕 플랜테이션 농장주들의 힘에 휘둘리는 이른바 '설탕의 나라sugarlandia'가 탄생했다. 그들은 지역에 깊이 뿌리내렸지만 동시에 세계적인 설탕 경제에도 통합되었다.[44] 중국계 필리핀인 로페스 가문도 그러한 경우였다. 1830년대 필리핀 방직업까지 가업의 역사가 거슬러 올라가는 그들은 네그로스섬의 설탕 변경에서 큰 재산을 모았다. 이 가문은 20세기 초에 네그로스섬에서 필리핀 최대의 제당소를 소유했다. 그 가문의 일원은 훗날 페르디난드 마르코스 밑에서 부통령을 지낸다.[45] 페루에서는 사탕수수 플랜테이션 농장주들이 19세기 말부터 1931년까지 나라를 지배한 과두 집단의 일부였으며, 1900년에서 1919년 사이 두 설탕 왕이 대통령에 당선되었다.[46] 도미니카 공화국에서는 가업의 창립자인 후안 바우티스타 비치니의 아들이 대통령이 되어 1922년부터 1924년까지 나라를 통치했다. 미국은 1916년에 도미니카 공화국을 점령한 뒤 수렁에 빠졌는데, 그가 협상을 통해 미국의 철수를 이끌어냈다.[47]

아시아에 퍼진 자와 설탕

식민지 부르주아지는 유럽 사탕무 설탕 산업의 기업가들처럼 대체로 1884년의 위기를 극복했지만, 그들의 지위는 약해졌고 그들의 세계는 완전히 변했다. 루이지애나와 자와, 하와이의 설탕 기업가들은 1840년 대와 1850년대에 세운 조합이나 기관을 어쩔 수 없이 개조해야 했다. 새로운 결사체는 노동력 충원이나 임금과 관련해서도 이전에 비해 훨씬 더 큰 영향력을 행사했다. 이 단체들은 전문적인 과학 저널을 발행했으며 사탕수수 실험 농장을 세웠다.

이제 세계 제2의 사탕수수 설탕 수출지가 된 자와는 1884년의 위기 이후 훌륭하게 방향을 조정하는 데 성공했다. 1875년부터 1927년까지 자와의 수출은 열 배 이상 증가했으며, 이러한 성장에는 설탕이 향한 목적지의 완전한 전환이 동반되었다. 자와의 설탕 산업은 유럽에서는 사탕무 설탕 보호무역에 밀려나고 점점 더 강력하게 보호받는 미국 시장에서는 경쟁의 기회가 없었지만, 매우 놀라운 성취를 이루었다. 아시아의 큰 시장들을 점령한 것이다. 1920년대 중반 아시아의 시장들이 자와 설탕의 주된 목적지가 되었다. 40퍼센트는 인도로 갔고 40퍼센트는 중국과 일본을 향했다.[48]

급속하게 산업화한 다른 나라들처럼 일본도 설탕에 익숙해졌고 자체의 설탕 산업을 조성하기 위한 조치에 들어갔다. 19세기 말까지 사탕과자는 장인의 생산품이었지만, 점차 인기를 끌게 되어 판매상을 통해 일본의 거리에 침투했다.[49] 일본 열도의 북쪽에 붙은 식민화한 섬 홋카이도에서 사탕무 설탕 산업을 일으키려는 시도는 독일 기술자들의 도움이 있었는데도 실패했다. 그러나 일본은 스즈키 도사부로 덕분에 다

19세기 말 일본 거리에서 장인이 사탕을 만들어 파는 모습은 점차 흔한 풍경이 되었다. 미국 화가 로버트 프레더릭 블룸의 〈아메야(사탕 가게)〉(1893, 유화).

른 힘을 빌리지 않고 정제 능력을 확보했다. 가난한 사탕 장수였던 그는 백설탕을 생산하기 위해 끈질기게 노력했다. 입수할 수 있는 관련 서적을 모두 읽은 그는 이해하지 못하는 부분이 있으면 대학생들에게 번역을 부탁했다. 그리하여 1890년에 처음으로 설탕 정제 기계를 만들었고, 1896년에 도쿄 제당주식회사를 설립했다.[50] 이 회사는 중국 해안 도시들의 거대 정제업자들과 그리스의 다국적 무역 회사 랄리 브라더스Ralli Brothers와 함께 자와 설탕의 주요 고객이 되었고, 자와 최대의 설탕 공장 하나를 인수하여 귀중한 설탕 생산 기술을 확보했다. 1920년대에 일본의 투자자들은 자와에서 설탕 공장을 다섯 개 보유했다.[51]

설탕은 아시아의 금융 자본주의, 상업 자본주의가 어떻게 당대 세계의 금융 수도인 런던과 무관하게 발전했는지를 보여주는 사례였다. 상인 가문의 세 회사, 즉 자와의 두 회사(바타비아의 매클레인 왓슨Maclaine Watson & Co.과 세마랑Semarang의 맥닐McNeill & Co.), 그리고 싱가포르의 매클레인 프레이저Maclaine Fraser & Co.는 영국 은행에서 벗어나 실로 아시아를 기반으로 한 회사가 되었으며, 1870년대부터 아시아 최대의 유럽인 설탕 무역 상사로 부상하여 점차 아시아 시장으로 눈을 돌렸다. 이 그룹은 랄리 브라더스를 통해 중국 동해안의 정제소 버터필드 앤드 스와이어(타이쿠)와 인도에 자와 설탕을 보내는 주된 공급자가 되었다. 1884년의 설탕 위기 이후 매클레인 왓슨은 자와의 사탕수수 절반을 구매했고 20세기 초에는 때로 3분의 2까지 지배했다.[52]

자와에서 거의 순수한 설탕(자당 함량이 약 99퍼센트인 제품)을 생산하는 능력은 급격하게 성장하여 점차 늘어나는 아시아 도시들의 설탕 수요를 채웠다.[53] 그 설탕은 순도가 높아서 지역의 입맛과 선호도를 쉽게 충족시킬 수 있었다. 인도에서는 구르와 당밀을 섞었고, 중국에서는 결정을 분쇄하여 가루로 만들었다. 중국 동해안에 있던 영국 정제소 버터필드 앤드 스와이어와 자딘 매서슨은 1907년에 광둥에서의 구매를 중단하고 자와로 공급지를 바꾸었다. 중국과 일본으로의 설탕 수출은 물량이 상당해서 네덜란드 해운 회사들이 정부의 지원을 받아 합작 기업을 차려서 직항로를 개설했다.[54] 자와의 설탕 산업은 중국의 농민이 생산한 설탕뿐만 아니라 필리핀과 태국의 정체된 설탕 산업까지 넘어섰다.[55] 영국령 말레이반도의 현대적이고 큰 회사인 피낭 사탕수수 농장 유한회사Penang Sugar Estates Ltd.조차 자와 설탕과 더는 경쟁할 수 없어서 고무로 생산 품목을 전환할 정도였다.[56] 자와의 설탕 공장들은 1884년의 위기를 훌륭하게 극복했으며, 설탕 부르주아지는 그 어느 때보다도 더 강력해졌다. 그렇지만 이 승리의 이면에는 소득이 줄어서 피해를 입은 자와 농민이 있었음을 잊지 말아야 한다.[57]

세계적 사탕수수, 세계적 질병

1884년에 전 세계의 설탕 생산 지대를 강타한 금융 위기는 식민 모국의 대규모 신규 자본 투자로 빠르게 해결되었는데, 그 과정에서 은행들은 설탕 공장들을 정밀하게 조사했다. 자와에는 곧 다른 위기가 닥쳐 금융 위기를 무색하게 한다. 1883년, 플랜테이션 농장주들은 블랙 치르본Black Cirebon 사탕수수●가 때때로 질병에 걸려 레몬그라스처럼 보인다는 사실을 알아차렸다. 그래서 얻은 이름이 '세레 병sereh disease'이다 (세레는 '레몬그라스'라는 뜻이다). 이 재앙 같은 전염병을 뿌리 뽑는 데에는 몇 년이 걸리지만, 이러저러한 질병에 대한 대처는 결국 자당 산출량이 더 많은 혁명적인 사탕수수 품종의 시대를 열었다. 그러나 이 새로운 품종들은 사탕수수 재배지로 널리 확산되어 심각한 과잉 생산을 초래하며, 이는 1920년대 말에 세계 금융 체제의 토대를 다시 뒤흔든다.

전 세계 어디에서나 수확량이 많은 품종을 추구하다 보니 식재되는 사탕수수 품종의 종류가 줄어들어 한 가지 질병이 세계 곳곳의 사탕수수 밭을 파괴할 길이 열렸기에, 식물의 질병은 전 세계적 위협이 되었다. 식물의 질병은 증기선의 속도로 전파되어 수천 킬로미터 떨어진 사

● 자와 북부 해안가의 항구 치르본에서 이름을 얻었다.

탕수수 밭도 폐허로 만들었다. 생물 다양성을 유지하는 전통 농업의 지혜는 대부분의 지역에서 완전히 무시되었지만, 인도의 시골은 달랐다. 인도 농업원예협회India's Agricultural and Horticultural Society는 1840년대에 타이티 사탕수수를 퍼뜨리려 했지만 허사였다. 농부들이 자신들만의 갖가지 품종의 사탕수수를 고수했기 때문이다. 그들의 사탕수수는 소출이 적었으나 유전적 다양성 덕분에 질병으로 수확량 전체를 잃을 위험성은 매우 낮았다. 반대로 식민지 부르주아지는 오로지 산출량이 가장 많은 사탕수수를 찾는 데 집중했다. 타이티 사탕수수는 루이앙투안 드 부갱빌 백작이 1767년에 타이티에서 발견한 이후 세계 곳곳에 퍼져 카리브해 지역과 라틴아메리카 본토의 사탕수수 밭을 지배했다. 그러나 성공은 몰락으로 이어졌다. 적부병赤腐病이 1840년에 모리셔스와 레위니옹에서 시작되어 향후 30년간 브라질(1860), 쿠바(1860년대), 푸에르토리코(1872), 퀸즐랜드(1875), 서인도 제도(1890년대) 등 사탕수수 재배지역으로 확산되었고, 그 결과 수확량이 20퍼센트에서 50퍼센트까지 감소했다.[58]

그 시기에 블랙 치르본이라는 이름의 다른 사탕수수가 이미 자와에서 아메리카로 전해졌다. 블랙 치르본은 18세기 말에 네덜란드령 앤틸리스 제도에 들어간 뒤 카리브해 전역으로 급속히 퍼졌고(쿠바에는 1795년에 도달했을 것이다) 나중에는 루이지애나까지 건너갔다(그곳에서는 루이지애나 퍼플Louisiana Purple이라는 이름으로 불렸다). 자와의 다른 사탕수수 품종으로 크리스탈리나Cristalina라고도 부른 화이트 프리앙간White Priangan은 1840년대에 자와의 유명한 바위텐조르흐Buitenzorg(보고르Bogor) 식물원에서부터 쿠바·아르헨티나·루이지애나·푸에르토리코·타이완으로 퍼졌고, 19세기 말에서 20세기 초에 브라질과 모리셔스, 페루에서도 널리 재배되었다. 그 품종은 재배하기가 쉬운 데다 래 투닝을 여러 차례 반복한 뒤에도 수확량이 유지되었다. 이런 점은 언제 나 노동력이 부족했던 쿠바에서 특히 중요했다.[59]

그러나 질병에 취약하기로는 블랙 치르본과 크리스탈리나도 타이티 품종과 다를 바가 없었다. 세레 병 같은 전염병은 플랜테이션 농장주들 에게 거의 극복할 수 없는 문제를 야기했다.[60] 오늘날이라면 저항력이 강한 새로운 품종의 개발이 해법이 되겠지만, 19세기에는 이종 교배로 저항력을 갖춘 품종을 만들기는 불가능하다는 생각이 널리 퍼져 있었 다. 사탕수수는 오직 무성 생식으로만 번식한다고 추정되었기 때문이 다. 그러나 몇몇 전문가는 1850년대에 자와, 하와이, 바베이도스에서 시도했다가 곧 포기한 사탕수수 육종 실험을 기억해냈다. 이때는 멘델 생물학이 아직 농학에 침투하기 전이었다. 이제 세레 병이 초래한 위기 가 현화 식물의 타가 수분 시도를 자극했다. 1886년에 자와의 세마랑 에 있는 실험 농장에서 F. 졸트베델 박사가 이에 성공했다.[61] 교잡종 사 탕수수의 육종은 19세기 막바지에 시작되어 1920년대가 되면 혁명적 이라 할 만큼 수확량이 많은 교잡종들이 나타나 세계 설탕 생산을 촉진 했으며, 이에 따라 설탕 가격이 급락했다. 실제로 이 성공은 앞서 지적 했듯이 한층 더 큰 재난으로 이어진다.[62]

그럼에도 저항력 있는 사탕수수 품종의 모색은 즉각 플랜테이션 농 장주들의 네트워크가 더 강화되는 효과를 낳았다. 자와에서는 30개 공 장이 공동으로 자금을 모아 1885년에 자와 최초의 실험 농장을 열고 유능한 과학자들을 고용하여 식물 질병을 퇴치하려 했다. 최종적으로 자와에는 정부의 보조금 없이 공장주들의 자금 출자로 사탕수수 실험 농장 세 군데가 유지되었다. 그 시기에 가족 농장이 공동 출자의 유한 회사로 전환되고 기술적·식물학적·화학적 전문화가 강화되면서 전문 경영인이 전면에 부상했다. 이들은 과학을 기반으로 활동한다는 전문 기술자라는 우월 의식이 있었는데 경제력의 집중을 한층 조장했다. 질병 통제라는 전문 기술자의 논리는 사탕수수 농장들을 질서 있는 형태로 결합했고, 이와 동시에 여러 공장이 인력 충원 방식과 노동자 통제에서 서로 긴밀하게 협력했다.

따라서 현대의 설탕 대기업은 가격은 지속적으로 하락하고 식물 전염병이 재앙 같은 피해를 입힐 위험성이 상존하고 노동을 통제하고 인력을 충원하는 어려운 과제에 대처해야 하는 상황에서 세계 시장의 가혹한 경쟁에 단련된 결과물이다. 기술과 과학은 생산을 단일화했고 플랜테이션 농장주들에게 교훈을 안겨주었다. 이 실험 농장들은 식물의 감염을 피하는 최선의 방법을 처방했다. 자와에서 시작된 위생 규정은 루이지애나로 전파되었고, 새로운 전염병이 초록색으로 일렁이는 들판을 지워서 없애지 못하도록 어린 사탕수수를 아주 세심하게 다루었다.

기적의 사탕수수, POJ 2878

자와 설탕 산업이 세레 병에 효과적으로 대응하고 1884년의 신용 위기를 빠르게 극복한 것은 식민지 부르주아지의 회복력과 혁신적 정신을 증언한다. 면적당 수확량을 늘리기 위해 늘 최선을 다한 자와의 플랜테이션 농장주들이 앞장섰다. 그러나 거의 즉시 루이지애나와 바베이도스, 그리고 모리셔스의 프랑스인 플랜테이션 농장주들이 뒤를 따랐다. 그들은 1860년 이래로 유명한 팡플레무스 식물원Pamplemousses Botanical

Garden의 연구 과제에 막대한 영향을 끼쳤으며 1892년에 농경 연구소를 설립했다.[63] 세계 곳곳의 식민지 부르주아지는 농업을 연구하고 지식을 전파할 전문 연구소를 설립하고 자금을 댔다. 설탕 실험 농장이 급증하면서 광범위한 육종 프로그램과 기타 식물학 연구가 촉진되었다. 연구소는 자와(1885), 루이지애나(1886), 바베이도스(1887), 모리셔스(1892), 하와이(1895), 쿠바와 퀸즐랜드(1900), 페르남부쿠(1910), 푸에르토리코(1911), 인도의 코얌부투르Koyamputhur(코임바토르Coimbatore, 1912)에 등장했다.

플랜테이션 농장주들은 실험 농장을 기꺼이 지원했지만 실험 농장이 최고로 어려운 문제들도 해결해주기를 기대했다. 겨울의 냉해와 노동력 부족에 시달린 루이지애나의 플랜테이션 농장주들은 사탕무 설탕에 적용된 발산 기술에 희망을 걸어 그 기술이 사탕수수 설탕 제조도 혁명적으로 바꿀 수 있기를 바랐다. 사탕수수를 사탕무와 똑같은 방법으로 얇게 썰어 뜨거운 물에 집어넣으면 자당이 세포막을 통해 빠져나오리라 생각한 것이다. 루이지애나의 플랜테이션 농장주들은 과들루프의 실험에서 이 기술을 알게 되었고, 과들루프는 19세기 초 프랑스 사탕무 설탕 선구자인 마티외 드 동바즐의 연구에서 영감을 얻었다.[64] 1880년대에 루이지애나의 총독을 역임한 인물로, 루이지애나의 플랜테이션 농장주 중에서도 핵심 인물이었던 헨리 C. 워머스가 소유한 플랜테이션 농장 매그놀리아Magnolia에서 세간의 이목을 끈 실험이 진행되었다. 워머스는 루이지애나 설탕이 시장에서 쿠바 설탕과 경쟁할 수 없다는 사실을 뼈저리게 인식한 인물이었다.

워머스는 독일과 프랑스로 건너가 사탕무 설탕 공장에서 발산 과정을 직접 지켜보았다. 그뿐만 아니라 미국 농업부의 선임 화학자 하비 와일리의 전폭적인 협력을 얻어내 실험을 진행했다. 세계 곳곳의 사탕수수 플랜테이션 농장주들은 사탕수수에 발산 기술을 적용한 실험이 성공했다는 소식을 들었다. 여기에는 특히 루이지애나의 기술자로 당시 파리에서 살던 릴리외가 개발한 최신 모델의 진공 팬이 쓰였다.[65] 와일리의 제안에 따라 1885년에 뉴올리언스 인근에 실험 농장이 설립되었고, 하버드 대학교에서 공부한 화학자들이 그곳에서 일하며 그 기술을 신속하게 선도적 설탕 기업에 쓸 수 있기를 희망했다. 그러나 발산은 상업적 용도로는 사탕수수에 효과가 없었다. 버개스를 낭비하며 과도한 에너지를 사용했을 뿐이다. 이에 몹시 실망한 워머스는 1888년에 사탕수수 농장과 공장을 매각했다. 그렇지만 실험 농장의 가치는 사라지지 않았다. 그곳에서 훈련받은 설탕 화학자들 덕분에 공장이 사탕수수 가공을 더 잘 통제할 수 있었기 때문이다. 이러한 훈련은 1891년에 학교 형태로 제도화했고, 몇 년 만에 쿠바, 푸에르토리코, 에스파냐, 콜롬비아에서도 학생들이 왔다.[66]

한편 자와의 파수루안Pasuruan에 있던 실험 농장은 세계적인 사탕수수 연구 센터로 떠올랐다. 1929년에 연구원과 연구 보조원 60명이 일하던 실험 농장은 저항력을 가진 '야생' 사탕수수를 재배 중인 사탕수수와 교잡하는 프로그램에 성공하여 세계적으로 유명해졌다. 그 덕에 파괴적인 모자이크병의 세계적 확산이 저지되었다. 자와에서 시작된 이 질병은 아르헨티나를 거쳐 아메리카로 들어간 것으로 보이며, 아르헨티나에서 카리브해 지역과 루이지애나로 확산되었다.[67] 토착종과 외래종으로 15년간 이어진 실험 끝에 마침내 1921년에 POJ 2878 사탕수수로 깜짝 놀랄 만한 획기적 발전이 이루어졌다. POJ는 동부 자와에 있던 실험 농장의 네덜란드어 이름 프루프스타티온 오스트-자

1920년경 인도네시아 파수루안 실험 농장에서 노동자가 타가 수분을 한 뒤에 사탕수수 암꽃을 격리하고 있다. 교잡을 통한 개량 사탕수수 품종의 개발은 19세기 말의 중요한 성취였다.

바Proefstation Oost-Java의 두문자 약어다.

대단히 중요한 이 사탕수수 품종은 모자이크병에 저항력이 있었을 뿐만 아니라 수확량도 많았다. 진정한 사탕수수 혁명이었다. 이 품종은 1926년에 공식적으로 도입되기 한참 전부터 루이지애나와 푸에르토리코에 널리 퍼졌다. 루이지애나에서 POJ는 1911년 이래로 85퍼센트까지 급락한 사탕수수 수확량을 회복하게 했다. 1920년대에 자와에 설탕 공장 다섯 개를 소유한 일본 기업가들은 POJ 2878과 다른 POJ 품종들을 식민지 타이완으로 가져갔다. 1930년대에서 1950년대 사이에 파수루안 교잡종들은 자와, 모리셔스, 타이완은 물론 아메리카의 사탕수수밭까지 점령했다. 1912년에 설립된 인도 코얌부투르 실험 농장은 POJ

품종들을 자체의 교잡종과 다시 교배했으며, 필리핀에서는 1930년대에 파수루안 품종들이 하와이 사탕수수와 함께 토착종 사탕수수를 대체했다.[68]

POJ 사탕수수는 카리브해 지역에서도 지배적 품종이 되었다. 그곳에서는 처음에는 존 레드먼 보벨의 식물원에서 개발한 교잡종이 영국령 서인도 제도의 사탕수수 농장들을 구한 다음, 과들루프와 마르티니크뿐만 아니라 덴마크령 버진 제도까지 전파되었다. 푸에르토리코에서 이 사탕수수는 절정기에 그 사탕수수 밭의 40퍼센트 이상을 뒤덮었다.[69] 그러나 바베이도스 품종들은 단연 카리브해 지역의 가장 중요한 설탕 생산지인 쿠바까지 도달하지는 못했다. 쿠바의 설탕 공장주들은 기민한 기업가였지만 그런 사안에는 관심이 없었다. 그들 다수가 직접 사탕수수를 재배하지 않고 농부들에게서 사탕수수를 매입했기 때문이다. 그러나 쿠바에서 광대한 면적의 사탕수수 밭을 소유한 앳킨스는 생각이 달랐다. 그는 파괴적인 쿠바 독립 전쟁이 끝난 후 하버드 대학교의 과학자들과 의논했고, 자신의 솔레다드Soledad 농장에 열대 연구와 사탕수수 연구를 위한 하버드 식물원Harvard Botanical Station for Tropical Research and Sugar Cane Investigation을 설립했다. 그러나 '하버드'라는 이름이 붙은 그 새로운 사탕수수 품종은 쿠바의 사탕수수 농장에 모습을 드러내지 못했다.[70] 그렇지만 모자이크병이 쿠바의 밭을 폐허로 만드는 동안 다른 곳에서 POJ 품종들이 계속 많은 수확량을 내자, 쿠바의 설탕 공장과 사탕수수 농장은 태도를 바꾸었다. 그때 이후로 POJ 품종들이 점차 크리스탈리나를 대체하여 1943년이면 쿠바 사탕수수 밭의 63퍼센트를 차지한다.

파수루안 사탕수수가 바베이도스 교잡종보다 더 깊은 인상을 주기는 했지만, 두 품종의 역사는 과학 지식이 어떻게 세계적으로 전파되었는지를 보여주는 증거다. 가장 두드러진 특징은 여러 방향으로 식민지의 경계를 넘었다는 사실이다. 파수루안과 바위텐조르흐(보고르), 코얌부투르, 바베이도스의 실험 농장은 런던의 큐 식물원이나 네덜란드의 바헤닝언 농업 대학교Landbouwuniversiteit Wageningen(LUW) 같은 식민 모국 기관의 지원을 받았기에 분명한 목적의식을 가지고 저마다의 후원자에게 충성했다. 그렇지만 개별 과학자들은 당국이 좋아하든 싫어하든 재료를 교환했다. 1930년에 네덜란드 식민지 당국이 귀중한 식물 자원의 수출을 금지했지만, 때는 이미 늦었다.

신품종 사탕수수의 도입이나 전염병 퇴치의 혁신이 세계에 가한 충격 때문에 사탕수수 전문가들은 유명 인사가 되었다. 세계 곳곳에서 그들의 전문 지식을 요청했다. 그중에 월터 맥스웰은 독일에서 공부한 뒤 루이지애나의 실험 농장 관리자가 되었다. 1895년, 하와이의 플랜테이션 농장주들이 그를 고용하여 새로 세운 실험 농장을 맡겼다. 그들은 분명 잘했다고 자축했을 것이다.[71] 그러나 하와이가 맥스웰의 마지막 일터는 아니다. 퀸즐랜드 정부가 현지 설탕 정제업자들의 강력한 권유에 따라 맥스웰을 초빙하여 사탕수수 밭을 점검하게 했다. 그곳 사탕수수 밭은 지력이 고갈되어 수확량이 급감하던 중이었다. 맥스웰은 재배 방식이 허술하다고 평가하고 세 개의 실험 농장을 세우라고 권고했다. 오스트레일리아 퀸즐랜드 주정부는 그의 조언을 존중했을 뿐만 아니라 그에게 실험 농장들의 전담 관리를 제안했고 그는 그 제안을 수용했다.[72] 1926년, 하와이 실험 농장은 파수루안 실험 농장의 과학자 A. J. 망겔스도르프를 고용하여 사탕수수 교잡 프로그램을 개발하게 했다. 이로써 전문가들의 순환이 완료되었다.

마치 설탕 생산자들 사이에 극심한 경쟁은 없었던 것처럼, 과학자들은 기회가 되면 언제든지 외국의 동료들과 협력했다. 신성로마제국 황제 프리드리히 2세가 시리아에서 자신이 왕좌에 오른 시칠리아로 설탕 기술자들을 데려온 이래로, 이들은 늘 두루 여행했다. 20세기에 네덜란드인 헨드릭 쿤라트 프린선 헤이를러흐스처럼 매우 뛰어난 전문가의 이름은 세계 곳곳의 사탕수수 설탕 제조업자 모두가 다 알았다. 그는 사탕수수 설탕 산업과 관련한 권위 있는 연구서들을 썼을 뿐만 아니라 설탕 화학에 관한 논문 수백 편과 도서 수십 권을 썼다. 1920년대에는 자와의 주된 경쟁자인 쿠바의 동료들과 함께 설탕 생산의 감축 관리 계획을 마련함으로써 세계적 균형에 닥칠 재앙을 막으려 했다. 그가 사망했을 때, 부고는 그를 세계 전체의 설탕 산업에 기여한 과학자라고 알렸다. 적절한 설명이다.[73]

8

세계적 설탕, 국가적 정체성

20세기 말에 사탕수수와 사탕무를 가공하는 산업 기술은 점차 표준화했다. 이 분야에서도 과학 저널과 실험 농장 덕분에 최선의 작업 방식이 출현했다. 그러나 과학이 세계 곳곳에 퍼지고 자금을 몇 시간 안에 보낼 수 있게 되었어도 노동력은 언제나 대대적 신체 이동을 수반했다. 밭에서 사탕수수나 사탕무를 수확하기 위해 데려온 수많은 노동자는 농촌의 사회 조직을 근본적으로 바꾸어놓았다. 17세기에 아프리카인 노예가 서인도 제도와 프랑스령 앤틸리스 제도로 유입되었을 때 그런 상황이 벌어졌음을 앞에서 이미 언급했다. 그 섬들은 불과 몇 년 만에 유럽인 정착지에서 플랜테이션 농장 지대로 바뀌었고 유럽인 정착민들은 소수 집단으로 바뀌었다. 사회 전체의 종족 구성을 근본적으로 바꾸어놓을 수 있는 설탕의 잠재력은 그때 이후로 계속 커졌다. 19세기가 지나면서 세계 설탕 생산은 열 배로 증가했고 사탕수수 밭과 사탕무 밭으로 거대한 이주의 흐름이 이어졌다.

가난한 설탕 노동자들이 집단 이주에 보인 반발은 20세기에 들어설 무렵에 절정에 달했지만 사실 18세기 말부터 시작된 일이다. 당시 노예제 폐지론자들은 노예제와 플랜테이션 농장, 폭력이 함께 가고, 이와 마찬가지로 소농 농업과 평화, 안정이 함께 간다는 관념을 제시했다. 평화로운 소농의 사탕수수 생산 대 폭력적이고 억압적인 플랜테이션 농장의 생산이라는 이분법은 벤저민 러시가 토머스 제퍼슨에게 보낸 공개서한에서도 드러난다. 그 서한에서 러시는 사탕수수 플랜테이션 농장에서 생산되는 설탕을 단풍당으로 대체하자고 제안했다(3장 참조). 1811년에 아하르트가 사탕무 설탕 생산 방법에 관해 쓴 설명서가 유럽 각지에 퍼진 이후로 사탕수수 플랜테이션 농장의 설탕을 대체하는 것은 중대한 정책 의제가 되었다(4장 참조). 여러 저자가 사탕수수 설탕보다 사탕무 설탕을 도덕적으로 선호하는 아하르트의 태도를 지지했다. 그들에게 사탕무 설탕은 노예제나 '쿨리 무역'의 오점이 없는 독자적 재배 방식의 결과물이었다.

19세기 말, 농장과 공장, 전통적인 방식으로 생산되는 설탕과 공장에서 생산되는 설탕, 농촌의 소비와 도시의 소비 사이의 경쟁 관계에 생산과 소비의 양식 변화가 드러나면서, 설탕은 국가적 정체성이나 정치적 정체성 문제로 떠올랐다. 원심분리기로 만들어진 백설탕이 도시에서 소비되는 설탕의 표준이 된 반면, 당시 세계 주민 대다수의 거주지인 시골에서는 원당이 널리 소비되었다. 1870년대까지 대부분의 설탕은 여전히 정제되지 않은 원당이었고, 세계 여러 곳에서 농사 주기의 중요한 일부로서 농가 소득에 보탬이 되었으며, 그에 따라 농촌의 회복력에 중요하게 기여했다. 예를 들면 인도의 농민은 자신들의 땅에서 설탕 생산을 산업화하려는 영국인들의 시도를 저지했다. 남아시아에서는 20세기 중반까지도 여전히 구르가 원심분리기로 생산된 공산품 설탕을 압도했으며, 당시 라틴아메리카에서는 10만 개가 넘는 소규모 전산업적 제당소가 원당을 생산했다. 오래된 전산업적 설탕 생산 방식은 농촌에서 잘 살아남았고, 세계 시장에서 설탕 가격이 하락하여 설탕 생산에서 규모의 경제가 필요해졌는데도 이를 용납하지 않았다.

세계 주요 사탕수수 설탕 생산지의 정치 문화와 정치 제도에는 노예제의 긴 그림자가 드리웠다. 이는 분명한 사실이다. 노예제가 세계 사탕수수 설탕 수출량의 절반을 책임지고 있던 것이 그리 오래전 일도 아니다. 19세기 중반까지도 사정이 그러했다. 아메리카에서는 그 시기에 노예제 폐지라는 대의에 중대한 국면이 펼쳐졌다. 만약 쿠바와 미국 남부 주들의 노예 소유주들이 서로 힘을 합쳤다면 그들의 지위는 더욱 공고해졌을지도 모른다. 이는 결코 가설에 그치지 않는다. 라틴아메리카가 혼란에 빠지고 쿠바가 미국의 이익에 지극히 중요하다고 생각되던 1822년에 이미 미국 대통령 제임스 먼로는 이를 진지하게 고려했다.[1]

남부 주들에서 견고한 정치적 기반을 가지고 있던 제임스 뷰캐넌은 국무부 장관과 영국 주재 대사, 그리고 미국 대통령(1857~1860)의 정치인 이력 내내 에스파냐로부터 쿠바를 매입하자고 주장했다.[2] 뷰캐넌의 이러한 노력은 루이지애나 플랜테이션 농장주들에게 열렬한 지지를 받았다. 이들의 입장을 대변한 《디보스 리뷰》는 1850년에 이렇게 주장했다. "우리 국민 거의 대다수의 마음속에는 쿠바의 영유가 국가의 바람직한 발전과 안보에 필수적이라는 확신이 확고하게 자리 잡고 있다."[3] 확실히 미국 남부의 노예 소유주들은 풍요로운 섬 쿠바의 병합을 환영했을 것이다. 그렇게 되면 미국 내에서 노예 보유 주들 쪽으로 힘의 균형이 기울어질 것이었다. 다만 그러한 조치에 대한 북부 주들의 저항을 과연 극복할 수 있느냐가 문제였다. 이는 만만찮은 문제였다. 남북전쟁 직전인 1860년에 뷰캐넌 대통령이 직접 불법 노예무역을 끝내기 위해 쿠바 노예들의 해방에 찬성한다고 밝혔기 때문이다. 그의 이 발언은 루이지애나와 쿠바 설탕 생산자들의 이익을 위해서가 아니라 북부 주들의 지지자들이 가한 압력 때문에 나왔음이 분명하다.[4]

남북전쟁의 대포가 굉음을 내뿜을 때, 6장에서 다룬 아일랜드 경제학자 케언스는《노예 소유주의 권력》에서 노예제에 입각한 격세유전적이고 폭력적인 경제 체제가 우세를 차지할 위험성이 있다고 경고했다. 남부가 내전에서 승리하여 쿠바와(그리고 브라질과) 제휴했다면, 노예 소유주들은 미국의 지배적 정치 세력으로 부상했을 것이다. 실제로는 남부의 항복이 쿠바에 곧바로 강력한 영향을 미쳤다. 쿠바에 아프리카인 노예를 공급한 미국 선박들이 어쩔 수 없이 밀매를 중단해야 했기 때문이다.[5] 쿠바의 플랜테이션 농장주들은 노예제의 시대가 얼마 남지 않았고 공업 측면에서 앞서간 동료들은 노예무역의 완전한 금지를 선호한다는 사실을 알아차렸다. 미국의 일부가 되려는 농장주들의 바람이 무산되고 불법 노예무역에 에스파냐의 보호도 더는 필요하지 않았기에, 시몬 볼리바르 시대 이래로 잠잠했던 공화주의 정신이 다시 깨어났다. 쿠바의 10년전쟁(1868~1878)은 그 섬의 국민 정체성을 결정하는 중대한 계기였다. 쿠바인이라는 정체성의 토대는 인종 통합이라는 공통의 인식이었다. 1868년에 쿠바의 일부 지역에서 자연스럽게 노예제 폐지가 시작되었고, 1880년에 도제살이가 이어졌으며, 그 뒤 1886년에 완전한 해방이 이루어졌다.[6]

설탕 대 공화주의

노예제와 차별 없는 시민권을 위해 분투하는 공화주의적 민족주의 사이의 근본적 갈등은 미국 남북전쟁과 쿠바의 10년전쟁에서 폭력적으로 분출되었다. 1816년, 시몬 볼리바르와 그의 추종자들이 노예제 폐지의 기치를 들고 아이티의 지원을 받아 에스파냐에서 벗어나기 위한 군사적 해방 작전에 돌입했을 때, 그들이 품고 있던 민족 정체성 개념은 협소했다. 그 토대는 전적으로 인종적인 관점에서는 아닐지언정 적어도 문화적 관점에서는 상상 속 백인 크리오요(아메리카 태생) 유럽인 정체성이었다. 이렇게 제한적인 개념의 정체성을 가졌지만 그래도 그들은 플랜테이션 농장의 대규모 노예제에 반대했다. 노예의 수가 백인 크리오요보다 훨씬 많았기 때문이다. 설탕 생산과 백인 공화주의를 연결하는 최선의 방법은 1850년 이후 수백만 유럽인 이주의 물꼬를 트는 것이었다. 그러나 노예살이 계약을 받아들일 유럽인 이주자는 거의 없었고, 사탕수수 플랜테이션 농장은 저임금의 굴종적인 노동자가 있어야만 생존할 수 있었다. 백인 정착민 공화주의와 플랜테이션 농장 경제 사이의 갈등은 쿠바와 루이지애나, 브라질뿐만 아니라 노예 기반 설탕 생산의 역사가 없고 19세기에 새로운 설탕 생산지로 부상한 도미니카 공화국, 아르헨티나, 오스트레일리아에서도 생겼다. 갈등이라고만 할 수는 없겠다. 둘은 양립하기 어려웠다.

세계 최대의 사탕수수 설탕 수출지인 쿠바에서 플랜테이션 농업과 공화국 사이의 모순을 어떻게 극복해야 할지는 오랫동안 엘리트층의 마음을 괴롭힌 문제였다. 1840년대 쿠바 주재 영국 영사로 헌신적인 노예제 폐지론자였던 데이비드 턴불은 이렇게 말했다. "쿠바의 크리오요 애국자들의 큰 목표는 즉시 백인 인구를 늘려 아프리카인의 유입이 필요하지 않게 만드는 것이다."[7] 그 애국자들 중에는 놀랍게도 프란시스코 데 아랑고 이 파레뇨가 있었다(4장 참조). 그는 생애 막바지에 쿠바 경제와 엘리트가 노예제에 과도하게 의존하게 된 것을 애석하게 생각했다. 그는 쿠바의 이베리아인적 특성을 지키기 위해 인종주의적 편견을 깨자고, 더불어 노예를 점진적으로 해방하고 노예무역을 실질적으로 금지하자고 간절히 호소했다. 1788년에 쿠바의 노예무역을 발전시킬 방법을 알아내고자 영국으로 갔던 사람, 에스파냐 정부에 영국과 체결한 조약을 무시하고 쿠바의 노예 수입을 금지하지 말라고 강력히 촉구했던 사람이 이제 노예 해방은 불가피할 뿐만 아니라 쿠바가 문화적으로 에스파냐의 섬으로 남는 데 지극히 중요하다는 점을 깨달은 것이다.[8]

턴불이 쿠바에서 그런 의견을 내놓았을 무렵, 브라질의 역사지리연구소Instituto Histórico e Geográfico Brasileiro(IHGB)는 자국의 역사를 어떻게 써야 할지 그 방향성을 두고 견해를 겨루는 대회를 열었다. 우승자인 카를 프리드리히 필리프 폰 마르티우스는 논문에서 브라질 사회가 세 대륙 출신의 이주자들이 모여 만들어졌다고 인정하면서도 백인에게 문명화의 사명이 부여되었다고 주장했다. 노예로 들어온 아프리카인들이 국가의 발전을 가로막고 있기 때문이라고 했다. 그들을 들여오지 말아야 했다는 것이다.[9] 브라질이 갓 독립 왕국이 되었을 때인 20년 전, 브라질 사람 프란시스쿠 소아리스 프랑쿠도 비슷하게 '유색인'이 브라질에서 압도적으로 많다고 지적했다. 소아리스는 브라질을 반드시 '희게' 만들어야 한다고 보았는데, 그렇게 하려면 유럽인의 이주가 매우 중요했다. 그의 생각에 흑인 브라질인은 내륙의 광산이나 플랜테이션 농장에 처박아야 했다.[10] 마르티우스와 소아리스보다 더 쌀쌀맞게 말할 수 있는 사람은 아마 없을 것이다. 그들은 브라질 주민들 중 아프리카인은 그 피를 '묽게' 하거나 공개된 장소에서 치워버려야 한다고 말했다.

쿠바의 엘리트들과 똑같이 브라질의 지식인들도 유럽이 아닌 다른 곳에서 이주민을 들이는 데 반대했다. 이들은 1870년대 초에 브라질 플랜테이션 농장주들이 노예무역 금지 이후 점차 심각해진 노동력 부족을 해결하기 위해 중국인 노예살이 계약 노동자를 들여오려 하자 이를 맹렬히 비난했다. 페루와 쿠바로 '쿨리'가 밀매된 끔찍한 이야기에 이미 화들짝 놀란 영국이 중국에서의 영향력을 이용하여 방해했기에 그 계획은 실행될 수 없었다. 일본인 노동자가 일부 고용되기는 했지만, 브라질은 주로 이탈리아인과 기타 유럽인의 초청 이민 쪽으로 방향을 돌렸다.[11] 그리하여 이중적인 브라질이 출현했다. 1890년의 인구조사에 따르면 상파울루가 중심인 남부는 백인이 다수를 차지했고, 오래된 사탕수수 농장 지대인 북동부는 아프리카계 주민이 압도적으로 많았다.[12]

뱃삯이 저렴한 증기선 덕분에 수천만 명의 유럽인과 아시아인이 대양을 건너 공업과 농업의 일자리를 찾아 이주하면서 브라질에서 일어난 일은 아메리카의 일반적 유형이 되었다. 1845년 아일랜드 감자 기근 때부터 1920년대까지 유럽 인구의 거의 3분의 1이 아메리카와 오스트레일리아로 이주하여 그곳 사회의 인종 구성을 바꿔놓았다. 게다가 유럽인의 유입에는 다른 대륙 출신 이주자들을 배제하는 정책이 뒤따랐다. 브라질 정부가 설탕 생산의 우세를 점하면서 대규모 백인 이주를 후원하기 시작한 이후, 쿠바도 10년전쟁으로 노예제의 점진적 폐지 기틀이 마련되자 비슷한 길을 걸었다. 플랜테이션 농장이 사탕수수를 재배하는 방식에서 중앙공장 제도와 콜로노스colonos로 알려진 농민이 그 일을 대신하는 방식으로의 이행이 시작되었기 때문이다. 백인의 대규모 이주도 뒤따랐다. 10년전쟁에서 1920년대 사이에 약 130만 명의 에스파냐인이 쿠바로 이주했다. 그들 중 다수가 나중에 돌아가기는 했지만, 이로써 쿠바의 인종 구성이 결정적으로 바뀌어 공식적으로 백인으로 등록된 인구는 19세기 중반에 50퍼센트에서 1920년대에 70퍼센트로 증가했다.[13]

1821년에 인접국 아이티로부터 짧게 독립했다가 1822년부터 1844년까지 다시 그 나라의 지배를 받은 도미니카 공화국의 엘리트층은 아프리카인의 유입을 반대한다는 점에서 아마도 가장 극단적인 태도를 보였을 것이다. 이들은 유럽 문화이기는 해도 앵글로색슨 문화와는 다른 이스파니다드Hispanidad, 즉 라티니다드Latinidad의 민족 정체성을 우대하는 담론을 받아들였다. 20세기 말 도미니카 공화국의 대통령직을 마지막으로 긴 정치 이력을 끝낸 시인 호아킨 발라게르는 이 이데올로기를 옹호했다. 그러나 역사적으로 더 중요한 것은 그가 1930년부터 1961년까지 지속된 라파엘 트루히요 독재 체제의 주된 이데올로그로서 수행한 역할이다. 그 체제는 흑인 인구의 감소와 물라토 및 메스티소 비율의 확대를 날조하고자 인구 조사를 조작했다.[14] 이렇게 맹렬하게 이스파니다드를 주장하는 데 설탕이 큰 도움이 되었다. 1880년대 이래로 쿠바인·미국인·도미니카인 플랜테이션 농장주들은 섬을 설탕 생산지로 만들고 점점 더 많은 아프리카계 카리브해 지역 사람들을 노동자로 고용했다. 도미니카 공화국의 정치 엘리트들은 이러한 유입을 봉쇄하려 했지만, 쿠바의 경우와 대조적으로 에스파냐 출신의 노동자를 고용하지는 않았다. 그 대신 카나리아 제도의 야심 찬 소농들의 이주를 장려하여 그들을 사탕수수 재배 농민으로 정착시키려 했다. 이 계획은 대체로 실패로 돌아가는데, 설탕 산업에 종사하면 품위 있는 생활이 보장되지 않았기 때문이다.[15]

아르헨티나도 도미니카 공화국과 동일한 난제에 직면했지만, 그곳의 사탕수수 플랜테이션 농장주들은 오스트레일리아의 농장주들처럼 새로이 부상하는 설탕 산업과 백인 정체성의 증진을 결합하는 데 크게 애를 먹지 않았다. 아르헨티나는 대규모 설탕 생산지로 부상했을 때 자국에 중요했던 아프리카인을 역사에서 지워버렸다. 아르헨티나의 아프리카인은 19세기가 지나면서 무관심과 학대로 그 수가 크게 줄었다. 아르헨티나의 백인화는 1868년부터 1874년까지 대통령을 지낸 도밍고 F. 사르미엔토가 주도하여 표현하고 실행했다. 그는 자국에 문명을 가져오기 위해 유럽인 이민에 기댔다.《파쿤도, 문명과 야만Facundo: Civilization y Barbarie》(1845)이라는 저서에서 그는 자국의 끝없는 팜파스를 돌아다닌 여정을 기록하며 그곳이 하상 교통, 전신·철도를 통한 문명화를 기다리는 야만스러운 황야라고 개탄했다.[16] 사르미엔토가 대통령으로 통치하던 시기에 부에노스아이레스에서 북서부의 투쿠만까지 철도가 건설되어 그곳이 설탕 변경으로 개발되었다. 그로써 아르헨티나는 돌연 세계 설탕 생산지 10위 안에 들게 되었다. 카유 에 콩파니의 협력사 피브릴의 대표이기도 한 프레데리크 바롱 포르탈리스가 이끈 프랑스 상인들이 부에노스아이레스에 정제소를 세웠다. 이로써 아르헨티나 설탕 산업의 정치적 영향력은 더 강해졌다. 1894년에는 아르헨티나 설탕조합Argentine Sugar Association이 출현했다.[17]

아르헨티나 설탕 정제업자들은 관세 장벽을 유지하여 쿠바와 자와, 브라질에서 생산된 저렴한 설탕의 수입을 계속 막아야 한다고 강조했다.[18] 이들의 주장에 따르면, 자신들의 설탕은 퀸즐랜드의 설탕만큼이나 인종적으로 흰 반면에 다른 설탕 생산자들은 여전히 노예나 예속 노동자를 고용했다. 실제로 오스트레일리아는 노동력 충원 비용이 증가하고 사탕수수 밭의 끔찍한 학대로 멜라네시아인 노예살이 계약 노동자의 유입이 감소하자 퀸즐랜드 사탕수수 플랜테이션 농장을 개편했다. 20세기에 들어설 무렵 퀸즐랜드는 백인 소농 생산자들에게 기대어 중앙공장에 사탕수수를 공급하게 했고 유럽 출신이 아닌 농업 노동자의 유입을 봉쇄했다. 그러나 투쿠만의 상황은 에스파냐령 카리브해 섬들과 비슷하게 토지 보유 형태가 극도로 왜곡되었다. 자체의 제당소를 포기한 큰 농장들이 있었고, 사탕수수를 재배하는 소농이 있었으며, 소작농도 있었다. 소작농 중에는 시민권이 없고 토지에 대한 권리도 불확실한 이탈리아인과 에스파냐인 이주민들이 있었다. 대부분의 사탕수수는 주로 아메리카 원주민의 후손인 5만여 명의 계절노동자가 수확했다.[19] 투쿠만과 퀸즐랜드의 많지 않은 공통점 중 하나는 오스트레일리아의 그 설탕 변경도 수천 명의 이탈리아인 이주자를 고용했다는 것이다. 그들은 시민으로 인정받기는 했으나 이등 시민의 대접을 받았다.[20]

하와이의 하울리 빅 파이브 플랜테이션 농장주들은 오스트레일리아와 쿠바의 농장주들이 그랬던 것과 거의 동시에 유럽인 노동자를 들여오기 시작했다. 섬을 백인 정착민의 공화국으로 만들고 미국의 깃발 아래로 들어가겠다는 원대한 목표를 실현하려는 노력의 일환이었다. 그들의 목표는 자신들이 생산한 설탕이 미국의 국내 제품으로 인정받는 것이었다. 그렇게 되면 기존의 관세는 사라질 터였다. 그러나 1878년에서 1911년 사이에 하와이의 사탕수수 밭으로 건너온 1만 6000명의 포르투갈인 노동자를 제외하면, 유럽인 노동자의 충원은 상호 비난으로 끝났다. 예를 들면 1898년에 폴란드 갈리치아에서 이주한 365명은 기술직에 고용한다는 약속을 받고 왔지만 사탕수수 밭으로 보내져 독일인 감독의 엄한 감시를 받으며 노예살이를 했다.[21] 그 뒤로 갈리치아인은 오지 않았다. 그런 후에 하와이 농장주들은 푸에르토리코로 모집인을 보냈다. 그곳은 대다수 주민이 미국의 관리를 받는 백인으로 분류되었다. 푸에르토리코인 5000명이 긴 항해 끝에 하와이에 도착했지만, 그들은 앞서 유럽인 노동자들이 그랬듯이 곧 속았다고 생각했다. 그 후로 하와이의 플랜테이션 농장주들은 '코케이션' 노동력을 확보하려는 야심을 포기했다. 1907년에 미국의 아시아인 배제 정책으로 중국인 노동자의 이주가 막히고 일본인 노동자의 이주가 거의 불가능해졌기에, 그들은 당시 미국 식민지였던 필리핀에서 노동자를 데려오기 시작했다. 그러나 이 또한 당장에 성공을 거두지는 못했다. 노동력이 절실히 필요했던 하와이 플랜테이션 농장주들은 심지어 오래된 선교원 네트워크까지 이용하여 조선의 기독교도 7000명을 고용하기도 했다. 당시 조선의 법에 따르면 이는 불법적 활동이었다.[22]

사탕수수 농장들은 배외주의적 이민 정책에 맞서 싸웠다. 그런 정책 때문에 고된 노동에 투입할 노동자가 부족했기 때문이다. 아메리카로 건너온 유럽인 이주자들은 그렇게 힘든 일을 할 준비가 되어 있지 않았다. 한편 소농이 사탕수수를 재배하여 중앙공장에 공급하는 것은 가능한 대안으로 입증되었다. 당시 플랜테이션 농장의 설탕 생산 모델보다 더 효과적이었다. 이 체제는 오스트레일리아, 아르헨티나, 쿠바, 푸에르토리코, 트리니다드, 모리셔스에서 등장했다. 루이지애나에서는 목화 플랜테이션 농장주들이 처음에 소농 생산을 허용했지만, 사탕수수 플랜테이션 농장주들은 아프리카계 미국인뿐만 아니라 이탈리아인 이

주민의 소규모 사탕수수 농업에도 격렬하게 반대했다.[23] 하와이에서는 그 체제가 고려되기는 했으나 끝내 실행되지는 않았다. 플랜테이션 농장주들이 강경하게 반대했기 때문이다. 루이지애나와 하와이의 플랜테이션 농장주들은 경제적 민주화와 정치적 민주화를 필사적으로 저지했다.

백인 정착민 공화국들의 사탕수수 플랜테이션 농장주들은 유럽 대륙에서 가장 가난한 지역의 주민들을 데려오는 것으로 출구를 찾았다. 그런 사람들은 임금의 '출혈 경쟁'과 아시아인 이주자를 향한 배외주의적 이민 정책 사이에 갇힌 상황에서 자신들의 권리를 주장하기 어려웠기 때문이다. 이는 설탕 생산자들이 두 가지 길을 동시에 선택했다는 뜻이다. 그들은 착취적인 플랜테이션 농장 체제를 유지하면서도 자신들이 생산한 설탕을 자유로운 백인 노동자가 생산한 것이라며 관세의 보호를 요구할 수 있었다. 그 이주자들이 유럽의 경제적 주변부 출신이라는 사실 때문에 쉽게 그들에게 인종의 표식을 찍으며 그들을 종속적 지위에 묶어둘 수 있었던 것이다. 그리하여 노예제 폐지 이후 노동자의 인종적 분류는 사탕수수와 사탕무 설탕 변경 곳곳에 널리 퍼졌다. 설탕은 백인성이라는 인종주의적 관념 안에서 더 미세한 인종 범주들을 만들어내는 데 중요한 역할을 했다.

플랜테이션 농장이 재건된 루이지애나

공화주의와 플랜테이션 농장 방식의 설탕 생산은 다른 어느 곳보다 루이지애나에서 양립할 수 없는 것으로 밝혀졌다. 미국이 사실상 남성 보통선거권을 인정한 최초의 국가가 되었기 때문이다. 1870년의 수정헌법 제15조에 따라 루이지애나의 아프리카계 미국인 대다수는 백인 미국인과 거의 동일한 보통선거권을 부여받았고, 이는 이론상 그들이 플랜테이션 농장주의 지배를 극복할 힘을 얻었다는 뜻이다. 이는 브라질이나 쿠바의 상황과는 근본적으로 달랐다. 그곳에서는 문해력과 납세의 기준 때문에 19세기 마지막 10년간 선거권을 보유한 주민은 3퍼센트에도 미치지 못했다.[24]

루이지애나의 백인 경제 엘리트들은 놀랍지 않게도 아프리카계 미국인의 시민권 행사를 방해하기 위해 할 수 있는 일을 다 했는데, 이 점은 남부 주들 전체에 해당하는 이야기다. 파괴적인 남북전쟁이 끝난 뒤, 루이지애나의 플랜테이션 농장주들은 점차 우위를 회복하여 이를 바탕으로 효과적으로 임금을 억누르고 노동자의 저항을 진압했다. 매우 이례적이었던 1877년 선거를 치르면서 이들은 다시 주 의회를 장악했고, 그해에 부유한 사탕수수 플랜테이션 농장주들은 루이지애나 사탕수수 플랜테이션 농장주조합을 세웠다. 이 조합은 하와이나 자와의 유사한 조합과 마찬가지로 엄격한 회원 자격과 정치적 영향력을 노동자의 권리를 탄압하는 막강한 수단으로 삼았다.[25]

1870년대 초에 노동력 부족 사태가 루이지애나 사탕수수 농장 노동자들의 처우 개선에는 도움이 되었다.[26] 그러나 플랜테이션 농장주들은 주의 억압적 기구들을 더 강력히 통제하여 1884년에 위기의 부담을 노동자들에게 전가하는 데 성공했다. 이들은 권위에 대한 도전 행위를 가차 없이 진압했다. 그러한 도전은 과거에 노예였던 사람들이 플랜테이션 사회의 복원에 대응하여 북부로 이동하거나 파업을 일으키는 형태로 나타났다.[27] 미국의 인종 통합 노동자 단체인 노동자 기사단Knights of Labor은 1887년 11월 사탕수수 수확이 시작되었을 때 1만 명이 참여한 파업을 일으켰다. 이에 플랜테이션 농장주들은 의용대를 보내 보복했다. 3000여 명의 사상자를 낸 이 잔학행위는 역사에 '티버도Thibodaux 학살'이라는 이름으로 남았다. 그다음, 악명 높은 인종 차별 법인 '짐 크로 법'이 제정되어, 결국 1900년이면 아프리카계 미국인의 투표권은 심한 제약을 받았다. 이로써 플랜테이션 농장주들은 늘 노동력이 부족했는데도 임금을 낮게 유지할 수 있었고 전표錢票 급여제는 물론이고 현물 급여제truck system(플랜테이션 농장 상점)까지 지속할 수 있었다. 이런 방식은 노예제 시절부터 노동자를 일반 경제에서 격리하는 수단이었다.[28]

카리브해 지역 플랜테이션 농장주들이 인도인 노동자를 들여올 자금을 확보할 수 있게 되자 일어난 일이 이제 루이지애나에서도 발생했다. 현지 노동자의 탄압을 노동 이민으로써 보완한 것이다. 루이지애나의 정치·경제 엘리트들은 이탈리아인, 특히 시칠리아 출신을 고용하기 시작했고, 상당히 큰 규모의 이탈리아인 사회가 존재하던 뉴올리언스와 팔레르모Palermo 사이에 무역이 열리면서 시칠리아인의 고용이 한층 촉진되었다. 곧 새로 도착한 이주 노동자 수천 명이 들어찬 임시 숙박 시설이 뉴올리언스 곳곳에 퍼져 혼란스러운 장면을 연출했다. 19세기 말, 시칠리아에서 매년 평균 6만 명이 루이지애나의 사탕수수 밭으로 쏟아져 들어갔고, 멕시코인과 유럽 여러 나라에서 온, 훨씬 작은 규모의 무리가 부족한 인력을 채웠다.[29]

1880년대 루이지애나의 설탕 산업은 외국에서 노동자를 들여오고 아프리카계 미국인 노동자들의 저항을 사정없이 진압하면서 전쟁의 잔해로부터 놀랍도록 빠르게 회복되었다.[30] 비록 생산량이 전쟁 이전 수준에 미치지는 못했지만, 그럼에도 플랜테이션 농장주들은 자신감이 넘쳤고 설탕 가격 급락이라는 힘든 상황에 대처할 준비가 되어 있었다. 티버도 학살 직후인 1888년에 루이지애나 플랜테이션 농장주조합의 주도로 새로 발간된 저널에서 이러한 기백이 드러난다. 이 저널의 첫머리에 실린 기사는 이렇게 말한다. 루이지애나 농장주들은 "더욱 절약하고 생산량을 늘리고 품질을 개선하기 위해 끊임없이 새로운 방법과 장치를 채택하여 과거에 설탕 부문 농업과 기계학에서 누구도 달성하지 못한 에너지와 성실함을 세상 앞에 드러내 보여주었다."[31]

이러한 합리화로 제당소와 밭이 분리되고 결과적으로 중앙공장이 도입되었다. 1884년의 위기 이후 루이지애나 제당소의 4분의 3이 사라졌지만, 남은 공장의 75퍼센트는 진공 팬을 설치했다. 1930년에 루이지애나에 남은 중앙공장은 정확히 70개였는데, 자체의 넓은 밭에서 자란 사탕수수에 더하여 다른 농장, 주로 독자적인 제당소를 포기한 플랜테이션 농장의 사탕수수도 가져왔다. 이러한 변혁을 가장 성공적으로 이루어낸 선구자는 가난한 행상으로 뉴올리언스에 도착하여 부유한 상인인 된 프랑스인 레옹 고드쇼였다. 남북전쟁이 한창일 때 처음으로 플랜테이션 농장을 사들인 고드쇼는 농장을 번창시키려고 자신에게 빚을 졌다가 갚지 못한 농장주들의 재산을 인수하여 빠르게 설탕 생산 사업을 확장했다. 그렇게 루이지애나에서 출세한 인물이 되었고 남부의 설탕 왕으로 알려졌다. 1916년, 루이지애나 리저브Reserve에 있던 고드쇼의 공장(당시에는 그의 상속자들이 소유했다)은 1만 에이커의 땅에서 거둔 사탕수수를 가공했으며 거의 순수한 백설탕을 생산했다. 그 설탕은 깨끗하기로 명성이 높았다.[32]

그러나 루이지애나 설탕 공장의 급속한 현대화로도 사탕수수 밭의

믿음직한 사탕수수 수확 기계를 개발하기까지는 여러 해 동안 시행착오를 거쳐야 했다. 1938년에 찍은 이 사진에서 루이지애나의 플랜테이션 농장주 앨런 램지 워털러가 스스로 발명한 수확 기계를 시험 삼아 작동해보고 있다.

노동력 부족은 해결되지 못했다. 루이지애나주의 플랜테이션 농장주들은 소농의 사탕수수 재배를 용납하지 않았기에, 1910년에도 사탕수수밭의 83퍼센트를 여전히 임금노동자가 돌보았다. 이탈리아인 노동자 다수가 충분히 많은 돈을 저축한 뒤에는 사탕수수 재배 지대를 떠나 철도 부지 사용권 계약을 통해 토지를 매입하거나, 19세기 초부터 이탈리아인 주민이 상당히 많이 살던 뉴올리언스에서 일자리를 구했다. 게다가 1891년에 뉴올리언스에서 외국인 혐오증 때문에 저명한 이탈리아인 주민들이 린치를 당한 뒤로는 이탈리아인이 루이지애나의 사탕수수 밭으로 이주하는 사례가 크게 줄었다. 그 사건은 외교적으로 미국과 이탈리아 사이에 심각한 반향을 일으켰다.[33]

루이지애나와 하와이가 소농의 사탕수수 재배로 나아가는 대신 플랜테이션 농장 모델을 고수하면서 사탕수수 밭으로 유럽인 노동자를 많이 유인하기는 거의 불가능했다. 기계화가 절대적으로 필요했다. 1880년대에 운송의 기계화는 어느 정도 진척되었고, 1889년에 사탕수수 절단 기계의 초기 실험이 루이지애나의 매그놀리아 농장에서 이루어졌다. 20세기에 들어설 무렵, 루이지애나의 오듀본Audubon에 있는 실험 농장에서 다양한 기계를 시험했다. 그러나 이 수확 기계들은 제2차 세계대전 때에 가서야 흔하게 볼 수 있게 된다.[34] 한편 하와이는 우연히 관개 수로에 비료를 투입하는 방법을 발견한 뒤로 한층 더 적극적으로 노동력을 절약하는 방법을 활용했다. 하와이 플랜테이션 농장주들은 그런 방법으로써 사탕수수를 적어도 8년 동안은 래투닝으로 재배할 수 있었고 세계 최고의 면적당 수확량을 달성했다.[35] 결국 기계화로 사탕수수 밭의 고된 노동에서 인간을 해방하겠다는 오래된 야망은 인도주의적 원리가 아니라 백인 우월주의의 정체성 정치로써 달성되었다.

역량과 백인성

중앙공장이 우위를 점하면서 사탕수수 밭과 설탕 공장은 점차 별개의 세계가 되었고, 여기에 인종 구분의 강화가 동반되었다. 사탕수수 밭과 설탕 공장은 사실상 세계적 차원에서 나타나고 있던 현상의 축소판 현장이었다. 유럽인의 대량 이주, 아프리카와 아시아 전역에서 이루어진 식민지의 팽창, 유럽과 북아메리카 사회의 민주화는 전부 유럽과 그 파생 사회들의 우월 의식을 키웠다. 과연 민주주의와 제국주의, 인종주의는 서로 낯선 존재가 아니었다.[36] 플랜테이션 농장 사회에서 민주주의가 진척되던 시대에 인종 분리는 생존의 문제였다. 민주주의적 규범과 시민권을 무조건 수용하면 그 사회의 존립 기반이 흔들릴 것이었기 때문이다.

브라질과 쿠바는 선거권을 보유한 주민이 고작 3퍼센트에 지나지 않았기에 지극히 불평등한 사회였다. 그러나 미국 정치 제도의 토대는 평등주의 원리였기 때문에 루이지애나 플랜테이션 농장주들의 상황은 훨씬 더 복잡했다. 플랜테이션 농장주들은 대세를 거역할 힘은 없었기에 평등주의를 명확한 인종주의적 경계 안에 가두려 했다. 루이지애나 플랜테이션 농장주들은 평등주의적인 민주주의 원리의 발전을 목도하고는 인종 사이의 경계를 흐릿하게 만드는 것은 '남부 사회의 조화와 정돈된 상태'에 매우 큰 위협이 된다며 격하게 반대했다. 남북전쟁이 한창이던 1861년에 루이지애나 플랜테이션 농장주들의 간행물 《디보스 리뷰》의 주장이 바로 그러했다.[37] 그 조화의 토대는 "백인종의 하인이 되는 것이 지구상에서 그 임무로 보이는 … 아프리카 흑인"의 사회적이고 경제적인 보조 성격이었다. "각각은〔두 인종은〕 고유의 적합한 영역이 있다. 하나는 노동 계급을, 다른 하나는 감독하는 지적 계급을 구성한다."[38]

'적합한 영역'이라는 관념은 1861년에 새로이 등장한 것으로, 결국 악명 높은 인종 분리 개념을 낳은 설탕 중앙공장과 짐 크로의 시대를 미리 보여주었다.[39] '적합한 영역'이라는 관념이 루이지애나에서만 힘을 얻지는 않았다. 그 관념은 남성 이주자와 여성 이주자가 균형을 이루어 사적인 은밀한 영역에서 인종 분리를 가능하게 한 유럽인의 대량 이주를 통해 많은 플랜테이션 농장 사회에 퍼졌다. 동시에 설탕 생산에 과학이 융합되었다. 이로써 당시까지 사탕수수 농장의 거의 모든 일을 수행한 노예의 경험적 지식에 의존하던 데에서 정식으로 교육받은 전문가들을 고용하는 쪽으로 전환이 이루어졌다. 오직 백인 직원들만 그러한 교육을 받을 수 있게 한 방식은 인종주의적 위계를 강화했고, 그러한 위계가 공장의 시설 배치를 결정했다. 최소한 명목상으로나마 백인이었던 이주민 직원들의 숙소는 현지 노동자들의 숙소와 완전히 분리되었다.

이는 이전과 완전히 다른 상황이었다. 이전에는 플랜테이션 농장의 유럽인들이 노예들과 함께 살고 그들의 문화를 어느 정도 흡수하는 경향도 있었다. 플랜테이션 농장 사회에서 태어난 완전한 백인 아이들도 이를 피할 수 없었다. 그 아이들이 어머니뿐만 아니라 노예에 의해서도, 자와에서는 가사를 돌보는 하인에 의해서도 양육되었기 때문이다. 그렇게 노예의 세계와 주인의 세계는 플랜테이션 농장주 자녀들의 정신 속에서 융합되었다. 모든 식민지에서 플랜테이션 농장주들은 자녀를 모국으로 돌려보내 그 '토착화'를 되돌리려 했다. 사춘기가 되기 전에 보내면 더욱 좋았다. 18세기 말의 저명한 플랜테이션 농장주이자 역사가였던 에드워드 롱은 수 세대 동안 자메이카와 연결된 가문 출신으로, 영국에서 태어나 자라다가 가족의 플랜테이션 농장으로 간 사람인데, 플랜테이션 농장주들이 자녀를 영국의 학교에 보내야 한다고 강력히 주장했다. 그렇게 해야 아이들이 플랜테이션 농장 사회의 퇴화 효과에서 벗어난다는 말이었다. 이는 모든 식민지 사회에서 중요한 관심사였다.[40]

그러나 이는 희망 사항이었을 뿐이다. 실제로는 19세기 초 대부분의 식민지 사회에서 피부색에 더하여 재산과 젠더, 교육이 사회적 지표가 된 복잡한 사회 구조가 출현했다. 백인 여성이 유색인 자유인 남성과 함께 사는 것은 사회적으로, 심지어 법적으로도 허용되지 않았지만, 백인 남성의 인종 간 성적 관계가 사회적 배척을 초래하는 일은 거의 없었다.[41] 이는 큰 소란 없이 받아들여졌다. 아메리카에는 적어도 19세기 중반까지, 아시아의 식민지에서는 20세기에 들어설 무렵까지 유럽인 이주자들 사이에 존속했던 남성 편향성의 논리적 귀결이었다. 브라질이나 자와, 푸에르토리코에서 인종 혼합은 지나치게 눈에 띄지 않는 한 사회적 혜택을 방해할 정도는 아니었다. 자와 같은 크리오요 사회에서도 상황은 다르지 않았다. 19세기 말 자와의 유럽인 주민 대다수는 모계는 아시아인이고 부계는 유럽인이었다.[42] 18세기 자메이카에서는 백인 플랜테이션 농장 백인 직원의 90퍼센트가 여성 노예를 정부로 두었던 것으로 추정된다.[43] 백인으로 여겨진 많은 사람의 조상 중에는 한두 명의 아프리카인이 있을 수 있었다. 이 점 또한 어느 정도 인정되었다. 브라이언 에드워즈는 18세기 말 자메이카에서 증조모 한 명만 아프리카인인 사람은 백인과 완전히 동등한 존재로 여겨졌고, 고조모 한 명만 아프리카인인 사람은 백인으로 여겨졌다고 설명한다.[44]

게다가 플랜테이션 농장주의 자녀들은 상속으로 힘을 얻었다. 재산을 상속받은 여성들은 결혼을 통해 인종 위계의 사다리에서 '위로' 올라갈 수 있었다. 이러한 야망은 거의 모든 플랜테이션 농장 사회에서 볼 수 있었는데, 현실적으로 선택할 만한 방법이었다. 부유한 플랜테이션 농장주의 딸들은 돈이 있었고 식민지에 새로 들어오는 사람들은 흰 피부를 지녔지만 대개 재력은 없었기 때문이다. 플랜테이션 농장 역사를 연구한 위대한 사회학자로 미래의 다인종 사회를 예언한 브라질의 지우베르투 프레이리는 플랜테이션 농장주들이 유색인 딸을 농장주의 아들과 결혼시키기를 좋아했다고 말했다. 말하자면 포르투갈에서 온

'서기'들에게 딸을 출가시켰다.[45] 루이지애나에서도 1850년대에 유색인 플랜테이션 농장주들이 있었다는 언급이 있는데, 아마도 프랑스인이나 에스파냐인의 혈통이었을 것이다. 다른 곳의 경우도 마찬가지지만, 루이지애나의 부유한 유색인 소녀들은 좋은 결혼 상대를 만날 기회를 늘리기 위해 집에서, 심지어는 외국까지 나가서 최대한 최상의 교육을 받았다.[46]

세계 곳곳의 식민지 설탕 부르주아지는 유럽의 사회적·문화적 위계 안에서 차지한 지위를 공들여 지켰으며 그것을 높이려 애썼다. 이들은 일반적으로 몇 세대에 걸쳐 부를 쌓았으며 평민 출신이거나 더 흔하게는 혼혈이라는 불편한 사실을 가리기 위해 때때로 족보를 위조하기도 했다. 부르주아지는 유럽에서 온갖 사치품을 가져왔고, 유럽을 방문할 때면 무엇이든 최고를 누렸으며, 속된 것뿐만 아니라 고급 문화에도 아낌없이 돈을 썼다.[47] 어느 정도 중요한 플랜테이션 농장주 공동체에는 극장이 있었고, 때로는 거물 테리 이 아단이 기증한 쿠바의 시엔푸에고스_Cienfuegos에 있는 것처럼 웅장한 오페라 극장까지 있었다. 19세기 초 영국의 광물학자 존 모는 브라질을 여행하던 중에 이렇게 말했다. "누구나 음악을 애호한다. 어느 집에나 기타가 있고, 고상한 집안이라면 전부 피아노를 갖고 있다."[48] 1826년에 개발된 업라이트 피아노의 대량 생산과 대량 인쇄 덕분에 세계 도처의 수많은 부르주아 가정에서 베토벤의 소나타와 쇼팽의 마주르카, 슈만의 〈어린이 정경〉은 익숙한 곡이 되었다.

19세기 거의 대부분의 기간 동안 좋은 양육과 재산은 문화적으로 규정된 '백인성'에 접근하는 수단이었다. 그러나 시대는 변했고, 생물학적 백인성이 점차 문화적 역량에 우선하는 선결 조건으로 여겨졌다. 루이지애나의 《디보스 리뷰》가 지적했듯이, 실로 백인의 역할은 '감독'이었다.[49] 짐 크로 법 시대 미국 남부에서는 '피 한 방울'의 신조●가 흑백 사이의 여러 색조를 규정한 앞선 시대의 복잡한 분류법을 서서히 대체했다. 그 결과로 금발에 푸른 눈을 지닌 사람들조차 조상 때문에 흑인으로 여겨질 수 있었다. 뉴올리언스의 크리오요 사회를 뛰어나게 묘사한 소설가 조지 워싱턴 케이블은 《델핀 부인Madame Delphine》(1881)에서 독자에게 이 원칙의 잔인하고 비극적인 귀결을 알려준다. 조상 중에 아프리카인이 있는 델핀은 금발의 딸을 실제로는 밀수꾼인 부유한 백인 남자와 결혼시키려고 자기가 어머니라는 사실을 부인해야 했다.[50]

백인이 우월하다는 믿음이 세계 도처에서 감지되고 유럽과 미국의 제국주의에 깊이 스며든 때에 미국 남부는 그러한 세계적 추세를 극단적으로 보여주는 사례였을 뿐이다. 그러나 저항이 없었던 것은 아니다. 브라질을 비롯한 라틴아메리카와 멕시코의 엘리트들, 그리고 어느 정도는 도미니카 공화국의 엘리트들도 크리오요화를 이상으로서 끌어안았기에 백인 우월주의에 반대했으며, 반식민주의 운동도 당연히 반론을 제기했다. 프레이리는 근대 자본주의의 인종 차별적이고 반민주적인 특성을 비난했으며, 그것을 옛 플랜테이션 사회의 유산보다 훨씬 더 큰 사회적 위협으로 보았다. 그는 미국 남부의 백인 엘리트들처럼 플랜테이션 농장을 낭만적 시각으로 보지는 않았다. 그는 브라질 노예 소유주들의 소름 끼치는 잔인성을 사실적으로 묘사했다. 그리고 동시에 플랜테이션 농장 사회에서 생겨난 크리오요 문화를 높이 평가했다.[51] 그

● 흑인 조상이 한 명만 있어도('흑인 피 한 방울') 흑인으로 여기는 20세기 초 미국의 인종 분류법을 말한다.

렇게 프레이리는 차별 없는 '인종 민주주의racial democracy'•라는 강력한 반대 담론을 제시했다. 이는 동시대의 멕시코 지식인이자 정치인 호세 바스콘셀로스의 저작에서 되풀이된다. 그는 세계 전역에서 라틴아메리카로 모여든 사람들이 '보편적 인종'의 미래를 약속할 것이라고 썼다.[52]

라틴아메리카 농민이 생산한 설탕의 회복력

프레이리와 바스콘셀로스는 크리오요 정체성을 예견하면서 1930년대에 출현한 백인 인종주의를 직접 겨냥했다. 그들이 보기에 백인 인종주의는 제국주의 및 현대 산업 자본주의와 불가분의 관계로 연결되어 있었다. 예를 들면 원당(라파두라rapadura)은 프레이리가 전하는 브라질 유색인 정치인이자 언론 부호이며 1950년대 말에 영국 주재 대사를 지낸 프란시스쿠 지 아시스 샤토브리앙 반데이라 지 멜루의 일화에 나오는 것처럼, 브라질 요리 전통의 일부로 받아들여졌다. 아시스 샤토브리앙은 한번은 공식 만찬 중에 영국인 손님들에게 디저트의 일부로서 막 공수해 온 파인애플에 라파두라를 곁들여 대접했다.[53] 그는 유럽의 방식이 브라질에 들어온 지 오래되었으니 이제 브라질의 특성을 유럽에 조금 가져오기에 적절한 시기라고 느꼈을 것이다.

　이국적인 식품의 맛을 조금 보여주어 손님들을 깜짝 놀라게 해주려한 아시스 샤토브리앙의 생각은 라틴아메리카 지식인에게 공통된 정

• 브라질의 인종 관계를 지칭하는 용어로, 브라질 사람들은 인종주의적 편견이 없다는 믿음을 반영한다.

서이기도 했다. 바스콘셀로스, 그리고 아스테카 문화의 상징과 큐비즘, 공산주의 요소를 혼합한 벽화로 유명한 화가 디에고 리베라는 멕시코산 원당 필론시요piloncillo를 문화적 완결성과 미국에서 벗어난 자주성을 보여주는 상징으로서 찬미했다.[54] 아메리카 원주민의 후손이며 1934년부터 1940년까지 멕시코의 대통령 자리에 있었던 라사로 카르데나스는 이 설탕을 커피에 곁들였다. 필론시요는 미국으로 이주한 멕시코인들에게 조국과의 관계를 이어주는 물품 중 하나였다. 필론시요는 미국 대부분의 지역에서 공업적으로 생산한 사탕무 설탕보다 세 배 비쌌지만, 사탕무 설탕 노동자들을 비롯해 멕시코인 이주민들은 축제에서 이를 지속적으로 애호했다.[55]

원당은 여러 차원에서 라틴아메리카가 북대서양의 지배적 세계로부터 독립적임을 보여주는 상징이었다. 다시 말해 거대 산업에 맞선 소농 설탕 생산의 활력을 뜻했다. 이와 같은 자주성의 욕구는 1970년대에 '작은 것이 아름답다' 운동의 영향을 받아 부활한다. 농민이 생산한 설탕의 활력은 오늘날 자본주의적 거대 농업 기업에 맞선 세계적인 자영농 자율성 운동의 선구로도 볼 수 있을 것이다. 그러한 운동의 두드러진 사례로 전 세계적 중소 자영농 운동인 '비아 캄페시나Via Campesina(농민의 길)'를 들 수 있다. 농민이 생산한 설탕은 라틴아메리카와 인도에서 널리 그 활력을 증명했다. 동아프리카에서도 인도인 이주민들이 인도의 설탕 생산 방식을 도입했다.[56]

정부는 정부대로 대개 과세가 어렵고 가공 중에 자당이 손실되기에 비효율적이라며 농민이 생산한 설탕에 질색했다. 20세기 초 인도 푸사Pusa의 실험 농장에서 일한 윈 세이어스 같은 설탕 전문가들은 농민이 생산한 설탕이 비효율적이고 시대에 뒤진 낭비라고 비난했다.[57] 정부는 또 농민 제당소가 종종 지역의 불법 양조장에 설탕이나 당밀을 공급한다고 의심했다. 그럼에도 농민이 생산한 설탕은 기업의 단일 재배와 달리 농가 소득에 크게 기여한다는 엄청난 이점이 있었다. 농민들이 사탕수수에서 추출하는 자당은 양이 더 적었지만 다른 작물을 수확한 뒤 농한기에 설탕을 생산했고 도구도 간단하여 현지에서 직접 제작하고 수리할 수 있다는 이점이 있었다. 인도에 진출한 영국 기업가들은 19세기에 이러한 저항에 부딪쳤으며, 20세기에도 저항은 계속되었다. 예를 들면 브라질 정부는 설탕 산업 현대화를 위해 자금을 대여했지만, 1940년대에 브라질에서 생산된 설탕의 3분의 1이 5만 5000개의 소규모 제당소에서 생산되었다. 그 대부분은 최대 생산량이 3톤을 넘지 않았다.[58]

인도인이나 이베리아반도 사람, 중국인이 제당소를 차린 농촌이라면 어디서든, 농민은 계속해서 오두막에서 설탕을 만들었다. 하와이인과 푸에르토리코인은 비교적 원당을 많이 소비했다. 도미니카 공화국에는 미엘로mielo(미엘로가 '꿀'을 뜻하므로 혼동을 일으키는 말이다), 벨리즈Belize에는 둘체dulce, 필리핀에는 비사야 제도의 무스코바도나 타갈로그 지역의 파노차panocha가 있었다. 라틴아메리카의 농민들은 라파두라나 필론시요, 파넬라panela 등의 다양한 이름으로 설탕을 생산했다. 말레이반도에서 가장 흔한 설탕이었던 거친 야자 설탕은 인도차이나와 인도에도 널리 퍼졌다.[59] 압착기를 보유한 이집트 농민들은 통치자인 케디브들이 대대적으로 설탕 부문의 산업화 계획을 추진했는데도 이를 무시하고 계속해서 거친 설탕과 당밀을 생산했다.[60] 자와에서도 중국인의 옛 방식을 바탕으로 한 설탕 생산이 이를 없애려 한 설탕 산업의 끈질긴 시도를 극복하고 20세기까지 살아남았다.[61]

미국 농촌 가정에서 포도당 감미료를 만드는 일은 1850년대에 수수가 전래된 이래 농촌 생활에서 한 자리를 차지했다. 미국의 식품 전문가이자 설탕 전문가인 하비 와일리는 1850년대 말 자신이 꼬마였을 때 식탁에 수수 당밀이 있었다고, 목사가 방문하면 눈 깜짝할 새에 사라졌다고 회상했다.[62] 수수 당밀은 20세기 초 공산품 설탕과 감미료가 미국 시골에 차고 넘칠 때에도 검소한 가정의 설탕으로서 소비되었다. W. E. B. 듀보이스와 부커 T. 워싱턴 같은 아프리카계 미국인 활동가들과 학자들은 수수 당밀이 농촌 흑인 노동자의 경제적 독립성을 심각하게 제한하는 사치품이라고 맹렬히 비난했다.[63]

농민이 생산한 설탕은 라틴아메리카에 계속해서 널리 퍼졌으며 각국의 설탕 부문 산업화를 견디고 살아남았다. 원심분리기가 설치된 대규모 공장들이 지배적인 나라에서도 수만 개의 소규모 제당소(16세기와 17세기에 에스파냐인들과 포르투갈인들이 도입한 트라피체를 쓰는 제당소)가 있었다. 과테말라 설탕의 3분의 2는 14만 명의 파넬라 생산자가 만들어냈다. 그 생산량은 1942년에 4만 9000톤으로 정점을 찍었다. 베네수엘라에서는 많은 농민이 작은 땅뙈기에서 사탕수수를 재배했고, 1937년에 베네수엘라인은 그러한 설탕을 1인당 평균 15.6킬로그램을 소비했다. 비교하자면 원심분리기로 정제한 설탕의 소비량은 7.7킬로그램이었다. 그러나 라틴아메리카의 어느 나라도 콜롬비아만큼 많은 파넬라를 생산하지는 못했다. 콜롬비아에서는 1940년대에 수천 대의 트라피체가 연간 약 30만 톤을 생산했는데, 이는 1인당 30톤의 소비량에 해당했다. 콜롬비아의 설탕 소비는 당시 세계 최고 수준이었다.[64]

그렇지만 소비자들이 더 많은 돈을 쓸 준비가 되어 있다고 해도, 세계 설탕 부문의 산업화는 진전을 보였다. 때때로 시골에서 도시로의 이주가 농민이 생산하는 설탕의 토대를 잠식했다. 파넬라를 생산했던 오

16세기에 라틴아메리카에 도입된 단순한 롤러 압착기인 트라피체는 오늘날에도 수만 대가 쓰이고 있다. 이 사진은 코스타리카의 몬테베르데에서 현대적으로 개량된 트라피체가 사탕수수 즙과 초콜릿을 만드는 모습이다.

늘날 멕시코 와하카(오악사카)Oaxaca 지역에는 이러한 제당소의 자취가 곳곳에 남아 있다.[65] 마찬가지로 페르남부쿠에서도 옛 제당소인 엔제뉴가 중앙공장이 지배적 형태로 올라서고 서로 합병되어 거대 설탕 기업이 되던 1950년대 이후 빠르게 사라졌다.[66] 그렇지만 21세기에 들어설 무렵에도 라틴아메리카에서는 약 5만 대의 트라피체가 여전히 가동되었으며, 남아시아에서 그랬듯이 그중 많은 수가 동력 장치가 부착된 것이었다. 2만 개의 트라피체로 130만 톤을 생산한 콜롬비아는 단연 최대 생산국이었다. 파넬라는 콜롬비아 농촌 경제에서 믿을 수 없을 만큼 중요한 요소였다. 오늘날 라틴아메리카에서 농민이 생산하는 설탕은 총 200만 톤으로 추정된다.[67]

인도 농민이 생산한 설탕의 발전

1870년대에 세계의 설탕은 대부분 여전히 도처의 농민이 생산하는 원당이었다. 영국령 인도(오늘날의 파키스탄과 인도, 방글라데시) 한 곳에서만 당시 전 세계 설탕의 약 3분의 1을 생산했다. 그러나 그렇게 엄청난 규모의 인도 설탕은 통계에 잡히지 않았다. 통계 자료가 공업적으로 설탕을 생산하는 기업 조합과 세관에서 나왔기 때문이다. 20세기에 들어설 무렵에도 인도 식민지 정부는 대강의 추정치만 제시할 수 있었다. 인도 정부의 설탕 전문가인 윈 세이어스는 산업 자본주의가 우월하므로 설탕 생산의 미래는 산업 자본주의에 있다고 생각했기에 그런 결과에 마음 쓰지 않았다. 일찍이 18세기 말에 서인도 제도의 설탕 생산자들은 인도의 설탕이 하찮다고 조롱했다. 실제로 농민이 생산한 설탕은 섬유질이 많이 포함된 검은색 덩어리로 여겨질 때가 많았으나, 인도 전통의 정제 설탕인 칸드사리는 1880년대까지도 영국 가정에서 볼 수 있었다. 칸드사리는 입자가 고와 뜨거운 찻잔 안에서 빠르게 녹아 사랑을 받았다.[68]

인도의 칸드사리 산업은 인도에 원심분리기를 통한 설탕 생산을 도입하려는 영국인 기업가들에게 맞서 싸우는 과정에서 런던의 정제업자들에게서 예기치 못한 도움을 받았다. 이 점에서는 시대에 뒤진 바베이도스의 설탕 산업도 마찬가지였다. 영국 수입업자들도 이 사실을 놓치지 않았다. 그들은 모리셔스와 영국령 기아나, 인도의 원심분리기로 생산한 설탕에 부과된 높은 관세를 없애달라고 청원했다. 영국의 정제업자들은 수입업자들이 인도의 원주민 설탕 생산자들에게 손해를 끼치면서 인도 소수 기업가들의 이익만 챙긴다고 비난했다. 그렇게 방해를 받자 청원 주체 가운데 하나였던 트래버스 앤드 선스Travers & Sons는 인도에서 생산된 설탕의 품질이 조악하여 그 나라는 사탕수수가 풍부한데도 모리셔스에서 원심분리기로 생산한 설탕을 수입해야 하는 처지라고 말했다.[69]

청원에 대해 의견을 요청받은 인도 정부의 전문가들은 트래버스 앤드 선스가 인도 농촌 경제에서 구르가 수행하는 역할과 그것이 인도인의 식생활에서 차지하는 확고한 지위를 완전히 무시했다고 날카롭게 지적했다. 그 전문가의 한 사람인 어느 농업 분야 공무원은 인도의 설탕에 대한 트래버스 앤드 선스의 인색한 평가에 우선 인도의 모든 소비자는 소뼈를 연료로 쓰는 공산품 설탕에 의구심을 갖고 있다는 말로 대응했다. 그러나 더 중요했던 것은 사람들이 구르의 맛에 길들여져 있다는 사실이었다. 그 점은 변할 수 없었다. 그 공무원은 이렇게 썼다. "구르로 알려진 혼합물은 기계로 생산한 설탕에 없는 독특한 향을 지니고 있으며, 인도 현지 시장이 유럽 방식의 설탕 생산에 열리려면 그전에 먼저 매우 보수적인 사람들〔인도인〕의 입맛이 변해야 할 것이다."[70]

공업적으로 생산된 설탕은 인도인이 사랑한 전통 설탕을 대체할 수 없었고, 전통 설탕의 생산은 실제로 인도 농촌의 사회적 구조에서 설탕이 차지하는 결정적 역할에 어울리는 방식으로 혁신을 이루어냈다. 농민의 설탕 생산은 우선 대규모 관개 사업과 함께 팽창했다. 관개 사업은 1830년대와 1840년대에 마드라스에서 시작되었고 1850년대에는 펀자브, 1860년대에는 뭄바이의 배후지와 오리사에서 시작되었다. 관개 덕분에 광대한 면적의 땅이 사탕수수 재배에 적합해졌을 뿐만 아니라 인력과 축력도 크게 절약할 수 있었다. 우물에서 밭으로 물을 실어

나를 필요가 없어졌기 때문이다.[71]

　그다음의 대대적 혁신은 절구와 공이 방식의 압착기를 대체한 이동식 압착기였다. 절구와 공이 방식은 13세기와 14세기에 최초의 설탕 상업화 물결과 함께 갠지스강 평원에 널리 보급되었다. 돌로 만들어진 더 나은 절구도 있었지만, 대부분은 커다란 나무 기둥의 속을 파내 만든 것이었다. 먼저 사탕수수를 잘게 자른 다음에 압착했는데 절구가 더럽기도 해서 과도한 발효를 유발했다. 인도 남부에서는 롤러 압착기가 쓰였는데, 이로써 발효와 먼지, 자당 손실을 줄였다. 아프가니스탄과 중앙아시아로의 설탕 수출지로 중요했던 편자브는 19세기 초에 상당히 발전한 설탕 생산 단계에 진입했다. 그곳에는 서인도 제도에서 사용한 것과 동일한 압착기, 즉 수평으로 설치한 두 개의 롤러에 직각으로 두 개의 바퀴를 달아 소가 압착기를 돌릴 수 있게 한 압착기가 있었다.[72]

　그러나 해충 저항력이 좋은 인도의 사탕수수 품종들은 목재 롤러 압착기를 망가뜨려 5년마다 교체해야 했다. 따라서 절구와 공이 방식의 압착기는 월터 톰슨과 제임스 밀른이 인도 농촌의 설탕 생산에 엄청난 혁신의 물결을 일으킬 해법을 내놓을 때까지 계속 쓰였다. 톰슨과 밀른은 비하르주 북부의 샤하바드Shahabad(아라Arrah)에 회사를 갖고 있었는데, 1857~1858년의 대항쟁 이후 반란자들에게 피신처를 제공했던 밀림 수십 제곱킬로미터를 없애고 그 위에 귀족 자치 영지인 자민다리zamindari를 설치했다. 그 회사는 원당 가공업자이자 상인이면서 징세원이자 지주이기도 했기에 더 나은 품질의 원당(구르)에 직접적인 이해관계가 있었고 라이엇ryot(소작농)을 위해 수확량을 개선했다. 당시 수확량은 그들이 보기에 후하게 계산해도 기껏해야 1에이커당 1.5톤에 지나지 않았다.[73]

톰슨과 밀른은 농민들이 새로 도입된 목재 롤러 압착기와 씨름하는 것을 보고는 철제 롤러 압착기를 개발하기로 결심했다. 그들은 압착기에 자신들의 농장 이름인 베히아Beheea를 붙여주었다. 새로운 철제 압착기는 절구와 공이 방식의 압착기보다 사탕수수 즙을 더 많이 짜냈다. 게다가 밭으로 가져갈 수 있는 이동식 압착기였다. 농민들은 이를 공동으로 구매하거나, 대부업자나 자민다리의 통치자인 자민다르에게서 빌렸다. 이 압착기는 1874년부터 1891년까지 대략 25만 대가 쓰였다. 놀라운 성공이었다. 곧 세 번째 롤러가 장착되었고, 20세기에는 동력이 황소를 대체했다. 황소는 최대 압착력으로 장치를 돌리기에는 힘이 달릴 때가 많았다.[74]

18세기 초 타이완은 여전히 세계 최대의 설탕 수출지였지만, 베히아 압착기를 도입한 인도가 기술적으로 타이완을 앞섰다. 1890년, 영국 영사관의 W. 위컴 마이어스가 이동식 철제 사탕수수 압착기를 들여오려 했으나 실패했다. 인도의 상황과 달리 대부업자들은 산출량 개선에 관심이 없었고, 따라서 1884년 세계적 설탕 위기 이후 타이완의 설탕 수출은 일본에서 수요가 증가하고 있었는데도 정체했다. 사탕수수를 압착하고 즙을 끓이고 점토(하수구 바닥에서 긁어온 진흙)로 당밀을 분리하는 타이완의 설탕 생산 공정은 19세기 말의 표준을 전혀 따르지 않았지만, 이를 바꾸기가 매우 어려웠다.[75] 마이어스의 보고서가 나오고 5년 뒤에 타이완을 점령한 일본인들은 그러한 현지의 설탕 생산 방식을 최신 공장으로 완벽하게 대체했다.

인도에서 농민의 설탕 생산은 계속해서 발전한다. 밀른에 따르면 보일링 과정의 개선이 절대적으로 필요했다. 그는 설탕을 생산하는 오두막을 둘러보던 중에 '딱딱해진 당밀 덩어리만' 보았을 뿐 "사실상 알갱

이는 전혀 보지 못했다"라고 말했다.[76] 그의 회사는 도기 팬을 대신하여 주석으로 도금한 새로운 팬(곧 로힐칸드 벨Rohilkhand Bel로 알려진다)을 사용했다. 도기 팬은 절대로 완전히 깨끗하게 닦을 수 없었기에 많은 사탕수수 즙의 결정화를 방해했다. 그다음, 20세기 초에 세 번째 중대한 혁신이 인도의 농촌에 찾아왔다. 설탕 결정과 당밀을 분리하는 이동식 원심분리기였다. 설계는 영국령 말레이반도의 중국인 설탕 정제업자들에게서 빌려왔다. 중국인들은 아마도 유럽의 기술을 단순하게 변형했을 것이다. 인도인들은 이로써 수초를 이용하던 옛 방식을 대체하여 많지 않은 비용을 들여 고품질의 구르를 훨씬 더 많이 생산할 수 있었다.

마지막 단계는 사탕수수 자체의 개량이었다. 이를 위해 인도는 1912년에 코얌부투르에 사탕수수 실험 농장을 세웠다. 처음에는 일이 어려웠다. 현지의 다양한 사탕수수 품종과 정식 방법은 농민이 위험을 줄일 방법을 잘 알았으므로 쓸 수 있었다. 그렇지만 곧 여러 가지 잡다한 사탕수수 품종은 수확량이 많은 품종에 자리를 내주었다. 더 좋은 품종의 사탕수수에 가공 방식의 개선이 결합하여 구르 생산량이 배가되어 헥타르당 약 2톤에 이르렀다. 인도의 몇몇 지역에서는 5톤까지도 나왔다. 자와 설탕에 부과된 관세가 1916년부터 1925년까지 5퍼센트에서 25퍼센트로 급등하자 인도 기업가들은 설탕 공장을 세워도 되겠다고 생각했는데, 이러한 효율성 증대로 전통적 방식으로 생산한 설탕은 그들의 압박을 견뎌내는 데 도움이 되었다. 실제로 1920년대에 뭄바이의 데칸고원에 등장한 원심분리기 설치 공장 세 곳 중 두 곳은 실패했다. 여전히 저렴한 자와 설탕과 가격이 하락하는 구르와 경쟁해서 이길 수 없었던 것이다.[77]

한편 전통적인 정제소인 칸드사리 작업장은 공업적 대량 생산에 밀려나기는커녕 자신들의 규모에 맞게 공업적 혁신을 채택하여 1920년대에 생산량을 두 배로 늘렸다. 작은 철제 압착기가 인도의 시골을 점령했듯이, 소규모 원심분리기가 도입되면서 원당 덩어리 위에 수초를 얹어 당밀이 조금씩 녹아 빠져나가게 하는 옛 방식은 사라졌다. 칸드사리 작업장은 사탕수수 재배에 필요한 땅을 조금 남겨놓을 수 있는 중간 계급 농민들과 접촉한 대리인들의 네트워크 덕분에 공업적 생산 방식의 큰 공장들보다 언제나 확실하게 유리했으며, 수확기에는 가난한 농민이나 토지 없는 소작농의 힘을 빌릴 수도 있었다. 현대의 칸드사리 공장은 밭에 직원을 내보내 주석이 도금된 보일링 팬을 지켜보게 했다. 그 팬에서는 당장에 원심분리기에 집어넣을 수 있는 훨씬 더 깨끗한 설탕(재거리jaggery로 알려져 있다)이 생산되었다. 현대화한 칸드사리 설탕이 자와 설탕보다 비용이 50퍼센트 더 드는 것은 분명하지만, 사람들은 그 맛에 길들여져 있었다. 라틴아메리카의 경우와 정확히 똑같이, 소비자들은 자신들의 전통 요리법의 일부인 설탕에 더 많은 돈을 지불할 준비가 되어 있었다.[78]

게다가, 역시 라틴아메리카의 경우와 상당히 비슷하게, 인도 농촌의 설탕도 반제국주의 담론에 들어맞았다. 인도 민족주의 운동 세력과 간디가 소규모 수공업 생산을 지지한 것은 잘 알려져 있다. 이는 인도 전통 설탕의 명분을 직접적으로 뒷받침했다. 인도 정부는 고용 인원이 50명이 되지 않는 공장에 세금을 환급해주어 소규모 산업을 장려했다.[79] 백인의 오만함이 토착 사회의 자율성과 전통이라는 반대 담론을 자극한 것은 분명하지만, 바로 그렇기 때문에 전통적인 설탕 산업과 현대적인 설탕 산업 간의 대비를 과장해서는 안 된다. 설탕의 역사에서 신기술은 문화적 경계를 넘나들었고, 모든 사회는 자신들의 특정한 사회적·문화적 환경에 적합하기만 하다면 신기술을 적극적으로 채택했다. 전통적 산업을 낭만적으로 그려서도 안 된다. 역사적으로 보건대 칸드사리 작업장은 초기 자본주의 회사에 속했고, 20세기 초에 전통을 위장한 채 공업적으로 설탕을 생산하는 공장보다 훨씬 더 가혹하게 노동자를 착취했다. 공장은 어쨌거나 노동조합에 대처해야 했다. 시골에서 사탕수수를 재배하는 농민은 대지주인 자민다르에게 똑같이 착취당했다. 그렇지만 구르 생산은 농민 자율성의 흔적으로, 더 나아가 자본주의 밖의 세계로 볼 수 있다. 그 세계에서 농민은 사탕수수를 재배할지 말지, 구르를 만들지 말지, 지역 사회 안에 머물지 말지 스스로 결정할 수 있었다.

한편 인도 민족주의는 확실히 전통적 수공업과 결합되지 않았다. 인도국민회의에서는 사업가들의 활동이 두드러졌고, 그 지도자 자와할랄 네루는 서구 근대성을 따라잡는 것을 꿈꾸었다. 식민지 당국은 산업화보다는 농촌 복지에 더 힘을 쏟았다. 그것이 식민지 정치 질서에 매우 중요하다고 보았기 때문이다. 그럼에도 공업적 설탕 생산은 차근차근 입지를 확보했으며, 수확량이 많은 사탕수수 품종들이 우세해지면서 과잉 생산이 예견되었다. 서서히 그 모습을 드러내던 과잉 생산은 1930년이 되면 사탕수수 재배에서 소득의 일부를 얻는 인도 주민 5.5퍼센트의 생계에 직접적으로 위협이 되었다. 인도 정부는 구르와 칸드사리 부문의 번창을 유지하기 위해 자와 설탕의 유입을 막기로 결정한다. 정부는 이를 보완하는 정책으로서 국내 설탕 산업을 장려했다. 전통적인 부문을 대체하려는 것이 아니라 과잉 생산된 사탕수수를 흡수하려는 노력이었다.

2010년 파키스탄 펀자브에서 행해진 사탕수수 보일링. 남아시아 전역에서 농민은 계속해서 자체적으로 원당을 생산한다.

어쨌든, 설탕 공장이 사탕수수 값을 구르 값만큼 쳐준다고 해도, 농민은 독립성을 지키기 위해 자체적으로 원당을 생산하려 했을 것이다.[80] 1950년대 말 인도 최대의 공업적 설탕 생산 기업인 비를라Birla Corporation가 사탕수수가 풍부하게 재배되는 비하르주와 우타르프라데시주의 설탕 공장 일곱 곳 가운데 한두 곳에서 사탕수수 공급량이 부족하다고 불평한 이유가 여기에 있다.[81] 1978년에 인도 정부가 농민에게 적당한 사탕수수 가격을 보장하는 설탕 가격 통제를 포기했을 때 상황은 더 나빠졌다. 그때 다수의 농민이 다시 오두막에서 구르를 생산하는 쪽으로 선회했다.

1980년대 중반 인도의 사탕수수는 절반 이상이 여전히 전통적인 구

르와 구르보다 약간 더 정제된 재거리의 생산에 쓰인 반면, 거대 기업
이 가공하는 사탕수수는 30퍼센트 내지 35퍼센트에 불과했다. 세계
시장의 설탕 가격이 낮아 공장들이 현대화는 고사하고 현상을 유지할
돈도 없어서 고생할 때, 농민이 생산한 설탕은 경쟁력이 뛰어난 것으
로 입증되었다.[82] 1995년에도 여전히 파키스탄에서 생산된 설탕은 거
의 3분의 1이 구르였으며, 최근 방글라데시에서 구르나 재거리의 생산
에 투입된 사탕수수는 60퍼센트나 되었다.[83] 남아시아에서 정제 설탕
이 건강을 위협한다는 이유로 점점 더 엄밀한 조사를 받자 전통적인 설
탕의 생산량이 더욱 늘었다. 섬유질과 영양 성분을 함유한 원당은 맛도
더 좋았고, 의학 전문가의 말을 인용하는 수많은 광고 중 하나에 따르
면 건강에도 여러모로 좋았다. "재거리는 비타민과 미네랄이 풍부하여
면역력을 증강시키며 몸을 따뜻하게 하고, 감기와 기침의 치료, 체온
조절에 도움이 된다. 이 천연 감미료는 아득한 옛날부터 인도에서 대단
히 믿음직한 재료였다."[84]

9

미국의 설탕 왕국

19세기 거의 내내 설탕은 미국의 가장 큰 수입품이었다. 가격으로 따지면 세관을 통과한 물품의 15퍼센트에 해당했다.[1] 미국은 비옥한 토지가 부족하지 않았고 백인 엘리트층이 남북전쟁 때까지 많은 노예를 통제했지만, 국내의 사탕수수 설탕 생산은 언제나 수요를 충족하지 못했다. 남쪽 끝의 주들만 사탕수수를 재배할 수 있을 만큼 따뜻한 것은 사실이다. 기후가 온대에 속하는 주들은 토양이 사탕무 재배에 적합했으나 토지는 넓고 노동력은 부족했기에 고된 노동으로 재배해야 하는 작물을 키울 여력이 없었다. 값이 저렴한 수입품과 경쟁해야 했기 때문이다.[2] 따라서 사탕수수 재배는 대체로 루이지애나에 국한되었다. 텍사스가 아직 멕시코의 일부였던 1820년대에 영국계 미국인들이 그곳에서 사탕수수를 재배했지만 규모는 훨씬 작았다.

플로리다는 오늘날 주된 설탕 생산 지대이나, 수백 년 동안 그 잠재력이 만개하지 못했다. 에스파냐인들이 1565년에 사탕수수 재배를 시도했지만 실패했고, 18세기 말에 영국인 정착민들의 노력도 별반 나을 바가 없었다.[3] 1819년에 플로리다가 미국의 일부가 된 후, 동부 해안을 따라 스물두 군데 플랜테이션 농장이 들어섰는데, 몇몇은 최신 압착기와 보일링 장비를 가동했다. 그러나 1835년에 원주민 세미놀족과 도망 노예들이 합세하여 몇몇 농장을 파괴하면서 이 농장주들은 비극적 종말을 맞았다.[4] 한편 미국 선박들은 설탕을 얻으려고 온 대양을 헤집고 다녔다. 특히 이미 쿠바와 마르티니크, 과들루프 등 카리브해 지역 곳곳에서 설탕 무역에 관여하던 매사추세츠주 세일럼의 상인들은 전 세계적 네트워크를 구축하여 하와이, 광둥, 필리핀, 코친차이나, 피낭에서 설탕을 확보했다.[5]

남북전쟁으로 루이지애나의 설탕 산업이 파괴되고 설탕의 자급 가능성이 더 멀어졌을 때 걱정한 사람은 거의 없었다. 설탕 가격은 전반적으로 하락했고, 미국은 여러 설탕 공급지를 비공식적으로 통제했다. 하와이의 설탕 부문을 장악한 하울리 빅 파이브(7장 참조)는 1875년에 '호혜조약Reciprocity Treaty'을 통해 미국 설탕 시장에 자유롭게 진입하는 데 성공했다. 미국 동부 해안의 정제업자들이 들여온 설탕의 대부분은 미국 해군이 굳건하게 버티고 있던 인근의 카리브해 지역에서 구매한 것이었다.

19세기 말 미국이 농업 국가에서 산업 국가로 변신했을 때, 미정제 설탕 같은 농산물 원자재를 자국 내에서 생산하는 것은 한층 더 바람직하지 않은 듯이 보였다. 1890년에 '매킨리 관세법McKinley Tariff Act'으로 수입 원료의 관세가 인하되어 미국 기업가들이 얻는 수익은 커졌다. 이는 이미 상당한 정치 세력이 되어 있었고 대부분의 설탕을 카리브해의 구식 제당소에서 가져온 설탕 정제업자들에게는 승리를 의미했지만,[6] 하와이의 생산자들에게는 유감스러운 일이었다. 하와이의 설탕 생산자들은 호혜 조약으로 미국 시장에 무관세로 진입할 수 있게 된 후 수출이 열 배로 증가했는데, 매킨리 관세법이 제정되자 카리브해의 원당과 비교했을 때 자신들의 설탕이 지녔던 이점이 사라진 반면, 그 법에 의해 국내 설탕 생산자들에게 지급될 보조금은 확실히 그들에게 불리했다.[7] 루이지애나의 사탕수수 플랜테이션 농장주들은 기뻤다. 백인의 우위를 되찾고 새로운 노동력 공급원을 확보한 그들은 보조금을 마음껏 누리며 몇 년 안에 진공 팬으로의 전환을 마쳤다.

매킨리 관세법은 40년 전에 영국으로 하여금 버마와 시암의 쌀 변경은 물론 페루와 필리핀의 설탕 변경까지 열도록 자극한 코브던주의 입법과 약간 유사했다. 1893년, 하와이의 하울리 가문들은 혁명을 조장하여 여왕을 폐위시키고 병합의 길을 열었다. 이는 그들의 생산물이 국내 상품으로 대우받는 것을 의미했다.[8] 하와이가 미국에 병합된 1898년, 미국은 에스파냐와 전면전에 돌입했다. 미국은 쿠바와 푸에르토리코를 점령했고, 에스파냐의 패배 이후 독립을 선언한 필리핀 사람들을 잔인하게 진압하고서 필리핀을 섬령했다. 이러한 식민시 확대에 뒤이어 도미니카 공화국과 아이티, 니카라과에 여러 차례 군사적으로 개입했으며, 쿠바도 다시 점령했다.

미국은 공식적으로는 식민 제국이 될 뜻이 없었고 새로운 영토에 주의 지위를 부여하지 않았다. 하와이는 병합 이후 정식으로 미국 내 50개 주 가운데 하나가 되기까지 거의 60년을 기다려야 했으며, 푸에르토리코는 오늘날까지도 주의 지위를 얻지 못했다. 미국과 그 종속국들 간의 교역은 임시적 법률의 규제를 받았기에 경제적 이해 관계자들, 특히 설탕 생산자들의 열띤 로비의 대상이 되었다. 하와이는 미국 시장에 무관세로 진입했지만 이는 오직 원당에만 해당했다. 반면에 사실상 식민지였던 푸에르토리코에서 생산된 설탕의 경우, 사탕무 산업 쪽에서 맹렬하게 저항했는데도 1901년에 관세가 폐지되었다.[9] 필리핀은 1901년에 그 지도자들이 미군에게 항복하면서 1909년에 미국 시장에 무관세로 진입했다. 이로써 당시 저물고 있던 필리핀의 사탕수수 설탕 수출은 1920년대 중반에 세계 4위의 지위로 올라선다. 그러나 진짜 싸움은 생산 능력이 어마어마한 점령지 쿠바의 지위를 두고 벌어졌다. 쿠바의 엘리트들은 전부터 병합을 원했겠지만, 플로리다에서 겨우 300여 킬로미터 떨어진 이 섬이 미국의 중요한 설탕 공급지가 된 이후 미국의 정제업자들과 사탕무 설탕 공장들은 그러한 가능성에 대대적으로 반대했다. 게다가 쿠바의 비극은 카리브해와 중앙아메리카의 다른 10여 개 국가의 비극처럼, 미국이 그 경제를 통제하는 데 병합까지 필요하지는 않았다는 사실에 있었다.

미국은 영토를 점령했을 뿐만 아니라 은행업의 통제로 작동하는 새로운 유형의 제국주의를 펼쳤다. 이른바 '달러 외교'로 알려진 방식이었다. 물론 해군이 늘 지근거리에 있었다. 게다가 그 달러 외교는 단지 자금만 제공하는 방식이 아니었다. 금방이라도 쓰러질 듯 간신히 명맥만 유지하고 있는 카리브해 국가들의 은행 제도를 인수하고 때로는 그 나라들의 관세에 대해서도 유치권을 행사했다. 그리하여 19세기 대부분의 기간 동안 독립 국가였던 도미니카 공화국은 일찍이 1893년에 미국의 세력권으로 끌려 들어갔다. 푸에르토리코나 이집트와 다를 바 없이, 도미니카 공화국에서도 설탕 산업을 공업적으로 현대화하려던 열정은 외국 은행에 과도하게 의존하는 결과를 초래했다. 외국 은행들은 관세를 담보물로 잡았다.[10] 최종 결과는 정치적 독립성의 상실이었다. 도미니카 공화국 게릴라들의 반란으로 미국은 그 나라에 한층 더 깊이 관여하기에 이르렀고, 1916년에 미국 해군이 도미니카 공화국의 영토를 점령했다. 인접한 아이티는 이미 한 해 전에 미국의 지배에 떨어진 상태였다.

과연 설탕은 이러한 영토가 공식적으로든 비공식적으로든 미국에 종속되는 과정에서 핵심적 역할을 했다. 19세기 말이 되면 미국은 세계 최대의 설탕 소비국이 된다. 미국은 하와이의 점령과 병합에 힘입어 원칙적으로 그 제국주의적 세력권 안에 있는 거의 모든 사탕수수를 끌어올 수 있었다. 특히 쿠바는 1920년대에 미국 설탕 수요의 62퍼센트를 제공했다.[11] 당시 미국과 그 속령들은 전 세계의 원심분리기로 정제한 설탕을 절반 이상 생산했다. 에릭 윌리엄스는 획기적인 저서 《자본주의와 노예제Capitalism and Slavery》(1944)에서 미국 제국주의 정책과 그 나라의 치솟는 설탕 수요의 뒤얽힘을 설명하기 위해 '미국 설탕 왕국American Sugar Kingdom'이라는 말을 만들어냈다.

그러나 미국 설탕 왕국은 큰 논란을 초래한, 매우 불안정한 왕국이었다. 카리브해 히스패닉 지역에 있는 미국의 속령에서 크리오요 주민들은 역내의 값싼 아프리카계 이주 노동자들을 대량으로 수입하려는 미국인 소유 설탕 공장에 저항했다. 그뿐만 아니라 미국 안에서도 이주 노동자의 대규모 유입에 반대하는 세력이 있었다. 백인 민족주의자들은 사탕무가 농촌의 백인에게 수입원이 될 수 있음을 깨달았고, 유색인 주민 수가 많은 새로 점령한 영토를 병합하는 데 반대했다. 이들은 또한 이 속령들에서 설탕을 가져오는 미국 설탕 정제업 카르텔이 미국을 식민주의의 길로 인도한다고 비난했다. 이들은 주식회사 자본주의corporate capitalism에, 하와이와 캘리포니아 그리고 잠재적으로 쿠바로의 아시아인 계약 노동자 유입에 맞서 싸웠으며, 미국 백인 정착민의 대변자를 자처했다. 이렇듯 설탕은 미국 식민주의를 형성했을 뿐만 아니라 이민 논쟁의 전선을 규정하는 역할까지 했다.

1897년 하와이의 병합이 가까워졌을 때, 미국 백인 농민의 대변인이었던 허버트 마이릭이 발표한 논문에는 이 태평양의 진주에서 생산된 설탕이 미국 서쪽 절반의 시장을 전부 정복할 잠재력이 있음을 보여주는 지도가 함께 실렸다. 지도 위에는 다음 문구가 적혀 있었다. "미국 농민은 하와이 설탕 독점 기업과 뉴욕의 트러스트에 희생될 것인가?"[12] '트러스트'는 강력한 미국 설탕 정제업자 조합에 붙은 이름이었다. 상당히 많은 미국인이 틀림없이 이 선전의 핵심을 간파했을 것이다. 당시에는 미국인 대다수가 동부에 살고 있었기 때문이다. 그러나 일부는 그 농업 침체기에 미국이 자체적으로 사탕무 설탕 산업을 일으켜야 하며 '쿨리가 재배한' 사탕수수 설탕을 수입하는 것은 범죄라는 마이릭의 주장에 동요했을 것이다.

백인 민족주의자들은 확실히 '트러스트'와 '쿨리'에 맞서 결집했지만 제국주의의 도덕적 함의가 불편했던 것은 아니다. 마이릭과 마찬가지로 백인우월주의자요, 사탕무 설탕의 옹호자였던 민주당 의원 프랜시스 G. 뉼랜즈는 쿠바와 하와이의 병합을 '쿨리 설탕'의 유입을 저지할 가장 빠른 길이라고 보았다. 병합이 실현되면 1882년에 제정된 미국의 '중국인 배척법Chinese Exclusion Act'이 자동으로 그 섬들까지 확대될 것이었기 때문이다.[13] 그 법은 실제로 쿠바와 필리핀까지 확대되어 적용되었고, 1907년에 대체로 하와이를 통해 들어온 일본인 노동자의 유입이 중단되었을 때 아시아인의 미국 영토 이민은 더 강도 높게 폐쇄되었다. 뉼랜즈를 한편으로 끌어들인 사탕무 설탕 이해 관계자들은 의회를 설득하여 쿠바 설탕에 대한 관세를 빠뜨리지 않게 했고, 미국인의 푸에르토리코와 필리핀 토지 매입을 각각 최대 500에이커와 1024에이커로 제한하게 했다. 미국 설탕 회사들이 그 땅에 대규모 플랜테이션 농장을 열지 못하도록 막기 위함이었다.

한편 뉼랜즈는 1902년에 '미국 토지 개간법US Land Reclamation Act'의 입법 로비에 성공했다. 그의 이름을 붙여 '뉼랜즈 개간법Newlands Reclamation Act'으로 부르기도 하는 그 법의 목적은 관개 사업과 토지 양도 증서를 통해 농민에게 수백만 에이커의 땅을 주는 것이었다.●14 주로 사탕무 재배 농민들이 여기에 포함되었다. 보호무역주의 비판자들은 그 사탕무 설탕 포퓰리즘이 미국 소비자들에게 큰 비용을 치르게 할 것이라고, 열대 지방이 수요를 초과할 정도로 많은 설탕을 생산하게 될 것이므로 완전히 불필요하다고 경고했다. 설탕 가격이 매우 불안정한 상황에서, 경쟁이 극심한 상품을 노동 문제까지 감당하면서 미국이 생산할 이유가 도대체 무엇인가? 어느 평자는 이렇게 빈정거렸다. "열대 지방이 이 부담을 떠안게 내버려두라."15

20세기에 들어설 무렵 미국의 설탕 정책은 서로 경쟁하는 두 거대 이익 집단의 결과물이었다. '트러스트'는 수입 원당의 관세를 낮추고 정제 설탕의 수입 관세를 높이도록 로비를 벌였다. 일반적으로 그들은 새로이 획득한 영토의 병합에 반대했다. 그곳에서 고품질의 설탕이 무관세로 미국 시장에 들어오는 것을 막기 위해서였다. 미국 사탕무 재배 농민들의 대의와 관세를 통한 국내 생산 설탕의 보호를 옹호한 백인 민족주의 포퓰리스트들은 정제업자들과 대척점에 섰다. 설탕 소비가 치솟자 국내 사탕무 설탕과 해외의 사탕수수 설탕 사이의 갈등이 누그러

● 연방 정부 소유의 불모지를 매각하여 그 자금으로 관개 사업을 시행하고, 그렇게 개간한 땅을 매각하여 확보한 자금으로 더 많은 땅에서 관개 사업을 시행할 회전 자금으로 삼는다는 내용이다.

들긴 했지만 결코 사라지지는 않았으며, 20세기 내내 미국 정부는 고도의 조직을 갖춘 두 이익 집단 사이에서 균형을 찾고자 애썼다.

'트러스트'

1880년대 말 미국의 설탕 정제업자들은 단순하지만 섬뜩한 '트러스트The Trust'라는 이름으로 알려진 카르텔을 형성했다. '트러스트'는 거의 반백 년 동안 미국의 설탕 정책을 지배한다. 이 강력한 권력 집중을 추동한 것은 설탕 기술의 급속한 발전과 설탕 가격의 지속적인 하락이었다. 그 때문에 많은 도시에 퍼진 수백 개의 수공업 작업장으로 이루어졌던 산업이 몇몇 해안가에 자리 잡은 소수 자본 집약적 공장의 산업으로 바뀌었다. 급속한 경제 성장의 이 '도금 시대'에 뉴욕은 설탕 정제의 중심지로 부상한다. '트러스트'가 그곳에서 출현한 것은 결코 우연이 아니었다.

미국 설탕 왕국은 J. P. 모건과 시티뱅크City Bank 같은 최고로 강력한 은행들이 관련된 여러 이익 집단들의 혼합이었지만, 그 핵심은 식민지 설탕 부르주아지만큼이나 왕조적 계급의식을 지닌 뉴욕 부르주아 가문들의 긴밀한 네트워크였다.[16] 헨리 O. 해브마이어는 '트러스트'의 수장으로서 오늘날 가장 '화려한' 산업 수장의 한 사람으로 기억된다. 그는 유명한 설탕 정제업 왕조의 일원이었다. 독일인 설탕 정제업자였던 그의 조부는 형제와 함께 뉴욕으로 이주했다. 헨리의 아버지 프레더릭 C. 해브마이어가 선도적인 설탕 정제업자 삼대의 첫 세대였고, 헨리 아버지의 사촌 윌리엄 F. 해브마이어는 유력한 은행가였을 뿐만 아니라 뉴

미국의 사탕무 설탕 생산자들은 '트러스트'로 알려진 미국 설탕 정제업자들의 노력에 맹렬히 저항했다. '트러스트'는 쿠바에서 생산된 원당의 무관세 수입을 위해 로비를 벌였다. 그러나 1902년의 이 만평을 그린 작가가 알아보았듯이, 쿠바의 농민들은 이 줄다리기가 어떻게 끝나든 착취당하기 마련이었다. 왼쪽에서 오른쪽으로, 미국 사탕무 설탕 회사의 헨리 T. 옥스너드, 시어도어 루스벨트 대통령, 쿠바의 사탕수수 재배 농민, 하원 다수당 대표 세레노 E. 페인, '트러스트'의 헨리 해브마이어.

욕 시장을 세 번이나 역임했다. 그도 역시 설탕 정제업자였다.

헨리의 아버지가 설탕 정제업을 배울 무렵에 그 산업은 여전히 시간을 잡아먹는 수공업 기술이었는데, 원심분리기의 도입으로 정제 공정이 거의 하룻밤 사이에 바뀌었다. 설탕 가격은 지속적으로 하락했기에, 이제 규모의 경제가 가장 중요했다. 헨리의 아버지는 독일에서 막대한 자금을 끌어와 새로운 원심분리 정제 기술에 투자했다. 1876년, 그의 정제소에서는 1000명의 남녀 직원이 연간 4500만 킬로그램의 정제 설탕을 생산했다.[17] 인화성 물질이 가득 차 있고 온도가 섭씨 50도까지 올라가는 공장에서 이루어지는 위험한 비숙련 노동은 처음에는 아일랜드인과 독일인 이주자들이, 뒤이어 폴란드인과 리투아니아인이 맡았다.

동부 해안가의 정제업자들은 1870년대에 호황을 맞이했다. 정부에서 보조금을 받아 정제 설탕의 수출량을 확대했고 원당에 대한 관세가 낮았기에 대개 구식인 카리브해 제당소에서 생산된 거무스름한 원당 수입량을 늘려 이득을 보았다.[18] 그 시기에 프레더릭 해브마이어와 그 아들들은 비양심적인 사업가라는 평판을 얻었다. 예들 들면 그들은 영국령 기아나의 현대적인 제당소에 설탕을 검게 보이게 하는 법을 가르쳤다. 세관원들이 보고 낮은 품질의 설탕이라고 판단하여 관세를 가볍게 부과하게 하려는 수작이었다. 또한 상당한 양의 설탕이 세관을 거치지 않고 그의 공장에 도착했다는 말도 있었다. 해브마이어 가문의 새로운 공장은 다른 최신식 정제소 여럿이 그랬듯이 해안가에 있었기 때문에 세관을 피하기가 쉬웠다.[19]

그러나 1886년에 미국이 보조금 정책을 그만두면서 고수익의 시절이 끝났다. 이는 독일이 사탕무 설탕을 퍼붓고 있어서 이미 휘청거리던 영국 시장에 미국 설탕이 마구 쏟아져 들어오는 것을 목도한 영국 정제업자들의 강력한 항의에 대한 대응이었다. 다시금 국내 시장에 갇힌 미국 동부 해안 정제업자들은 수익이 감소하자 자신들끼리 협상하여 생산량을 제한할 수밖에 없었다. 헨리 해브마이어가 이끄는 해브마이어 가문의 세 번째 세대가 유명해진 것이 바로 그 시기다. 존 D. 로커펠러의 스탠더드 오일 트러스트Standard Oil Trust가 거둔 성공에 고무된 그는 미국의 모든 정제업자를 하나의 기업으로 통합하는 계획에 착수했다. 그러나 첫걸음을 내디딘 사람은 헨리 해브마이어가 아니라 뉴욕 시장 윌리엄 해브마이어의 아들들인 그의 6촌 형제들과 그들의 관리인 존 F. 설스였다.[20] 설스가 헨리 해브마이어를 끌어들였을 때 다른 이들도 합류했고, 그 결과로 1887년에 미국 설탕업계의 주요 선수 거의 모두가 참여한 설탕정제회사Sugar Refineries Company, 즉 '설탕 트러스트'가 설립되었다. 예들 들면 쿠바의 사탕수수 플랜테이션 농장주 거물로 보스턴에 정제소를 소유한 에드윈 앳킨스도 여기에 참여했다(7장 참조). 미국 설탕업계의 다른 거물인 옥스너드 형제들은 '트러스트'에 정제소를 매각하고 캘리포니아와 미드웨스트에서 사탕무 설탕으로 새롭게 야심 찬 모험을 시작했다.

미국 내 23개 정제소 중 17개를 끌어들이고 자본금 4400만 달러를 확보한 이 새 회사의 등장으로 사실상 경쟁은 사라졌다. 이런 이유로 '트러스트'로 알려진 것이다. 회사는 한물간 정제소들을 폐쇄하여 과잉 생산 능력을 제거함으로써 빠르게 이윤 폭을 늘렸다. 그러자 설탕 가격이 올랐고, '트러스트'는 거의 독점 기업에 가까운 지위에 올라 원당 구매 가격을 낮출 수 있었다. 미국설탕정제회사The American Sugar Refining Company(ASR, 1890년 이후 '트러스트'의 공식 명칭)는 당시 다우존스 평균 지수 산정에 포함된 12개 회사 중에서 여섯 번째로 큰 회사였다.[21]

'트러스트'는 종종 법의 경계에서 아슬아슬하게 활동했고, 뉴욕 중앙 철도회사New York Central Railway Company와의 불법적인 운송 계약 체결부터 여러 차례 세관을 속인 일까지 중대한 범죄를 여럿 저질렀다. 그렇지만 가장 큰 범죄였던 독점 금지법 위반은 처벌되지 않았다. 그래서 당시 독일 사회민주당의 주된 이데올로그로 '금융 자본Finanzkapital'이라는 개념을 만들어낸 루돌프 힐퍼딩은 '트러스트'를 자본주의의 폭식을 보여주는 주된 사례로 인용했다. 실제로 1895년에 '트러스트'가 법정에서 미국 정부를 상대로 승리를 거둔 사건은 미국 기업사에서 결정적 순간이었다. 그 판결은 '트러스트'가 그러한 카르텔이 법적 기반을 찾을 수 있는 유일한 주였던 뉴저지에 회사를 세운 후에 나왔다. 연방 정부는 '셔먼 독점금지법Sherman Anti-Trust Act'(1890) 위반이라며 서둘러 회사 설립을 무효화하려 했다. 대법원은 '트러스트'의 손을 들어주었다. 이 판결은 '주식회사의 미국corporate America'●이 알려지게 되는, 전례 없는 합병의 물꼬를 터주었기에 중대한 귀결을 낳은 판결이다.[22]

놀랄 일도 아니지만, '트러스트'는 미국 최대의 커피 회사 아버클 브라더스Arbuckle Brothers부터 루이지애나의 설탕 생산자들까지 적이 많았다. 이들은 '트러스트'에 착취당한다고 생각했고 '조공을 바쳐야' 한다고 말했다. 루이지애나에서 가장 큰 제당소를 소유했던 레옹 고드쇼는 '트러스트'의 올가미에서 벗어나려고 정제소를 세우기로 결정한다.[23] 그러나 '트러스트'가 치른 가장 치열한 전투는 7장에서 이야기한 클라우스 슈프레켈스와의 싸움이다. 이 캘리포니아의 정제업자는 하와이에서 수확한 사탕수수의 절반을 장악했는데, '트러스트'에 합류하는 것을 일언지하에 거부했다. 슈프레켈스의 설탕 사업은 '트러스트'에 비해 훨씬 규모가 작았지만 정제와 운송, 해외 사탕수수 농장을 수직적으로 통합한 사업체를 꾸린 그는 참여하지 않겠다는 의지가 너무나 강했다. '트러스트'가 깨뜨릴 수 없는 강력한 의지였다. '트러스트'는 슈프레켈스의 경쟁자였던 헨리 T. 옥스너드(앙리 토마 옥스나르)에게서 캘리포니아의 미국설탕정제소American Sugar Refinery를 매입하여 슈프레켈스보다 낮은 가격으로 설탕을 판매했는데, 얻은 것보다 잃은 것이 더 많았다. 슈프레켈스는 하와이가 공급하는 설탕의 절반을 장악했기에 캘리포니아에 도착하는 원당 대부분의 가격을 정할 수 있었고, 따라서 보복도 가능했다.[24] 그는 '트러스트'를 따라 자신의 정제 설탕 가격을 인하

● 미국의 주식회사와 대기업의 세계를 때로 경멸적으로 지칭하는 표현이다.

하는 동시에 하와이 원당의 가격을 인상했다. 이런 조치가 그에게는 식은 죽 먹기였다. 이로써 '트러스트'의 캘리포니아 정제 공장은 상당한 손실을 보았지만 슈프레켈스의 값비싼 하와이 설탕을 구입하는 수밖에 달리 대안이 없었다.

슈프레켈스는 동부 해안에서도 공세에 나서 필라델피아에다 당시 세계에서 가장 크다고 알려지는 공장을 세웠다. 그는 개소식에 참석하려고 샌프란시스코에서부터 전용 열차를 타고 왔으며 멈추는 역마다 열광적인 군중으로부터 영웅으로 칭송받았다. '트러스트'와 '악덕 거물 자본가들'은 대체로 인기가 없었고, 대중은 명백히 슈프레켈스를 자신들의 대의를 위해 투쟁하는 용감한 희생자로 보았다. 그가 해브마이어와 다를 바 없다는 사실을 편리하게 무시한 셈이다. 어쨌거나 1908년에 슈프레켈스가 사망했을 때, 그의 사업 제국의 가치는 5000만 달러가 넘었다.[25]

결국 '트러스트'와 슈프레켈스는 희생이 큰 가격 경쟁을 끝내려면 타협해야 한다는 사실을 깨달았다. 1892년 3월 4일에 체결된 협약으로 '트러스트'는 슈프레켈스의 필라델피아 공장 지분 45퍼센트를 받았고, 서로 경쟁하는 캘리포니아의 두 공장, 즉 슈프레켈스의 공장과 '트러스트'가 헨리 옥스너드에게서 매입한 공장이 합병되어 슈프레켈스와 '트러스트'가 절반씩 지분을 나누어 가졌다.[26] 번리는 1901년에 발표한 미국 산업 수장들의 역사에서 이렇게 말한다. "헨리 오즈번 해브마이어 씨는 동부 세력의 왕이며, 클라우스 슈프레켈스 씨는 서부 대군의 지배자다."[27]

설탕 거물들 간의 적대 관계가 진정되면서, 슈프레켈스와 옥스너드는 하와이의 정제 설탕이 무관세로 미국에 들어오는 것을 막기 위해 함께 하와이 제도의 병합에 반대했다. 1897년, 해브마이어와 옥스너드, 슈프레켈스는 힘을 합쳐 보호무역주의를 표방한 '딩글리 법Dingley Act'의 통과를 위해 열띤 로비를 벌였다. 딩글리 법은 정제 설탕에 대한 관세를 더 인상했는데, 이는 보조금을 잔뜩 삼킨 독일 사탕무 설탕의 대규모 수입에 대응한 조치이기도 했다. 동시에 비교적 원당에 가까운 카리브해 지역 설탕의 수입은 혜택을 보았다. 이는 '트러스트'의 정제소들이 이익을 남기는 데 결정적으로 중요했다. 또한 아직 미숙한 단계였던 국내 사탕무 설탕 산업도 보호받았다.[28] 딩글리 법이 제정되어 '트러스트'가 미국 사탕무 설탕 산업까지 영역을 확장하면서 사탕무 설탕과 사탕수수 설탕 간의 대결은 미국에서는 지난일이 되었다. 1907년이면 '트러스트'는 사탕무 설탕의 79퍼센트를 차지하여 지배적 위치에 올라선다. 역설적이게도, '트러스트'를 격하게 비난한 마이릭이 보호무역주의 입법을 위해 로비를 벌임으로써 '트러스트'가 강력하게 다각화에 나설 여지를 만들어주었다.

수수 열풍

남북전쟁이 시작된 이래로 북부 여러 주에서는 사탕수수 설탕에서 벗어나 온대 기후에 적합한 다른 감미료를 찾으라고 강력히 촉구하는 목소리가 들려왔다. 남북전쟁으로 루이지애나의 사탕수수 밭이 황폐해졌을 때, 연방 정부는 농업부USDA를 설치했다. 농업부는 유럽에서 수입되는 사탕무 설탕과 경쟁할 수 있을지 의구심을 품었으면서도 즉각 사탕무 설탕 실험을 시작했다. 다른 작물인 수수도 설탕의 원료로서 전망이 훨씬 좋아 보였다. 사탕수수의 사촌 격인 이 식물은 다 자라는 데 석 달이면 충분했고 사탕수수와 달리 더 건조하고 온대에 더 가까운 기후에서도 잘 자랐다.

19세기 중엽에 인도에서 미국에 이르기까지 전 세계의 플랜테이션 농장주들과 화학자들, 투기꾼들이 수수로 결정 설탕을 생산하는 경주에 뛰어들었다. 그때까지 수수는 비록 중국에서는 아득한 옛날부터 감미료로 알려졌지만 사탕수수의 대체 작물로는 좀처럼 눈에 들어오지 않았다. 유럽에서는 이탈리아의 유명한 식물학자 피에트로 아르두이노만 1766년에 수수 종자를 얻은 후 피렌체 인근의 자기 밭에서 결정 설탕을 만들려는 시도를 했다.[29] 1851년에는 상하이 주재 프랑스 영사가 본국에 씨앗을 조금 보냈을 때 관심이 되살아났다. 이와 동시에 그리고 별개로, 세계의 거의 모든 대륙을 돌아다니며 살았던 사탕수수 플랜테이션 농장주 레너드 레이가 유럽과 미국에서 수수 설탕의 옹호자가 되었다.[30] 레이는 1848년에 널리 읽힌 저서 《실리적인 사탕수수 플랜테이션 농장주Practical Sugar Planter》를 발표한 뒤 말레이반도에서 남아프리카의 나탈로 건너갔다가 불운하게도 1852년에 파산했다. 그러나 그는 줄루족 마을에서 사람들이 달콤한 임피imphee(아프리카 수수를 가리키는 줄루족의 용어)를 씹는 모습을 보고서 자신의 운이 바뀌었다고 생각했다. 1854년에 그는 임피 시럽을 결정화하는 방법에 관한 논문을 썼고, 이 논문이 프랑스어로 번역된 덕분에 나폴레옹 3세에게서 알제리에 2500에이커의 땅을 받을 수 있었다.[31]

그러나 레이는 알제리를 향해 출발하는 대신 1856년에 미국으로 갔다. 그곳에서 자신이 제안한, 수수 즙에서 결정 설탕을 추출하는 방법으로 특허를 획득했다. 사우스캐롤라이나 주지사를 지낸 제임스 헨리 해먼드는 이를 인상 깊게 받아들여 레이를 자신의 농장에 초빙하여 실험을 수행하게 했지만 결정 설탕이 나오지 않았다. 수수 즙의 성분이 대부분 포도당이고 자당은 많지 않아서 그런 결과가 나온 것이다.[32] 그러나 수수 즙을 한두 주 놔두자 결정이 나타났고, 그 이후로 수수를 수입 설탕과 루이지애나의 노예가 생산한 설탕으로부터 미국을 구해낼 묘책으로 치켜세우는 글이 마구 쏟아졌다. 기자 헨리 스틸 올콧의 책 《수수와 임피Sorgho and Imphee》(1857)에는 그 주제를 다룬 레이의 논문이 포함되었는데, 한 해에 8쇄를 찍었으며 올콧에 따르면 미국에서만 수천 건의 실험을 낳았다. 어느 실험도 결정 설탕을 생산하지 못했으나, 많은 농민이 수수에서 얻은 포도당 시럽에 더할 나위 없이 만족했다. 수수 시럽은 설탕만큼 달지는 않았지만 많은 시골 가정에서 충분한 효용이 있었다.[33]

1860년 남북전쟁 발발은 수수 시럽 열풍에 불을 붙였고, 새로이 설치된 농업부가 처음 취한 조치는 중국에 새로운 수수 씨앗을 주문한 것이었다. 남부연합이 항복하자 이 작물에 대한 열광이 약간 퇴조했는데 농업부가 이를 되살렸다. 미국의 설탕과 식품의 역사에서 중요한 인물이 되는 하비 와일리는 농업부의 선임 화학자로서 이 프로젝트의 책임을 맡았다. 그는 도전을 받아들였고 세포벽을 통해 자당이 빠져나오는 발산 기술에 주목했다. 그는 이 기술을 수수 공장뿐만 아니라 루이지애나의 사탕수수 설탕 산업에도 도입하기를 원했다(7장 참조). 발산 기술로 유럽의 사탕무 설탕 산업이 성공을 거둔 이후, 와일리는 그 공정을 두 눈으로 직접 확인하고자 1885년에서 1886년으로 넘어가는 겨울에 유럽의 수많은 사탕무 설탕 공장을 견학했다. 그는 수수 설탕 생산비를 낮추는 데 성공했지만, 이윤이 남을지는 여전히 미지수였다.[34]

사탕무 설탕

수수 설탕 실험이 성과를 내지 못하던 시기에, 캘리포니아에서는 수박을 비롯해 거의 모든 작물에서 감미료를 추출하려는 실험으로 분주했다. 그러나 승리한 것은 사탕무 설탕이었다. 캘리포니아 사람들이 독일과 프랑스의 사탕무를 들고 유럽을 방문하여 사탕무 설탕 제조법을 연구한 결과였다.[35] 그들 중에 클라우스 슈프레켈스가 있었다. 그는 1870년대에 몇 가지 실험을 수행한 뒤, 그다음 10년 동안 사탕무 설탕까지 포괄하여 자신의 설탕 왕국의 규모를 확대했다. 이러한 다각화는 그가 하와이의 하울리 플랜테이션 농장주들뿐만 아니라 '트러스트'에도 맞서 벌인 이중 전선에서 벌어지는 싸움의 일환이었다. 1887년, 슈프레켈스는 독일 마그데부르크의 사탕무 설탕 공장을 방문하여 종자는 물론 기계까지 구입해 캘리포니아로 돌아와 왓슨빌Watsonville에 공장을 세웠다. 당시에는 미국 최대의 설탕 공장이었다.[36]

같은 해, 캘리포니아에서 슈프레켈스와 경쟁하던 옥스너드 형제들이 유럽으로 건너갔다. 그들의 아버지는 루이지애나의 사탕수수 플랜테이션 농장들의 주요 정제업자로서 현명하게도 남북전쟁 직전에 재산을 팔아치우고 매사추세츠에서 사업을 재개했다. 헨리 옥스너드와 형제들은 '트러스트'에 브루클린 정제소를 매각한 뒤 조상의 나라인 프랑스로 갔다. 그곳에서 프랑스 기계를 구입하고 기술자를 고용했는데, 네브래스카에서 사탕무 설탕 공장을 운영할 작정이었다.[37] 헨리 옥스너드의 하버드 대학교 급우들도 네브래스카와 와이오밍에 사탕무 설탕 공장을 차렸고, 1890년에 매킨리 관세법이 제정된 이후 옥스너드 형제들도 네브래스카와 캘리포니아의 치노Chino에 하나씩 추가로 공장을 건립했다.[38] 헨리 해브마이어가 지적했듯이, 매킨리 관세법이 미국 사탕무 설탕 산업의 발흥에 도움이 되었음은 의심의 여지가 없는 사실이다. 그러나 이 법이 뉼랜즈와 마이릭, 옥스너드, 슈프레켈스의 선전과 로비의 결과였다는 것도 똑같이 옳다.[39]

게다가 로비는 미국 변경의 서진西進이라는 대중적 관념에 호소했다. 철도와 관개로써 사탕무 재배를 비롯해 농사지을 수 있는 땅을 어마어마하게 늘릴 수 있다고 주장한 것이다. 사기업의 대규모 관개 수로 공사를 자극한 1894년의 '캐리 법Carey Act'이 유타와 미시건, 대평원 지대에서 사탕무 설탕 산업을 부양했다. 1890년대에 콜로라도와 와이오밍, 네브래스카를 가로지르는 노스 플랫 밸리North Platte Valley에 기술자들이 캠프를 차렸다. 용수권을 두고 긴 협상이 이어진 뒤, 수백 킬로미터에 달하는 운하와 관개용 터널, 어마어마한 댐을 건설하고 산을 폭파하여 날려버렸다. 이는 당시 미국 최대의 관개 사업으로, 완공에 20년이 걸렸다.[40]

캐리 법이 제정되고 3년이 지났을 때, 미국 사탕무 설탕 생산은 1897년에 제정된 딩글리 법으로 한 번 더 추진력을 얻었다. 딩글리 법으로 독일산 사탕무 설탕을 대상으로 관세 장벽이 높아졌기 때문이다. 게다가 쿠바의 설탕 산업이 독립 전쟁 중에 일시적으로 무너졌다. 그 결과 상황은 갓 출범한 미국 사탕무 산업에 유리하게 극적으로 바뀌었다. 슈프레켈스는 새로운 관세 체제를 예상하며 1896년에 다시 독일로 건너가 최신 사탕무 설탕 가공 기술을 공부하고 캘리포니아 살리나스 밸리Salinas Valley의 거대한 사탕무 설탕 복합 단지에서 쓸 장비를 주문했다. 자금의 절반은 '트러스트'가 공급했다. 그 새 공장의 가동으로 미국의 사탕무 설탕 생산량은 여덟 배로 증가했고, 캘리포니아는 미국의 주된 사탕무 설탕 생산지로 변모했다. 공장 주변의 공업 도시에는 슈프레켈스라는 이름이 붙었다. 한편 옥스너드 형제들은 뉴욕의 은행 자본으로부터 지원을 받아 콜로라도로, 나중에는 미네소타의 레드 리버 밸리Red River Valley까지 급속하게 사업을 확장했다.[41]

1902년에 뉼랜즈 개간법으로 미국 서부 건조 지대에 관개 수로망이 더 많이 확충되자 헨리 해브마이어는 꽤나 놀랍게도 예수 그리스도 후기 성도 교회(모르몬 교회)와 협력하여 직접 사탕무 설탕 사업에 뛰어들었다. 모르몬교도들은 1840년대에 사탕무 설탕 사업을 벌였다가 실패한 지 50년이 지난 후 두 번째로 사탕무 설탕 생산을 시도했다(4장 참조). 이들은 일부다처제 범죄 혐의로 연방 정부에 재산을 몰수당하고 박해를 받은 뒤 크게 줄어든 재원을 보충하고자 했다. 모르몬교 지도자들은 처음에는 수수의 밝은 전망을 믿었으나, 캔자스주에서 행해진 실험으로 얻은 결과는 그 생각을 단념하기에 충분했다. 그다음은 사탕무였다. 모르몬교도 농부들은 사탕무 재배가 자신들의 농사 주기에 적합하고 소에게 먹일 사료 같은 유익한 부산물이 생긴다는 사실을 알아보았다. 모르몬교도의 첫 번째 사탕무 설탕 공장이 성공을 거두자 교회 지도자들은 사업을 확대하려는 욕구가 일었고, 이러한 조치를 고려하던 중에 잠재적 협력자로서 해브마이어의 이름이 떠올랐다. 비양심적인 외부 인사의 영향력을 경계하던 모르몬 교회의 몇몇 고위 성직자들은 분명히 이런 상황이 불편했을 것이다.[42]

사탕무 설탕 산업의 가능성을 이미 확신한 헨리 해브마이어는 모르몬 교회에서 다시없을 사업 자산을 포착했다. 모르몬 교회가 성도인 농부들에게 사탕무 재배가 종교적 의무라는 인식을 심어주었기 때문이다. 이는 꾸준한 공급을 확실하게 보장했다. 1902년, 헨리 해브마이어는 모르몬 교회의 설탕 회사 지분 절반을 괜찮은 값에 매입했다. 그는 화학·공학·농학의 전문 기술을 전수했고, 그 덕에 모르몬교도들은 아이다호에 추가로 공장 두 개를 더 세웠다. 세 회사는 1907년에 합병했고, 그로써 워싱턴, 오리건, 네바다까지 영업이 확장되었다. 그러나 '트러스트'와 모르몬 교회의 조합이라는 사업 방식은 1911년에 민주당 주도의 하원 조사를 유발했다. 결국 유타-아이다호 설탕회사Utah–Idaho Sugar Company의 모르몬교도 지도자 찰스 W. 니블리는 '트러스트'의 지분을 매입할 수밖에 없었다. 니블리는 고집을 꺾지 않고 계속해서 유타와 아이다호의 경쟁자들을 막았고, 그로써 사탕무 가격은 낮게 유지하고 설탕 가격은 인위적으로 높게 유지할 수 있었다. 그러나 마침내 굴복해야 했다. 유순했던 모르몬교도 사탕무 재배 농민들이 반기를 들어 사탕무 가격이 형편없는 수준에 머무른다면 다른 작물을 재배하겠다고 위협했기 때문이다.[43]

'트러스트', 월 스트리트, 마누엘 리온다

1907년에 헨리 해브마이어가 사망하고 이듬해에 슈프레켈스가 뒤이어 사망했을 때, 미국 설탕 왕국의 경계선은 태평양부터 카리브해 지역까지 뻗어 있었고 사탕무와 사탕수수의 재배·가공·정제를 포괄했다. 1897년에 딩글리 법으로 국내 사탕무 설탕 산업의 문이 열렸고 '트러스트'가 곧 이에 관여했다. 한 해 뒤 미국이 카리브해 지역으로 군사적으로 팽창하면서 '트러스트'가 설탕 사업에서 이익을 얻을 길이 또 열렸다. '트러스트'는 쿠바와 푸에르토리코에 공장을 세우거나 사들여 원당을 확보했고, 그 원당을 낮은 수입 관세로 들여와 동부 해안의 정제소에서 정제한 뒤 보호무역의 혜택을 받는 미국 시장에 판매했다. 미국 설탕 왕국은 월 스트리트 금융계와 긴밀히 연결되었고, 국내 사탕무 설탕 기업들의 이익과 속령에 국내 시장을 개방한다는 지정학적 책임 사이에서 균형을 잡아야 했다. '트러스트'가 점차 속령의 설탕 생산을 지배했기 때문이다.

흥미롭게도, 실제로 카리브해 지역으로 설탕 생산을 확대하는 첫걸음은 1898년 에스파냐와 미국 간의 전쟁이 일어나기 훨씬 전부터 시작되었다. 1890년, 헨리 해브마이어와 그의 사촌 찰스 센프는 땅을 구입하여 대규모 공장을 세우려고 배우자들과 동행하여 쿠바를 방문했다. 2년 뒤에 트리니다드 설탕회사Trinidad Sugar Company를 가동할 예정이었다. 보스턴에 정제소를 소유하여 '트러스트'의 일원이 된 에드윈 앳킨스가 이 방문객들을 맞이했다. 7장에서 설명했듯이, 미국의 저명한 사탕수수 플랜테이션 농장주 앳킨스는 하버드 대학교의 식물학 전문 지식을 쿠바에 전해 사탕수수를 개량한 사람이다. 헨리 해브마이어는 쿠바와 미국 사이의 호혜 조약을 낳은 1891년에 '포스터-카노바스 협정Foster–Cánovas Treaty'을 내다보고 방문 시기를 정했다. 그 협정을 위해 앳킨스는 직접 로비에 뛰어들었다.[44]

1838년 이래 쿠바의 설탕 무역에 관여한 가문의 후손인 앳킨스는 무역과 정제에서 설탕 생산으로 사업을 확장했다. 쿠바에 있던 그의 솔레다드 알레그레 설탕회사Soledad Alegre Sugar Company는 1880년대부터 파산한 채무자들의 땅을 집어삼켜, 1894년이면 5만 에이커의 땅을 사탕수수로 뒤덮은 세계 최대 규모의 사탕수수 농장이 되었다. 그러나 이는 시작이었을 뿐이다. 1920년대에 앳킨스는 50만 톤이 넘는 설탕 생산을 통제했다. 이는 쿠바 전체 설탕 생산량의 대략 8분의 1에 해당한다. 1866년부터 그는 수확기에는 늘 농장에 머물렀지만, 나머지 기간에는 미국에서 경제 엘리트의 한 사람으로서, 예를 들면 J. P. 모건과 함께 유니언 퍼시픽 철도Union Pacific Railroad의 이사로 지냈다. 앳킨스는 쿠바에 관한 미국 정부의 중요한 정치적 결정에는 빠지지 않고 관여했다. 그는 미국의 하원 의원과 상원 의원, 외교부 장관, 대통령과 만날 수 있었고, 그들의 의논 상대가 되어주었다.[45]

앳킨스와 헨리 해브마이어는 쿠바의 일부 농장을 슈프레켈스가 하와이에 갖고 있던 것보다 훨씬 더 큰 규모의 사탕수수 플랜테이션 농장으로 바꾸려는 담대한 계획을 세웠다. 그러나 파괴적인 전쟁으로 적어도 일시적으로 희망이 사라졌다. 1894년에 미국과 에스파냐 사이의 무역 협상이 중단되었고, 이에 미국인들은 관세를 원당에 대해서는 40퍼센트, 정제 설탕에 대해서는 48퍼센트를 부과함으로써 대응했다. 이 두 조치가 쿠바 주민들에게 떠안긴 고통이 쿠바 독립 전쟁에 불을 붙였다. 이 전쟁은 1898년까지 지속된다. 큰 충격을 받은 앳킨스의 동료 P. M. 빌은 1895년에 이렇게 쓴다. "트리니다드의 구릉지와 바다로 가는 내내 지옥의 불길이 휘몰아쳤다. 보이는 것이라고는 불에 그을린 폐허와 연기, 맨발의 불쌍한 사람들, 작은 아기를 품에 안고 안전한 곳으로 피하려는 여인들뿐이다."[46] 결국 전쟁으로 쿠바인 20만 명이 무덤 속으로 들어갔고 섬의 사탕수수 플랜테이션 농장은 3분의 2가 파괴되어 버려졌다. 그 후 쿠바의 설탕 산업이 회복하기까지는 여러 해가 걸린다.[47]

1898년 미군의 쿠바 점령은 처음에는 '트러스트'에 쿠바 설탕 산업을 다시 팽창시킬 더없이 좋은 기회로 보였다. 그러나 쿠바 독립 전쟁과 딩글리 법은 막 출범한 미국 사탕무 설탕 부문이 부상할 유일무이한 기회였다. 사탕무 설탕 기업가들은 쿠바의 설탕 산업이 미국 자본의 힘으로 다시 일어서지는 않을지 걱정했기에 쿠바와 다시 호혜 조약을 체결하는 데 격하게 반대했다. 사탕무 설탕 부호인 헨리 옥스너드는 이 저항을 이끈 지도자 가운데 한 사람이었다. 당시 '트러스트'는 아직 사탕무 설탕 부문과 사탕수수 설탕 부문을 통합하지 못했고, 따라서 그는 앳킨스와 헨리 해브마이어와 적대적 위치에 있음을 알았다. 두 사람은 1898년부터 1901년까지 쿠바 총독을 지낸 레너드 우즈에게 합세하여 쿠바와의 자유 무역을 주창했다. 확실히 앳킨스와 해브마이어는 1894년의 무역 전쟁이 되풀이되는 것을 피하고자 했다. 그 때문에 폭동이 일어나 쿠바의 설탕 산업이 대부분 잿더미로 변했기 때문이다. 그러나 그들의 호혜주의 권고는 받아들여지지 않았고, 쿠바의 설탕이 미국 시장에 특혜 관세로 진입하기는 했지만, 쿠바가 새로이 얻은 무역상의 양면적 지위와 세계 시장의 설탕 가격 하락 탓에 미국 투자자들은 몇 년 동안 관망하는 태도를 유지했다.[48]

그렇지만 1906년에 헨리 해브마이어는 쿠바가 안전하며 매력적인 투자처라고 결론 내렸다. 그는 '트러스트'를 통해 직접 투자했으며, 제임스 하월 포스트와 그의 사촌 토머스 앤드루스 하월이 이끈 전미설탕정제회사National Sugar Refining Company(NSRC)에도 참여했다. 전미설탕정제회사는 1906년 하월의 도움으로 재편되었다. 그때 '트러스트'는 상당한 소수 지분을 보유했는데, 그 몫은 1922년에 이루어진 반독점 판결 이후 25퍼센트로 삭감되었다. 당시 쿠바에서 가장 강력한 기업 중 하나였던 전미설탕정제회사는 설탕을 연간 45만 톤 이상(쿠바 전체 생산량의 11퍼센트가 넘는다) 생산했으며, 푸에르토리코와 도미니카 공화국에서도 공장을 가동했다.[49]

제1차 세계대전 기간에는 미국 자본이 쿠바로 엄청나게 들어갔다. 유럽 사탕무 설탕 산업이 일부 붕괴되고 잠수함이 상선을 파괴하면서 설탕 가격이 치솟던 때였다. 쿠바의 설탕 산업은 폭발적인 성장 국면에 진입했고 한층 더 광적인 토지 강탈로 횡재했다. '트러스트'와 전미설탕정제회사, 유나이티드 프루트 컴퍼니United Fruit Company는 쿠바에서 헐값에 광대한 땅을 구입했고 엄청난 면적의 숲을 빠르게 제거했다. 미국의 거대 회사들은 집요하게 독립성을 지켰으며, 쿠바인들이 소유한 중앙공장과 달리 스스로 사탕수수를 재배하면서 밭과 공장을 통합했다.[50] 1924년 기준으로, 1895~1898년의 전쟁을 피해 떠난 쿠바 출신들을 포함하여 미국 국적자들이 쿠바 설탕 생산의 62.5퍼센트를 담당했다. 가장 중요한 것은 미국인의 몫이 '트러스트'의 지배를 받았고 그중 최소한 40퍼센트는 앳킨스와 하월가의 사촌 형제들이 차지했다는 사실이다.[51]

이렇게 보면 정제업자들과 은행가들이 대대적으로 결집한 것 같지만, 자세히 들여다보면 내막은 훨씬 더 복잡하다. 제1차 세계대전 중에 쿠바 설탕 부르주아지와 월 스트리트의 이해관계가 서서히 하나로 합쳐졌다. 그 융합은 쿠바 최대의 설탕 중개인이자 설탕 부호이며 차르니코프-리온다Czarnikow-Rionda의 대표인 에스파냐 사람 마누엘 리온다가 체현했다. 쿠바에서 그의 회사는 수확한 사탕수수의 국제적 판매를 대부분 장악했다.

차르니코프-리온다의 기원을 찾자면 독일로 가야 한다. 1861년에 프로이센의 율리우스 카이사르 차르니코프는 런던을 기반으로 삼은 슈뢰더 가문의 동업자로서 설탕 중개인으로 입지를 다졌다. 함부르크 출신의 이 대단한 상인 가문은 두 세대 전 그곳에서 설탕 무역으로 재산을 모았다. 슈뢰더 가문은 또한 쿠바의 철도망 확립에 가장 중요한 투자자였다(5장 참조).[52] 차르니코프는 슈뢰더 가문에 힘입어 자와와 이집트의 설탕뿐만 아니라 런던 시장에 처음으로 사탕무 설탕도 수입해 들여왔다. 그 후 서인도 제도 설탕 판매에서 지배적 위치를 차지했고, 영국에 들여온 서인도 제도 설탕의 3분의 2를 미국으로 보냈다.[53] 그는 미국과 쿠바 사이에서 단명했던 호혜 조약이 채택된 해인 1891년에 뉴욕에 사무소를 개설했다. 차르니코프는 세계 최고의 설탕 중개인으로 우뚝 서서 퍼스트 네임(율리우스)과 미들 네임(카이사르)이 정당함을 입증했다.

마누엘 리온다는 1897년 차르니코프의 뉴욕 회사에 합류했다. 리온다는 에스파냐에서 태어났지만 쿠바 설탕 상인 가문의 일원이었다. 1909년에 차르니코프가 사망한 뒤 그의 뉴욕 사무소는 개편되어 차르니코프-리온다로 이름을 바꾸었고 마누엘 리온다가 대표를 맡았다. 5년 후 이 회사는 쿠바 설탕의 40퍼센트를 판매했다.[54] 리온다 가문은 또한 쿠바에서 수많은 설탕 공장을 획득했고, 사탕수수 버개스에서 섬유소를 뽑아내는 공장과 벽판 공장도 하나씩 획득했으며, 제당업자들에게 신용을 제공하고 보험을 마련해주었고, 기계는 물론 황마 마대까지 공급했다. 이 가문은 쿠바 설탕 사업의 거의 모든 분야에 관여했다.

이제 진정한 설탕 거물이 되고 뉴욕 금융계에 안정적인 연줄을 확립한 리온다는 전시의 설탕 부족 현상을 기회로 대대적인 쿠데타에 착수했다. 1915년에 쿠바 사탕수수 설탕회사Cuba Cane Sugar Corporation를 설립하여 쿠바의 설탕 공장 17개를 매입한 것이다. 그는 호러스 O. 해브마이어와 클라우스 아우구스트 슈프레켈스 주니어를 이사회에 앉혔고 월 스트리트의 은행들, 특히 J. P. 모건의 든든한 후원을 확보했다. 리온다의 대담한 조치로 월 스트리트가 쿠바 설탕 생산의 한가운데로 끌려 들어왔다. 런던과 함부르크에서 매매와 선물 거래가 중단된 데 대한 대응으로 뉴욕 증권 거래소에 원당이 추가된 1914년부터 이미 커지고 있던 역할이었다. 선물 거래는 고정된 가격으로 상품을 미리 구매하여, 1846년과 1884년에 설탕 세계를 혼란에 빠뜨린 것과 같은 가격 급등락이 생산자와 상인에게 초래할 위험을 줄이기 위한 조치였다.[55]

쿠바의 시각에서 보면, 리온다가 앞장서서 월 스트리트가 쿠바 설탕 산업에 그토록 깊은 이해관계를 갖게 한 것은 상당한 도박이었다. 미국 자본가들에게 쿠바의 설탕 산업을 넘길 위험성이 있었기 때문이다. 그러나 리온다는 꼭 필요한 규모의 경제를 이루고 거친 국제 시장에서 쿠바 설탕 산업의 내구성을 강화하기 위한 수단이라며 이를 옹호했다. 리온다 같은 세계적 설탕 중개인에게 대자본과 순수하게 업무상의 관계를 맺는 것은 자연스러운 일이었다. 리온다는 먼저 세상을 뜬 동업자 차르니코프가 뉴욕이 세계 금융 중심지가 되었을 때 런던을 버리고 뉴욕을 취한 것처럼 똑같이 행동했을 뿐이다. 리온다 가문은 에스파냐 여권을 가지고는 있었지만 어떠한 국적 범주에도 어울리지 않았다.[56] 그러나 그들에게 해를 끼친 것은 국가에 대한 충성심의 결여가 아니라 많은 공장을 포함하는 복합 기업을 관리하기가 어렵다는 점이었다. 제1차 세계대전 기간과 그 이후 세계적으로 설탕이 부족했다가 1921년에 갑자기 공급 과잉이 되자, 리온다의 쿠바 사탕수수 설탕회사는 심한 손실을 보았고 거의 은행가들의 손에 넘어갔다. 실제로 충격적인 해였던 1921년 이후 미국 은행들은 남아메리카와 쿠바의 은행들을 접수하고 설탕 생산 자금의 거의 3분의 2를 공급했으며, 제당소의 모든 신용 편의를 관리했고, 쿠바 경제의 다른 많은 분야까지 지배했다.[57]

카리브해 지역을 점령하다

역사적으로 쿠바가 미국과 가장 긴밀히 연결된 시기는 1920년대다. 쿠바의 번영은 대체로 영국과 프랑스, 벨기에, 네덜란드, 독일을 합친 것만큼 큰 소비 시장과 가깝다는 지리상의 이점 덕분이었다. 실제로 미국인의 1인당 설탕 소비량은 유럽인보다 두 배 많았다. 쿠바 인구는 에스파냐인의 대량 이주와 급속한 자연 성장 덕분에 1899년 160만 명에서 1930년 거의 400만 명 가까이 증가했다. 《쿠바 책Book of Cuba》(1925)에서 그 섬은 아르헨티나를 제외하면 라틴아메리카의 다른 어느 나라보다 부유한 곳으로 묘사되었다. 사망률과 문맹률이 낮았고, 전화망은 최신식이었으며, 국제 공항이 있었고, 도로를 달리는 자동차가 라틴아메리카의 어느 나라보다 많았다.[58]

'트러스트'와 그 계열사인 전미설탕정제회사와 나란히, 사탕수수 및 사탕수수 설탕을 가공하는 다른 회사들도 쿠바에 주목했다. 19세기 말부터 음료와 사탕, 초콜릿 산업이 폭발적으로 성장했는데, 설탕은 그러한 산업에서 비용 가격의 상당한 비중을 차지했다. 따라서 스스로 설탕을 생산하여 시장 변동성에 따르는 위험을 예방하고 '트러스트'의 가격 조작 가능성을 피하는 것은 매력적인 일이 되었다. 사탕수수 밭부터 초콜릿 바까지 상품 사슬 전체를 통합한 선구자의 한 사람으로 기업가 밀턴 스네이블리 허시를 들 수 있다. 그는 미국 '사탕과자의 수도'인 필라델피아 출신인데, 1851년에 그곳에서 최초의 회전하는 증기 팬인 쿠커cooker가 고된 사탕 제조 과정을 혁명적으로 바꿔놓았다. 19세기 중반까지는 수공업 장인의 사탕 가게가 기껏해야 하루에 몇 킬로그램을 생산했지만, 새로운 공장은 한 주에 몇 톤씩 사탕을 토해냈다.[59]

전설적인 자수성가형 기업가였던 허시는 어릴 때 배고픔이 무엇인지 알았고 일련의 시행착오를 겪은 후에 산업의 거물로 우뚝 섰다. 첫 번째 큰 성공은 좋은 우유를 적당량 투입하여 캐러멜을 덜 끈적이게 만들고 초콜릿을 더 말랑하게 만들었을 때 찾아왔다. 그렇게 달성한 품질 덕분에 허시 초코바는 지금도 여전히 유명하다.[60] 1912년에 그의 공장은 건물 면적이 18에이커에 달했다. 따라서 설탕의 대량 구매자였던 그는 어떻게 하면 '트러스트'와 전미설탕정제회사를 피할 수 있을지 고민하기 시작했다. 제1차 세계대전 기간에 그 문제는 더욱 절실해졌다. 설탕 부족으로 사업이 좌초할 위기에 처했기 때문이다. 허시는 1916년에 쿠바에 자체적으로 아시엔다hacienda(대농장)를 매입하기로 결정하고 거대한 설탕 중앙공장을 설립했으며, 설탕을 항구로 운송하기 위해 마탄사스Matanzas에서 아바나까지 전철을 부설하여 영구적 유산을 남겼다. 그는 미국인 백만장자들에게 점차 즐거움을 주는 섬이 된 쿠바에서 연중 일정 기간 거주했다. 이는 그의 친구 헨리 포드에게도 해당하는 이야기였는데, 포드는 쿠바에서 사탕수수를 원료로 삼아 자동차에 쓸 에탄올을 생산할 방법을 탐구했다. 허시는 설탕을 자신의 공장에서 쓸 생각이었기에 쿠바에서 설탕을 정제하기로 결정했다. 그는 설탕을 황마 마대에 담지 않고 특별 열차로 옮겨서 배에 싣고 필라델피아 항구로 보낸 뒤 공장으로 가져갔다.[61] 그러나 허시도 1921년의 설탕 가격 폭락을 피할 수는 없었다. 그는 쿠바와 펜실베이니아의 재산 대부분을 뉴욕 내셔널 시티뱅크National City Bank에 넘겨야 했다. 그러나 허시는 사탕과자와 음료, 아이스크림의 황금기였던 '광란의 1920년대Roaring Twenties'에 저당 잡혔던 사업체를 되찾았다.[62]

미국의 정제업자들, 허시 같은 기업가들, 리온다 같은 중개인들은 카리브해 지역으로 사업을 확장하면서 월 스트리트를 선봉에 내세웠다. 이런 현상이 완전히 새로운 것은 아니었다. 월 스트리트와 미국 설탕 기업의 주요 인물들 사이에는 이미 여러 해 동안 끈끈한 유대가 형성되어 있었다. 이들은 어느 정도는 뉴욕 부르주아지를 구성한 동일한 가족 네트워크의 일부였다. 20세기에 들어설 무렵 제임스 하월 포스트와 헨리 해브마이어는 내셔널 시티뱅크의 이사였으며, 헨리의 아들 호러스는 J. P. 모건이 장악한 뉴욕 뱅커스 트러스트New York Bankers Trust 이사회에 들어갔다.[63] 그러나 제1차 세계대전 후에 은행들은 카리브해 설탕 산업에 직접 자금을 공급했다. 예를 들면 시티뱅크는 설탕 공장들에 대규모 자금을 공급했다가 1921년 설탕 가격 폭락의 여파로 상당한 손실을 입었다. 허시의 재산 대부분을 포함하여 쿠바 제당소의 4분의 1이 그 은행의 수중에 떨어졌고, 은행은 회수하지 못한 대출금 6000만 달러 중 2500만 달러를 상각해야 했다. 시티뱅크는 이 엄청난 설탕 관련 재산을 제너럴 슈거 컴퍼니General Sugar Company로 탈바꿈시켰으나, 이 회사는 수익을 내지 못한다.[64]

한편 미국 정부는 은행들이 카리브해 지역과 중앙아메리카에 지점을 개설할 수 있도록 허용하여 월 스트리트의 이익을 더욱 촉진했다. 시티뱅크와 J. P. 모건, 체이스 내셔널 뱅크Chase National Bank는 쿠바와 푸에르토리코, 아이티, 도미니카 공화국, 중앙아메리카 여러 나라에 지점을 열었고, 금융 인프라를 갖추지 못한 그 나라들에서 이 지점들이 실질적으로 중앙은행의 역할을 했다. 이 은행들은 아이티와 카리브해 섬들에서 유럽 금융 세력을 축출하는 정책을 추구했고, 미국 정부가 그러한 노력을 지원했다. 미국 정부는 은행들을 이용하여 극심한 부채에 시달리는 그 나라들을 금융 측면에서 통제하고 유럽 채권국들이 포함砲艦을 보내지 못하게 막았다. 베네수엘라가 채무 불이행에 빠졌을 때 자신들이 한 짓을 유럽은 하지 못하게 한 것이다.[65]

푸에르토리코는 1910년대부터 쿠바와 마찬가지로 월 스트리트의 설탕 과두 지배 집단으로부터 영향을 받았고, 설탕 수출은 1899년 4만 톤에서 1929년 100만 톤 이상으로 폭증했다. 가격으로 계산하면 설탕은 1911년부터 1940년까지 푸에르토리코 수출의 60퍼센트를 차지했다. 1920년대에 그 설탕 수출량의 약 60퍼센트는 제임스 하월 포스트와 호러스 O. 해브마이어, 이들과 연합한 월 스트리트 은행들이 지배적 위치를 차지한 미국의 네 개 대기업이 소유했다.[66] 그러나 이 대기업들은 현지 설탕 부르주아지를 완전히 제거하지는 못했다. 옛 플랜테이션 농장주 가문들은 여전히 미국인 소유의 설탕 중앙공장들에 사탕수수를 공급하여 막대한 수익을 거두었고, 그 공장들은 미국 시장에 무관세로 설탕을 보낼 수 있었다. 크고 작은 규모의 사탕수수 재배 농민들은 흔히 가족 간의 유대로 결합하여 조합을 만들어서 수확을 개선하고 공장들과 협상했다.[67] 이들은 500에이커 이상의 토지를 보유할 수 없게 한정되어 있던 미국 기업들에 사탕수수를 공급했다. 물론 이 회사들은 토지 보유 제한을 교묘히 어겼으며, 푸에르토리코 정부와 미국 의회는 이를 처벌하지 않았다.[68]

그러나 푸에르토리코의 사탕수수 재배 면적 확장은 한정적이었고, 따라서 미국의 대기업들은 그로부터 겨우 80킬로미터 떨어진 도미니카 공화국에서 사탕수수 농장을 운영하여 푸에르토리코의 공장들에 사탕수수를 공급했다. 도미니카 공화국은 토지가 충분했고, 인접한 아이티에는 노동력이 풍부했다. 도미니카 공화국에서 생산된 저렴한 사탕수수가 푸에르토리코의 설탕 중앙공장을 통해 무관세로 미국 시장에 들어왔다. 이는 '트러스트'에 엄청난 이익을 가져다준 사업이었다. 도미니카 공화국을 '트러스트'와 그 계열사들이 소유한 푸에르토리코 공장들의 사탕수수 공급지로 만드는 과정에서 현지 농민을 추방하는 과정이 수반되었고, 이는 게릴라 전쟁을 촉발하여 도미니카 공화국 정부가 동부 지역의 통제권을 빼앗기는 결과를 낳았다. 게릴라들의 '로마나Romana 농장'(호러스 해브마이어가 이사회 임원으로 있는 사우스 포르토 리코 설탕회사South Porto Rico Sugar Company 소유) 점령이 1916년 5월에 미 해병대의 도미니카 공화국 점령을 재촉한 것은 분명하다. 그때 이후로 '트러스트'와 전미설탕정제회사가 월 스트리트의 지원을 받아 사업을 확대했다. 그들은 이제 사탕수수 재배에 머물지 않고 도미니카 공화국에서도 설탕 공장을 가동했다.[69]

미국 설탕 왕국의 역사에는 미국 동부 해안 정제업자들의 설탕 상품 사슬 통제, 설탕과 은행의 뒤얽힘이 동반되었고, 월 스트리트가 카리브해 금융을 대부분 장악함으로써 이를 용이하게 만들었다. 미국 설탕 왕국은 관습적인 토지 권리를 노골적으로 무시하면서 설탕 변경을 개척했기에 현지 농촌 주민과의 격렬한 대결이 불가피했다. 1876년 슈프레켈스가 하와이 왕령지의 넓은 땅을 임대한 행위가 이미 토지 강탈 행위로 비난을 받았지만, 40년 후 사방으로 뻗어나간 미국인 소유의 사탕수수 플랜테이션 농장들이 원주민의 토지 권리를 침해한 것은 이를 무색하게 한다. 게다가 20세기에 들어선 이후의 이러한 권리 침해에는 여러 경우에 군대가 관여했다.

도미니카 공화국에서는 사탕수수 플랜테이션 농장이 수많은 소농을 쫓아내면서 1890년대 이래로 농민 반란이 이어졌고 게릴라들이 지속적으로 미국 해병대에 맞서 싸웠다.[70] 쿠바 동부에서는 1912년에 아프리카계 쿠바인들이 들고일어나 여러 도시를 점령하여 토지 강탈을 기록한 문서, 다시 말해 강탈을 합법화한 공문서를 파괴했다. 미군은 설탕 공장을 보호할 수 있도록 도와달라는 요청을 받았고, 동시에 쿠바군대는 주민들을 무자비하게 수용소에 가두고 구금되기를 거부한 자들이나 적기에 구금하지 못한 자들을 학살했다. 대다수 희생자는 어떠한 폭력 행위에도 가담하지 않은 사람들이었다.[71] 피델 카스트로는 바로 동부 쿠바의 농민들, 1950년대에도 토지 강탈에 저항하여 투쟁을 멈추지 않았던 농민들에게서 게릴라 전쟁의 토대를 발견했고 결국 그로써 권력을 장악했다.[72]

미국 설탕 왕국의 폭력은 카리브해 지역 밖으로 확산되었다. 1908년에 미국 정부는 필리핀의 네그로스섬으로 설탕 산업을 확대할 길을 열어주었다. 토지를 모조리 강탈하여 식량 작물을 재배할 땅을 충분히 남기지 않은 설탕 공장들에 맞서 농민 폭동을 지휘한 현지 지도자 파파 이시오(디오니시오 마그부엘라스)의 저항을 진압한 것이다.[73] 미국은 1908년부터 1933년까지 니카라과를 군사적으로 점령하여 치치갈파Chichigalpa의 토지 수천 에이커를 빼앗아 설탕 생산에 이용했다. 제1차 세계대전 중에 미국에서 급증한 설탕 수요가 그러한 점령을 재촉했다. 1926년에는 봉기가 전면적으로 폭발하여 거대한 산안토니오San Antonio 공장이 파괴되고 그 증류장이 불탔다.[74]

가장 뻔뻔스러운 토지 강탈의 사례는 호러스 해브마이어가 필리핀의 민로도Mindoro섬에서 2만 2000헥타르의 농장에 공장을 세워 열었을 때 발생했다. 해브마이어는 그 거대한 땅을 정부로부터 매입했는데, 정부는 쓰이지 않고 방치된 대토지를 토지 없는 농민들에게 재분배한다는 명목으로 소유주인 수도회로부터 그 땅을 빼앗았다. 이 토지 개혁의 범죄(미국인 투자자는 최대 1024헥타르까지만 보유할 수 있다는 규정을 위반한 것이다)는 워싱턴에서 "필리핀인들을 경매 처분한 것"이라는 비난을 받았지만, 이러한 비난도 아무런 효과가 없었다.[75] 미국은 모든 점에서 식민국이 되었다. 단지 이를 인정하지 않았을 뿐이다.

미국 내 사탕수수 설탕 변경, 플로리다

미국인 소비자의 만족을 모르는 욕구 때문에 어마어마한 면적의 땅이 사탕수수나 사탕무 재배를 위해 비워졌다. 농민들은 토지를 빼앗겼고 숲은 폐허가 되었으며 산이 사라졌다. 마지막으로 미국 설탕 변경은 플로리다의 유명한 습지 에버글레이즈Everglades를 직접 공격했다. 마이릭은 '쿨리 설탕'의 유입에 반대하는 인민주의적 십자군 운동에서 이미 아열대 습지를 국내의 남쪽 설탕 변경으로 언급하며 그곳이 미드웨스트 변경에 더하여 미국의 설탕 자급을 가능하게 할 것이라고 이야기했다.[76] 플로리다 습지에서 사탕수수가 자랄 가능성이 높다는 보고서를 발표한 하비 와일리가 마이릭에게 동조했다. 플로리다 동부 해안에서 설탕 산업이 비극적으로 끝나고 반백 년이 지난 뒤, 그 반도에 준설기가 등장하여 습지를 비옥한 사탕수수 재배지로 바꾸어놓았다. 해밀턴 디스턴이 규합한 미국 북부의 투자자들이 컨소시엄을 구성하여 에버글레이즈 북부의 900만 에이커에 달하는 엄청난 면적의 땅에서 원주민의 권리를 무시한 채 물을 빼냈다.[77]

1888년에 최신 장비를 갖춘 플로리다 최초의 공장이 건설에 들어섰다. 그러나 이 선구적 사업은 사탕수수 줄기를 갉아 먹는 딱정벌레부터 때 이른 서리까지 환경과 기후의 여러 재앙으로 상처를 입었다. 1895년에 디스턴의 과대망상과 같은 토지 개간 사업은 파산했고, 그는 한 해 뒤 사망했다. 어떤 이들은 그가 자살했다고 말했다. 1900년, 그의 공장은 분해되고 장비들은 팔려나갔다.[78]

1920년대 초 플로리다의 설탕 생산은 여전히 너무도 비현실적으로 보여서 쿠바의 설탕 거물 마누엘 리온다는 그곳에서 사업하기를 두려워한다는 의심을 받았다.[79] 몇 년 뒤 보어 달버그(보르 달베르흐)의 새로운 회사인 서던 슈거 컴퍼니Southern Sugar Company가 오키초비 호수Lake Okeechobee의 남쪽 호안을 따라 13만 에이커의 땅을 확보했을 때, 리온다는 약간 마음을 바꾸었을지 모른다. 달버그는 설탕업자가 아니라 버개스로 단열재를 생산하는 회사 칼로텍스Calotex의 소유주였다. 그는 가장 선진적인 최선의 방법에 투자했으며, 네덜란드 설탕 과학자 E. W. 브란더스가 기적의 사탕수수 POJ 2878을 미국으로 들여온 뒤에 그 품종을 플로리다에 도입했다. 브란더스는 자와의 파수루안에 있다가 미국 농업부에 고용되어 태평양을 건넜다. 노동력 부족과 씨름하던 순수한 기업가였던 달버그는 위스콘신의 유명한 오렌지 트랙터 생산 회사 앨리스 차머스Allis Chalmers에 오스트레일리아에서 특허를 얻은 폴키너의 선구적인 기계를 기준으로 삼아 사탕수수 수확 기계 14대를 제작해 달라고 요청했다. 이는 대담한 시도였다. 그 기계는 여전히 기술적으로 시제품의 단계를 벗어나지 못한 상황이었기 때문이다. 몇 년 뒤 대공황 시기에 임금이 하락했을 때 그 기계는 사라진다. 그때 달버그의 서던 슈거 컴퍼니는 제너럴 모터스의 부회장 찰스 스튜어트 모트의 손에 떨어졌다.[80]

기업 자본과 나란히 현지 농민들도 사탕수수로 운을 시험했다. 제 1차 세계대전으로 설탕이 부족한 상황에서 이득 보기를 기대한 것이 다. 펠스미어 슈거 컴퍼니Fellsmere Sugar Company의 소유주 프랭크 W. 하이저는 농민들을 동원하여 사탕수수를 재배해 공급하게 했지만, 1917년에 배수 문제로 사업이 좌초했다. 하이저는 대공황 직전에 다시 시도했다. 루이지애나와 쿠바에 방치된 공장들의 녹슨 부품들을 가져 와 소자본으로 사업에 착수했다.[81] 1934년 몹시 추운 겨울에 사탕수수 대부분이 얼어 죽었는데도 하이저는 굴하지 않고 투자자들을 끌어모아 정제소를 세웠고, 2년 후 '플로리다 크리스털Florida Crystal'을 가득 채운 자루들이 처음으로 공장에서 출하되었다.

그 이후 25년간 플로리다의 설탕 생산은 나쁜 기후와 식물 질병, 만 성적인 노동력 부족으로 힘들게 명맥을 유지했다. 그러다가 1959년에 카스트로의 혁명가들이 집권하면서 플로리다에 큰 기회가 찾아왔다. 쿠바 설탕의 미국 수출이 막히면서 플로리다의 사탕수수 밭은 5년 만 에 거의 다섯 배가 늘었고, 21세기에 들어설 무렵 플로리다는 미국 설 탕 수요의 20퍼센트를 공급하기에 이른다.[82]

미국 설탕 왕국은 종종 결혼으로 이어진 소수의 설탕 상인과 정제업 자 집단이 움직였다. 미국 설탕 왕국은 점차 월 스트리트와 얽혔고, 어 느 정도는 음료 산업과 사탕과자 산업과도 연결되었다. 미국 설탕 왕 국은 식민지 정책에 깊이 연루되었고 지역 유지들과 관계를 유지했으 며 토지 강탈과 조세 회피, 노동자의 가혹한 착취를 공모했다. 에버글 레이즈에 사탕수수가 침투한 것은 그 역사의 정점이요, 종합이었다. 플 로리다의 설탕 변경에서 미국 인민주의와 금융 자본, 토지 강탈, 생태 환경 파괴, 식민지 부르주아지가 결합했다. 1959년 쿠바 혁명 이후 대다수 쿠바 설탕 엘리트와 마찬가지로 리온다 가문도 거의 전부가 플로리다로 이주했다. 전설적인 마누엘 리온다의 조카 알폰소 판훌 에스트라다가 당시 가문의 지도자였는데, 그와 릴리안 로사 고메스메나의 결혼으로 쿠바의 가장 부유한 두 설탕 가문이 통합되었다. 알폰소 판훌은 플로리다의 파호키Pahokee에 4000에이커를 마련하여 거의 무無에서 사업을 재건했다. "그들은 루이지애나의 작은 설탕 공장 세 개를 분해하여 바지선에 실어서 날라 다시 조립하여 오세올라Osceola 공장을 세웠다."[83] 2년 안에 이들의 설탕 사업은 재개되었다. 현재 플로리다의 기운찬 설탕 산업을 이끄는 주요 인물은 알폰소 판훌의 두 아들과 마누엘 리온다의 종손들이다. 오늘날 판훌 지주 회사는 플로리다 사탕수수 생산자 협동조합Sugar Cane Growers Cooperative of Florida과 전략적 제휴 관계를 맺고 세계 최대의 설탕 생산자인 전미설탕정제회사를 소유하여 사업을 확장하고 있다.

10

보호무역주의가 등장하다

오늘날 설탕 과소비의 주된 원인 중 하나를 이해하려면 전 세계 설탕 공장 수백 개를 파산시킨 1884년 설탕 위기로 시간을 거슬러 올라가야 한다. 그 위기는 주로 유럽 사탕무 설탕의 혁명적 팽창을 통해 세계 설탕 시장이 붕괴한 결과였다. 이 산업이 결코 세계적 경쟁력을 갖추지 못했음을 이해하는 것이 중요하다. 설탕 산업의 급성장은 사실 아메리카의 저렴한 곡물이 유럽을 휩쓸 때 밀에서 사탕무로 대대적인 재배 전환을 시도한 유럽 농민들이 추동했다. 19세기 후반 유럽의 사탕무 설탕 생산량은 보잘것없던 20만 톤에서 500만 톤으로 급증했다. 원심분리기로 생산한 설탕에서 사탕무 설탕이 차지하는 몫은 1870년에 3분의 1을 약간 상회했으나 19세기 막바지에 60퍼센트 이상으로 증가했다.[1] 그때가 되면 유럽의 수출량은 엄청난 규모에 이르러 세계 설탕 시장을 채우고도 남았다. 유럽의 대규모 사탕무 설탕 생산 국가들은 수출에 보조금을 지급하려고 국내 설탕 소비에 과세하여 세계적인 과잉 생산을 더욱 악화했다. 독일이 이 보조금 경쟁의 선두에 섰다. 1898년, 독일이 생산한 170만 톤의 설탕 중에서 국내 시장이 흡수한 양은 70만

톤에 불과했다.[2]

과잉 생산은 세계 농산물 시장의 지각 변동과 각국 보호무역주의의 결과였을 뿐만 아니라 사탕무 설탕 산업의 과학적 발전의 결과이기도 했다. 이는 사탕수수 설탕 부문에서 일어난 일과 유사한 현상이었다. 19세기에 독일은 사탕무 재배와 사탕무 설탕 제조의 식물학적·기술적 중심지로서 프랑스를 제쳤다. 독일 안에서도 마그데부르크(작센안할트의 주도) 주변 지역이 독일 설탕 생산량의 65퍼센트를 차지하여 지배적 위치를 점했다.[3] 그곳에서 클라인 반츨레벤 설탕 공장 설립자의 아들인 마티아스 라베트게 유니오르는 사탕무의 품질과 자당 함량을 개선하기 위해 쉬지 않고 일했다. 그 결과물이 클라인 반츨레벤 원종Original Kleinwanzlebener이다. 전 세계 사탕무 밭의 3분의 1에 그 씨앗이 뿌려졌다. 라베트게가 설립한 회사는 오늘날 클라인 반츨레벤 육종회사KWS로 알려졌는데, 세계에서 네 번째로 큰 종자 회사로 70개 국가에서 영업하고 있다.[4] 1900년 전후 몇십 년 동안 설탕 세계의 주요 인물들은 클라인 반츨레벤 설탕 공장이나 마그데부르크 인근의 다른 공장에서 훈련을 받았다. 미국 서부의 설탕 왕 클라우스 슈프레켈스, 루이지애나와 하와이, 퀸즐랜드의 실험 농장 지도자 월터 맥스웰, 자와의 파수루안 실험 농장 설립의 배후 인물인 S. C. 판 뮈스헨브루크 모두 다 독일 사탕무 설탕 산업의 제자였다.[5]

브뤼셀 협정(1902)을 향하여

영국의 정제업자들은 일찍이 1860년대에 유럽 대륙 사탕무 설탕 산업

1923년 독일 클라인 반츨레벤의 설탕 공장 전경. 사탕무 설탕 생산자인 라베트게 가문이 설립하여 소유한 클라인 반츨레벤 육종회사는 사탕무 개량종 개발자로서 세계적으로 널리 알려졌다.

의 급속한 발전에 위협을 느꼈다. 이들은 대체로 사탕무 설탕의 품질이 저급한 상태에 머무는 한 어디서 만들든지 관심을 두지 않았다. 그러나 정제된 형태로 영국에 들어오는 사탕무 설탕은 다른 문제였다. 영국 정부는 이들의 부추김을 받아 1864년에 파리로 유럽 주요 설탕 생산자들을 불러 모았다. 유럽의 설탕 생산을 규제하고 장려금과 관세를 억누르는 것, 다시 말해 과잉 생산을 끝내는 것이 목적이었다. 그러나 회의는 실패로 돌아갔다. 뒤이은 세 차례의 합의 도출 시도도 무산되어 상황은 더 나빠졌고 결국 1884년 세계적인 설탕 위기가 닥쳤다. 4년 뒤인 1888년에 영국, 독일, 네덜란드, 러시아, 에스파냐, 이탈리아가 브뤼셀에 모여 다시 과잉 생산의 고삐를 죄려 했지만 역시 실패했다. 당시 자체의 설탕 왕국을 건설하던 미국의 불참이 눈에 띈다.

1888년 브뤼셀 회의의 목적은 수출에 대한 세금 환급을 폐지하는 것이었다. 세금 환급이 시장에 나쁜 영향을 미쳤기 때문이다. 당대의 어느 평자는 이렇게 말했다. "〔영국의〕 모든 세대주는 좋은 품질의 설탕을 생산국에서 팔리는 가격의 절반 이하 가격으로 얻는다."[6] 놀랄 일도 아니지만, 독일의 제조업은 자국 장려금 제도가 초래한 높은 비용을 점차 견디지 못하게 되었고, 영국 정부는 외국의 몇몇 생산자에게 의존하는 상황이 서서히 불편해졌다. 예를 들면 영국 자유당의 출중한 정치인 윌리엄 유어트 글래드스턴은 국가들이 자국 시장을 보호하는 것을 넘어서 '은밀한 보조금'으로 타국 산업을 망가뜨리기 시작했다고 말했다.[7] 영국 총리 솔즈베리 경은 이렇게 말했다. "외국 정부는 간단한 조치로써 인위적으로 생산비를 낮추어 이쪽 산업의 경영을 불가능한 일로 만들 수 있다."[8] 영국 정부가 덤핑을 억제할 필요성을 확신했음은 분명하다. 1888년 브뤼셀 회의는 조약을 낳았지만, 영국 의회는 이를 비준하지 않았다. 자유시장주의자들과 제과업의 저항 때문이었다. 확실히 제과업과 정제업자들의 이해관계는 일치하지 않았다.[9]

한편 세계 설탕 시장은 더욱더 왜곡되기만 했다. 프랑스는 1885년에 독일의 장려금 제도를 모방한 뒤로 사탕무 설탕 생산에서 독일을 따라잡았다. 프랑스의 사탕무 설탕 산업이 독일에 비해 효율성이 떨어졌기에 그러한 모방은 프랑스 납세자들에게 막대한 손해를 끼쳤고 분노를 유발했다. 그 제도로 프랑스의 생산은 1900년이면 네 배로 증가하며, 프랑스령 앤틸리스 제도의 설탕 수출이 미국의 '트러스트' 정제소로 방향을 트는 부수적 효과가 나타났다. 장려금은 또한 오스트리아-헝가리와 우크라이나의 사탕무 설탕 증산을 자극했다.[10] 점차 늘어나는 수출 장려금 비용은 국내 시장의 설탕에 대한 과세로 충당해야 했는데, 이는 소비를 희생하며 생산을 늘려 덤핑을 더욱 조장하는 악순환을 낳았다.

세계화는 시장 개방으로 이어진다고 생각하기 쉽다. 19세기 말은 진정으로 강력한 세계화 시기였다. 그러나 설탕 시장은 시대의 흐름에 역행했고 보호무역 조치의 연쇄 반응을 일으켰다. 1880년대 이래 유럽 국가들 사이에는 설탕 부문의 관세와 장려금(보조금) 전쟁이 터졌고, 대서양 건너편의 미국도 이 전쟁에 끌려 들어갔다. 1886년에 영국은 미국에 압박을 가하여 자국 시장에 정제 설탕의 덤핑을 멈추게 했는데, 그 이후 1890년대 중반 미국 자체가 독일 사탕무 설탕 덤핑의 표적이 되었다. 그렇게 된 이유가 없지는 않았다. 헨리 해브마이어의 '트러스트'가 미국 정부를 설득하여 수입 설탕의 관세를 인상하게 한 뒤로 독일도 조치를 취해야 한다고 느꼈던 것이다.[11] 당시 세계 으뜸의 설탕 중개인이었던 율리우스 카이사르 차르니코프에 따르면, 독일의 설탕 생산자들에게는 다른 목표도 있었다. 자신들과 마찬가지로 미국 시장의 수요에 응하는 서인도 제도 설탕 산업계보다 낮은 가격으로 설탕을 판매하여 이 경쟁자를 무너뜨리는 것이었다.[12]

미국은 1897년에 딩글리 법으로 독일의 덤핑에 보복했다. 딩글리 법은 단번에 독일 설탕 수출 시장의 4분의 1을 날려버렸고, 9장에서 보았듯이 옥스너드 형제와 클라우스 슈프레켈스, 모르몬교도의 사업을 매우 강력하게 떠받쳤다.[13] 딩글리 법은 또한 국제적으로 큰 반향을 일으켰다. 유럽 설탕 생산자들이 새로운 판로를 모색하여 아시아 시장에 주목했기 때문이다. 그들은 비교적 낮은 생산비로 아시아 시장을 공략할 수 있었다. 그들의 정제 백설탕은 장거리 운송에도 품질이 저하되지 않았고, 증기선이 아시아로 열대 농산물 원자재를 가지러 갈 때 그 어마어마한 공간의 선창은 대체로 비어 있었다. 결과적으로 인도와 중국 동남부의 현지 생산 설탕은 장려금을 잔뜩 집어삼킨 유럽 사탕무 설탕으로부터 위협을 받았다.

영국 정부는 상대적으로 중요성이 떨어지는 서인도 제도에서도 사탕무 설탕 덤핑이 가한 위협을 무시할 수 없었다. 하물며 영국 제국에 지극히 중요한 식민지 인도에서 그런 일이 벌어지고 있다는 보고를 어떻게 무시할 수 있었겠는가. 영국 정부는 트리에스테와 함부르크에서 백설탕이 배에 실려 인도로 가고 있다는 보고서를 받고 빠르게 개입했다. 인도 총독 커즌 경은 수출 장려금을 받고 카라치와 뭄바이, 콜카타에 들어오는 설탕에 대해 상계相計 관세를 부과하려 했는데, 식민지부 장관 조지프 체임벌린이 이를 지지했다. 커즌 경은 식민지 질서를 떠받친 인도 농촌 경제의 핵심 요소인, 현대화하고 활력 넘치는 구르 부문이 유럽 사탕무 설탕의 덤핑에 무너지는 일은 없어야 한다는 조언을 들었다. 1899년 초 커즌 경은 인도 입법 의회에서 상계 관세를 통과시켰다. 제국 이익의 수호자 체임벌린은 자신이 장관으로 참여하고 있는 정부 내 코브던주의 다수파를 솜씨 좋게 제압했다.[14]

그렇지만 이로써 세계적인 관세 전쟁이 중단되지는 않았다. 독일과 오스트리아-헝가리는 다시 새롭게 장려금 전쟁을 시작했고 당연히 영국도 관세로써 이에 맞섰다. 1901년, 영국은 장려금을 관세로써 완전히 상계하겠다고 위협하여 판을 더 키웠다. 이에 사탕무 설탕 수출국들은 1902년에 브뤼셀 협정에 서명할 수밖에 없었고, 그로써 사탕무 설탕 수출 지원금과 보복 조치의 악순환이 중단되었다. 세계 시장에서 사탕무 설탕이 차지하는 몫은 곧 크게 하락하여 1897년에 62퍼센트였으나 제1차 세계대전 직전에는 약 50퍼센트에 머물렀다. 이는 역사적으로 의미 있는 성과였다.[15] 다른 큰 성취는, 20세기 거의 내내 국제 상품 시장을 안정화하는 모델이 될 국제설탕협의회International Sugar Council가 브뤼셀 협정을 면밀하게 검토했다는 사실이다. 이 기관은 1950년에 프랑스 외교부 장관 로베르 쉬망이 유럽석탄철강공동체ECSC를 설립하자는 제안을 내놓는 데 영감을 준 것으로 잘 알려져 있다.[16]

그러나 브뤼셀 협정에서 오래도록 효력을 발휘한 유산은 진행 중인 세계 설탕 시장의 구획화를 더 자극했다는 것이다. 첫째, 유럽은 생산비가 많이 드는 사탕무 설탕을 보호하기 위해 계속해서 사탕수수 설탕의 유입을 막았다.[17] 둘째, 브뤼셀 협정 체결 10개월 후인 1902년 12월, 미국이 쿠바와의 호혜 조약을 비준했다. 서인도 제도 설탕에 대한 의존도를 줄인다는 목적에 어울리는 조약이었다. 미국은 이제 서인도 제도 설탕이 미국 정제소에서 영국 정제소로 방향을 틀 것으로 예상했는데, 이는 옳았다.[18] 영국은 자체 식민지에서 설탕을 구매할 것을 진지하게 고려했고, 큰 타격을 입은 서인도 제도 영토로부터의 수입을 우대하지 않았던 조치를 점차 후회하기 시작했다. 브뤼셀 협정으로 설탕 시장이 훨씬 더 불안정해졌다는 사실을 깨달으면서 이러한 생각은 더 굳어졌다. 1911년, 영국 국내 시장에서 설탕은 80퍼센트라는 충격적인 가격 인상을 보였다. 설탕 자급은 경제적 의미에 더하여 도덕적 의무로 제시되었다. 서인도 제도 쪽에서 제1차 세계대전에 병사들을 보냈기 때문이다. 제국 내부의 연대는 설탕 무역 정책으로 보상을 받아야만 했다.[19]

사탕무 설탕 덤핑의 종식은 또한 유럽 사탕무 설탕 공장들과 각국의 설탕 정책이 내부를 향하게 했다는 것이다. 유럽 대륙은 이제 중요한 국내 설탕 시장으로 바뀌었다. 브뤼셀 협정 이전에 미국과 영국에서는 저렴한 사탕무 설탕이 수입되어 설탕 소비가 증가한 반면에 사탕무 설탕 수출국에서는 설탕세 때문에 소비가 억제되었다.[20] 1902년 이후 프랑스와 독일에서는 덤핑 비용이 필요 없게 되어 설탕세가 인하된 덕분에 소비가 증가했다. 게다가 독일의 설탕산업조합Verein der Zuckerindustrie(VdZ)이 대표하는 강력한 설탕 생산자들이 국내 설탕 소비를 진작하기 위해 정부에서 추가 조치를 취하도록 로비를 벌였다. 예를 들면 독일 설탕산업조합은 육군부를 설득하여 '신병들에게 아침 커피와 함께 섭취할 설탕의 하루 배급량'을 정하게 했다.[21]

브뤼셀 협정은 설탕 무역의 국제적 규제에 성공한 모범적 사례였지만, 설탕의 세계가 유럽 대륙의 팽창하는 사탕무 설탕 생산자들과 미국 설탕 왕국, 막 출범한 영국 제국 설탕 부문으로 삼분되는 것을 막지는 못했다. 설탕 산업은 각각의 보호받는 영역 안에서 소비 장려로 국내에서의 입지를 강화하기 위해 자국 정부를 설득하는 데 성공했다. 20세기 초 이러한 구역화의 귀결은 인위적으로 증진된 소비의 역효과를 포함하여 전모가 드러나지 않았지만, 길게 지속되어 글로벌 노스Global North의 설탕 세계 지배를 더욱 공고히 했다.

브뤼셀 협정은 사탕무 설탕의 아시아 유입을 멈추게 했고, 이에 자와의 설탕 공장들이 동남아시아 최대의 산업 단지가 되었다. 브뤼셀 협정은 또한 쿠바 설탕 산업이 전쟁의 화마에서 회복하는 데 도움이 되었다. 그렇지만 자와의 설탕 공장들은 여전히 유럽 시장에 진출할 수 없었고, 세계 최대의 설탕 수출국이라는 쿠바의 지위도 미국 사탕무 설탕 산업의 지속적인 위협에 시달렸다. 사탕수수 설탕은 사탕무 설탕보다 생산비가 적게 들었지만, 사탕수수는 공정한 경쟁을 가능하게 할 정치 권력이 없는 곳에서 재배되었다. 이는 20세기 전체에 해당하는 가혹한 현실이다.

그럼에도 1908년이면 자와는 고품질 설탕을 아시아의 큰 시장에 내다 팔았다. 1924년에는 고품질 설탕의 아시아 판매량이 전체 수출의 절반을 넘었다.[22] 일본의 수요가 상당했을 뿐만 아니라, 원심분리기를 통한 백설탕의 생산이 아직 초보 단계에 머문 인도의 시장도 빠르게 성장하여 많은 양을 수입해 갔다. 자와의 설탕 공장들이 소뼈로 만든 숯을 여과지로 쓴다는 소문이 인도에서 사라지지 않았기에 자와의 공장들이 심각한 역풍을 맞으리라 생각한 사람들도 있었겠지만, 실제로 그런 숯은 쓰이지 않았다. 수입 설탕은 가격이 낮았기에 인도의 소매상들과 제빵업자들, 레모네이드 판매상들을 유인하기에 충분했다. 그들은 소뼈 숯을 쓰고 더럽다는 소문에 대한 걱정을 떨치고 인도 설탕에 수입 설탕을 혼합하여 사용했다.[23] 스와데시Swadeshi 운동이 벌어지고 있던 때에 '전통적인' 맛을 외국의 맛으로 바꾸자고 선전하는 것은 적절하지 않았다. 인도인들은 자와에서 설탕이 들어오면 분쇄하고 센물로 세척하여 국내에서 생산된 설탕과 비슷하게 보이게 만든 후에 유통했다. 이는 1931년에 카라치Karachi의 공장을 방문한 자와 설탕 생산자들의 대표가 전한 말이다. 그 대표는 자와에서 두 번째로 큰 설탕 수출 회사이며 카라치와 뭄바이를 비롯해 아시아 전역에 사무소를 연 회사인 키안관Kian Gwan, 建源의 초청으로 그곳을 방문했다.[24] 자와의 설탕 산업은 인종주의적 관리 방식을 채택하기는 했지만 여러 측면에서 아시아 설탕 산업의 특징을 띠었다.

설탕 거물들의 충돌

1970년대까지 브뤼셀 협정이 세계 설탕 시장을 조절하는 기본 모델이 되기는 했지만, 그 체제는 제1차 세계대전을 극복하지 못했다. 영국은 1913년에 협약에서 이탈하여 자체 식민지에서 들어오는 설탕에 관세 특혜를 부여할 권한을 되찾았고 90퍼센트에 달하는 외국 설탕 의존도를 줄여 점차 제국 안에서 자급을 달성했다.[25] 제1차 세계대전이 끝난 뒤 공급 부족에 대한 대응으로 자와뿐만 아니라 특히 쿠바에서 생산 능력이 급증하고 유럽 사탕무 설탕 산업이 회복하여 다시 성장하면서 구조적 과잉 생산이 나타났다.[26]

제1차 세계대전 이후 체코슬로바키아, 특히 동부 지역인 슬로바키아가 사탕무 설탕 수출지로 부상했다. 슬로바키아는 천혜의 이점이 있었다. 토양이 사탕무 재배에 적합했으며 비료로 쓰이는 탄산칼륨이 풍부하여 토양에 넉넉히 뿌릴 수 있었다. 게다가 사탕무는 농사 월력에 더할 나위 없이 잘 어울렸다. 감자 같은 다른 작물을 일찍 수확했던 것이다. 인구 밀도가 높고 가난한 농업 국가였기에 저임금 노동력이 풍부했고 소도 충분히 많아서 상대적으로 낮은 기계화 수준을 극복할 수 있었다. 고도의 과학적 산업 조직이 사탕무 재배 농민들을 지원하면서, 재배 농민과 설탕 생산자, 정제업자의 설탕 조합이 결성되어 정부의 감독을 받으며 활동했다. 이 체제는 실험 농장의 후원을 받았으며 양조장뿐만 아니라 초콜릿과 사탕을 생산하는 하위 부문의 지원을 받았다. 마지막으로 당밀과 사탕무 찌꺼기는 소에게 먹일 귀중한 사료가 되었다.[27]

한편 유럽의 설탕 산업은 집중과 수직적 통합(가공과 정제의 결합), 다양한 부산물 생산, 동유럽과 남유럽으로의 팽창을 통해 효율성과 수익성이 높아졌다. 가장 두드러진 사례는 1926년에 쥐트추커(남독일 설탕 주식회사)Süddeutsche Zucke-Aktiengesellschaft(Südzucker AG)로 통합한 독일 남부의 사탕무 설탕 공장들이다. 4년 뒤, 대부분의 주식은 놀랍게도 독일인의 소유가 아니었다. 철도 노동자의 아들로 태어나 이탈리아-벨기에 컨소시엄의 주요 인사가 된 이탈리아의 공업 화학자 일라리오 몬테시의 소유였다. 몬테시의 힘은 티를르몽 정제소에 있었다. 티를르몽은 벨기에에서 가장 크고 오래된 정제소 중 하나였고, 네덜란드에도 공장이 있었다. 벨기에와 네덜란드의 설탕 생산은 브뤼셀 협정의 규제를 받았기에, 이 회사는 협정이 적용되지 않는 북부 이탈리아와 루마니아, 불가리아에도 차츰 사탕무 설탕 공장을 세웠다. 설탕 소비량이 많지는 않았지만 꾸준히 증가하는 지역들이었다. 1927년, 몬테시는 벨기에인 파트너들의 지분을 인수했고 쥐트추커의 주식을 매입하기 시작했다. 1930년에 이르면 독일에서 가장 컸을 설탕 공장의 지분 82.5퍼센트를 보유했다.[28]

그러는 동안 축소되는 개방형 설탕 시장에 잉여 설탕이 쏟아져 들어왔다. 이 시장은 1920년대 말 전 세계 설탕 생산의 25퍼센트밖에 흡수하지 못했다.[29] 이제 세계의 주요 설탕 수출지인 쿠바와 자와, 유럽 사탕무 설탕 생산국들 간에 지독한 싸움이 전개된다. 자와의 패가 가장 좋아 보였다. 10파운드로 1톤을 생산할 수 있었고, 아시아의 거대 시장이 팽창하고 있었기 때문이다. 반면 쿠바는 1톤에 11.5파운드는 받아야 했고, 유럽의 사탕무 설탕 공장들은 1톤에 16파운드 이하로는 팔 수 없었다.[30] 그러나 글로벌 사우스의 생산자들은 식민국에 종속되었으며, 식민국은 언제나 국내 생산자를 우대했다. 이는 자와의 설탕 생산자들이 결코 잊을 수 없는 사실이었다. 이들은 또한 타협을 거부함으로써 긴장을 높인 책임이 있었다. 이들은 쿠바와 같은 배에 타고 있다는 사실을 직시하지 못하고 쿠바를 적으로 여겼으며, 설탕 전쟁이 전면적으로 벌어지면 쿠바가 자신들보다 더 취약할 것이라고 생각했다.[31]

한편 새로 선출된 쿠바의 대통령 헤라르도 마차도는 수출 소득 감소로 발생한 대대적인 노동자 소요와 벌써 힘겨운 씨름을 하고 있었다. 그는 잔인한 탄압으로 일관했다. 그는 또 민족주의자로서 미국에 쿠바의 외교 정책에 대한 거부권을 부여한 1901년의 '플랫 수정법안Platt Amendment'을 존중하지 않았다. 마차도는 설탕 관계자는 아니었기에 경제를 다각화할 필요성을 인식했다. 집무를 시작한 직후인 1926년, 그는 노동자들, 그리고 공장에 사탕수수를 공급한 쿠바 농민인 콜로노스가 동요할 위험성이 컸는데도 설탕 가격 하락에 대응하고자 쿠바의 설탕 생산량을 10퍼센트 감축하기로 결정했다.[32] 그러나 이는 삼중 전략의 일부였다. 첫 번째 목적은 설탕 생산으로 다시 수익을 내는 것이었다. 둘째는 더 낮은 비용 가격으로 생산할 수 있는 미국인 소유의 거대 사탕수수 플랜테이션 농장과의 경쟁에서 콜로노스가 밀려나는 것을 방지하는 것이었다. 셋째는 설탕에 대한 의존도를 줄일 수 있도록 토지와 자원을 다른 농산물 생산에 쓰는 것이었다. 적어도 쿠바 민족주의자들이 보기에 카리브해 지역 이주 노동자의 유입을 저지하는 것도 부가적 이득이었다.

　마차도는 또한 쿠바가 설탕 산업으로 초래된 대규모 벌채의 심각한 귀결로 어려움을 겪고 있음을 날카롭게 인식했다. 제1차 세계대전 기간에 설탕 산업이 횡재를 만나면서 쿠바의 남은 숲까지 폐허가 된 상태였다. 쿠바 동부에서는 나무를 잘라내고서 치우지도 않고 나무들 사이에 사탕수수를 식재했다. 1815년에 쿠바의 산림은 섬의 80퍼센트를 차지했으나, 1926년에 이르자 그 수치는 고작 20퍼센트밖에 안 되었다. 제2차 세계대전 기간에는 강수량의 급감으로 대규모 관개 수로 공사를 해야 했다. 한때 비옥했던 이 섬의 경작지는 오늘날 78퍼센트 정도가 척박하거나 매우 척박한 상태다. 1926년, 마차도가 최소한 고지대 숲 만큼은 구하기 위해 산림 보호법에 서명했지만, 쿠바의 생태적 재앙을 막기에는 이미 때가 늦은 상황이었다.[33]

마차도가 이러한 목적을 달성하려면 다른 대규모 생산자들, 다시 말해 유럽 사탕무 설탕 생산자들과 자와의 설탕 공장들을 협상 테이블로 끌어내야 했다. 1927년 초, 유럽 사탕무 설탕 생산자들은 유럽 사탕무 설탕생산자 국제연맹Confédération Internationale des Betteraviers Européens(CIBE)을 조직했는데, 오늘날까지 사라지지 않은 강력한 조직이다.[34] 마누엘 리온다 같은 쿠바 설탕 엘리트들과 유럽 사탕무설탕생산자 국제연맹의 경제적 사고방식은 서로 일치했다. 유럽의 사탕무 설탕 생산자들은 기본적으로 사탕수수 설탕에 시장을 개방하고 싶지 않았으며, 쿠바는 미국 시장의 특혜 관세 유지를 절실히 원했다. 그러므로 양자는 똑같이 자유 경쟁보다 할당제를 통해 세계 설탕 시장의 균형을 잡는 쪽을 선호했다.[35] 그러나 자와의 설탕 생산자들은 여전히 아시아 시장이 확대될 여지가 있다고 생각했고, 이를 자신들의 시장으로 보았다. 이들이 판단하기에 쿠바 설탕 산업이 직면한 곤경은 그것에 상당한 이해관계가 있는 월 스트리트가 해결해야 했다. 한편 예상되는 바였지만, 마차도는 노동 분쟁의 열기가 더해가고 콜로노스의 지지가 점차 약해지는 것을 알아차렸다. 설탕 가격 하락을 막기 위한 세계 설탕 수출의 포괄적 감축을 두고 합의에 도달하는 것이 그 정권에는 생존의 문제가 되었다.

1927년, 마차도는 쿠바의 저명한 설탕 기업가이며 리온다 가문의 친구였던 미겔 타라파 대령을 유럽으로 보내 세계에서 가장 큰 설탕 수출지인 체코슬로바키아와 자와, 쿠바를 협상 테이블로 끌어내고자 했다. 타라파는 유럽으로 가면서 네덜란드의 유명한 설탕 전문가 프린선 헤이를러흐스가 쓴 소책자를 탐독했는데, 그 제목은 《1902년 브뤼셀 협정 재건 계획》이다. 그러나 브뤼셀 협정의 부활은 체결보다 훨씬 더 어려운 것으로 판명된다. 1902년에는 사탕무 설탕 생산국 정부들로부터 양보를 얻어낼 수 있었다. 그 나라들의 산업 경제는 다각화했기에 사탕무는 경제적 이익의 일부였을 뿐이다. 그러나 이제 타라파는 네덜란드령 동인도의 지배적 세력인 자와의 설탕 생산자들을 설득해야 했는데 양보의 대가로 제시할 것이 없었다. 그래서 타라파는 파리에서 우선 폴란드와 체코슬로바키아, 독일의 사탕무 설탕 생산자들과 협의했는데, 그들은 기꺼이 협정을 체결할 의사가 있음을 밝혔다.[36] 타라파는 이러한 취지로 위임을 받고 암스테르담으로 가서 자와 설탕생산자협회United Java Sugar Producers의 대표 세 명과 만났는데, 그들은 그에게 1929년에 자와에서 사탕수수를 식재할 면적을 줄이는 것은 논의 대상이 아니라고 딱 잘라 말했다. 1929년에 타라파는 두 번째로 협상을 시도했다. 그는 쿠바, 독일, 체코슬로바키아, 폴란드 사이에서 생산 감축에 관한 합의를 도출하는 데 성공했지만, 이번에도 자와의 생산자들에게서는 찬성을 얻어내지 못하여 합의의 가치가 떨어졌다.[37]

한편 허버트 후버가 미국 대통령에 당선되었는데, 그는 선거 운동을 하는 동안 미국 농민의 이익을 보호하겠다는 공약을 내세웠다. 1929년에 월 스트리트에서 시작된 공황으로 그는 강력한 보호무역 조치를 취하는 데 필요한 논거를 얻었고, 이는 1930년에 '스무트-홀리 관세법 Smoot–Hawley Tariff Act'으로 드러났다. 스무트-홀리 관세법은 특히 수입 설탕에 대한 관세를 인상했다. 대통령은 수많은 경제학자의 만류를 무릅쓰고, 또 체념한 헨리 포드와 그와 똑같이 겁에 질린 J. P. 모건 대표와의 개인적인 대화에서 그것이 지극히 비생산적이고 어리석은 법이라고 동의했으면서도 이 법안에 서명했다. 쿠바 정부는 미국의 보호무역주의 강화에 위협을 느끼고 자와 설탕생산자조합Java Sugar Producers Association의 완고한 태도에 직면하여 중국 시장 진출을 시도했다. 상하이 신문들은 그 도시에 쿠바가 자본과 기술을 제공하여 쿠바-중국 합작 정제소가 설립될 예정이라는 기사를 내보냈다. 미국 재계는 이를 쿠바가 더는 중국 시장을 자와의 설탕 생산자들에게 맡겨둘 의사가 없다는 불길한 신호로 해석했다. 대부분이 기업이고 일반적으로 재정 상태가 건전했던 자와의 공장들은 쿠바가 아시아 시장을 잠식하려 한다면 기꺼이 싸울 준비가 되어 있다고 선언했다.[38]

1929년 내내 자와의 설탕 생산자들은 타협하자는 호소에 귀를 닫았다. 중국과 인도의 시장에서 지배력을 확대하고 있으며 생산비와 운송비를 더 낮추는 데 성공했다고 확신했기 때문이다. 그래서 그들은 쿠바를 아시아 시장에서 배제하기 위해 갖은 노력을 기울였는데, 이는 중대한 실수로 판명되었다. 이들은 쿠바의 아시아 시장 진출 기도에 보복하여 많은 양의 설탕을 저렴한 가격에 '수에즈 운하 서쪽'으로 보냈다. 이 조치는 엄청난 역효과를 불러왔다. 그 설탕의 대부분이 다시 영국령 인도와 중국으로 되돌아와 앞서 현지 무역 회사에 정상적인 가격으로 인도한 자와 설탕과 경쟁한 것이다. 그렇게 들어온 설탕이 시장에 마구 쏟아지자 자와 설탕을 수입한 사람들과 정제업자들이 격분했다. 영국령 인도는 1929년 6월에 세계 설탕 시장의 문제를 논의하기 위해 제네바에서 열린 국제연맹의 경제위원회 회의에서 이에 관해 정식으로 불만을 제기했다.[39]

자와의 설탕 기업가들은 쿠바와 인도에서 적을 만드는 동안 유럽이나 미국에도 친구가 없었다. 유럽의 사탕무 설탕 생산자들로서는 자신들이 세계 설탕 시장을 잠식하는 것이 분명히 이익이었다. 프린선 헤이클러흐스는 제네바에서 자와 설탕 산업의 대표자 자격으로 독일과 유럽의 사탕무 설탕 생산자 대표인 에리히 라베트게와 대화를 나누었을 때 이 점을 분명히 깨달았다. 클라인 반츨레벤 원종으로 전 세계 사탕무 밭의 3분의 1을 지배한 가문의 일원인 라베트게는 유럽의 보호무역주의를 강력히 옹호했다. 1920년대에 미국 사탕무 설탕 산업도 사탕수수 설탕 수입에 반대하여 이익을 지키는 데 점차 성공했다.

미국 사탕무 설탕 산업이 성공하지 못한 이유는 단 한 가지, 카리브해 설탕 산업에 투자한 월 스트리트 금융가들의 이익을 심각하게 해칠 수 있었기 때문이다. 그 금융가들은 월 스트리트의 변호사 토머스 L. 채드본과 접촉하여 쿠바 설탕 산업 개편을 설계함으로써 직접 일을 처리했다. 채드본은 미국 설탕 왕국의 금융-산업 복합체의 진정한 대표자로, 미국의 쿠바 투자에 출자한 유명 인사였다. 그는 또한 장기적 시각에서 세계 경제 체제를 진정으로 걱정한 사업가이기도 했다. 예를 들면 그는 1919년의 베르사유 회담에서 독일에 응징적인 전쟁 배상금을 부과하는 조치에 진지하게 이의를 표명했으며, 심지어 대공황 시기에는 자본주의가 시험대에 놓였다고 인정했다.[40]

채드본은 월 스트리트 금융가들과 쿠바 설탕 산업 관계자들을 회의에 소집하여 미국 사탕무 설탕 생산자들, 푸에르토리코와 루이지애나, 나아가 필리핀의 사탕수수 설탕 생산자들과도 신사 협정을 체결하게 했다. 그 결과 설탕 생산량을 미국 내 소비의 성장에 맞추기로 합의가 이루어졌다. 이렇게 안정화 계획을 마련한 뒤, 채드본은 확신을 품고 유럽의 사탕무 설탕 생산자들, 자와의 사탕수수 설탕 생산자들과 협상을 시작했다.[41] 한편 설탕 가격은 자와의 설탕 산업까지도 적자에 빠뜨릴 정도로 낮은 수준에 머물렀다. 그런데도 자와의 설탕 생산자들은 채드본을 두 팔 벌려 환영할 준비가 되어 있지 않았다. 그들은 자신들이 월 스트리트에 단호하게 대처할 수 있을 만큼 강력하다고 생각했다. 자신들이 세계에서 가장 저렴한 설탕을 생산하고 있고 성장 중인 아시아의 거대 시장을 차지하고 있음을 알았기 때문이다. 인도에서 자와 설탕의 덤핑에 항의가 일어나고 있었지만, 자와 생산자들의 귀에 그런 이야기는 거의 들리지 않았다.

자와의 생산자들은 자신들에게 자금을 공급한 네덜란드 은행들이 미국의 압력에 굴복하지 않고 채드본을 암스테르담에 들어오지 못하게 하리라고 기대했다. 그러나 채드본은 곧 암스테르담에 도착했다. 네덜란드 은행가들이 협상할 의사가 있음을 보여주는 분명한 신호였다. 네덜란드 무역협회의 이사들은 두어 차례 협상을 벌인 뒤, 1932년부터 자와의 사탕수수 재배를 제한하기로 동의했다고 발표했다. 자와의 생산자들은 당연히 이 결정을 따라야만 했다.[42] 네덜란드인들의 지지를 등에 업은 채드본은 유럽 사탕무 설탕 생산자들에게 생산량 감축을 설득하려고 브뤼셀로 향했다. 독일이 가장 까다로운 상대였지만, 채드본은 베를린을 방문하여 난관을 극복했다. 1931년 2월 말, 그는 주요 설탕 수출국들의 자발적 생산 감축이라는 임무를 완수했다. 채드본의 계획은 헤이그에 본부를 둔 국제설탕협의회를 통해 빠르게 제도로 확립되었다. 브뤼셀 협정이 되살아난 것 같았다.

채드본은 놀라운 성공을 이루어냈지만, 1930년대 초 세계 설탕 시장을 강타한 폭풍을 잠재우기에는 충분하지 않았다. 쿠바는 여전히 미국 사탕무 설탕 생산자들의 위협을 떨치지 못했다. 그리고 앞서 보았듯이 자와의 인도 시장 상실은 불가피했다. 인도가 새로운 사탕수수 품종 덕분에 설탕을 수입할 필요가 없어졌기 때문이다. 게다가 인도국민회의는 인도 경제 정책에 대한 책임을 서서히 나누어 가졌고 자와의 인종주의적 식민지 설탕에 전혀 호감이 없었다. 1920년대 말 자와의 공장들은 경영 수업을 받으러 온 인도인 훈련생들을 받아들이지 않았다. 드러나게 표현하지는 않았지만, 그 이유는 분명했다. 그렇게 하면 농장의 인종적 구분이 와해될 것이었기 때문이다. 인도국민회의의 지역 지부들은 이미 상인들에게 자와 설탕 구매를 중단하라고 강력히 촉구했다. 그러나 이제 그러한 불매 운동은 필요 없었다. 1931년에 자와 설탕 생산자들의 덤핑과 관련된 불만이 인도 세관에 증거로 제출되었고, 1932년에 인도 정부는 정제 설탕에 대한 수입 관세를 25퍼센트 인상했다. 수입 금지나 마찬가지였다. 이렇게 해서 자와 설탕 산업의 인도 시장 상실은 이제 돌이킬 수 없는 상황이 되었다.[43]

엎친 데 덮친 격이라는 말은 자와 설탕 산업에 정확히 들어맞는 말이었다. 일본마저 자와에서 멀어진 것이다. 일본은 타이완에서, 농민들에게서 사탕수수를 공급받아 목재 롤러 압착기로 설탕을 생산하는 중국인 농민들의 수많은 제당소를 공업적으로 설탕을 생산하는 48개 공장의 생산 지대로 개조하여 자체적으로 설탕 산업을 발전시켰다. 1929년이면 타이완의 설탕 부문이 완연한 발전 단계에 들어서서 연간 74만 5000미터톤을 생산했다. 이로써 일본 시장에 설탕을 공급했을 뿐만 아니라 중국에서 자와 설탕을 서서히 몰아냈다.[44] 바로 그 시기에 자와는 세 번째 큰 좌절을 겪는다. 중국 국민당 정부가 자와와 타이완의 설탕에 50퍼센트라는 높은 수입 관세를 부과한 것이다.[45]

쿠바의 상황도 결코 녹록지 않았다. 월 스트리트는 수익성을 되찾기 위해 쿠바의 설탕 생산을 230만 톤까지 축소하려 애썼다. 절반 이하로 줄어든 셈이었다. 그러나 마차도 체제의 근간이었던 쿠바의 콜로노스가 월 스트리트의 은행가들이 쿠바를 완전히 장악했다고 판단하여 그들에게 맞서 반기를 들었다. 콜로노스는 할당제의 부분적 해제를 요구했다. 정보에 밝은 자와의 어느 네덜란드 신문은 이렇게 평했다. "마차도 씨는 수확량을 더 줄일 수 없다. 돈이 없고, 쿠바에는 굶주림과 궁핍이 만연해 있기 때문이다. 설탕이 생산되어 쿠바 주민에게 돈을 안겨 살아갈 수 있게 하고 전면적 봉기를 막아야 한다."[46]

이제 채드본 계획을 긴급히 수정해야 했다. 그래야만 그 계획의 즉각적인 붕괴와 세계에서 가장 큰 두 공업적 사탕수수 설탕 복합 단지의 완전한 파괴를 막을 수 있었다. 우선 미국 시장의 분할을 재협상하여 쿠바의 진입을 보장해야 했다. 그다음으로, 자와와 쿠바가 서로에 대해 품은 깊은 의심을 극복해야 했다. 채드본은 파괴적인 보호무역주의의 파고를 진정시킬 유일한 방법은 공정한 가격 결정이라는 믿음에 따라 움직였다. 그렇게 하려면 불가피하게 생산을 제한해야 했다. 힘겨운 협상 끝에 1932년 3월 말에 합의된 이 계획의 두 번째 형태는 주요 설탕 생산자들의 수출 할당량을 고정했다. 그러나 자와는 안도하지 못했다. 그동안 자와의 생산자들은 파운드당 2센트라는 낮은 비용 가격으로 경쟁할 수 있었는데, 이 협정에 따라 파운드당 2.5센트 이하로 판매할 수 없어서 잠재적 경쟁력이 줄었기 때문이다. 유럽 사탕무설탕생산자 국제연맹과 미국 설탕 왕국은 자신들의 이익을 위해 자와의 설탕 산업을 뭉개버렸다.[47] 자와의 설탕 산업은 설탕에 대한 자립도가 점점 높아지는 아시아를 넘어 새로운 시장을 찾아야 했는데 방법이 없었다.

자와의 항구 도시들에 있는 창고에는 1931년에 수확한 사탕수수로 만든 설탕이 엄청나게 많이 쌓였다. 자와의 설탕 공장들은 차례로 문을 닫거나 해체되었고, 유럽 출신 피고용인이 수천 명씩 해고되었다. 한때 자와 중부 지방과 그곳에 인접한 마두라섬의 가난한 주민들을 끌어들였던 자와 동부 지방은 이제 굶주림과 궁핍에 빠졌다. 그토록 당당했던 자와 설탕 산업의 공장 몇 군데는 인도에 팔렸고, 채드본 협정에 따라 시장에 풀리지 못한 설탕을 없애려고 창고에 불을 질렀다. 1935년이면 자와의 설탕 생산은 50만 톤으로 축소된다. 1930년 생산량의 6분의 1이다.[48] 설탕 산업에서 부업을 찾아 생활한 수많은 자와 주민이 엄청난 고초를 겪었지만, 예상대로 봉기는 일어나지 않았다.

많은 사람이 예견했듯이 쿠바는 이와 날카로운 대조를 보였다. 쿠바에서 생산 제한에 뒤이어 발생한 사회적 소요는 혁명으로 귀결되었고, 민주적으로 선출되었으나 여러 해 동안 철권통치를 펼치며 뻔뻔스럽게 부패를 저지르는 독재자로 추락한 마차도 대통령은 1933년에 권좌에서 축출되었다. 그러나 마차도에 대해 이것만은 말할 수 있다. 그는 쿠바 설탕 생산량의 상한선을 정하는 데 정치적 자본을 대부분 쏟아부었는데, 그 목적은 나라의 경제를 다각화하고 미국 은행들에 대비해 자국 설탕 생산자들의 지위를 강화하고 심한 압박을 받는 쿠바 사탕수수 재배 농민들을 돕는 것이었다. 마차도는 세계 설탕 전쟁의 희생양이 되었다. 그는 그 싸움을 필사적으로 말리려 했다. 대학 교수 라몬 그라우 산 마르틴이 쿠데타를 거쳐 집권하여 마차도의 뒤를 이었지만, 불과 100일 만에 풀헨시오 바티스타 이 살디바르에게 쫓겨났다. 풀헨시오 바티스타는 1959년에 피델 카스트로에 의해 축출될 때까지 쿠바에서 가장 강력한 정치인으로 군림했다.

한편 미국의 새로운 대통령 프랭클린 루스벨트가 볼 때 쿠바 설탕의 미국 시장 수출을 그토록 강하게 막는 것은 결코 현명한 정책이 아니라는 점이 너무나도 분명했다. 그는 쿠바 설탕 산업이 자본이 과도하게 투자되었고 월 스트리트에 장악되었다고 보았기에 그에 대해 아무런 연민도 없었다. 그렇지만 그는 국내 사탕무 설탕 산업의 친구도 아니었다. 그들의 보호무역에 대한 요구 때문에 쿠바 같은 농산물 원자재 생산국들에 공산품을 수출하는 데 방해를 받았기 때문이다.[49] 루스벨트는 미국 설탕 왕국 내의 다양한 이해관계를 조정하는 데 초점을 맞추었다. 1934년, '존스-코스티건 법Jones-Costigan Act'은 큰 타격을 입은 국내 사탕무 설탕 부문과 노동자들을 돕고 쿠바 설탕의 미국 시장 진입을 더 용이하게 하려는 의도로 입안되었다. 그 법으로 쿠바의 경제 사정이 개선되었으며, 미국 제품도 쿠바에서 더 나은 시장을 찾았다.[50]

그렇지만 이 협정에서 승리한 것은 미국 내 이익 집단들이었다. 미국의 정제업자들은 쿠바의 정제 설탕에 대한 수입 관세를 유지하는 데 성공했다. 미국 사탕무 설탕 생산자들은 필리핀의 생산 제한까지 얻어냈다. 루스벨트 정부가 금전적으로 보상을 받도록 조치하기는 했지만, 필리핀은 1934년에 사탕수수 수확량의 60퍼센트를 버려야 했다.[51] 결국 루스벨트의 뉴딜로 미국 설탕 왕국의 후퇴는 불가피했다. 뉴딜로 1901년에 쿠바에 강요된 식민주의적 '플랫 수정법안'이 종말을 고했고, 필리핀의 독립이 뚜렷해졌으며, 니카라과와 아이티에서 미군이 철수했다. 또한 뉴딜은 갓 출범한 아이티 설탕 산업의 싹을 잘랐다. 이는 극심한 빈곤에 처한 그 공화국으로부터 값싼 노동력을 끌어온 카리브해 미국 설탕 기업들의 이익에 전적으로 부합했다.[52]

관세 장벽 뒤에 숨은 설탕

자와 설탕 산업이 몰락하고 5년이 지난 1937년은 파수루안 실험 농장 개소 50주년이 되는 해였다. 현지 신문은 이 경사를 기념하는 호외를 발행하여 그 공로를 조명했는데, 파수루안 실험 농장이 자와 설탕 산업을 세계적으로 유명하게 만들었다는 내용이었다. 호외에는 파수루안 실험 농장이 인심 좋게도, 식물병으로 사탕수수 밭이 못쓰게 되어 절망에 빠진 세계 곳곳의 설탕 생산자들과 그 성과를 공유한 데 대한 아쉬움도 담겼다.[53] 기적의 사탕수수 POJ 2878의 급속한 확산은 식물병을 퇴치하여 세계의 식량 생산을 보호하기 위한 국제적 협력의 희망을 보여주었으나, 에스파냐 출신의 쿠바 설탕 거물 마누엘 리온다가 1927년에 이미 단정적으로 말했듯이, 곧 과잉 생산의 구조적 요인임이 드러났다.[54] POJ 2878의 지배력은 덤핑의 암울한 광경과 설탕 경제의 파멸을 초래했다. 그리고 결국 1929년 월 스트리트 금융 붕괴의 여러 원인 중 하나가 되었다.

보호무역주의의 족쇄에서 세계 설탕 자본주의를 구하려는 채드본의 용감한 시도는 이러한 국제주의의 전통에서 비롯했다. 그러나 자유 무역의 원칙을 포기하고 할당제를 통해 수요와 공급의 균형을 찾으려 하여 경제적으로 사탕무 설탕과의 경쟁에서 승리할 수 있는 사탕수수 설탕 생산자들에게 손해를 끼친 것도 역시 국제주의였다. 월 스트리트가 국제연맹으로 하여금 채드본 협정을 후원하게 하는 데 실패한 뒤, 1937년 '국제설탕협정International Sugar Agreement'이 체결되어 법적 토대의 뒷받침을 받는 국제적 조정을 향해 약간의 진전이 이루어졌다. 헤이그에 본부를 둔 정부 간 기구인 국제설탕협의회가 제재를 가할 권한을 위임받아 협정을 감독했다. 그러나 이 기구(형태를 바꾸며 1977년까지 존속했다)는 자와와 쿠바의 몰락 이후 나타난 설탕 개방 시장의 위축을, 또한 미국과 유럽 정부들이 자국 설탕 생산자를 보호하는 조치의 축소를 거부한 것도 되돌릴 수 없었다. 유럽 사탕무설탕생산자 국제연맹은 다른 강력한 농업 로비 단체의 모델이 되었다. 그러한 로비는 30년 뒤에 유럽경제공동체EEC, 뒤이어 유럽연합EU의 공동 농업 시장을 형성하여 유럽 농민들을 세계적 경쟁으로부터 보호하기에 이른다.[55]

국제설탕협정의 근본적 약점은 설탕이 기본적으로 세계적 상품인데 각국 정부는 이를 자국의 주요 생산물로 취급한다는 사실에 있었다. 여러 국가가 연이어 관세 장벽을 세워 자국 설탕 산업을 보호하고 장려했다. 국내 시장의 가격 안정화는 국제 시장을 더욱더 위축시켜 그 불안정성을 키웠다.[56] 인도가 이러한 보호무역주의 추세를 선도했으며, 멕시코와 남아프리카, 이집트, 브라질이 보호무역의 장벽 뒤에서 자국 산업을 대대적으로 현대화하여 뒤를 따랐다. 그러자 공업적 설탕 생산은 급격하게 증가했다. 예를 들어 이집트의 경우, 공업적 설탕 생산은 공장들이 사탕수수에 좋은 값을 제시할 수 없었던 1920년대에 전통적인 생산 방식으로 어쩔 수 없이 물러났던 공장들이 농민들을 다시 끌어들였다.[57] 1933년, 브라질 대통령 제툴리우 바르가스는 설탕·알코올 연구소Instituto do Açúcar e do Álcool(IAA)를 설립하여 큰 타격을 입은 자국 설탕 사업을 지원하고 가격을 안정시켰다. 이 연구소는 더 나아가 휘발유에 의무적으로 에탄올을 첨가하게 함으로써 설탕 부문과 에너지 부문을 부분적으로 통합했다.[58]

멕시코, 인도, 이집트, 브라질이 자국 설탕 부문을 계획적으로 발전시키는 데 착수한 반면, 중국은 설탕 산업을 구축하는 데 나섰다. 프랑스와 아이티에서 혁명 이후 몇십 년간 이어진 격동기에 그랬듯이 플로리다나 인도, 중국의 새로운 변경으로 전문 기술이 이전되었으며, 심지어 공장 전체가 분해되어 옮겨지기도 했다. 중국의 군벌들과 국민당 정부는 동남아시아와 자와에 널리 퍼진 중국인들에게 기대어 이러한 모험적 사업을 발전시킬 수 있었다. 1930년대 초, 자와의 중국인 사업가 공동체는 국민당 정부와의 관계를 강화했다. 중국계 인도네시아인 실업계 거물로 1940년에 자와에 다섯 개 설탕 공장을 소유했던 우이 티옹 함이 중요한 역할을 수행했다.[59] 자와 설탕 산업은 이렇게 자와의 중국인 사업가 공동체와 중국 사이의 유대가 강화되는 상황을 우려했는데, 이는 충분히 이해할 만한 일이었다. 그러나 다른 상인 집단들이 상황을 주도했고, 결국 식민지 정부는 중국으로 사절단을 파견했다. 자와의 중국인 사업가들과 식민지 정부 고위 관료들의 협력 사업으로 출발한 이 사절단은 거대한 중국 시장의 잠재력을 조사했다. 이는 한때 강력했던 자와 설탕 산업이 1930년대 중반에 얼마나 쇠퇴했는지를 보여주는 명백한 증거다.[60]

영국 제국의 설탕 정책

19세기 말 영국은 여전히 국제설탕협정에 영향력을 행사하고 있었고, 브뤼셀 협정은 그 경제 외교의 더없는 성공적 사건이었다. 그러나 1920년대가 되면 영국은 더는 세계를 선도하는 국가가 아니었고, 여전히 대단한 제국의 울타리 뒤로 물러났다. 제국 시장이라는 관념은 1903년에 설립된 조지프 체임벌린의 관세개혁연맹Tariff Reform League

이 이미 널리 선전했지만, 소비자가 비용을 부담해야 했기에 당시에는 큰 호응을 끌어내지 못했다. 그러나 1930년대 대공황으로 영국 국민은 "제국을 위해 쇼핑하라"라는 슬로건을 내건 운동을 받아들일 준비가 되었다.[61] 영국 제국의 설탕 정책은 제1차 세계대전 중에 크게 방해를 받은 설탕의 안정적 공급을 유지하고 동시에 미국 시장을 빼앗긴 서인도 제도의 어려움을 덜어주려 했다. 영국이 제국 식민지에서 들여온 설탕은 제1차 세계대전 직전에 전체 설탕 수입량의 10퍼센트 미만이었지만, 1930년대에는 크게 증가하여 50퍼센트를 넘어섰다. 게다가 영국은 네덜란드의 기술과 네덜란드와의 공동 소유를 토대로 자체적으로 사탕무 설탕 산업을 발전시켰다. 그 생산량은 마침내 국내 수요의 3분의 1 이상을 채운다.[62] 그러나 과거의 설탕 정책을 떠올리게 하듯이, 설탕 식민지들이 최신 기술에 투자하여 순수한 설탕, 이른바 공장 백설탕을 생산하는 것은 방해를 받았다. 이는 영국 정제업자들을 달래려는 정책이었다.[63]

영국은 영연방 자치령들이 재배하거나 채굴한 원자재를 판매한 자금으로 영국이 생산한 공산품을 구매하는 제국 분업 경제를 구축하려 노력했고, 그 덕분에 테이트 앤드 라일Tate & Lyle은 세계의 대표적인 설탕 생산자가 될 수 있었다. 런던의 유명한 테이트 갤러리에 이름을 부여해준 헨리 테이트는 뉴욕의 해브마이어 가문 사람들과 매우 비슷하게(9장 참조) 설탕 정제업이 수공업적 생산에서 대량 생산으로 바뀌던 시기에 큰돈을 벌었다. 1819년에 태어난 테이트는 여섯 개 상점을 소유한 잡화상이었던 마흔 살에 설탕 사업에 뛰어들었다. 1875년에는 유명한 설탕 기술자 데이비드 마티노와 계약을 했다. 또한 독일 회사 파이퍼 운트 랑겐Pfeifer & Langen과 계약하여 그 특허를 이용하여 원뿔형 설탕 덩어

리(슈거 로프) 대신에 작은 각설탕suagr cube을 생산했다.[64]

설탕 산업의 거물 테이트 앤드 라일은 1921년에 글래스고의 설탕 정제업자이자 골든 시럽golden syrup(지금도 생산되는 제품이다) 생산자인 어브램 라일이 설립한 회사와의 합병으로 탄생했다. 그 회사는 설탕 가격이 폭락한 1884년에 골든 시럽을 발명하여 살아남았다.[65] 테이트 앤드 라일은 영국 제국에서, 나중에는 영연방 안에서 설탕 공장의 기획과 건설, 사탕수수 가공, 당밀 무역, 설탕 정제, 설탕 판매를 지배한다. 이 회사는 대공황이 끝날 무렵 서인도 제도에서 지배적인 지위에 올라선다. 그리고 이미 심하게 집중화한 트리니다드의 설탕 산업을 인수했으며 자메이카의 시들어가는 설탕 산업을 되살렸다. 자메이카의 설탕 산업은 미국의 유나이티드 프루트 컴퍼니에서도 상당한 투자를 받았다.[66]

영국과 영국령 서인도 제도에서 테이트 앤드 라일의 만만치 않은 경쟁자는 부커 매코널이 유일했다. 그 회사의 역사는 나폴레옹이 워털루에서 최종적으로 패배한 1815년까지 거슬러 올라간다. 그해에 영국은 열대 지방의 해수면 아래 간척지에서 사탕수수를 재배한 네덜란드인들로부터 데메라라를 넘겨받았다. 조사이어스 부커가 먼저 플랜테이션 농장 관리자로 그곳에 발을 들였고, 나중에는 형제들과 함께 판매 회사를 차렸다. 1835년, 그는 리버풀에서 영국령 기아나의 수도 조지타운을 연결하는 해운 노선을 열었다. 1845년에 부커 형제들을 위해 사무원으로 일을 시작한 존 매코널이 최종적으로 이 회사의 주인이 되어, 1890년 이후 이 회사는 부커 매코널이라는 이름으로 활동했다. 원래 영국 자본의 후원을 받는 일군의 상인들과 대부업자들의 모임이었던 이 회사는 놀라운 설탕 대기업이 되었다.[67] 제2차 세계대전 직전, 영국령 기아나의 훨씬 더 오래된 플랜테이션 농장주 가문인 캠벨 가문이 회사에 합류했다. 상인으로 출발하여 서인도 제도의 많은 플랜테이션 농장주들이 채무 불이행에 빠진 1780년대에 광대한 플랜테이션 농장을 인수한 가문이었다. 1950년대 초부터는 작 캠벨이 부커 매코널을 떠맡았고 1969년에 명망 높은 부커상Booker Prize을 창설했다.

11

프롤레타리아트

미국 기업가들은 1899년에 푸에르토리코에 센트럴 아기레Central Aguirre 설탕 공장을 세워 옛 제당소와 아시엔다를 최신 기술로 대체하고 고국을 떠나온 고용인들이 살 집으로 가득한 완벽한 마을을 건설했다. 이와 같은 복합 시설은 당시 카리브해 지역 곳곳에서, 그리고 식민지 자와에서도 볼 수 있었다. 때로는 수영장과 테니스장까지 현대적 편의 시설을 전부 갖춘 이 공장 마을은 사탕수수 설탕 산업에서 인종 분리를 조직하는 방법에 관한 기존의 관념을 반영했다.[1] 물론 사탕수수 노동자들은 그러한 마을에 결코 들어가지 못했고, 고국을 떠나 이주한 유럽 노동자들은 그런 마을을 떠날 필요가 없었다.

  설탕 공장 복합 단지는 19세기 중반 이후로 산업화가 어떻게 밭과 공장을 사회적으로 분리했는지를 보여주는 실례였다. 그때만 해도 노예 노동자들이 여전히 압착기를 다루며 유럽인 기술자들과 나란히 일하고 있었다. 그러나 이제 공장 가동은 높은 급여를 받는 직원들의 배타적 영역이 되었다. 경영자의 직책은 거의 유럽의 고국을 떠나온 이주민들이 차지했는데, 이들은 직업 학교에서 훈련을 받았거나 더 나아가

유럽인 고용인들을 위한 사택을 갖춘 설탕 공장 복합 단지(자와 중부, 1935년경). 19세기 말부터 사탕수수 설탕 공장에는 일반적으로 유럽의 고국을 떠나온 직원들을 위한 주거 시설이 포함되었다.

대학을 졸업한 자들로 높은 임금을 받았으며 회사의 이익도 나누어 받았다. 소수의 현지인도 공장 직원으로 고용되어 실험실 조수 따위의 일을 했지만 임금은 훨씬 적었다. 그래도 현지 기준으로 보면 상당히 높은 임금이었다. 그다음은 사탕수수 재배 농민이었다. 이들이 키우는 사탕수수는 대체로 몇 헥타르에 지나지 않았지만, 소수의 강력한 대지주들이 있었다. 일은 대부분 엄청나게 많은 사탕수수 수확꾼이 최소한의 임금만 받고 했다. 사탕무의 경우도 마찬가지였다. 요컨대 공장 직원, 농민, 사탕수수 수확꾼으로 삼분할되는 것이 20세기 초에 하나의 규범이 되었다.

아메리카에서는 계절노동자들이 노예살이 계약 노동자를 서서히 대체했다. 20세기에 들어설 무렵에도 여러 식민지의 사탕수수 밭에는 여전히 노예살이 계약 노동자가 있었는데, 예컨대 남아프리카의 나탈이 그러했다. 그곳에서는 사망률과 노동 시간이 노예제가 있던 시절의 쿠바보다 나을 바가 없었다. 나탈에 있는 찰스 파트리지 레이놀즈의 농장에서는 지독한 조건 때문에 수십 명의 노동자가 자살했다.[2] 분노한 인도 민족주의 운동 진영에서는 노예살이 계약 노동자의 이주를 금지하라고 요구했다. 제1차 세계대전에서 인도인 군인 100만 명이 영국 제국을 지키기 위해 싸운 뒤, 인도 정부는 1917년에 이런 요구를 수용했다. 그러나 인간을 학대하는 제도 하나가 폐지되면 곧 똑같이 나쁜 다른 제도가 채택되는 일이 너무도 잦았다. 예를 들면 1874년에 페루에서 중국인 노동자의 수입이 금지되었을 때, 곧 일본인 노동자들이 대신 들어왔다. 그러한 노동자들이 '노예 같은 조건'에 불평을 늘어놓자 배후지에서 계절노동자들을 들여왔는데, 거대 설탕 회사들의 금융 속임수에 걸려 채무 노예나 다름없는 처지에 놓인 이들이었다.[3]

고용주들은 계절노동자를 점점 더 쉽게 이용할 수 있게 되자 노예살이 계약 노동자 없이 지낼 수 있게 되었고, 그로써 인력 충원 비용을 상당히 아낄 수 있었다. 세계적으로 설탕 소비가 급증하는 가운데 수확은 여전히 믿을 수 없을 만큼 노동 집약적 과정이어서 그러한 노동자들이 아주 많이 필요했다. 산업 사회를 연구하는 역사가들은 늘 도시 기업가 정신을 집중적으로 조명하지만, 사탕수수와 기타 수출 작물을 재배하고 수확한 수백만 노동자가 없었다면 세계 경제는 멈추고 말았을 것이다. 전 세계 사탕수수 설탕 수출의 절반을 책임진 자와와 쿠바에서만 그 산업에 고용된 노동자가 170만 명을 넘었다. 인도의 사탕수수 밭에서는 600만 명이 일했고, 중국과 라틴아메리카 본토 같은 다른 지역의 밭에서 얼마나 많은 사람이 일했는지는 정확히 알려지지 않았다.[4] 20세기에 들어설 무렵, 사탕무 파종과 수확 시기에는 대체로 여자들과 아이들 약 120만 명이 밭에서 일했다.[5] 전부 합하면 1920년대에 전 세계의 사탕무 밭과 사탕수수 밭에서 일한 사람은 1000만 명이 넘는다. 대부분은 연중 일부 기간에만 일했다. 그렇지만 설탕 생산에는 전 세계 인구의 2퍼센트가 넘는 사람들의 노동이 필요했다. 가구로 환산하면 6~8퍼센트에 달하는 수치다.

특히 수확꾼들이 가장 비참했다. 부채나 가뭄, 인구 과잉으로 곤경에 처하기 일쑤였고, 때로는 세 가지가 한꺼번에 겹치기도 했다. 운송비가 저렴해지자 계절노동자의 유입이 대폭 늘었다. 수십만 계절노동자가 기차를 타고 동부 자와의 사탕수수 밭과 담배 밭으로 쏟아져 들어왔다. 그곳의 일당은 섬 전체 평균의 대략 20~30퍼센트에 불과했다. 인구가 희박한 동부 자와의 행정 구역 베수키Besuki는 사탕수수와 담배를 재배하는 거대한 플랜테이션 농장 지대로 바뀌었다. 자와의 다른 지역에서, 인접한 마두라섬에서 수십만 명이 들어와 정착했다. 여기에 많은 계절노동자가 합류했다. 예를 들면 해마다 계절노동자들이 마두라에서 배를 타고 건너와 설탕 공장을 향했다. 인도 서부에서는 계절노동자들이 데칸고원의 건조한 배후지에서 관개 시설을 갖춘 사탕수수 밭으로 소를 몰고 이동했다. 브라질의 페르남부쿠와 아르헨티나의 투쿠만으로도 해마다 계절노동자들이 들어왔다. 필리핀에서는 북서부의 일로카노족이 거주하는 곳에서 루손섬 중심부의 사탕수수 밭으로, 나중에는 사탕수수를 재배하는 네그로스섬으로도 수많은 사람이 이동했다. 네그로스에서는 1940년대에 최소한 5만 명의 남성 계절노동자가 고용되어 일했다.[6] 하와이 플랜테이션 농장주들은 1885년부터 미국과 일본이 신사 협정을 체결하여 일본인 노동 이민을 중단한 1907년까지 16만 명의 일본인을 데려왔다.[7] 그 이후 하와이 플랜테이션 농장주들은 필리핀인

자와의 사탕수수 밭에서는 역사적으로 젊은 여성이 중요한 노동력 공급원이어서 해마다 수십만 여성이 일했다. 1890년경 자와의 테갈 사탕수수 밭에서 일하는 여성들.

13만 명으로 인력을 보충했는데, 필리핀이 1898년에 미국 영토가 된 것이 큰 도움이 되었다.

한편 설탕 생산국들은 아시아인과 폴리네시아인, 아프리카계 카리브해 지역 사람들의 유입에 균형을 맞추고자 점차 유럽인의 충원을 늘렸다. 19세기 말 루이지애나에서는 해마다 약 6만 명의 시칠리아인이 들어와 수많은 나라에서 온 작은 집단에 합류하여 사탕수수 밭에서 일했다.[8] 하와이에는 '코케이션'으로 분류된 2만 5000명에서 3만 명 정도가 들어와 사탕수수 밭에서 일했다. 그러나 쿠바는 히스패닉 정체성을 지키고자 매우 철저한 이민 정책을 꾀했다. 1882년부터 1898년까지 50만 명이 넘는 에스파냐인의 이민을 받아들였고 때로는 후원도 했다. 그 이후 25년간 75만 명이 추가로 쿠바에 도착한다. 비록 20세기 초에 에스파냐인 이주민의 40퍼센트만 계속 머물러서 노동력 부족은 지속되었지만, 이로써 쿠바 국민의 유럽인 정착민 특성이 강화되었다.[9] 이주민들은 대부분 에스파냐의 갈리시아, 아스투리아스Asturias, 카나리아 제도에서 왔지만 폴란드, 우크라이나, 이탈리아, 튀르키예, 시리아에서도 수천 명이 들어왔다.

미국 회사들이 거대한 사탕수수 농장을 운영한 도미니카 공화국에서는 정부가 아이티와 서인도 제도에서 사탕수수 노동자가 유입되는 것을 막기 위해 방랑 금지법을 제정하여 자국인의 플랜테이션 농장 노동을 강제했다. 도미니카 공화국 정부는 또한 히스패닉으로 여겨진 푸에르토리코의 노동자들을 유치하려 했으며, 더 나아가 인도에서도 노동자를 충원하려 했다. 그러나 전부 허사였다. 서인도 제도 노동자의 수는 늘어나기만 했다. '코케이션' 이외의 이주자는 전부 입국하려면 허가를 받아야 했지만, 서인도 제도 노동자들은 1912년 이후에도 계속 늘어났다. 불법적인 노동자 수입에 벌금이 부과되고 아이티와 서인도 제도 사람들에게 이주가 불가능할 정도로 허가 비용이 높아졌지만, 설탕 산업은 이를 교묘히 피했다. 서인도 제도 사람들은 항구에서 제지당할 수 있었지만, 배를 타고 해안의 다른 곳에 쉽게 내릴 수 있었다. 섬 도처에 구멍이 뚫려 국경은 허술했고, 이를 통해 수만 명의 아이티인이 정식 허가 없이 입국했다. 1916년에 미국은 도미니카 공화국을 군사적으로 점령하여 관리했고 설탕 산업을 진흥하기 위해 곧장 이민 제한 규정을 폐지했다.[10]

도미니카 공화국의 독재자 라파엘 트루히요는 1930년부터 1961년에 암살당할 때까지(미국 중앙정보국CIA은 그때쯤이면 그에게 신물이 났다) 나라를 통치하며 이중적인 태도를 보였다. 설탕 부문을 위해 저렴한 아이티 노동력을 용인하는 동시에 나라를 물라토와 히스패닉 공화국으로 만들려 했다. 아이티와 도미니카 공화국의 두 대통령이 서로에게 우호와 협력의 말을 쏟아낸 1936년 회담에서 국경을 두고 합의가 이루어진 직후, 트루히요는 도미니카 공화국의 히스패닉 정체성을 부각하려는 의도로 국경 지대에 군대를 보내 1만 5000명의 아이티계 도미니카인을 집단 학살했다. 국경 지대의 군사화는 증명서가 없는 아이티인 이주자들을 잡아들여 사탕수수 농장에 투입한다는 경제적 목적에 이바지했다.[11]

결국 카리브해 지역의 아프리카계 사람들은 제1차 세계대전 기간에 노동력이 부족해진 쿠바의 사탕수수 밭에도 들어왔다. 아이티에서 약 18만 명의 노동자가 쿠바로 건너와 영국령 서인도 제도 출신의 14만 명에 합류했다(아이티는 1915년부터 1929년까지 미국이 점령했다). 이들은 대부분 자메이카 출신인데, 전부 1914년에 파나마 운하가 완공된 이후 다른 일자리를 찾아서 들어온 사람들이었다.[12] 많은 사람이 아이티와 자메이카에서 겨우 수백 킬로미터 떨어진 섬 동쪽 끝의 항구 산티아고 데 쿠바Santiago de Cuba로 들어왔지만, 또 다른 사람들은 증명서 없이 동쪽 해안에 상륙했다.[13] 이에 더하여 카리브해 지역 곳곳에서 수천 명이 더 들어왔고, 중국에서 1만 명이 들어왔다. 이 경우에는 중국인 배척법이 적용되지 않았다. 이들은 전부 낮은 급여를 받는 이등 노동자 취급을 받았다.[14]

한편 유럽에서는 농촌 인구의 급격한 증가로 수많은 농장이 생계를 꾸리기에는 너무 작았고, 토지를 전혀 갖지 못한 수백만 농촌 노동자가 생겨났다. 이런 농민들은 사탕무 재배지로의 계절 이주 덕분에 땅을 지킬 수 있었고 때로는 재산을 불리기도 했다. 작센은 폴란드와 갈리치아

1913년 덴마크 퓐섬에서 사탕무 밭을 매는 폴란드 노동자들. 20세기 미국과 유럽의 플랜테이션 농장 주들은 사탕무를 재배하고 수확하는 데 이주 노동자에게 크게 의존했다.

의 인구 과잉인 농촌에서 수십만 노동자를 받아들였다. 그들의 조건은 쿠바의 계절노동자들에 비해 별반 나을 것이 없었다. 이들은 자유롭게 고용주를 바꿀 수 없었고, 수확이 끝나면 돌아가야 한다는 법적 의무를 졌다. 이들은 자신의 이름과 고용주를 명기한 신분 증명서를 통해 감시를 받았다. 사탕무 밭의 노동자는 대부분 여성이었다. 이들은 남자 한 명의 감독을 받으며 무리 지어 일했다.[15]

한편 심한 빈곤에 처한 플란데런 농촌의 노동자들은 인접한 프랑스 북부의 사탕무 밭으로 갔다.[16] 그들은 하루에 열세 시간에서 열네 시간 까지 일하고 마구간에서 잤지만, 고향의 농장에서 일할 때보다 다섯 배 많은 수입을 올렸다. 남자들은 아내와 자녀까지 데리고 왔다. 의무 교 육법을 무시하고 자녀를 학교에 보내지 않은 것이다. 운이 좋은 노동자는 사탕무 공장에서 일자리를 얻었고, 비록 수확기에는 하루 열여덟 시간까지 일해야 했지만 사회적 사다리를 오를 수 있었다.[17] 유럽의 사탕무 노동자 가족은 급여가 좋은 공장 일자리가 선택 범위에 없는 경우, 뱃표를 살 만큼 돈을 모을 수만 있다면 대양 건너편에서 운을 시험하고자 했다. 증기선의 등장으로 운임이 저렴해진 덕분에 유럽의 빈곤한 농촌 주민들은 미국 미드웨스트의 사탕무 재배지로 건너갔고, 다수가 영구적으로 정착했다.[18]

산업화한 사회에서는 노동자들이 노동조합을 결성할 수 있어서 조건을 개선하기도 했지만, 사탕수수 재배 지대에서는 식민지 부르주아지가 설탕 가격 하락을 초래한 불경기의 부담을 밭에서 일하는 노동자들에게 전가하면서 억압이 심해졌다. 노예살이 계약으로 고용된 노동자들은 1884년 설탕 위기에 뒤이어 겪은 고생에 항의할 처지가 아니었다. 예를 들면 하와이의 고용주들은 설탕 가격 하락에 태평양을 건너오는 일본인 노예살이 계약 노동자의 뱃삯을 더는 지불하지 않음으로써 대응했다.[19] 노예살이 계약을 체결하지 않은 노동자도 자와나 네그로스섬의 경우처럼 비공식적 강압을, 루이지애나에서는 인종주의에서 비롯한 소름 끼치는 노동 탄압을 피할 수 없었다. 멕시코 유카탄 남부의 설탕 생산 아시엔다에서 보듯이, 때로는 노예제가 다시 나타났다. 그곳에서 심하게 학대받은 노동자들은 멕시코 북부 소노라주의 아메리카 원주민인 야키족이었다. 야키족은 1880년대에 봉기를 일으켰다가 실패한 뒤 집단으로 유카탄으로 추방당해 노예가 되었다.[20]

사탕수수 밭이나 사탕무 밭에서 일하는 노동자가 노골적인 억압을 당하지 않았다고 해도, 이들은 새로이 등장한 노동조합에 들어가지 못했다. 처음에는 공장에만 노동조합이 있었기 때문이다. 그렇지만 밭에서 일하는 노동자들은 이전에도 늘 그랬듯이 저임금과 고용주의 억압에 저항했다. 계절노동자들이 이익을 지키는 가장 오래되고 흔한 방법은 자신들을 대표하여 협상한 지도자를 중심으로 무리를 이루어 이동하며 일하는 것이었다. 그들은 집단적 행위를 통해 수확을 위해서는 노동자들에게 의존할 수밖에 없는 공장에 영향력을 행사할 수 있었다. 마두라섬 주민과 아이티인, 필리핀인 사탕수수 수확꾼들, 캘리포니아에서 일한 멕시코인 사탕무 노동자들 모두가 우두머리를 정해 무리를 이루었다.[21]

방화는 대서양에 노예 플랜테이션 농장이 생겨난 초기부터 노동자들이 사용한 또 다른 무기였다. 사탕수수는 무르익어 수확할 때가 되면 불이 아주 잘 붙었다. 사탕수수 밭 주변의 공기는 주기적으로 연기로 자욱했다. 쿠바에서는 10년전쟁(1869~1878), 독립 전쟁(1895~1898), 대공황(1929~1939) 같은 위기에 이러한 화재가 특히 잦았다. 설탕 공장은 방화로 큰 손실을 보았고, 대체로 범인을 색출하는 데 실패했다. 1920년대 자와의 설탕 공장들은 수확기에 대규모로 경비원을 고용하여 밭을 지킴으로써 불만을 품은 소농들과 사탕수수 수확꾼들의 사탕수수 밭 방화에 대비했다.[22]

1880년대에 세계 도처의 사탕수수 밭에서 파업이 일어났다. 자와의 사탕수수 농장과 인디고 농장 수십 곳에서 노예처럼 일하던 노동자들이 파업을 일으켰고, 노동자들이 단순하게 일을 멈춘 농장도 많았다.[23] 마르티니크에서는 1885년에 고용주들이 임금을 절반으로 줄이자 파업이 일어났지만 성공하지 못했다. 15년 뒤 다시 파업이 일어났고, 어느 공장에서는 작은 군대 병력과의 충돌로 파업에 참여한 노동자 열 명이 사망했다. 이 유혈 사태에 노동자들이 분노했기 때문에 공장들은 노동자들과 협상할 수밖에 없었다. 마르티니크 행정부에는 그처럼 큰 저항 운동을 진압할 수단이 없었기 때문이다.[24] 1884년, 플랜테이션 농장들이 노동자들의 맹렬한 저항에 맞닥뜨린 수리남에서도 유혈 사태가 벌어졌다. 격분한 노동자 200명이 임금을 낮춘 데다 더 나은 임금을 요구하는 자신들의 의견을 진지하게 받아들이지 않았다는 이유로 플랜테이션 농장 마리엔부르크Marienburg의 감독을 죽였다. 그러자 일개 소대가 파병되어 노동자 스물네 명을 사살했다.[25] 이 비극은 노예살이 계약 노동 체제에서 여러 해 동안 임금이 축소되고 임의적 처벌이 만연한 데 대한 좌절의 결과였다.

경찰과 군대의 강경한 진압은 카리브해 지역 도처에서 볼 수 있었고 임금과 물가 상승의 연동을 요구하는 지속적인 움직임을 막았다. 1890년대에도 서인도 제도는 노동 분규에 휘말렸는데, 놀라울 정도로 대규모여서 영국 정부가 조사단을 파견했다.[26] 흥미롭게도 조사단 위원들은 작물의 다각화와 플랜테이션 농장의 해체를 권고했다. 사탕수수의 소농 생산이 비용이 더 적게 든다는 점을 옳게 지적한 것이다. 그러나 조사단은 사탕무 설탕의 끝없는 덤핑이 서인도 제도 설탕 산업의 미래에 가져올 결과를 잘 내다보지 못했다(브뤼셀 협정이 체결되기 몇 해 전의 일이었다). 조사단은 영국이 그곳에 데려온 흑인들의 후손에 대한 책임을 면할 수 없다고 정곡을 찔렀다.[27] 그렇지만 조사단의 주장이 구체적인 개선 조치로 이어지지는 않았다. 임금은 계속 동결되었고, 1905년에 영국령 기아나의 항구 조지타운에서 항만 노동자들의 파업이 일어나 사탕수수 플랜테이션 농장으로 급속히 확산되었다. 뒤이은 격렬한 충돌은 30년간 이어진 임금 정체와 고난의 최종적 귀결이었다. 파업으로 시작된 일이 봉기로 발전하여 다급히 군함과 해군을 파견하고서야

가까스로 진압되었다.[28]

20세기에 들어설 무렵 점점 더 많은 사탕수수 노동자가 힘을 합쳐 임금 인상과 노동 조건 개선을 요구했다. 제1차 세계대전과 1917년 러시아 혁명의 여파로 세계 전역의 설탕 산업에서 노동자 행동주의의 파고가 드높게 일었다. 비록 대부분의 노동조합이 활동을 금지당했지만, 공산주의자들의 노동자 조직은 사탕무 밭과 사탕수수 밭에서 일하는 이주 노동자들에게 계속해서 호소력을 발휘했다. 이들은 민족 간의 분열을 이용하여 노동자의 저항을 약화하려는 고용주들에게 맞서 민족 간 연대라는 국제주의적 이상의 기치를 높이 들었다. 마침내 대공황 시기에 인상적인 노동자 행동주의의 물결이 결실을 맺었다. 성과는 다소 복합적이었는데, 대량 실업 탓에 밭에서 일하는 이주 노동자들의 지위가 약해졌기 때문이다. 그렇지만 사탕수수 밭과 사탕무 밭의 비참함은 단일 경작 설탕 생산으로 많은 사람이 걱정스러울 정도로 취약한 상태와 지속적인 빈곤에 처했음을 드러내 보여주었다. 그 결과, 1930년대에 경제적 다각화 부족, 영양 부족, 농촌의 극심한 사회적 불평등, 인구 과잉 등 설탕 생산 지대의 구조적 문제를 다룬 수많은 보고서와 조사 결과가 나왔다. 이러한 보고서들은 1950년대와 1960년대에 개발경제학이라는 학문 분야가 탄생하는 토대가 되었다.

미국과 독일의 사탕무 밭에서 벌어진 차별

1902년, 사탕무 설탕 사업의 거물 헨리 옥스너드와 사탕무 설탕의 인민주의적 선전자 허버트 마이릭은 미국 하원 세입위원회에서 쿠바와 호혜 조약을 체결할 가능성에 관하여 증언했다.[29] 두 사람은 미국의 설탕 생산자들이 쿠바 공장들의 적수가 되지 못할 것이라고 걱정했다. 그렇게 생각하는 데에는 합당한 이유가 있었다. 쿠바의 공장들은 수확기에 가난한 카리브해 지역 노동자들 수십만 명을 이용할 수 있었기 때문이다. 마이릭은 '쿨리'가 아무런 권리도 없는 이주 노동자들을 경멸적으로 가리키는 용어라고 지적했는데(이 문제에서는 인민주의적 상원 의원 프랜시스 뉼랜즈도 마찬가지였다), 이는 옳은 지적이었다. 그러나 이 두 사람은 편리하게도 미국 설탕 왕국 안에서 기운차게 성장하던 사탕무 설탕 산업이 카리브해 지역의 사탕수수 밭만큼이나 많은 이주 노동자에게 의존하고 있다는 사실을 무시했다. 미시간에 들어온 동유럽인들과 배를 타고 캘리포니아에 내린 일본인 노동자들이 사탕무 설탕 농장에 엄청나게 많이 고용되었으니 말이다. 이들은 그곳에서 미국 내륙으로 더 들어갔다. 한편 멕시코인들은 열차 편으로 캘리포니아와 텍사스로 들어왔고, 점차 북쪽으로 이동하여 멀리 미시간까지 진출했다. 1930년경에 미시간의 사탕무 밭에는 약 1만 5000명의 멕시코인이 일하고 있었다.[30]

부유한 나라는 대개 사탕수수 밭이나 사탕무 밭에서 일할 노동력이 부족했고, 이는 농촌 인구가 도시로 이주한 독일이나 프랑스처럼 미국에도 똑같이 해당하는 이야기였다. 농촌 노동자들은 노동력의 위계에서 맨 밑바닥을 차지했으며, 이들의 보호 조치는 산업 노동자를 위한 규제와 복지에 뒤처졌다. 사탕무 밭에서 일하는 이주 노동자의 조건은 훨씬 열악했다. 그들은 보통 일당을 받지 않고 성과급으로 임금을 받았으며, 일을 가족 전체가 떠맡았다. 이주 노동자들은 현지 노동조합에 기대를 걸 만한 요소가 없었다. 노동조합은 주로 가난한 노동자들의 유입으로 임금이 하락하는 것에만 관심이 있었기 때문이다.

그러한 우려는 폴란드인이 압도적 다수를 차지한 사탕무 계절노동자가 대규모로 들어온 독일뿐만 아니라 미국에서도 제기되었다. 사탕수수 밭으로 아이티와 서인도 제도의 노동자가 수만 명씩 쏟아져 들어온 쿠바에서도 마찬가지였다.[31] 독일의 유명한 사회학자 막스 베버는 독일 동부의 농촌 노동 시장을 연구한 뒤, 폴란드 노동자들을 들여와 독일 노동 계급의 입지를 약화시키는 것은 수백 에이커의 사탕무 재배지를 소유한 지주 귀족 융커의 이익이라고 결론 내리며 반대한다는 뜻을 내비쳤다.[32] 미국의 거의 모든 설탕 생산 지대에서도 고용주들이 그와 똑같은 일을 했다. 그래서 미국의 노동조합은 베버처럼 외국인 노동자의 유입을 걱정했다. 멕시코인의 미국 이주를 처음으로 체계적으로 연구한 멕시코 인류학자 마누엘 가미오는 1926년에 미국노동총동맹American Federation of Labor(AFL)이 멕시코인의 이주에 적대적이라고 평했다. 이유는 이러했다. 그 노동자들이 유입되지 않으면 "미국 노동자들이 더 높은 임금을 받을 것이다."[33]

베버와 미국노동총동맹은 심각하게 오판했다. 이주 노동자 시장과 자국인 노동 시장은 별개의 영역이었다. 미국에서도 프로이센에서도 사탕무 밭에 투입할 수 있는 현지 노동력은 충분하지 않았다. 쿠바에서도 사탕수수 수확은 점차 이주 노동자의 일이 되었다. 그러나 고용주들이 자국 시민과 달리 보호받지 못하는 '외국인들'을 고용하면 이익이 된다는 점을 분명히 인식한 것도 사실이다. 또 멕시코인 사탕무 계절노동자들은 미국에서 결코 정착할 수 없었고 고국을 오가야 했다. 바로 그런 이유에서 그들은 1917년 미국 이민법에 의무로 규정된 문자 해독 능력 시험을 면제받았다.[34] 실로 고용주와 정부에 문제가 된 것은 폴란드 노동자들의 독일 입국이나 멕시코 노동자들의 미국 입국의 허용 여부가 아니라 그들의 정착을 막을 방법이었다.

제1차 세계대전이 끝날 무렵부터 미국에 들어오기 시작한 멕시코인들은 제한적 성격이 점점 더 강해지는 이민 정책에 맞닥뜨렸다. 그들은 노예 노동자로, 1930년 미국 인구조사에 따르면 문화적으로 독특한 별개의 인종으로 취급되었다. 상점과 이발소에는 "멕시코인 출입 금지"라는 푯말이 붙었다.[35] 멕시코인은 정착민이 될 수 없다는 인종주의적 주장은 1840년대에 미국이 국경을 확장하여 멕시코 영토의 거의 절반 이상을 합병한 뒤 수많은 멕시코인이 미국 시민이 되었다는 사실을 무시했다. 비극적이게도 이러한 인종주의적 태도는 대공황 초기에 광적인 외국인 혐오증을 불러일으켰다. 미국인 실업자들에게 일자리를 마련해준다는 이유로 미국 시민이든 아니든 상관없이 체포되어 추방된 멕시코인과 멕시코계 미국인이 최소한 40만 명은 되었다. 최대 180만 명에 이르렀다는 추산도 있다.[36]

많은 사탕무 재배 농민과 사탕무 공장이 추방의 광풍으로부터 노동자를 보호하려 애썼다. 그레이트 웨스턴 슈거 컴퍼니Great Western Sugar Company는 노동자들에게 다음에 다시 고용하겠다고 약속하면서 겨울에는 추방 위험이 큰 도시 밖으로 나가 있으라고 강력히 권고했다. 그렇게 필사적인 태도는 미국 사탕무 설탕 분야가 멕시코인 노동자 없이는 생존할 수 없다는 증거였고, 사탕무 설탕이 '백인 토착민' 설탕이라고 찬미한 뉼랜즈의 선전이 거짓임을 폭로했다. 1930년대 초, 미국 사탕무 노동자의 절반 이상이 멕시코인이거나 멕시코인의 후손인 미국인이었다.[37]

사탕수수 밭에서 일하는 멕시코인 남녀와 아이들은 절실히 필요한 존재였지만 가혹한 조건에서 생활했다. 노동의 조직 방식은 이러했다. 가장이 도급업자가 되어 자녀들까지 밭에 투입했다. 수확기에 가족 전부가 하루 열두 시간씩 등골이 휘도록 일하여 번 돈은 고작 340달러였다. 평균 6.4명이 벌어들인 수입이니 개별 노동자에게 돌아가는 몫은 쿠바나 하와이에서 사탕수수 수확꾼이 올린 수입보다 적었다. 때로 일곱 살짜리까지 포함된 어린이 노동자는 날카로운 칼을 다루었고, 만성적인 영양 부족 탓에 대체로 또래 연령 집단의 평균보다 신장이 훨씬 작았다. 사탕무 설탕 생산자들은 여러 해 동안 쿠바 플랜테이션 농장 체제의 악습을 거론하면서 국내 설탕 산업을 보호하라고 촉구했지만 결국 1930년대에 대가를 치렀다. 인권 활동가들이 우려를 제기했고, 이는 결국 1934년 존스-코스티건 법과 1937년 '설탕법Sugar Act'의 제정을 낳았다. 법에 따라 미국 사탕무 재배 농민은 농업부 장관이 정한 최저 임금을 지급하고 열네 살 미만의 어린이는 밭에서 일을 시키지 않아야만 연방 정부의 보조금을 받을 수 있게 되었다.[38]

제1차 세계대전 말, 노동력 부족 문제를 긴급히 다루기 위해 임시 조치로 도입된 멕시코 노동자 이주는 미국 경제의 필수불가결한 요소로서 인종주의와 정치적 위선을 동반하여 지속되었다. 제2차 세계대전 시기에는 다시금 멕시코인 사탕무 노동자들이 절실히 필요했다. 농장 일꾼 다수가 군대에 징집된 가운데 정부가 사탕무 재배 면적의 25퍼센트 확대를 허용하기로 결정했기 때문이다. 당시 설탕은 전략적 상품이었다. 단순한 소비에도 필요했을 뿐만 아니라 군수품의 필수 품목인 아세톤의 원료였다. 1942년, 미국과 멕시코는 '브라세로 프로그램Bracero Program'으로 알려지는 '멕시코인 농장노동자협정Mexican Farm Labor Agreement'을 체결했다. 이 협정으로 멕시코인 노동자 약 6만 3000명이 국경을 넘어가서 오리건, 유타, 아이다호, 몬태나, 콜로라도의 사탕무 밭에서 억류된 채 일하던 일본계 미국인 3만 3000명을 보충하는 역할을 했다.[39] 마이릭과 뉼랜즈가 퍼뜨린 '백인 토착민' 사탕무라는 선전은 트루히요의 아프리카니즘 반대처럼 집단 학살로 퇴화하지는 않았지만, 똑같이 위선적이었다. 공공연한 인종주의는 노동자의 권리를 박탈하는 데 일조했으며, 1930년대 초 멕시코인과 멕시코계 미국인의 대량 추방에 책임이 있었다.

하와이와 캘리포니아 노동자들의 저항

이주 노동자들이 토착민의 일거리를 빼앗는다는 베버와 쿠바 지식인들, 미국노동총동맹의 걱정은 근거가 부족했다. 그렇지만 이주 노동자를 데려오는 것은 노동자들이 힘들게 싸워서 획득한 조합 결성의 권리를 훼손하려는 고용주들에게는 효과적인 무기였다. 노동조합이 이주 노동자들을 부당한 경쟁자로 여겼기에 고용주들이 상이한 민족 집단에 속한 노동자들을 서로 싸우게 만들기가 더 쉬웠기 때문이다. 캘리포니아의 사탕무 설탕 산업 고용주들과 하와이 사탕수수 플랜테이션 농장주조합은 이 점에서 경지에 오른 진정한 대가였다. 하울리 사탕수수 플랜테이션 농장주들은 백인 미국인 정착민 식민지가 되어 자신들의 설탕을 '국내산'으로 판매하려는 욕망으로 움직였지만, 쿠바의 설탕과 경쟁해야 하는 미국 시장에서 경쟁력을 유지하기 위해 선거권이 없는 저렴한 노동력에 의존했다. 하와이의 노동 조건을 조사한 미국 판무관 빅터 클라크는 1915년에 의회에 보낸 보고서에서 이 같은 기회주의를 향해 거친 말을 쏟아냈다. "미국과 하와이 준주가 추구한 이민 정책은 언제나 일관성이 없고 기회주의적이었다. 시절이 좋고 설탕의 전망이 밝으면, [하와이] 준주는 유럽으로부터 새로운 정착민을 받아들여 소농을 장려하고 인구를 늘리려 했다. 시절이 나쁘고 설탕 산업의 미래가 불확실하면, 고용주들은 오로지 저렴한 아시아인 노동력에만 주목했다."[40]

하울리의 기회주의는 클라크의 신랄한 평가가 나오고 몇 년 지났을 때 절정에 이르렀다. 하와이 사탕수수 플랜테이션 농장주조합이 미국 하원에 중국인 노동자 수입 금지를 철회해달라고 청원한 것이다. 사실상 이 점에서는 선례가 있었다. 제1차 세계대전 중에 쿠바의 설탕 산업이 호황이었을 때 그런 일이 있었다. 그러나 이번에는 부족한 노동력을 채우는 것이 아니라 노동자 행동주의에 재갈을 물리는 것이 목적이었다. 하와이 사탕수수 플랜테이션 농장주조합의 청원은 플랜테이션 농장의 필리핀 노동자 1만 354명과 일본인 노동자 2만 4791명이 넉 달에 걸쳐 대규모 파업을 벌인 이후에 나왔다. 하와이 플랜테이션 농장주들은 의회에서 파업이 하와이에 거주하는 일본인들이 미국인들에게서 섬을 빼앗으려는 시도라며 아시아인의 위협이라는 패를 내밀었다.[41] 그리하여 미국 하원의 이민귀화위원회는 '하와이의 심각한 노동력 부족의 긴급 타개책'을 고려하기로 동의했지만, 하와이 사탕수수 플랜테이션 농장주조합은 문제를 워싱턴까지 끌고 간 것을 틀림없이 후회했을 것이다. 노동자 단체들도 초청되었기 때문이다. 노동자 단체들은 클라크와 똑같이 하와이 사탕수수 플랜테이션 농장주조합의 뻔뻔한 기회주의를 부각했다. 워싱턴으로 간 사람들 중에는 미국노동총동맹 하와이 지부의 전신인 호놀룰루 중앙노동자협의회Central Labor Council of Honolulu 의장 조지 W. 라이트도 있었다. 그는 하원 위원회에 보낸 서한에서 "플랜테이션 농장이 쿨리 떼로 넘치는 것"에 저항하겠다고 공언했다.[42] 캘리포니아주 이민주거위원회 위원이자 현지 노동조합 지도자였던 폴 새런버그가 마지막으로 대못을 박았다. "의장님, 어느 나라에서 들어오든 노예 노동에 묶여 있을 노동자를 수입하는 것에 항의합니다."[43]

미국의 사탕무 밭과 사탕수수 밭에서는 분할 지배뿐만 아니라 노동계 지도자들을 위협하는 일도 흔했다. 하와이 사탕수수 플랜테이션 농장주조합은 농장 숙소에서 주기적으로 파업 노동자들을 내쫓아 호놀룰루의 길거리에서 잠자게 했다. 심지어 인플루엔자 유행이 기승을 부린 1918년에도 그렇게 했다.[44] 푸에르토리코에서 그랬듯이 경찰을 매수하기는 쉬웠다. 1903년, 옥스너드의 차이나타운에서 일본인과 멕시코인 노동자들이 시위를 벌였을 때처럼 경찰이 파업 노동자에게 발포하기도 했다.[45] 그런가 하면 폭력을 유발하여 이를 핑계로 노동조합 지도자들을 체포했다. 하와이의 필리핀 노동자 지도자인 파블로 만라핏은 그런 누명을 쓰고 감옥으로 끌려갔다. 거칠 것 없는 하울리 플랜테이션 농장주들이 법률 제도를 철저히 망가뜨렸기에 그의 권리는 침해되었다. 그는 가혹한 처벌을 피하고자 캘리포니아로의 추방을 수용했다. 가석방 조건의 추방을 지휘한 하와이 총독 월러스 R. 패링턴은 항구에 나와 만라핏의 즐거운 여행을 기원했다. 만라핏은 총독도 하울리 플랜테이션 농장주들의 지시를 따를 수밖에 없음을 알았기 때문에 그를 비난하지는 않았다.[46]

공산주의와 노동자들의 국제적 연대

고용주들이 분할 지배 방식을 이용하고 노동조합은 이주 노동자를 동료로 받아들이기를 꺼리는 상황에서, 국제적 노동자 연대를 위해 활동한 공산주의자들은 사탕수수와 사탕무 노동자들 사이에서 진전을 이루었다. 1917년 러시아 10월혁명은 설탕 세계 전역에 반향을 불러일으켰고, 비싼 설탕 가격과 설탕 공장의 엄청난 이윤, 인플레이션으로 실질임금이 위축되는 것에 반대하는 노동자 행동주의를 광범위하게 촉발했다. 멀리 페루와 도미니카 공화국, 쿠바, 푸에르토리코, 하와이, 서인도제도, 자와에서도 파업이 일어났다. 이들이 제시한 요구에는 흔히 8시간 노동제와 제1차 세계대전 기간의 인플레이션을 보상할 임금 인상이 포함되었다.[47] 미국 대통령 우드로 윌슨과 국제연맹 설립으로 분출한 민족 자결 주의에 깊은 인상을 받은 식민지 정부들은 이러한 노동 분규에 다소 온건하게 대응했다. 1919년, 조합원이 3만 명에 달하는 인도네시아 설탕 산업의 노동조합은 식민지 정부로부터 합법적인 노동자 대표 기구로서 인정을 받았다.[48] 한편 서인도 제도에서는 유럽에서 돌아온 병사들이 혁명의 열기를 부채질했다. 이제 이들의 요구는 무시하기가 더욱 어려워졌다. 노동조합은 1919년에 자메이카에서, 한 해 뒤에는 트리니다드에서 합법 기구가 되었다.

　1920년대에 카리브해 지역의 대대적인 노동자 이주는 에스파냐 아나키즘, 가비주의Garveyism(자메이카의 마커스 가비가 흑인의 자립과 범아프리카주의를 호소하며 창설한 운동), 공산주의를 사탕수수를 재배하는 카리브해의 거의 모든 섬에 전파했다. 이 지역 내 거의 전역에서 노동자들이 이주해 들어온 세계 최대의 사탕수수 설탕 생산지 쿠바는 공산주의 노동 운동의 중심지로 부상하여 당국의 체계적 억압에 맞섰다. 쿠바에서는 이미 1917년에 8시간 노동제와 노동조합의 인정을 요구하는 파업이 일어났지만, 미국 해병대의 개입으로 신속히 진압된 바 있었다.[49] 1924년에 새로이 파업이 일어나 동일한 요구를 제기했는데, 이번에는 공장에서 시작된 파업이 사탕수수 밭으로 확산되었다. 몇 달 뒤 헤라르도 마차도의 새로운 정부가 파업을 진압했지만, 공산주의자인 조직자들이 기적적으로 노동조합의 활동을 지켰으며 이는 1933년에 마차도를 축출하는 데 중요한 역할을 한다.[50]

동남아시아에서도 공산주의 운동은 국가의 박해에 직면했다. 그러한 박해는 흔히 플랜테이션 농장주들이 사주한 것이었다. 네덜란드령 동인도(식민지 인도네시아)에서는 사탕수수 수확 직전에 급진적인 사회주의적 철도 노동조합이 파업을 일으켰으나 곧 진압되었다. 이러한 사태는 노동조합에 대한 전면적 탄압을 초래했다. 식민지 인도네시아는 동남아시아 최대의 공산주의 운동이 펼쳐진 곳이었지만, 그 운동은 1926년에 봉기를 일으켰다가 시기적으로 부적절한 탓에 갖가지 억압 조치를 불러오며 소멸했다. 새로운 탄압 수단도 추가되었다. 이를테면 자와 설탕조합이 공장 노동자와 밭의 만두르mandur(우두머리) 사이에 숨은 선동자를 색출한다면서 16만 명의 지문을 채취한 일을 들 수 있다.[51] 인도네시아에서 공산당이 제거되어 심각한 후퇴를 겪은 공산주의 운동은 필리핀의 농촌에서 상당한 발판을 마련했다. 굶주림과 필리핀 지주(아센데로)들의 억압이 대대적 저항을 불러일으켜 많은 사탕수수 밭이 불탔다. 필리핀에서는 공산주의자들의 반란이 끊이지 않았고, 1930년대에 경작할 땅이 없는 빈곤한 사람들 천지였던 루손의 사탕수수와 쌀 재배 지대에는 후크발라합Hukbalahap 게릴라가 출현했다.[52]

급진적 노동자 행동주의는 동남아시아에서는 탄압 때문에 대체로 지하로 숨어든 반면, 카리브해 지역, 특히 쿠바에서는 실제로 정치적 변화를 일으켰다. 수많은 사람이 이른바 '굶주림의 대열'을 이루어 도시로 몰려들었다.[53] 1933년에 파업이 터졌고, 공산주의 성향의 쿠바 전국노동자연맹Confederación Nacional Obrera de Cuba(CNOC)이 초국적 연대를 이끌어내는 데 중심적 역할을 했다. 1930년 전후로 설탕 산업에 주목한 코민테른 카리브해 사무국과 미국공산당은 이를 확실히 옹호했다. 1933년 8월부터 10월까지 쿠바의 사탕수수 밭과 제당소의 노동자들은 공장과 농장을 점거하고 소비에트를 결성했다. 자메이카인들은 교육을 받고 의견을 거침없이 밝히는 등 적극적인 참여와 지도를 펼쳤으며, 때로 아이티인들도 지원에 나섰다. 쿠바의 공산주의 노동 운동은 라몬 그라우 산 마르틴이 첫 번째 대통령 임기(1933년 9월~1934년 1월) 중에 '쿠바 국민' 지향적 정책의 일환으로서 15만 명에서 20만 명에 달하는 카리브해 지역 이주 노동자를 추방하자 지속적으로 이 정권에 반대했다. 그 정책은 히스패닉 백인 쿠바라는 19세기의 야망에 뿌리를 둔 것이었다.[54]

한편 히스패닉 카리브해 지역 곳곳에서 반미 정서가 분출했다. 미국 은행들의 지점은 미국 제국주의의 가장 뚜렷한 상징으로, 대공황의 고통에 적어도 부분적으로라도 책임이 있었다. 월 스트리트 은행들의 몇몇 역내 사무소는 폭탄 공격의 표적이 되었다. 도미니카 공화국의 독재자 트루히오요는 반미 정서를 이용하여 시티뱅크의 자산 대부분을 착복했다. 쿠바의 마차도는 미국의 지배에 대한 불만이 커지는 것에 편승하여 미국 은행들과 회사들에 부가세를 부과했다. 설탕 가격 하락으로 어려운 상태에 내몰린 정권의 재정을 뒷받침하려는 의도였다. 어쨌거나

시티뱅크는 그렇게 판단했다.[55]

특히 푸에르토리코 주민들은 고난의 책임을 미국 기업들과 은행들에 돌릴 이유가 충분했다. 푸에르토리코의 가장 중요한 설탕 중앙공장들이 J. P. 모건과 시티뱅크에서 후원을 받는 미국 정제업자들과 수직적 통합을 이루면서 이익이 발생했지만, 그중 푸에르토리코에 떨어진 몫은 아주 적었다. 공장들이 설탕을 시장 가격에 훨씬 못 미치는 가격으로 미국의 계열사 정제소에 판매함으로써 그마저도 더 줄어들었다. 그러한 회계의 속임수를 통해 소득세가 탈루됨으로써 푸에르토리코는 세입에서 큰 손해를 보았다. 이 미국 영토의 재무관은 격노하여 이를 법정으로 끌고 갔다.[56]

이러한 모략의 경험은 푸에르토리코에서 확산되는 반제국주의 정서를 더욱 부채질했다. 푸에르토리코의 노동 인구 중 4분의 1이 설탕 산업에서 일하며 보잘것없는 소득을 올리고 있었기 때문이다. 게다가 그들은 산업화한 세계로부터 식량과 의복을 구매하느라 비싼 값을 치러야 했다.[57] 푸에르토리코의 암울한 상황은 브루킹스 연구소Brookings Institution, 필리핀과 인도네시아와 하와이의 노동 문제에 관하여 탁월한 정보를 제공한 빅터 클라크의 의뢰를 받아 펴낸 보고서에서 아주 상세하게 드러난다. 자신들의 섬이 어떻게 월 스트리트 이익 집단들의 속임수에 넘어갔는지 알고 격노한 푸에르토리코의 빈민들은 쿠바를 따라 1933년부터 1934년까지 파업을 일으켰다.[58]

대중의 절망적인 굶주림은 공산주의자들에게 유리했다. 쿠바에 상당한 자금을 투자한 미국 유나이티드 프루트 컴퍼니의 부회장은 1934년에 이러한 사실을 알아챘다. "미국의 관세 정책은 〔쿠바의〕 삶 자체를 무자비하게 파괴했다. … 쿠바 국민의 대다수는 음식과 의복이 충분하지 않다. 그들은 그로 인해 심한 불안에 시달려 외부에서 밀려 들어오는 공산주의자들의 손쉬운 먹잇감이 된다."[59] 쿠바의 새로운 실력자 풀헨시오 바티스타는 약삭빠르게도 미국 기업에 대한 두려움을 이용하여 설탕 산업과 국가 경제 전반에 대한 정부의 통제를 강화했다. 그는 임금노동자들에게 설탕 산업의 이윤을 나누어 주고 8시간 노동제를 허용했다.[60] 하지만 쿠바 노동자들이 경제적 부담을 덜어주는 바티스타의 정책으로 혜택을 입은 반면, 아이티와 자메이카에서 이주한 농촌 프롤레타리아트는 1937년에 다시금 추방에 직면했다.[61]

쿠바에서 쫓겨나 고향에 돌아온 사탕수수 노동자들은 공산주의 운동에 익숙했기에 카리브해 지역으로 이를 퍼뜨렸다. 1931년 10월, 수리남의 수도 파라마리보Paramaribo에서 기아로 인한 폭동이 발생했고, 공산주의에서 강하게 영향을 받은 좌파 노동 운동이 출현했다. 폭동은 즉각 당국에 의해 진압되었다. 빈곤과 고난은 트리니다드와 자메이카, 기아나, 바베이도스, 세인트빈센트의 사탕수수 농장에서 대대적인 항의를 촉발했다. 1930년대에 그 지역들 곳곳에서 거리 시위가 펼쳐졌다. 카리브해의 프랑스령, 영국령, 에스파냐령, 네덜란드령 곳곳에서 오랫동안 이어진 굶주림을 참다못한 시위 행렬이 터져 나온 것이다.[62] 1934년에는 영국령 기아나의 부커 매코널 사탕수수 농장에서 파업이 터졌고, 그 이후로도 몇 년간 노동 분규가 이어졌다. 1935년, 바베이도스의 굶주린 주민들은 감자 밭을 습격했다. 그들의 절망과 분노는 결국 2년 후 섬 전체를 휩쓴 반란으로 폭발했다.[63] 영국 제국의 또 다른 곳과 모리셔스에서도 임금과 사탕수수 가격이 하락하자 노동자들과 소농들이 들고일어났다. 사탕수수 밭은 화염에 휩싸였고, 어느 설탕 공장에서는 충돌이 일어나 사상자가 다수 발생했다.[64]

그러나 영국 제국 안에서 설탕 노동자들의 운동이 가장 지속적이고 성공적이었던 곳은 자메이카다. 대공황으로 주로 쿠바에서 자메이카인 3만 명이 귀국했는데, 그중 일부는 노동자 조직과 연관된 직접적인 경험을 안고 돌아왔다. 설탕 공장은 자메이카 노동 운동의 격전지가 되었다. 테이트 앤드 라일의 공장 프롬Frome에서는 노동자의 대규모 파업이 일어났다(10장 참조). 테이트 앤드 라일은 자메이카에서 6만 1500에이커의 땅을 소유했는데, 노동자를 소모품으로 취급했다. 사탕수수 밭에서 화염이 솟구쳤고 경찰이 급히 공장으로 몰려왔으며, 뒤이은 충돌로 사망자와 부상자가 다수 나왔다. 지도자들과 노동자들은 이제 자신들의 싸움이 더 나은 임금을 위한 것일 뿐만 아니라 당시 이탈리아의 에티오피아 침공이 전형적으로 보여주는 인종주의와 국제적 제국주의에 맞선 것이기도 하다는 사실을 깨달았다. 수천 명이 참여하는 파업과 집회, 시위가 더 많이 이어졌다. 그러한 분위기 속에서 지도자 알렉산더 부스타만테가 체포되었는데 그 일은 그를 유명 인사로 만들었다.[65] 1938년에 설립된 부스타만테 산업노동조합Bustamante Industrial Trade Union(BITU)은 1941년 장기간의 파업 끝에 섬 전체의 설탕 노동자에게 적용되는 계약을 이끌어내 처음으로 큰 승리를 거두었다. 비록 밭에서 일하는 노동자들의 비참을 완전히 해결하기에는 충분치 않았지만, 의미 있는 승리였다.[66]

결코 그 중요성이 덜하지 않은 사항을 마지막으로 언급해야 한다. 미국 사탕무 밭은 차별과 노동조합 탄압에 맞서 중요한 성과를 거둔 노동자 행동주의의 현장이 되었다. 이 점은 하와이 사탕수수 밭에도 해당한다. 노동자 행동주의는 루스벨트 행정부와 1934년에 제정된 존스-코스티건 법에서 힘을 얻었다. 그로써 설탕 수출 할당량이 노동 조건 개선과 연계되었기 때문이다.[67] 앞서 쿠바의 사례에서 보았듯이, 캘리포니아와 미드웨스트에서도 인종 통합 노동조합이 등장하여 전국 조직이 무시한 이주 노동자들의 이익을 보호했다. 공산주의 성향의 통조림 공장 노동자·농업노동자 산업노동조합Cannery and Agricultural Workers Industrial Union(CAWIU)은 섬뜩할 정도의 저임금에 맞서 3만 7000명이 넘는 멕시코 국적자와 멕시코계 미국인 농업 노동자, 포장 노동자를 수많은 파업으로 이끌었다.[68] 고용주들(이 경우에는 옥스너드 공장과 연합한 사탕무 재배 농민들)은 경찰을 이용하고 폭력배를 고용하여 파업을 진압했다. '멕시코인 막일꾼들'의 노동조합 결성 권리를 인정하지 않으려는 태도였다. 고용주들은 흔히 쓰는 분할 지배 전술에 의지할 수 있으리라고 생각하고 급진적 노동조합에 가입하기를 주저한 필리핀인들로 멕시코인 노동자들을 대체했다. 그러나 필리핀인 활동가들도 폭력배의 폭력으로부터 안전하지 않다는 사실을 알아챘을 때 주저하는 태도를 버렸다.[69]

그러나 미국의 사탕무 노동자와 사탕수수 노동자의 노동조합은 구조적으로 입지가 허약했다. 사탕무 재배 면적이 크게 축소되었고, 뜨내기 노동자들이 필사적으로 일거리를 찾아다녔다. 오대호 지역에서는 공장들이 사탕무 노동자들을 대표하는 노동조합과의 협상을 거부했다. 자신들이 아니라 하청업자가 진짜 고용주라는 사실 뒤에 숨은 것이다.[70] 1935년에 노동자의 권리를 보호하기 위해 설립된 전국노사관계위원회National Labor Relations Board(NLRB)의 위원장 E. J. 이건은 1937년에 하와이를 방문하여 1938년까지 9개월 동안 머물렀는데, 플랜테이션 농장주들이 사실상 하와이 제도의 소유자라는 얼토당토않지만 전혀 놀랍지 않은 결론에 도달했다.[71]

사탕수수 노동자들과 사탕무 노동자들은 대공황 시기에 변화를 추구하는 과격한 세력이 되었다. 그러나 영국과 미국의 설탕 보호무역으로 자메이카와 쿠바, 미국의 노동 조건이 어느 정도 개선되었는데도 농업 이주 노동자의 전반적 지위는 여전히 불안정했다. 그들은 노동조합 결성이 허용되었다고 해도(식민지 인도네시아에서는 그러한 권리가 사실상 소멸했다) 일반적으로 노동운동 주류 밖에 머물렀다. 어쨌거나 노동자의 저항, 1930년대에 커진 노동자의 기대, 그리고 특히 초기 복지 정책과 사탕수수 밭과 사탕무 밭의 냉혹한 현실 사이의 심한 괴리는 절박한 위기의식을 낳았고, 이는 새로운 경제적 패러다임으로써 다루어야 했다.

개발경제학의 탄생

전 세계 사탕수수 밭이나 사탕무 밭에서 일하는 수백만 계절노동자는 근근이 살아갔고, 임시변통으로 지은 주택은 늘 비위생적이었다. 자동차를 보유할 여유가 있는 멕시코인 가족들(때때로 고용주가 후원해주기도 했다)[72]은 캘리포니아나 미드웨스트, 미시간의 사탕무 밭으로 차를 몰고 갈 수 있었지만, 이들도 여전히 오두막에서 살았고 그 자녀들은 밭에서 녹초가 될 때까지 더럽고 위험한 일을 해야 했다. 독일 작센의 사탕무 밭에서 일한 폴란드인 계절노동자들은 쿠바의 사탕수수 밭에서 일한 계절노동자보다 사정이 더 나쁠 때도 있었다. 물론 쿠바의 계절노동자들도 노예들이 살던 막사에서 지냈고 그들의 조건은 비판적인 평자들이 보기에 노예의 조건과 다르지 않았다. 대공황이 닥치기 전에도 이미 빈곤은 전 세계의 사탕수수 밭과 사탕무 밭을 타격했으며, 설탕 수출자들은 가격 하락의 덫에 빠졌다. 쿠바의 저명한 역사가 라미로 게라 이 산체스는 1927년에 출간한 책《앤틸리스 제도의 설탕과 주민Azúcar y población en las Antillas》에서 플랜테이션 농장이 지배한 카리브해 경제는 산업화가 미진하고 미국에 의존한다고 비판했다.[73]

1920년대 말에 나타난 설탕 위기는 그러한 성격의 사건으로는 반백 년 만에 두 번째였다. 약 20년간 길게 이어진 1884년 위기의 여파로 세계의 사탕수수 생산지는 대부분 암울한 시기를 보냈다. 1902년에 체결된 브뤼셀 협정으로 사탕무 설탕 생산자들이 장려금을 지원받아 수출하는 설탕을 줄여야 했기에 사정이 개선될 가능성은 있었다. 그러나 혜택을 입은 쪽은 주로 쿠바와 자와의 설탕 산업이었다. 그들은 급속히 생산량을 늘렸다. 소규모 설탕 생산 식민지들, 특히 카리브해 지역 식민지들은 활력을 잃었다.

1930년대에 경제학자들과 정치학자들은 설탕 생산자가 너무 늘어나서 카리브해 지역뿐만 아니라 동남아시아에서도 설탕 산업의 미래가 암울하다는 사실을 인식했다. 동부 자와의 설탕 생산 지대는 한때 번창했으나 이제 주민들이 굶주리고 있었다. 자와 전역에서 사망률이 증가했으며 영양 부족으로 노동자의 체력이 떨어졌다. 필리핀 사탕수수 밭의 노동자들도 음식을 충분히 섭취하지 못하기 일쑤였고, 필리핀 농촌에서도 인구 밀도가 매우 높은 지역에서는 인구 압박 때문에 상황이 더 절망적이었다.[74]

1930년대의 설탕 위기는 정부의 개입을 요구하는 호소로 이어졌다. 농산물 원자재의 수출 확대를 촉진하는 대신 제조업과 식량 생산을 장려하여 지독한 빈곤을 타개하라는 것이었다. 여러 모델이 제시되었고 이데올로기의 지향성도 다양했지만, 전부 고삐 풀린 자본주의와 공산주의 사이에서 제3의 길을 찾는다는 공통의 큰 목표를 세웠다. 19세기 영국에서 탄생한 온건한 형태의 민주적 사회주의인 페이비언 사회주의가 인도에서 서인도 제도까지 영국 제국 안에서 급속히 정치적 기세를 얻었다. 훗날 인도 총리가 되는 민족주의 지도자 자와할랄 네루와 경제학자 존 메이너드 케인스가 페이비언 사회주의를 널리 알렸다. 미국에서는 뉴딜이 사탕수수 밭과 사탕무 밭까지 도달했다. 브라질과 멕시코에서, 나중에는 아르헨티나에서도 강력한 대통령이 나와 협동조합주의를 진척시켰고, 정부는 다양한 수준의 혁명적 열정에 이끌려 사회를 여러 부문, 특히 자본과 노동이 협력하여 조화를 이루는 유기체로 조직했다.

쿠바의 풀헨시오 바티스타는 미국의 설탕업자들과 자신의 경쟁자인 라몬 그라우의 쿠바 혁명당Partido Revolucionario Cubano–Auténtico(PRC-A)에 맞선 이중 전선의 싸움에서 경제적 포퓰리즘을 향해 나아갔다. 1938년, 그는 심지어 1933~1934년의 파업 이래 지하로 숨은 공산당과 노동조합을 합법화했다. 바티스타는 그들이 그라우의 적이라는 단순한 이유에서 그들의 지지를 구했다.[75] 바티스타는 미국의 수입 관세 인하를 얻어내려고 미국을 방문했을 때 혁명 정부가 통치하는 멕시코를 방문하겠다고 선언했고, 쿠바 설탕 산업의 국유화라는 발상을 공개적으로 거론했다. 이 모든 것은 그라우의 민족주의자들과 설탕 과두 지배 집단의 의표를 찌르려는 책략이었다.[76] 한편 푸에르토리코에서는 루이스 무뇨스 마린이 1937년에 국민민주당Partido Popular Democrático(PPD)을 창당하여 섬의 설탕 부문을 지배한 미국 대기업들을 정조준했다. 그는 4년간의 조직적 운동 끝에 정권을 잡아 토지 개혁과 미국인의 토지 보유 500에이커 제한을 엄격히 이행하는 것을 특별 과제로 삼았다.[77]

식민지 인도네시아처럼 수출 지향성이 매우 강력한 농산물 원자재 생산 경제까지도 소규모 산업의 장려를 검토했다. 그때까지는 자와 농촌의 생활 수준을 낮게 유지하여 계속해서 저렴한 비용으로 토지와 노동력을 확보하려는 강력한 설탕 산업의 압박에 밀려난 정책이었다. 식민지 정부는 농촌 소득 증대에 힘을 쏟으면서 태국과 버마, 베트남으로부터의 값싼 쌀 수입을 중단하여 자와의 쌀 시장을 보호하기로 결정했다. 이런 결정은 확실히 자와의 무너진 제조업 부문에 숨통을 틔워주었다.[78] 네덜란드의 유명한 경제학자이자 사회민주당원으로 네덜란드령 동인도의 통계국장을 지낸 야코프 보프 판 헬데런은 열대 경제의 다각화가 장래의 정책 지침이 되어야 한다고 결론 내렸다. 1939년에 출간한 책에서 그는 자와 설탕 산업의 몰락이 어떻게 섬의 농업 경제를 다각적으로 발전시키는 계기가 되었는지를 보여주었다.[79]

판 헬데런의 책이 나온 그해에 젊은 경제학자로 나중에 노벨상을 수상하는 윌리엄 아서 루이스가 페이비언 협회와 함께 《서인도 제도의 노동 계급: 노동 운동의 탄생Labour in the West Indies: The Birth of a Worker's Movement》을 출간했다. 판 헬데런처럼 루이스도 대공황 시기 플랜테이션 농업 사회의 대량 실업과 영양 부족, 기아라는 충격적인 상황으로부터 자극을 받았다.[80] 그 이후 몇 년 동안 그는 플랜테이션 농업 사회의 경제적 곤경을 더 깊이 분석했다. 마침내 1954년에 유명한 논문 〈무제한의 노동력 공급으로 이루어진 경제 발전Economic Development with Unlimited Supplies of Labour〉을 발표하여 세계 설탕 산업에서 노동자들의 빈곤과 이례적으로 높은 생산성이 결합한 이유를 명료하게 설명했다. "설탕 산업의 노동자들은 계속 맨발로 일하고 오두막집에서 생활한 반면, 밀 재배 노동자들은 세계 최고의 생활 수준을 누린다. 설탕 산업의 임금이 열대 경제의 생계 부문과 연결되어 있다는 사실에 그 원인이 있다. 열대의 1인당 식량 생산성이 낮기 때문에 열대의 생계 부문은 설탕 산업에 필요한 노동자를 저임금으로 얼마든지 공급할 수 있다."[81]

루이스는 결정적으로 식량 생산 농업의 낮은 생산성이 저임금의 기저 요인 중 하나라고 요점을 짚었다. 이로부터 자연스럽게 국내 농업의 개선이 경제 발전의 핵심 요소라는 결론이 나온다.[82] 이에 더하여 총체적 불평등과 인종 구분, 상향 이동의 부재 등 플랜테이션 농업 사회의 오랜 유산을 지적했다.[83] 그는 이러한 조건을 농산물 원자재 생산국의 불리한 위치와 연관 지어 지적했다. 당대 경제 체제의 중심부에는 제국주의적 금융 중심지들이 있었다는 것이다. 루이스의 주장에 따르면, 이는 경제적 과점 구조였다. 해브마이어의 '트러스트'나 독일의 쥐트추커 같은 정제업자와 생산자의 카르텔을 떠올리면 된다. 반면 주변부는 경쟁이 극심한 시장으로 수출을 했다. 루이스는 세계가 중심부 국가들과 주변부 국가들로 구분되어 있다고 보았다. 이는 아르헨티나 경제학자 라울 프레비스크에게서 빌려온 용어인데, 전후 개발경제학의 주요 개념이 된다.[84] 설탕은 루이스 이론의 두드러진 사례다. 어쨌거나 설탕 수출국의 수는 19세기에 급속하게 늘어난 반면, 중심부 국가들과 주요 시장은 세 개의 큰 권역으로 조직되었다.

루이스는 이러한 배열 때문에 빈곤과 과잉 생산의 악순환에서 벗어나기가 점점 더 어려워지며 수백만 사탕수수 수확꾼의 운명을 개선하려는 시도가 실패할 수밖에 없다고 주장했다. 반대로, 수백만 사탕수수 수확꾼을 쓸 수 있었기에 밭에서는 기계화가 지연되었다고 보았다. 과거에 사탕수수 농장에서 일할 노동자를 구하려면 노예제와 사기에 가까운 노예살이 계약 노동자의 충원이 필수적이었다. 19세기 중반 바베이도스에서 볼 수 있던 일이 20세기에는 일반적인 현상이 되었다. 플랜테이션 농업 사회에 노동력이 남아돈 것이다. 결과적으로 특히 쇠락해가는 사탕수수 재배 지역으로부터의 노동자 이주가 대폭 증가했고 여러 방향으로 확산되었다.

개발경제학의 탄생과 글로벌 사우스에서의 노동 운동 출현은 시기적으로 어느 정도 일치했으며, 둘 다 식민지 경제 관계의 종식을 약속하는 것 같았다. 영국 제국이 결정적 사례를 제공했다. 루이스의《서인도 제도의 노동 계급》은 모인 조사단Royal Moyne Commission(서인도 제도 조사단)이 서인도 제도의 노동자 폭동을 조사한 해에 출간되었다.● 페이비언 운동의 새로운 바람은 서인도 제도뿐만 아니라 영연방 전역에까지 불어왔다. 영국 정부는 모리셔스의 식민지 행정부를 프랑스계 모리셔스인 플랜테이션 농장주들과의 공생과 '법과 질서'라는 노동자 탄압에서 이탈시키려 했다. 영국 제국에서도 식민지적 성격이 가장 짙은 곳에서 복지 정책의 출발이 가시화했다.[85]

1927년, 쿠바의 유명한 역사가 라미로 게라 이 산체스는 카리브해에서 수백 년간 지속된 플랜테이션 농업 경제의 무서운 결과를 비난했다. 그는 특히 대토지 보유와 설탕 중앙공장이 한때 그토록 풍요로웠던 카리브해 지역의 빈곤에 책임이 있다고 주장했다. 그가 내세운 실천 과제는 경작자에게 토지 소유권을 주는 것을 목표로 삼은 민족경제적인 것이었다. 그리고 경작자는 쿠바인이어야 했다. 게라 이 산체스는 카리브해 지역의 다른 곳에서 계절노동자를 수입하는 데 강력히 반대했다. 이는 쿠바 지식인들의 논의에 흔히 등장하는 주제였다.[86] 그가 집필한

● 이 조사단의 이름은 위원장인 제1대 모인(Moyne) 남작 월터 기니스의 작위 이름을 가져다 붙인 것이다.

《앤틸리스 제도의 설탕과 주민》은 플랜테이션 농업 경제를 일찍부터 비판적으로 평가한 연구서 가운데 하나다.

제툴리우 바르가스 정부가 협동조합주의적 사회 정책을 도입한 브라질에서는 사회과학자들이 페르남부쿠에서 현장 조사를 수행했다. 가장 유명한 학자로는 지우베르투 프레이리와 조주에 지 카스트루를 들 수 있다. 프레이리는 플랜테이션 농장주들 때문에 현장 조사가 부분적으로 방해를 받았지만 결국 역작《대저택과 오두막집Sobrados e Mucambos》 (1936)을 써냈다. 프레이리는 자국의 소름 끼치는 불평등을 비판했으며, 결핵 등의 질병이 (당시 브라질 엘리트층에 널리 퍼진 편견과 달리) 종족의 속성이 아니라 오두막집의 생활 조건에서 비롯한 결과라고 단호히 주장했다. 그는 이 모든 빈곤의 원인을 두고 이렇게 강조했다. "19세기 말 수백만 브라질인이 공장과 목장, 고무 플랜테이션 농장, 커피 밭, 사탕수수 밭을 소유한 몇천 명과 대조적으로 단 한 빌자국의 땅도 갖지 못했다."[87]

그러나 플랜테이션 농업이 야기한 파괴를 가장 통렬하게 요약한 이는 브라질 영양학자 조주에 지 카스트루다. 그는 《기아의 지지地誌 Geografia da fome》(1946)에서 암울하면서도 웅장한 개관을 펼쳐 보였다. 그는 굶주림을 정치적 현상으로 설명했다. 지표면은 세계의 모든 사람을 적절히 먹이고도 남을 만큼 많은 양을 제공하지만, 브라질 북동부와 쿠바의 단일 경작과 미국의 카리브해 지배가 영양 부족을 야기했다는 것이다. 풍요로운 자연을 보유한 미국 남부에서도 주민의 73퍼센트가 영양 부족에 시달렸다.[88] 카스트루는 이렇게 주장한다. "토양 침식과 인간 잠재력의 훼손은 플랜테이션 농업 체제라는 단 한 가지 요인이 초래한 재앙이다."[89] 이 체제는 산업화한 세계에도 파괴적 영향을 미쳤다.

카스트루의 책에 서문을 써준 사람은 영국의 유명한 영양학자 존 보이드 오어 경이다. 오어 경은 나중에 국제연합의 식량농업기구Food and Agriculture Organization of the United Nations(FAO) 사무총장이 되며 노벨상을 수상한다. 그는 1936년에 영국 국민의 절반이 영양 부족에 시달린다고 평가하여 영국 정부를 몹시 당황하게 했다.[90] 세계 유수의 영양학자들은 플랜테이션 농업 자본주의와 빈국과 부국을 가리지 않는 영양 부족 사이의 관계를 분명하게 지적했다.

오늘날에는 카스트루보다는 동료 브라질인 세우수 푸르타두를 기억하는 사람이 더 많다. 푸르타두는 식민지 저개발을 연구한 이른바 종속이론 학파의 탁월한 연구자 중 한 사람이다. 개발경제학의 다른 개척자와 마찬가지로 이 두 사람도 경제적 불평등 역사의 깊은 뿌리와, 농산물 원자재 가격을 억제하고 식민지나 식민지에서 해방된 곳의 산업화를 방해한 불공정한 교역 관계를 지적했다. 1948년에 완성한 박사 학위 논문에서 푸르타두는 브라질이 19세기 초부터 농산물 원자재 가격, 특히 설탕 가격 하락의 희생양이었다고 주장했다. 브라질의 피해는 그 산업이 보호받지 못하고 그 공산품이 세계 시장에 진출하지 못하여 더욱더 심해졌다. 그는 플랜테이션 농장의 부침에 지배당한 브라질 농촌 주민들을 북아메리카 대부분의 지역에서 성공적인 삶을 영위한 독립적인 농민과도 대비했다. 그렇게 한 국가의 부는 독립적인 농민들에게서 나온다고 주장하여, 18세기 토머스 제퍼슨과 벤저민 러시의 목소리에, 20세기 프랜시스 뉼랜즈와 쿠바의 민족주의적 역사가 게라 이 산체스의 목소리에 자신의 의견을 보탰다. 이들은 모두 다 아메리카에 널리 퍼진 플랜테이션 농업 경제를 거리낌 없이 비난한 사람들이다.[91]

푸르타두는 브라질의 식민지 경제를 다룬 논문을 완성하고 3년 뒤에 당시 라울 프레비스크가 이끌던 국제연합의 라틴아메리카·카리브해 지역 경제위원회United Nations Economic Commission for Latin America and the Caribbean (UNECLAC)에서 일하기 시작했다. 한편 페르남부쿠의 오래된 사탕수수 설탕 지대는 심한 빈곤에 빠지자, 이미 쿠바의 혁명에 심란했던 미국 대통령 존 F. 케네디는 크게 놀라서 1961년 라틴아메리카 개발협력 프로그램인 '진보를 위한 동맹Alliance for Progress'을 출범시킬 때 브라질 북동부를 특별히 언급했다. 푸르타두는 북동부개발감독청Superintendência de Desenvolvimento do Nordeste(Sudene)의 입안자이자 수장으로서 정부 자금이 투입되는 관개 사업의 대가로 미경작 토지를 양도하라고 지주들을 설득하려 했다. 그러나 맹렬한 저항에 부딪힌 푸르타두는 결국 1964년에 발발한 군부 쿠데타 이후 조국을 떠나야 했다.[92]

1930년대 이후로 사탕수수 설탕 생산 지대의 빈곤은 인도주의적 관심사였을 뿐만 아니라 시급히 해결해야 할 정치적 부담이었다. 침체된 단일 경작 경제의 억압받는 노동자들에게 혁명적 잠재력이 있었기 때문이다. 이렇게 참담한 상황은 현지 기득권 세력과 세계적 기득권 세력이 설탕 세계 조건의 평등화를 봉쇄한 결과였다. 브뤼셀 협정과 채드본 계획의 역사는 과잉 생산과 보호무역주의를 피하는 것이 얼마나 절실히 필요한지, 동시에 얼마나 어려운지를 보여주었다. 프레비스크는 국제연합 무역개발회의United Nations Conference on Trade and Development(UNCTAD) 초대 사무총장 자격으로 국제 설탕 시장의 조정을 꾀함으로써 채드본의 노력을 되살리는 데 중요한 역할을 한다.

12

실패한 탈식민화

1930년대 경제적 대격변과 극도의 고통이 가져온 결과 중에 긍정적인 것은 거의 없지만, 다행스럽게도 개발경제학이라는 새로운 분과 학문이 탄생했다. 개발경제학은 설탕이 매우 두드러진 역할을 수행한, 수백 년간의 플랜테이션 농업 자본주의가 어떤 해로운 유산을 남겼는지를 밝혀냈다. 개발경제학 학자들은 각국 정부와 국제기구의 정책에 영향력을 행사하여 사탕수수 밭에 약간이나마 정의를 들여오고 세계 설탕 시장에 어느 정도 질서를 부여했다. 19세기에 들어설 무렵 노예의 저항이 노예에 기반한 카리브해 지역 플랜테이션 농장 체제의 종식을 촉진했듯이, 1930년대에 노동자들이 보인 저항에 각국 정부는 농업의 노동관계에 개입할 수밖에 없었다. 설탕 노동조합은 고용주들이 만들어낸 인종 구분선을 극복했다. 1930년대 말, 세계가 마침내 대공황에서 회복하면서 노동자들의 기대도 커졌다. 노동자들은 현대적 소비의 장관을 목도했고, 1939년에 서인도 제도에 관해 작성된 모인 조사단 보고서가 결론 내렸듯이 자신들의 몫을 원했다.[1] 영국 정부는 그 보고서의 내용이 상당한 폭발력을 지녔음을 깨닫고(어쨌거나 전쟁 중이었다) 1945년에 가서야 공개했다. 그러나 보고서의 메시지는 타당성을 잃지 않았고, 영국은 보고서를 지침으로 삼아 카리브해 지역 자치령과 새로운 관계를 수립했다. 프랑스의 지도자들도 비슷하게 절박성을 인식했다.

노동 계급은 그 요구를 알리는 데 성공했지만, 빈곤한 사탕수수 플랜테이션 농업 지대에서는 노동자의 지위가 약해졌다. 더는 노동력 공급이 달리지 않았기 때문이다. 실제로 공급이 부족한 곳에서는 고용주들의 선택지가 늘어났다. 대공황 시기에 중단된 기계화가 빠르게 진행된 덕분이었다. 미국의 설탕 생산자들은 노동자들의 강화된 입지에 밭일의 완전한 기계화로 대응했다. 사탕수수 노동에 세계 최고의 임금을 지불해야 했던 하와이에서는 생산의 모든 단계에서, 심지어 관개수에 비료를 살포하는 작업에서조차 노동력을 절약했다. 하와이의 플랜테이션 농장에서 노동자 1인당 생산량은 1945년에서 1957년 사이에 129톤으로 네 배가 증가했다. 플로리다와 비교하면 3.5배, 미국 사탕무 설탕 부문과 비교하면 5배였다.[2]

기계화의 선두에 선 나라는 미국이었지만, 오스트레일리아와 카리브해 지역, 모리셔스도 장비에 투자하여 노동력을 절약했다. 사탕수수 식재(파종) 기계부터 트랙터나 쟁기를 부착한 궤도차까지, 수확 기계부터 자루 사용을 대체한 벌크 화물 선적까지 다양했다. 가장 어려운 작업인 사탕수수 수확에서도 수십 년간의 시행착오 끝에 기계화가 진척을 보였다. 그래도 난제가 산적했다. 수확 기계에 가해지는 압력이 심했고 땅마다 제각각 적합한 기술이 필요했기 때문이다. 예를 들면 하와이의 구릉지에서는 지표면에서 사탕수수를 잘라내는 모어mower를 쓰지 않았다. 지표면 아래 4인치(약 10센티미터) 깊이에서 사탕수수를 긁어내 줄기를 잎과 돌, 진흙과 함께 화물차에 싣는 불도저가 개발되었다. 플로리다에서는 앨리스 차머스의 주황색 사탕수수 수확 기계가 처음에는 부드러운 흙 속에 빠져버렸다. 쿠바에서는 1960년대에 소련에서 수백 대의 장비가 들어왔지만, 품질이 조악한 이 기계들은 거의 다 망가지고 말았다. 그 기술적 결함을 극복하기까지는 10년이 더 걸렸다.[3]

루이지애나의 사탕수수 밭은 수확 기계가 처음으로 흔한 풍경이 된 곳이다. 루이지애나는 제2차 세계대전 중에 기계화의 필요성이 절실해졌다. 노동자들이 인근의 공업 지대나 텍사스, 미시시피만의 항구로 떠났기 때문이다. 극심한 설탕 부족에 미국 정부는 루이지애나 플랜테이션 농장주들에게 원하는 만큼 사탕수수를 재배할 수 있게 했다. 그 시절에 밭갈이와 제초 작업과 비료 살포에, 그리고 수확한 사탕수수를 적재함에 싣는 데 쓰인 트랙터는 두 배로 늘어났다. 변화는 놀라웠다. 1946년이면 354대의 기계가 1만 8000명의 수확꾼을 대체하여 수확의 절반을 처리했다.[4] 한편 전쟁과 전쟁에 동반된 노동력 부족은 미국 사탕무 밭에서도 기계화의 속도를 높였다. 어디서나 트랙터가 나타나 파종하고 잡초를 제거했으며, 동시에 사탕무 수확 기계의 실험도 진행되었다. 어린 사탕무 사이에서 자라는 잡초를 제거하기 위해 작은 비행기가 제초제를 살포했고, 1952년까지는 기계로 수확하는 것이 일반적인 일이 되었다.[5]

기계화는 설탕 세계의 계산법을 근본적으로 바꿔놓았다. 특히 고소득 국가들이 저소득 국가들과 경쟁하기가 더욱 쉬워졌기 때문이다. 18세기 카리브해 지역의 노예는 0.5톤의 설탕을 생산했지만 1950년대 말 하와이의 완전히 기계화한 사탕수수 재배 지대에서는 기계 조작자 한 사람이 그보다 거의 300배 많은 양을 생산했다. 이러한 비교만으로도 기계화가 가져온 충격을 쉽게 이해할 만하다.[6] 저소득 국가들은 이 경쟁에서 불리했다. 자본이 부족했을 뿐만 아니라 사탕수수 수확은 많은 사람에게 충분하지는 않아도 없어서는 안 될 수입원이었기 때문이다. 서인도 제도와 쿠바에서는 노동자와 노동조합이 사탕수수 수확의 기계화에 대대적으로 저항했다. 쿠바에서는 노동자들이 1930년대에 아직 시험 단계였던 사탕수수 수확 기계를 멈추게 하려고 밭에 말뚝을 박아 울타리까지 쳤으며, 1950년대까지도 방해 행위가 계속되었다. 사탕수수 노동자 편을 든 세관이 있는 경우에 일부 수입 기계는 아예 세관을 통과하지도 못했다.[7]

노동자들은 저항했고, 정부는 수만 명의 노동자를 실직에 내몰기를 주저했다. 그뿐만 아니라 수확에 쓰인 기계는 작동하는 데 확실히 결함이 있었다. 기계 자체가 민감했으며 사탕수수뿐만 아니라 쓰레기와 흙먼지, 심지어 죽은 동물의 사체까지 빨아들여 압착기에 쏟아 부었다.[8] 인력으로 수확하는 비용이 여전히 더 저렴한 경우도 많았다. 단지 인도와 브라질 같은 가난한 나라에만 해당하는 이야기도 아니었다. 사탕수수 설탕 생산지로서는 루이지애나와 더불어 수확 기계를 처음으로 만든 곳인 오스트레일리아의 퀸즐랜드에서도 기계는 초기에는 농민이 구입하기에 너무 비쌌다. 그래서 오스트레일리아의 사탕수수 밭에는 여전히 이탈리아와 몰타에서 수천 명씩 들어온 이주자가 일을 했다.[9] 플로리다는 자메이카와 아이티에서 건너온 수확꾼들을 착취하며 1980년대까지 사탕수수 수확의 기계화를 늦출 수 있었다. 《워싱턴 포스트》의 어느 칼럼니스트는 크게 충격을 받아 사탕수수 수확이 "나라에서 가장 위험하고 초주검이 되도록 힘든 일"이라고 썼다. 또 다른 탐사 보도 기자는 주거와 생활의 조건이 미국의 표준에 절대적으로 못 미친다고 비판했다. 설탕 대기업이 미국 최저 임금을 회피한다고 노동조합이 고소한 뒤에야, 그리고 설탕 생산 지대에 인간면역결핍 바이러스HIV가 걱정스러울 정도로 급속하게 확산된 뒤에야 수확 기계가 사탕수수 밭에 들어왔다.[10]

그러나 전반적으로 보자면 기계화는 부유한 국가들에서 더 빠르게 진행되었다. 미국과 유럽의 회사들은 관세 장벽 덕분에 글로벌 사우스의 저렴한 설탕을 생산하는 나라와의 경쟁을 피할 수 있었다. 또한 그 덕에 대규모 투자에 안전한 환경이 조성되었다. 따라서 보호무역주의는 설탕 생산이 유럽과 미국에서 개발도상국으로 대폭 이전되는 것을 막았다. 1920년대 이래로 세계 경제를 집어삼킨 파괴적인 보호무역주의를 되돌리려 한 1944년 브레턴우즈 협정의 정신도 이를 막지 못했다. 애초에 계획은 세계은행World Bank과 국제통화기금International Monetary Fund(IMF) 같은 브레턴우즈 협정의 기구들을 국제무역기구International Trade Organization(ITO)로 보완하는 것이었다. 브레턴우즈 협정의 원리를 설계한 사람인 존 메이너드 케인스가 그처럼 야심 찬 계획에 착수했다. 국제무역기구의 목적은 국가 간 교역과 원자재 시장의 안정화였지만, 1946년에 아바나에서 헌장이 완성되었을 때 미국 의회는 비준을 거부했다. 국제무역기구 설립의 무산은 개발도상국이 시장 안정화에 갖는 이해관계와, 저렴한 원자재 확보와 자국 농산물 생산자 보호를 고수하는 선진 공업국의 이해관계 사이의 근본적 차이를 드러냈다. 따라서 차후에 채택된 국제 교역의 기본적인 틀인 관세무역일반협정General Agreement on Tariffs and Trade(GATT)은 발효된 해인 1948년에는 세계 원자재 시장에 적용되지 않았다.

그러나 국제무역기구 설립의 실패는 대공황 시기 채드본 협상의 결과물인 국제설탕협정을 다시 불러냈다. 1953년에 런던에서 국제연합의 후원으로 그러한 취지의 회의가 열렸다. 장소 선정에 국제연합 직원들은 화가 났다. 그들은 런던이 제2차 세계대전 때 받은 심한 폭격에서 아직 회복하지 못했기 때문에 대규모 국제회의를 개최할 수 없다고 정식으로 이의를 제기했다. 그러나 이들의 진짜 걱정은 분명코 그 도시가 영연방의 수도이며 결코 중립적인 영토가 아니었다는 데 있었다. 정확히 1년 전인 1951년 12월, 영국은 '영연방설탕협정Commonwealth Sugar Agreement(CSA)'을 통해 국내 시장을 보호했다. 그 협정으로 영연방 자치령들은 보장된 가격으로 영국 시장을 독점했다. 영국 정부는 미국의 지지를 얻어냈고 국제연합에서 주도권을 빼앗아 국익을 보호하기에 충분한 정치적 기술을 보유하고 있었다. 영국 공무원들은 기민하게 움직여 설탕 수출국과 수입국 대표들의 공모를 이끌어냈으며, 영연방 설탕 생산자들은 계속해서 보호무역의 혜택을 누렸다.[11]

실제로 영국이 영연방설탕협정을 고수하고 미국이 할당제를 고집함으로써 회의 결과를 심각하게 훼손했고, 설탕 수출국들은 이를 노골적인 불공정으로 인식했다. 예를 들면 쿠바는 이에 반대할 이유가 충분했다. 1959년 정초, 피델 카스트로의 공산주의자들은 권력을 장악한 뒤 자국 설탕 수출에 대한 규제를 '설탕 거물들과 미국 제국주의의 금융가들'이 만든 것이라며 거부했다. 쿠바는 어느 나라든 설탕 수입의 여지를 주어야 한다고 강력히 주장했다. 달리 말하자면 사탕무 설탕 생산을 축소해야 한다는 이야기였다.[12] 그렇지만 그런 일은 일어나지 않았다. 1960년대에 보호무역주의는 부유한 설탕 생산국의 관세 장벽 뒤에서 설탕 가격을 떠받쳤고, 세계 시장에서는 설탕 가격을 33퍼센트에서 50퍼센트까지 떨어뜨렸다.[13]

1860년대부터 설탕 세계를 지배한 오래된 분쟁이 이제 국제 설탕 시장을 완전히 없애버릴 위협이 되고 있었다. 이 시점에 국제 무역과 농업의 세계에 탁월한 관료 세 명이 나타나 1968년에 국제설탕협정을 부활시킴으로써 용감하게 국제 설탕 시장을 구하려 했다. 그들은 이 협정을 감독하는 위원회의 집행 이사 어니스트 존스 패리, 국제연합 식량농업기구 이사 앨버트 바이턴, 1964년에 국제 원자재 정책의 조정을 위해 설립된 국제연합 무역개발회의 사무총장이 되는 라울 프레비스크다. 그러나 이 세 전문가가 공들여 내놓은 이 협정은 일시적으로 한정적인 성공만 거두었다. 유럽연합의 전신인 유럽경제공동체는 1977년에 협정 서명을 거부하여 자율권을 확보함으로써 회복된 협정을 방해했다. 다른 서명국들이 규제에 동의할 것이라고 추정했던 것이다. 1984년에 이 계획을 되살리기 위한 협상이 다시 열렸으나 2000만 톤에 달하는 엄청난 과잉 생산량을 어느 수준에서 제한해야 하는지를 두고 의견 일치를 보지 못했다.[14] 한 해 뒤 세계 설탕 시장은 다시 붕괴했고, 여러 사탕수수 설탕 생산 지대에 사회적 혼란이 초래되었다. 뒤에서 살펴보겠지만, 이 파국은 또한 식민지 시대를 떠나보내고 사탕수수밭에 더욱 공정한 조건을 세우려던 글로벌 사우스의 국가적 계획 사업을 박살 냈다.

식민주의를 넘어선 협동조합의 설탕

국제 정치의 장에서 더욱 안정적이고 공정한 세계 설탕 시장을 만들려는 노력이 좌초하면서, 이른바 개발도상국의 사탕수수 재배 농민에게 공정한 몫을 주려는 시도에 어두운 그림자가 드리웠다. 이는 결국 실패하고 만다. 그러한 시도에서 결정적 역할을 한 것은 협동조합이다. 1961년 교황 요한네스 23세의 교서 '어머니와 스승Mater et Magistra'은 당대의 문제와 시대정신에 천착하여 농민 협동조합을 강력히 장려했다.[15] 사탕수수 설탕의 경우에 이러한 호소는 설탕 중앙공장에 소농 경영이 결합되는 구조적 추세에 잘 어울렸다. 그러한 경향은 오스트레일리아, 모리셔스, 카리브해 지역, 그리고 1911년 혁명 이후의 멕시코에서 시작되었다. 몇십 년 후 푸에르토리코는 광범위한 토지 재분배 계획에 착수하여 아시엔다와 미국 설탕 대기업이 장악한 토지를 국영 농장이나, 토지 없이 지주에게 예속되어 있던 농민들에게 넘겼다.[16] 소농의 사탕수수 재배를 향한 이러한 변화는 20세기 내내 지속되어 1990년이 되면 전 세계 사탕수수 설탕의 60퍼센트 이상이 평균 5헥타르 미만의 밭에서 자란 사탕수수로 생산된다. 사탕수수는 일반적으로 지력 회복을 위해 다른 작물과 함께 재배되었다.[17] 사탕무가 작은 면적의 땅에서 재배되는 것은 더 흔한 일이었다.

그러나 농민들은 거의 변함없이 공장보다 약한 위치에 놓였다. 사탕수수와 사탕무 둘 다 썩기 쉬웠기에 거의 수확하자마자 가공해야 했기 때문이다. 달리 말하면 밭과 공장의 긴밀한 협력이 필요했다. 언제, 어디로 수확물을 전달할지를 '독립적인' 소농이 결정할 여지는 거의 없었다. 그리하여 '예속 없는 공존'이라는 바람직한 순환을 이끌어내기 위해, 공장의 힘을 상쇄하는 대항력으로서나 제당소의 소유주로서 세계 곳곳에 사탕수수 재배 농민의 협동조합이 등장했다.

20세기 초 오스트레일리아에서는 멜라네시아인 노동자를 고용하여 생산하는 플랜테이션 농업 작물이었던 사탕수수가 백인 농민들의 독점적인 작물로 바뀐 뒤, 퀸즐랜드 주정부의 자금 지원으로 사탕수수 설탕 협동조합 제당소들이 등장했다. 당시에 유럽의 사탕무 재배 농민들은 통제력을 강화하려는 기업가들에게 맞서 싸워서 대체로 승리를 거두었다. 예를 들면 네덜란드 사탕무 재배 농민들은 공장들의 카르텔 결성 시도에 대응하여 1899년에 사탕무 설탕 협동조합 공장을 세웠고, 곧이어 여섯 개의 협동조합 공장이 더 생겼다.[18] 오늘날 네덜란드에서는 사탕무 설탕의 60퍼센트가 단 하나의 협동조합에서 생산된다. 프랑스에서는 테레오스Tereos와 크리스탈Cristal이라는 두 협동조합이 시장을 지배한다. 독일의 사탕무 설탕 대기업 쥐트추커와 노르트추커Nordzucker 둘 다 농민이 주식의 대부분을 소유한 협동조합이다.[19] 쥐트추커의 경우, 기업가들과 40년간 싸움을 벌인 끝에 1988년에 3000명의 사탕무 재배 농민이 마침내 승리하여 그 설탕·식품 대기업의 대주주가 되었다.[20]

19세기 말 이래로 주식회사 자본주의가 설탕 부문을 지배한 미국에서도 설탕 협동조합은 생존 가능한 모델로 나타났다. 플랜테이션 농장주 대부분이 설탕 중앙공장에 사탕수수를 공급하는 경작자가 된 루이지애나에서, 1932년에 일단의 농민이 주 최초의 협동조합 제당소를 설립했으며, 1960년대 중반이 되면 협동조합들이 루이지애나 사탕수수 가운데 약 4분의 1을 가공했다.[21] 제2차 세계대전 이전에 농민 협동조합이 설탕 생산을 개척한 플로리다에서는 1960년에 사탕수수 재배 농민들이 협동조합을 설립했다. 카스트로가 권좌에 오른 이후 미국이 내린 쿠바 설탕 불매 조치가 이를 촉진했다. 오늘날 그 협동조합은 판훌 형제의 플로리다 크리스털스 코퍼레이션Florida Crystals Corporation과 긴밀히 협력하는 강력한 수직적 통합 기업이 되었다. 1898년에 옥스너드가 설립한 아메리칸 크리스털 슈거 컴퍼니American Crystal Sugar Company가 농민 협동조합에 인수된 것도 놀라운 일이다. 그 협동조합은 1970년대 초에 미국 최대의 사탕무 설탕 생산자가 되었다. 회사가 효율성을 높이기 위해 정리 해고로 비용을 줄이고 공장을 폐쇄하는 동시에 운송비 상승분을 농민에게 전가하자, 사탕무 재배 농민들이 스스로 운명을 개척했다. 요컨대 주식을 사들여 회사를 협동조합으로 변신시켰다.[22]

이러한 상황은 글로벌 사우스와 날카롭게 대비되었다. 글로벌 사우스에서는 1970년대에 많은 협동조합이 쓰러진 데다 국가의 일부 정책 사업이 농민에게 힘을 실어주지 못하고 오히려 농민을 억압함으로써 협력의 철학을 철저히 훼손했다. 인도에서는 설탕 협동조합이 번창하여 출발이 좋아 보였다. 뭄바이의 배후지에서는 훨씬 더 오래된 협동조합 체제의 파생물로서 설탕 부문의 협동조합이 발달했다. 그 기원은 미국 남북전쟁이 끝난 후 세계 시장의 면화 가격이 급락하여 농촌이 빈곤에 빠진 1870년대까지 거슬러 올라간다. 배후지에서 뭄바이로 가난한 농민들이 유입되는 것을 막기 위해 시 정부와 자본가들은 촌락 협동조합을 장려하여 시골의 환경을 개선하는 데 발벗고 나섰다. 이들의 노력은 광대한 땅에 물을 공급하는 대규모 관개 수로 사업을 보완했다. 농민들은 신용 제도 덕분에 철제 쟁기와 압착기를 획득할 수 있었고, 그렇게 급증한 철제 압착기에 1910년 이후 내연 기관이 부착되었다.[23] 시간이 지나면서 점차 번창한 사탕수수 재배 농민 협동조합은 스스로 필요한 자본을 모아 공장을 세워서 뭄바이의 자본가들을 앞질렀다.

인도 북부 비하르주와 우타르프라데시주에서는 1930년대에 인도인 자본가들과 영국의 관리 대행사들이 설립한 수십 개 공장의 대응 세력으로서 약간 다른 유형의 협동조합이 출현했다. 회사의 재무와 경영을 지원하는 기업인 관리 대행사들은 처음에는 중개인을 고용하여 현지 농민들과 협상했다. 그들에게 구르 생산을 중단하고 사탕수수를 재배하여 공장에 납품하게 하려는 시도였다. 이러한 활동 방식은 상당히 번거롭고 비효율적이었다. 어떤 기차역에서는 사탕수수를 운반하는 열차들이 서로 교차했는데, 확실히 가장 가까운 공장으로 가지는 않았다. 1920년에 자와로 시찰을 갔던 인도설탕위원회Indian Sugar Committee가 다른 공장들의 사탕수수 구매가 금지된, 공장 주변의 지정된 원형 지대인 자와의 아레알areaal이 해법이 될 수 있다고 판단한 것도 놀라운 일은 아니었다. 그러나 이는 철저히 식민지에 해당하는 모델이었다. 사탕수수 재배 농민을 공장의 처분에 맡긴 자와의 강제 재배 제도(1830~1870년, 6장 참조)의 일환으로서 발명된 것이었다. 인도 북부에서는 농민 협동조합이 해법이 되었다. 조합원들을 대표하는 협동조합이 권한을 위임받아 기업가들과 사탕수수 가격을 협상했다. 수천 개의 협동조합이 개발 작업을 수행하고 새로운 사탕수수 품종을 보급하고 화학 비료를 공급하면서 농민과 공장 둘 다 이익을 보았다.[24]

세계 곳곳에서 성공한 설탕 생산 농민의 협동조합은 더욱 평등하고 민주적인 농촌을 만들려는 정부들에 모델이 되었다. 멕시코의 경우, 협동조합의 발전에는 대토지의 분할이 동반되었다. 그러나 인도·유럽·미국과는 대조적으로 농민이 주도권을 쥐지는 못했다. 멕시코 정치에서는 공장주들이 계속해서 막강한 인자로 남아 설탕 시장을 통제했다.[25] 페루 설탕 노동자들의 상황은 더 열악했다. 1969년에 정부를 장악한 군대 장교들은 길데마이스터 가문의 거대한 농장인 카사 그란데Casa Grande를 비롯하여 여러 대농장을 인수했다(7장 참조). 그들은 농업 개혁의 열망으로 움직인 것이 아니었다. 그들의 목적은 자신들의 통치에 맞선 이 대농장 소유주들의 저항을 분쇄하는 것이었다. 대농장 소유주의 저택 지붕에 내걸린 커다란 카사 코오페라티바Casa Cooperativa(협동조합) 간판은 '돼지 코의 금 고리'였을 뿐이다. 현실은 추악했다. 페루 정부가 대지주에게 주어야 할 보상비를 소농에게 떠넘기면서 소농은 막대한 부채를 떠안게 되었다.[26] 인도네시아의 수하르토 정권은 협동조합의 원리를 한층 더 파렴치하게 남용했다. 이 정권은 사탕수수를 확보하기 위해 고투하는, 망해가는 설탕 산업을 물려받았다. 이 정부가 '소농 사탕수수 강화'라는 완곡한 표현을 내세워 펼친 정책은 사탕수수 재배 토지를 지정하는 촌장의 중요한 역할을 되살렸고(식민지 시대의 강제 재배 제도를 되풀이한 것이다), 촌락 유지들은 설탕 산업을 위해 토지와 노동력을 통제하는 역할을 되찾았다.[27]

그렇지만 농민의 힘을 키우는 것이 진정한 동기인 경우조차 협동조합에 맡겨진 과제는 비현실적이었다. 설탕 가격이 하락하고 있었고, 농촌의 불완전 고용은 놀라울 정도로 심했으며, 공장들은 대개 몇십 년 동안 유지, 보수 없이 방치되었기 때문이다. 예를 들면 1962년에 독립한 이후 자메이카 정부는 유나이티드 프루트 컴퍼니의 공장뿐만 아니라 테이트 앤드 라일의 낡고 비효율적인 공장들까지 인수해, 사탕수수밭을 23개 협동조합에 양도했다. 이는 1930년대 대파업 지도자의 한 사람이자 자메이카 초대 총리가 된 노먼 맨리의 아들 마이클 맨리의 정부에는 어느 정도 성공이었다. 아버지의 뒤를 이은 마이클은 글로벌 사우스, 당대의 용어를 쓰자면 '제3세계'의 지도자가 되었다. 그는 나라를 식민지적 의존 상태에서 벗어나게 하고자 했으며, 사탕수수 협동조합의 노동자들에게 다음과 같은 메시지를 전했다. "당신들은 사회주의의 개척자가 되고 있다는 사실을 알아야 합니다."[28] 설탕 부문에 사회적 정의를 실현하려는 정부의 계획은 불운하게도 설탕 가격이 1974년에 정점을 찍은 이후로 급락하는 상황에서 시작되었다.

개발도상국 정부들은 세계 시장의 설탕 가격 하락으로부터 자국 협동조합을 보호할 수 없었다. 부유한 나라들의 정부와 달리, 여러 해에 걸쳐 설탕 부문에 보조금을 지급할 여력이 없었기 때문이다. 인도 정부는 세계 시장의 설탕 가격이 4년간 급락한 뒤 1978년에 가격 통제를 포기할 수밖에 없었다. 인도 북부의 공장들은 이를테면 규모를 줄이고 유지 비용을 절약함으로써 필사적으로 비용을 절감하기 위해 노력했다. 가동 중단이 잦아지자 농민들은 공장 입구에서 때로 몇 시간씩 기다려야 했다. 불만에 찬 농민들은 다시 구르 생산으로 돌아가거나 다른 작물을 재배했다. 가장 운이 나쁜 사람들은 인도의 다른 지역으로 일자리를 찾아 떠났다. 마하라슈트라주의 협동조합 공장들은 살아남았지만 소농들이 희생을 치렀다. 대농들로 구성된 협동조합 지도부는 농민의 구르 생산 복귀를 막을 수단이 충분했다. 마하라슈트라의 공장들은 세계은행의 지원을 받아 1970년대 말에 데칸고원의 50만 헥타르가 넘는 땅에서 면적당 세계 최대의 사탕수수 수확량을 달성했다.[29]

세계은행은 인도네시아에서 자메이카까지 글로벌 사우스 전역에서 쇠락한 설탕 산업의 구조 조정을 계획하고 자금을 공급했다. 세계은행이 협동조합에 불리하게 움직인 것 같지는 않지만, 그 지원은 언제나 사탕수수를 재배하는 소농의 이익을 해치면서 힘의 집중을 초래했다. 대농과 공장은 이해관계가 일치했다. 그들은 보통 협동조합에 가입하지 못한 엄청난 수의 사탕수수 수확꾼을 착취했다. 글로벌 사우스에서 협동조합의 이상이 소멸한 것은 설탕 가격 급락의 결과만은 아니다. 새로 독립한 몇몇 국가의 권위주의적 성향은 물론 농촌에 오래 지속된 불평등에도 원인이 있다. 1950년대 말 쿠바와 자와에서 보았듯이, 사탕수수 플랜테이션 농장주들의 지배는 자산의 국유화로 하룻밤 사이에 사라질 수 있었다. 그렇다고 농촌 주민들이 도움을 받은 것도 아니다. 특히 1960년대 인도네시아와 페루처럼 군대가 권력을 넘겨받은 경우에 그러했다. 도미니카 공화국의 독재자 트루히요는 설탕 산업을 사사로이 손에 넣기로 결심하고 1957년까지 그 대부분을 차지했다.[30]

필리핀의 페르디난드 마르코스는 군인은 아니었지만 필리핀 설탕 부르주아지의 경제력을 폭력으로 박탈한 독재자였다. 그는 네그로스섬의 거대한 사탕수수 플랜테이션 농장주로 성공하여 사업을 다각화한 로페스 가문이 옹립한 자였다.[31] 그러나 마르코스는 대통령이 된 후에 거래의 일부로 부통령직을 얻은 페르난도 로페스를 밀어냈고 가문의 설탕 사업을 넘겨받기로 되어 있던 페르난도의 조카를 투옥함으로써 그들의 가산을 착복했다. 마르코스와 트루히요 같은 아웃사이더들은 분명히 설탕 부르주아지의 일원이 아니었다(트루히요는 과거에 소도둑이자 군인이었다). 이 두 사람은 대통령이라는 직책을 이용하여 설탕 산업을 공격했다. 15세기 초 이집트의 부르주아지 카리미를 공격한 맘루크 술탄 바르스바이와 똑같았다(2장 참조).[32] 설탕 부르주아지는 폭군의 잔인한 폭력 앞에 무기력했다. 그러나 현대의 독재자들은 맘루크 술탄과는 대조적으로 몇십 년간의 악명 높은 통치 끝에 축출되었고, 옛 설탕 부르주아지가 복귀했다. 필리핀의 마르코스는 유력한 설탕 가문의 일원인 코라손 아키노에게 밀려났다. 1961년에 트루히요가 암살되고 나서 망명에서 돌아온 도미니카 공화국의 비치니 가문처럼, 필리핀의 로페스 가문은 마르코스 정권의 탄압에서 벗어나 힘을 되찾았다.

영연방설탕협정의 승자와 패자

자메이카의 설탕 산업을 좀 더 공정한 기반 위에 올려놓으려던 마이클 맨리의 시도는 심하게 왜곡된 국제 설탕 시장의 압박 탓에 실패로 돌아 갔다. 앞에서 언급했듯이, 설탕 가격은 1974년에 정점을 찍은 뒤 급락 했다. 게다가 그해에 영국의 보호무역주의 설탕 정책이 종료되었다. 최 고의 패를 지닌 것은 해외의 사탕수수 재배 영토가 아니라 대기업이라 는 사실이 분명해졌다. 이는 영국 정부가 설탕 대기업 테이트 앤드 라 일을 국유화하기로 결정한 1949년에는 누구도 예상하지 못했을 결과 였다. 테이트 앤드 라일은 이 결정에 맹렬하게 저항했다. 홍보전에 나 서서 모든 포장 상품과 모든 화물차, 상점주가 손님에게 전하는 전단지 에 '미스터 큐브Mr. Cube'라는 만평가가 말한 "테이트 낫 스테이트Tate Not State"라는 구호를 인쇄했다.

정부는 손을 들었고 국유화는 철회되었다. 그러나 메시지는 분명했 다. 설탕은 공공의 이익이요, 제국의 이익이 걸린 문제라는 것이었다. 영 연방설탕협정은 1951년에 도입되어 설탕 생산자에게 세계 시장 가격 보다 평균 25퍼센트 높은 안정적인 가격을 보장했다. 이는 페이비언 협 회가 서인도 제도에 도입할 것을 주창한 사회 개혁과 보호무역주의의 결과였다.[33] 11장에서 보았듯이, 윌리엄 루이스는 제2차 세계대전 직전 에 페이비언 협회와 함께 이 설탕 식민지들의 열악한 상황을 다룬 보고 서를 발표했다. 그러나 시간이 지나면서 영연방설탕협정은 피지와 모 리셔스, 서인도 제도의 빈민들보다 테이트 앤드 라일과 부커 매코널에 더 큰 혜택을 준 것으로 드러났다.

페이비언 협회 회원이었고 나중에 노동당 정치인이 되는, 부커 매코널의 수장 작 캠벨은 영연방설탕협정을 이끌어낼 때 설탕 산업을 대표하여 협상한 주요 인사였다. 옛 플랜테이션 농장주 계급과 영국 제국의 황혼기에 걸쳐 있던 인물인 그는 식민지가 경제적으로 자립하도록 돕는 것을 자기 세대의 임무로 여겼다. 영국령 기아나의 지배적인 설탕 생산자이기도 했던 캠벨은 C. L. R. 제임스 같은 지식인들과 1930년대 말부터 자메이카의 정치 지도자로서 서로 경쟁한, 사촌지간인 알렉산더 부스타만테와 노먼 맨리를 알았고 그들과 의견을 나누었다. 그는 1956년부터 23년간 연이어 트리니다드의 총리로 일한 《자본주의와 노예제》의 저자 에릭 윌리엄스와 자주 오찬을 함께했다.[34] 캠벨과 체디 제이건의 관계는 상대적으로 대립적이었으나, 그럼에도 두 사람은 서로 존중하는 사이였다. 제이건은 영국령 기아나에서 치과 의사이자 공산주의 노동운동가로 활동하다가 초대 정부 수반chief minister(1953)에 이어 초대 총리premier(1961~1964)에 선출되었고 말년에는 최종적으로 가이아나 대통령이 된다.•

제이건은 영국령 기아나의 경제적 미래만 생각했다. 그가 바란 것은 완전히 탈식민화한 경제였다. 그는 영연방설탕협정이 설탕 식민지의 경제적 자립을 향한 순조로운 이행이라는 목적을 달성할 수 없을 것이라고 주장했는데, 이는 옳았다. 영국령 기아나에서는 수출 품목 중 설탕이 거의 절반을 차지했는데, 자메이카와 비교해(12퍼센트) 훨씬 높은 비율이었다. 제이건의 비판은 1970년대에 설탕이 수출 소득에서 각각 59퍼센트와 89퍼센트를 차지한 모리셔스와 피지에 더욱 잘 들어맞았다.[35] 결국 설탕을 생산하는 많은 섬에서 생활 수준의 향상은 얄궂게도

• 영국령 기아나는 1966년에 가이아나라는 국가명으로 독립했다.

산업화의 길을 봉쇄했다. 이것이 영연방설탕협정이 초래한 결과였다. 노벨경제학상 수상자 제임스 미드가 1960년대 초 모리셔스의 경제적 다각화가 갈 수 있는 선택지를 논의할 때 설명했듯이, 새로이 산업화에 들어선 국가들은 임금이 세계 최저 수준이어야만 세계 시장에서 한몫 차지할 수 있었다.[36]

카리브해 지역의 저명한 지식인들은 물론 노벨상 수상자 루이스와 미드까지 전부 설탕을 대체할 산업화 정책을 옹호했지만, 영국의 설탕 정책은 계속해서 해외 영토를 원료와 농산물 원자재 공급지로 취급하여 테이트 앤드 라일과 부커 매코널 같은 대기업이 설탕 생산을 확대할 수 있게 했다. 그러나 그 설탕은 실제로 세계 시장에서 경쟁력을 갖기에는 너무 비쌌다.[37] 생산 규모만으로도 이 회사들은 서인도 제도 정부들에 엄청난 영향력을 행사할 수 있었다. 테이트 앤드 라일은 자메이카 최대의 설탕 생산자였고 트리니다드에서는 해상 운송의 전부, 가공의 80~90퍼센트를 통제했다. 영국령 기아나에서는 부커 매코널이 벌크 화물 창고와 해운 시설 전체, 설탕 생산의 80퍼센트를 장악하여 일종의 국가 안의 국가나 마찬가지였다.[38] 이들은 서인도 제도에서 소유한 농장에서 손실을 보았다고 해도 해운과 정제, 유통의 후속 부문에서 큰 이윤을 남겨 손실을 보상하고도 남았다. 1975년, 세계은행은 테이트 앤드 라일의 수준 높은 수직적 통합으로 "(상품) 사슬의 끝에 이윤이 집중될 것으로 기대하게 된다"라고 정확하게 평가했다. 그 끝은 바로 영국에 있었다. 실제로 테이트 앤드 라일의 매출액 중 서인도 제도에서 직접적으로 나온 것은 10퍼센트밖에 안 되었다. 대부분의 수입은 영국 설탕 시장을 지배한 결과물이었다.[39]

1974년에 영연방설탕협정이 종료되고 서인도 제도 정부들이 사탕수수 수확의 기계화로 비용 절감에 들어가기를 주저하면서, 테이트 앤드 라일과 부커 매코널은 떠날 때가 되었다고 판단했다. 두 회사는 서인도 제도의 신생 독립국 정부들에 공장을 매각할 수 있어서 안도했다. 서인도 제도 설탕의 유럽 시장 진입을 계속 통제하면서 일방적인 경제의 부담을 그 정부들에 떠넘겼기 때문이다.[40] 피지에서도 비슷한 일이 일어났다. 시드니에 본사가 있는 콜로니얼 슈거 리파이닝 컴퍼니Colonial Sugar Refining Company는 1926년 이래로 피지에서 유일하게 공장을 운영했는데, 사탕수수 재배를 완벽하게 통제하여 소농을 착취했다. 1973년에 영국 정부가 소농들을 위해 개입한 뒤로 이 회사는 흔쾌히 피지를 떠났고 오스트레일리아에서 사업 다각화를 추구했다.[41]

상품 사슬에서 원료나 기본적인 생산물을 공급하는 나라들의 정부는 약자의 처지에 놓였다. 다국적 기업들은 농업의 위험을 여러 나라에 분산시키고 수직적 통합과 상품 다각화로 위험을 줄였기 때문이다. 서인도 제도 지역 정부들은 전부 독립 직전이었거나 거의 독립한 상태였는데, 이제 공장을 폐쇄하기를 간절히 원하는 영국 기업들과 불만이 가득한 농민 사이에 끼여 곤란한 처지에 놓였다. 농민의 불만은 거리의 시위에서도 볼 수 있었지만 사탕수수 밭의 방화가 늘어난 점으로도 짐작할 수 있었다.

테이트 앤드 라일과 부커 매코널은 서인도 제도에서 철수한 뒤 아프리카에 있는 영국 제국의 일부였거나 그 뒤를 이은 나라들, 즉 아프리카의 영연방 국가들에서 새로운 활동의 장을 발견했다. 설탕 없이 살았던 아프리카 사회에서 이제 설탕을 소비하기 시작했고, 점점 더 많은 아프리카 국가가 유리한 기후와 급증하는 노동력을 이용하여 스스로 설탕 생산에 뛰어들었다. 설탕 소비 증가로 수입이 늘어나고 환율이 나빠진 것도 설탕 생산의 다른 유인이었다. 아프리카 국가 정부들은 자체적으로 설탕 공장을 세워 그러한 손실을 막고자 했다.[42] 그러나 이를 위해서는 대기업의 투자와 전문 기술에 의존해야만 했다. 여기서 테이트 앤드 라일과 부커 매코널은 기회를 포착했다.

헨리 테이트는 1960년대 초 프랑스계 모리셔스인 르네 르클레지오에게 런던·로디지아 광업토지회사London and Rhodesian Mining and Land Company(Lonhro) 안에 설탕 부문을 신설하는 책임을 맡겼다. 이는 미국 설탕 왕국의 카리브해 팽창을 지휘한 헨리 해브마이어를 떠올리게 한다. 이 회사는 아프리카인 친구를 많이 둔 파렴치한 기업 사냥꾼 타이니 롤런드가 운영했다. 르클레지오는 영국 식민지에서 벗어난 아프리카에서 다양한 사업을 운영했고 1997년 은퇴할 때까지 아프리카 대륙 곳곳에 설탕 공장을 세웠다.[43]

식민지 시절을 지배했던 설탕 회사들은 탈식민주의 시대에 들어서자 공장에 자본을 투자하지 않는 대신 아시아와 아프리카 전역에서 설탕 생산자를 꿈꾸는 자들에게 전문 기술을 판매하는 새로운 사업 모델을 채택했다. 한때 식민지 인도네시아에서 대규모 플랜테이션 농장을 운영한 암스테르담 무역협회Handels Vereeniging Amsterdam(HVA)가 손실을 보며 깨달았듯이, 공장을 갖고 있는 것은 이제 위험했다. 암스테르담 무역협회는 인도네시아에서의 입지가 불안정해지자(그 공장들은 결국 1958년에 국유화된다) 1951년에 아프리카 반식민주의의 상징적 인물인 하일레 셀라시에와 네덜란드 최대의 식민지 기업 사이의 놀라운 계약을 토대로 에티오피아에 설탕 공장을 여러 개 세웠다. 이 사업으로 아와시Awash강을 따라 이어진 습지를 사탕수수 재배지로 바꾸었고, 3만여 에티오피아 가구가 그 회사에 의존하여 소득을 얻었다. 그러나 1974년에 공산

암스테르담 무역협회의 사탕수수 플랜테이션 농장에서 이루어지는 작업(에티오피아 웬지, 1969). 한때 식민지 인도네시아 최대의 플랜테이션 농업 기업이었던 암스테르담 무역협회는 네덜란드의 식민 통치가 끝난 후 에티오피아에서 새롭게 사업을 시작했다.

주의 혁명의 여파로 에티오피아의 자산이 국유화되면서 암스테르담 무역협회는 다시 손실을 보았다.

암스테르담 무역협회와 부커 매코널, 테이트 앤드 라일과 같은 회사들은 컨설팅과 경영 관리로 물러나 국유화의 위험에 대비했다. 이 회사들은 기술과 경영의 전문 지식을 독점했기에 개발 원조 사업으로 금융 지원을 받는 이점을 누렸다.[44] 컨설팅 회사들은 정치적으로 올바른 소농 모델을 지지한다고 입바른 말을 하면서 실제로는 다른 설탕 기업처럼 공장을 운영했다. 사탕수수 공급을 충분히 확보하고자 사탕수수 밭에 대한 지배력을 확립하는 식이었다. 그 회사들이 꾸민 계획은 소농들을 예속으로 몰아넣었다. 이는 외국 회사였다면 결코 받아들여지지 않았겠지만 국유화한 자산과 협동조합 사업을 가장하였기에 수용되었다.

암스테르담 무역협회는 글로벌 사우스의 30개국에서 주로 설탕 부문의 컨설턴트로 활동했다. 배후 세력인 테이트 앤드 라일과 부커 매코널은 아프리카에서 새로운 설탕 변경을 개척했다. 아프리카는 21세기에 들어설 무렵 헥타르당 생산량이 세계 최고 수준에 이르러 카리브해 지역을 크게 앞섰다.[45]

영연방설탕협정은 그 막바지에 영국 설탕 대기업들이 획책한, 서인도 제도에서 아프리카로의 대대적인 설탕 생산 이전을 촉진했다. 한편 옛 설탕 식민지들은 다시 방향을 조정해야 했다. 모리셔스 정부는 독립하고 2년이 지난 1970년에 수출자유지역EPZ을 설치하기로 결정했다. 이를 통해 모리셔스는 홍콩 자본을 이용하고 유럽 시장에 특혜 관세로 진입하는 이중의 이점을 얻었고, 그로써 '인도양 호랑이 경제'로 탈바꿈했다.[46] 실제로 '동아시아 호랑이 경제' 국가 타이완의 성공은 제2차 세계대전 이후 설탕 부문의 부활에서 힘입은 바가 크다. 국가가 조직한 농민 협동조합에 의존한 대만당업고빈유한공사台灣糖業股份有限公司, Taiwan Sugar Corporation는 1950년대에 외환과 정부 세입의 주된 원천이었기에 소유주인 정부는 절실히 필요했던 투자 자본을 축적할 수 있었다.[47] 타이완은 번영했고 모리셔스도 어느 정도는 그랬지만, 대개 가벼운 조세 제도에서 운영된 수출자유지역은 일반적으로 플랜테이션 농업 경제를 지속시켜 회사들이 이윤을 뽑아낼 수 있도록 했다.

축소되고 있던 미국 설탕 왕국에서도 비슷한 방향 조정이 이루어졌다. 필리핀은 저임금의 여성 노동자가 일하는 섬유 산업과 전자 산업을 광범위하게 발전시켜 악명을 떨쳤다. 1980년대 중반 비판적 평자들의 주장에 따르면, 카리브해 지역은 다국적 기업의 천국이 되었다. 그 기업들은 가장 낮은 임금을 찾아 섬에서 섬으로 돌아다니며 노동자를 착취하다가 결국 임금이 훨씬 더 낮은 나라들로 사라졌다. 도미니카 공화국의 강력한 설탕 가문의 일원인 펠리페 비치니는 이러한 과정을 산업화라고 부르는 것은 잘못이라며 거부했다. 진정한 산업 발전이 아니라 회사들이 더 저렴한 노동력을 찾아 다른 곳으로 이전하면 곧 사라질 일시적 활동이었기 때문이다.[48]

한편 하와이와 모리셔스, 바베이도스, 도미니카 공화국, 푸에르토리코, 필리핀의 식민지 설탕 부르주아지 가문들은 부동산과 섬유 산업, 기간 시설, 관광, 미디어 등으로 사업 다각화에 성공했다. 마르코스 밑에서 부통령을 지낸 페르난도 로페스의 형 에우헤니오는 유력한 신문 발행인이자 선주船主가 되었다.[49] 영연방의 강력한 설탕 가문들은 그 분야를 떠나거나 관광을 비롯한 다른 경제 부문으로 사업을 다각화했다. 21세기에 들어설 무렵에도 여전히 모리셔스의 설탕 공장을 전부 소유하고 있던 프랑스계 플랜테이션 농장주들조차 다른 부문에 투자하여 성공을 거두었다.[50] 푸에르토리코와 도미니카 공화국, 마르티니크는 물론 과거에 영국령 설탕 식민지였던 곳에서도 관광은 새로운 변경이 되었다. 관광업은 다국적 기업의 노동 착취 공장과 하청 부문보다 더 지속력 있는 분야였다. 카리브해에서 300년 동안 사탕수수를 압착한 풍차는 이제 호화 호텔의 냅킨에 찍힌 문양으로만 남아 있다.[51] 그러나 관광과 역외 거점 사업은 설탕 산업의 붕괴에 따른 일자리의 소멸을 결코 보상하지 못했다. 카리브해 지역에서 외부를 향한 대량 이주는 설탕 식민지라는 과거가 남긴 영원한 숙제다.

여전히 남아 있는 두 설탕 제국

국제적 경쟁을 피하려는 설탕 제국들의 단호한 결의는 1930년대의 젊은 개발경제학자들이 품었던 꿈과 목표가 실현되지 못한 이유를 대체로 설명해준다. 제2차 세계대전 이후로 보호무역주의는 계속해서 강화되었다. 1976년이면 세계 설탕 생산량에서 수출되는 몫은 25퍼센트밖에 안 되었고, 그중 절반은 주로 미국과 유럽경제공동체(1993년부터 유럽연합으로 바뀜), 소련이 주도한 경제상호원조회의(코메콘Comecon)가 유지한 특혜 관세 제도에 따라 이루어졌다. 경제상호원조회의는 쿠바 설탕을 다량 구매하여 1974년 이후의 설탕 가격 하락으로부터 그 나라를 보호했다.[52]

국제 설탕 시장에 특별히 큰 손해를 입힌 것은 유럽경제공동체의 설탕 정책이었다. 그 정책으로 유럽경제공동체는 세계에서 두 번째로 큰 설탕 수출지가 되었다. 1962년에 수립된 공동 농업 정책으로 유럽경제공동체의 농민들은 세계 시장 가격보다 50~100퍼센트 높은, 최소한의 이른바 '개입 가격'을 보장받았다. 그렇지만 할당량이 있었다. 그것을 넘어서는 설탕은 보조금을 전혀 받지 못했지만 세계 시장에서 자유롭게 처분할 수 있었다. 개입 가격 덕분에 생산자들, 특히 유럽의 거대한 사탕무 설탕 협동조합들은 세계 시장에 설탕을 덤핑으로 넘기느라 입은 손실을 충분히 벌충했다. 유럽경제공동체는 글로벌 사우스의 설탕 생산자들, 주로 과거의 식민지였던 곳의 설탕 생산자들에게 어느 정도 자국 시장을 개방하기는 했지만 생산을 제한하려는 의도에서 할당제를 적용했다. 그들이 수출하는 설탕이 늘어날 때마다 심하게 위축된 세계 시장 가격이 더 낮아졌기 때문이다.

유럽의 설탕 제국은 1973년에 영국이 유럽경제공동체에 가입한 뒤로 한층 더 막강해졌다. 2년 뒤, 아프리카와 카리브해 지역, 태평양 18개 국가의 유럽 시장 진입을 허용한 '로메 조약Lomé Convention'을 통해 이 단일한 유럽 설탕 제국은 더욱 공고해졌다. 모리셔스와 피지, 가이아나, 자메이카, 스와질란드를 비롯한 과거의 영국 식민지들은 유럽경제공동체에 정해진 양만큼 설탕을 수출할 수 있었다. 이 설탕은 대부분 테이트 앤드 라일을 통해 들어갔다. 영국으로 들어오는 설탕에 프리미엄이 붙었는데, 그 회사가 그 일을 거의 독점한 덕분이었다.[53] 테이트 앤드 라일은 부커 매코널과 함께 유럽 시장에 들어오는 과거 영국 식민지의 사탕수수 설탕에 대해 편안하게 문지기 역할을 수행했고, 그 덕에 두 회사는 서인도 제도 공장을 더 쉽게 처분할 수 있었다. 그러나 그 사탕수수 설탕 생산국들에 로메 조약은 좋은 점도 있었고 나쁜 점도 있었지만 이 나라들은 단일 경작으로 더욱 내몰렸다. 앞에서 보았듯이 모리셔스는 그러한 운명을 피했지만, 피지는 빠르게 그 길을 따라갔다. 로메 조약이 체결되고 3년이 지나지 않아 피지 사탕수수 재배 면적은 두 배로 증가했다.[54]

수출 장려금을 먹고 성장한 설탕 대기업은 유럽경제공동체 내부의 시장 통합으로 성장할 공간을 확보했다. 그 시장은 소련의 몰락 이후 지리적으로 더 팽창했다. 결과적으로 설탕 산업은 그때까지 각국 정부가 봉쇄한 국경을 뛰어넘어 큰 규모로 집중되었다. 1991년에 이탈리아의 페루치Feruzzi 그룹은 프랑스 베겡세Béghin-Say 그룹의 정제소를 획득하여 유럽 최대의 설탕 기업이 되었다. 한편 쥐트추커는 벨기에 회사 티를르몽 정제소를 자신들처럼 눈독 들이고 있던 페루치와 테이트 앤드 라일을 제치고 인수했으며 이어 쇨러Schöller 그룹을 인수해 독일 최대의 식품 기업이 되었다. 쥐트추커는 또한 유럽연합이 동쪽으로 확대됨에 따라 헝가리와 체코 공화국, 폴란드에도 투자했다. '철의 장막'이 무너진 뒤 쥐트추커의 오스트리아 파트너인 아그라나Agrana 그룹은 과거에 오스트리아–헝가리 제국에 속했던 국가들에 빠르게 공장을 설립했다.[55]

21세기에 들어설 무렵 이러한 집중을 통해 등장한 소수의 강력한 농공업 복합체는 5000명의 농민과 4만 명의 공장 노동자를 포괄했다. 게다가 이 복합 기업들은 사업 다각화를 통해 경제적·정치적 영향력을 키웠다. 어소시에이티드 브리티시 푸즈(영국연합식품회사)Associated British Foods(ABF)와 쥐트추커 같은 그룹은 유럽연합 최상위 식품 유통 회사가 되었다. 이렇게 견고한 기반을 다진 막강한 기업들 때문에 유럽연합은 농업 보조금과 농산물 덤핑의 소멸을 원하는 세계무역기구의 정책에 순응하기가 어려웠다.[56]

남아 있는 다른 설탕 제국, 즉 미국의 설탕 제국은 종속 국가들이 생산한 사탕수수 설탕의 수입 할당제를 유지한다는 긴급한 지정학적 요구에 맞춰 국내 사탕무 설탕 산업의 이익을 조정했다. '설탕 프로그램'으로 알려진 전후 미국 설탕 정책의 기조는 전체적으로 여전히 국내 시장에서 각자 한몫 차지하기 위해 경쟁한 세력들의 이익을 조정하려 한 1934년 존스–코스티건 법에 바탕을 두었다. 존스–코스티건 법은 소비자 가격의 한계선을 설정하여 쿠바의 회복에 보탬이 되고 미국 영토인 하와이, 필리핀, 푸에르토리코, 버진 제도를 지원하려 했다.[57] 제2차 세계대전 중에 할당제를 잠시 포기했지만, 공화당이 지배한 미국 의회는 1947년에 '설탕할당법Sugar Quota Act'을 다시 제정했고, 이로써 국내 생산자는 크게 유리했지만 소비자는 손해를 보아서 1950년대 중반이면 연간 3억 달러를 더 지불해야 했다.[58] 쿠바인들의 조건은 처음에는 개선을 보였다. 이는 부분적으로는 전쟁 중에 생산량을 늘려 미국을 도운 데 대한 보상의 성격을 띠었다. 그러나 미국 내 생산량이 증가하고 필리핀 설탕 산업이 재건되면서 곧 사정은 다시 나빠졌다.[59]

어리석게도 미국은 쿠바의 설탕 산업을 통제하고 미국인 소유 공장의 미국인 직원 수를 제한하려는 쿠바 정부의 기도를 막는 수단으로 할당제를 이용했다.[60] 전후에 유럽을 재건한 원조 정책의 기획자인 국무부 장관 조지 마셜은 그러한 정책에 미국 시장 진입의 축소가 맞물리면 쿠바에 정치적 혼란이 초래될 것이라고 경고했다. 국무부는 1955년에 마셜의 경고를 되풀이하며 쿠바 경제의 악화는 2만 5000명의 공산주의자 활동가들에게 보탬이 될 뿐이라고 지적했다. 그럼에도 한 해 뒤 아이젠하워 정부는 쿠바의 할당량을 전쟁 이전 수준으로 축소했고, 이에 쿠바는 소련에 설탕을 판매하는 방법을 모색함으로써 대응했다. 그렇게 하면 미국이 깜짝 놀랄 것임을 알았기 때문이다. 그런 식으로 바티스타는 소련과 관계를 맺기 시작했고, 그 관계는 결국 카스트로 정권의 생존에 도움이 된다.[61]

1962년, 상원 외교위원회 위원장 제임스 윌리엄 풀브라이트가 카스트로의 권력을 유지시킬 뿐이라고 경고했는데도 미국은 쿠바의 설탕 할당량을 다른 라틴아메리카 국가들로 넘겼다.[62] 쿠바의 할당량을 이렇게 다른 나라에 분배한 것은 실제로 불쾌한 세 독재자를 도왔을 뿐이다. 미국은 트루히요 정권에 제재를 가하라는 미주기구Organization of American States(OAS)의 요청을 무시하고 도미니카 공화국의 할당량을 15퍼센트 이상 늘리고 필리핀의 할당량도 확대했다.[63] 그로써 필리핀에는 신식민주의적 상황이 전개되었고, 경쟁력 없이 팽창한 설탕 부문은 마르코스에게 직접적으로 이익을 안겨주었다.

　전후 미국의 설탕 정책은 여러 면에서 설탕과 미국 설탕 왕국 지정학의 복잡한 뒤얽힘을 지속시켰고, 카리브해와 라틴아메리카 국가의 정부들은 이를 이용하는 법을 아주 잘 알았다. 이 나라들이 고용한 설탕 로비스트들은 워싱턴에 줄지어 늘어섰다. 트루히요는 한 걸음 더 나아가 미국 하원 농업위원회에 시찰을 제안하며 초청했다. 의장의 친척들과 위원회의 몇몇 의원은 기꺼이 그 제안을 받아들였다.[64] 분명한 것은 할당제가 부패했고 소비자에게 막대한 비용을 치르게 했으며 미국의 큰 설탕 농장들이 이익을 대부분 가져갔다는 점이다. 농업경제학자 게일 존슨은 팽창 능력이 어마어마한 브라질에서 설탕을 수입하는 편이 더 낫다고 주장했다.[65]

　1974년에 미국 정부가 보호무역주의적 할당제를 포기했을 때 존슨의 조언을 깊이 새긴 듯이 보였지만, 이는 그해 세계 설탕 가격이 일시적으로 급등했기 때문에 내린 조치였다. 8년 뒤, 세계 가격이 미국 내 가격보다 한참 하락했을 때 할당제가 다시 도입되었고 정치적 도구 역할도 다시 수행했다. 로널드 레이건 대통령은 니카라과 혁명을 응징하여 1983년에 그 나라 설탕 할당량을 90퍼센트 감축했다.[66] 그러나 결국 정치화한 할당제를 축소한 것은 경제학이 아니라 감미료 화학의 눈부신 발전이었다. 이는 사탕무 설탕의 도입만큼이나 혁명적이었다.

액상과당이 초래한 결과

그 눈부신 발전의 이름은 바로 액상과당high-fructose corn syrup(HFCS)이다.

1930년대 이래로 과학자들은 포도당을 더 달콤한 자당으로 전화하려는 노력을 기울였다. 남북전쟁 시기 수수 시럽 열풍에서 전형적으로 볼 수 있었던 묘책 추구의 반복이었다. 수수에서 자당을 추출하려던 시도를 포기한 뒤로 화학은 엄청난 발전을 이루었다. 1966년, 일본의 두 과학자가 포도당을 과당 55퍼센트의 감미료로 전화하는 법을 발견했고, 그것에 액상과당이라는 이름을 붙였다. 그 이후 화학 공정의 개선으로 1970년대에 액상과당의 비용 가격은 사탕무 설탕과 사탕수수 설탕에 비해 최소한 30퍼센트 적었으며, 비록 페이스트리와 시리얼, 유제품에만 쓰였지만 음료에서 설탕을 완전히 대체할 잠재력을 보였다. 1979년, 코카콜라가 미국 시장에서 액상과당을 처음으로 사용했으며, 곧 감미료 필요량의 절반을 이 시럽으로 충당했다. 역설적이게도 미국 내 설탕 가격을 세계 시장 가격보다 네 배 높은 수준으로 유지시킨 보호무역주의가 이 저렴한 감미료의 생산을 엄청나게 떠받쳤다. 액상과당은 거의 모든 탄산음료에 들어갔으며, 1998년 기준으로 미국에서 사용된 전체 감미료의 절반을 차지했다.[67]

액상과당 덕분에 세계 최대의 설탕 수입국은 10년 만에 거의 자급 수준에 이르렀고 미국 사탕무 설탕 산업의 일부를 치워버렸다. 그러나 가장 중요한 것은 액상과당이 이미 과잉 생산으로 고통받던 국제 설탕 시장을 심각하게 뒤흔들었다는 사실이다. 세계 시장의 설탕 가격은 1974년에 킬로그램당 2달러 60센트에서 급락하여 1985년에는 고작 6센트밖에 안 되었다.[68] 이러한 추락은 수백만 사탕수수 노동자, 특히 미국에 종속된 국가들의 노동자의 삶에 깊은 영향을 미쳤다. 도미니카 공화국은 할당량이 늘어난 지 얼마 안 되어서 다시 대폭 삭감되었고, 이는 수만 명의 아이티인 계절노동자에게 고통을 가중시키는 원인이었다.[69] 필리핀의 설탕 산업은 거의 미국에만 설탕을 수출했기에 심각한 위기에 빠졌다. 필리핀 설탕 부문의 임금은 이미 너무 낮은 수준이어서 식재(파종)와 제초, 수확의 기계화로써 광범위한 노동자 저항을 분쇄하려던 마르코스 정권의 전략은 실패로 돌아갔다.[70] 네그로스섬에서는 단일 경작 탓에 식량 작물을 재배할 땅이 매우 부족하여 종교계와 노동계 지도자들이 마르코스 대통령에게 섬의 경작지 중 10퍼센트를 곡물 재배에 쓸 수 있게 해달라고 간청하는 지경에 이르렀지만, 플랜테이션 농장주들은 깡통에다 곡물을 재배할 수 있다고 빈정거리며 저항했다.[71] 네그로스섬은 이미 비참한 상황에 놓였으나 액상과당 때문에 완전한 기아에 빠져서 '동남아시아의 에티오피아'라는 별칭을 얻었다. 그러나 결국 액상과당은 마르코스 체제를 무너뜨리는 중요한 요인이 된다.

　설탕 가격의 급락과 미국의 설탕 수입 필요성 감소로 미국 사탕무 설탕 산업, 필리핀과 도미니카 공화국의 설탕 산업이 큰 피해를 입었을 뿐만 아니라 아직까지 하울리 선교사들의 종손들이 소유하고 있던 하와이의 매우 효율적인 설탕 산업까지도 종말을 고했다. 하와이에 이런 상황이 전개되는 데 영향을 미친 또 다른 요인은 저비용 항공으로 대중 관광이 가능해졌다는 점이다. 대중 관광으로 임금이 인상되었고 설탕 생산은 수익성이 없어진 것이다. 마지막까지 남아 있던 하울리 설탕 공장은 2016년에 가동을 중단했다. 이와 비슷하게 트리니다드토바고도 더는 설탕을 수출하지 않게 되었으며, 자메이카의 설탕 공장들도 대부분 문을 닫았고, 마르티니크의 설탕 산업은 대체로 해체되었다.[72] 수백 년 동안 바베이도스를 공고히 장악한 플랜테이션 농장주들의 지배도 무릎을 꿇었다. 그 섬의 미래는 이제 설탕이 아니라 관광에 있다.[73]

　액상과당은 글로벌 사우스의 사탕수수 재배 지대 전역을 큰 혼란에 빠뜨렸다. 가장 효율적인 설탕 생산자만 대체로 수직적 통합을 통해, 때로 국내 시장에 설탕과 에탄올 둘 다 공급하여 살아남았다. 네그로스 섬의 오래된 아시엔다는 필리핀 시장에 생산품을 공급하는 농공업 복합 단지로 바뀌었다.[74] 브라질에서는 1960년대 이래로 수직적 통합이 진행되었다. 그 시기에 제조업자들이 코페르수카르Copersucar라는 이름의 협동조합 형태로, 더 정확히 말하면 기업조합 형태로 조직을 설립하여 브라질을 미국 다음으로 큰 에탄올 생산국으로 만들었다. 대기업들은 광대한 면적의 땅을 확보하여 브라질의 사탕수수 경관을 지배했다. 알코올 생산으로 단일 경작과 대토지 소유가 더욱 촉진되고 복지 효과는 모호해지고 계절노동자의 노동 조건은 더욱 끔찍해졌다.[75] 브라질과 더불어 세계 설탕 생산을 선도한 인도에서도 똑같이 수직적 통합과 에탄올로의 전환이 이루어졌다. 인도의 마하라슈트라 주정부는 보조금을 지급하여 협동조합 공장들을 구했는데, 휘발유에 의무적으로 에탄올을 혼합하게 한 조치가 더 주효했다.[76] 인도 북부에서는 1990년대에 가동을 멈춘 국영 공장들을 사기업이 매입해 정비하고 부패한 협동조합을 해체했다. 30만 명의 농민으로부터 사탕수수를 공급받아 공장 일곱 군데를 운영한 비를라, 그리고 힌두스탄 석유회사Hindustan Petrol Company 같은 회사들은 비료와 화학 약품을 넉넉히 제공하고 작업 조언을 해주고 사탕수수를 매입하여 농민의 지지를 이끌어냈다.[77]

한편 국제통화기금은 멕시코에 국영 공장을 사영화하라고 강력히 요구했다. 그 결과로 1990년대에 펩시콜라와 코카콜라 같은 탄산음료 대기업은 멕시코 사탕수수의 절반을 가공했다. 그 회사들은 비용을 줄이기 위해, 소농의 사탕수수 재배가 기계화를 방해해 저렴한 사탕수수 공급을 막는다고 공격했다. 사탕수수 가격이 급락하자 재배 농민들은 빚에 시달려 어쩔 수 없이 토지를 팔았다. 수많은 사탕수수 재배 농민이 사료 작물이나 블랙베리 재배로 전환하여 이 운명을 피했고, 실제로 더 부유해졌다.[78] 이렇게 거대 에너지 기업과 음료 기업이 글로벌 사우스의 사탕수수 농장과 제당소를 매입하면서, 설탕 생산 탈식민화의 역전 과정이 완성되었다.

대공황 시기에 작물 다각화와 협동조합 생산을 통해 농산물 원자재 생산자의 미래가 더 공정해지고 나아지리라는 희망이 생겼지만, 이는 불과 몇십 년 만에 꺾여버렸다. 그러므로 설탕의 탈식민화는 가능성으로만 남고 실현되지 못한 실패의 이야기다. 그러나 전혀 예상하지 못한 일은 아니었다. 1930년대에 소농의 사탕수수 재배와 플랜테이션 경제의 다각화를 옹호한 플랜테이션 경제 비판자들은 사탕수수 설탕 공급자가 많고 수요는 소수의 강력한 기업들이 통제한다는 사실을 날카롭게 인식했다. 왜곡된 세계 설탕 시장이 글로벌 사우스의 설탕 협동조합이 와해된 근본적 원인이었다. 1980년대에 강요되어 시장의 자유와 사영화에 유리했던 구조 조정 프로그램은 치유책이라기보다 완화책이었다. 게다가 구조 조정은 국가의 일방적 퇴조로 이어졌다. 설탕 가격 통제를 포기하고 협동조합을 공업적 방식으로 운영해 설탕을 생산한다는 인도의 민족주의적 계획이 수포로 돌아갔을 때, 관세 장벽 덕분에 성장한 글로벌 노스의 설탕 협동조합과 설탕 기업은 글로벌 사우스로 시선을 돌렸다. 이에 관해서는 다음 장에서 살펴보겠다.

13

주식회사 설탕

1980년대가 되면 설탕은 세계화와 시장의 탈규제, 다국적 기업의 세력 확대가 기조를 이루는 주식회사 기업 시대에 접어든다. 설탕의 생산과 소비는 세계적으로 눈부시게 늘어났다. 그렇지만 설탕의 국제 교역은 쇠퇴했다. 1920년대 이래로 설탕 산업은 점차 국내 소비에 맞춰 움직였으며, 50년이 지나면 국내 소비가 시장의 75퍼센트까지 차지했다. 글로벌 사우스의 설탕 생산자들에게 큰 손해를 끼친 액상과당이 일본과 미국에서 막 생산되기 시작한 때였다.[1]

앞에서 보았듯이, 국익과 보호무역주의는 국제 설탕 교역의 쇠퇴를 설명해준다. 애덤 스미스 시대에 보호무역주의는 불공정하다고, 심지어 노예제 같은 비인간적 제도의 공모자라고 비난받았을 뿐만 아니라 약한 국가가 비효율적 경제를 경쟁으로부터 보호하는 데 즐겨 쓴 전략으로 인식되었다. 그러나 설탕의 경우, 고도로 보호무역주의 설탕 정책에 몰두한 쪽은 가장 약한 경제가 아니라 미국과 유럽연합, 일본과 같은 강력한 경제였음을 역사는 보여준다. 이는 놀라운 일이 아니다. 설탕의 역사는 국가가 특히 과도한 관세와 후한 수출 보조금을 통해 산업

자본주의를 강력하게 촉진했음을 거듭 증명했다. 세계적 자본주의의 발전에서 국가의 역할은 시간이 갈수록 더욱 커지기만 했으며, 이는 설탕의 경우에 더없이 잘 들어맞는 이야기다. 거대 다국적 기업이 강력한 보호무역주의를 발판으로 설탕의 세계를 발전시키고 지배하는 작금의 역설적 상황도 이로써 설명된다.

유럽연합은 대규모 보조금과 수입품에 대한 높은 관세의 결합을 통해 역내 회사들이 세계 시장에 수백만 톤의 설탕을 수출할 수 있게 했다. 아니, 수출이 아니라 덤핑이라고 해야 한다. 21세기에 들어설 무렵 유럽연합은 전 세계의 원당 수출에서 17퍼센트(정제 백설탕 수출의 30퍼센트)를 차지하여 26퍼센트를 차지한 브라질에만 뒤졌다. 태국과 쿠바가 각각 9퍼센트와 8퍼센트로 뒤를 이었다.[2] 2004년, 세계적으로 유명한 비정부 개발 기구인 옥스팜Oxfarm은 상황을 아주 분명하게 이해했다. "유럽은 매년 약 500만 톤의 잉여 설탕을 세계 시장에 쏟아부어 인위적으로 가격을 떨어뜨리고, 효율적인 개발도상국 생산자들에게서 잠재적 수입을 빼앗는다."[3]

한편 미국에서는 설탕과 감미료 기업들이 미국 설탕 왕국의 결정적 요소였던 지정학적 파벌주의에 맞서 승리를 거두었다. 미국과 유럽연합의 설탕 정책이 철저하게 개혁되었다면 글로벌 사우스의 국가들은 1990년대에 평균적으로 3분의 1 정도 더 높은 가격을 받았을 것으로 추정된다. 카리브해 지역 사탕수수 농장들은 최대 68.2퍼센트까지 더 높은 가격을 확보하여 대다수 농장이 소멸하지 않았을 것이다.[4]

유럽과 미국의 설탕 대기업들은 관세 장벽 뒤에서 번창했지만, 글로벌 사우스의 정부들은 보호무역, 특히 협동조합 사업을 포기하기로 결정했다. 국제적 컨설팅 회사들과 세계은행은 글로벌 사우스의 설탕 산업에 구조 조정을 강요했는데, 이는 대체로 소농과 협동조합에 해를 끼치며 진행되었다. 그로써 초국적 설탕 기업에 기회가 열렸다. 이들의 기반은 더는 글로벌 노스에만 있지 않고 남아프리카, 태국, 중국, 라틴아메리카에도 있었지만, 어쨌거나 점점 더 적은 수의 다국적 기업이 설탕 부문의 산출(음료, 식품, 연료)은 물론 투입(비료, 종자)까지 통제했다. 수억 명의 농민과 훨씬 더 많은 소비자가 점점 더 소수의 식품 기업에 의존하고 있으며, 그 기업들은 농민 가격과 소비자 가격의 차이를 늘림으로써 부를 쌓고 있다.[5]

한편 글로벌 사우스의 정부들, 브라질과 인도, 태국 같은 큰 규모의 생산자들이 선진 산업 국가들의 설탕 덤핑과 보호무역주의로 자국 산업이 파괴되는 것을 막기 위해 에탄올 생산을 받아들이면서 사탕수수 재배 면적이 급증했다. 이로써 세계는 막대한 생태 비용을 떠안았고, 소비자 가구들은 그 부문에 연간 500억 달러에 달하는 거액을 보조하게 되었다.[6] 사탕수수 재배가 플랜테이션 농장에서 소농으로 이전되는 경향은 역전되어 자본 집약적 플랜테이션 농업 기업이 유리해졌다. 그 기업들은 땅에서 최소한의 비용을 들여 최대한의 에너지를 뽑아내는 것이 목적인 광산 회사와 다름없다.

곤경에 처한 사탕수수 수확꾼

세계 경제 질서가 농산물 원자재를 생산하는 과거의 식민지들에 유리하게 바뀌지 않았기에, 21세기에 들어설 무렵 사탕수수 노동자들이 전체적으로 가난해 보인다는 국제노동기구International Labor Organization(ILO)

의 평가는 놀랍지 않다.[7] 빈곤한 배후지나 가난한 인접 섬에서 온 이주자들은 계속해서 더럽고 위험하고 신체적으로 고된 사탕수수 수확 작업을 수행하고 있다. 과거에는 마두라에서 자와 동부로, 자메이카와 아이티에서 쿠바로, 푸에르토리코의 고지대에서 남부 해안으로 노동자들이 이동했다. 오늘날에는 인도 서부의 건조 지대에서 마하라슈트라나 남부 구자라트의 사탕수수 재배 지역으로, 페루의 고지대에서 해안가로, 아이티에서 도미니카 공화국으로 이동한다. 과거에 아시아와 라틴 아메리카, 아프리카 남부의 대규모 사탕수수 플랜테이션 농장에서 그랬듯이, 오늘날에도 이주 노동자는 어디서나 채무 때문에 모집인과 고용주에게 예속되어 있다. 예를 들면 모잠비크에서는 지금도 모집인들이 마을을 돌아다니며 노동자를 모은다. 그곳에서 설탕 생산이 시작되었던 100년 전과 다를 바 없다.[8]

설탕 대기업들은 하청업자를 통해 노동자를 모집하여 최저 임금 지급 같은 법적 의무 사항을 회피한다. 그러한 관행에 노동자와 노동조합이 저항하지 않은 것은 아니지만, 노동자를 조직하려면 만만치 않은 장애를 극복해야 했다. 글로벌 사우스의 사탕수수 재배 지대에서 노동조합은 공장의 기존 노동법 위반과 노동자를 모집하고 급여를 지불하는 중개인 뒤에 숨어서 고용하는 행태를 처벌하라고 정부에 강력히 촉구했다.[9] 그러나 노동조합의 협상력은 기계화의 진척으로 약해지기 일쑤였다. 수확 기계를 밭에 들이겠다는 위협만으로도 임금을 극단적으로 낮은 수준으로 유지하는 데 충분했다. 따라서 최근까지도 글로벌 사우스의 사탕수수 밭에서는 여간해서 현대식 기계를 볼 수 없었다.

마체테 칼을 들고 일하는 사탕수수 수확꾼은 쉽게 쓰고 버릴 수 있는 상품이 되었다. 그들의 노동 조건은 18세기 노예에 비해 결코 낮지 않았다. 수천 명이 부상을 입고 심각한 탈수가 야기한 신장 질환으로 사망한다.[10] 21세기 최악의 사탕수수 노동자 학대 중 일부는 도미니카 공화국의 플랜테이션 농장에서 발생했다. 충격적이게도, 1930년대 트루히요 정권이 아이티와의 접경 지역에서 자행한 소름 끼치는 민족 정화와 집단 학살은 시작에 불과했다(11장 참조). 2007년, 도미니카 공화국이 비록 크게 축소되었지만 여전히 미국의 설탕 수입 할당량에서 가장큰 몫을 차지하고 있을 때, 미국인 시청자들은 두 편의 충격적인 다큐멘터리를 통해 끔찍한 대우를 받는 아이티인 사탕수수 노동자의 실태를 알게 되었다.[11] 미국인 빌 헤이니는 〈설탕의 대가The Price of Sugar〉에서 유명한 비치니 가문의 농장에서 사탕수수 노동자들이 겪는 고초를 기록했다.[12] 〈슈거 베이비스Sugar Babies〉는 쿠바 태생의 널리 존경받는 영화감독 에이미 세라노가 제작했다. 세라노는 인터뷰에서 아이티인 노동자들의 혹사를 간결하게 요약했다. "황소가 다치면 즉시 수의사를 불러 돌보게 하지만, 아이티인은 다쳐도 의사가 오지 않는다."[13] 미국 주재 도미니카 공화국 대사가 대변한 설탕 기업들은 플로리다의 어느 대학교 교정에서 〈슈거 베이비스〉가 상영되자 주저 없이 이를 비난했다. 2008년, 마이애미 국제 영화제에서 〈슈거 베이비스〉가 탈락한 것은 전혀 놀랍지 않다. 도미니카 공화국 최대의 설탕 생산자가 플로리다에서 거주하는 판훌 가문이니 말이다.[14]

브라질에서도 사탕수수 밭은 폭력과 억압이 지배했다. 1985년, 25년에 걸친 군사 통치가 끝났는데도 지주 계급은 토지 개혁을 저지할 정도로 강력했고 노동계 지도자들을 폭력으로 위협했다. 그래서 노동조합은 과연 자신들이 농촌의 무법성을 종식시킬 가능성이 있을지 의구심을 품었다. 노동자는 대부분 엠프레이테이루empreiteiro(하청업자)를 통해 고용되었다. 엠프레이테이루는 노동자를 채무 노예 상태에 몰아넣었고 고용주들이 세금과 기타 사회 보험료를 면할 수 있게 해주었다. 이러한 관행은 다른 대규모 설탕 생산지인 인도 서부의 사탕수수 밭에서도 만연했다.[15] 사탕수수 수확꾼들은 과거의 노예처럼 채찍질이나 고문을 당하지는 않지만 여전히 처분 가능한 물건으로 취급받으며, 12년간 일하고 나면 몸은 대체로 망가진다. 2008년 국제 앰네스티Amnesty International는 브라질의 사탕수수 노동자들이 '노예제와 유사한 조건' 속에서 살았다고 밝혔다.[16]

글로벌 사우스의 사탕수수 밭에 수확 기계가 들어온 것은 일반적으로 인도주의적 관심의 소산이 아니다. 그것은 노동자의 요구를 들어주느니 차라리 기계화가 비용이 덜 든다는 기업의 냉철한 계산에서 비롯했다. 인도 서부에서는 21세기 초에 사탕수수 수확꾼들이 점차 착취에 맞서 효과적으로 집단적 대응에 나서자 사탕수수 수확 기계가 밭에 도입되어 노동자들이 힘들게 싸워 얻은 기본 수당을 다시 없애버렸다. 그러나 임금 수준이 낮다는 이유에서 사탕수수는 대부분 사람이 손으로 수확했다.[17] 브라질에서 사탕수수 수확의 기계화는 환경에 대한 관심이 추동했다. 손으로 수확하는 속도를 높이기 위해 사탕수수를 불태우면서 상파울루주는 짙은 연기에 휩싸였다. 페르난두 엔히키 카르도주 대통령 때 시작되어 그의 후임자 루이스 이나시우 룰라 다 시우바 시절에 진척을 보인 기계화는 생산자와 정부 사이의 새로운 '사회적 녹색' 계약의 일부로 제시되었다.[18] 정부가 사탕수수 밭의 근본적 변화를 목표로 삼은 것은 이해할 만하다. 물론 브라질의 경우에 사탕수수 수확꾼의 섬뜩한 노동 조건과 생활 조건에 대한 걱정만큼이나 연기로 인한 오염에 대한 집단적 불만도 사탕수수 수확의 기계화를 유도했다.[19]

옥스팜의 최근 보고서에 따르면, 인도 서부에서는 사탕수수 수확에 동반된 비인간적 노동 조건은 여전히 사라지지 않았다. 보고서는 거의 반백 년 전 네덜란드 사회학자 얀 브레만이 구자라트 남부의 현장 연구에서 설명한 마하라슈트라의 150만 계절노동자의 노동 조건과 똑같이 음울한 그림을 보여준다. 다른 저자의 발언을 빌리자면, 노동자들이 받는 급여로 그 가족은 '짐승처럼 간신히 먹고 사는 데' 급급했다.[20] 현재 노동 시간은 여전히 열두 시간에서 열여덟 시간에 이르며, 남자들이 사탕수수를 자르는 동안 여자들은 40킬로그램에서 45킬로그램까지 나가는 사탕수수 다발을 날라야 한다. 구자라트와 마하라슈트라의 사탕수수 노동자들은 수확기에 고율의 이자로 선금을 받아 살아야 하기 때문에 부채의 굴레에서 벗어날 수가 없다. 반백 년 전과 달라진 것은 없다.[21]

설탕 부르주아지의 종말?

다큐멘터리 〈슈거 베이비스〉의 운명이 분명하게 보여주듯이, 오래된 가족 기업들의 사업 네트워크는 오늘날 다국적 설탕 기업의 세계에서도 견고하다. 식민지 설탕 부르주아지는 새로운 주식회사 자본주의 국면에 잘 적응했다. 이 과정은 회사 이사회라는 직책을 통해 설탕 세계와 대자본이 결합한 19세기 말에 시작되었다. 그 세계의 지도자들은 20세기에 들어설 무렵 매우 강력한 위치에 오른 모건과 해브마이어, 슈프레켈스 같은 저명한 부르주아 가문에 속했다. 라베트게 같은 독일의 중요한 설탕 생산 가문들은 은행의 이사회에도 들어갔고, 독일 최대의 설

탕 회사인 쥐트추커는 독일은행Deutsche Bank의 감사위원회에 사람을 앉혔다.[22]

설탕 산업의 세계는 20세기 거의 대부분의 기간 동안 소수의 강력한 가문들이 지배했기에 사적인 성격이 매우 강했다. 테이트 앤드 라일, 슈프레켈스, 차르니코프-리온다, 자와를 기반으로 활동한 매클레인 왓슨 같은 유명한 설탕 회사들은 전부 가족 기업이었다.[23] 몇몇 회사는 가문의 이름이 붙지는 않았지만 왕조처럼 운영되었다. 예를 들면 저명한 클라인 반츨레벤 육종회사Kleinwanzlebener Saatzucht에서 라베트게-기세케 가문은 주도적 역할을 결코 포기하지 않았고 제2차 세계대전의 극심한 혼란과 독일의 분할을 견디고 기적적으로 살아남았다. 1945년, 영국은 소련이 점령한 클라인 반츨레벤에서 자신들의 독일 내 점령 지대로 그 가족과 더불어 그들의 사탕무 씨앗 60톤을 몰래 빼냈다. 오늘날 클라인 반츨레벤 육종회사의 감사위원회 위원장 안드레아스 J. 뷔흐팅은 둘 다 회사 창립자 마티아스 라베트게의 종손인 요아네 라베트게와 카를에른스트 뷔흐팅의 아들이다.

세계 설탕 교역은 몇몇 가문의 강력한 지배를 받았다. 그 구성원들이 널리 퍼진 교역망의 중요한 연결 고리를 차지했다. 그러한 추세는 이집트의 카리미와 독일 라벤스부르크 상인들이 활동한 14세기에도 볼 수 있었다(2장 참조). 그 사업 모델은 매우 탄력적이다. 정치적으로 민감한 거래를 비롯하여 회사의 매우 귀중한 비밀을 잘 지킬 수 있기 때문이다. 가족 기업은 또한 신속한 결정을 내리는 데 용이하며, 외부 주주가 없으니 회사 안에 이윤을 적립하여 성장을 도모하기에도 유리하다. 게다가 세계 설탕 시장의 위축과 점차 심해지는 왜곡은 설탕과 시장에 관해 속속들이 알고 있을 뿐만 아니라 유력한 정치인이나 국가 수반과 사사로운 관계를 맺은, 정치적으로 기민한 설탕 상인들에게 운신의 폭을 넓혀주었다.

쿠바의 설탕 부호 훌리오 로보는 단연 이 범주에 속하는 인물이다. 1934년, 로보는 쿠바에서 가장 중요한 설탕 상인의 지위에서 마누엘 리온다를 밀어내면서 미국 설탕 상인들을 한 방 먹였다.[•] 뉴욕 증권 거래소에서 설탕 가격은 천정부지로 치솟았고, 설탕 교역은 일시적으로 중단되어야 했다.[24] 로보는 미국 설탕 왕국 최대의 설탕 상인이 되었고, 1959년에 대량의 설탕을 프랑스에 판매함으로써 미국에 의해 (카스트로의 정권 장악 때문에) 압살당할 처지에 놓인 쿠바의 설탕 경제를 구해냈다. 그러나 그는 카스트로 정권에 참여하라는 체 게바라의 제안을 거절하고 망명하여 마드리드의 자그마한 아파트에서 말년을 보냈다.

그때 다른 담대한 세계적 설탕 상인이 등장을 기다리고 있었다. 카스트로와 일하는 데 조금의 거리낌도 없었던 모리스 바르사노다. 프랑스 회사 쉬크르 에 당레Sucres et Denrées(쉬크당Sucden)의 소유주인 바르사노는 로보와 거래하여 쿠바 설탕을 프랑스로 수입하고 카스트로가 일본과 북아프리카에서 새로운 시장을 찾도록 도우면서 국제 설탕 교역의 중요한 인물로 떠올랐다. 카스트로를 비롯하여 여러 신생 독립국의 지도자들과 친분을 쌓은 바르사노는 글로벌 사우스의 유일한 설탕 교역자라는 명성을 얻었다. 전하는 바에 따르면, 그는 과거의 식민지에 유

• 1934년 5월에 제정된 존스-코스티건 법에 따라 미국은 '도서 영토'(하와이, 필리핀)와 쿠바 같은 해외 설탕 생산국과 협정을 체결하여 할당제를 시행했다. 1934년에 다른 나라들이 할당량을 채웠을 때 쿠바는 의도적으로 이를 늦추었다. 그런 상황에서 이듬해 할당제가 다시 시작될 때까지 쿠바가 미국 원당 시장을 조종할 수 있음을 로보는 알아보았다. 그리하여 그는 쿠바의 남은 할당량에 마음대로 가격을 정할 수 있었다.

럽 시장 진입을 허용한 1975년 로메 조약으로 확립된 '설탕 협약Sugar Protocol'의 기획자 중 한 사람이다. 그러나 마치 해브마이어가 되살아난 것처럼, 그가 진행 중이던 유럽 사탕무 설탕 생산자들의 카르텔 결성에 핵심적 역할을 수행했다는 주장도 있다. 오늘날 모리스 바르사노의 아들 세르주가 지휘하는 쉬크당은 러시아 설탕의 가장 중요한 중개자이며, 브라질뿐만 아니라 베트남을 비롯한 동남아시아에도 사탕수수 농장을 갖고 있다. 이 회사는 현재 전 세계 설탕 교역의 15퍼센트를 장악하고 있다.[25]

바르사노, 그에 앞서 차르니코프, 리온다, 로보와 같은 담대하고 총명한 설탕 상인들은 쉽게 바뀌는 설탕 지정학을 기민하게 읽어냄으로써 세계 설탕 교역에서 큰 몫을 차지했다. 그렇지만 1980년대 이후로 이 상인들이 극적인 성공을 이루어낼 여지는 줄어들었다. 1934년, 로보는 무모함과 시장에 대한 지식으로써 아직 오지 않은 앞날의 교역을 조작하여 미국 농산물 원자재 상인들을 망하게 할 수 있었지만, 그런 로보라도 오늘날 컴퓨터의 상대가 되지는 못할 것이다. 1980년대 이래로 지나친 과점 상태의 농산물 원자재 교역에 뉴욕, 프랑크푸르트, 런던, 제네바, 도쿄의 10~15개 은행이 자금을 제공했다. 무역 회사의 사무소는 위성을 통해 수확과 관련한 모든 사항을 추적하며 여기에 은행의 정보망을 결합한다. 이 정보망은 그들에게 필수적이다. 이렇듯 세계 설탕 교역의 약 40퍼센트는 스위스의 사무실에서 컴퓨터로 이루어진다.[26]

한편 옛 정제소 왕조들은 한때 자신들이 지배했던 미국과 영국의 설탕 제국과 함께 퇴조했다. 해브마이어 가문은 1969년에 설탕 회사를 매각했다. 부커 매코널과 테이트 앤드 라일은 1973년에 영국이 영연방 설탕 정책을 포기하고 유럽연합의 전신인 유럽경제공동체에 가입하고 몇 년 지나서 제국의 설탕 사업에서 손을 뗐다. 부커 매코널은 도매업으로 사업을 전환했고, 테이트 앤드 라일은 결국 인공 감미료에서 고도로 특화된 틈새시장을 발견했다. 작 캠벨은 1979년에 부커 매코널 회장직에서 은퇴했고, 한 해 뒤 테이트 앤드 라일을 이끈 가문의 일원으로는 마지막 인물인 색슨 테이트가 경영 일선에서 물러났다. 이제는 제국의 설탕 시장 형성에 몰두했던 사람들이 아니라 끝없는 합병과 개편의 기업 경영을 훈련한 새로운 유형의 경영자들이 회사를 운영한다.[27]

식민지 설탕 부르주아지는 제국의 상인들, 특히 정제업자들과 비교하면 회복력이 훨씬 뛰어난 것 같았다. 필리핀의 로페스, 리온다-판홀, 라베트게 같은 저명한 가문은 전쟁과 혁명을 견디고 살아남아 몇십 년 안에 제국을 재건했다. 중요한 것은 그들이 특정 민족이나 종교에 스스로를 가두지 않고 대자본과 제휴할 때도 독립성을 유지했다는 사실이다. 이 오래된 가문들에 글로벌 사우스의 새로운 가족 기업이 합류했다. 유럽과 미국의 경우와 똑같이, 이 강력한 설탕 생산자들 대다수가 자국 정부의 보호관세나 보조금에 힘입어 성장했다. 20세기에 들어설 무렵 헨리 해브마이어가 했다는 이 말은 널리 알려져 있다. "모든 트러스트의 어머니는 관세법이다." 이는 100년 뒤에도 결코 틀린 말이 아니다.

세계 3위의 설탕 기업인 미트르 폴 그룹Mitr Phol Group은 태국의 퐁꾸솔낏Vongkusolkit 가문이 주인이다. 미트르 폴 그룹은 1956년부터 설탕을 생산하기 시작했고 정부에서 대대적으로 지원을 받았다. 그 회사는 지금 중국의 광시성, 라오스, 퀸즐랜드, 캄보디아에서 공장을 운영하고 있다.[28] 인도의 거대한 설탕 생산자인 비를라 설탕회사(8장 참조)는 네 세대가 지난 지금도 가족 기업이다. 이 회사의 창업자는 1860년에 뭄바이에서 아편 상인으로 출발하여 면화 상인을 거쳐 사업을 확장했다.

그의 손자와 종손자는 마하트마 간디, 총리를 지낸 자와할랄 네루, 아버지와 마찬가지로 총리가 된 인디라 간디와 좋은 관계를 유지했다. 인도국민회의는 인도인 기업가의 성장을 일관되게 지원했으며, 1930년대에 우타르프라데시주와 비하르주에 건립된 비를라 가문의 일곱 개 설탕 공장은 그러한 경제적 민족주의가 일군 성과였다.[29]

식민지 설탕 부르주아지, 지금은 식민지에서 해방된 나라의 설탕 부르주아지가 얼마나 적응력이 뛰어났는지 보여주는 가장 놀라운 사례는 10개국에 정제소와 공장을 소유한 세계 최대의 설탕 회사로 플로리다에 본사를 둔 ASR 그룹(미국설탕정제회사)이다. 이 회사는 플로리다 사탕수수 생산자 협동조합과 판홀 형제의 플로리다 크리스털스 코퍼레이션의 전략적 제휴로 출현했다. 이 그룹의 웹사이트에는 윌리엄 해브마이어가 뉴욕에서 창업한 것부터 헨리 테이트의 첫 번째 공장 설립, 판홀 가문의 첫 번째 쿠바 공장 설립 등 19세기까지 거슬러 올라가는 회사의 역사가 시간 순서로 제시되어 있다. 이 오래된 설탕 대기업들의 놀라운 사업 집중은 1963년에 시작되었다. 그해에 슈프레켈스 가문이 설탕 부문의 주식을 해브마이어 가문의 미국설탕정제회사에 매각했고, 뒤이어 1969년에 그 회사는 투자 은행들에 지분을 매각했다. 1988년에 테이트 앤드 라일이 액상과당의 출현으로 가치가 크게 떨어진 그 정제소들을 '염가'로 구매할 황금 같은 기회를 놓치지 않고 새로운 주인이 되었다.[30] 이 거래로 테이트 앤드 라일은 미국의 설탕 정제 능력의 36퍼센트를 확보했다. 그러나 오래가지는 못했다. 1990년대가 지나면서 테이트 앤드 라일은 인공 감미료와 '달지 않은 설탕nonsweet sugar'에 집중했다.[31] 최종적으로 미국설탕정제회사 전체와 테이트 앤드 라일 회사의 일부가 ASR 그룹의 수중에 들어갔다. 판홀 형제의 소유가 된 것이다.[32] 이는 설탕 기업 세계의 가족 기업적 성격과 식민지 설탕 부르주아지의 회복력을 보여주는 또 다른 증거다. 해브마이어의 '트러스트' 정제소들과 영국의 테이트 앤드 라일 정제소들은 현재 판홀 가문이 일부를 소유하고 있다. 에스파냐와 미국의 여권을 소유한 그들은 한때 쿠바의 가장 유명한 식민지 부르주아지였다.

족쇄 풀린 설탕 대기업들

보호무역주의는 설탕 대기업을 키웠지만, 현재의 주식회사 자본주의 시대에 그들은 더는 국가의 보호가 필요한 것 같지 않다. 이 점은 오스트레일리아가 태국, 브라질과 힘을 합쳐 세계무역기구에 유럽연합의 설탕 덤핑을 제소하여 승소한 후 2005년에 유럽이 그 설탕 제국의 해체에 들어갔을 때 너무도 분명해졌다. 설탕을 사용하는 유럽의 식품 산업은 예상대로 평결에 박수를 보냈으며, 유럽연합 관료들은 다른 식품에 비해 부가 가치가 낮은 생산물에서 무역 분쟁을 확대할 필요는 없다고 인정했다.[33] 한편 유럽연합 설탕 제국의 해체에는 로메 조약에 따른 설탕 수출입 할당제의 종식이 동반되었고, 그 결과 유럽 시장에서 특혜를 받았던 글로벌 사우스의 소규모 설탕 생산자들이 몰락했다. 브라질, 태국, 아프리카 남부 국가들이 승자였다. 유럽연합의 원당 수출은 1999년에서 2019년 사이에 80퍼센트가 감소한 반면, 브라질의 수출은 거의 세 배 가까이 증가했고 태국의 수출도 두 배 이상 늘었다. 게다가 2007년 이래 모잠비크와 에스와티니(스와질란드), 말라위가 최저 비용으로 설탕을 생산한 덕분에 설탕 수출이 크게 늘었다.[34]

유럽의 설탕 대기업은 유럽 사탕무 설탕 생산자들을 위한 보조금 제도의 폐지에 개의치 않았다. 유럽연합 설탕 할당제가 끝난 2017년 9월 30일, 유럽연합 농업 부문의 집행위원 필 호건은 확신에 차서 다음과 같이 말했다. "생산자들은 이제 세계 시장에서 거래를 확대할 기회를 얻을 것이다."[35] 실제로 그들은 이미 그렇게 하고 있었고, 이 또한 유럽연합 집행위원회 덕분이었다. 장려금이 고갈되기 전 몇 년 동안 유럽연합은 설탕 부문의 구조 조정과 세계적 팽창에 54억 유로를 투입했다. 유럽 대륙 최대의 설탕 회사로 부상한 쥐트추커는 2008년부터 모리셔스의 원당을 수입했는데, 유럽연합의 새로운 설탕 정책에 따라 포기해야 했던 사탕무 설탕 할당량을 벌충하려는 목적도 있었다.[36] 1만 2000명의 프랑스 사탕무 생산자가 주인인 협동조합 테레오스는 2010년에 레위니옹 유일의 설탕 생산자가 되었다. 테레오스는 쉬크당과 제휴하여 브라질에서도 설탕 생산에 뛰어들었고 모잠비크에서도 설탕 생산을 시작했다.[37]

한편 영국의 식품 유통 대기업인 어소시에이티드 브리티시 푸즈(영국연합식품회사, ABF)는 아프리카 남부에서 눈부시게 팽창했다. 2006년, 아프리카 최대의 설탕 생산자인 일로보 슈거 아프리카 유한회사Illovo Sugar Africa Ltd의 대주주가 된 것이다. ABF는 오벌틴Ovaltine과 프라이마크Primark 같은 유명한 브랜드를 소유하고 있고, 영국 설탕 시장의 3분의 2를 차지하고 있으며, 아프리카 남부와 중국, 유럽에 네 개의 독립적인 설탕 회사를 갖고 있다.[38] 일로보는 남아프리카 공화국에서 사업을 시작했다. 아파르트헤이트apartheid 체제에서 보호된 시장에서 먼저 기반을 다진 후, 그 체제가 무너졌을 때 아프리카 남부의 다른 곳으로 사업을 확대했다. 그러다 1997년에 런던·로디지아 광업토지회사를 창업자인 프랑스계 모리셔스인 르네 르클레지오에게서 매입하여 큰 발걸음을 내디뎠다(12장 참조). 이후 ABF가 덩치가 커진 일로보를 꿀꺽 삼켜 2016년에는 완전한 소유주가 된다. ABF는 그 외에도 여러 기업을 인수해 지금은 플로리다의 ASR 그룹 다음으로 세계에서 두 번째로 큰 설탕 생산자다.[39]

　미국은 보호무역주의적 설탕 정책을 점차 폐기한 유럽연합과 반대로 북미자유무역협정 North American Free Trade Agreement(1994~2020)을 통해 관세 지대를 확대하여 멕시코와 캐나다까지 포함시켰다. 그럼으로써 효율성이 더 높은 생산자들을 차별하고 소비자에게 피해를 입혔다.[40] 미국의 자유주의적 싱크 탱크인 카토 연구소 Cato Institute는 이에 대해 직설적으로 말했다. "이 나라에서 설탕과 그 생산 재료의 가격이 소비자와 생산자만큼이나 관료와 정치인에 의해서도 결정되는 것은 유감스러운 현실이다."[41] 납세자에게 손해를 끼치는 보호무역과 보조금을 위한 로비는 매우 강력하다. 1980년대에 플로리다 사탕수수 재배 지대를 상세히 취재한 기자 앨릭 윌킨슨은 이렇게 말했다. "북동부 출신의 어느 하원 의원은 사탕수수와 사탕무를 재배하는 사람들과 옥수수를 재배하는 사람들이 함께 전국총기협회 National Rifle Association만큼이나 효과적으로 의회를 조직했다고 말했다."[42] 그러나 이러한 정치적 영향력에 반대가 없는 것은 아니다. 1990년대부터 플로리다의 ASR 그룹은 환경보호주의자들과 코카콜라, 초콜릿 생산자인 허시의 있을 법하지 않은 동맹으로부터 점점 더 거센 비판을 받았다. 그 동맹은 ASR 그룹이 환경을 파괴하고 설탕 가격을 높게 유지하여 미국의 납세자들에게 손해를 입힌다고 주장한다.[43]

　공격을 받은 설탕 산업은 정당에 기부하여 방어를 강화했다. 판훌 형제는 가격 지원을 유지하고 '외국 설탕의 덤핑을 막기' 위해 공화당과 민주당에 넉넉하게 돈을 보냈다.[44] 플로리다의 설탕업계에서 지원을 많이 받은 플로리다주 상원 의원 마르코 루비오는 그들이 없으면 미국 설탕 산업이 브라질의 설탕 산업에 밀려 소멸할 것이라고 주장하며 보호무역주의 정책(비판자들은 '기업 복지'라고 불렀다)을 옹호했다.[45] 그러나 그의 후원자들은 아마도 그러한 전망에 조바심 내지 않았을 것이다. ASR 그룹은 2005년에 유럽의 설탕 기업들이 그랬듯이 관세 장벽의 제거를 쉽게 극복할 수 있었으니 말이다. 알폰소 판훌로 말하자면 주저 없이 국제적 팽창에 나섰다. 2014년, 때가 왔다고 판단한 그는 쿠바에 투자하겠다는 욕망을 드러냈다. 그는 반역자라는 야유를 받았지만, 아무리 미국 보호무역주의로부터 많은 것을 받았다 한들 다국적 기업에 무엇을 기대하겠는가.[46]

브라질과 아프리카 남부, 동남아시아의 사탕수수 재배 지대가 급격하게 확대되자 설탕 산업은 자신들에게 그토록 많은 '기업 복지'를 제공한 제국들과의 관계를 재고해야 했다. 테이트 앤드 라일은 유럽연합과의 관계를 다시 생각했다. 이 회사는 비록 2012년까지 유럽연합이 제공하는 60억 유로의 농업 보조금에서 3분의 1 이상을 가져갔다는 말이 있지만,[47] 브렉시트에 적극적으로 찬성했다. 이 회사의 이사를 지낸 사람 중에는 영국의 유명한 보수당원이며 유럽연합 탈퇴를 열렬히 선전한 데이비드 데이비스가 있다. 그는 1970년대와 1980년대에 테이트 앤드 라일이 유럽 대륙 사탕무 설탕 산업의 상당한 지분을 확보하는 데 실패한 뒤, 회사의 부분적 구조 조정 임무를 맡았다. 테이트 앤드 라일은 또한 액상과당을 생산하여 유럽 시장에 판매하려 했으나, 유럽연합 집행위원회는 유럽의 사탕무 설탕 산업 편을 들어 액상과당 생산의 상한을 감미료 전체 생산의 5퍼센트로 정함으로써 그 시도를 실질적으로 무산시켰다. 최근에는 로메 조약에 따른 할당제가 폐지되어 설탕 정제업자로서 테이트 앤드 라일의 세력 기반은 사라졌다.[48] 데이비스는 2016년부터 2018년까지 브렉시트 협상 대표 자격으로 마침내 유럽연합에 앙갚음할 기회를 잡았다.

테이트 앤드 라일을 브렉시트 찬성 진영으로 밀어 넣은 또 다른 요인은 다른 설탕 거물인 ABF와의 다툼이었다. ABF는 영국 사탕무 설탕 산업을 장악했고 유럽연합의 설탕 정책으로 혜택을 입었다. 테이트 앤드 라일은 확실히 영국의 사탕무 설탕 부문을 희생시키며 열대 지방 사탕수수 설탕의 자유로운 영국 시장 진입을 이끌어냄으로써 사탕수수 설탕에서의 지배적 지위를 회복하기를 바랐다. 어쨌거나 사탕무 설탕은 브라질이나 오스트레일리아, 아프리카 남부의 사탕수수 설탕과의 경쟁에서 이길 수 없었다. 식품과 설탕 부문의 대기업인 ABF의 이사 폴 켄워드는 2020년에 《가디언》과의 인터뷰에서 테이트 앤드 라일은 2010년 이후로 그 정제소들이 '마이애미 놈a guy in Miami'의 재산이 되었으므로 이름뿐인 영국 제국 기함이라고 말하여 상처에 소금을 뿌렸다. 켄워드가 말한 '그놈'은 물론 판훌 형제를 가리킨다. 게다가 영국의 설탕 수입업자로서의 옛 지위를 조금이나마 회복하려는 테이트 앤드 라일은 이를테면 아마존강 유역의 설탕 변경에 있는 중국인 회사와 미국인 회사와의 경쟁에 직면할 수 있다. 그린피스는 이미 테이트 앤드 라일이 사회적으로나 생태적으로나 용인될 수 없는 조건에서 생산되는 브라질의 저렴한 설탕을 수입한다고 고발했다. 그러한 조건은 책임 있는 기업 경영을 공언한 그 회사의 정책에 어울리지 않는다는 주장이었다.[49]

전체주의적 자본주의인가, 녹색 자본주의인가

다국적 주식회사 체제에는 아프리카 남부와 브라질, 중국, 동남아시아에서 설탕 변경의 전례 없는 팽창이 동반되었다. 에탄올 수요의 증가뿐만 아니라 엄청난 설탕 소비도 그러한 팽창을 추동한 원인이었다. 전세계 설탕 생산은 토양에서 탄수화물을 너무 많이 뽑아내고 광산의 채굴에 비견될 정도로 극심한 환경 파괴를 초래하는 수준에 이르렀다. 에탄올 생산, 그리고 중국처럼 급속히 확대되는 새로운 소비 시장의 결합으로 설탕 변경은 생태적으로 지구상에서 가장 취약한 곳이 되었다.

중국은 세계 3위의 설탕 생산국인데도 엄청난 양의 설탕을 수입해야 하는데 앞으로 그 규모는 점점 더 커질 것이다. 현재 중국의 평균 소비량은 유럽의 4분의 1밖에 안 되는데, 인구가 늘지 않는 상황에서도 가장 크게 발달한 이 시장을 따라잡는다면 소비량은 네 배로 늘어날 것이다.[50] 최대의 식품 가공 국영 기업인 중양집단유한공사中糧集團有限公司는 중국이 수입하는 설탕의 50퍼센트를 담당하고 있으며, 이 기업의 웹사이트에 따르면 2017년 기준으로 설탕 무역에서 세계 5위 안에 들었다.[51] 이 회사가 브라질의 중요한 설탕 생산자이자 에탄올 생산자로 부상한 것은 전혀 놀랍지 않다.

유럽과 중국, 태국, 미국의 설탕 대기업들은 대규모 농장에 엄청난 자본을 투입하여 설탕과 에탄올을 생산하고 있다. 예를 들면 인도네시아에서는 역사적으로 설탕 생산이 집중된 자와 이외의 지역에 새로운 변경이 열렸다. 농민이나 협동조합, 촌장과의 복잡한 협상은 식민지 해방 이후 자와 농촌에서 큰 난제를 제기했지만, 이러한 생산 방식에는 그러한 협상이 따르지 않는다는 것이 인도네시아가 가진 엄청난 이점이다. 글로벌 사우스의 새로운 설탕 변경에 여전히 사탕수수를 재배하는 소농이 있지만, 세계에서 가장 경쟁력 있고 가장 빠르게 성장하는 설탕 지대인 아프리카 남부에서 분명하게 볼 수 있듯이, 이들은 수직적으로 통합된 기업에 예속되어 있다. 설탕 공장을 소유한 큰 회사들은 농민과 함께 일하지만 가난한 농민을 착취하는 대농을 더 좋아한다. 이는 인도 서부에서 이미 보았던 방식이다.[52]

설탕과 에탄올의 수요는 치솟는데 헥타르당 수확량의 증가는 더딘 상황에서, 사탕수수는 점점 더 많은 땅을 잡아먹었다. 사탕수수 재배 면적은 1960년에서 1985년 사이에 두 배로 늘어났다. 바이오 연료에 보조금이 지급되면서 재배 면적은 더욱 확대되고 브라질과 미국은 세계 최대의 에탄올 생산국이 되었다.[53] 예를 들면 브라질 페르남부쿠의 사탕수수 재배 면적은 1970년에서 1980년대 말 사이에 거의 두 배로 늘었다. 이러한 증가는 거의 전적으로 에탄올 생산에 들어갔다. 놀랄 정도로 많은 양의 비료 사용, 재앙과 다를 바 없는 산림 벌채, 수질 오염에다 소농의 전적인 소외, 식량 생산에 쓸 토지의 감소, 곡가 등귀가 동반되었다.[54] 비극적이게도 에탄올 생산을 위해 숲을 사탕수수 밭으로 전환한 결과로 화석 연료를 쓸 때보다 탄소 배출량이 더 늘었다(탄소 흡수 능력의 감퇴를 고려하면 그렇다).[55] 게다가 사탕수수의 대량 재배에는 엄청난 양의 물이 필요하기에, 이미 취약해진 생태계가 더 큰 위험에 빠졌다. 예컨대 인도 서부 마하라슈트라주의 사탕수수 재배 지대는 2010년대에 강수량 감소로 심한 물 부족을 겪었다.[56]

농작물 연료agro-fuel를 얻기 위한 경쟁은 아프리카, 필리핀, 브라질, 인도네시아의 광대한 땅을 외국 회사의 수중에 넘기는 결과를 낳을 수 있다. 자와, 도미니카 공화국, 쿠바에서 보았듯이 사탕수수 재배에는 언제나 토지 강탈, 토지 매점, 공유지 처분이 뒤따랐다. 그러나 이러한 관행은 사탕수수가 식품과 연료에 다 쓰이는 작물로 발전한 이후에 급증했다. 100년 전 쿠바에서 일어난 일을 연상시키듯이 열대 우림이 빠른 속도로 파괴되었고, 루손섬의 이사벨라주나 아체Aceh(수마트라)의 경우처럼 농업 사회는 사정없이 에탄올 생산을 강요받았다. 어디서나 방대한 면적의 토지를 실제로 사람이 거주하면서 경작하는데도 사용되지 않고 있다고 선언하는 일관된 행태가 나타났다. 기업들은 현지 군부를 한편으로 끌어들여 토지를 정리했다.[57] 이따금 앰네스티 같은 강력한 국제기구가 개입했는데도, 이를테면 2008년부터 2009년까지 집에서 강제로 쫓겨난 캄보디아의 700가구를 위해 할 수 있는 일은 거의 없었다. 앰네스티는 11년 뒤에야 마침내 재판에서 승소했다.[58] 그 사건에 대한 앰네스티의 공식 성명은 미트르 폴 그룹의 현지 자회사에 의한 섬뜩한 토지 강탈을 설명한다. 그 자회사가 고용한 군대는 "사탕수수 플랜테이션 농장 부지를 마련하기 위해 농토를 파괴하고 수백 채의 가옥을 불도저로 밀고 불태워 완전히 부숴버렸다."[59]

인권 단체와 비정부 기구 환경 단체가 사탕수수 수확꾼의 신체적 학대와 토지 강탈, 환경 파괴의 섬뜩한 이미지를 공개하면서 다국적 설탕 기업들이 수치심을 느끼고 행동에 나선 것이 그나마 약간의 희망을 준다. 예를 들면 일로보가 아프리카 남부에서 토지 권리와 강제 노동 문제에 깊이 휘말렸을 때, 모회사인 영국의 ABF는 그러한 행태를 공개적으로 비난해야 한다고 판단했다.[60] 주요 브랜드의 소유주들은 자신들의 생산 방식이 초래한 사회적·환경적 귀결에 대해 대중의 관심이 깊어지면서 압박감을 느끼고 있다. 그 회사들은 공적 검증을 피하려고 소농 사탕수수 생산자들과 제휴하여 자신들의 브랜드에 '부가 가치'를 더

했다. 예를 들면 독일의 설탕 기업 노르트추커는 사탕수수 설탕 브랜드 스위트 패밀리Sweet Family로 공정 무역 증명서를 얻었다. 이와 비슷하게 2008년에 테이트 앤드 라일도 벨리즈의 협동조합에서 가져온 설탕을 공정 무역의 꼬리표를 붙여 유통할 수 있었다.[61] 벨리즈의 사탕수수 밭을 운영하는 데 들어간 추가 비용은 그 회사의 총매출에서 극히 작은 일부였지만, 회사는 그로써 영국과 외국의 슈퍼마켓에서 공정 무역 회사로 광고할 권리를 확보했다.

'녹색 자본주의'는 실로 사업 모델로서 진척을 보이고 있으며 타이완에서 플로리다까지 세계 유수의 설탕 회사들의 공식 홍보에 지침을 제공한다.[62] 판훌 형제의 플로리다 크리스털스 코퍼레이션의 파트너인 플로리다 사탕수수 생산자 협동조합의 홍보 영상은 에버글레이즈 습지를 보여주며 다음과 같은 내레이션을 끼워 넣었다. "땅을 소중히 여기는 것이 사업에 좋다는 점을 우리는 이해한다. 우리가 경작하는 땅이 생태적으로 민감하다는 사실을 우리는 엄중히 인식하며 일한다."[63] 영상을 시청하는 사람들은 인간과 환경을 걱정한다고 주장하는 첨단 기술 회사의 화려한 프레젠테이션을 마주한다. 여기서 100년 전 호러스 해브마이어가 도입한 브랜드인 도미노Domino의 상표가 찍힌 설탕 자루가 등장한다. 그러나 실상은 그렇지 않다. 플로리다 설탕 산업은 수십 년 동안 환경을 보호하고 수질을 개선하려는 적절한 조치를 방해했다는 평판을 듣는다.[64] 1990년대에 판훌 형제는 빌 클린턴 대통령과 사사로이 접촉하여 앨 고어 부통령이 시작한 자연 정화 활동을 지연시켰다는 비난을 들었다. 알폰소 판훌은 대통령과 직접 통화했는데(대통령은 그 통화 덕분에 모니카 르윈스키와의 만남을 중단할 수 있었다) 국세를 부과하여 에버글레이즈를 구하는 데 자신은 반대한다고 말했다고 한다.[65]

분명한 것은 설탕 대기업들이 정말로 평판을 걱정하여 기민하게 생태적 책임의 언어를 내세우기 시작했다는 것이다. 설탕 대기업은 사회적 의식이 있는 소비자들을 위한 틈새시장의 상품을 생산할 수 있어서 기쁘겠지만, 그들의 핵심 사업은 계속해서 식품은 값이 저렴해야 한다는 대중의 인식에 기대고 있다.[66] 결과적으로 모습을 드러낸 것은 환경 친화적 소농 생산을 사회적 의식이 있는 부유한 소비자와 연결하는 최고급 슈퍼마켓이다. 그러나 일반 슈퍼마켓은 대부분 글로벌 사우스의 환경과 농민을 착취하여 생산한 저렴한 식품을 대량으로 쌓아놓고 있다.[67] 2018년, 공정 무역의 꼬리표를 달고 판매된 설탕은 겨우 20만 톤에 불과했다. 이는 세계 설탕 생산량 1억 7100만 톤 중에서 지극히 작은 0.017퍼센트에 지나지 않는다.[68]

그렇지만 대기업의 마케팅 담당 부서가 변화를 인식하고 있다는 점에서 전망이 밝아 보인다. 소비자 인식의 확대에 지역적 저항이 결합한 것이 결정적이었던 노예제 폐지 운동처럼, 오늘날 소비자 인식과 결합한 글로벌 사우스의 환경 정의 운동은 점차 효율적인 공정 무역 운동으로 발전하고 있다. 이 운동은 200년 전인 19세기 초에 산업적 설탕 자본주의 형성에서 새로운 체제가 등장했을 때 보았던 것에 비견할 만한 새로운 식품 생산 체제를 가져올 수 있을지도 모른다. 그러나 우리는 아직 거기까지 가지 못했다. 압도적으로 많은 설탕이 여전히 대량으로, 최소 비용으로 생산되어 지독한 노동 조건과 파괴적인 환경 재앙을 초래하는 경우가 많다. 물론 설탕 산업은 비만과 제2형 당뇨병의 주된 원인이기도 하다.

14

천연 식품보다 더 달게

설탕은 무섭게 퍼져나간 그 역사의 거의 내내 대다수 사람들의 손이 닿지 않는 곳에 있는 사치품이었다. 정확히 150년 전, 세계 설탕 소비는 오늘날의 10분의 1밖에 안 되었다. 1850년에 1인당 1.8킬로그램에서 급증하여 1900년에 5.1킬로그램이었고 1930년에는 12.3킬로그램에 달했으며, 그 이후 1950년대 초까지 정체했다.[1] 한편 각 나라마다 소비량의 차이는 크다. 1990년대 말, 중국의 1인당 설탕 소비량은 연간 7킬로그램으로 소소했는데, 인도에서는 15.4킬로그램에 이르렀고, 반면 브라질, 쿠바, 멕시코 같은 중위 소득의 설탕 생산국들에서는 40킬로그램을 넘어섰다.[2]

설탕이 대다수 사람이 극소량만 소비하는 것에서 세계화한 식품 산업의 주된 상품으로 크게 도약한 것은 불과 100년이 안 되었으며, 이는 강력한 주식회사 설탕 산업이 출현함으로써 가능했다. 1974년에 저명한 농업경제학자 게일 존슨은 미국의 보호무역주의적 할당제인 '설탕 프로그램'을 혹평하면서 인간의 단맛 중독은 오래된 문화적 전통에서는 지극히 미미했으며, "일반적으로 고비용 산업으로 알려진 것을 높

은 수준으로 보호한 것"이 주된 원인이라고 결론 내렸다.[3]

설탕과 액상과당, 기타 여러 감미료는 현재 집중적인 마케팅을 통해 팔리는 브랜드 상품의 식품과 음료에 대량으로 투입된다. 대다수 소비자는 설탕이 어느 정도로 들어갔는지 모른다. 예를 들면 담배에는 단맛을 내는 연초가 들어 있다. 이는 제1차 세계대전 직전에 레이놀즈 담배 회사RJR가 캐멀Camel 브랜드의 담배에 처음으로 도입한 방식인데, 니코틴을 폐 깊숙이 빨아들이기 쉽게 해준다.[4] 음료는 대개 물 90퍼센트에 설탕 10퍼센트로 이루어졌는데도 '스포츠 음료'로 광고된다. 또 회사들은 극심한 경쟁 환경에서 살아남으려면 광고에 막대한 자금을 쏟아부어야 한다.

밴팅은 어떻게 '매장'되었나

설탕이 비만을 초래한다는 사실은 많이 소비되어 공중 보건에 심각한 영향을 미치기 훨씬 전부터 알려졌다. 1845년, 권위 있는 의학 저널 《런던 랜싯The London Lancet》에 비만과 진성 당뇨병의 원인으로 설탕과 녹말을 지목한 긴 논문이 실렸다. 논문의 저자는 그런 주장을 뒷받침하고자 10년 전인 1835년에 출간된 《임상 의학 백과 사전Cyclopedia of the Practice of Medicine》을 인용한다. "그래서 서인도 제도의 흑인들과 중국인 노예들은〔원문 그대로〕 수확기에 사탕수수 즙을 마셔서 때때로 몸집이 거대해진다."[5] 《임상 의학 백과 사전》은 다른 문화권에서도 설탕과 녹말을 의도적으로 많이 섭취하여 생긴 비만의 역사적 사례를 열거한다. 탄수화물과 비만, 당뇨병의 상관관계는 확실히 설탕이 유럽에서 대중

소비 품목이 되기 전에 정립되어 있었다.

　19세기가 되기 전 유럽과 미국에서 과도한 설탕 섭취로 인한 비만은 드물어서 간혹 언급되는 데 그쳤다. 예를 들어 일찍이 17세기에 네덜란드인 의사 스테번 블랑카르트는 부자들의 과도한 설탕 소비를 강도 높게 비난했다. 그런데 그는 충치와 통풍에 더 주목했다.[6] 흥미롭게도 19세기 중반에 의사들은 설탕 소비에서 언제나 선두를 달린 인도인들의 통풍 발생 비율이 약 7퍼센트로 높다는 사실을 발견했다.[7] 그러나 통풍과 설탕의 관계가 확고히 입증된 것은 훨씬 나중의 일이다. 어쨌거나 진공 팬과 원심분리기가 도입되기 전에 설탕은 유럽과 미국에서 너무 비쌌기에 비만과 당뇨병의 원인일 수 없었다. 19세기 초의 유명한 요리 전문가인 장앙텔름 브리야사바랭에 따르면, 설탕만큼 널리 쓰인 식품 성분은 없지만 '설탕이 해치는 것은 지갑뿐'이라는 말도 마찬가지로 분명한 사실이었다. 그는 녹말이 포함된 음식과 비만의 관계를 분명하게 인정했지만, 설탕에 관해서는 아이들의 배를 튀어나오게 만든다는 점만 지적했다.[8]

　19세기 중반까지 비만은 부자만의 문제였다. 극소수의 영국 최상위 부자들은 나머지 주민보다 1인당 여덟 배에서 열 배 많은 설탕을 소비했다.[9] 그렇게 부유한 영국인들 사이에서 비만은 문제로 인식되었고, 비만으로 고통을 겪은 어떤 사람은 설탕을 포기하지 않으면 죽을 것이라고 확신하기에 이르렀다. 왕실을 비롯해 영국 엘리트층에 봉사한 최고 수준의 장의사 윌리엄 밴팅은 1863년에 발표한 소책자《비만에 관하여 대중에게 보내는 서한Letter on Corpulence, Addressed to the Public》에서 자신이 주치의의 조언을 귀담아듣고 음식에서 녹말과 설탕을 대부분 치워버린 이야기를 전했다. 그렇게 하자 체중이 정상으로 돌아왔다는 이야기였다. 밴팅의 책은 몇십 년에 걸쳐 4회 증쇄했으며, 많은 식이 요법의 출발점 역할을 했다. 몇몇 나라에서 '밴팅'은 식이 요법을 실천한다는 말과 거의 동의어였다.[10]

그 시기에 훨씬 더 노골적으로 설탕에 반대하는 내용의 간행물들이 나왔다. 그중 하나로 1864년에 존 하비가 쓴《비만, 그리고 건강에 해를 끼치지 않으면서 비만을 줄이고 치료하는 방법에 관하여On Corpulence, its Diminution and Cure without Injury to Health》는 더 철저한 입장을 취했다. "모든 식사에서, 어디에서 보든지, 모든 형태의 설탕을 완전히 금하라."[11] 당대인들은 이러한 조언이 너무 지나치다고 생각했을 수도 있지만, 대다수는 설탕의 소비를 절제해야 한다는 데 동의했을 것이다. 예를 들면《살기 위해 먹는다: 식이 요법: 음식과 음료가 건강과 질병과 치료에 대해 갖는 관계에 관한 소론Eating to Live: The Diet Cure: An Essay on the Relations of Food and Drink to Health, Disease and Cure》(1877)의 저자 토머스 니컬스는 밴팅 요법이 다소 과하다고 생각했지만, 그럼에도 독자들에게 설탕 과다 섭취를 금하고 신선한 천연 식품을 먹으라고 강력히 권고했다.[12]

하지만 밴팅의 책자는 20세기 초에 대중의 시야에서 사라졌다. 의학 분야에서 설탕과 비만에 관한 담론이 설탕을 에너지원으로 보는 담론에 밀려난 시기였다. 그러나 독일과 오스트리아의 의과학자들이 계속해서 설탕에 우려를 표명했고 비만을 호르몬 조절 장애로 보았다. 거의 100년 뒤에 영양학자들이 지적하듯이, 호르몬 조절 장애는 설탕 과다 섭취와 직접적으로 연관이 있었다. 게리 타우브스가 지적하듯이, 안타깝게도 이러한 맥락의 연구는 제2차 세계대전 중에 '증발했다.' 독일어로 된 과학 문헌은 전쟁 이후 영어권 세계에서 거의 읽히지 않았기 때문이다.[13]

20세기 내내 설탕 산업은 밴팅을 '매장'하는 데 열성을 보였다. 특히 심장 혈관 질환의 책임을 지방에 돌리는 영양학 연구를 후원함으로써 설탕 섭취를 줄여야 할 필요성에서 관심을 거두게 했다. 비만의 급증, 비만과 연관된 고혈압 및 심장 혈관 질환 같은 질병의 책임은 오로지 설탕에 있다고 주장한 영양학자 존 유드킨은 설탕에 반대한 대가를 톡톡히 치렀다. 그의 책《순수하고 하얀, 죽음의 설탕Pure, White, and Deadly》(1972)은 인간의 신진대사가 대량의 자당을 처리할 수 있도록 진화하지 않았다는 더할 나위 없이 합리적인 주장을 내놓았지만, 이 책이 출간된 이후 그는 학계에서 아웃사이더가 되었다. 유드킨이 복권되기까지는 몇십 년이 걸렸다. 2007년, 타우브스는《좋은 칼로리, 나쁜 칼로리Good Calories, Bad Calories》에서 밴팅은 물론 유드킨에게도 경의를 표했다.[14] 유드킨의 책은 2012년에 재출간되었는데, 이 책에 서문을 쓴 저명한 영양학자 로버트 러스티그는 설탕 산업이 의과학에 미치는 영향에 매우 비판적인 인물로, 2009년에 설탕의 위험성을 지적한 강연으로 유명하다.[15]

설탕 산업과 식품 산업, 음료 산업의 광고와 로비는 대부분 설탕이 비만과 제2형 당뇨병의 주요 원인이라는 사실을 흐리기 위한 것이다. 이는 담배 산업이 의사擬似 과학적 논거로써, 그리고 언제나 건강에 해롭다는 점이 명확했던 흡연을 매혹적으로 보이게 하는 광고로써 혼동의 씨앗을 뿌린 방법과 여러 면에서 비슷하다. 그러나 흡연자와 비흡연자의 상이한 의학적 병력은 추적하기가 쉬운 데 비해 설탕을 섭취하지 않는 사람은 거의 없다. 두 집단을 장기간에 걸쳐서 조사하는 연구를 수행하려면 비용이 많이 들고 지극히 비윤리적인 면이 따를 것이다. 그러므로 의학적 병력과 민족지는 설탕 소비 증가의 영향을 더 잘 이해할 수 있는 열쇠다. 영양학자들은 감사하는 마음으로 역사적 자료에 의존하여, 다른 조건이 같다면(적어도 음식에서) 설탕이 대량 소비 상품이 된이래로 비만과 제2형 당뇨병, 심장 혈관 질환이 증가했다는 사실을 밝혀냈다. 예를 들면 유드킨은 《네이처》에 발표해서 하나의 이정표가 된논문에서 1850년대에 노예가 생산한 설탕에 대한 관세가 폐지된 이후영국의 설탕 소비가 어떻게 급증했는지를 보여주는 그래프를 넣었다. 또 영양학자들은 20세기 초의 의학 자료를 보여주며 미국에서 고혈압이 상당히 증가했다고 지적했다. 이들은 그때 병원의 의사들이 진단한제2형 당뇨병 환자 수가 놀랍도록 늘어났음을 밝혀냈다.[16] 실제로 그렇게 급격한 증가는 어질어질할 정도의 설탕 소비 증가와 시기적으로 일치했다.

일반적으로 설탕을 가장 많이 소비한 나라는 수백 년 동안 설탕에 익숙했던 나라들이다. 인도가 그러한 경우다. 그리고 노예 노동자의 음식에서, 나중에는 플랜테이션 농장 노동자의 음식에서 자당(사탕수수 줄기나 즙, 당밀에서 나온 자당)은 충분히 섭취할 수 있는 몇 안 되는 영양소 중하나였다.[17] 19세기 말 테헤란의 주민(페르시아는 어쨌거나 오래된 설탕 생산지였다)은 평균 20킬로그램 이상의 설탕을 소비한 것 같다.[18] 수백 년동안 설탕을 애호한 또 다른 나라인 튀르키예는 20세기 초에 이탈리아보다 두 배 많은 설탕을 소비했다. 그러나 이탈리아 안에서도 지역에따라 차이는 컸다. 오래된 설탕 교역의 중심지인 베네치아와 토스카나지방에서는 약 16킬로그램이 소비되었고, 생활 수준이 훨씬 낮고 동시에 문화적 전통과 요리법 전통도 달랐던 남부 지방에서는 고작 320그램밖에 소비되지 않았다.[19] 19세기 말 프랑스에서 부유한 가정은 1인당 연간 21.5킬로그램을 소비했지만, 나머지 주민의 소비량은 1킬로그

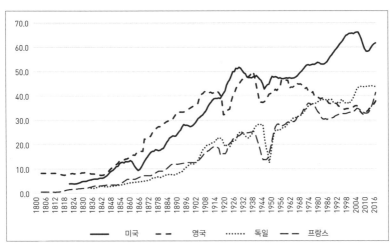

네 산업국의 1801~2017년 1인당 연간 설탕과 감미료 소비량(5년 평균의 변화, 단위는 킬로그램).

램에 못 미쳤다. 프랑스 농민들은 치즈와 소금을 더 좋아했고, 파리의 수공업 노동자들의 소비량 역시 연간 3~4킬로그램으로 소소했다.[20]

20세기 초기에 미국은 세계 설탕 소비의 선두에 섰으나 오스트레일리아, 서유럽, 인도, 중동, 라틴아메리카가 근소한 차이로 뒤따랐다. 아시아와 아프리카의 나라들은 대부분 많이 뒤처졌으며, 중앙아프리카에서는 사실상 설탕을 구하기가 어려웠다.[21] 요컨대 설탕 소비는 부와 습득 가능성의 문제에 그치지 않는다. 역사적으로 발전한 소비 유형도 그에 못지않게 중요하다. 19세기 말 미국과 영국은 프랑스와 독일보다 설탕을 두 배 많이 소비했다. 앞서 보았듯이 프랑스와 독일은 대규모 사탕무 설탕 산업 체제를 갖춘 부유한 나라였다. 독일에서 설탕 소비는 18세기 말에 대폭 증가한 뒤로는 급속하게 발달하는 사탕무 설탕 산업이 무색하게 성장 속도가 더뎠다. 이는 설탕 수출 장려금을 지급하기 위해 국내에서 소비되는 설탕에 세금을 부과한 결과였다(10장 참조). 게다가 유럽 다른 지역에서는 상층 계급과 중간 계급이 급속하게 설탕 소비를 늘린 반면, 독일의 해당 계급은 의사들이 건강에 매우 중요하다고 여긴 칼슘과 미네랄을 설탕이 인체에서 빼낸다고 믿었다. 덧붙여 말하자면, 그 나라의 온천 경제가 번창한 이유가 여기에 있다.[22]

영국과 미국의 상황도 이와 그다지 다르지 않았을 것이다. 19세기와 20세기 내내 사탕은 두 나라에서 설탕 소비 급증의 원인이 되는 품목 중에서도 돋보였다. 많은 어린이가 적은 돈을 벌었지만 기꺼이 사탕에 그 일부를 사용했다. 그러나 사탕은 일찍부터 건강을 해친다고 여겨졌다. 충치나 비만 때문이 아니라 위험한 중독성 물질로 가득하다고 여겨졌기 때문이다. 1830년, 최고 권위의 의학 저널 《더 랜싯The Lancet》은 독성 사탕과자를 먹지 말라고 경고했다.[23] 그러나 프롤레타리아트는 이 저널을 읽을 일이 없었고, 사탕은 어디서나 쉽게 구할 수 있었다. 19세기 중엽, 런던 거리에는 상점 말고도 200여 명의 사탕 노점상이 있었다. 여기에 더하여 머핀과 크럼펫을 파는 상인이 대략 500명 있었다. 이 노점상들만 연간 125톤의 당밀과 백설탕을 사용했다.[24]

이때쯤 설탕은 미국의 청교도주의 전통으로부터 주목을 받는다. 1830년대에 장로교 목사 실베스터 그레이엄은 채식을 하고 설탕을 비롯한 자극성 식품을 피하라고 가르쳤다. 자연으로 돌아가라는 그의 지침은 미국의 진보적 인사들에게 영향력이 매우 컸다. 제칠일안식일예수재림교단은 자극성 식품을 제외한 채식에 헌신했다. 이 교단의 신도였던 켈로그 형제는 나쁜 식습관을 버리려고 자신들의 배틀 크리크 요양소Battle Creek Sanitarium를 찾아온 고객들을 위해 콘플레이크를 개발했다. 콘플레이크는 특별히 건강한 음식은 아니었지만 지방과 설탕이 잔뜩 들어간 당대의 아침을 대신할 건강식으로 성공리에 정착했다. 하지만 윌 키스 켈로그는 1907년에 콘플레이크를 대량으로 생산하기 시작하면서 돈 욕심에 설탕을 첨가하여 건강 전도사로서 신임을 잃었다. 그때 이후로 사정이 달라지지 않았음은 분명하다. 2011년, 켈로그Kellogg's와 퀘이커Quaker의 아침 식사용 시리얼은 시장에서 가장 단 음식에 속했다. 미국 환경보호활동가 그룹Environmental Working Group의 연구에 따르면, 이들 시리얼의 설탕 함량은 최대 55퍼센트에 이른다.[25]

결국 청교도주의와 금주 운동은 설탕 소비를 줄이는 대신 반대로 더욱 장려하는 결과를 낳았다. 19세기 초에 차는 금주 운동의 아이콘이었다. 그래서 금주 운동 옹호자들을 '티토틀러teatotaler'라고 불렀다. 그러나 차에도 설탕이 들어갔고, 그뿐만 아니라 차를 마실 때는 사탕과자와 케이크도 곁들여졌다. 사탕과자 산업에서 두드러진 활동을 한 사람들은 퀘이커교도였다. 술을 피하느라 그렇게 되었다. 1824년에 금주 운동에도 적극적이었던 퀘이커교도 존 캐드버리가 버밍엄에 가게를 열고 차와 커피를 팔았다. 그는 나중에 코코아도 팔았고 마시는 초콜릿을 창안했다. 퀘이커교도는 또한 18세기 말에 필라델피아를 '사탕과자의 수도'로 바꿔놓았다. 그 전통에서 20세기에 들어설 무렵 허시 초콜릿 제국이 탄생한다.[26] 당연한 얘기지만 무슬림과 모르몬교도에게는 술이 금지되어 있다. 아마 우연의 일치는 아니겠지만 이 두 종교의 신자들은 설탕을 아낌없이 소비했으며, 모르몬교도는 놀라울 정도로 많이 섭취했다.[27] 설탕과 술은 서로 대용물의 역할을 하는 듯하다. 타우브스는 베스트셀러 《설탕에 반대하는 논거The Case against Sugar》에서 이렇게 말한다. "설탕은 술을 갈망하는 신체적 욕구를 진정시킬 수 있다."[28]

미국에서 사회적으로 알코올음료에 반대하는 태도가 확산되면서 동시에 어디서나 단것의 광고가 넘쳐났고 새로운 음료가 도입되었다. 예

1913년 보스턴의 소다 분수. 소다 분수는 19세기 중반부터 미국에서 급속하게 확산되어 달콤한 탄산
음료의 대중적 소비를 불러왔다.

를 들면 1886년에 약종상 존 S. 펨버턴은 고향인 조지아주 애틀랜타에서 술이 금지되자 이에 대응하여 코카콜라를 발명했다. 1905년까지 코카인을 함유했던 이 음료는 1915년에 그것의 상징인 유명한 형태의 병에 담겨 대량으로 유통되기 시작했다. 음료 산업과 사탕 산업 둘 다 금주법의 시대인 1920년에서 1933년 사이에 어마어마하게 성장했다. 어셈블리 라인assembly line의 도입으로 사탕 제조 비용이 급락한 때와 정확히 일치한다.[29] 그 결과로 1936년에 1인당 연간 사탕 소비량이 약 7킬로그램으로 정점을 찍었고, 사탕과자는 '식품'에서 여덟 번째로 비중이 높은 품목이 되었다.[30]

코카콜라와 같은 대량 소비 음료와 소다 분수, 아이스크림콘 같은 혁신적인 제품이 미국에 널리 퍼졌다. 설탕 가격이 낮은 데다 계속해서 떨어지고 있었기에 캐드버리와 허시 같은 아이스크림과 초콜릿 바 생산업자들은 대중에게 가까이 다가갈 수 있있다. 작은 포장 케이크와 디저트도 미국 시장에 진입했다.[31] 1920년대에 해리 버트 시니어가 아들과 함께 초콜릿을 입힌 바닐라 아이스크림 바를 만들었다. 이 '굿 유머Good Humor(좋은 기분)' 아이스크림 바는 종을 매단 흰색 트럭에서 팔았는데, 1964년에 리틀 골든 북Little Golden Book●의 소재가 되면서 미국 밖에서도 널리 유명해졌다. 입을 즐겁게 하는 이 모든 제품의 생산 혁명과 알코올 반대 정책의 지속을 감안할 때, 설탕 섭취의 급증과 이에 따른 질병의 연관성은 쉽게 확인할 수 있다. 미국에서 당뇨병으로 인한 사망률은 1930년대에 이미 1880년대보다 다섯 배 높았다.[32]

독일과 프랑스의 사탕무 설탕 공장들은 미국과 영국에 비해 설탕 소

● 1942년부터 출간된 어린이 도서 총서.

비가 뒤처지고 있음을 깨닫고는, 소비자에게 에너지원으로서 설탕을 섭취할 필요가 있음을 설득하고자 일군의 의학 전문가를 고용했다. 이들의 노력은 처음에는 효과가 없었다. 설탕 가격이 높은 데다 소비자들이 아직 다량의 설탕 소비에 익숙하지 않았기 때문이다. 그러나 1902년의 브뤼셀 협정 이후 사탕무 설탕 공장들의 소비 촉진 운동은 크게 성공했다. 정부를 압박하여 제품에 대한 세금을 낮추게 한 덕분이었다.[33] 생산자들은 이제 덤핑을 그만둘 수밖에 없어서 생산한 설탕을 국내 시장에서 팔아야 했다.

독일과 프랑스의 사탕무 설탕 기업가들은 사람들에게 설탕을 좋아하게 만들 수 있다고 확신했다. 브뤼셀 협정이 체결된 그해에 알프레트 슈타이니처가 설탕 산업의 후원으로 〈관광, 스포츠, 병역 수행의 에너지원으로서 설탕이 지닌 중요성Die Bedeutung des Zuckers als Kraftsstoff für Tourisit, Sport und Militärdienst〉을 발표한 것은 우연이 아니다. 이들은 포스터와 엽서, 종이 가방에 "설탕은 힘을 준다"라는 문장을 인쇄하여 잡화점에서 나누어 주었다. 프랑스의 설탕 산업은 노동 계급이 작업 수행에 필요한 칼로리를 충분히 섭취하지 못한다고 주장한 과학자들로부터 응원을 받았다. 프랑스 사람들은 대부분, 특히 시골에 사는 사람들은 여전히 설탕을 부르주아지의 천박한 음식으로 여겼다. 1905년 기준으로 파리에서도 남자 네 명 중 한 명, 여자 다섯 명 중 한 명은 설탕을 날마다 섭취하지는 않았다. 프랑스 당국은 건강한 식사라면 1인당 연간 25킬로그램의 설탕을 섭취해야 한다는 관념을 받아들인 것 같지만, 당시의 실제 섭취량인 14~15킬로그램보다 크게 높은 이러한 수준은 프랑스인의 입맛에 맞지 않았다. 바게트를 달게 만들자는 제안이 나온 것으로 보아 일반 국민을 더 많은 설탕 소비에 익숙하게 만드는 것에 얼마나 자신감이 없었는지 알 수 있다.[34] 독일의 산업 노동자들은 20세기 초반부터 쉽게 얻을 수 있게 된 쌀죽과 푸딩, 기타 단 음식을 소비했지만, 독일의 많은 농가에서 설탕 소비는 여전히 낭비의 죄로 여겨졌다.[35]

설탕 소비 확대에서 결정적 역할을 한 것은 수비대와 전장이다. 프랑스군은 1870년대에 일일 배급 식량에 미량의 설탕을 곁들인 커피와 차를 처음으로 포함시켰다.[36] 독일에서는 19세기 막바지에 소대 병사들을 대상으로 설탕이 지구력을 향상시키는지 시험했다. 확실히 긍정적이었다. 그때 이후로 독일 병사들은 배급 식량에 설탕 케이크와 기타 단 과자를 받아 원기를 회복했다. 제1차 세계대전 중에 독일군은 설탕 식품, 특히 마멀레이드의 구매를 급격하게 늘려, 영양가가 더 높지만 점차 귀해진 것들을 대체했다.[37]

20세기에 들어설 무렵 미국의 통치를 받는 열대 지방으로 파견된 미군 병사들은 설탕을 넉넉히 받았다. 그들은 특히 열대 지방에서 설사로 고생하는 경우에 쉽게 소화되는 칼로리 덕분에 기운을 차릴 수 있었다. 세월이 지나면서 배급 식량이 늘어났고, 1917년에 유럽에 파병된 미군 병사들은 하루에 100여 그램의 설탕을 섭취했다. 사탕은 별도였다. 설탕은 제2차 세계대전 때 다시금 병사들의 배낭 속에서 대량으로 등장한다.[38] 일본군 병사들의 배급 식량에도 유럽 군대와 미군의 선례를 따라 점차 설탕이 많이 들어갔다. 일본의 식민지 팽창으로 타이완이 설탕 공급지가 되면서 가능해진 일이었다. 영양이 부족한 때가 많았던 일본군 병사들은 1930년대와 1940년대에 자국 과자 산업 덕분에 사탕과자를 넉넉하게 받았다.[39]

식품 기준과 대량 소비

설탕이 필수 에너지원으로 취급된 것은 설탕 산업의 광고 때문이지만, 박테리아와 해충, 첨가물에 대한 대중의 관심이 커진 것도 일조했다. 그러한 걱정은 생산자와 소비자 간의 거리가 늘어나고(중국에서 딴 찻 잎부터 도시민을 위해 시골에서 짠 우유까지 다양하다) 화학과 미생물학의 발전이 결합한 결과였다.[40] 위생의 중요성에 대한 인식이 높아지면서 공업적으로 가공한 포장 식품의 명분이 생겼다. 주된 수혜자는 영국 립턴Lipton의 차와 미국 보든Borden의 농축 우유다. 이런 상품은 도시 세계와 산업 세계에 급속하게 퍼졌지만, 특히 미국에서 더 빠르고 광범위했다. 오늘날까지 미국은 세계적인 식품 소비 기준에 큰 영향력을 행사한다.

보든의 달콤한 농축 우유는 식품 보존, 대량 소비, 설탕 섭취량 증가가 어떻게 서로 뒤섞였는지를 보여주는 적절한 사례다. 남북전쟁 직전에 게일 보든은 산업적 규모로 농축 우유를 생산하는 데 성공했고, 이로써 연방군은 병사들에게 남부의 더운 기후에도 산패하지 않는 우유를 공급할 수 있었다. 보든의 발명품은 도시에서도 열광적인 시장을 발견했다. 도시에서 우유는 종종 품질이 저하되어 산업 세계의 다른 곳보다 높다고 알려진 아동 사망률의 원인이 되었기 때문이다.[41] 미국이 세계 강국으로 올라서면서 농축 우유는 전 세계적 제품으로 널리 퍼졌고, 설탕을 혼합하여 만든 캐러멜은 라틴아메리카와 필리핀, 에스파냐에서 둘세 데 레체Dulce de leche라는 이름으로 큰 인기를 끌었다. 농축 우유는 수공업적으로 농축하여 달게 만든 인도의 우유부터 수많은 가정에서 빵 위에 올리는 캐러멜까지 다양하게 보편적인 식품 원료가 되었다.[42]

식품을 달게 만드는 것은 새로이 출현한 대량 생산 식품 산업에서 흔한 일이 되었다. 이를테면 미국 같은 나라가 위생 기준이 부족하기로 악명이 높고 유해한 물질의 첨가와 우유와 꿀, 감미료의 희석이 빈번하던 때에 그 산업은 신뢰할 수 있고 위생적이라고 여겨져 큰 이점을 누렸다. 아닐린, 크롬, 구리, 기타 금속 같은 해로운 색소를 어린이가 먹는 사탕과자에 첨가하는 것이 널리 퍼진 현상이었지만(비단 미국에만 국한된 일은 아니었다), 그럼에도 19세기 말 미국인은 엄청난 양의 사탕을 소비했다.[43] 7장에서 본 미국 최고의 설탕 전문가 하비 와일리는 감미료와 식품 전반의 첨가물에 맞선 십자군 전사가 되었다. 그는 1906년에 '순정식품·약품법Pure Foods and Drugs Act'의 주된 기획자였다. 그 법의 집행은 와일리가 속한 기관인 농업부가 맡았다. 와일리의 아낌없는 노력 덕분에 오늘날 포장 식품과 음료에 성분 표시가 부착되는 것은 완전히 정상적인 일이 되었다. 소비자들은 표준화한 완전식품을 구매하는 것이 얼마나 중요한지 교육을 받는데, 이는 단지 자신의 건강만을 위한 일이 아니다. 품질을 신뢰할 수 있는 식품을 소비하는 것은 중간 계급의 지위를 보증하기 때문이기도 하다. 그다지 좋다고 할 수 없는 부작용도 있다. 공업적으로 가공된 식품의 선호도가 높아지는 것이다. 그러한 식품은 비타민이 부족하며 대체로 탄수화물 함량이 높다.

공장에서 병입된 음료와 통조림 식품이 점차 건강한 음식으로 인정받는 때에, 가정경제학자들은 신선한 채소와 과일을 보통의 미국 노동계급에게 적절하지 않은 사치품으로 여긴다. 반면 지방과 설탕은 매우 효율적인 에너지 공급원으로 평가받는다.[44] 2000년 전 인도를 여행한 사람들이 알았듯이, 1000년 전 구호소 기사단의 십자군 병사들이 알았듯이, 설탕은 분명히 매우 효율적인 에너지 전달 물질이었다. 1917년,

미국 최초의 음식 지침은 건강한 식사라면 탄수화물이 52퍼센트는 되어야 한다고 보았다. 이는 많은 설탕 섭취를 정당화했고 더 나아가 사탕도 음식으로 분류되는 길을 열었다.[45] 채소와 과일이 인간의 건강 유지에 필수적이라는 사실은 오래전부터 알려져 있었지만, 1912년 이후에야 발견된 비타민이 매우 중요한 영양소로 확인되었다. 1877년, 빅토리아 시대 영국에서 하층 계급에게는 토머스 니컬스가 중간 계급과 상층 계급에 처방한 것과는 다른 기준이 적용되었다.

저렴한 감미료 시장은 매우 컸고, 산업은 그것을 공급할 수 있었다. 예를 들면 공업적으로 제조한 포도당 시럽은 오래된 당밀을 제치고 가난한 사람들의 설탕이 되었다. 설탕 공장들이 사탕수수나 사탕무의 즙에서 자당을 거의 전부 추출할 수 있게 되면서 당밀을 점차 먹기 어려워졌기 때문이다. 그럼에도 포도당 시럽은 대중의 회의를 극복해야 했다. 대중은 때때로 그것을 톱밥과 동일시했기 때문이다.* 그러나 포도당 시럽은 성공했다. 값이 저렴하고 해롭지 않았으며 거의 무제한으로 생산할 수 있었기 때문이다.[46] 시카고에서 거대한 설탕 정제소를 운영하던 헨리 해브마이어의 조카 프랜츠 O. 매티슨은 1897년에 포도당정제회사Glucose Sugar Refining Company를 세워 포도당 생산을 새로운 국면으로 이끌었다. 이 회사는 합병을 거치면서 곡물정제회사Corn Products Refining Company로 알려진다. 이 회사는 1903년에 대대적인 광고와 함께 옥수수 시럽 브랜드 카로Karo를 출시했다.[47]

와일리가 권위 있는 저서 《식품과 그 품질의 조악화Foods and Their

---

* 톱밥과 기타 목재 부산물에는 탄수화물 섬유소가 포함되어 있는데, 이를 가수 분해하면 설탕을 얻을 수 있다.

Adulter-ation》(1917)에서 백설탕을 '지금 유행하고 있는 죽음의 백색 제품'이라며 소비자의 백설탕 선호를 당황스러워했는데도, 비위생적이고 유해한 음식의 위험성에 대한 대중의 인식이 높아지면서 대중은 공업적으로 생산된 백설탕을 선호하게 되었다.[48] 그러나 놀랄 일이 아니었다. 박테리아 개념이 퍼지던 시기에 원당이 점차 의심을 받았기 때문이다. 게다가 1890년대에는 미국의 항구로 들어오는 원당 자루에서 사탕수수 딱정벌레가 나온 사실이 널리 알려졌다. 정제업자들은 대중이 자신들이 만든 백설탕으로 갈아타도록 자극하려고 원당 속에 박테리아와 곤충이 있다는 이야기가 있으면 무엇이든 덤벼들었다. 헨리 해브마이어는 1900년에 정제 백설탕 브랜드 이글Eagle과 크리스털 도미노Crystal Domino를 출시했다. 20년 뒤 그의 아들 호러스는 종이로 하나씩 감싼 각설탕을 고급 식당에 공급했다. 이로써 도미노의 설탕은 부유층이 소비하는 위생적인 고급 설탕으로 자리를 잡았다.[49]

설탕 마케팅은 이제 정제 백설탕을 순수함, 과학, 위생과 연결했고, 이 전략은 세계적으로 효과를 발휘했다. 인도에서는 1920년대에 어느 신문에서 고도로 정제된 자와의 공업 설탕이 순수한 설탕이라고, 따라서 상위 카스트의 설탕이라고 광고되었다. 그러나 이러한 사정이 인정되기도 했다. "교육이 확대되었다고는 해도 보수적인 인도는 아직 조악하고 유해한 현지 생산품보다 더 좋고 순수한 식품을 선택할 정도로 현명하지는 않다."[50] 어쨌거나 세계 곳곳에서 식품 산업은 품질이 보장된 표준화한 포장 제품을 마구 토해낼 수 있었기에 호황을 누렸다. 브랜드 출시에 대대적인 광고가 동반되었고, 그러한 광고에는 국민을 정보와 가치관뿐만 아니라 코카콜라와 도미노, 켈로그, 카로 같은 '국민' 브랜드까지 공유하는 공동체로 꾸며내는 인쇄 자본주의가 동반되었다.

이 모든 유명한 상표는 미국 국민 정체성과 미국적 생활 방식의 일부가 되었고 전 세계에 문화적으로 수출되었다.

이러한 브랜드들은 신뢰를 받고 인기를 끌었을 뿐만 아니라 가정 내에서 시간을 절약해주는 인스턴트식품으로도 성공했다. 그러한 추세는 일찍이 1860년대부터 시작되었다. 베이킹파우더가 집에서 빵을 구울 때 쓰는 기본 재료로 시장에 등장한 것이다.[51] 베이킹파우더는 당시 적당한 수입을 올리는 가구라면 대체로 가지고 있던 무쇠 화덕에서 쓰기에 편리했다. 자신만의 방식으로 빵을 직접 굽는 여성이 점차 줄어들면서, 정제 밀가루와 설탕을 혼합한 케이크 믹스가 밀가루 회사에 새롭게 유망한 틈새시장이 되었다. 케이크 믹스는 맛과 질감을 표준화했고 포장지에 적힌 용법을 따르기만 하면 제품의 신뢰성이 보장되었기에 산업 사회의 거의 모든 가정에서 볼 수 있는 품목이 되었다.[52] 설탕은 또한 물만 섞으면 되는 '젤오Jell-O' 같은 인스턴트 푸딩에도 들어갔다.[53]

미국이 제2차 세계대전에 참전했을 때, 설탕은 수많은 식품의 일부가 되었고 이제 통조림 채소와 온갖 향미료, 농축 우유로 그 용처가 확대되었다. 제1차 세계대전 중에 미국 식품관리청을 책임진 관료였던 허버트 후버는 "설탕은 일종의 필수 재료로, 우리의 음식은 설탕을 중심으로 돌아간다"라며 설탕을 제한적으로 배급하면 폭동이 일어날 수 있다고 우려했다.[54] 전쟁 때문에 세계적으로 설탕이 부족했는데도 설탕 제한 배급은 실시되지 않았고 미국의 설탕 소비는 실제로 늘어났다.[55] 설탕을 함유한 식품은 '무설탕' 식품보다 점점 더 저렴해졌고 유통하기도 더 쉬웠다.[56] 이는 한편으로는 로버트 러스티그가 지적했듯이, 설탕은 음식을 오래 보존하는 반면에 건강한 섬유질은 식품의 유통기한을 줄였기 때문이다. 이것은 설탕을 정제한 사람들이 2000년에 가

까운 시간 동안 알고 있던 사실이다.[57]

공업적 가공식품은 대대적인 광고를 통해 사회적으로 수용할 만한 것이 되었고, 이러한 식품에는 액체로 전화한 설탕(포도당과 과당으로 분해된 자당)이 다량으로 첨가되었다. 강력한 보존 능력 덕분이었다. 게다가 설탕은 값이 저렴했고, 따라서 단 식품 생산자에게 상당한 이윤을 가져다주었다. 설탕은 이제 그 자체로 광고되지 않고 그것을 함유한 수많은 식품의 형태로 광고되었다. 설탕 산업은 여러 경로를 통해 설탕이 잔뜩 들어간 케이크와 사탕과자, 음료, 그리고 토마토케첩과 콘플레이크 등의 소비를 정상적인 일로 만드는 데 성공했다. 미국의 요리책 저자들은 거대 식품 회사에서 일자리를 얻었다. 대중적인 잡지들은 대량 생산 인스턴트식품을 소재로 한 요리법을 소개했다.[58] 아이들에게 사탕과 단 음료와 식품을 소비하도록 부추기는 데에는 만화를, 뒤이어 텔레비전 광고를 이용했다. 시간이 흐르면서 광고는 더욱더 정교해져서 쾌락과 욕망, 위신을 자극했다. 제2차 세계대전 중에 미군 병사들과 함께 퍼진 코카콜라는 훗날 가장 가난한 지역에도 공장을 세워 전 세계에 미국의 존재를 알리는 상징이 되었다.[59]

비만과의 싸움

미국의 거의 모든 식품과 음료에 설탕이 들어간 역사는 세계의 다른 곳에서 일어난 일의 극단적 형태로 해석할 수 있다. 미국은 세계의 산업 중심지로서 다양한 방법으로, 때로는 예상치 못한 방법으로 그 소비 유형을 수출했다. 예를 들면 이런 것이다. 1899년, 일본인 이주자 모리나가 다이치로는 미국에서 과자 제조법을 공부한 뒤 귀국하여 일본 최초의 공업적인 사탕 제조 회사를 세웠다.[60] 사탕과자는 때로 10만 부 이상 발행된 일본의 대중적 요리책에 늘 등장했다. 일본은 1910년에 조선을 점령한 뒤 그곳에 사탕과자를 전파했다. 일본 정부는 자와와 식민지 타이완에서 점차 많은 양의 설탕이 들어오자 급속히 도시화한 산업 노동자들에게 싼값에 칼로리를 보충할 수 있다고 설탕을 선전했다. 19세기 영국의 경우보다 훨씬 더 심하게, 저렴한 설탕은 일본 제국주의 사업의 연료로 여겨졌다. 일본 정부는 1920년대에 설탕을 강력해져야 하는 국가에 필요한 식품으로 내세웠다.[61]

설탕 소비는 또한 광고 문화의 미국화를 통해서도 촉진되었다. 설탕이 포함된 식품은 미국적 생활 방식의 일부였기 때문에, 설탕 소비는 미국 영화 산업을 통해 전 세계에 전파되었다. 역설적이게도 바로 그 영화 산업이 날씬함이라는 새로운 신체적 규범을 세웠고, 이는 음식의 개선과 더 위생적인 생활 조건을 통해 결핵이 감소하던 시절에 삽화 광고를 지배했다. 마른 몸은 그전까지는 그 죽음의 질병이 안겨주는 고통과 연결되는 경향이 있었다면, 제1차 세계대전 직전에 완전히 새로운 함의를 얻었다.[62] 당시 담배 산업은 여성 담배 시장을 확대하기 위해 단 음식이 살을 찌운다는 여성의 인식을 이용했다. 담배 산업은 담배가 여성을 날씬하게 한다고 광고하여 사탕과자와 경쟁했다. "사탕과자 대신 '행운Lucky Strike'●을 잡으세요."[63]

과도한 설탕 소비, 더 넓게 보자면 과도한 탄수화물 소비는 분명히 미국 중간 계급의 관심사였다. 예를 들면 21세기에 들어설 무렵《보스

● Lucky Strike(럭키 스트라이크)는 브리티시 아메리칸 토바코의 담배 브랜드다.

턴 쿠킹 스쿨 매거진Boston Cooking School Magazine》은 이렇게 경고했다. "설탕은 체온과 에너지를 공급하는 데 필요하지만, 대다수 가정과 시설의 일반적인 음식은 녹말과 설탕 함유량이 너무 많고 단백질은 너무 적은 경향이 있다."[64] 영향력이 컸던 가정관리연구소Good Housekeeping Institute 도 과도한 설탕 소비의 위험성을 경고했다. 1920년대에 연구소에서 펴낸 간행물《굿 하우스키핑 Good Housekeeping》은 약 100만 부를 발행했고, 제2차 세계대전 이후에는 500만 부까지 늘어났다.《굿 하우스키핑》은 설탕에 신중하게 접근했는데, 그 잡지와 연관된 매우 친숙한 두 사람의 이름 때문에 그러한 태도는 한층 돋보였다. 한 사람은 농민 잡지를 전문적으로 발행한 펠프스 출판사Phelps Publishing Company의 대표이기도 했던 인민주의적 국내 설탕 옹호자 허버트 마이릭이다. 마이릭은 그 자격으로 1900년부터 1911년까지 가정관리연구소 소장과《굿 하우스키핑》의 발행인을 지냈다. 두 번째 인물은 하비 와일리다.

와일리는 1912년부터 1930년까지 가정관리연구소의 연구 분과 책임자로 일했다. 그는《굿 하우스키핑》을 발판으로 확고한 기반을 다져 미국 중간 계급의 식품 과학자가 되었다. 그는 부엌에 머무는 여성이 훌륭한 요리로써 성공적인 결혼을 영위하고 가족을 행복하게 만들수 있게 했다. 마이릭처럼 와일리도 설탕에 관하여 완벽한 조언자가 되기에는 미국 설탕 산업에 너무 깊이 관여했다. 와일리가 밀드레드 매덕스와 함께 1914년에 발표한 권위 있는 책《굿 하우스키핑 쿡 북Good Housekeeping Cook Book》에서 '설탕sugar'이라는 낱말은 211회 나온다. 그럼에도 그 책은 이렇게 엄중히 경고했다. "디저트에 대량으로 들어가는 설탕은 식품이지만 체온과 에너지의 보충, 지방의 형성에만 도움이 된다. 지방질의 침적은 과식에 뒤따르는 필연적 응보다."[65] 미국 설탕 산업의 대변자인 이 화학자는 설탕이 '지방질'이라는 사실을 추호도 의심하지 않았다.

설탕은 살을 찌운다고 확인되었을 뿐만 아니라 충치와도 관련이 있었다. 1939년, 오하이오의 치과 의사 웨스턴 A. 프라이스가 수행한 광범위한 연구가 발표되어 이 점이 입증되었다. 개업의로서 진료하면서 치아 건강이 급속하게 나빠지는 현상을 걱정한 그는 세계 곳곳을 여행하며 (스위스의 고립된 산촌 주민들을 포함하여) '원시적인' 사람들의 치아가 '문명' 사회 사람들의 치아보다 더 낫다는 결론을 도출했다.[66] 프라이스의 글이 발표되고 한 해가 지난 뒤, 미군에 징병된 첫 100만 명 중 40퍼센트가 거부당했는데, 가장 중요한 원인이 심각한 충치였다.[67] 특히 설탕과 사탕은 의사와 교사에게 똑같이 걱정거리가 되었다. 미국은 물론이고 유럽에서도 마찬가지였다. 유럽에서도 사탕과자는 몇 세대에 걸쳐 어린이의 치아를 망가뜨렸다.[68] 일찍이 1930년에 아이들에게 사탕 대신 과일과 견과를 먹이라는 조언이 있었다. 교사들은 영양학을 학교 교과 과정에 포함시키자고 주장했으며 급식 품질의 개선을 요구했다. 그러나 이들도 광고에 수백만 달러를 쓸 수 있는 식품 산업에 맞서 힘든 싸움을 하고 있음을 인정했다.[69]

1930년대에 설탕은 경고를 받았지만, 설탕 기업가들은 어떠한 위협에도 대처할 준비가 되어 있었다. 1942년, 미국 농업부가 전시의 설탕 부족을 건강에 대한 위협으로 볼 필요가 없으며 다른 식품이 훨씬 영양가가 높다고 정부에 조언했을 때, 설탕 산업은 격분했다. 설탕 산업계가 로비를 벌이자 결국 미국 의회는 탄산음료에 세금을 부과하지 않았다.[70] 그뿐만 아니라 미국 전역의 원당 생산자와 정제업자가 전미설탕정제회사의 주도로 모여 공세적 홍보에 착수했다. 1943년에 설립된 설탕연구재단Sugar Research Foundation은 홍보 기관이었는데도 매사추세츠 공과대학 부교수를 이사장으로 데려올 수 있었다. 그의 주된 임무 중 하나는 설탕의 위험성을 경고하는 영양사와 기타 전문가의 활동에 맞서는 것이었다.[71] 전시의 설탕 배급이 차츰 사라지던 1947년, 설탕연구재단은 설탕을 건강한 음식으로 옹호하라는 요청을 받았다. 50년 전 프랑스와 독일의 사탕무 설탕 산업이 설탕을 사치품이 아니라 영양가 높은 식품으로서 판매하려 노력하던 것과 마찬가지 양상이었다. 미국 설탕 산업의 대변지인 《설탕Sugar》의 편집자들은 1947년에 이렇게 썼다. "지난 5년간 정부 부처와 민간 연구소들이 소비 대중의 마음속에 심어준 '결핍의 심리'를 교정하기 위해 조치를 취해야 한다."[72]

1930년대에 콜레스테롤이 심장 혈관 질환의 원인이라는 앤셀 키스의 주장이 받아들여졌을 때, 설탕 산업은 지방이 식단의 주된 문제라는 대세 주장에 기쁜 마음으로 편승했다. 설탕연구재단은 하버드 대학교 교수 세 명의 프로젝트를 후원했다. 그중 한 사람인 마크 L. 헥스테드는 그 이후 몇십 년간 미국 식품 정책에서 중요한 역할을 수행한다. 1967년에 발표된 연구 결과는 포화 지방을 심장 혈관 질환의 주된 원인으로 확인함으로써 설탕이 건강을 해칠 위험성에서 관심을 빼앗는 데 크게 기여했다.[73] 이는 1980년에 앤셀 키스가 그의 관찰 연구 프로젝트인 '7개국 연구Seven Countries Study'의 결과를 발표했을 때 확증된 듯했다. 그러나 그의 연구는 근본적 결함이 있었다. 기본적인 통계 원칙을 지키지 않았기 때문이다. 지방이 심장 혈관 질환의 결정적 요인이라는 점을 입증하려는 의도가 너무 강한 나머지 그에 못지않게 중요한 사실을 빠뜨렸다. 바로 연구가 지속되는 동안 설탕 섭취가 상당히 증가했다는 점이다. 설탕이 심장 혈관 질환과 대사성 질환의 원인이라는 것은 당시에는 상식에 속하지 않았던 것 같다. 심장 혈관 질환과 당뇨병, 비만의 상관관계도 마찬가지로 인정되지 않았다. 최근에 와서야 오류가 바로잡혔다. 2013년 산자이 바수, 로버트 러스티그, 그리고 몇몇 동료들이 경제적 분석을 통해 이렇게 증명했다. "설탕은 당뇨병 유행과 특별한 상관관계가 있는 것 같다."[74]

한편 1950년부터 1980년 사이에 미국에서 1인당 탄산음료 소비량은 7.5배 증가했다. 종종 후원금을 대가로 학교에 설치된 자동판매기에서 단 식품이 대량으로 빠져나왔다.[75] 20세기에 들어설 무렵 병사들에게 해를 끼친 것에 이제 아이들이 노출되었다. 확실한 것은 어린 나이에 다량의 설탕 섭취에 익숙해질수록 음료 산업과 설탕 산업에 이로웠다는 사실이다. 1970년대 미국에서 하루 칼로리 섭취량 중 설탕이 차지하는 몫은 평균 500~550칼로리에 이르렀고 영국도 비슷했다. 그러나 많은 사람에게 그 수치는 1000~1500칼로리까지 올라갔다. 성인에게 필요한 칼로리의 절반이다. 반면 1970년에서 1997년 사이에 미국의 우유 소비는 22.5퍼센트 감소했다.[76]

1974년에 《랜싯》이 사설에서 비만을 '세계에서 가장 중요한 영양학상의 질병'이라고 확인했을 때 이미 놀라운 자료가 제시되었다. 그러나 그러한 메시지가 이해되기까지는 시간이 필요했다. 심지어 미국에서도 그랬다. 정치적 계급이 나라에 굶주림이 지속될지 여부에만 관심을 쏟았기 때문이다. 탄수화물의 값이 저렴했기 때문에 굶주림과 영양 부족의 배후에 비만이 숨어 있다는 사실을 인지한 사람은 거의 없었다. 빈민층의 구매력이 점차 늘어났어도 그들은 건강한 음식에 닿지 못하고 공업적으로 대량 생산된 값싼 식품만 소비했다. 실제로 20세기에 가난한 노동자들은 굶주리지 않았다. 그들은 한 세대 안에 영양 부족에서

칼로리 과다로 이행했다.[77]

설탕 섭취 기준

영양과 인간의 욕구에 관한 상원 특별위원회Senate Select Committee on Nutrition and Human Needs의 의사록을 보면 굶주림에서 비만으로의 그러한 이행이 얼마나 빠르게 일어났는지 알 수 있다. 1968년, 조지 맥거번을 의장으로 하여 미국의 굶주림 문제를 다루기 위해 설치된 이 위원회는 곧 초점을 비만으로 옮겨야 한다고 판단했고, 그 논의 결과는 1977년에 《미국을 위한 식단 목표Dietary Goals for United States》로 드러났다. 이것이 이른바 '맥거번 보고서'다. 이 보고서는 심장 질환과 혈관 질환의 원인으로 지방을 크게 중시했고, 포화 지방과 불포화 지방의 섭취를 줄이려면 탄수화물 섭취를 늘리라고 제안했다.[78] 주된 조언자인 마크 헥스테드는 유드킨을 '건강을 위협하는 인물'이라며 공개적으로 비난한 학자이자, 미국 설탕 산업계에서 연구 자금을 지원받아 지방이 심장 질환의 원인임을 확인한 하버드 대학교의 영양학자 세 사람 중 한 사람이다. 설탕 산업계에서 지원받은 사실을 밝히지 않은 것은 노골적인 윤리 위반이었지만(아마도 특별위원회는 모르는 사실이었을 것이다), 헥스테드는 설탕 공장들의 종노릇만 하는 데 그치지 않았다. 맥거번 보고서는 하루 칼로리 섭취량의 45퍼센트에서 10퍼센트까지 정제 설탕과 가공 설탕의 섭취량을 축소하는 기준을 제시했다. 이 권고 사항은 그 이후 몇십 년간 쟁론의 대상이 된다.[79]

　레이건 행정부에서 비만과의 싸움은 심각한 타격을 입었다. 이 정부

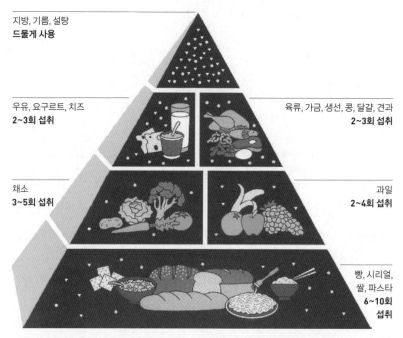

지방, 기름, 설탕
드물게 사용

우유, 요구르트, 치즈
2~3회 섭취

육류, 가금, 생선, 콩, 달걀, 견과
2~3회 섭취

채소
3~5회 섭취

과일
2~4회 섭취

빵, 시리얼,
쌀, 파스타
**6~10회
섭취**

1992년에 미국 농업부가 제시한 '식품 피라미드'는 좀 더 균형 잡힌 식사를 장려하려는 노력의 결과물
이었다. 지방과 설탕의 섭취량 축소를 홍보하는 데 아무런 관심도 없던 식품 산업의 로비스트들이 그
기획을 거의 망가뜨렸다. 한편 영양학자들은 이 피라미드의 가장 아래쪽에서 가리키듯이 탄수화물
소비를 높이라는 권고에 비판적이었다.

는 액상과당으로 설탕 가격이 하락하도록 내버려둔 동시에 1974년에
중단된 보호무역주의적 설탕 프로그램을 되살려 국내 설탕 산업을 다
시 지원했다. 이 때문에 일상의 식단에서 탄수화물 양이 증가했다.[80]
또한 1943년의 '기본 7식품군Basic Seven'과 1956년의 '기본 4식품군'의
후속 식단표로 이른바 '식품 피라미드Food Pyramid'라는 새로운 기준을
세우려는 1980년대 미국 농업부의 기획도 실패로 돌아갔다. 영양학자
루이즈 라이트가 성공을 장담할 수 없는 이 사업의 책임자로 고용되었
지만, 최종 결과가 영양학자가 아니라 식품 로비에 의해 결정되자 라이

트는 실망을 금치 못한다. 라이트의 연구팀은 정제 곡물과 포화 지방의 섭취를 줄이고 첨가당free sugar(정제되거나 가공된 설탕, 꿀과 과일 주스 포함)의 섭취를 하루 에너지 섭취량의 최대 10퍼센트로 제한하라고 권고했다. 그러나 라이트가 농업부 장관에게 제출한 식품 기준은 오랜 시간이 지난 1992년에 막상 공개되었을 때 엉망이 되었다. '덜' 먹으라고 권고한 모든 사례가 '적당히'로 바뀌었다. 그러나 원래의 기준을 상당히 수정한 이 권고(유통 담당 부서에서 피라미드 형태로 만들었다)마저 식품 산업계의 거센 반대를 불러일으켰다. 반대가 너무도 격렬해서 건강에 그다지 좋지 못한 이 기준조차 간신히 살아남았다. 내부고발자들과 매리언 네슬(실제로는 그 피라미드를 그다지 열렬히 지지하지 않았다) 같은 저명한 영양학자들에게 그 구출의 공이 돌아가야 한다.[81]

한편 소비 유형은 그 기준에 처방된 것보다 훨씬 더 건강에 해로운 방향으로 전개되었다. 간략히 말하자면, 지침에서 우유와 녹색 채소에 속한 자리를 단 음료와 감자튀김이 차지했다. 유드킨은 이렇게 말했다. "설탕에 바탕을 둔 영양학적으로 조악한 음식이 좋은 음식을 몰아내고 있다."[82] 1990년에 발표된 세계보건기구의 보고서《식단, 영양, 만성 질환 예방Diets, Nutrition, and the Prevention of Chronic Diseases》처럼 이러한 추세를 멈추려는 노력에 설탕 산업과 음료 산업은 반기를 들었다. 세계보건기구의 보고서는 첨가당의 연간 섭취량을 15~20킬로그램으로 권고했다. 이는 세계 대부분의 지역에서 소비되는 양의 절반이었다.[83]

1990년대에 세계 설탕 산업은 세계보건기구의 공인된 이해관계자가 되는 데 성공했다. 그들의 기부나 조언이 필수적 요소가 된 것이다. 그러나 이보다 더 위협적인 것도 있었다. 설탕 산업계는 세계보건기구가 2003년 발표될 그 보고서에서 첨가당의 하루 섭취량을 최대 10퍼센트로 제한하는 기준을 삭제하기를 거부하면 미국의 분담금을 중지하라고 미국 의회와 조지 W. 부시 행정부를 압박했다. 그럼에도 그 기준은 보고서에 그대로 남았고, 많은 나라의 어린이들이 단 음료 마시는 것을 우려한 세계보건기구는 그 기준을 강조했다.[84] 그렇지만 미국의 치밀한 로비 때문에 회원국들로 구성되는 세계보건기구의 집행 기관인 세계보건총회World Health Assembly(WHA)는 2004년에 최대 10퍼센트 제한을 확실하게 통과시키지 못했다. 그 대신 총회는 아주 모호하게 첨가당 수준의 '제한'을 권고했다. 세계보건기구는 집행 기관의 미온적 지지를 무시하고 하루 에너지 섭취량에서 첨가당의 몫을 10퍼센트 이하로 줄이기 위해 계속해서 지침을 세우고자 했다.[85]

음료에는 여러 가지 첨가당이 들어가고 있으며, 지난 100년 동안 비만 퇴치 전선은 와일리 시절의 부엌에서 음료 산업으로 이동했다. 20세기 끝 무렵, 음료에 대량으로 사용된 액상과당이 미국 감미료 시장의 56퍼센트를 차지했다.[86] 가당 음료는 배고픔을 해소하지 못하기 때문에 다른 칼로리 식품의 섭취를 줄이지 못하며 비만의 주요한 원인이 된다. 이 점에서 아이들이 각별히 취약하다. 따라서 2010년에 세계보건총회는 가당 음료의 광고에 관한 권고와 현혹적인 광고를 제한하라는 호소를 만장일치로 채택했다. 2016년에는 가당 음료에 대한 세금 부과 권고가 이어졌다.[87]

그러나 세계보건기구가 어떤 기준을 제시하든지, 각국 정부가 이를 이행하지 않으면 아무런 효과도 낼 수 없다. 실제로 사정은 대체로 그렇다. 미국 상원 재정위원회는 2009년에 가당 음료에 과세하여 '오바마 케어'의 자금으로 쓰자는 제안을 토의했지만 상원 본회의에 상정하지 않았다. 뉴욕주는 과일즙 함량이 70퍼센트 이하인 탄산음료와 기타 음료에 18퍼센트의 세금을 부과하려다 실패했다.[88] 마이클 블룸버그는 뉴욕시장으로 재직할 때 뉴욕에 설탕세를 도입하려 했지만 성공하지 못했고, '식품 쿠폰 프로그램Food Stamp Program'으로 불렸던 '영양 보충 지원 프로그램Supplemental Nutrition Assistance Program'에서 가당 음료를 시범적으로 없애보자는 그의 제안도 역시 실패했다. 그 이후 블룸버그는 시카고에서 설탕세를 도입하기 위한 운동에 수백만 달러를 쏟아부었다. 이번에는 성공했지만, 그 조치는 두 달이 채 지나지 않아 폐기되었다.[89] 어처구니없게도 설탕세가 그러한 음료의 판매를 줄이는 데 너무도 효과적이어서 그런 일이 일어났다. 이는 미국의 다른 곳에서도 입증된 바다. 예를 들면 2014년에 가당 음료에 과세한 버클리에서는 2017년까지 소비가 절반으로 줄었다. 2017년 가당 음료에 과세한 필라델피아에서는 약 42퍼센트가 감소했다.[90] 과세가 효과가 높다는 것이 놀랄 일은 아니다. 어쨌거나 19세기 말 독일과 프랑스에서 설탕 산업이 외국에 사탕무 설탕을 덤핑하는 비용을 소비자들이 지불해야 했을 때 국내 설탕 소비는 비교적 낮은 수준에 머물렀다.

그래도 자당 함량이 높은 음료에 과세하는 것에 반대하는 논거가 있었다. 건강에 해로운 다른 식품이 대신 들어설 수 있으며, 그 세금으로 가장 심한 타격을 입는 부류는 저소득층이라는 점을 부정할 수 없다는 것이었다.[91] 그럼에도 멕시코 같은 중위 소득 국가의 정부에 설탕 소비를 단념시킬 유일한 방법은 세금이었다. 멕시코에서는 성인 세 명 중한 명꼴로 과체중이고 심장 혈관 질환이 주된 사망 원인이었는데, 그러한 상황은 코카콜라를 비롯하여 멕시코 설탕 공장의 절반 이상을 소유한 미국 음료 산업에 깨끗한 수돗물의 부재가 결합한 탓이다. 아이들은 아침에 탄산음료를 마시며, 그러한 제품의 값이 저렴하기에 건강에 좋은 음식과 과일이 밀려난다.[92] 2013년, 멕시코는 가당 음료에 리터당 1페소의 세금을 부과했고, 7년 후 와하카주는 추가로 아동에게 가당 음료와 정크푸드를 판매하지 못하게 하는 중요한 조치를 취했다.[93]

유럽연합도 칼로리가 높은 탄산음료에 과세하는 것을 고려했고, 몇 몇 나라는 실행에 옮겼다. 덴마크가 그중 하나인데, 그 조치는 겨우 15개월밖에 지속되지 못했다. 2015년 7월, 영국의사협회British Medical Association는 설탕반대행동Action on Sugar 같은 설탕 과세 운동가들과 유명 한 요리사 제이미 올리버의 지원을 받아 2016년에 영국 정부에 음료 의 설탕 함량과 관련한 과세를 도입하라고 압박했다.[94] 2018년에는 영 국, 포르투갈, 카탈루냐, 미국의 여섯 개 사법 관할권, 칠레, 멕시코, 프 랑스, 핀란드, 헝가리, 브루나이, 태국, 아랍에미리트연합, 사우디아라 비아가 모종의 설탕세를 도입했다. 한편 식품 산업은 그러한 조치에 최 대한 강경하게 반대하여 로비를 벌이고 있다. 설탕은 거의 모든 공업적 가공식품에 들어가기 때문에 설탕 산업의 로비는 담배 산업의 로비보 다 훨씬 강력하다. 독일 주민의 절반이 과체중이고 20~25퍼센트가 병 적 비만 상태인데도 그 나라에 설탕세를 지지하는 세력이 없는 것은 분 명히 설탕 산업의 막강한 힘 때문이다. 2015년, 유럽의 보건부 장관들 이 소심하게도 2020년까지 첨가당 섭취량을 10퍼센트 감축하자고 동 의한 것도 그로써 설명될 것이다. 정부와 식품 산업이 '협력'한 결과는 변함없이 실망스럽다. 네덜란드의 1인당 연간 설탕 소비량은 아직도 40킬로그램을 넘는데, 정부와 식품 산업의 협정은 겨우 2퍼센트 감축 을 목표로 삼았다.[95]

설탕 산업이 지난 150년간 음식에 관한 건전한 조언에서 주의를 빼 앗기 위해 전력을 다하고 돈의 힘을 이용하여 정치인과 언론, 과학자에게 영향력을 행사한 반면, 보복당할 위험을 감수하며 그 권력에 도전한 평론가와 과학자도 늘 있었다. 테이트 앤드 라일은 유드킨의 책《순수하고 하얀, 죽음의 설탕》에 'SF소설'이라는 딱지를 붙이며 영양학 전문가라는 그의 입지를 허물어뜨리려고 적극적으로 공작을 펼쳤다.[96] 매리언 네슬은《식품 정치 Food Politics》2007년 판에서, 2002년 그 책의 초판이 발행되기 2주 전 아마존 웹 사이트에 매우 비판적인 서평이 세 건 게시되었다고 폭로했다.[97] 설탕 산업의 개입은 훨씬 더 심했다. 스위스의 평론가 알 임펠트는 유드킨에게 강연을 요청한 뒤 슈퍼마켓 체인 미그로Migros가 후원하는 연구소 소장 자리에서 물러나야 했다. 그러나 임펠트는 입을 다물고 있을 사람이 아니었고, 자신의 책《설탕Zucker》에서 설탕 산업의 해로운 영향을 폭로했다.[98]

러스티그와 동료들은 의학과 영양학만으로는 과학적 발견을 혼란스럽게 만드는 전술을 사용하는 막강한 기득권 세력에게 밀리므로 비만과의 싸움에서 승리할 수 없다고 거듭 지적했다. 그러한 전술이 초래한 혼란 때문에 설탕이 비만의 원인이라는 사실은 영국 왕실 장의사 밴팅의 시대였던 150년 전보다 오늘날에 오히려 덜 분명해 보인다. 설탕은 언제나 사치품이었고, 영양학적 관점에서 보면 불필요한 중독성 식품이었다. 에너지 보충을 위해 설탕이 필요하다는 관념은 19세기 노동자라면 조롱했겠지만, 오늘날에는 광고를 통해, 병사의 배급 식량에 설탕을 첨가함으로써, 가장 파렴치하게도 학교에 자동판매기를 설치함으로써 대중에게 납득시켜야 할 주장이 되었다. 오늘날 각국 정부는 이익단체가 시민의 건강과 안전을 지켜야 할 그 주된 임무를 해치게 내버려 둔다.

음료 산업과 설탕 산업은 비만 예방은 개별 소비자의 책임이라고 주장하며, 이를 강조하기 위해 브랜드를 광고할 때 운동을 하고 바깥 활동을 하는 사람의 이미지를 곁들인다. 2015년, 《뉴욕 타임스》는 코카콜라의 후원을 받은 연구자들이 설탕이 아니라 운동 부족이 비만의 주원인이라고 결론 내렸다는 기사를 실었다.[99] 자사 음료가 스포츠와 피트니스와 함께하는 삶의 동반자라고 광고하는 마케팅 전략은 담배 산업에서 빌려온 것이다. 어쩌면 그 반대일 수도 있고.[100] 그러나 약간의 희망이 보이기는 한다. 음료 생산자들이 비만과의 싸움에 긍정적으로 기여할지는 여전히 분명하지 않지만, 담배 산업과는 대조적으로 그들은 비자당 감미료를 대안으로 쓸 수 있다.[101]

대기업의 감미료 사업

사탕무와 사탕수수, 녹말을 가공하는 산업은 종종 서로 상충하는 고유의 이해관계를 가지고 있지만, 국가적 차원에서든 세계보건기구 같은 국제기구에 의해서든 자신들의 사업이 위험에 처하면 서로 단합하는 경향이 있다. 강력한 음료 산업이 이들의 공동의 적이다. 음료 산업은 목적을 위해서라면 판훌 형제도 공격하며, 액상과당의 경우에서 보듯이 주저 없이 자당 감미료를 버리거나 사탕무나 사탕수수 재배 농민들을 망하게 한다. 얄궂게도 코카콜라의 최고경영자로서 액상과당으로 갈아타고 일거에 생산비를 20퍼센트 감축한 사람은 쿠바에서 건너온 난민이며 에스파냐인 제당소 주인의 손자인 로베르토 고이수에타다.[102]

액상과당보다 더 위협적인 것은 제로 칼로리 감미료다. 제로 칼로리 감미료가 세계 시장에 등장하자 놀랍지 않게도 사탕무 설탕 생산자와 사탕수수 설탕 생산자는 필사적으로 저항했다. 인공 감미료의 출현은 산업 로비의 새로운 장을 열었고 새로운 광고 언어를 만들어냈다. 대중에게 자당이 살을 찌우니 자신들의 제품을 구매해야 한다는 인상을 심어줄 필요가 있었기 때문이다. 사탕수수 설탕과 사탕무 설탕 부문은 즉각 힘을 합쳐 맞섰다. 1950년대 중반 인공 감미료의 도입으로 미국의 설탕 소비가 감소 국면에 접어들었을 때, 쿠바의 사탕수수 재배 농민들, 설탕연구재단, 차르니코프-리온다 회사, 그리고 미국의 설탕 노동자들은 가능할 것 같지 않던 동맹을 결성했고 인공 감미료의 등장에 맞서 싸우기 위해 그 만만찮은 로비의 힘을 미국 의회에 집중시켰다.[103]

그러나 이것이 인공 감미료에 맞선 첫 투쟁은 아니었다. 20세기에 들어설 무렵, 독일 정부는 사탕무 설탕 산업의 압박을 받아 보통의 소비 시장에서 사카린 판매를 금지했다. 콜타르가 원료인 사카린은 콘스탄틴 팔베르크가 1879년에 발견했다. 러시아에서 태어난 팔베르크는 독일에서 공부하여 화학자가 되었고 미국의 존스홉킨스 대학교에서 연구했다. 그는 사카린 생산 과정으로 특허를 받고 독일로 돌아와 삼촌과 함께 마그데부르크 인근에 공장을 세웠다. 세계 사탕무 설탕 업계의 호랑이굴에 들어간 셈이었다. 특히 당뇨병 환자들에게 기적적인 발견이라고 요란하게 떠벌려진 사카린은 즉시 언론에서 대서특필되었다. 1901년, 자당보다 단맛이 500배 강했던 사카린은 '감미료의 힘'으로써 독일 설탕 시장의 5퍼센트를 차지했으며, 사탕무 설탕의 강력한 경쟁자로 부상했다. 팔베르크는 부자가 되었다. 그러나 그 국면에서 독일 제국 의회는 사탕무 설탕 생산자들을 존중하여 곧 사카린 생산을 의학적 용도에만 제한하는 법률을 제정했다. 사탕무 설탕 생산량을 대폭 제한한 브뤼셀 협정의 체결 이후, 독일의 설탕 산업계는 정부를 설득하여 사카린 생산을 더 강하게 규제하게 했고, 정부는 단 한 군데 공장에서만 사카린을 생산하도록 허용했다.[104]

유럽 국가들은 대부분 독일의 선례를 따랐다. 스위스만 눈에 띄는 예외였는데, 그곳에서는 인공 감미료 연구가 화학 대기업 잔도스Sandoz의 발전에 기여했다.[105] 스위스의 화학자들은 몬샌토 회사Monsanto Company의 연구소로 몰려가 바닐린, 쿠마린, 카페인 같은 수많은 화학적 대용품을 생산했다. 1901년에 세인트루이스에 설립된 이 화학 대기업은 코카콜라에 사카린을 공급하는 회사로 첫걸음을 내디뎠다.[106] 20세기 초, 미국의 많은 탄산음료에는 몬샌토가 생산한 사카린이 들어갔다.

사카린은 하비 와일리의 첨가물 반대 십자군의 표적 중 하나였다. 그는 코카콜라가 이 감미료를, 그리고 사실상 모든 다이어트 콜라를 포기하도록 만드는 데 성공했다(이 조치는 1962년까지 계속되었다). 와일리는 석탄에서 감미료를 추출하는 것이 불쾌했다. 그가 보기에 사카린은 아무런 영양가도 없을 뿐 아니라 거의 독극물이나 다름없는 물질이었다. 1911년, 와일리가 관장한 식품검사국Department of Food Inspection은 사카린을 첨가하는 것은 건강에 해로우며 식품의 가치를 떨어뜨린다고 판단했다. 역설적이게도, 그가 몇 년 전 루스벨트 대통령에게 이 점을 납득시키려 했을 때, 대통령은 의사에게서 당뇨병 예방을 위해 사카린을 섭취하라는 처방을 받은 참이었다. 그럼에도 와일리의 견해는, 사카린이 설탕을 대체할 수 없으며 그 감미료의 포장지에는 다이어트 목적으로 첨가되었다는 문구를 삽입해야 한다는 법률에 새겨졌다.[107] 설탕 부족이 심각했던 제1차 세계대전 중에 사카린의 폭넓은 사용에 유리한 환경이 조성된 것 같았지만, 사카린은 미국에서만 다이어트 목적의 중독성 물질로 남았다. 제2차 세계대전이 끝난 후에야 사카린의 사용은 저칼로리 음료에 급속하게 퍼졌다. 1964년에 이르러 이런 음료는 전체 음료 시장의 10퍼센트를 차지했다.[108]

사카린은 뒷맛이 깔끔하지 못하다는 점 때문에 다른 인공 감미료와의 경쟁에서 불리했다. 수커릴Sucaryl이라는 상품명으로 판매된 시클라메이트cyclamate는 1910년에 출시된 액상 감미료다. 시클라메이트는 달콤한 맛을 주면서도 "허리를 날씬하게 해준다"라고 선전되었다.[109] 이는 당시 미국 대중이 설탕이 살을 찌운다는 사실을 매우 잘 알고 있었음을 보여준다. 화학 대기업들은 시클라메이트를 대량으로 생산했고, 이것이 음료의 생산 라인에 쏟아져 들어왔다. 미국설탕조합American Sugar Association과 설탕연구재단이 시클라메이트 반대 운동에 착수한 것은 놀랍지 않다. 시클라메이트가 발암 물질이라는 증거가 없었는데도(어처구니없을 정도로 많이 복용하지만 않는다면), 미국 식품의약국은 1969년에 시클라메이트를 금지했다. 그해에 유럽의 많은 나라가 이를 허용했다. 시클라메이트에 반대하는 대중적 캠페인은 성과를 냈다.[110]

시클라메이트가 사라지면서 음료 산업은 다시 사카린에 의존해야 했지만, 사카린은 결국 쥐에게 엄청난 양을 투여한 다른 부적절한 시험에 의해 희생되었다. 1972년, 식품의약국은 사카린을 안전한 중독성 물질의 목록에서 제거했고, 5년 뒤 이 감미료가 들어간 식품의 포장지는 유해성 경고를 담아야 했다. 싸움은 계속되었고 2000년에 와서야 미국 의회는 이 규제를 폐지했다.[111]

식품의약국이 사카린을 안전한 중독성 물질의 목록에서 제거하고 2년이 지난 뒤인 1974년에 새로운 제로 칼로리 감미료가 등장했다. 아스파르테임aspartame이라는 이 감미료의 이력은 파란만장하다. 그 이유는 특히 이것을 개발한 회사인 설G. D. Searle & Company이 식품의약국에 조작된 시험 자료를 제출했기 때문이다. 영양학자들은 아스파르테임 반대 운동에 들어갔고, 유명한 소비자 권리 활동가 랠프 네이더가 이에 합세했다. 조사 결과, 설의 연구소가 업무 일지를 변조했다는 충격적인 결론이 나왔다.[112] 아스파르테임은 1975년에 판매 금지되었지만, 금지 조치가 영원하지는 않았다. 국방부 장관을 지냈고 나중에 또 그 자리에 오르는 도널드 럼스펠드가 설의 회장으로 고용되는데, 금지 조치의 취소를 이끌어내는 것이 그의 임무 중 하나였다. 기회가 왔다. 그는 레이건의 대통령직 인수위원회 일원으로서 식품의약국의 새로운 수장의 임명을 준비할 수 있었다. 신임 국장은 아스파르테임의 식품 사용 금지를 폼나게 폐지했다.[113]

1981년에 식품의약국이 아스파르테임을 승인했지만, 그 무렵에는 특허가 거의 끝난 상황이었다. 설 가족으로부터 선거 운동 자금을 받았다는 소문이 있는 상원 의원들이 이 문제를 다루었고, 특허가 연장되어 설은 결국 1985년에 당시 하원 의원들과 상당히 좋은 관계를 유지한, 번창하는 화학 회사 몬샌토에 좋은 가격으로 매각되었다.[114] 1986년, 식품의약국은 아스파르테임에 대한 규제를 모두 제거했지만, 너무도 많은 세월이 흘렀기에 그 감미료의 명성은 손상을 입었다. 이는 어느 모로 보나 부당했다. 전문가들의 평가는 아스파르테임 섭취에서 건강에 해로운 점을 전혀 발견하지 못했기 때문이다. 이탈리아인 연구자 모란도 소프리티의 팀이 새로운 실험을 거쳐 발암 유발 효과가 있다고 주장했지만, 유럽식품안전청European Food Safety Authority(EFSA)은 이 주장을 부정했다. 코끼리에게나 적합한 양을 쥐에게 투여했기 때문이다.[115]

세 인공 감미료의 평판이 박살 나면서, 네 번째 인공 감미료가 출현할 길이 열렸다. 스플렌다Splenda라는 브랜드로 판매된 수크랄로스sucralose이다. 미국설탕조합은 수크랄로스에 염화물이 들어 있는 사실을 거론하며 그 감미료를 '염소 처리를 거친 인공 감미료'라고 비난함으로써 빠르게 무너뜨리려 했다. 그러나 이는 허튼소리였다. 그 감미료는 수영장에서 불쾌한 냄새를 내는 물질과는 아무런 공통점이 없었다. 수크랄로스는 1976년에 테이트 앤드 라일이 영국에서 특허를 냈다. 이 회사는 제약 대기업 존슨 앤드 존슨Johnson & Johnson과 제휴하여 앨라배마에 생산 공장을 세웠다. 1990년대에 자신들이 "낮은 칼로리 해법으로 돕는다"라고 광고하며 설탕 대기업에서 영양소 전문 기업으로 탈바꿈하던 테이트 앤드 라일에게 어울리는 일이었다. 스플렌다는 미국 인공 감미료 시장의 60퍼센트를 장악하여 테이트 앤드 라일에 큰 돈을 벌어다 주었다.[116] 그런데 잔치를 다소 망친 일이 일어났다. 테이트 앤드 라일은 중국 공장들의 수크랄로스 특허 침해에 소송을 걸었다가 쓰라린 패배를 겪었다. 중국인들은 그 감미료의 발명에 관여한 연구자의 증언 덕분에 승소했다. 그는 자메이카 태생의 아프리카인 노예 후손인 저명한 화학자 버트램 프레이저리드다.[117] 그가 자란 곳에서 테이트 앤드 라일은 특히 1930년대의 폭압적인 노동관계에 책임이 있다고 알려졌다. 얄궂은 결말이다.[118]

　제로 칼로리 감미료가 시장에 진입하기 위해 벌인 수십 년간의 싸움은 사탕수수 설탕과 사탕무 설탕 생산자들의 힘을 보여주는 동시에 관련 기업의 이해관계도 드러냈다. 제로 칼로리 감미료가 시장을 찾기까지는 여러 해 더 필요했지만, 일단 시장에 진입하고 나면 그 생산자들은 주저 없이 경쟁자들을 밀어냈다. 다른 모든 제로 칼로리 감미료와 대조적으로 인공이라고 치부할 수 없었던 스테비아stevia도 그런 일을 당했다. 1931년, 프랑스 화학자들이 스테비오사이드stevioside를 분리

해낸 이후 상업적 제품이 나오기까지 39년이 걸렸다. 스테비아는 인공 감미료를 금지한 일본에서 1970년에 도입되어 널리 사용되었다. 그러나 미국 식품의약국은 1980년대에 스테비아에 적극적으로 반대했다. 미국이 이 감미료를 금지한 데에는 1985년부터 뉴트라스위트NeutraSweet 회사의 주인이었던 몬샌토의 사주가 있었다고 한다. 몬샌토는 인기를 더해가는 스테비아에 맞서 시장 지분을 확대하기 위해 최선을 다했다. 브라질은 일찍이 1988년에 인공 감미료 금지를 유지하면서도 비만과 제2형 당뇨병을 퇴치하고자 스테비아를 승인한 뒤 몬샌토의 힘을 경험했다. 몬샌토는 브라질의 조치를 가볍게 보지 않았고, 저칼로리 음료에 아스파르테임과 시클라메이트, 사카린까지 허용하라고 압박했다.[119]

세계보건기구가 1990년에 이미 스테비아를 정식으로 허가했고 로버트 앳킨스의 저탄수화물 다이어트*도 이를 지지했지만, 미국의 식품의약국이 스테비아를 감미료로 인정하기까지는 18년이 더 걸린다. 2010년에 벨기에와 이탈리아, 에스파냐가 뒤를 따랐고, 한 해 뒤 스테비아는 유럽연합 전체에서 승인되었다. 스테비아는 뒷맛이 개운하지 않고 인공 감미료보다 훨씬 비싸지만, 크게 성공하여 코카콜라와 스프라이트, 네스티에 들어가 이 음료들의 설탕 함량을 30퍼센트 줄였다. 프랑스의 설탕 대기업 테레오스는 유럽연합 여러 나라의 식품·음료 기업들에 스테비아를 기반으로 한 설탕 제품을 판매한다.[120] 테이트 앤드 라일은 도전을 받아들여 불쾌한 뒷맛이 없는 스테비아 개발에 나섰고 타스테바Tasteva라는 독자적 브랜드를 출시했다. 타스테바는 그 회

• 1970년대에 의사 로버트 앳킨스가 고안한 저탄수화물 편식 다이어트 방식이다.

사의 비자당 감미료로의 전환에서 핵심 요소가 되었다. 테이트 앤드 라일은 이를 위한 자본을 조성하고자 2007년에 유럽에 있는 녹말 기반의 포도당 생산 공장 다섯 개를 테레오스의 자회사인 시랄Syral에 매각했다.[121] 테이트 앤드 라일은 미국에 있는 설탕 정제소도 팔아치웠고, 마지막으로 2010년에 당밀 유통 부문도 매각하여 영국의 설탕 대기업이라는 역사적 역할에 마침표를 찍었다. 테이트 앤드 라일의 최고경영자 자베드 아메드는 당밀 매매의 포기를 일종의 거래라고 설명했다. 그로써 회사가 식품 원료, 특히 저칼로리 식품 원료를 전문적으로 취급하는 데 필요한 자본을 얻었다는 뜻이다.[122]

설탕 자본주의의 화신인 테이트 앤드 라일은 다시금 시대의 변화를 감지했다. 아마도 향후 몇십 년간의 생존을 보장받았을 것이다. 학계에서 자당의 다량 섭취와 제2형 당뇨병과 심장 혈관 질환의 연관성에 관하여 합의가 상당히 진척되었기에, 세상은 인공 감미료가 엄청난 비극의 탄생을 막아주기를 기대하고 있다.[123] 2019년, 설탕의 요람인 인도에서 당뇨병 환자는 7700만 명을 헤아린다. 중국은 1억 1640만 명이다. 설탕 섬 모리셔스에서는 인구의 22퍼센트가 그 질병을 앓고 있다.[124] 유드킨이 경고의 종을 울리고 반백 년이 지나고 밴팅이 《비만에 관하여 대중에게 보내는 서한》을 쓴 지 150년이 지난 뒤의 일이다.

맺음말

백설탕은 비교적 짧은 기간 안에 사치품에서 일상생활의 지극히 평범한 품목으로 바뀌었다. 우리는 많은 식품의 놀랄 만큼 높은 수준의 단맛에 시나브로 익숙해졌다. 이러한 설탕 과잉 소비는 세계적 보건 위기를 초래했을 뿐만 아니라 환경 파괴, 인종주의, 극심한 세계적 불평등의 역사와도 복잡하게 뒤얽혀 있다. 이는 이집트 맘루크 왕조 통치자들의 시절로, 유명한 탐험가 이븐바투타와 마르코 폴로의 시절까지, 더 멀리 페르시아 아브와즈의 인상적인 설탕 생산지의 역사까지 거슬러 올라가는 700년에 걸친 세계적 자본주의가 낳은 결과물이다. 영국군 장교 로버트 미그넌은 아브와즈의 폐허를 보고 몹시 놀라고 당황했다. 그 역사는 비인간적인 폭력과 생태계 파괴, 대항 운동, 저항, 항의, 여러 설탕 생산자들 간의 파멸적인 전쟁으로 가득하다. 그렇지만 동시에 엄청난 창의성과 기업가 정신, 낙관론의 역사이기도 하다.

전산업 사회에서 이미 중요한 부문이었던 설탕의 위상은 19세기에 20세기의 석유와도 같았다. 세계 무역에서 막대한 가치를 대표하고 대규모 노동력을 끌어들인 핵심 상품이었다. 20세기 초, 전 세계 가구 중 설탕 생산으로 소득을 올린 가구가 6~8퍼센트는 되었을 것이다. 한편 설탕의 제조와 정제, 교역은 점차 막강한 대기업에 집중되었다. 헨리 해브마이어의 '트러스트'는 다우존스 지수 산정에 편입된 열두 개 회사 중 하나였다. 유럽의 사탕무 설탕 산업은 유럽연합 공동 농업 정책의 모태를 탄생시키는 데 도움이 되었고, 공동 농업 정책은 수많은 개발도상국의 설탕 경제를 망하게 하면서 선별적으로 다른 경제를 키워냈다. 역사의 흐름 속에서 설탕 산업은 변화에 적응하는 비용을 노동자와 소비자에게 전가했으며, 종종 부유한 국가와 중위 소득 국가를 높은 칼로리에 빠뜨리면서 평균을 훌쩍 뛰어넘는 이윤을 거두었다. 그렇게 강력한 산업은 성장의 한계를 결코 받아들이지 못하며 에탄올 생산을 위해 환경에 한층 더 심각한 귀결을 초래하면서 새로운 변경을 열어가며 부단히 팽창할 것이다.

설탕 산업은 자본주의의 양면성을 보여준다. 한편으로는 진보적이고 혁신적인 동시에 사업에 해가 되지 않는 한 사회적·생태적 귀결에 냉담하다. 자신들이 생산한 제품을 적당히 소비하면 건강에 해가 되지 않으며 설탕은 니코틴처럼 중독성 있는 각성제가 아니라는 설탕 산업의 주장은 진실이다. 하지만 중요한 것은 식품에 설탕을 과도하게 첨가하는 것이 설탕 부문과 설탕이 큰 부분을 차지하는 식품 산업에 이익이라는 점, 그리고 설탕 산업은 자율적 규제 능력이 없다는 점이다. 설탕 산업은 이윤을 극대화하고 보건 비용과 환경 비용을 사회에 떠넘긴다. 설탕 대기업들의 막강한 권력 때문에 소비자는 보호 관세와 과잉 소비, 놀라서 쓰러질 정도의 건강 보험 비용, 파괴된 환경의 복구 비용을 지불해야 한다.

그러나 이 책에서 보았듯이, 고삐 풀린 자본주의의 책임을 오로지 설탕 산업에만 돌리는 것은 기본적으로 옳지 않다. 스벤 베커트는 《면화의 제국The Empire of Cotton》에서 우리는 점점 더 강력해진 국가가 자본가들을 돕는 데 수행한 결정적 역할을 놓치는 경향이 있다고 지적했다. 국가의 역할 덕분에 자본주의는 변화에 생각보다는 잘 적응한다. 어쨌거나 정부는 유권자에게 의존하여 권력을 유지한다.[1] 설탕 자본주의가 산업과 정부에 압력을 행사하는 사회적 저항이나 소비자 선택에 직면하면 진로를 바꿀 수 있다는 것을 역사가 보여주었다. 동시에 이러한 대응은 언제나 불완전했고, 더 나은 상태로의 모든 변화에 새로운 문제와 모순이 뒤따랐다. 수백 년 동안 지력 고갈은 새로운 변경의 개척을 초래했고, 그 결과 더 넓은 면적의 땅이 파괴되었다. 19세기 말 사탕수수 질병을 퇴치하는 싸움에서 승리하자, 대공황 시기에 사탕수수 설탕의 과잉 생산이 문제가 되었다. 설탕 수출입 할당제와 관세는 부유한 나라들의 문제를 해결했을지 모르나, 그 때문에 세계 시장은 몹시 불안정해지고 극도로 불공정해졌다.

오늘날 설탕 산업은 건강과 생태 환경에 대한 소비자의 인식 증대에 대응하고 있지만, 오로지 수량, 다시 말해 시장 점유율이 성공을 결정하는 사업 모델이 쉽게 변하지는 않을 것이다. 광고에 퍼붓는 막대한 자금은 설탕 산업의 이미지를 세탁하여 최고로 비판적인 소비자에게도 좋아 보이게 할 수 있다. 이른바 '그린워싱greenwashing' 현상이다. 소비자가 생태 환경에 관심을 표명하면, 식품 산업은 자신들의 생태학적 신뢰성을 광고로 표현한다. 섬유질이 건강한 음식에 중요하다고 알려지면, 그들은 설탕이 잔뜩 들어간 식품과 음료에 섬유질을 첨가한다.

그렇지만 대공황 시기에서 한층 더 근본적인 변화를 발견할 수도 있다. 대대적인 노동자 저항과 혁명적 격변으로 개발경제학과 설탕 협동조합이 탄생한 시기였다. 작금의 녹색 자본주의를 향한 변화는 19세기에 들어설 무렵의 사회 운동과 비교가 된다. 당시 세계는 노예의 사회적 저항과 소비자 운동의 합류를 목도했다. 소비자 운동은 노예가 생산한 설탕을 소비하는 것은 카니발리즘이라고 주장하며 그러한 생산 방식이 경제적으로 불합리하다고 비난했다. 현재의 주식회사 설탕 체제에 대한 저항도 고조되고 있다. 이 체제에 아무런 제약도 가하지 않으면 그 파괴적 영향은 이루 말할 수 없기 때문이다. 원주민 공동체의 소멸을 수반할 때 특히 더 심하다. 200년 전과 비슷하게, 전 세계적으로 소비자뿐만 아니라 팽창 일로에 있는 설탕 변경 때문에 권리를 크게 침해당한 사람들에게서도 항의와 저항이 일고 있다. 공정 무역 운동은 소비자 인식과 환경 정의 운동, 그리고 당연한 얘기지만 건강에 대한 염려를 효과적으로 연결한다.

설탕은 자본주의 역사에서 매우 중요하여, 오늘날의 설탕 산업은 고르디아스의 매듭을 닮았다. 설탕 변경이 무자비하게 팽창하는 동안 환경과 건강, 인도주의에 관련된 큰 문제들이 누적되었다. 지난 700년간 발전한 체제를 개혁하고, 세계적으로 첨가당 섭취량을 세계보건기구의 권고대로 1인당 연간 20킬로그램으로 제한하고, 오로지 연료 생산만을 위한 사탕수수 재배를 금지하려면 엄청난 정치적 의지가 필요하다. 국가가 오랫동안 설탕 생산에 강력히 개입한 역사가 있는데도 민주적 선거로 구성된 정부 대부분이 세계보건기구의 지침을 실행하는 데 그토록 꾸물거리는 것은 야릇한 현실이다. 그럼에도 1807년 영국 의회의 노예무역 폐지에 준하는 변화를 이루어내는 것은 입법부의 권한 안에 있다. 노예무역 폐지라는 결정이 사탕수수 노동자들에게 천국을 가져다주지는 않았다. 결코 천국은 아니었다. 그렇지만 그 결정은 노예 노동과 강제 노동을 없애려는 긴 싸움이 시작되었음을 알렸다. 자본주의가 새로운 국면에 들어설 때마다 새로운 실망과 새로운 과제가 기다리고 있을 것이다. 식품과 음료에 과도한 설탕 첨가를 금지하는 것은 절실히 필요한 변화의 시작일 뿐이지만, 이는 소비자의 돈을 아껴줄 뿐만 아니라 인간의 건강과 환경을 크게 개선할 것이다. 설탕 세계의 과잉 생산과 과도한 착취, 과잉 소비라는 고르디아스의 매듭을 끊으려면 입법부를 바꾸어 변화를 일으키는 것이 절실히 필요하다.

감사의 말

2001년 7월, 소수의 학자들이 암스테르담에 모였다. 인도네시아, 쿠바, 오스트레일리아, 푸에르토리코, 미국의 여러 곳, 네덜란드에서 온 학자들이었다. 나는 그 토론회의 조직자 중 한 사람이었는데, 손님 중에는 영광스럽게도 시드니 민츠 교수가 있었다. 토론회는 아시아와 아메리카의 설탕 생산을 연구하는 역사가들의 대화를 시작한다는 간명하고도 야심 찬 목표가 있었다. 아시아와 아메리카의 설탕 생산은 지리적으로 멀리 떨어져 있을 뿐만 아니라 지적으로도 관계가 소원했던 연구 분야다. 민츠는 기존의 설탕 역사 서술에서 보이는 대서양 중심의 편향성을 '교정'하라고 권고했다. 거의 전 세계를 횡단하는 나의 상상 속의 여행에 이보다 더 좋은 출발은 없었다.

 그 여정 내내 나는 설탕의 거의 모든 면을 다룬 훌륭한 연구에 기댈 수 있었다. 그리고 혼자도 아니었다. 여러 해 동안 나는 친구이자 동료인 로저 나이트와 자와의 식민지 부르주아지에 관해 긴 대화를 나누었다. 자와 설탕 산업에 관한 지식에서 그에 비할 사람은 없었다. 나는 영국의 '제국 원자재Commodities of Empire' 프로그램의 발기인들과 교분을 쌓았고, 조너선 커리마차도와 함께 자와와 쿠바의 최대 사탕수수 설탕 생산자를 비교하는 연구를 발표했다. 나는 그로부터 자와의 '기적의 사탕수수' POJ 2878이 어떻게 해서 세계 곳곳에 퍼졌는지 알게 되었다. 카팅카 신하케르코프와 마솜 레자는 인도 설탕의 역사에 관해 알려주었고, 연구 자료를 얻는 데 이루 말할 수 없이 큰 도움을 주었다. 스벤 베커트와 민디 슈나이더, 에릭 판하우터와 함께 칠판 앞에 앉아 '자본주의의 시대 구분'을 도표로 그리던 기억이 난다. 2018년, 우리는 네덜란드 고등연구소의 연구원으로서 후한 대접을 받으며 암스테르담 시내에서 지냈다. 우리는 페페인 브란돈의 지도로 노예 기반 원자재, 특히 설탕이 네덜란드 공화국의 부에 중대하게 기여했음을 증명했다. 그 일은 2019년 네덜란드에서 뉴스의 첫 면을 장식했다. 나는 크리스 만자프라, 사샤 아우어바흐와 함께 플랜테이션 농장의 시각에서 자유는 어떻게 보였는가 하는 문제에 골몰했다. 수관미안은 근대 초 설탕 생산에서 타이완이 수행한 역할에 눈뜨게 해주었다. 노르베르트 오르트마이어와 마르설 판 데르 린던은 조너선 커리마차도, 스벤 베커트와 함께 나의 초고를 읽고 소중한 의견을 제시해주었다.

훌륭한 문서고와 도서관을 갖춘 암스테르담의 국제사회사연구소에 감사드린다. 연구실과 독서실, 자료실의 멋진 동료들은 내게 20년 넘게 최고의 지적 환경을 제공해주었다. 자크 판 헤르번은 독일 사탕무 설탕 산업과 네덜란드 설탕 산업에 관한 귀중한 자료를 최선을 다해 구해주었다.

세심하게 초고를 읽고 건설적인 의견을 보내준 익명의 평자들에게도 감사한다. 더 좋은 문장이 나오도록 도와준 폴 빈센트와 셰리 거스타인, 사이먼 왁스먼에게 감사한다. 마지막으로, 이 이야기가 읽을 만하다고 판단하고 결코 우리에게 필요하지 않았지만 여전히 우리의 세계를 형성하고 있는 설탕에 관하여 어떤 글을 쓸지 나와 함께 출판 계획을 수립한 샤밀라 센에게 감사를 드린다.

옮긴이의 말

이 책은 인간이 설탕을 만들어온 과정의 역사다. 내용은 〈머리말〉과 〈맺음말〉에 잘 요약되어 있다. 오늘날 인간의 식생활에서 매우 중요한 위치를 차지하는 설탕은 남아시아와 인도에서 처음 만들어졌다. 자당이 풍부하게 들어 있는 사탕수수 줄기를 짓이겨 즙을 내고 이를 끓인 뒤 식히면서 당밀을 제거하면 자당 결정체가 남는다. 설탕과 설탕 제조 방식은 동·서 양방향으로 전파되어 페르시아와 중국에 전래되었고, 아랍의 무슬림 상인들이 이집트와 북아프리카, 이베리아반도까지 설탕을 전파했다. 그 뒤 사탕수수는 지중해 연안에서 카나리아 제도와 마데이라 제도를 거쳐 콜럼버스에 의해 대서양 건너 서인도 제도로, 결국 카리브해를 벗어나 루이지애나부터 브라질에 이르기까지 아메리카 대륙으로도 전파되었다. 19세기 중반이 되면 사탕무에서 설탕을 만드는 방법이 개발되어 유럽과 북아메리카의 일부 지역에서도 설탕이 생산되었다.

애초에 설탕은 군주를 비롯해 최고로 부유한 자들만이 누릴 수 있는 희귀한 사치품이었다. 그러나 재배 면적이 확대되고 기술이 개선되면서 생산량이 늘었고, 결과적으로 아시아와 유럽 모두 소비량도 증가하여 근대에 들어선 후로는 나라마다 차이는 있어도 귀족 사회를 벗어나 도시 부르주아까지 설탕을 맛보았고 19세기가 되면 농촌에서도 설탕을 소비했다. 오늘날 설탕과 그 대체품인 액상과당, 인공 감미료는 인간이 먹는 거의 모든 음식에 들어간다. 기원전 6세기 인도에서 처음으로 등장한 설탕이 약 2500년 동안 인간의 음식에서 소소한 부분을 차지하다가 갑자기 이런 위치에 올라 질병과 생태 위기를 초래한 이유는 무엇인가?

지은이 윌버 보스마는 설탕이 인간의 정치와 건강, 환경을 변화시킨 과정을 설명하겠다는 뜻을 부제를 통해 밝힌다. 지은이는 단맛을 추구하는 인간의 보편적 욕구에서 어떻게 자본주의가 발전했는지 설명한다. 이윤을 획득하기 위한 지속적인 상품화를 자본주의의 속성으로 본다면 설탕 자본주의는 13세기 인도에서 시작되었다. 그렇게 시작한 설탕 자본주의는 유럽인의 아메리카 침탈과 더불어 노예제를 기반으로 하는 플랜테이션 농장 경제를 일으켰다. 그 이후 노예제는 설탕 생산과 불가분의 관계로 얽혔다. 이른바 대서양 '중간 길'을 견디고 살아남은 1250만여 아프리카인 중 3분의 2가 사탕수수 플랜테이션 농장으로 끌려가 설탕 변경을 개척했다. 폭력에 의해 가족과 고향에서 절연된 아프리카인들이 쇠약해진 상태로 도착하여, 굶주림과 장시간의 고된 노동 속에서 사탕수수를 재배하고 수확하고 가공하는 일에 투입된 것이다. 잔인한 처벌과 고문도 일상적이었다. 이들은 고통스러운 삶을 끝내기 위해, 목을 매거나 농장주들에게 손해를 끼쳐 복수하려고 사탕수수 즙이 펄펄 끓는 솥에 뛰어들기도 했다.

노예제가 폐지된 이후로도 영국은 쿠바나 브라질에서 노예가 생산한 저렴한 설탕을 수입했으며, 프랑스의 플랜테이션 농장주들은 쿠바에서 더 많은 노예를 이용하여 설탕을 생산했다. 노예가 점차 부족해지자 아메리카 백인 정착민 공화국들의 사탕수수 플랜테이션 농장주들은 유럽 대륙의 가난한 지역 주민들을 데려왔다. 중국인과 일본인, 심지어 조선인도 건너와 사탕수수 플랜테이션 농장에서 일했다. 이러한 노예살이 계약 노동자의 삶의 조건도 노예와 별반 다를 것이 없었다. 자유주의 사상을 받아들인 사람들은 노예제 폐지를 준비하며 기계화에 투자하는 등 새로운 생산 체제를 모색했지만, 플랜테이션 농장주들은 인종주의를 무기로 강제 노동을 이어갔다. 결과적으로 산업 자본주의 체제에서 노예제와 강제 노동은 사라지지 않고 오히려 확대되었다. 기계화를 통해 노동을 해방한다는 고상한 목표는 저임금의 가난한 노동자를 손쉽게 이용할 기회 때문에 무산되었다. 설탕은 산업화가 노예 기반 생산 체제와 양립할 수 없다는 믿음이 틀렸음을 입증했다. 설탕 자본주의에서 노예제와 강제 노동이 전부는 아니었지만, 그것이 없었다면 설탕 자본주의는 가능하지 않았다.

오늘날에도 설탕은 빈곤을 초래한다. 제2차 세계대전 이후 과잉 생산과 보호무역주의, 그리고 액상과당의 출현은 글로벌 사우스의 설탕 생산자들에게 큰 손실을 입혔다. 또한 글로벌 사우스의 사탕수수 농장에서 수확 작업을 하는 노동자들은 여전히 위험한 환경에서 저임금으로 고된 노동을 하고 있다.

한편 설탕 변경의 확장은 환경을 크게 파괴했다. 농장의 확장을 위해 숲을 불태우고 연료 등의 목적으로 마구 나무를 베어낸 결과 토양이 유실되고 수질이 오염되었다. 오늘날에는 에탄올을 생산하기 위해서도 숲을 사탕수수 밭으로 만드는데, 이는 역설적이게도 화석 연료보다 더 많은 탄소를 배출한다.

설탕은 또한 충치뿐만 아니라 비만과 당뇨병의 원인이다. 일찍부터 의학계에서는 설탕이 건강에 해롭다고 경고했는데, 설탕 산업계는 다양한 방법으로 설탕의 부정적인 면을 감추고 오히려 대량 생산한 설탕이 필수적인 에너지원으로 깨끗하다는 점을 강조했다. 설탕 생산자들은 늘 정치적 영향력을 통해 건강에 대한 경고를 흐리게 했다. 국가와 정치의 역할은 보호무역주의에서 가장 두드러지게 나타나지만, 도널드 럼스펠드가 한 차례 국방부 장관을 역임한 뒤 제약 회사의 최고경영자가 되어 감미료 아스파르테임의 금지를 취소시킨 것은 사회적 비용을 고려하지 않고 이윤을 추구하는 자본주의와 정치의 관계를 잘 보여준다.

이 책은 설탕의 생산과 소비, 교역에 관한 역사로서 자본주의를 비판하지만, 기술적 발전을 가져온 창의력을 평가하기도 한다. 설탕 산업은 압착기의 개선, 관개 수로, 다중 화구, 자메이카 열차 공정 등 개선을 이루어냈다. 18세기 플랜테이션 농장주들은 식물원과 실험 농장을 세워 연구를 지원했으며, 산업 혁명으로 증기 동력이 이용되었다. 사탕무 설탕 생산은 이러한 노력의 결과물이다.

책은 세계 전역의 설탕 생산지와 그 복잡한 네트워크를 다루기에 진정한 의미의 세계사라고 할 수 있다. 책은 19세기까지 세계 최대의 설탕 생산자이자 소비자였던 아시아는 물론이고 16세기 이래 사탕수수 설탕의 새로운 중심지가 된 카리브해와 아메리카, 지난 100년간 설탕 교역에서 중요한 몫을 차지한 사탕무 설탕 생산지인 유럽과 미국을 다루며, 무역과 금융, 기술의 복잡한 연결을 보여준다. 또 식민지 시대에 노예제로 고착되고 탈식민지 시대에도 예속된 노동력으로 움직인 플랜테이션 농장 경제, 인도와 자와의 소농 생산 체제, 수확기의 이주 노동자를 설명한 노동사이기도 하다. 더불어 자본가들과 설탕 가문들, 대기업들, 이들이 국가의 정책에 행사한 영향력도 서술하며, 사탕수수와 사탕무의 재배부터 인력과 축력, 동력 기계를 통한 자당의 추출을 거쳐 설탕의 정제까지 설탕 생산 기술의 발전과 품종 개량도 이야기한다. 한마디로 설탕에 관한 거의 모든 것을 이야기한다고 말할 수 있다.

설탕은 모든 대륙에서 인간의 삶을 바꿔놓았다. 산업화와 이주, 식생활의 변화를 통해 새로운 문화를 만들기도 하고 파괴하기도 했다. 설탕은 부를 가져다주었고, 노동자에게 고통을 안겼으며, 인종주의와 결합했고, 정부를 부패하게 하고 관료들의 정책을 형성했다. 설탕의 역사를 추적하면 현재의 액상과당과 에탄올이 어떻게 시작되었는지, 그 상품이 인간 사회와 생태 환경을 어떻게 위협했는지 이해할 수 있다.

지은이는 마지막으로 국가의 긍정적인 역할을 바라보기도 한다. 국가는 사회의 목소리에 귀를 기울여 자본주의의 폐해를 줄이는 데 나설수 있다는 것이다. 노예제 폐지 운동이 결국 목표를 달성한 것은 그 사례일 수 있다. 또 기업도 환경과 인권 등의 가치에 주목하여 시민 단체나 소비자 단체에 적극적으로 대응하려는 자세를 보이기도 한다. 그러나 노예무역과 노예제의 폐지가 곧바로 강제 노동과 노동자의 빈곤을 해결하지 못한 것에서 보이듯이, 자본주의가 도전에 직면하여 보여준 변신은 이윤의 확대라는 핵심적인 원리를 벗어나지 못한다. '그린워싱'도 그러한 점에서 비판적으로 만들어진 용어다.

문제를 해결하려는 노력이, 정치적으로 표현된 국민들의 의지가 중요하다고 지은이는 말한다. 그 점에 전적으로 동의한다. 어쨌거나 법을 만들고 집행할 권한이 있는 권력이 어떠한 결정을 내릴지가 관건이다.

우리는 과연 단맛을 찾는 강력한 욕구에 저항하여 자본주의의 힘을 억제할 수 있을까? 설탕뿐만 아니라 오늘의 문제들이 무엇 때문인지 제대로 파악하고 현명한 선택을 할 수 있을까?

조행복

주

머리말

1. Stanley L. Engerman, "Contract Labor, Sugar, and Technology in the Nineteenth Century," *Journal of Economic History* 43, no. 3 (1983): 651.
2. Patrick Karl O'Brien, "Colonies in a Globalizing Economy, 1815-1948," in *Globalization and Global History*, ed. Barry K. Gills and William R. Thompson (Hoboken, NJ: Taylor and Francis, 2012), 237-238.
3. Sidney W. Mintz, *Sweetness and Power: The Place of Sugar in Modern History* (Harmondsworth, England: Penguin, 1986), 158.
4. 자본주의에 대한 역사적 시각으로는 다음을 보라. Jürgen Kocka, "Durch die Brille der Kritik: Wie man Kapitalismusgeschichte auch Schreiben Kann," *Journal of Modern European History* 15, no. 4 (2017): 480-488.
5. Aseem Malhotra, Grant Schofield, and Robert H. Lustig, "The Science against Sugar, Alone, Is Insufficient in Tackling the Obesity and Type 2 Diabetes Crises—We Must Also Overcome Opposition from Vested Interests," *Journal of the Australasian College of Nutritional and Environmental Medicine* 38, no. 1 (2019): a39.
6. 165개국을 포괄하는 어느 자료는 2030년이 되면 세계 인구의 7.7퍼센트가 제2형 당뇨병으로 고생할 것이라고 밝혔다. Praveen Weeratunga et al., "Per Capita Sugar Consumption and Prevalence of Diabetes Mellitus—Global and Regional Associations," *BMC Public Health* 14, no. 1 (2014): 1.
7. 부르주아의 정의에 관해서는 다음도 참조하라. Christof Dejung, David Motadel, and Jurgen Osterhammel, *The Global Bourgeoisie: The Rise of the Middle Classes in the Age of Empire* (Princeton, NJ: Princeton University Press, 2020), 8. 베커트는 부르주아를 정의하는 세 가지 경제적 기준을 추가한다. 말하자면 다음과 같다. 그들의 권력은 자본에서 나와야 하고, 그들은 스스로 임금을 위해 노동하지 않아야 하며, 육체노동을 하지 않고 노동자를 고용해야 한다. Sven Beckert, *The Monied Metropolis: New York City and the Consolidation of the American Bourgeoisie, 1850-1896* (Cambridge: Cambridge University Press, 2001), 6-7.

1. 아시아의 설탕 세계

1. Robert Mignan, *Travels in Chaldea, Including a Journey from Bussorah to Bagdad, Hillah, and Babylon, Performed on Foot in 1827* (London: H. Colburn and R. Bentley, 1829), 304.

2. Mignan, *Travels in Chaldea*, 309; Carl Ritter, *Uber die geographische Verbreitung des Zuckerrohrs* … (Berlin: Druckerei der k. Akademie, 1840), 1.

3. Alexander Burnes, *Travels into Bokhara: Being the Account of a Journey from India to Cabool, Tartary and Persia … in the Years 1831, 1832, and 1833*, vol. 2 (London: J. Murray, 1834), 453–454.

4. W. Heyd and Furcy Raynaud, *Historie du commerce du Levant au moyen age*, vol. 2 (Wiesbaden, Germany: Otto Harrassowitz, 1885-1886), 681; Mohamed Ouerfelli, *Le sucre: Production, commercialisation et usages dans la Mediterranee medievale* (Leiden: Brill, 2008), 19–21; Ritter, *Uber die geographische*, 67.

5. Tsugitaka Sato, *Sugar in the Social Life of Medieval Islam* (Leiden: Brill, 2015), 23.

6. Duarte Barbosa, *A Description of the Coasts of East Africa and Malabar, in the Beginning of the Sixteenth Century*, trans. Henry E. J. Stanley (London: Hakluyt Society, 1866), 14.

7. Ritter, *Uber die geographische*, 20.

8. Richard H. Major, *India in the Fifteenth Century: Being a Collection of Narratives of Voyages to India* … (London: Hakluyt Society, 1857), 27; Jean–Baptiste Tavernier, *Travels in India: Translated from the Original French Edition of 1676* …, 2 vols. (London: Macmillan, 1889); see esp. 1:275, 386, 391; and 2:264.

9. Ulbe Bosma, *The Sugar Plantation in India and Indonesia: Industrial Production, 1770-2010* (Cambridge: Cambridge University Press, 2013), 38–39.

10. Lallanji Gopal, "Sugar–Making in Ancient India," *Journal of the Economic and Social History of the Orient* 7, no. 1 (1964): 65.

11. Edmund Oskar von Lippmann, *Geschichte des Zuckers: Seit den altesten Zeiten bis zum Beginn der Rubenzucker-Fabrikation: ein Beitrag zur Kulturgeschichte* (Berlin: Springer, 1929), 160–161.

12. Sucheta Mazumdar, *Sugar and Society in China: Peasants, Technology, and the World Market* (Cambridge, MA: Harvard University Press, 1998), 22, 26–27. 지셴린(季羨林)은 사탕수수 즙을 끓여 설탕을 제조하는 기술이 서기 400년 이전에 중국에 알려졌을 것으로 추정한다. Ji Xianlin, *A History of Sugar* (Beijing: New Starr Press, 2017), 72, 78–80.

13. F. Buchanan, *A Journey from Madras through the Countries of Mysore, Canara, and Malabar* …, vol. 1 (London: Cadell and Davies, 1807), 157–158.

14. Francis Buchanan, *A Geographical, Statistical and Historical Description of the District of Dinajpur in the Province of Bengal* (Calcutta: Baptist Mission Press, 1833), 301–307.

15. Bosma, *The Sugar Plantation*, 40.

16. Irfan Habib, *Economic History of Medieval India, 1200-1500* (Delhi: Longman, 2011), 127; Ritter, *Uber die geographische*, 32.

17. S. Husam Haider, "A Comparative Study of Pre-Modern and Modern Stone Sugar Mills (Distt. Agra and Mirzapur)," *Proceedings of the Indian History Congress* 59 (1998): 1018–1019; B. P. Mazumdar, "New Forms of Specialisation in Industries of Eastern India in the Turko-Afghan Period," *Proceedings of the Indian History Congress* 31 (1969): 230.

18. Jan Lucassen, *The Story of Work: A New History of Humankind* (New Haven, CT: Yale University Press, 2021), 176–177.

19. Scott Levi, "India, Russia and the Eighteenth-Century Transformation of the Central Asian Caravan Trade," *Journal of the Economic and Social History of the Orient* 42, no. 4 (1999): 529; R. H. Davies, *Report on the Trade and Resources of the Countries on the North-Western Boundary of British India* (Lahore: Government Press, 1862), 8–9; Anya King, "Eastern Islamic Rulers and the Trade with Eastern and Inner Asia in the 10th–11th Centuries," *Bulletin of the Asia Institute* 25 (2011): 177; Burnes, *Travels into Bokhara*, 2:429.

20. Duarte Barbosa, *The Book of Duarte Barbosa: An Account of the Countries Bordering on the Indian Ocean and Their Inhabitants [Mansel L. Dames]*, vol. 2 (London: Hakluyt Society, 1918), 112, 146; Barbosa, *A Description*, 60–69, 80; Ralph Fitch, "1583–1591 Ralph Fitch," in *Early Travels in India 1583-1619*, ed. William Foster (London: Humphrey Milford, Oxford University Press, 1921), 24; François Bernier, *Travels in the Mogul Empire A.D. 1656-1668: A Revised and Improved Edition Based upon Irving Brock's Translation by Archibald Constable* (Westminster, England: Archibald Constable, 1891), 283, 428, 437, 441, 442.

21. Johannes de Laet quoted in Frederic Solmon Growse, *Mathura: A District Memoir*, vol. 1 (North-Western Provinces' Government Press, 1874), 115.

22. Haripada Chakraborti, "History of Irrigation in Ancient India," *Proceedings of the Indian History Congress* 32 (1970): 155; Habib, *Economic History*, 194–195.

23. Mazumdar, *Sugar and Society*, 142; Joseph Needham, Christian Daniels, and Nicholas K. Menzies, *Science and Civilisation in China*, vol. 6, *Biology and Biological Technology*, pt. 3, *Agro-Industries: Sugarcane Technology* (Cambridge: Cambridge University Press, 2001), 303–306.

24. Lady Fawcett, Charles Fawcett, and Richard Burn, *The Travels of the Abbe Carre in India and the Near East, 1672 to 1674*, vol. 1 (London: Hakluyt Society, 1947), 178; Barbosa, *A Description*, 60, 69, 155; John Fryer, *A New Account of East-India and Persia ... Being Nine Years Travels, Begun 1672 and Finished 1681 ...* (London: Chiswell, 1698), 105; Tomé Pires, Armando Cortesao, and Francisco Rodrigues, *The Suma Oriental of Tome Pires: An Account of the East, from the Red Sea to Japan, Written in Malacca and India in 1512-1515 ...* (London: Hakluyt Society, 1944), 92; Barbosa, *The Book*, 1:64, 107, 188.

25. Ibn Battúta, *Travels in Asia and Africa, 1325-1354* (London: George Routledge and Sons, 1929), 282.

26. Needham, Daniels, and Menzies, *Sugar Cane Technology*, 185; Billy K. L. So, *Prosperity, Region, and Institutions in Maritime China: The South Fukien Sugar Cane Pattern, 946-1368* (Cambridge, MA: Harvard University Asia Center / Harvard University Press, 2000), 71.

27. Françoise Sabban, "Sucre candi et confiseries de Quinsai: L'essor du sucre de canne dans la Chine des Song (Xe-XIIIes.)," *Journal d'Agriculture traditionnelle et de Botanique appliquee* 35, no. 1 (1988): 209; Françoise Sabban, "L'industrie sucriere, le moulin a sucre et les relations sino-portugaises aux XVIe-XVIIIe siecles," *Annales. Histoire, Sciences sociales* 49 (1994): 836; Mazumdar, *Sugar and Society*, 29-30; Needham, Daniels, and Menzies, *Sugar Cane Technology*, 92; So, *Prosperity*, 65-66; Paul Wheatley, "Geographical Notes on Some Commodities Involved in Sung Maritime Trade," *Journal of the Malayan Branch of the Royal Asiatic Society* 32, no. 2 (186) (1959): 87; Ju-Kua Chau, *Chau Ju-Kua: His Work on the Chinese and Arab Trade in the 12th and 13th Centuries, Entitled Chu-fan-dii*, trans. Friedrich Hirth and W. W. Rockhill (St. Petersburg: Imperial Academy of Sciences, 1911), 49, 53, 61, 67.

28. J. 대니얼스와 C. 대니얼스는 즙을 추출하고 난 뒤 남은 찌꺼기인 버개스를 이렇게 끓이면 자당이 세포벽을 빠져나간다고 주장한다. 발산 공정이다. John Daniels and Christian Daniels, "The Origin of the Sugarcane Roller Mill," *Technology and Culture* 29 (1988): 524n.110. 이 두 사람은 직접 목격한 에케베리의 증언을 언급한다. "A Short Account of Chinese Husbandry," in Pehr Osbeck, *A Voyage to China and the East Indies ... and an Account of the Chinese Husbandry, by Captain Charles Gustavus Eckeberg*, trans. John Reinhold Forster, F.A.S., vol. 2 (London: Benjamin White, 1771), 197. 그러나 사방도 마줌다르도 발산 공정은 언급하지 않는다. 그들은 버개스를 끓인 뒤 압착하여 즙을 짜내는 것만 언급한다. Sabban, "Sucre candi," 202; Mazumdar, *Sugar and Society*, 129-130.

29. Sato, *Sugar in the Social Life*, 49; Marco Polo, *The Book of Ser Marco Polo the Venetian concerning the Kingdoms and Marvels of the East ...*, trans. and ed. Henry Yule and Henri Cordier, 2 vols (London: Murray, 1903), 1:intro., 98; 2:226.

30. Angela Schottenhammer, "Yang Liangyao's Mission of 785 to the Caliph of Baghdād: Evidence of an Early Sino-Arabic Power Alliance?," *Bulletin de l'Ecole francaise d'Extreme-Orient* 101 (2015): 191, 208, 211; Xianlin, *A History of Sugar*, 127-128.

31. Mazumdar, *Sugar and Society*, 162-163; Sabban, "L'industrie sucriere," 843; Needham, Daniels, and Menzies, *Sugar Cane Technology*, 95-98.

32. Daniels and Daniels, "The Origin," 528; Mazumdar, *Sugar and Society*, 152-158.

아메리카에서 롤러 세 개짜리 수평 압착기에서 롤러 세 개짜리 수직 압착기가 개발되었
다는 이론과 관련해서는 다음을 보라. Sabban, "L'industrie sucriere," 824, 829, 831.

33. Mazumdar, *Sugar and Society*, 160-161.

34. Chin-Keong Ng, *Boundaries and Beyond: China's Maritime Southeast in Late Imperial Times* (Singapore: NUS Press, 2017), 104, 239-240.

35. Darra Goldstein, *The Oxford Companion to Sugar and Sweets* (Oxford: Oxford University Press, 2015), 372, 467.

36. 나가쓰미가 취합한 자료가 다음에서 인용되었다. George Bryan Souza, "Hinterlands, Commodity Chains, and Circuits in Early Modern Asian History: Sugar in Qing China and Tokugawa Japan," in *Hinterlands and Commodities*, ed. Tsukasa Mizushima, George Bryan Souza, and Dennis Owen Flynn (Leiden: Brill, 2015), 34.

37. Ng, *Boundaries and Beyond*, 227-228.

38 17세기 중반 2만 1500명에 달하는 타이완의 중국인 인구 중 93퍼센트가 성인 남성이 었다. "Generale missiven van gouverneurs-generaal en raden aan heren XVII der Verenigde Oostindische Compagnie," II, Grote Serie 112, 354-355, http://resources.huygens.knaw.nl/voctaiwan. 게다가 네덜란드 동인도 회사 기록 보관소 는 공시가 설탕 생산에 관여했다고 언급한다. "VOC, *Dagregisters van het Kasteel Zeelandia, Taiwan*, July 12, 1655, fol. 669, http://resources.huygens.knaw.nl/voctaiwan.

39. Chin-Keong Ng, *Trade and Society: The Amoy Network on the China Coast, 1683-1735* (Singapore: NUS Press, 2015), 104, 134; Mazumdar, *Sugar and Society*, 300; John Robert Shepherd, *Statecraft and Political Economy on the Taiwan Frontier: 1600-1800* (Stanford, CA: Stanford University Press, 1993), 159; Xianlin, *A History of Sugar*, 376.

40. Robert B. Marks and Chen Chunsheng, "Price Inflation and Its Social, Economic, and Climatic Context in Guangdong Province, 1707-1800," *T'oung Pao* 81, fasc. 1 / 3 (1995): 117; Guanmian Xu, "Sweetness and Chaozhou: Construction of Tropical Commodity Chains on the Early Modern China Coast, 1560s-1860s" (MA thesis, Chinese University of Hong Kong, 2017), 57-59; Guanmian Xu, "From the Atlantic to the Manchu: Taiwan Sugar and the Early Modern World, 1630s-1720s," *Journal of World History* 33, no. 2 (2022): 295; Xianlin, *A History of Sugar*, 347, 414.

41. Osbeck, *A Voyage to China*, 2:297.

42. Mazumdar, *Sugar and Society*, 173-177. 다음도 참조하라. Yukuo Uyehara, "Ryukyu Islands, Japan," *Economic Geography* 9, no. 4 (1933): 400.

43. Yasuzo Horie, "The Encouragement of 'Kokusan'(國産) or Native Products in the Tokugawa Period," *Kyoto University Economic Review* 16, no. 2 (36) (1941): 45, 47; Souza, "Hinterlands," 41-42; Laura Mason, *Sweets and Candy: A Global History*

(London: Reaktion Books, 2018), 18; Goldstein, *The Oxford Companion*, 777.

44. Tansen Sen, "The Formation of Chinese Maritime Networks to Southern Asia, 1200–1450," *Journal of the Economic and Social History of the Orient* 49, no. 4 (2006): 426; Craig A. Lockard, "'The Sea Common to All': Maritime Frontiers, Port Cities, and Chinese Traders in the Southeast Asian Age of Commerce, ca. 1400–1750," *Journal of World History* 21, no. 2 (2010): 229–230.

45. Xianlin, *A History of Sugar*, 261, 263, 274.

46. 다음을 참조하라. Guanmian Xu, "The 'Perfect Map' of Widow Hiamtse: A Micro-Spatial History of Sugar Plantations in Early Modern Southeast Asia, 1685–1710," *International Review of Social History* 67, no. 1 (2021): 97–126.

47. Mazumdar, *Sugar and Society*, 68; John A. Larkin, *Sugar and the Origins of Modern Philippine Society* (Berkeley, CA: University of California Press, 1993), 21.

48. Agustin de la Cavada y Méndez de Vigo, *Historia geografica, geologicos y estadisticos de las Islas de Luzon, Visayas, Mindanao y Jolo: Y los que Corresponden a las Islas Batanes, Calamianes, Balabac, Mindoro, Masbate, Ticao y Burias, Situadas al n. so. y s. de Luzon*, vol. 2 (Manila, Philippines: Imp. de Ramirez y Giraudier, 1876), vol. 2, 410.

49. Larkin, *Sugar and the Origins*, 22, 25–26; Nathaniel Bowditch and Mary C. McHale, *Early American-Philippine Trade: The Journal of Nathaniel Bowditch in Manila, 1796* (New Haven, CT: Yale University, Southeast Asia Studies / Cellar Book Shop, Detroit, 1962), 31n.14.

50. Lockard, "'The Sea Common,'" 237.

51. Pierre Poivre, *Voyages d'un philosophe ou observations sur les moeurs et les arts des peuples de l'Afrique, de l'Asie et de l'Amerique*, 3rd ed. (Paris: Du Pont, 1796), 89.

52. John Crawfurd, *Journal of an Embassy from the Governor General of India to the Courts of Siam*, vol. 1 (London: S. and R. Bentley, 1828), 474; Ritter, *Uber die geographische*, 40; John White, *History of a Voyage to the China Sea* (Boston: Wells and Lilly, 1823), 251, 260–261.

53. A. D. Blue, "Chinese Emigration and the Deck Passenger Trade," *Journal of the Hong Kong Branch of the Royal Asiatic Society* 10 (1970): 80.

54. Jean-Baptiste Pallegoix, *Description du royaume Thai ou Siam*, vol. 1 (Paris: Mission de Siam, 1854), 80–82.

55. James Carlton Ingram, *Economic Change in Thailand since 1850* (Stanford, CA: Stanford University Press, 1955), 4, 123–124; Jacob Baxa and Guntwin Bruhns, *Zucker im Leben der Volker: Eine Kultur-und Wirtschaftsgeschichte* (Berlin: Bartens, 1967), 155.

56. Jean-Paul Morel, "Aux Archives Pusy La Fayette: Les archives personnelles de Pierre Poivre. Mémoire sur la Cochinchine," no. 25 (April 2020): 8, http://www.

pierre-poivre.fr/Arch-pusy-D.pdf; Pierre Poivre, *Voyages d'un Philosophe*, 90.

57. Bosma, *The Sugar Plantation*, 47-48.

58. James Low, *A Dissertation on the Soil & Agriculture of the British Settlement of Penang, or Prince of Wales Island … Including Province Wellesley on the Malayan Peninsula …* (Singapore: Singapore Free Press Office, 1836), 49-58.

59. Jan Hooyman, *Verhandeling over den Tegenwoordigen Staat van den Landbouw in de Ommelanden van Batavia* (Batavia: Bataviaasch Genootschap der Konsten en Wetenschappen, 1781), 184; P. Levert, *Inheemsche Arbeid in de Java-Suikerindustrie* (Wageningen, the Netherlands: Veenman, 1934), 55-56.

60. B. Hoetink, "So Bing Kong: Het Eerste Hoofd der Chineezen te Batavia (1619-1636)," *Bijdragen tot de Taal-, Land-en Volkenkunde van Nederlandsch-Indie* 73, nos. 3-4 (1917): 373-376; Tonio Andrade, "The Rise and Fall of Dutch Taiwan, 1624-1662: Cooperative Colonization and the Statist Model of European Expansion," *Journal of World History* 17, no. 4 (2006): 439-440.

61. Andrade, "The Rise and Fall," 445-447; Hui-wen Koo, "Weather, Harvests, and Taxes: A Chinese Revolt in Colonial Taiwan," *Journal of Interdisciplinary History* 46, no. 1 (2015): 41-42; Xu, "From the Atlantic," 8, 11.

62. Hooyman, *Verhandeling over den Tegenwoordigen Staat*, 225, 238-239; Margaret Leidelmeijer, *Van Suikermolen tot Grootbedrijf: Technische Vernieuwing in de Java-Suikerindustrie in de Negentiende Eeuw* (Amsterdam: NEHA, 1997), 74, 324.

63. J. J. Reesse, *De Suikerhandel van Amsterdam: Bijdrage tot de Handelsges-chiedenis des Vaderlands, Hoofdzakelijk uit de Archieven verzameld*, vol. 1 (Haarlem: J. L. E. I Kleynenberg, 1908), 169; 다음을 참조하라. Ghulam Nadri, "The Dutch Intra-Asian Trade in Sugar in the Eighteenth Century," *International Journal of Maritime History* 20, no. 1 (2008): 63-96.

64. "Generale missiven van gouverneurs-generaal en raden aan heren XVII der Verenigde Oostindische Compagnie," III, Grote Serie 125, 645, 743, http://resources.huygens.knaw.nl; Norifumi Daito, "Sugar Trade in the Eighteenth-Century Persian Gulf" (PhD diss., Leiden University, 2017), 23, 37, 68; Nadri, "The Dutch Intra-Asian Trade," 76-77; James Silk Buckingham, *Travels in Assyria, Media, and Persia, Including a Journey from Bagdad by Mount Zagros, to Hamadan, the Ancient Ecbatani …*, vol. 2 (London: Colburn and Bentley, 1830), 115, 117, 170.

65. Daito, "Sugar Trade," 44, 47.

66. A. Mesud Kucukkalay and Numan Elibol, "Ottoman Imports in the Eighteenth Century: Smyrna (1771-72)," *Middle Eastern Studies* 42, no. 5 (2006): 730; James Justinian Morier, *Journey through Persia, Armenia, and Asia Minor, to Constantinople, in 1808 and 1809* (London: Longman, Hurst, 1812), 171-172;

Sébastien Lupo, "Révolution (s) d'échelles: Le marché levantin et la crise du commerce marseillais au miroir des maisons Roux et de leurs relais a Smyrne (1740-1787)" (PhD diss., Université Aix-Marseille, 2015), 580.

67. Burnes, *Travels into Bokhara*, 2:436.

68. William Milburn, *Oriental Commerce: Containing a Geographical Description of the Principal Places in the East Indies, China, and Japan, with their Produce, Manufactures, and Trade ...*, vol. 2 (London: Black, Parry, 1813), 307, 547. 1805년에 이루어진 미국, 페르시아, 아랍으로의 수출을 나는 1몬드maund(37.22킬로그램)당 5루피로 추정했다. 다음도 참조하라. *East-India Sugar: Papers Respecting the Culture and Manufacture of Sugar in British-India: Also Notices of the Cultivation of Sugar in Other Parts of Asia* (London: E. Cox and Son, 1822), app. 4, 4.

69. 품질과 가격에 따라 다양했지만(1몬드당 3.5루피에서 6.5루피) 뭄바이와 수라트에서 서부 인도양을 건너 수출되는 설탕은 2200톤에서 4000톤 사이, 인도 서부 해안을 따라 수출 되는 설탕은 3100톤에서 5800톤 사이였음이 분명하다. Milburn, *Oriental Commerce*, 1:148, 211-212, 223; William Milburn and Thomas Thornton, *Oriental Commerce* ... (London, 1827), 41, 119.

70. 1몬드당 3.5루피 기준. Milburn, *Oriental Commerce*, 1:155, 221.

71. 1몬드당 5루피 기준. Milburn, *Oriental Commerce*, 1:217. 다음도 참조하라. Milburn and Thornton, *Oriental Commerce*, 169.

72. Hosea Ballou Morse, *The Chronicles of the East India Company: Trading to China, 1635-1834* (Cambridge, MA: Harvard University Press, 1926), 249-250, 272, 385.

73. Milburn and Thornton, *Oriental Commerce*, 307, 327, 349, 515.

74. J. W. Davidson, *The Island of Formosa: Historical View from 1430 to 1900 ...* (New York: Paragon Book Gallery, 1903), 445, 446, 457.

75. Mazumdar, *Sugar and Society*, 351, 356-357, 383; Robert Marks, *Rural Revolution in South China: Peasants and the Making of History in Haifeng County, 1570-1930* (Madison: University of Wisconsin Press, 1984), 107; Jack. F. Williams, "Sugar: The Sweetener in Taiwan's Development," in *China's Island Frontier Studies in the Historical Geography of Taiwan*, ed. Ronald G. Knapp (Honolulu: University of Hawaii Press, 1980), 220.

2. 서양으로 간 설탕

1. Tsugitaka Sato, *Sugar in the Social Life of Medieval Islam* (Leiden: Brill, 2015), 34-36.

2. Mohamed Ouerfelli, *Le sucre: Production, commercialisation et usages dans la Mediterranee medievale* (Leiden: Brill, 2008), 81.

3. Sato, *Sugar in the Social Life*, 40-45.

4. Subhi Labib, *Handelsgeschichte Agyptens im Spatmittelalter (1171-1517)* (Wiesbaden, Germany: Franz Steiner Verlag, 1965), 319–320.

5. Eliyahu Ashtor, "Levantine Sugar Industry in the Later Middle Ages: An Example of Technological Decline," in *Technology, Industry and Trade: The Levant versus Europe, 1250-1500*, ed. Eliyahu Ashtor and B. Z. K. edar (Hampshire, England: Ashgate, 1992), 240.

6. 예를 들면 다음을 보라. Judith Bronstein, Edna J. Stern, and Elisabeth Yehuda, "Franks, Locals and Sugar Cane: A Case Study of Cultural Interaction in the Latin Kingdom of Jerusalem," *Journal of Medieval History* 45, no. 3 (2019): 316–330; Judith Bronstein, *The Hospitallers and the Holy Land: Financing the Latin East, 1187-1274* (Woodbridge, England: Boydell and Brewer, 2005).

7. Edna J. Stern et al., "Sugar Production in the ʿAkko Plain from the Fatimad to the Early Ottoman Periods," in *The Origins of the Sugar Industry and the Transmission of Ancient Greek and Medieval Arab Science and Technology from the Near East to Europe*, ed. K. D. Politis (Athens: National and Kapodistriako University of Athens, 2015), 89–93; Hamdan Taha, "Some Aspects of Sugar Production in Jericho, Jordan Valley," in *A Timeless Vale: Archaeological and Related Essays on the Jordan Valley in Honour of Gerrit van der Kooij on the Occasion of His Sixty-Fifth Birthday*, ed. Eva Kaptijn and Lucas Pieter Petit (Leiden: Leiden University Press, 2009), 181, 186–187.

8. Eliyahu Ashtor, *Levant Trade in Later Middle Ages* (Princeton, NJ: Princeton University Press, 1983), 17–18.

9. Bethany J. Walker, "Mamluk Investment in Southern Bilad Al-Sham in the Eighth / Fourteenth Century: The Case of H. isban," *Journal of Near Eastern Studies* 62, no. 4 (2003): 244; Laparidou Sofia and M. Rosen Arlene, "Intensification of Production in Medieval Islamic Jordan and Its Ecological Impact: Towns of the Anthropocene," *The Holocene* 25, no. 10 (2015): 1687–1688.

10. Ashtor, *Levant Trade*, 52–53.

11. A. T. Luttrell, "The Sugar Industry and its Importance for the Economy of Cyprus during the Frankish Period," in *The Development of the Cypriot Economy: From the Prehistoric Period to the Present Day*, ed. Vassos Karageorghis and Demetres Michaelides (Nicosia: Printed by Lithographica, 1996), 168; Ashtor, *Levant Trade*, 39.

12. Luttrell, "The Sugar Industry," 166.

13. Ellen Herscher, "Archaeology in Cyprus," *American Journal of Archaeology* 102 (1998): 351–352; Marie-Louise von Wartburg, "The Medieval Cane Sugar Industry in Cyprus: Results of Recent Excavation," *Antiquaries Journal* 63, no. 2 (1983): 304, 309, 312, 313.

14. Darra Goldstein, *The Oxford Companion to Sugar and Sweets* (Oxford: Oxford University Press, 2015), 767.

15. Stuart J. Borsch, *The Black Death in Egypt and England: A Comparative Study* (Austin: University of Texas Press, 2010), 24.

16. Labib, *Handelsgeschichte*, 421.

17. Ashtor, *Levant Trade*, 102, 131–132.

18. Walker, "Mamluk Investment," 249; John L. Meloy, "Imperial Strategy and Political Exigency: The Red Sea Spice Trade and the Mamluk Sultanate in the Fifteenth Century," *Journal of the American Oriental Society* 123, no. 1 (2003): 5.

19. Nelly Hanna, *Artisan Entrepreneurs in Cairo and Early-Modern Capitalism (1600-1800)* (New York: Syracuse University Press, 2011), 44.

20. Ronald Findlay and Kevin H. O'Rourke, *Power and Plenty: Trade, War, and the World Economy in the Second Millennium* (Princeton, NJ: Princeton University Press, 2009), 132.

21. Ibn-al-'Auwām, *Le Livre de l'Agriculture par …*, trans. J. J. Clément-Mullet, vol. 1 (Paris: Albert L. Hérold, 1864), 365–367.

22. Ouerfelli, *Le sucre*, 180, 192–194; Adela Fábregas García, *Produccion y comercio de azucar en el Mediterraneo medieval: El ejemplo del reino de Granada* (Granada: Editorial Universidad de Granada, 2000), 151–163.

23. Ouerfelli, *Le sucre*, 25.

24. Stephan R. Epstein, *An Island for Itself: Economic Development and Social Change in Late Medieval Sicily* (Cambridge: Cambridge University Press, 2003), 210–215; Carmelo Trasselli, *Storia dello Zucchero siciliano* (Caltanissetta, Italy: S. Sciascia, 1982), 115–174.

25. Mohamed Ouerfelli, "L'impact de la production du sucre sur les campagnes méditerranéennes a la fin du Moyen Âge," *Revue des Mondes musulmans et de la Mediterranee*, no. 126 (2012): para. 34.

26. Ashtor, "Levantine Sugar Industry," 246-257. 아슈토르는 낮은 가격의 원인을 가공 기술 향상에 돌리지만, 이는 시칠리아의 트라페토를 모서리 회전 압착기가 아니라 롤러 세 개짜리 압착기로 잘못 이해한 결과다.

27. Aloys Schulte, *Geschichte der grossen Ravensburger Handelsgesellschaft, 1380-1530*, 2 vols. (Stuttgart: Deutsche Verlags-Anstalt, 1923), 1:17, 21, 31.

28. Schulte, *Geschichte der grossen Ravensburger*, 2:176-177.

29. Stern et al., "Sugar Production," 109.

30. Alberto Vieira, "The Sugar Economy of Madeira and the Canaries, 1450-1650," in *Tropical Babylons: Sugar and the Making of the Atlantic World, 1450-1680*, ed. Stuart B. Schwartz (Chapel Hill: University of North Carolina Press, 2004), 65.

31. Juan Manuel Bello León and María Del Cristo González Marrero, "Los 'otros

extranjeros' catalanes, flamencos, franceses e ingleses en la sociedad canaria de los siglos XV y XVI," *Revista de Historia Canaria* 179 (1997): 11-72; 180 (1998): 16, 55-64.

32. Ouerfelli, *Le sucre*, 51-52; Stern et al., "Sugar Production," 99.

33. Luttrell, "The Sugar Industry," 166; von Wartburg, "The Medieval Cane Sugar Industry," 301.

34. Jason W. Moore, "Madeira, Sugar, and the Conquest of Nature in the 'First' Sixteenth Century, Part II: From Regional Crisis to Commodity Frontier, 1506–1530," *Review (Fernand Braudel Center)* 33, no. 1 (2010): 11-13; Stefan Halikowski Smith, "The Mid-Atlantic Islands: A Theatre of Early Modern Ecocide?," *International Review of Social History* 55, suppl. 18 (2010): 65-67; Vieira, "The Sugar Economy of Madeira," 45.

35. María Luisa Frabellas, "La producción de azúcar en Tenerife," *Revista de Historia (Tenerife)* 18, no. 100 (1952): 466; Vieira, "The Sugar Economy of Madeira," 45; Felipe Fernandez-Armesto, *The Canary Islands after the Conquest: The Making of a Colonial Society in the Early Sixteenth Century* (Oxford: Oxford University Press, 1981), 65, 91, 106.

36. Frabellas, "La producción de azúcar," 456; J. H. Galloway, *The Sugar Cane Industry: An Historical Geography from Its Origins to 1914* (Cambridge: Cambridge University Press, 1989), 57.

37. von Wartburg, "The Medieval Cane Sugar Industry," 314n.22.

38. Ouerfelli, "L'impact," paras. 14-15, 20, 22, 27; Fernandez-Armesto, *The Canary Islands*, 97-98.

39. Ouerfelli, *Le sucre*, 270-271.

40. Vieira, "The Sugar Economy of Madeira," 75. 대서양 섬들에서 설탕 생산에 동반된 생태 환경의 문제와 관련해서는 다음을 보라. Halikowski Smith, "The Mid-Atlantic Islands," 63-67.

41. Ritter, *Uber die geographische* 103; M. Akif Erdog ̌ru, "The Servants and Venetian Interest in Ottoman Cyprus in the Late Sixteenth and the Early Seventeenth Centuries," *Quaderni di Studi Arabi* 15 (1997): 104-105.

42. Ouerfelli, *Le sucre*, 23-24; Jacqueline Guiral-Hadziiossif, "La diffusion et la production de la canne a sucre: XIIIe-XVIe siecles," *Anuario de Estudios Medievales / Consejo Superior de Investigaciones Científicas* 24 (1994): 225-226; Sato, *Sugar in the Social Life*, 38.

43. Ouerfelli, *Le sucre*, 126-127; Luttrell, "The Sugar Industry," 167. 키프로스 왕의 사탕수수 플랜테이션 농장에 수천 명의 노예 노동자가 있었다는 언급이 있지만, 추가 증거가 없는 상황에서 이것이 사실일 가능성은 높지 않다. Benjamin Arbel, "Slave Trade and Slave Labor in Frankish Cyprus (1191-1571)," in *Cyprus, The Franks and*

Venice, 13th-16th Centuries, ed. Benjamin Arbel (Aldershot, England: Variorum, 2000), 161.

44. Ouerfelli, "L'impact," para. 8. 사토는 모로코의 설탕 부문에 노예가 존재했다는 사실을 부인한다. Sato, *Sugar in the Social Life*, 39. 다음도 참조하라. David Abulafia, "Sugar in Spain," *European Review* 16, no. 2 (2008): 198.

45. Fernandez-Armesto, *The Canary Islands*, 202.

46. Sidney W. Mintz, *Sweetness and Power: The Place of Sugar in Modern History* (Harmondsworth, England: Penguin, 1986), 78.

47. Paul D. Buell, "Eurasia, Medicine and Trade: Arabic Medicine in East Asia—How It Came to Be There and How It Was Supported, Including Possible Indian Ocean Connections for the Supply of Medicinals," in *Early Global Interconnectivity across the Indian Ocean World*, vol. 2, *Exchange of Ideas, Religions, and Technologies*, ed. Angela Schottenhammer (London: Palgrave Macmillan, 2019), 270-293.

48. Woodruff D. Smith, *Consumption and the Making of Respectability, 1600-1800* (London: Routledge, 2002), 266n.84; Edmund Oskar von Lippmann, *Geschichte des Zuckers: Seit den ältesten Zeiten bis zum Beginn der Rubenzucker-Fabrikation: ein Beitrag zur Kulturgeschichte* (Berlin: Springer, 1929), 274-275.

49. Ouerfelli, *Le sucre*, 587; Sato, *Sugar in the Social Life*, 92-94.

50. My translation. Lippmann, *Geschichte des Zuckers*, 245-254, 290.

51. Lady Fawcett, Charles Fawcett, and Richard Burn, *The Travels of the Abbe Carre in India and the Near East, 1672 to 1674*, vol. 1 (London: Hakluyt Society, 1947), 46.

52. Wendy A. Woloson, *Refined Tastes: Sugar, Confectionery, and Consumers in Nineteenth-Century America* (Baltimore, MD: Johns Hopkins University Press, 2002), 67.

53. John Fryer, *A New Account of East-India and Persia ... Being Nine Years Travels, Begun 1672 and Finished 1681 ...* (London: Chiswell, 1698), 223.

54. Sucheta Mazumdar, *Sugar and Society in China: Peasants, Technology, and the World Market* (Cambridge, MA: Harvard University Press, 1998), 41.

55. Lippmann, *Geschichte des Zuckers*, 224-225; Jean Mazuel, *Le sucre en Egypte: etude de geographie historique et economique* (Cairo: Société Royale de Géographie d'Égypte, 1937), 11-12; Sato, *Sugar in the Social Life*, 58, 123-125; Ashtor, "Levantine Sugar Industry," 232.

56. Eddy Stols, "The Expansion of the Sugar Market in Western Europe," in *Tropical Babylons: Sugar and the Making of the Atlantic World, 1450-1680*, ed. Stuart B. Schwartz (Chapel Hill: University of North Carolina Press, 2004), 237; John Whenham, "The Gonzagas Visit Venice," *Early Music* 21, no. 4 (1993): 542n.75; Edward Muir, "Images of Power: Art and Pageantry in Renaissance Venice," *American*

Historical Review 84, no. 1 (1979): 45.

57. Sato, *Sugar in the Social Life*, 29, 166-167; Ouerfelli, *Le sucre*, 570-571.

58. Quotation in Philip Lyle, "The Sources and Nature of Statistical Information in Special Fields of Statistics: The Sugar Industry," *Journal of the Royal Statistical Society. Series A (General)* 113, no. 4 (1950): 533; Jon Stobart, *Sugar and Spice: Grocers and Groceries in Provincial England 1650-1830* (Oxford: Oxford University Press, 2016), 30-31.

59. 예를 들면 다음을 보라. Félix Reynaud, "Le mouvement des navires et des marchandises a Port-de-Bouc a la fin du XVe siecle," *Revue d'Histoire economique et sociale* 34, nos. 2-3 (1956): 163.

60. Tobias Kuster, "500 Jahre kolonialer Rohrzucker—250 Jahre europäischer Rübenzucker," *Vierteljahrschrift fur Sozial-und Wirtschaftsgeschichte* (1998): 485.

61. Quoted in John Yudkin, *Pure, White and Deadly* (London: Penguin, 2012), 128-129. 다음도 참조하라. Alain Drouard, "Sugar Production and Consumption in France in the Twentieth Century," in *The Rise of Obesity in Europe: A Twentieth Century Food History*, ed. Derek J. Oddy, P. J. Atkins, and Virginie Amilien (Farnham, England: Ashgate, 2009), 123n.21.

62. Noël Deerr, *The History of Sugar*, vol. 1 (London: Chapman and Hall, 1949), 113, 193-200, 235-236.

63. Laura Mason, *Sweets and Candy: A Global History* (London: Reaktion Books, 2018), 10-11.

64. 예를 들면 중국에서는 7세기에 사탕수수 설탕이 들어오면서 사탕과자 제조업이 생겨났다. Joseph Needham, Christian Daniels, and Nicholas K. Menzies, *Science and Civilisation in China*, vol. 6, *Biology and Biological Technology*, pt. 3, *Agro-Industries: Sugarcane Technology* (Cambridge: Cambridge University Press, 2001), 68.

65. G. D. J. Schotel and H. C. Rogge, *Het Oud-Hollandsch Huisgezin der Zeventiende Eeuw Beschreven*, 2nd ed. (Leiden: Sijthoff, 1905), 52, 224, 242-243, 270; Yda Schreuder, *Amsterdam's Sephardic Merchants and the Atlantic Sugar Trade in the Seventeenth Century* (London: Palgrave Macmillan, 2019), 108.

66. Goldstein, *The Oxford Companion*, 745-747.

67. 다음을 보라. Jay Kinsbruner, *Petty Capitalism in Spanish America: The Pulperos of Puebla, Mexico City, Caracas, and Buenos Aires* (Boulder, CO: Westview Press, 1987), 3, 7; Goldstein, *The Oxford Companion*, 72.

68. 다음을 보라. Reiko Hada, "Madame Marie Guimard: Under the Ayudhya Dynasty of the Seventeenth Century," *Journal of the Siam Society* 80, no. 1 (1992): 71-74.

69. Lallanji Gopal, "Sugar-Making in Ancient India," *Journal of the Economic and Social History of the Orient* 7, no. 1 (1964): 67; R. H. Davies, *Report on the Trade and Resources of the Countries on the North-Western Boundary of British India*

(Lahore: Government Press, 1862), 1:clx, clxi.

70. Daito, "Sugar Trade," 15, 17.

71. Alexander Burnes, *Travels into Bokhara: Being the Account of a Journey from India to Cabool, Tartary and Persia ... in the Years 1831, 1832, and 1833*, 3 vols. (London: J. Murray, 1834), 2:167, 168, 436; Davies, *Report on the Trade*, 1:clx, clxi.

72. Ibn Battúta, *Travels in Asia and Africa, 1325-1354* (London: George Routledge and Sons, 1929), 57.

73. James P. Grehan, *Everyday Life and Consumer Culture in Eighteenth-Century Damascus* (Seattle: University of Washington Press, 2016), 116–118; Ju-Kua Chau, *Chau Ju-Kua: His Work on the Chinese and Arab Trade in the 12th and 13th Centuries, Entitled* Chu-fan-dii, trans. Friedrich Hirth and W. W. Rockhill (St. Petersburg: Imperial Academy of Sciences, 1911), 140.

74. Jacob Baxa and Guntwin Bruhns, *Zucker im Leben der Volker: Eine Kultur-und Wirtschaftsgeschichte* (Berlin: Bartens, 1967), 19.

75. 아메리카 원주민이 메이플 시럽을 끓였는지 끓이지 않았는지에 관한 논쟁은 결론이 나지 않았다. 북아메리카에 유럽인이 들어오기 이전 시대의 적절한 고고학적 자료가 부족하기 때문이다. Margaret B. Holman, "The Identification of Late Woodland Maple Sugaring Sites in the Upper Great Lakes," *Midcontinental Journal of Archaeology* 9, no. 1 (1984): 66. 메이슨에게 그 문제는 여전히 해결되지 않은 상태다. Carol I. Mason, "Prehistoric Maple Sugaring Sites?," *Midcontinental Journal of Archaeology* 10, no. 1 (1985). 다음도 참조하라. Matthew M. Thomas, "Historic American Indian Maple Sugar and Syrup Production: Boiling Arches in Michigan and Wisconsin," *Midcontinental Journal of Archaeology* 30, no. 2 (2005): 321; John G. Franzen, Terrance J. Martin, and Eric C. Drake, "Sucreries and *Ziizbaakdokaanan:* Racialization, Indigenous Creolization, and the Archaeology of Maple-Sugar Camps in Northern Michigan," *Historical Archaeology* 52, no. 1 (2018): 164–196.

76. Mazumdar, *Sugar and Society*, 15; Goldstein, *The Oxford Companion*, 39–40, 419, 529–530.

77. Guanmian Xu, "From the Atlantic to the Manchu: Taiwan Sugar and the Early Modern World, 1630s–1720s," *Journal of World History* 33, no. 2 (2022): 293.

78. 디어에 따르면 1790년 카리브해 지역 전체 설탕 생산량은 25만 톤에서 약간 모자랐다. Deerr, *The History of Sugar*, 1:239. 나는 앵거스 매디슨을 따라 1790년에 서유럽 13개 나라의 인구를 1억 2000만 명으로 잡았다. Angus Maddison, *The World Economy. A Millennial Perspective (Vol. 1). Historical Statistics (Vol. 2)* (Paris: OECD, 2006), https://www.stat.berkeley.edu/~aldous/157/Papers/worldeconomy.pdf. 당시 미국의 인구는 약 400만 명이었다. 나는 라틴아메리카는 설탕을 자급했다고

생각한다.

79. Kenneth Pomeranz, *The Great Divergence: Europe, China, and the Making of the Modern World Economy* (Princeton, NJ: Princeton University Press, 2000), 120-122; George Bryan Souza, "Hinterlands, Commodity Chains, and Circuits in Early Modern Asian History: Sugar in Qing China and Tokugawa Japan," in *Hinterlands and Commodities*, ed. Tsukasa Mizushima, George Bryan Souza, and Dennis Owen Flynn (Leiden: Brill, 2015), 31.

80. Deborah Jean Warner, *Sweet Stuff: An American History of Sweeteners from Sugar to Sucralose* (Washington, DC: Smithsonian Institution Scholarly Press / Rowman and Littlefield, 2011), 32.

81. 1770년에 13개 식민지의 1인당 연간 설탕 소비량은 약 1.5킬로그램이었을 것이다. John J. McCusker, *Essays in the Economic History of the Atlantic World* (London: Routledge, 2014), 322. 그러나 미국은 1인당 연간 11리터의 당밀을 추가로 수입했다. 그 대부분은 럼주 제조에 쓰였다. John J. Mc-Cusker and Russell R. Menard, *The Economy of British America, 1607-1789* (Chapel Hill: University of North Carolina Press, 1991), 290.

82. Goldstein, *The Oxford Companion*, 518-519, 528-529.

83. Maud Villeret, *Le gout de l'or blanc: Le sucre en france au XVIIIe siecle* (Rennes: Presses Universitairs, 2017), 258.

84. 방케 레터는 아몬드로 만든 글자 모양의 사탕과자다.

85. Steven Blankaart, *De Borgerlyke Tafel* (Amsterdam: J. ten Hoorn, 1683), 41-42, 102.

86. Villeret, *Le gout de l'or blanc*, 261.

87. Goldstein, *The Oxford Companion*, 777.

88. 예를 들어 인도에 관해서는 다음을 보라. H. R. Perrott, "The Family Budget of an Indian Raiyat," *Economic Journal* 22, no. 87 (1912): 497. 튀르키예에 관해서는 다음을 보라. Julius Wolf, *Zuckersteuer und Zuckerindustrie in den europaischen Landern und in der amerikanischen Union von 1882 bis 1885, mit besonderer Rucksichtnahme auf Deutschland und die Steuerreform Daselbst* (Tübingen: Mohr Siebeck, 1886), 5. 페르시아에 관해서는 다음을 보라. *Encyclopaedia Iranica*, s.v. "Sugar," last modified July 20, 2009, http://www.iranicaonline.org/articles/sugar-cultivation.

89. Ralph A. Austen and Woodruff D. Smith, "Private Tooth Decay as Public Economic Virtue: The Slave-Sugar Triangle, Consumerism, and European Industrialization," *Social Science History* 14, no. 1 (1990): 99. Richardson gives slightly different figures but still in the same order of magnitude, namely, from 4.6-6.5 pounds in 1710 to 23.2 pounds in 1770. David Richardson, "The Slave Trade, Sugar, and British Economic Growth, 1748-1776," *Journal of Interdisciplinary History* 17, no. 4 (1987): 748.

90. Richardson, "The Slave Trade," 751-752; Stobart, *Sugar and Spice*, 12, 53.

91. Guillaume Daudin, "Domestic Trade and Market Size in Late-Eighteenth-Century France," *Journal of Economic History* 70, no. 3 (2010): 736; Austen and Smith, "Private Tooth Decay," 101.

92. Louis-Sébastien Mercier, *Tableau de Paris* ..., vol. 1 (Amsterdam, 1783), 227-229; Haim Burstin, *Une Revolution a l'Oeuvre: Le Faubourg Saint-Marcel (1789-1794)* (Seyssel, France: Champ Vallon, 2005), 332.

93. George Rudé, *The Crowd in the French Revolution* (Oxford: Oxford University Press, 1960), 96-97, 114-115, 230.

94. Martin Bruegel, "A Bourgeois Good?: Sugar, Norms of Consumption and the Labouring Classes in Nineteenth-Century France," in *Food, Drink and Identity: Cooking, Eating and Drinking in Europe since the Middle Ages*, ed. Peter Scholliers (Oxford: Berg, 2001), 106.

95. Hans Jürgen Teuteberg and Günter Wiegelmann, *Der Wandel der Nahrungsgewohnheiten unter dem Einfluss der Industrialisierung* (Göttingen: Vandenhoeck and Ruprecht, 1972), 239.

96. Ulrich Pfister, "Great Divergence, Consumer Revolution and the Reorganization of Textile Markets: Evidence from Hamburg's Import Trade, Eighteenth Century," Working Paper 266 (London: London School of Economics and Political Science, 2017), 37, 47; Teuteberg and Wiegelmann, *Der Wandel der Nahrungsgewohnheiten*, 304-305.

97. Klaus Weber, "Deutschland, der atlantische Sklavenhandel und die Plantagenwirtschaft der Neuen Welt," *Journal of Modern European History* 7, no. 1 (2009): 60.

98. Erika Rappaport, *A Thirst for Empire: How Tea Shaped the Modern World* (Princeton, NJ: Princeton University Press, 2017), 49.

3. 전쟁과 노예제

1. David Harvey, "The Spatial Fix—Hegel, Von Thunen, and Marx," *Antipode* 13, no. 3 (1981): 1-12.

2. Fernando Ortiz, *Cuban Counterpoint: Tobacco and Sugar* (New York: Vintage Books, 1970), 268.

3. Klaus Weber, "Deutschland, der atlantische Sklavenhandel und die Plantagenwirtschaft der Neuen Welt," *Journal of Modern European History* 7, no. 1 (2009): 41-42; Julia Roth, "Sugar and Slaves: The Augsburg Welser as Conquerors of America and Colonial Foundational Myths," *Atlantic Studies* 14, no. 4 (2017): 439-441.

4. Genaro Rodríguez Morel, "Esclavitud y vida rural en las plantaciones azucareras

de Santo Domingo, siglo XVI," *Genaro Anuario de Estudios Americanos* 49 (1992): 6. 롤러 두 개짜리 수평 압착기의 도입과 관련해서는 다음도 참조하라. Anthony Stevens-Acevedo, "The Machines That Milled the Sugar-Canes: The Horizontal Double Roller Mills in the First Sugar Plantations of the Americas" (unpublished manuscript, 2013).

5. Ward J. Barrett, *The Sugar Hacienda of Marqueses del Valle* (Minneapolis: University of Minnesota Press, 1970), 11.

6. 2000톤에서 2500톤이라는 수치는 에스파냐령 아메리카에 정제소가 50개가 넘고 트라피체가 적어도 어느 정도 있었다는 사실을 토대로 추산했다. 이는 다음에서 확인할 수 있다. Lorenzo E. López y Sebastián and Justo L. del Río Moreno, "Comercio y transporte en la economía del azucar antillano durante el siglo XVI," no. 49 (1992). 16세기 라에스파뇰라섬의 설탕 생산과 관련해서는 다음을 보라. López y Sebastián and Río Moreno, "Commercio y transporte," 29-30; Mervyn Ratekin, "The Early Sugar Industry in Espanola," *Hispanic American Historical Review* 34, no. 1 (1954): 13.

7. 다음을 보라. I. A. Wright, "The History of the Cane Sugar Industry in the West Indies V," *Louisiana Planter and Sugar Manufacturer* 63, no. 15 (1919). 세비야의 설탕 수입은 1580년대에 급감했다. Huguette Chaunu and Pierre Chaunu, *Seville et l'Atlantique: 1506-1650: Premiere partie: Partie statistique* (Paris: S.E.V.P.E.N., 1956), VI2, pp. 1004-1005, table 702.

8. Arlindo Manuel Caldeira, "Learning the Ropes in the Tropics: Slavery and the Plantation System on the Island of Sao Tomé," *African Economic History*, no. 39 (2011): 48-49.

9. H. A. Gemery and J. S. Hogendorn, "Comparative Disadvantage: The Case of Sugar Cultivation in West Africa," *Journal of Interdisciplinary History* 9, no. 3 (1979): 431, 447-449.

10. Christopher Ebert, *Between Empires: Brazilian Sugar in the Early Atlantic Economy, 1550-1630* (Leiden: Brill, 2008), 22, 152; Eddy Stols, *De Spaanse Brabanders of de Handelsbetrekkingen der Zuidelijke Nederlanden met de Iberische wereld 1598-1648* (Brussels: Paleis der Academiën, 1971), 102-103.

11. J. H. Galloway, "Tradition and Innovation in the American Sugar Industry, c. 1500-1800: An Explanation," *Annals of the Association of American Geographers* 75, no. 3 (1985): 339. 브라질 정제소의 용량과 관련해서는 다음을 보라. Stuart B. Schwartz, "A Commonwealth within Itself," in *Tropical Babylons: Sugar and the Making of the Atlantic World, 1450-1680*, ed. Stuart B. Schwartz (Chapel Hill: University of North Carolina Press, 2004), 165.

12. Kit Sims Taylor, "The Economics of Sugar and Slavery in Northeastern Brazil," *Agricultural History* 44, no. 3 (1970): 272.

13. 노예 1인당 산출량에 관해서는 다음을 보라. Stuart B. Schwartz, "Introduction," in *Tropical Babylons: Sugar and the Making of the Atlantic World, 1450-1680*, ed. Stuart B. Schwartz (Chapel Hill: University of North Carolina Press, 2004), 19. 다음도 보라. "Trans-Atlantic Slave Trade—Estimates," Slave Voyages, accessed January 20, 2022, https://www.slavevoyages.org/assessment/estimates; Noël Deerr, *The History of Sugar*, vol. 1 (London: Chapman and Hall, 1949), 112.

14. Yda Schreuder, *Amsterdam's Sephardic Merchants and the Atlantic Sugar Trade in the Seventeenth Century* (London: Palgrave Macmillan, 2019), 52.

15. Kristof Glamann, *Dutch-Asiatic Trade: 1620-1740* (The Hague: Nijhoff, 1958), 153.

16. Schreuder, *Amsterdam's Sephardic Merchants*, 108.

17. J. J. Reese, *De Suikerhandel van Amsterdam: Bijdrage tot de Handelsgeschiedenis des Vaderlands, Hoofdzakelijk uit de Archieven verzameld*, vol. 1 (Haarlem: J. L. E. I Kleynenberg, 1908), 132-133.

18. Markus P. M. Vink, "Freedom and Slavery: The Dutch Republic, the VOC World, and the Debate over the 'World's Oldest Trade,'" *South African Historical Journal*, no. 59 (2007): 23, 30.

19. José Antônio Gonsalves de Mello, G. N. Visser, and B. N. Teensma, *Nederlanders in Brazilie (1624-1654): De Invloed van de Hollandse Bezetting op het Leven en de Cultuur in Noord-Brazilie* (Zutphen, the Netherlands: Walburg Pers, 2001), 183, 185.

20. Henk den Heijer, "The Dutch West India Company, 1621-1791," in *Riches from Atlantic Commerce: Dutch Transatlantic Trade and Shipping, 1585-1817*, ed. Johannes Postma and Victor Enthoven (Leiden: Brill, 2003), 88; quoted from Hermann Wätjen, *Das hollandische Kolonialreich in Brasilien: Ein Kapitel aus der Kolonialgeschichte des 17. Jahrhunderts* (Gotha, Germany: Justus Perthes, 1921), 316-323.

21. Heijer, "The Dutch West India Company," 88.

22. "Generale missiven van gouverneurs-generaal en raden aan heren XVII der Verenigde Oostindische Compagnie," II, Grote Serie 112, pp. 613, 706, 758; III Grote Serie 125, pp. 238, 363, digital version at http://resources.huygens.knaw.nl/; Guanmian Xu, "From the Atlantic to the Manchu: Taiwan Sugar and the Early Modern World, 1630s-1720s," *Journal of World History* 33, no. 2 (2022): 3.

23. Larry Gragg, *Englishmen Transplanted: The English Colonization of Barbados, 1627-1660* (Oxford: Oxford University Press, 2007), 19.

24. "Trans-Atlantic Slave Trade—Estimates"; William A. Green, "Supply versus Demand in the Barbadian Sugar Revolution," *Journal of Interdisciplinary History* 18, no. 3 (1988): 411; Schreuder, *Amsterdam's Sephardic Merchants*, 102-103.

25. Matthew Edel, "The Brazilian Sugar Cycle of the Seventeenth Century and the Rise of West Indian Competition," *Caribbean Studies* 9, no. 1 (1969): 30.

26. Green, "Supply versus Demand," 405; Richard Ligon, *A True & Exact History of the Island of Barbados* … (London: H. Moseley, 1657), 85-86.

27. Schreuder, *Amsterdam's Sephardic Merchants*, 113, 134, 146, 156.

28. Christian J. Koot, *Empire at the Periphery: British Colonists, Anglo-Dutch Trade, and the Development of the British Atlantic* … (New York: New York University Press, 2011), 187.

29. Herbert I. Bloom, *The Economic Activities of the Jews in Amsterdam in the Seventeenth and Eighteenth Centuries* (Williamsport, PA: Bayard Press, 1937), 37.

30. Gyorgy Novaky, "On Trade, Production and Relations of Production: The Sugar Refineries of Seventeenth-Century Amsterdam," *Tijdschrift voor Sociale Geschiedenis* 23, no. 4 (1997): 476; Jan van de Voort, "De Westindische Plantages van 1720-1795: Financiën en Handel" (Eindhoven, the Netherlands: De Witte, 1973), 26; Schreuder, *Amsterdam's Sephardic Merchants*, 230, 234, 239-240, 243-245, 252.

31. David Watts, *The West Indies: Patterns of Development, Culture and Environmental Change since 1492* (Cambridge: Cambridge University Press, 1998), 219-223; Galloway, "Tradition and Innovation," 342.

32. Matthew Parker, *The Sugar Barons: Family, Corruption, Empire, and War in the West Indies* (New York: Walker, 2012), 143.

33. Cecilia Ann Karch, "The Transformation and Consolidation of the Corporate Plantation Economy in Barbados: 1860-1977" (PhD diss., Rutgers University, 1982), 158.

34. 케인 홀링은 1670년경부터 시작되었을 것이다. Peter Thompson, "Henry Drax's Instructions on the Management of a Seventeenth-Century Barbadian Sugar Plantation," *William and Mary Quarterly* 66, no. 3 (2009): 579. 메너드는 17세기 후반에 고랑 파기가 케인 홀링을 대체했다고 말한다. Russell R. Menard, *Sweet Negotiations: Sugar, Slavery, and Plantation Agriculture in Early Barbados* (Charlottesville: University of Virginia Press, 2014), 71.

35. Justin Roberts, "Working between the Lines: Labor and Agriculture on Two Barbadian Sugar Plantations, 1796-97," *William and Mary Quarterly* 63, no. 3 (2006): 580-582, 584; Robert Hermann Schomburgk, *The History of Barbados* (London: Longman, Brown, Green and Longmans, 1848), 166n.1.

36. Thomas D. Rogers, *The Deepest Wounds: A Labor and Environmental History of Sugar in Northeast Brazil* (Chapel Hill: University of North Carolina Press, 2010), 32-33. 라이건이 1657년에 발표한 책에서 보여준 바베이도스의 사탕수수 설탕 정제소의 그림은 매우 유용하다. 솥 다섯 개와 압착기 한 개, 보일링 공간을 세심하게 배치한 공장이다. Ligon, *A True & Exact History*, 84-85.

37. Mohamed Ouerfelli, *Le sucre: Production, commercialisation et usages dans la*

Mediterranee medievale (Leiden: Brill, 2008), 270-271.

38. Parker, *The Sugar Barons*, 46-51.

39. B. W. Higman, "The Sugar Revolution," *Economic History Review* 53, no. 2 (2000): 213.

40. 다음을 보라. Roberts Justin, "Surrendering Surinam: The Barbadian Diaspora and the Expansion of the English Sugar Frontier, 1650-75," *William and Mary Quarterly* 73, no. 2 (2016): 225-226.

41. Schreuder, *Amsterdam's Sephardic Merchants*, 181. 다음도 참조하라. Samuel Oppenheim, "An Early Jewish Colony in Western Guiana, 1658-1666, and Its Relation to the Jews in Surinam, Cayenne and Tobago," *Publications of the American Jewish Historical Society*, no. 16 (1907): 95-186.

42. Michel-Christian Camus, "Le Général de Poincy, premier capitaliste sucrier des Antilles," *Revue francaise d'Histoire d'Outre-Mer* 84, no. 317 (1997): 122.

43. Mordechai Arbell, "Jewish Settlements in the French Colonies in the Caribbean (Martinique, Guadeloupe, Haiti, Cayenne) and the 'Black Code,'" in *The Jews and the Expansion of Europe to the West, 1450-1800*, ed. Paolo Bernardini and Norman Fiering (New York: Berghahn Books, 2001), 288-290; Guy Josa, "Les industries du sucre et du rhum a la Martinique (1639-1931)" (PhD diss., Université de Paris, 1931), 12, 33-34.

44. Abdoulaye Ly, "La formation de l'économie sucriere et le développement du marché d'esclaves africains dans les Iles françaises d'Amérique au XVIIe siecle," *Presence Africaine*, no. 13 (1957), 20-21, no. 16 (1957), 120n.14, 125.

45. Alex Borucki, David Eltis, and David Wheat, "Atlantic History and the Slave Trade to Spanish America," *American Historical Review* 120, no. 2 (2015): 440.

46. 갤러웨이는 가뭄으로 인한 농사 조건의 악화를 비롯한 다른 요인들도 지적한다. J. H. Galloway, "Northeast Brazil 1700-50: The Agricultural Crisis Re-Examined," *Journal of Historical Geography* 1, no. 1 (1975): 21-38.

47. Taylor, "The Economics of Sugar," 270n.13. 다음도 참조하라. Henry Koster, *Travels in Brazil* (London: Printed for Longman, Hurst, Rees, Orme, and Brown, 1816), 348-349.

48. Shawn W. Miller, "Fuelwood in Colonial Brazil: The Economic and Social Consequences of Fuel Depletion for the Bahian Recôncavo, 1549-1820," *Forest & Conservation History* 38, no. 4 (1994): 183, 186, 189-190; Koster, *Travels in Brazil*, 346, 358, 360.

49. 아프리카에서 끌려온 노예의 3분의 2가 사탕수수 플랜테이션 농장으로 갔다는 것은 디어의 추정일 뿐이지만 무리한 추정은 아닐 것이다. Noël Deerr, *The History of Sugar*, vol. 2 (London: Chapman and Hall, 1950), 284. 다음도 참조하라. B. W. Higman, *Slave Population and Economy in Jamaica, 1807-1834* (Kingston, Jamaica: University of

the West Indies Press, 1995), 243-244.

50. Deerr, *The History of Sugar*, 1:239. 동아프리카에서 생도맹그로 끌려가 노예가 된 자들의 수는 다음을 보라. David Eltis and David Richardson, *Atlas of the Transatlantic Slave Trade* (New Haven, CT: Yale University Press, 2015), 248.

51. Roberts, "Working between the Lines," 569, 579, 581.

52. C. L. R. James, *The Black Jacobins: Toussaint L'Ouverture and the San Domingo Revolution* (New York: Vintage, 1989), 392.

53. Roberts, "Working between the Lines," 560-561; Jennifer L. Morgan, *Laboring Women: Reproduction and Gender in New World Slavery* (Philadelphia: University of Pennsylvania Press, 2004), 147-149; Ligon, *A True & Exact History*, 48.

54. Mello, Visser, and Teensma, *Nederlanders in Brazilie*, 142, 148-152.

55. Labat quoted in Judith Ann Carney and Richard Nicholas Rosomoff, *In the Shadow of Slavery: Africa's Botanical Legacy in the Atlantic World* (Berkeley: University of California Press, 2011), 110; Dale Tomich, "Une petite Guinée: Provision Ground and Plantation in Martinique, 1830-1848," in *The Slaves Economy: Independent Production by Slaves in the Americas*, ed. Ira Berlin and Philip D. Morgan (London: Frank Cass, 1991), 71.

56. Edmund Oskar von Lippmann, *Geschichte des Zuckers: Seit den altesten Zeiten bis zum Beginn der Rubenzucker-Fabrikation: ein Beitrag zur Kulturgeschichte* (Berlin: Springer, 1929), 503 504.

57. J. R. Ward, *British West Indian Slavery, 1750-1834: The Process of Amelioration* (New York: Oxford University Press, 1991), 22-24, 151-155; J. S. Handler and R. S. Corruccini, "Plantation Slave Life in Barbados: A Physical Anthropological Analysis," *Journal of Interdisciplinary History* 14, no. 1 (1983): 75, 78.

58. Jean Baptiste Labat, *Nouveau voyage aux isles de l'Amerique: Contenant l'histoire naturelle de ces pays, l'origine, les moeurs, la religion & le gouvernement des habitans anciens & modernes*, vol. 3 (Paris: Chez Guillaume Cavelier pere, 1742), 356-358.

59. John Gabriel Stedman, *Reize in de Binnenlanden van Suriname*, 2 vols. (Leiden: A. en J. Honkoop, 1799), 2:200.

60. Jerome S. Handler and Diane Wallman, "Production Activities in the Household Economies of Plantation Slaves: Barbados and Martinique, Mid-1600s to Mid-1800s," *International Journal of Historical Archaeology* 18, no. 3 (2014): 449, 450, 454-456, 461; Carney and Rosomoff, *In the Shadow*, 76-79, 106, 132; Hilary McD. Beckles, "An Economic Life of Their Own: Slaves as Commodity Producers and Distributors in Barbados," in *The Slaves Economy: Independent Production by Slaves in the Americas*, ed. Ira Berlin and Philip D. Morgan (London: Frank Cass, 1991), 32-34.

61. Carney and Rosomoff, *In the Shadow*, 76–79.

62. Gilberto Freyre, *The Mansions and the Shanties (Sobrados e Mucambos): The Making of Modern Brazil* (New York: A. A. Knopf, 1968), 186, 189.

63. Handler and Wallman, "Production Activities," 458–460.

64. Sweeney, "Market Marronage: Fugitive Women and the Internal Marketing System in Jamaica, 1781–1834," *William and Mary Quarterly* 76, no. 2 (2019): 201.

65. Robert Robertson, *A Detection of the State and Situation of the Present Sugar Planters: Of Barbadoes and the Leward Islands* (London: J. Wilford, 1732), 44; Stedman, *Reize*, 1:142.

66. Ligon, *A True & Exact History*, 50–51; Vincent Brown, *The Reaper's Garden: Death and Power in the World of Atlantic Slavery* (Cambridge, MA: Harvard University Press, 2010), 132–133.

67. William Beckford, *Remarks upon the Situation of Negroes in Jamaica: Impartially Made from a Local Experience of Nearly Thirteen Years in That Island …* (London: Printed for T. and J. Egerton, 1788), 23.

68. Stedman, *Reize*, 2:203.

69. Daniel E. Walker, *No More, No More: Slavery and Cultural Resistance in Havana and New Orleans* (Minneapolis: University of Minnesota Press, 2004), 14–15.

70. Londa Schiebinger, *Plants and Empire: Colonial Bioprospecting in the Atlantic World* (Cambridge, MA: Harvard University Press, 2004), chap. 3.

71. Robertson, *A Detection of the State*, 49.

72. Hilary Beckles, *Afro-Caribbean Women and Resistance to Slavery in Barbados* (London: Karnak House, 1988), 69–70.

73. Caldeira, "Learning the Ropes," 59; Deerr, *The History of Sugar*, 2:318.

74. Morgan, *Laboring Women*, 175.

75. Menard, *Sweet Negotiations*, 112, 20. 위조에 관해서는 다음을 보라. Beckles, *Afro-Caribbean Women*, 63.

76. Jerome S. Handler and Charlotte J. Frisbie, "Aspects of Slave Life in Barbados: Music and Its Cultural Context," *Caribbean Studies* 11, no. 4 (1972): 8.

77. 예를 들면 다음을 보라. Stuart B. Schwartz, *Slaves, Peasants, and Rebels: Reconsidering Brazilian Slavery* (Urbana: University of Illinois Press, 1992), chap. 4. 다음도 참조하라. Richard Price, *Maroon Societies: Rebel Slave Communities in the Americas* (Baltimore, MD: Johns Hopkins University Press, 1979); Vincent Brown, *Tacky's Revolt: The Story of an Atlantic Slave War* (Cambridge, MA: Harvard University Press, 2022).

78. Stedman, *Reize*, 2:13–14.

79. Laurent Dubois, *Avengers of the New World: The Story of the Haitian Revolution* (Cambridge, MA: Harvard University Press, 2005), 55, 62.

80. 예를 들면 다음을 보라. Douglas Hall, *In Miserable Slavery: Thomas Thistlewood in Jamaica, 1750-86* (London: Macmillan, 1989).

81. Zachary Macaulay and Margaret Jean Trevelyan Knutsford, *Life and Letters of Zachary Macaulay* (London: E. Arnold, 1900), 8.

82. 다음을 보라. Dave Gosse, "The Politics of Morality: The Debate Surrounding the 1807 Abolition of the Slave Trade," *Caribbean Quarterly* 56, nos. 1-2 (2010): 127-138; Katherine Paugh, *Politics of Reproduction: Race, Medicine, and Fertility in the Age of Abolition* (New York: Oxford University Press, 2017), 26, 31-36, 42-43.

83. Alex van Stipriaan, *Surinaams Contrast: Roofbouw en Overleven in een Caraibische Plantagekolonie 1750-1863* (Leiden: KITLV, 1993), 323; Nicole Vanony-Frisch, "Les esclaves de la Guadeloupe a la fin de l'Ancien Régime d'apres les sources notariales (1770-1789)," *Bulletin de la Societe d'Histoire de la Guadeloupe*, nos. 63-64 (1985): 52-53; S. D. Smith, *Slavery, Family, and Gentry Capitalism in the British Atlantic: The World of the Lascelles, 1648-1834* (Cambridge: Cambridge University Press, 2010), 284. Craton and Greenland cite a natural decrease rate (deaths minus births) of 2 percent by 1783. Michael J. Craton and Garry Greenland, *Searching for the Invisible Man: Slaves and Plantation Life in Jamaica* (Cambridge, MA: Harvard University Press, 1978), 85.

84. Karol K. Weaver, "'She Crushed the Child's Fragile Skull': Disease, Infanticide, and Enslaved Women in Eighteenth-Century Saint-Domingue," *French Colonial History* 5 (2004): 94.

85. Richard B. Sheridan, *Doctors and Slaves: A Medical and Demographic History of Slavery in the British West Indies, 1680-1834* (Cambridge: Cambridge University Press, 1985), 238; Ward, *British West Indian Slavery*, 16.

86. Parker, *The Sugar Barons*, 208.

87. Selwyn H. H. Carrington, *The Sugar Industry and the Abolition of the Slave Trade, 1775-1810* (Gainesville: University Press of Florida, 2002), 73; Bryan Edwards, *The History, Civil and Commercial, of the British Colonies in the West Indies …*, vol. 2 (London: Printed for John Stockdale, 1793), 451, 493.

88. Richard S. Dunn, "The English Sugar Islands and the Founding of South Carolina," *South Carolina Historical Magazine* 101, no. 2 (2000): 142-144, 146.

89. 크리스토퍼 코드링턴 3세의 전기는 다음을 보라. James C. Brandow, *Genealogies of Barbados Families: From Caribbeana and the Journal of the Barbados Museum and Historical Society* (Baltimore, MD: Genealogical Publishing, 2001), 222-224.

90. Jean Baptiste Labat and John Eaden, *The Memoirs of Pere Labat, 1693-1738* (London: Constable, 1931), 214.

91. Daniel Defoe, *The Complete English Tradesman, etc.*, 2nd ed., vol. 1 (London: Printed for Charles Rivington at the Bible and Crown in St. Paul's Church-yard, 1727), 316.

92. T. G. Burnard, "'Prodigious Riches': The Wealth of Jamaica before the American Revolution," *Economic History Review* 54, no. 3 (2001): 508.

93. Smith, *Lascelles*, 102–118.

94. Parker, *The Sugar Barons*, 265.

95. Alex van Stipriaan, "Debunking Debts: Image and Reality of a Colonial Crisis: Suriname at the End of the 18th Century," *Itinerario* 19, no. 1 (1995): 75; Smith, *Lascelles*, 106; Bram Hoonhout, *Borderless Empire: Dutch Guiana in the Atlantic World (1750-1800)* (Athens: University of Georgia Press, 2020), 50, 169.

96. Smith, *Lascelles*, 104; Hoonhout, *Borderless Empire*, 170.

97. Klas Rönnbäck, "Governance, Value–Added and Rents in Plantation Slavery–Based Value–Chains," *Slavery & Abolition* 42, no. 1 (2021): 133.

98. Smith, *Lascelles*, 77–78, chap. 6.

99. S. D. Smith, "Gedney Clarke of Salem and Barbados: Transatlantic Super Merchant," *New England Quarterly* 76, no. 4 (2003): 540–541.

100. Amy Frost, "The Beckford Era," in *Fonthill Recovered: A Cultural History*, ed. Caroline Dakers (London: UCL Press, 2018), 63–64.

101. Richard B. Sheridan, "The Wealth of Jamaica in the Eighteenth Century," *Economic History Review* 18, no. 2 (1965): 308–309; Lillian Margery Penson, *The Colonial Agents of the British West Indies: A Study in Colonial Administration, Mainly in the Eighteenth Century* … (London: F. Cass, 1971), 228; Richard B. Sheridan, *Sugar and Slavery* (Aylesbury, England: Ginn, 1976), 60. 다음도 참조하라. Andrew J. O'Shaughnessy, "The Formation of a Commercial Lobby: The West India Interest, British Colonial Policy and the American Revolution," *Historical Journal* 40, no. 1 (1997): 71–95.

102. 언급한 영화는 2022년에 나온 후속편이 아니라 2019년에 개봉한 영화를 말한다.

103. Carrington, *The Sugar Industry*, 70–72.

104. David Richardson, "Slavery and Bristol's 'Golden Age,'" *Slavery & Abolition* 26, no. 1 (2005): 48–49.

105. Madge Dresser, "Squares of Distinction, Webs of Interest: Gentility, Urban Development and the Slave Trade in Bristol c.1673–1820," *Slavery & Abolition* 21, no. 3 (2000): 31–32; David Pope, "The Wealth and Social Aspirations of Liverpool's Slave Merchants of the Second Half of the Eighteenth Century," in *Liverpool and Transatlantic Slavery*, ed. David Richardson, Anthony Tibbles, and Suzanne Schwarz (Liverpool: Liverpool University Press, 2007), 170.

106. 노예 30만 명이라는 수치는 19세기 첫 5년간 서인도 제도의 설탕 생산량 약 15만 톤과 서인도 제도 노예 노동자 1인당 생산량 500킬로그램을 토대로 추산한 것이다. Selwyn H. H. Carrington, "'Econocide'—Myth or Reality?—The Question of West Indian Decline, 1783–1806," *Boletin de Estudios Latinoamericanos y del Caribe*,

no. 36 (1984): 2; Ward, *British West Indian Slavery*, 91.

107. Rönnbäck, "Governance," 144.

108. 이 '맷돌론'은 훗날 역사가들이 되풀이한다. Robert Paul Thomas, "The Sugar Colonies of the Old Empire: Profit or Loss for Great Britain?," *Economic History Review* 21, no. 1 (1968): 37. 코엘류에 따르면 "[영국령] 서인도 제도 영국 식민지의 비용은 설탕 소비자와 납세자가 부담했다." Philip R. P. Coelho, "The Profitability of Imperialism: The British Experience in the West Indies 1768-1772," *Explorations in Economic History* 10, no. 3 (1973): 278.

109. J. F. Wright, "The Contributions of Overseas Savings to the Funded National Debt of Great Britain, 1750-1815," *Economic History Review* 50, no. 4 (1997): 658.

110. Joseph E. Inikori, "Slavery and the Development of Industrial Capitalism in England," *Journal of Interdisciplinary History* 17, no. 4 (1987): 778-781, 788-789; Ralph Davis, "English Foreign Trade, 1660-1700," *Economic History Review* 7, no. 2 (1954): 291-292.

111. Barbara L. Solow, "Caribbean Slavery and British Growth," *Journal of Development Economics* 17, nos. 1-2 (1985): 111.

112. 다음을 보라. Guillaume Daudin, "Profitability of Slave and Long-Distance Trading in Context: The Case of Eighteenth-Century France," *Journal of Economic History* 64, no. 1 (2004): 144-171.

113. 예를 들면 다음을 보라. Daron Acemoglu, Simon Johnson, and James Robinson, "The Rise of Europe: Atlantic Trade, Institutional Change, and Economic Growth," *American Economic Review* 95, no. 3 (2005): 546-579.

114. 다음을 보라. Ronald Findlay, "'The Triangular Trade' and the Atlantic Economy of the Eighteenth Century: A Simple General-Equilibrium Model," Essays in International Finance No. 177, Princeton University, International Finance Section, Department of Economics, 1990; Knick Harley, "Slavery, the British Atlantic Economy, and the Industrial Revolution," in *The Caribbean and the Atlantic World Economy: Circuits of Trade, Money and Knowledge, 1650-1914*, ed. Adrian Leonard and David Pretel (London: Palgrave Macmillan, 2015), 173-174.

115. Guillaume Daudin, *Commerce et prosperite: La France au XVIII siecle* (Paris: Presses de l'Université Paris-Sorbonne, 2005), 367-368. 9퍼센트라는 수치는 프랑스가 유럽 외부에서 들여온 설탕을 재수출한 것 중 75퍼센트가 앤틸리스 제도에서 수입한 것이라는 가정을 토대로 추산했다.

116. 이 대략적인 수치는 다음에 의존했다. Klas Rönnbäck, "Sweet Business: Quantifying the Value Added in the British Colonial Sugar Trade in the 18th Century," *Revista de Historia Economica* 32, no. 2 (2014): 233. 뢴베크는 1759년의 국내총생산을 2.8퍼센트로, 1794~1796년의 국내총생산을 2.8퍼센트로 계산했지만, 식민지는 영국 국내총생산 계산에 산입하면 안 되므로 플랜테이션 농장주들의 평

균 총수익을 제해야 한다. 수비대와 해군의 유지 비용은 추가해야 하는데, 토머스는 이를 41만 파운드로 계산했다. Thomas, "The Sugar Colonies," 38. 게다가 노예무역도 있다. 엥거맨은 18세기 말 노예무역이 영국 국내총생산의 0.54퍼센트를 차지한다고 추정한다. 그 0.54퍼센트의 3분의 2는 설탕에서 유래한 것이다. Stanley L. Engerman, "The Slave Trade and British Capital Formation in the Eighteenth Century: A Comment on the Williams Thesis," *Business History Review* 46, no. 4 (1972): 440. 프랑스의 3.5퍼센트는 프랑스령 앤틸리스 제도 무역에서 설탕이 차지하는 가치가 39퍼센트라는 점을 토대로 계산했다. Pierre Emile Levasseur, *Histoire du Commerce de la France* (Paris: Librarie nouvelle de droit et de jurisprudence, 1911), 488; Daudin, *Commerce et prosperite*, 367-368.

117. Paul M. Bondois, "Les centres sucriers français au XVIIIe siecle," *Revue d'Histoire economique et sociale* 19, no. 1 (1931): 57, 60; Paul M. Bondois, "L'Industrie sucriere française au XVIIIe siecle: La fabrication et les rivalités entre les raffineries," *Revue d'Histoire economique et sociale* 19, no. 3 (1931): 338, 346.

118. Maud Villeret, *Le gout de l'or blanc: Le sucre en france au XVIIIe siecle* (Rennes: Presses Universitairs, 2017), 80.

119. Stipriaan, "Debunking Debts," 72, 78-79; Van de Voort, "De Westindische Plantages," 26, 260-61.

120. Van de Voort, "De Westindische Plantages," 260-261; Reesse, *De Suikerhandel van Amsterdam*, 1:57-58.

121. C. Sigmond, Sjoerd de Meer, and Jan Willem de Boezeman, *Een Zoete Belofte: Suikernijverheid in Dordrecht (17de-19de eeuw)* (Dordrecht, The Netherlands: Historische Vereniging Oud-Dordrecht, 2013), 72-190, 192.

122. Pepijn Brandon and Ulbe Bosma, "De Betekenis van de Atlantische Slavernij voor de Nederlandse Economie in de Tweede Helft van de Achttiende Eeuw," *Tijdschrift voor Sociale en Economische Geschiedenis* 16, no. 2 (2019): 45, annex x, xii. 다음도 참조하라. Tamira Combrink, "From French Harbours to German Rivers: European Distribution of Sugar by the Dutch in the Eighteenth Century," in *La diffusion des produits ultra-marins en Europe (XVIe-XVIIIe siecles)*, ed. Maud Villeret and Marguerite Martin (Rennes: Presses Universitaires de Rennes, 2018).

123. Van de Voort, "De Westindische Plantages," 260-261; Pepijn Brandon and Ulbe Bosma, "Slavery and the Dutch Economy, 1750-1800," *Slavery & Abolition* 42, no. 1 (2021): 63.

124. Astrid Petersson, *Zuckersiedergewerbe und Zuckerhandel in Hamburg im Zeitraum von 1814 bis 1834: Entwicklung und Struktur Zweier wichtiger Hamburger Wirtschaftszweige des vorindustriellen Zeitalters* (Stuttgart: F. Steiner, 1998), 53, 56.

125. Tsugitaka Sato, *Sugar in the Social Life of Medieval Islam* (Leiden: Brill, 2015), 177-178; Sébastien Lupo, "Révolution (s) d'échelles: Le marché levantin et la crise du commerce marseillais au miroir des maisons Roux et de leurs relais a Smyrne (1740-1787)" (PhD diss., Université Aix-Marseille, 2015), 580.

126. Deerr, *The History of Sugar*, 1:193-203, 235-236, 239-240.

127. Benjamin Lay, *All Slave-Keepers that Keep the Innocent in Bondage, Apostates Pretending to Lay Claim to the Pure & Holy Christian Religion …* (Philadelphia: Printed by Benjamin Franklin for the author, 1837), 32, 37, 40, 151. 다음도 참조하라. Marcus Rediker, *The Fearless Benjamin Lay: The Quaker Dwarf Who Became the First Revolutionary Abolitionist* (Boston: Beacon Press, 2018).

128. Julie L. Holcomb, *Moral Commerce Quakers and the Transatlantic Boycott of the Slave Labor Economy* (Ithaca, NY: Cornell University Press, 2016), 32.

129. Roy L. Butterfield, "The Great Days of Maple Sugar," *New York History* 39, no. 2 (1958): 159-160.

130. Holcomb, *Moral Commerce*, 67-69.

131. 다음을 보라. Benjamin Rush, "An Account of the Sugar Maple-Tree of the United States, and of the Methods of Obtaining Sugar from It …," *Transactions of the American Philosophical Society* 3 (1793): 64-81.

132. Poivre quoted in Benjamin Rush, *An Address to the Inhabitants of the British Settlements in America, upon Slave-Keeping* (Boston: John Boyles, for John Langdon, 1773), 8. 다음도 참조하라. Pierre Poivre, *Voyages d'un philosophe ou observations sur les moeurs et les arts des peuples de l'Afrique, de l'Asie et de l'Amerique*, 3rd ed. (Paris: Du Pont, 1796), 90.

133. Rush, *An Address*, 30.

134. Holcomb, *Moral Commerce*, 38-40, 67; Seymour Drescher, *The Mighty Experiment: Free Labor versus Slavery in British Emancipation* (New York: Oxford University Press, 2002), 18, 21, 31.

135. William Fox, *An Address to the People of Great Britain on the Propriety of Abstaining from West India Sugar and Rum* (London; Philadelphia: D. Lawrence, 1792), 4.

136. Troy Bickham, "Eating the Empire: Intersections of Food, Cookery and Imperialism in Eighteenth-Century Britain," *Past & Present*, no. 198 (2008): 82, 86, 89-90.

137. Ortiz, *Cuban Counterpoint*, 42.

138. Jon Stobart, *Sugar and Spice: Grocers and Groceries in Provincial England 1650-1830* (Oxford: Oxford University Press, 2016), 60-62.

139. Wilberforce quoted in Charlotte Sussman, "Women and the Politics of Sugar, 1792," *Representations* 48 (1994): 64.

140. Fox, *An Address*, 11.

141. K. P. Mishra, "Growth of Sugar Culture in Eastern U.P. (1784-1792)," *Proceedings of the Indian History Congress* 41 (1980): 594, 597-598: N. P. Singh, "Growth of Sugar Culture in Bihar (1793-1913)," *Proceedings of the Indian History Congress* 45 (1984): 588-589; Shalin Jain, "Colonial Expansion and Commodity Trade in Banares, 1764-1800," *Proceedings of the Indian History Congress* 63 (2002): 499: Kumkum Chatterjee, *Merchants, Politics and Society in Early Modern India: Bihar, 1733-1820* (Leiden: Brill, 1996), 48-50.

142. Elizabeth Boody Schumpeter, *English Overseas Trade Statistics, 1697-1808* (Oxford: Clarendon Press, 1976), table XIII; Ulbe Bosma, *The Sugar Plantation in India and Indonesia: Industrial Production, 1770-2010* (Cambridge: Cambridge University Press, 2013), 17, 58.

143. 다음을 보라. John Prinsep, *Strictures and Occasional Observations upon the System of British Commerce with the East Indies* ... (London: J. Debrett, 1792).

144. East India Sugar: Papers Respecting the Culture and Manufacture of Sugar in British India : also Notices of the Cultivation of Sugar in Other Parts of Asia (London: Printed by Order of the Court of Proprietors of the East India Company by E. Cox and Son, Great Queen Street, 1822), app. I, 211.

145. Bosma, *The Sugar Plantation*, 50-51.

146. Macaulay and Knutsford, *Life and Letters of Zachary Macaulay*, 21.

147. David Geggus, "Jamaica and the Saint Domingue Slave Revolt, 1791-1793," *The Americas* 38, no. 2 (1981): 219.

148. Geggus, "Jamaica," 222.

149. David Geggus, "The Cost of Pitt's Caribbean Campaigns, 1793-1798," *Historical Journal* 26, no. 3 (1983): 703

150. Geggus, "The Cost", 705.

151. *Kentisch Gazette*, November 14, 1794.

152. Carrington, "'Econocide,'" 25, 44. Figure derived from Schumpeter, *English Overseas Trade Statistics, 1697-1808*, table XVIII.

153. David Beck Ryden, "Does Decline Make Sense?: The West Indian Economy and the Abolition of the British Slave Trade," *Journal of Interdisciplinary History* 31, no. 3 (2001): 365, 368, 370-371; Carrington, "'Econocide,'" 35.

154. Deerr, *The History of Sugar*, 1:59.

155. Bosma, *The Sugar Plantation*, 46-48, 63.

156. Petersson, *Zuckersiedergewerbe*, 91, 124-161; Otto-Ernst Krawehl, *Hamburgs Schiffs-und Warenverkehr mit England und den englischen Kolonien 1814-1860* (Köln: Böhlau, 1977), 323, 325; Richard Roberts, *Schroders: Merchants and Bankers* (Basingstoke, England: Macmillan, 1992).

4. 과학과 증기 기관

1. Plinio Mario Nastari, "The Role of Sugar Cane in Brazil's History and Economy" (PhD diss., Iowa State University, 1983), 43: Gilberto Freyre, *New World in the Tropics: The Culture of Modern Brazil* (New York: Alfred A. Knopf, 1959), 72.

2. Alex van Stipriaan, *Surinaams Contrast: Roofbouw en Overleven in een Caraibische Plantagekolonie 1750-1863* (Leiden: KITLV, 1993), 139. 대체로 노동 생산성이 높아진 것, 그리고 수리남과 바베이도스의 경우에 생산성이 감소하는 역전이 일어난 것은 1790년 이후의 일이었다. 이는 타이티 사탕수수의 도입과 시기적으로 일치한다. Ward, *British West Indian Slavery*, 7, 91, 132, 190: David Eltis, Frank D. Lewis, and David Richardson, "Slave Prices, the African Slave Trade, and Productivity in the Caribbean, 1674-1807," *Economic History Review* 58, no. 4 (2005): 684-685: Alex van Stipriaan, "The Suriname Rat Race: Labour and Technology on Sugar Plantations, 1750-1900," *New West Indian Guide* 63, nos. 1-2 (1989): 96-97, 101-102.

3. 다음을 보라. Sven Beckert, *Empire of Cotton: A Global History* (New York: Alfred A. Knopf, 2014).

4. Padraic X. Scanlan, "Bureaucratic Civilization: Emancipation and the Global British Middle Class," in *The Global Bourgeoisie: The Rise of the Middle Classes in the Age of Empire*, ed. Christof Dejung, David Motadel, and Jürgen Osterhammel (Princeton, NJ: Princeton University Press, 2019), 145.

5. Dorothy Burne Goebel, "The 'New England Trade' and the French West Indies, 1763-1774: A Study in Trade Policies," *William and Mary Quarterly* 20, no. 3 (1963): 337.

6. Franklin W. Knight, "Origins of Wealth and the Sugar Revolution in Cuba, 1750-1850," *Hispanic American Historical Review* 57, no. 2 (1977): 249.

7. Eltis, Lewis, and Richardson, "Slave Prices," 683-684.

8. 다음을 보라. William Belgrove, *A Treatise upon Husbandry or Planting, etc.* (Boston: D. Fowle, 1755).

9. S. D. Smith, *Slavery, Family, and Gentry Capitalism in the British Atlantic: The World of the Lascelles, 1648-1834* (Cambridge: Cambridge University Press, 2010), 124-125: Olwyn M. Blouet, "Bryan Edwards, FRS, 1743-1800," *Notes and Records of the Royal Society* 54 (2000): 216.

10. Ward, *British West Indian Slavery*, 208-209.

11. 다음을 보라. Jerome S. Handler and JoAnn Jacoby, "Slave Medicine and Plant Use in Barbados," *Journal of the Barbados Museum and Historical Society*, no. 41 (1993): 74-98.

12. 다음을 보라. James Grainger, *An Essay on the More Common West-India Diseases* ... (London: T. Becket and P. A. De Hondt, 1764).

13. 다음을 보라. Susana María Ramírez Martín, "El legado de la real expedición filantrópica de la Vacuna (1803-1810): Las Juntas de Vacuna," *Asclepio* 56, no. 1 (2004); Richard B. Sheridan, *Doctors and Slaves: A Medical and Demographic History of Slavery in the British West Indies, 1680-1834* (Cambridge: Cambridge University Press, 1985), 249-267.

14. W. A. Green, "The Planter Class and British West Indian Sugar Production, before and after Emancipation," *Economic History Review* 26, no. 3 (1973): 454; J. H. Galloway, "Tradition and Innovation in the American Sugar Industry, c. 1500-1800: An Explanation," *Annals of the Association of American Geographers* 75, no. 3 (1985): 334-351; Christopher Ohm Clement, "Settlement Patterning on the British Caribbean Island of Tobago," *Historical Archaeology* 31, no. 2 (1997); Michael J. Craton and Garry Greenland, *Searching for the Invisible Man: Slaves and Plantation Life in Jamaica* (Cambridge, MA: Harvard University Press, 1978), 15.

15. Green, "The Planter Class," 449-450.

16. Jerome S. Handler and Diane Wallman, "Production Activities in the Household Economies of Plantation Slaves: Barbados and Martinique, Mid-1600s to Mid-1800s," *International Journal of Historical Archaeology*. 18, no. 3 (2014): 450, 461; Judith Ann Carney and Richard Nicholas Rosomoff, *In the Shadow of Slavery: Africa's Botanical Legacy in the Atlantic World* (Berkeley: University of California Press, 2011), 131; Dale Tomich, "Une petite Guinée: Provision Ground and Plantation in Martinique, 1830-1848," in *The Slaves Economy: Independent Production by Slaves in the Americas*, ed. Ira Berlin and Philip D. Morgan (London: Frank Cass, 1991), 70, 73, 86; Sheridan, *Doctors and Slaves*, 195, 207, 213.

17. Charles Mozard quoted in James E. McClellan and Vertus Saint-Louis, *Colonialism and Science: Saint Domingue in the Old Regime* (Chicago: University of Chicago Press, 2010), 160.

18. Richard A. Howard, "The St. Vincent Botanic Garden—The Early Years," *Arnoldia* 57, no. 4 (1997): 12-14.

19. Edward Brathwaite, *The Development of Creole Society in Jamaica 1770-1820* (Oxford: Clarendon Press, 1978), 84.

20. Richard Harry Drayton, *Nature's Government: Science, Imperial Britain, and the "Improvement" of the World* (New Haven, CT: Yale University Press, 2000), 94-95.

21. Stipriaan, *Surinaams Contrast*, 171; Galloway, "Tradition and Innovation," 341.

22. 예를 들면 다음을 보라. Ward J. Barrett, *The Sugar Hacienda of Marquess del Valle* (Minneapolis: University of Minnesota Press, 1970), 45-46.

23. Galloway, "Tradition and Innovation," 341; Stuart George McCook, *States of Nature: Science, Agriculture, and Environment in the Spanish Caribbean, 1760-1940* (Austin: University of Texas, 2002), 79-80.

24. Drayton, *Nature's Government*, 104, 110.

25. Adrian P. Thomas, "The Establishment of Calcutta Botanic Garden: Plant Transfer, Science and the East India Company, 1786-1806," *Journal of the Royal Asiatic Society of Great Britain & Ireland* 16, no. 2 (2006): 171-172.

26. Matthew Parker, *The Sugar Barons: Family, Corruption, Empire, and War in the West Indies* (New York: Walker, 2012), 271.

27. Seymour Drescher, *The Mighty Experiment: Free Labor versus Slavery in British Emancipation* (New York: Oxford University Press, 2002), 20.

28. McClellan and Saint-Louis, *Colonialism and Science*, 226-227.

29. Hans Groot, *Van Batavia naar Weltevreden: Het Bataviaasch Genootschap van Kunsten en Wetenschappen, 1778-1867* (Leiden: KITLV, 2009), 52, 101.

30. Groot, *Van Batavia*, 78-79, 105; McClellan and Saint-Louis, *Colonialism and Science*, 226.

31. 다음을 보라. Jan Hooyman, *Verhandeling over den Tegenwoordigen Staat van den Landbouw, in de Ommelanden van Batavia* (Batavia: Bataviaasch Genootschap der Konsten en Wetenschappen, 1781), 239.

32. J. J. Tichelaar, "De Exploitatie eener Suikerfabriek, Zestig Jaar Geleden," *Archief voor de Java-Suikerindustrie* 33, no. 1 (1925): 265-266; Margaret Leidelmeijer, *Van Suikermolen tot Grootbedrijf: Technische Vernieuwing in de Java-Suikerindustrie in de Negentiende Eeuw* (Amsterdam: NEHA, 1997), 76-79, 110.

33. David Lambert, *White Creole Culture, Politics and Identity during the Age of Abolition* (Cambridge: Cambridge University Press, 2010), 50; Brathwaite, *The Development of Creole Society*, 83-84; Edward Long, *The History of Jamaica; or, General Survey of the Ancient and Modern State of That Island with Reflections on Its Situation, Settlements, Inhabitants, Climate, Products, Commerce, Laws and Government*, vol. 1 (London: Lowndes, 1774), 436-437.

34. William Whatley Pierson, "Francisco de Arango y Parreno," *Hispanic American Historical Review* 16, no. 4 (1936): 460.

35. Dale Tomich, "The Wealth of Empire: Francisco Arango y Parreno, Political Economy, and the Second Slavery in Cuba," *Comparative Studies in Society and History* 45, no. 1 (2003): 7; *Wikipedia*, s.v., "Francisco de Arango y Parreno," accessed April 9, 2022, https://en.wikipedia.org/wiki/FranciscodeArangoyParre%C3%B1o.

36. Ada Ferrer, *Freedom's Mirror: Cuba and Haiti in the Age of Revolution* (New York: Cambridge University Press, 2016), 23; David Murray, "The Slave Trade, Slavery and Cuban Independence," *Slavery & Abolition* 20, no. 3 (1999): 112.

37. Ferrer, *Freedom's Mirror*, 33-36; Francisco de Arango y Parreno, *Obras*, vol. 1 (Havana: Impr. Enc. Rayados y Efectos de Escritorio, 1888), 47-51.

38. 다음을 보라. "Discurso sobre la agricultura de la Habana y medios de fomentarla," in Arango y Parreno, *Obras*, 1:53–112; Antonio Benítez Rojo, "Power / Sugar / Literature: Toward a Reinterpretation of Cubanness," *Cuban Studies* 16 (1986): 9–31.

39. Alain Yacou, "L'expulsion des Français de Saint-Domingue réfugiés dans la région orientale de l'Île de Cuba (1808-1810)," *Cahiers du Monde hispanique et luso-bresilien*, no. 39 (1982): 50.

40. Carlos Venegas Fornias, "La Habana y su region: Un proyecto de organizacion espacial de la plantacion esclavista," *Revista de Indias (Madrid)* 56, no. 207 (1996): 352; María M. Portuondo, "Plantation Factories: Science and Technology in Late-Eighteenth-Century Cuba," *Technology and Culture* 44 (2003): 253; Antón L. Allahar, "The Cuban Sugar Planters (1790-1820): 'The Most Solid and Brilliant Bourgeois Class in All of Latin America,'" *The Americas* 41, no. 1 (1984): 49.

41. Tomich, "The Wealth of Empire," 23; Francisco de Arango y Parreno, *Obras*, vol. 2 (Havana: Impr. Enc. Rayados y Efectos de Escritorio, 1889), 214, 220–221; Rafael Marquese and Tâmis Parron, "Atlantic Constitutionalism and the Ideology of Slavery: The Cádiz Experience in Comparative Perspective," in *The Rise of Constitutional Government in the Iberian Atlantic World: The Impact of the Cadiz Constitution of 1812*, ed. Scott Eastman and Natalia Sobrevilla Perea (Alabama: University of Alabama Press, 2015), 184.

42. Matt D. Childs, *The 1812 Aponte Rebellion in Cuba and the Struggle against Atlantic Slavery* (Chapel Hill: University of North Carolina Press, 2009), 4, 22, 79, 157; Ferrer, *Freedom's Mirror*, chap. 7.

43. Alexander von Humboldt, *Essai politique sur l'Ile de Cuba* (Paris: Librairie de Gide fils, 1826), 309.

44. Oliver Lubrich, "In the Realm of Ambivalence: Alexander von Humboldt's Discourse on Cuba (Relation historique du voyage aux régions équinoxiales du nouveau continent)," *German Studies Review* 26, no. 1 (2003): 71; Humboldt, *Essai politique*, 323–329; Ferrer, *Freedom's Mirror*, 27.

45. Irina Gouzévitch, "Enlightened Entrepreneurs versus 'Philosophical Pirate,' 1788–1809: Two Faces of the Enlightenment," in *Matthew Boulton: Enterprising Industrialist of the Enlightenment*, ed. Kenneth Quickenden, Sally Baggott, and Malcolm Dick (New York: Routledge, 2013), 228; Venegas Fornias, "La Habana y su region," 353; Jennifer Tann, "Steam and Sugar: The Diffusion of the Stationary Steam Engine to the Caribbean Sugar Industry 1770–1840," *History of Technology* 19 (1997): 70.

46. Noël Deerr, *The History of Sugar*, vol. 2 (London: Chapman and Hall, 1950), 537, 540, 543.

47. Michael W. Flinn, *The History of the British Coal Industry*, vol. 2 (Oxford: Clarendon Press, 1986), 228.

48. 볼턴 앤드 와트와 포싯 앤드 리틀데일, 레니의 기계 개수와 카리브해 지역에서 목적지로 삼은 곳에 관한 상세한 내용은 다음을 보라. Tann, "Steam and Sugar," 71-74, 79. 글래스고의 스미스 멀리스에 관해서는 다음을 보라. Annie Wodehouse and Andrew Tindley, *Design, Technology and Communication in the British Empire, 1830-1914* (London: Palgrave Pivot, 2019), 94. 브라질에서는 증기 구동 압착기를 1860년대가 되기 전에는 볼 수 없었다. J. H. Galloway, "The Sugar Industry of Pernambuco during the Nineteenth Century," *Annals of the Association of American Geographers* 58, no. 2 (1968): 296.

49. Luis Martinez-Fernandez, "The Sweet and the Bitter: Cuban and Puerto Rican Responses to the Mid-Nineteenth-Century Sugar Challenge," *New West Indian Guide* 67, nos. 1-2 (1993): 49; Alexander von Humboldt, *The Island of Cuba. Translated from the Spanish, with Notes and a Preliminary Essay by J. S. Thrasher* (New York: Derby & Jackson, 1856), 271.

50. John Alfred Heitmann, *The Modernization of the Louisiana Sugar Industry: 1830-1910* (Baton Rouge: Louisiana State University Press, 1987), 10; Lawrence N. Powell, *The Accidental City: Improvising New Orleans* (Cambridge, MA: Harvard University Press, 2013), 258-260.

51. E. J. Forstall, "Louisiana Sugar," *De Bow's Review* 1, no. 1 (1846): 55-56.

52. Beckert, *Empire of Cotton*, 220.

53. Andrew James Ratledge, "From Promise to Stagnation: East India Sugar 1792-1865" (PhD diss., Adelaide University, 2004), 379, app. 4, table 1.

54. Tann, "Steam and Sugar," 65.

55. Ulbe Bosma, "Het Cultuurstelsel en zijn Buitenlandse Ondernemers: Java tussen Oud en Nieuw Kolonialisme," *Tijdschrift voor Sociale en Economische Geschiedenis* 2, no. 1 (2005): 24; Leidelmeijer, *Van Suikermolen*, 142.

56. José Guadalupe Ortega, "Machines, Modernity and Sugar: The Greater Caribbean in a Global Context, 1812-50," *Journal of Global History* 9, no. 1 (2014): 12.

57. Jacob Baxa and Guntwin Bruhns, *Zucker im Leben der Volker: Eine Kultur-und Wirtschaftsgeschichte* (Berlin: Bartens, 1967), 100, 102, 112, 131.

58. Herbert Pruns, *Zuckerwirtschaft wahrend der Franzosischen Revolution und der Herrschaft Napoleons* (Berlin: Verlag Dr. Albert Bartens KG, 2008), 457-458.

59. Achard cited in Baxa and Bruhns, *Zucker im Leben*, 130.

60. Dubuc, "Of Extracting a Liquid Sugar from Apples and Pears," *Belfast Monthly Magazine* 5, no. 28 (1810): 378-379; H. C. Prinsen Geerligs, *De Ontwikkeling van het Suikergebruik* (Utrecht: De Anti-Suikeraccijnsbond, 1916), 8.

61. *Gazette nationale ou le Moniteur universel*, March 12, 1810, p. 286; June 22, 1810, p. 684.

62. Wilhelm Stieda, *Franz Karl Achard und die Fruhzeit der deutschen Zuckerindustrie* (Leipzig: S. Hirzel, 1928), 44, 46–47, 60–61.

63. M. Aymar-Bression, *L'industrie sucriere indigene et son veritable fondateur* (Paris: Chez l'Auteur et les principaux Libraires, 1864), 15.

64. My translation. *Gazette nationale ou le Moniteur universel*, January 3, 1812, p. 13.

65. S. L. Jodidi, *The Sugar Beet and Beet Sugar* (Chicago: Beet Sugar Gazette Company, 1911), 2; H. D. Clout and A. D. M. Phillips, "Sugar-Beet Production in the Nord Département of France during the Nineteenth Century," *Erdkunde* 27, no. 2 (1973): 107; Baxa and Bruhns, *Zucker im Leben*, 135, 138–139.

66. Baxa and Bruhns, *Zucker im Leben*, 149.

67. Napoléon-Louis Bonaparte, *Analyse de la Question des Sucres ...* (Paris: Administration de librairie, 1843), 5.

68. Roland Villeneuve, "Le financement de l'industrie sucriere en France, entre 1815 et 1850," *Revue d'Histoire economique et sociale* 38, no. 3 (1960): 293.

69. Aymar-Bression, *L'industrie sucriere indigene*, 23.

70. Tobias Kuster, "500 Jahre kolonialer Rohrzucker—250 Jahre europäischer Rübenzucker," *Vierteljahrschrift fur Sozial-und Wirtschaftsgeschichte* (1998): 505; Manfred Pohl, *Die Geschichte der Sudzucker AG 1926-2001* (Munich: Piper, 2001), 29.

71. Baxa and Bruhns, *Zucker im Leben*, 175–176, 186–187; Stieda, *Franz Karl Achard*, 165.

72. Susan Smith-Peter, "Sweet Development: The Sugar Beet Industry, Agricultural Societies and Agrarian Transformations in the Russian Empire 1818–1913," *Cahiers du Monde russe* 57, no. 1 (2016): 106–107, 120; A. Seyf, "Production of Sugar in Iran in the Nineteenth Century," *Iran* 32 (1994): 142.

73. Harvey Washington Wiley, *The Sugar-Beet Industry: Culture of the Sugar-Beet and Manufacture of Beet Sugar* (Washington, DC: Government Printing Office, 1890), 31.

74. Edward Church, *Notice on the Beet Sugar: Containing 1st; A Description of the Culture and Preservation of the Plant. 2d; An Explanation of the Process of Extracting Its Sugar ...* (Northampton, MA: J. H. Butler, 1837), iv; Warner, *Sweet Stuff*, 88; Torsten A. Magnuson, "History of the Beet Sugar Industry in California," *Annual Publication of the Historical Society of Southern California* 11, no. 1 (1918): 72.

75. Church, *Notice on the Beet Sugar*, 54.

76. Deborah Jean Warner, *Sweet Stuff: An American History of Sweeteners from*

Sugar to Sucralose (Washington, DC: Smithsonian Institution Scholarly Press / Rowman and Littlefield, 2011), 89-90.

77. Matthew C. Godfrey, *Religion, Politics, and Sugar: The Mormon Church, the Federal Government, and the Utah-Idaho Sugar Company, 1907-1921* (Logan: Utah State University Press, 2007), 21-24.

78. Leonard J. Arrington, "Science, Government, and Enterprise in Economic Development: The Western Beet Sugar Industry," *Agricultural History* 41, no. 1 (1967): 3.

5. 국가와 산업

1. 다음을 보라. Conrad Friedrich Stollmeyer, *The Sugar Question Made Easy* (London: Effingham Wilson, 1845).

2. Ulbe Bosma and Jonathan Curry-Machado, "Two Islands, One Commodity: Cuba, Java, and the Global Sugar Trade (1790-1930)," *New West Indian Guide* 86, nos. 3-4 (2012): 238-239.

3. Walter Prichard, "Routine on a Louisiana Sugar Plantation under the Slavery Regime," *Mississippi Valley Historical Review* 14, no. 2 (1927): 175.

4. Sidney Mintz, "Canamelar: The Subculture of a Rural Sugar Plantation Proletariat," in *The People of Puerto Rico: A Study in Social Anthropology* by Julian Haynes Steward et al. (Urbana: University of Illinois Press, 1956), 337.

5. José Guadalupe Ortega, "Machines, Modernity and Sugar: The Greater Caribbean in a Global Context, 1812-50," *Journal of Global History* 9, no. 1 (2014): 10.

6. Franz Carl Achard, D. Angar, and Charles Derosne, *Traite complet sur le sucre europeen de betteraves: Culture de cette plante consideree sous le rapport agronomique et manufacturier* (Paris: chez M. Derosne: chez D. Colas, 1812), viii-x.

7. M. Aymar-Bression, *L'industrie sucriere indigene et son veritable fondateur* (Paris: Chez l'Auteur et les principaux Libraires, 1864), 17; J. Flahaut, "Les Derosne, pharmaciens parisiens, de 1779 a 1855," *Revue d'Histoire de la Pharmacie* 53, no. 346 (2005): 228.

8. Jean-Louis Thomas, *Jean-Francois Cail: Un acteur majeur de la premiere revolution industrielle* (Chef-Boutonne, France: Association CAIL, 2004), 15-23, 30.

9. Thomas, *Jean-Francois Cail*, 37, 85.

10. Ortega, "Machines, Modernity," 16.

11. J. A. Leon and Joseph Hume, *On Sugar Cultivation in Louisiana, Cuba, &c. and the British Possessions* (London: John Ollivier, 1848), 40-41, 58-60, 65; Nadia Fernández-de-Pinedo, Rafael Castro, and David Pretel, "Technological Transfers and Foreign Multinationals in Emerging Markets: Derosne & Cail in the 19th

Century," Working Paper, Departamento de Análisis Económico, Universidad Autonoma de Madrid, 2014, 22.

12. Thomas, *Jean-Francois Cail*, 92.

13. Hugh Thomas, *Cuba; or, the Pursuit of Freedom* (London: Eyre and Spottiswoode, 1971), 117; Ortega, "Machines, Modernity," 18–19.

14. Ulbe Bosma, *The Making of a Periphery: How Island Southeast Asia Became a Mass Exporter of Labor* (New York: Columbia University Press, 2019), 75.

15. Margaret Leidelmeijer, *Van Suikermolen tot Grootbedrijf: Technische Vernieuwing in de Java-Suikerindustrie in de Negentiende Eeuw* (Amsterdam: NEHA, 1997), 159; Aymar–Bression, *L'industrie sucrière indigene*, 20–21.

16. Leidelmeijer, *Van Suikermolen*, 138, 152.

17. Roger G. Knight, *Sugar, Steam and Steel: The Industrial Project in Colonial Java, 1830-1850* (Adelaide, Australia: University of Adelaide Press, 2014), 139–141; Ulbe Bosma, "The Cultivation System (1830-1870) and Its Private Entrepreneurs on Colonial Java," *Journal of Southeast Asian Studies* 38, no. 2 (2007): 285.

18. Ulbe Bosma and Remco Raben, *Being "Dutch" in the Indies: A History of Creolisation and Empire, 1500-1920* (Singapore: NUS Press, 2008), 106–124.

19. Great Britain Parliament and House of Commons, *The Sugar Question: Being a Digest of the Evidence Taken before the Committee on Sugar and Coffee Plantations ...* (London: Smith, Elder, 1848), 40; Ulbe Bosma, *The Sugar Plantation in India and Indonesia: Industrial Production, 1770-2010* (Cambridge: Cambridge University Press, 2013), 67.

20. John Alfred Heitmann, *The Modernization of the Louisiana Sugar Industry: 1830-1910* (Baton Rouge: Louisiana State University Press, 1987), 33, 35.

21. Lawrence N. Powell, *The Accidental City: Improvising New Orleans* (Cambridge, MA: Harvard University Press, 2013), 346.

22. Heitmann, *The Modernization*, 16–19, 42; J. Carlyle Sitterson, *Sugar Country: The Cane Sugar Industry in the South 1753-1950* (Lexington: University of Kentucky Press, 1953), 147.

23. Mark Schmitz, *Economic Analysis of Antebellum Sugar Plantations in Louisiana* (New York: Arno Press, 1977), 39.

24. J. Carlyle Sitterson, "Financing and Marketing the Sugar Crop of the Old South," *Journal of Southern History* 10, no. 2 (1944): 189; Sitterson, *Sugar Country*, 200–202; Richard J. Follett, *The Sugar Masters: Planters and Slaves in Louisiana's Cane World, 1820-1860* (Baton Rouge: Louisiana State University Press, 2007), 35.

25. Daniel Rood, *The Reinvention of Atlantic Slavery: Technology, Labor, Race, and Capitalism in the Greater Caribbean* (Oxford: Oxford University Press, 2020), 36; Sitterson, *Sugar Country*, 148–150; Schmitz, *Economic Analysis*, 35, 39–

40; Follett, *The Sugar Masters*, 34, 36; Judah Ginsberg, *Norbert Rillieux and a Revolution in Sugar Processing* (Washington, DC: American Chemical Society, 2002).

26. Ortega, "Machines, Modernity," 19-21; 디어는 약간 다른 이야기를 전한다. 다음을 보라. Noël Deerr, *The History of Sugar*, vol. 2 (London: Chapman and Hall, 1950), 569.

27. Albert Schrauwers, "'Regenten' (Gentlemanly) Capitalism: Saint-Simonian Technocracy and the Emergence of the 'Industrialist Great Club' in the Mid-Nineteenth Century Netherlands," *Enterprise & Society* 11, no. 4 (2010): 766; Knight, *Sugar, Steam*, 63-91.

28. Dale Tomich, "Small Islands and Huge Comparisons: Caribbean Plantations, Historical Unevenness, and Capitalist Modernity," *Social Science History* 18, no. 3 (1994): 349.

29. Victor Comte de Broglie quoted in Victor Schoelcher, *Histoire de l'esclavage pendant les deux dernieres annees*, vol. 2 (Paris: Pagnerre, 1847), 399.

30. Victor Schoelcher, *Des colonies francaises: Abolition immediate de l'esclavage* (Paris: Pagnerre, 1842), xxiii, n.2.

31. Paul Daubrée, *Question coloniale sous le rapport industriel* (Paris: Impr. de Malteste, 1841), 8, 55-56.

32. A. Chazelles, *Emancipation—Transformation: Le systeme anglais—le systeme francais: Memoire adresse a la Chambre des Deputes a l'occusion du projet de loi concernant le regime des esclaves dans les colonies francaises* (Paris: Imprimerie de Guiraudet et Jouaust, 1845), 18.

33. Chazelles, *Emancipation—Transformation*, 47.

34. Chazelles, *Emancipation—Transformation*, 56.

35. Thomas, *Jean-Francois Cail*, 192-193, 195; Christian Schnakenbourg, "La création des usines en Guadeloupe (1843-1884)," *Bulletin de la Societe d'Histoire de la Guadeloupe*, no. 141 (2005): 25-26. 토마는 중앙공장(usine)을 약간 다르게 정의하며 중앙공장이 과들루프에 10개, 마르티니크에 2개 있었다고 말한다.

36. Nelly Schmidt, "Les paradoxes du developpement industriel des colonies françaises des Caraibes pendant la seconde moitie du XIX siecle: Perspectives comparatives," *Histoire, Economie et Societe* 8, no. 3 (1989): 321-322.

37. Henry Iles Woodcock, *A History of Tobago* (London: Frank Cass, 1971), 107, 190, app.

38. William A. Green, *British Slave Emancipation: The Sugar Colonies and the Great Experiment 1830-1865* (Oxford: Clarendon Press, 2011), 200; Claude Levy, *Emancipation, Sugar, and Federalism: Barbados and the West Indies, 1833-1876* (Gainesville: University Press of Florida, 1979), 95.

39. Jean-François Géraud, "Joseph Martial Wetzell (1793-1857): Une révolution sucriere oubliée a la Réunion," *Bulletin de la Societe d'Histoire de la Guadeloupe*,

no. 133 (2002): 44–45.

40. Alessandro Stanziani, *Labor on the Fringes of Empire: Voice, Exit and the Law* (Basingstoke, England: Palgrave Macmillan, 2019), 187.

41. Géraud, "Joseph Martial Wetzell," 57; Andrés Ramos Mattei, "The Plantations of the Southern Coast of Puerto Rico: 1880–1910," *Social and Economic Studies* 37, nos. 1–2 (1988): 369; Peter Richardson, "The Natal Sugar Industry, 1849–1905: An Interpretative Essay," *Journal of African History* 23, no. 4 (1982): 520.

42. Thomas, *Jean-Francois Cail*, 204–205; Fernández-de-Pinedo, Castro, and Pretel, *Technological Transfers*, 22.

43. Sudel Fuma, *Un exemple d'imperialisme ecconomique dans une colonie francaise aux XIXe siecle—l'ile de La Reunion et la Societe du Credit Foncier Colonial* (Paris: Harmattan, 2001), 31.

44. Schnakenbourg, "La création," 36, 54–55.

45. W. J. Evans, *The Sugar-Planter's Manual: Being a Treatise on the Art of Obtaining Sugar from the Sugar-Cane* (Philadelphia: Lea and Blanchard, 1848), 171–173.

46. Dale Tomich, "Commodity Frontiers, Spatial Economy, and Technological Innovation in the Caribbean Sugar Industry, 1783–1878," in *The Caribbean and the Atlantic World Economy Circuits of Trade, Money and Knowledge, 1650-1914*, ed. Adrian Leonard and David Pretel (London: Palgrave Macmillan, 2015), 204.

47. Anthony Trollope, *West Indies and the Spanish Main* (London: Chapman and Hall, 1867), 183, 202.

48. Noël Deerr, *The History of Sugar*, vol. 1 (London: Chapman and Hall, 1949), 194; Richard B. Sheridan, "Changing Sugar Technology and the Labour Nexus in the British Caribbean, 1750–1900, with Special Reference to Barbados and Jamaica," *New West Indian Guide* 63, nos. 1–2 (1989): 74.

49. Deerr, *The History of Sugar*, 2:577; Luis Martinez-Fernandez, "The Sweet and the Bitter: Cuban and Puerto Rican Responses to the Mid-Nineteenth-Century Sugar Challenge," *New West Indian Guide* 67, nos. 1–2 (1993): 50.

50. Victor H. Olmsted and Henry Gannett, *Cuba: Population, History and Resources, 1907* (Washington, DC: US Bureau of the Census, 1909), 131, 143; Bosma, "The Cultivation System," 280–281. 자와의 총인구 추정치는 다음을 보라. Bosma, *The Making of a Periphery*, 29.

51. David Turnbull, *Travel in the West Cuba: With Notices of Porto Rico, and the Slave Trade* (London: Longman, Orme, Brown, Green, and Longmans, 1840), 129–130.

52. 다음을 보라. J. Curry-Machado, "'Rich Flames and Hired Tears': Sugar, Sub-Imperial Agents and the Cuban Phoenix of Empire," *Journal of Global History* 4, no. 1 (2009): 33–56.

53. Oscar Zanetti Lecuona and Alejandro García Alvarez, *Sugar and Railroads: A Cuban History, 1837-1959* (Chapel Hill: University of North Carolina Press, 1998), 25, 78, 95-96; Turnbull, *Travel in the West Cuba*, 175; Thomas, *Cuba*, 123.

54. Thomas, *Cuba*, 118-119. 프라히날스는 1860년이면 쿠바 설탕 생산량의 8.3퍼센트가 진공 팬으로 만들어졌다고 믿지만, 이는 다소 낮게 평가한 것일 수 있다. Manuel Moreno Fraginals, *El ingenio: El complejo economico social cubano del Azucar* (Havana: Comisión Nacional Cubana de la UNESCO, 1964), 119. 다음도 참조하라. J. G. Cantero et al., *Los ingenios: Coleccion de vistas de los principales ingenios de azucar de la isla de Cuba* (Madrid: Centro Estudios y Experimentación de Obras Públicas, 2005).

55. Jonathan Curry-Machado, *Cuban Sugar Industry: Transnational Networks and Engineering Migrants in Mid-Nineteenth Century Cuba* (Basingstoke, England: Palgrave Macmillan, 2011), 67; Bosma, "The Cultivation System," 290.

56. J. Carlyle Sitterson, "Hired Labor on Sugar Plantations of the Ante-Bellum South," *Journal of Southern History* 14, no. 2 (1948): 200-201; Sitterson, *Sugar Country*, 65.

57. Knight, *Sugar, Steam and Steel*, 56, 60n.109; Dale Tomich, "Sugar Technology and Slave Labor in Martinique, 1830-1848," *New West Indian Guide* 63, nos. 1-2 (1989): 128.

58. Schnakenbourg, "La création," 39-41, 58, 71, 73; Schmidt, "Les paradoxes," 314, 325.

59. Raymond E. Crist, "Sugar Cane and Coffee in Puerto Rico, I: The Rôle of Privilege and Monopoly in the Expropriation of the Jibaro," *American Journal of Economics and Sociology* 7, no. 2 (1948): 175.

60. Charles Ralph Boxer, *The Golden Age of Brazil, 1695-1750: Growing Pains of a Colonial Society* (Berkeley: University of California Press, 1962), 150; Fernando Ortiz, *Cuban Counterpoint: Tobacco and Sugar* (New York: Vintage, 1970), 278-279; Schoelcher, *Des colonies francaises*, 296.

61. Richard Pares, *Merchants and Planters* (Cambridge: Cambridge University Press, 1960), 44.

62. Pares, *Merchants and Planters*, chap. 4; S. D. Smith, *Slavery, Family, and Gentry Capitalism in the British Atlantic: The World of the Lascelles, 1648-1834* (Cambridge: Cambridge University Press, 2010), chap. 6.

63. 다음을 보라. Bram Hoonhout, "The Crisis of the Subprime Plantation Mortgages in the Dutch West Indies, 1750-1775," *Leidschrift* 28, no. 2 (2013): 85-100.

64. Sitterson, "Financing and Marketing," 189.

65. "Havana," *Bankers' Magazine* (1846-1847): 243; Richard A. Lobdell, *Economic Structure and Demographic Performance in Jamaica, 1891-1935* (New York:

Garland, 1987), 321-322.

66. Lobdell, *Economic Structure*, 321.

67. 쿠바에서는 1850년대에 '농장 특권(privilegio de ingenio)'을 포기함으로써 채권자의 권리가 향상되었다. '농장 특권'은 그때까지 채무 불이행의 경우에 채권자들이 노예를 포함하여 농장의 재산을 압류하는 것을 막아주었다. 프랑스의 설탕 식민지에서는 1848년에 새로운 저당법이 제정되고, 서인도 제도에서는 1854년 '근저당농장법(Incumbered Estates Act)'이 제정되어 채권자의 권리가 향상되었다. 브라질 정부는 1846년에 저당법 개혁을 시도했다. Martinez-Fernandez, "The Sweet and the Bitter," 56; Christian Schnakenbourg, "La disparition des 'habitation-sucreries' en Guadeloupe (1848-1906): Recherche sur la désagrégation des structures préindustrielles de la production sucriere antillaise apres l'abolition de l'esclavage," *Revue francaise d'Histoire d'Outre-Mer* 74, no. 276 (1987): 265-266; Nicholas Draper, "Possessing People," in *Legacies of British Slave-Ownership: Colonial Slavery and the Formation of Victorian Britain* by Catherine Hall et al. (Cambridge: Cambridge University Press, 2014), 43; Peter L. Eisenberg, *The Sugar Industry in Pernambuco: Modernization without Change, 1840-1910* (Berkeley: University of California Press, 1974), 73.

68. Trollope, *West Indies*, 130; Alexander von Humboldt, *The Island of Cuba. Translated from the Spanish, with Notes and a Preliminary Essay by J. S. Thrasher* (New York: Derby and Jackson, 1856), 281; Franklin W. Knight, *Slave Society in Cuba during the Nineteenth Century* (Madison: University of Wisconsin Press, 1970), 119; Edwin Farnsworth Atkins, *Sixty Years in Cuba: Reminiscences* ... (Cambridge: Riverside Press, 1926), 52.

69. Thomas, *Cuba*, 137; Martín Rodrigo y Alharilla, "From Periphery to Centre: Transatlantic Capital Flows, 1830-1890," in *The Caribbean and the Atlantic World Economy: Circuits of Trade, Money and Knowledge, 1650-1914*, ed. Adrian Leonard and David Pretel (London: Palgrave Macmillan, 2015), 221-222.

70. 케르베구엔도 웨첼 팬을 사용했지만, 1850년대 이후로 그도 레위니옹의 다른 큰 사탕수수 플랜테이션 농장주들처럼 데론에 카유의 팬으로 바꾸었다. Jean-François Géraud, *Kerveguen Sucrier* (Saint-Denis: Université Réunion, n.d.); Fuma, *Un exemple d'imperialisme*, 54-55, 64, 75.

71. Draper, "Possessing People," 43; R. W. Beachey, *The British West Indies Sugar Industry in the Late 19th Century* (Oxford: B. Blackwell, 1957), 36-38.

72. Levy, *Emancipation, Sugar, and Federalism*, 55.

73. 다음도 참조하라. Nicholas Draper, "Helping to Make Britain Great: The Commercial Legacies of Slave-Ownership in Britain," in *Legacies of British Slave-Ownership: Colonial Slavery and the Formation of Victorian Britain* by Catherine Hall et al. (Cambridge: Cambridge University Press, 2014), 83, 95, 102.

74. Alan H. Adamson, *Sugar without Slaves: The Political Economy of British Guiana, 1838-1904* (New Haven, CT: Yale University Press, 1972), 202-203; Beachey, *The British West Indies*, 69, 95.

75. Ryan Saylor, "Probing the Historical Sources of the Mauritian Miracle: Sugar Exporters and State Building in Colonial Mauritius," *Review of African Political Economy* 39, no. 133 (2012): 474; Arthur Jessop, *A History of the Mauritius Government Railways: 1864 to 1964* (Port Louis, Mauritius: J. E. Félix, 1964), 2.

76. Draper, "Helping to Make Britain Great," 95. 현지에 있던 부재지주든, 노예 소유주에게 제공된 보상금에 관해서는 다음을 보라. https://www.ucl.ac.uk/lbs/project/details/; Richard B. Allen, *Slaves, Freedmen and Indentured Laborers in Colonial Mauritius* (Port Chester, NY: Cambridge University Press, 1999), 123-127; Bosma, *The Sugar Plantation*, 85n.159; Richard B. Allen, "Capital, Illegal Slaves, Indentured Labourers and the Creation of a Sugar Plantation Economy in Mauritius, 1810-60," *Journal of Imperial and Commonwealth History* 36, no. 2 (2008): 157.

77. G. William Des Voeux, *My Colonial Service in British Guiana, St. Lucia, Trinidad, Fiji, Australia, New-Foundland, and Hong Kong with Interludes …* (London: John Murray, 1903), 212-225, 279.

78. Galloway, "The Sugar Industry of Pernambuco," 300-302; Manuel Correia de Andrade, *The Land and People of Northeast Brazil* (Albuquerque: University of New Mexico Press, 1980), 71.

79. Jean Mazuel, *Le sucre en Egypte: Etude de geographie historique et economique* (Cairo: Société Royale de Géographie d'Égypte, 1937), 32; Claudine Piaton and Ralph Bodenstein, "Sugar and Iron: Khedive Ismail's Sugar Factories in Egypt and the Role of French Engineering Companies (1867-1875)," *ABE Journal*, no. 5 (2014): paras. 7 and 8.

80. F. Robert Hunter, *Egypt under the Khedives, 1805-1879: From Household Government to Modern Bureaucracy* (Cairo: American University in Cairo Press, 1999), 40; Kenneth M. Cuno, "The Origins of Private Ownership of Land in Egypt: A Reappraisal," *International Journal of Middle East Studies* 12, no. 3 (1980): 266.

81. Piaton and Bodenstein, "Sugar and Iron," para. 9, p. 13; *Institution of Civil Engineers, Minutes of Proceedings of the Institution of Civil Engineers with Abstracts of the Discussions* (London: 1873), 37.

82. 다음을 보라. Piaton and Bodenstein, "Sugar and Iron," para. 29.

83. Thomas, *Jean-Francois Cail*, 105-106, 135.

84. Maule, *Le sucre en Egypte*, 40-44; Barbara Kalkas, "Diverted Institutions: A Reinterpretation of the Process of Industrialization in Nineteenth-Century Egypt," *Arab Studies Quarterly* 1, no. 1 (1979): 33.

6. 노예제가 지속되다

1. 쿠바에 뒤이어 브라질(8만 2000톤), 인도(영국으로 6만 톤, 그 밖에 아시아 내부로 수출된 양은 얼마인지 모른다), 자바(6만 톤), 루이지애나(4만 9460톤), 모리셔스(3만 6599톤), 푸에르토리코(3만 6515톤), 영국령 기아나(3만 5619톤) 순이다. Noël Deerr, *The History of Sugar*, vol. 1 (London: Chapman and Hall, 1949), 112, 126, 203, 249.

2. Zachary Macaulay, *A Letter to William W. Whitmore, Esq. M.P. …* (London: Lupton Relphe, and Hatchard and Son, 1823), 2-4.

3. Harold E. Annett, *The Date Sugar Industry in Bengal: An Investigation into Its Chemistry and Agriculture* (Calcutta: Thacker Spink, 1913), 289.

4. Ulbe Bosma, *The Sugar Plantation in India and Indonesia: Industrial Production, 1770-2010* (Cambridge: Cambridge University Press, 2013), 29.

5. Ulbe Bosma and Jonathan Curry-Machado, "Two Islands, One Commodity: Cuba, Java, and the Global Sugar Trade (1790-1930)," *New West Indian Guide* 86, nos. 3-4 (2012): 239.

6. Jerome S. Handler and JoAnn Jacoby, "Slave Names and Naming in Barbados, 1650-1830," *William and Mary Quarterly* 53, no. 4 (1996): 702, 725; Colleen A. Vasconcellos, *Slavery, Childhood, and Abolition in Jamaica, 1788-1838* (Athens: University of Georgia Press, 2015), 72-74.

7. Jerome S. Handler and Charlotte J. Frisbie, "Aspects of Slave Life in Barbados: Music and Its Cultural Context," *Caribbean Studies* 11, no. 4 (1972): 11, 38-39.

8. John B. Cade, "Out of the Mouths of Ex-Slaves," *Journal of Negro History* 20, no. 3 (1935): 333-334; Richard J. Follett, *The Sugar Masters: Planters and Slaves in Louisiana's Cane World, 1820-1860* (Baton Rouge: Louisiana State University Press, 2007), 220.

9. Jan Jacob Hartsinck, *Beschryving van Guiana, of de Wilde Kust, in Zuid-America …* (Amsterdam: G. Tielenburg, 1770), 910, 913; John Gabriel Stedman, *Reize in de Binnenlanden van Suriname*, 2 vols. (Leiden: A. en J. Honkoop, 1799), 2:205.

10. My translation. Victor Schoelcher, *Des colonies francaises: Abolition immediate de l'esclavage* (Paris: Pagnerre, 1842), 14.

11. Cade, "Out of the Mouths," 297-298.

12. J. Wolbers, *Geschiedenis van Suriname* (Amsterdam: H. de Hoogh, 1861), 455-456.

13. Claude Levy, *Emancipation, Sugar, and Federalism: Barbados and the West Indies, 1833-1876* (Gainesville: University Press of Florida, 1979), 20.

14. Hilary McD. Beckles, "The Slave-Drivers' War: Bussa and the 1816 Barbados Slave Rebellion," *Boletin de Estudios Latinoamericanos y del Caribe*, no. 39 (1985): 95, 102-103; Michael Craton, "Proto-Peasant Revolts? The Late Slave Rebellions in the British West Indies 1816-1832," *Past & Present*, no. 85 (1979):

101.

15. 약 1만 3000명에서 3만 명에 이르는 노예가 관여했다고 추정된다. Craton, "Proto-Peasant Revolts?," 106; Richard B. Sheridan, "The Condition of the Slaves on the Sugar Plantations of Sir John Gladstone in the Colony of Demerara, 1812–49," *New West Indian Guide* 76, nos. 3–4 (2002): 248.

16. *Legacies of British Slavery Database* s.v., "John Gladstone," accessed January 27, 2022, http://wwwdepts-live.ucl.ac.uk/lbs/person/view/8961.

17. Sheridan, "The Condition of the Slaves," 256, 259; Anya Jabour, "Slave Health and Health Care in the British Caribbean: Profits, Racism, and the Failure of Amelioration in Trinidad and British Guiana, 1824–1834," *Journal of Caribbean History* 28, no. 1 (1994): 4, 7, 10–13.

18. Zachary Macaulay, *East and West India Sugar, or, A Refutation of the Claims of the West India Colonists to a Protecting Duty on East India Sugar* (London: Lupton Relfe and Hatchard and Son, 1823), 44; Macaulay, *A Letter to William W. Whitmore*, 31.

19. Bosma, *The Sugar Plantation*, 64.

20. Robert Montgomery Martin, *Facts Relative to the East and West-India Sugar Trade, Addressed to Editors of the Public Press, with Supplementary Observations* (London, 1830), 5–6.

21. James Cropper, *Relief for West-Indian Distress, Shewing the Inefficiency of Protecting Duties on East-India Sugar, and Pointing Out Other Modes of Certain Relief* (London: Hatchard and Son, 1823), 27.

22. Anonymous, "A Picture of the Negro Slavery Existing in the Mauritius," *Anti-Slavery Monthly Reporter* (1829): 375, 378–379.

23. Bosma, *The Sugar Plantation*, 61.

24. Elizabeth Heyrick, *Immediate, Not Gradual Abolition: or, an Inquiry into the Shortest, Safest, and Most Effectual Means of Getting Rid of West Indian Slavery* (Boston: Isaac Knapp, 1838), 24.

25. Holcomb, *Moral Commerce*, 42, 43, chap. 4, 107; Ruth Ketring Nuermberger, *The Free Produce Movement: A Quaker Protest against Slavery* (Durham, NC: Duke University Press, 1942), 77–79.

26. 다음을 보라. Seymour Drescher, "History's Engines: British Mobilization in the Age of Revolution," *William and Mary Quarterly* 66, no. 4 (2009): 737–756; J. Quirk and D. Richardson, "Religion, Urbanisation and Anti-Slavery Mobilisation in Britain, 1787–1833," *European Journal of English Studies* 14, no. 3 (2010): 269.

27. Levy, *Emancipation, Sugar, and Federalism*, 55.

28. Hilary McD. Beckles, *Great House Rules: Landless Emancipation and Workers' Protest in Barbados, 1838-1938* (Kingston, Jamaica: Randle, 2004), 45; Cecilia Ann

Karch, "The Transformation and Consolidation of the Corporate Plantation Economy in Barbados: 1860–1977" (PhD diss., Rutgers University, 1982), 200; Levy, *Emancipation, Sugar, and Federalism*, 113, 115–116, 127.

29. G. E. Cumper, "A Modern Jamaican Sugar Estate," *Social and Economic Studies* 3, no. 2 (1954): 135.

30. William G. Sewell, *The Ordeal of Free Labor in the British West Indies* (New York, 1863), 204; W. A. Green, "The Planter Class and British West Indian Sugar Production, before and after Emancipation," *Economic History Review* 26, no. 3 (1973): 458–459.

31. Deerr, *The History of Sugar*, 1:198–199.

32. Thomas C. Holt, *The Problem of Freedom: Race, Labor, and Politics in Jamaica and Britain, 1832-1938* (Baltimore, MD: Johns Hopkins University Press, 1992), 278, 317; Karch, "The Transformation," 193; O. Nigel Bolland, *On the March: Labour Rebellions in the British Caribbean, 1934-39* (Kingston, Jamaica: Ian Randle, 1995), 158.

33. West India Royal Commission, *Report of … with Subsidiary Report by D. Morris … (Appendix A), and Statistical Tables and Diagrams, and a Map (Appendix B)* (London: H. M. Stationery Office, by Eyre and Spottiswoode, 1897), 140–142.

34. Bosma, *The Sugar Plantation*, 71, 78; Andrew James Ratledge, "From Promise to Stagnation: East India Sugar 1792–1865" (PhD diss., Adelaide University, 2004), 240.

35. Bosma, *The Sugar Plantation*, 67–68.

36. Bosma, *The Sugar Plantation*, 79.

37. Lynn Hollen Lees, *Planting Empire, Cultivating Subjects: British Malaya, 1786-1941* (New York: Cambridge University Press, 2019), 25–26.

38. Leone Levi, *On the Sugar Trade and Sugar Duties: A Lecture Delivered at King's College, London, Feb. 29, 1864* (London: Effingham Wilson, 1864), 12–13. 영국의 설탕 수입에 관한 자료는 다음을 보라. James Russell, *Sugar Duties: Digest and Summary of Evidence Taken by the Select Committee Appointed to Inquire into the Operation of the Present Scale of Sugar Duties* (London: Dawson, 1862), app. 1, 87.

39. Seymour Drescher, *The Mighty Experiment: Free Labor versus Slavery in British Emancipation* (New York: Oxford University Press, 2002), 205; Tâmis Parron, "The British Empire and the Suppression of the Slave Trade to Brazil: A Global History Analysis," *Journal of World History* 29, no. 1 (2018): 8.

40. Anthony Trollope, *West Indies and the Spanish Main* (London: Chapman and Hall, 1867), 101.

41. Bosma, *The Sugar Plantation*, 83.

42. 다음을 보라. Leslie Bethell, "The Mixed Commissions for the Suppression of the

Transatlantic Slave Trade in the Nineteenth Century," *Journal of African History* 7, no. 1 (1966): 79-93; David R. Murray, *Odious Commerce: Britain, Spain and the Abolition of the Cuban Slave Trade* (Cambridge: Cambridge University Press, 2002); Arthur F. Corwin, *Spain and the Abolition of Slavery in Cuba, 1817-1886* (Austin: University of Texas Press, 1967), 112-113, 118-119.

43. Richard Huzzey, "Free Trade, Free Labour, and Slave Sugar in Victorian Britain," *Historical Journal* 53, no. 2 (2010): 368-372.

44. Julius Wolf, *Zuckersteuer und Zuckerindustrie in den europaischen Landern und in der amerikanischen Union von 1882 bis 1885, mit besonderer Rucksichtnahme auf Deutschland und die Steuerreform Daselbst* (Tübingen: Mohr Siebeck, 1886), 71.

45. Demy P. Sonza and Nicholas Loney, *Sugar Is Sweet: The Story of Nicholas Loney* (Manila: National Historical Institute, 1977), 53, 59-60.

46. Violeta Lopez-Gonzaga, "The Roots of Agrarian Unrest in Negros, 1850-90," *Philippine Studies* 36, no. 2 (1988): 162, 165; Nicholas Loney, José María Espino, and Margaret Hoskyn, *A Britisher in the Philippines, or, The Letters of Nicholas Loney: With an Introduction by Margaret Hoskyn and Biographical Note by Consul Jose Ma. Espino* (Manila: National Library, 1964), xx, xxi; Filomeno V. Aguilar, *Clash of Spirits: The History of Power and Sugar Planter Hegemony on a Visayan Island* (Honolulu: University of Hawaii Press, 1998), 107, 110-117, 128; Sonza and Loney, *Sugar Is Sweet*, 53, 59-60, 100.

47. Shawn W. Miller, "Fuelwood in Colonial Brazil: The Economic and Social Consequences of Fuel Depletion for the Bahian Recôncavo, 1549-1820," *Forest & Conservation History* 38, no. 4 (1994): 190-191.

48. John Richard Heath, "Peasants or Proletarians: Rural Labour in a Brazilian Plantation Economy," *Journal of Development Studies* 17, no. 4 (1981): 272; David A. Denslow, "Sugar Production in Northeastern Brazil and Cuba, 1858-1908," *Journal of Economic History* 35, no. 1 (1975): 262; J. H. Galloway, "The Sugar Industry of Pernambuco during the Nineteenth Century," *Annals of the Association of American Geographers* 58, no. 2 (1968): 291-300.

49. David Eltis, "The Nineteenth-Century Transatlantic Slave Trade: An Annual Time Series of Imports into the Americas Broken Down by Region," *Hispanic American Historical Review* 67, no. 1 (1987): 122-123. 토미치는 같은 기간의 노예 수를 38만 7000명으로 약간 더 높게 계산한다. Dale Tomich, "World Slavery and Caribbean Capitalism: The Cuban Sugar Industry, 1760-1868," *Theory and Society* 20, no. 3 (1991): 304.

50. Tomich, "World Slavery," 304.

51. Manuel Moreno Fraginals, "Africa in Cuba: A Quantitative Analysis of the

African Population in the Island of Cuba," *Annals of the New York Academy of Sciences* 292, no. 1 (1977): 196, 199-200; Franklin W. Knight, *Slave Society in Cuba during the Nineteenth Century* (Madison: University of Wisconsin Press, 1970), 76, 82.

52. Luis A. Figueroa, *Sugar, Slavery, and Freedom in Nineteenth-Century Puerto Rico* (Chapel Hill: University of North Carolina Press, 2005), 98-102.

53. David Turnbull, *Travel in the West Cuba: With Notices of Porto Rico, and the Slave Trade* (London: Longman, Orme, Brown, Green, and Longmans, 1840), 53.

54. Aisha K. Finch, *Rethinking Slave Rebellion in Cuba: La Escalera and the Insurgencies of 1841-1844* (Chapel Hill: University of North Carolina Press, 2015), 69.

55. 다음을 보라. Joao José Reis, *Slave Rebellion in Brazil the Muslim Uprising of 1835 in Bahia* (Baltimore, MD: Johns Hopkins University Press, 1993); Thomas Ewbank, *Life in Brazil: Or, a Journal of a Visit to the Land of the Cocoa and the Palm ...* (New York: Harper & Brothers, 1856), 438-441. 다음도 참조하라. Manuel Barcia Paz, *West African Warfare in Bahia and Cuba: Soldier Slaves in the Atlantic World, 1807-1844* (Oxford: Oxford University Press, 2016); Finch, *Rethinking Slave Rebellion*, 48, 78-80, 227.

56. Antón Allahar, "Surplus Value Production and the Subsumption of Labour to Capital: Examining Cuban Sugar Plantations," *Labour, Capital and Society* 20, no. 2 (1987): 176-177.

57. *American Slavery as It Is: Testimony of a Thousand Witnesses* (New York: American Anti-Slavery Society, 1839), 35-39; Rebecca J. Scott, *Degrees of Freedom: Louisiana and Cuba after Slavery* (Cambridge, MA: Harvard University Press, 2008), 23; Follett, *The Sugar Masters*, 77; Peter Depuydt, "The Mortgaging of Souls: Sugar, Slaves, and Speculations," *Louisiana History* 54, no. 4 (2013): 458.

58. Frederick Law Olmsted, *A Journey in the Seaboard Slave States: With Remarks on Their Economy* (New York: Dix and Edwards, 1856), 694.

59. Olmsted, *A Journey*, 675, 689; J. Carlyle Sitterson, *Sugar Country: The Cane Sugar Industry in the South 1753-1950* (Lexington: University of Kentucky Press, 1953), 99; Follett, *The Sugar Masters*, 201; Roderick A. McDonald, "Independent Economic Production by Slaves on Louisiana Antebellum Sugar Plantations," in *The Slaves' Economy: Independent Production by Slaves in the Americas*, ed. Ira Berlin and Philip D. Morgan (London: Frank Cass, 1991), 186, 190.

60. Daniel E. Walker, *No More, No More: Slavery and Cultural Resistance in Havana and New Orleans* (Minneapolis: University of Minnesota Press, 2004), 28; Albert Bushnell Hart, *Slavery and Abolition, 1831-1841* (New York: Harper and Bros., 1906), 114-115.

61. Herbert Aptheker, *Essays in the History of the American Negro* (New York:

International Publishers, 1945), 62.

62. 다음을 보라. Victor Schoelcher, *L'arrete Gueydon a la Martinique et l'arrete Husson a la Guadeloupe* (Paris: Le Chevalier, 1872); Ryan Saylor, "Probing the Historical Sources of the Mauritian Miracle: Sugar Exporters and State Building in Colonial Mauritius," *Review of African Political Economy* 39, no. 133 (2012): 471.

63. 하와이에 관해서는 다음을 보라. Gary Okihiro, *Cane Fires: The Anti-Japanese Movement in Hawaii* (Philadelphia: Temple University Press, 1991), 15; Joan Casanovas, "Slavery, the Labour Movement and Spanish Colonialism in Cuba, 1850–1890," *International Review of Social History* 40, no. 3 (1995): 373–374.

64. B. W. Higman, "The Chinese in Trinidad, 1806–1838," *Caribbean Studies* 12, no. 3 (1972): 26–28, 42; Alan H. Adamson, *Sugar without Slaves: The Political Economy of British Guiana, 1838-1904* (New Haven, CT: Yale University Press, 1972), 42.

65. Madhavi Kale, "'Capital Spectacles in British Frames': Capital, Empire and Indian Indentured Migration to the British Caribbean," *International Review of Social History* 41, suppl. 4 (1996): 123.

66. Saylor, "Probing the Historical Sources," 471; Great Britain Parliament and House of Commons, *The Sugar Question: Being a Digest of the Evidence Taken before the Committee on Sugar and Coffee Plantations* ... (London: Smith, Elder, 1848), 34.

67. Walton Look Lai, *Indentured Labor, Caribbean Sugar: Chinese and Indian Migrants to the British West Indies, 1838-1918* (Baltimore, MD: Johns Hopkins University Press, 2003), 157–158, 184–187; R. W. Beachey, *The British West Indies Sugar Industry in the Late 19th Century* (Oxford: B. Blackwell, 1957), 107.

68. J. H. Galloway, *The Sugar Cane Industry: An Historical Geography from Its Origins to 1914* (Cambridge: Cambridge University Press, 1989), 175.

69. G. W. Roberts and J. A. Byrne, *Summary Statistics on Indenture and Associated Migration Affecting the West Indies, 1834-1918* (London: Population Investigation Committee, 1966), 127.

70. Roberts and Byrne, *Summary Statistics*, 127.

71. John McDonald and Ralph Shlomowitz, "Mortality on Chinese and Indian Voyages to the West Indies and South America, 1847–1874," *Social and Economic Studies* 41, no. 2 (1992): 211; Watt Stewart, *Chinese Bondage in Peru: A History of the Chinese Coolie in Peru, 1849-1874* (Chicago: Muriwai Books, 2018), 17–22, 37–38.

72. Lisa Lee Yun, *The Coolie Speaks: Chinese Indentured Laborers and African Slaves in Cuba* (Philadelphia: Temple University Press, 2009), 17, 29, 31, 83, 84, 140,

148, 149.

73. Peter Klaren, "The Sugar Industry in Peru," *Revista de Indias* 65, no. 233 (2005): 37; Michael J. Gonzales, "Economic Crisis, Chinese Workers and the Peruvian Sugar Planters 1875–1900: A Case Study of Labour and the National Elite," in *Crisis and Change in the International Sugar Economy 1860-1914*, ed. Bill Albert and Adrian Graves (Norwich, England: ISC Press, 1984), 188–189, 192.

74. Bosma, *The Sugar Plantation*, 93–94.

75. 다음을 보라. G. R. Knight, "From Plantation to Padi-Field: The Origins of the Nineteenth Century Transformation of Java's Sugar Industry," *Modern Asian Studies*, no. 2 (1980): 177-204.

76. J. Van den Bosch, "Advies van den Luitenant-Generaal van den Bosch over het Stelsel van Kolonisatie," in *Het Koloniaal Monopoliestelsel Getoetst aan Geschiedenis en Staatshuishoudkunde*, ed. D. C. Steijn Parvé (Zalt-Bommel, the Netherlands: Joh. Noman en Zoon, 1851), 316–317.

77. Knight, "From Plantation to Padi-Field," 192; G. H. van Soest, *Geschiedenis van het Kultuurstelsel*, 3 vols. (Rotterdam: Nijgh, 1871), 2:124–125, 145.

78. Jan Luiten van Zanden, "Linking Two Debates: Money Supply, Wage Labour, and Economic Development in Java in the Nineteenth Century," in *Wages and Currency: Global Comparisons from Antiquity to the Twentieth Century*, ed. Jan Lucassen (Bern: Lang, 2007), 181–182.

79. Ulbe Bosma, "Migration and Colonial Enterprise in Nineteenth Century Java," in *Globalising Migration History.*, ed. Leo Lucassen and Jan Lucassen (Leiden: Brill, 2014), 157.

80. Saylor, "Probing the Historical Sources," 471.

81. Van Soest, *Geschiedenis van het Kultuurstelsel*, 3:135.

82. 다음을 보라. Pim de Zwart, Daniel Gallardo-Albarrán, and Auke Rijpma, "The Demographic Effects of Colonialism: Forced Labor and Mortality in Java, 1834–1879," *Journal of Economic History* 82, no. 1 (2022): 211–249.

83. Bosma, *The Sugar Plantation*, 100–118.

84. Ulbe Bosma, "The Discourse on Free Labour and the Forced Cultivation System: The Contradictory Consequences of the Abolition of Slave Trade for Colonial Java 1811–1863," in *Humanitarian Intervention and Changing Labor Relations: The Long-Term Consequences of the British Act on the Abolition of the Slave Trade (1807)*, ed. M. van der Linden (Leiden: Brill, 2010), 410–411; Bosma, *The Sugar Plantation*, 111.

85. Bosma, "The Discourse," 413.

86. Bosma, "The Discourse," 413–414.

87. Bosma, *The Sugar Plantation*, 112.

88. 다음을 보라. Clifford Geertz, *Agricultural Involution: The Process of Ecological Change in Indonesia* (Berkeley: University of California Press, 1966).

89. Ulbe Bosma, "Multatuli, the Liberal Colonialists and Their Attacks on the Patrimonial Embedding of Commodity Production of Java," in *Embedding Agricultural Commodities: Using Historical Evidence, 1840s-1940s.*, ed. Willem van Schendel (London: Routledge, 2016), 46–49.

90. Arthur van Schaik, "Bitter and Sweet: One Hundred Years of the Sugar Industry in Comal," in *Beneath the Smoke of the Sugar-Mill: Javanese Coastal Communities during the Twentieth Century*, ed. Hiroyoshi Hiroyoshi Kano, Frans Hüsken, and Djoko Suryo (Yogyakarta, Indonesia: Gadjah Mada University Press, 2001), 64.

91. Josef Opatrný, "Los cambios socio-económicos y el medio ambiente: Cuba, primera mitad del siglo XIX," *Revista de Indias* 55, no. 207 (1996): 369–370, 384.

92. Michael Zeuske, "Arbeit und Zucker in Amerika versus Arbeit und Zucker in Europa (ca. 1840-1880): Grundlinien eines Vergleichs," *Comparativ* 4, no. 4 (2017): 62. 자와에 관해서는 다음을 보라. Handelingen van de Tweede Kamer der Staten-Generaal, *Koloniaal Verslag* (1900), 89. Reinaldo Funes Monzote, *From Rainforest to Cane Field in Cuba an Environmental History since 1492* (Chapel Hill: University of North Carolina Press, 2008), 133, 144–153, 171.

93. 다음을 보라. Alvaro Reynoso, *Ensayo sober el cultivo de la cana de azucar* (Madrid, 1865); Funes Monzote, *From Rainforest to Cane Field*, 154–155.

94. J. Sibinga Mulder, *De Rietsuikerindustrie op Java* (Haarlem: H. D. Tjeenk Willink, 1929), 39.

95. Bosma, *The Sugar Plantation*, 159–160.

96. 다음을 보라. Dale Tomich, "The Second Slavery and World Capitalism: A Perspective for Historical Inquiry," *International Review of Social History* 63, no. 3 (2018): 477–501.

97. 루이지애나에서는 총 22만 9000명의 노예 중 13만 9000명이 사탕수수 플랜테이션 농장에서 일했다. 쿠바에서는 약 30만 명, 푸에르토리코에서는 5만 명, 수리남에서는 1만 8000명이 사탕수수 플랜테이션 농장에서 일했다. 브라질의 경우, 갤러웨이는 북동부 지방 노예 35만 명 중 대다수가 사탕수수 플랜테이션 농장에서 일했다고 추정한다. 레이스는 페르남부쿠의 '산림 지대(zona da mata)'에서는 노예 인구의 약 70퍼센트가 설탕 경제에 직접적으로 관여했으며 리우데자네이루 인근에서도 노예가 설탕 생산에 관여했다고 주장한다. 따라서 브라질 노예는 28만 명이라는 생각은 합리적인 추정으로 보인다. J. H. Galloway, "The Last Years of Slavery on the Sugar Plantations of Northeastern Brazil," *Hispanic American Historical Review* 51, no. 4 (1971): 591; Jaime Reis, "Abolition and the Economics of Slaveholding in North East Brazil," *Boletin de Estudios Latinoamericanos y del Caribe*, no. 17 (1974): 7.

98. Stanley L. Engerman, "Contract Labor, Sugar, and Technology in the Nineteenth Century," *Journal of Economic History* 43, no. 3 (1983): 651. 엥거맨의 표가 완전하지 않다는 사실에 유의하라. 이를테면 필리핀과 인도, 중국의 수출량은 누락되었다.

99. Alessandro Stanziani, *Labor on the Fringes of Empire: Voice, Exit and the Law* (Basingstoke, England: Palgrave Macmillan, 2019), 201-202.

100. John Elliott Cairnes, *The Slave Power* (New York: Carleton, 1862), 46, 137, 142-143.

101. Stuart B. Schwartz, *Slaves, Peasants, and Rebels: Reconsidering Brazilian Slavery* (Urbana: University of Illinois Press, 1992), 44-47; Manuel Correia de Andrade, *The Land and People of Northeast Brazil* (Albuquerque: University of New Mexico Press, 1980), 64, 66.

102. Schoelcher, *Des colonies françaises*, 158; Dale Tomich, "Sugar Technology and Slave Labor in Martinique, 1830-1848," *New West Indian Guide* 63, nos. 1-2 (1989): 128; David R. Roediger and Elizabeth D. Esch, *Production of Difference: Race and the Management of Labor in U.S. History* (Oxford: Oxford University Press, 2012), 43.

103. Roediger and Esch, *Production of Difference*, 43; Follett, *The Sugar Masters*, 119-120.

104. Casanovas, "Slavery, the Labour Movement," 368-369; Daniel Rood, *The Reinvention of Atlantic Slavery: Technology, Labor, Race, and Capitalism in the Greater Caribbean* (Oxford: Oxford University Press, 2020), 10, 34.

105. Henry Iles Woodcock, *A History of Tobago* (London: Frank Cass, 1971), 189; Woodville K. Marshall, "Metayage in the Sugar Industry of the British Windward Islands, 1838-1865," in *Caribbean Freedom: Economy and Society from Emancipation to the Present: A Student Reader*, ed. Hilary McD. Beckles and Verene Shepherd (Kingston, Jamaica: Ian Randle, 1996), 65, 67, 75-76.

106. Karen S. Dhanda, "Labor and Place in Barbados, Jamaica, and Trinidad: A Search for a Comparative Unified Field Theory Revisited," *New West Indian Guide* 75, nos. 3-4 (2001): 242; Roberts and Byrne, *Summary Statistics*, 129, 132.

7. 위기, 그리고 기적의 사탕수수

1. 홍콩에 관해서는 다음을 보라. Jennifer Lang, "Taikoo Sugar Refinery Workers' Housing Progressive Design by a Pioneering Commercial Enterprise," *Journal of the Royal Asiatic Society Hong Kong Branch* 57 (2017): 130-157.

2. George Martineau, "The Brussels Sugar Convention," *Economic Journal* 14 (1904): 34.

3. Klaus J. Bade, "Land oder Arbeit? Transnationale und interne Migration im deutschen Nordosten vor dem Ersten Weltkrieg" (PhD diss., University of Erlangen-Nuremberg, 1979), 277-278.

4. E. Sowers, "An Industrial Opportunity for America," *North American Review* 163, no. 478 (1896): 321; George Martineau, "The Statistical Aspect of the Sugar Question," *Journal of the Royal Statistical Society* 62, no. 2 (1899): 297.

5. Julius Wolf, *Zuckersteuer und Zuckerindustrie in den europaischen Landern und in der amerikanischen Union von 1882 bis 1885, mit besonderer Rucksichtnahme auf Deutschland und die Steuerreform Daselbst* (Tübingen: Mohr Siebeck, 1886), 3–4; Martineau, "The Statistical Aspect of the Sugar Question," 298–300.

6. John Franklin Crowell, "The Sugar Situation in Europe," *Political Science Quarterly* 14, no. 1 (1899): 89, 97, 100.

7. César J. Ayala, "Social and Economic Aspects of Sugar Production in Cuba, 1880–1930," *Latin American Research Review* 30, no. 1 (1995): 97, 99; *Wikipedia*, s.v. "Julio de Apezteguíay Tarafa," accessed January 27, 2022, https://es.wikipedia.org/wiki/JuliodeApeztegu%C3%ADa yTarafa.

8. Roger Munting, "The State and the Beet Sugar Industry in Russia before 1914," in *Crisis and Change in the International Sugar Economy 1860-1914*, ed. Bill Albert and Adrian Graves (Norwich, England: ISC Press, 1984), 26; Martineau, "The Statistical Aspect of the Sugar Question," 314; A. Seyf, "Production of Sugar in Iran in the Nineteenth Century," *Iran* 32 (1994): 140, 142–143.

9. Em Hromada, *Die Entwicklung der Kartelle in der osterreichisch-ungarischen Zuckerindustrie* (Zurich: Aktien-Buchdruckerei, 1911), 52–99.

10. Martijn Bakker, *Ondernemerschap en Vernieuwing: De Nederlandse Bietsuikerindustrie, 1858-1919* (Amsterdam: NEHA, 1989), 119–121, 125–128.

11. R. W. Beachey, *The British West Indies Sugar Industry in the Late 19th Century* (Oxford: B. Blackwell, 1957), 115; Richard A. Lobdell, *Economic Structure and Demographic Performance in Jamaica, 1891-1935* (New York: Garland, 1987), 327; Benito Justo Legarda, *After the Galleons: Foreign Trade, Economic Change and Entrepreneurship in the Nineteenth-Century Philippines* (Quezon City, Philippines: Ateneo de Manila University Press, 2002), 320–326.

12. Ulbe Bosma and Remco Raben, *Being "Dutch" in the Indies: A History of Creolisation and Empire, 1500-1920* (Singapore: NUS Press, 2008), 260–261.

13. Bijlagen Handelingen der Tweede Kamer 1894–1895 [150,1-7], "Schorsing der Heffing van het Uitvoerrecht van Suiker in Nederlandsch-Indië" [Suspension of export duties on sugar from the Netherlands Indies].

14. C. Y. Shephard, "The Sugar Industry of the British West Indies and British Guiana with Special Reference to Trinidad," *Economic Geography* 5, no. 2 (1929): 152–153; Alan H. Adamson, *Sugar without Slaves: The Political Economy of British Guiana, 1838-1904* (New Haven, CT: Yale University Press, 1972), 190–192,

212.

15. 예를 들면 다음을 보라. O. Nigel Bolland, *On the March: Labour Rebellions in the British Caribbean, 1934-39* (Kingston, Jamaica: Ian Randle, 1995), 179.

16. Teresita Martinez Vergne, "New Patterns for Puerto Rico's Sugar Workers: Abolition and Centralization at San Vicente, 1873-92," *Hispanic American Historical Review* 68, no. 1 (1988): 53-59.

17. One of the most prominent being J. S. Furnivall, *Netherlands India: A Study of Plural Economy* (Cambridge: Cambridge University Press, 1939), 196-199.

18. Carol A. MacLennan, *Sovereign Sugar: Industry and Environment in Hawaii* (Honolulu: University of Hawaii Press, 2014), 100-101.

19. 예를 들면 다음을 보라. Andrés Ramos Mattei, "The Plantations of the Southern Coast of Puerto Rico: 1880-1910," *Social and Economic Studies* 37, nos. 1-2 (1988): 385. 다음도 참조하라. Martín Rodrigo y Alharilla, "Los ingenios San Agustín y Lequeitio (Cienfuegos): Un estudio de caso sobre la rentabilidad del negocio del azúcar en la transición de la esclavitud al trabajo asalariado (1870-1886)," in *Azucar y esclavitud en el final del trabajo forzado: Homenaje a M. Moreno Fraginals*, ed. José A. Piqueras Arenas (Madrid: Fondo de Cultura Económica, 2002): 252-268; César J. Ayala, *American Sugar Kingdom: The Plantation Economy of the Spanish Caribbean, 1898-1934* (Chapel Hill: University of North Carolina, 1999), 102.

20. Humberto García Muniz, *Sugar and Power in the Caribbean: The South Porto Rico Sugar Company in Puerto Rico and the Dominican Republic, 1900-1921* (San Juan, Puerto Rico: La Editorial, 2010), 69; Ulbe Bosma, "Sugar and Dynasty in Yogyakarta," in *Sugarlandia Revisited: Sugar and Colonialism in Asia and the Americas, 1800-1940*, ed. U. Bosma, J. R. Giusti-Cordero, and R. G. Knight (New York: Berghahn Books, 2007), 90.

21. Christian Schnakenbourg, "La création des usines en Guadeloupe (1843-1884)," *Bulletin de la Societe d'Histoire de la Guadeloupe*, no. 141 (2005): 63-64, 71-74; Beachey, *The British West Indies*, 33.

22. Cecilia Karch, "From the Plantocracy to B.S. & T.: Crisis and Transformation of the Barbadian Socioeconomy, 1865-1937," in *Emancipation IV: A Series of Lectures to Commemorate the 150th Anniversary of Emancipation*, ed. Woodville Marshall (Kingston, Jamaica: Canoe Press, 1993), 38-43.

23. *Wikipedia*, s.v. "Julio de Apezteguía y Tarafa." 다음도 참조하라. Rodrigo y Alharilla, "Los ingenios."

24. Teresita Martínez-Vergne, *Capitalism in Colonial Puerto Rico: Central San Vicente in Late Nineteenth Century* (Gainesville: University Press of Florida, 1992), 74, 90-92, 98-100.

25. 다음을 보라. Roger Knight, "Family Firms, Global Networks and Transnational Actors," *Low Countries Historical Review* 133, no. 2 (2018): 27-51.

26. John Paul Rathbone, *The Sugar King of Havana: The Rise and Fall of Julio Lobo, Cuba's Last Tycoon* (New York: Penguin, 2010), 69. 다음도 참조하라. Edwin Farnsworth Atkins, *Sixty Years in Cuba: Reminiscences* ... (Cambridge: Riverside Press, 1926).

27. Peter F. Klarén, *Modernization: Dislocation, and Aprismo: Origins of the Peruvian Aprista party, 1870-1932* (Austin: University of Texas Press, 1973), 15.

28. 예를 들면 다음을 보라. García Muniz, *Sugar and Power*, 149-155.

29. William Kauffman Scarborough, *Masters of the Big House: Elite Slaveholders of the Mid-Nineteenth-Century South* (Baton Rouge: Louisiana State University Press, 2003), 40; Atkins, *Sixty Years in Cuba*, 50.

30. Martín Rodrigo y Alharilla, "From Periphery to Centre: Transatlantic Capital Flows, 1830-1890," in *The Caribbean and the Atlantic World Economy: Circuits of Trade, Money and Knowledge, 1650-1914*, ed. Adrian Leonard and David Pretel (London: Palgrave Macmillan, 2015), 218, 225; Mattei, "The Plantations of the Southern Coast," 374-375.

31. 시각 자료의 증거가 많이 남아 있다. 예를 들면 다음을 보라. Peter Post and M. L. M. Thio, *The Kwee Family of Ciledug: Family, Status and Modernity in Colonial Java* (Volendam, the Netherlands: LM Publishers, 2019).

32. Gilberto Freyre, *Order and Progress: Brazil from Monarchy to Republic* (New York: Knopf, 1970), 279-280; Gilberto Freyre, *The Mansions and the Shanties (Sobrados e Mucambos): The Making of Modern Brazil* (New York: A. A. Knopf, 1968), 355.

33. Sven Beckert, *The Monied Metropolis: New York City and the Consolidation of the American Bourgeoisie, 1850-1896* (Cambridge: Cambridge University Press, 2001), 33.

34. Freyre, *Mansions*, 97; Scarborough, *Masters of the Big House*, 107, 124.

35. Castle & Cooke, *The First 100 Years: A Report on the Operations of Castle & Cooke for the Years 1851-1951* (Honolulu, 1951), 10; MacLennan, *Sovereign Sugar*, 88-89.

36. Klarén, *Modernisation*, 16-20.

37. Jacob Adler, *Claus Spreckels: The Sugar King in Hawaii* (Honolulu: Mutual, 1966), 52, 54, 63-65.

38. Jacob Adler, "The Oceanic Steamship Company: A Link in Claus Spreckels' Hawaiian Sugar Empire," *Pacific Historical Review* 29, no. 3 (1960): 257, 259, 261-262; Adler, *Claus Spreckels*, 73-78, 112-26.

39. Adler, *Claus Spreckels*, 99, 158, 183.

40. Adler, *Claus Spreckels*, 159-213.

41. MacLennan, *Sovereign Sugar*, 95-96; Adler, *Claus Spreckels*, 83-85.

42. US Congress, *National Labor Relations Act: Hearings before the United States House Special Committee to Investigate National Labor Relations Board, Seventy-Sixth Congress, Third Session, on May 2, 3, 1940. Volume 22* (Washington, DC: Government Printing Office, 1973), 4525-4226; Adler, "The Oceanic Steamship Company," 269; Adler, *Claus Spreckels*, 127; Castle & Cooke, *The First 100 Years*, 27-28.

43. Filomeno V. Aguilar, *Clash of Spirits: The History of Power and Sugar Planter Hegemony on a Visayan Island* (Honolulu: University of Hawaii Press, 1998), 207-208.

44. 다음을 보라. Violeta B. Lopez Gonzaga, *Crisis in Sugarlandia: The Planters' Differential Perceptions and Responses and Their Impact on Sugarcane Workers' Households* (Bacolod City, Philippines: La Salle Social Research Center, 1986).

45. Alfred W. McCoy, "Sugar Barons: Formation of a Native Planter Class in the Colonial Philippines," *Journal of Peasant Studies* 19, nos. 3-4 (1992): 114.

46. Peter Klaren, "The Sugar Industry in Peru," *Revista de Indias* 65, no. 233 (2005): 39.

47. Ellen D. Tillman, *Dollar Diplomacy by Force: Nation-Building and Resistance in the Dominican Republic* (Chapel Hill: University of North Carolina Press, 2016), 189.

48. Rudolf Freund, "Strukturwandlungen der internationalen Zuckerwirtschaft: Aus dem Institut für Weltwirtschaft und Seeverkehr," *Weltwirtschaftliches Archiv* 28 (1928): 32.

49. Barak Kushner, "Sweetness and Empire: Sugar Consumption in Imperial Japan," in *The Historical Consumer: Consumption and Everyday Life in Japan, 1850-2000*, ed. Penelope Francks and Janet Hunter (New York: Palgrave Macmillan, 2012), 131-132.

50. Kozo Yamamura, "The Role of the Merchant Class as Entrepreneurs and Capitalists in Meiji Japan," *Vierteljahrschrift fur Sozial-und Wirtschaftsgeschichte* 56, no. 1 (1969): 115-118; Johannes Hirschmeier, *The Origins of Entrepreneurship in Meiji Japan* (Cambridge, MA: Harvard University Press, 2013), 266-267.

51. G. R. Knight, *Commodities and Colonialism: The Story of Big Sugar in Indonesia, 1880-1942* (Leiden: Brill, 2013), 46.

52. 다음을 보라. G. Roger Knight, *Trade and Empire in Early Nineteenth-Century Southeast Asia: Gillian Maclaine and His Business Network* (Roydon, England: Boydell Press, 2015), 170.

53. 일반적으로 설탕의 순도는 자당의 분극(polarization) 정도로 표현된다. 공장에서 생산된 백설탕은 99도에 가깝고 순수한 설탕은 거의 100도다.

54. Bosma, *The Sugar Plantation*, 169-171; Robert Marks, *Rural Revolution in*

South China: Peasants and the Making of History in Haifeng County, 1570-1930 (Madison: University of Wisconsin Press, 1984), 107.

55. 예를 들면 다음을 보라. James Carlton Ingram, *Economic Change in Thailand since 1850* (Stanford, CA: Stanford University Press, 1955), 124-125.

56. Lynn Hollen Lees, *Planting Empire, Cultivating Subjects: British Malaya, 1786-1941* (New York: Cambridge University Press, 2019), 24-37, 175.

57. 다음을 보라. Ulbe Bosma and Bas van Leeuwen, "Regional Variation in the GDP Per Capita of Colonial Indonesia 1870-1930," *Cliometrica* (2022). https://doi. org/10.1007/s11698-022-00252-x.

58. O. Posthumus, "Java-Riet in het Buitenland," *Archief voor de Suikerindustrie in Ned.-Indie* 36, no. 2 (1928): 1149; Shephard, "The Sugar Industry," 151; Peter Griggs, "'Rust' Disease Outbreaks and Their Impact on the Queensland Sugar Industry, 1870-1880," *Agricultural History* 69, no. 3 (1995): 427; Ulbe Bosma and Jonathan Curry-Machado, "Turning Javanese: The Domination of Cuba's Sugar Industry by Java Cane Varieties," *Itinerario: Bulletin of the Leyden Centre for the History of European Expansion* 37, no. 2 (2013): 106.

59. Posthumus, "Java-Riet in het Buitenland," 1150; Bosma and Curry-Machado, "Turning Javanese," 107.

60. *De Locomotief*, January 24, 1885.

61. D. J. Kobus, "Historisch Overzicht over het Zaaien van Suikerriet," *Archief voor de Suikerindustrie in Ned.-Indie* 1 (1893): 17.

62. A. J. Mangelsdorf, "Sugar Cane Breeding: In Retrospect and in Prospect," in *Proceedings of the Ninth Congress of the International Society of Sugar Cane Technologists*, ed. O. M. Henzell (Cambridge: British West Indies Sugar Association, 1956), 562.

63. W. K. Storey, "Small-Scale Sugar Cane Farmers and Biotechnology in Mauritius: The 'Uba' Riots of 1937," *Agricultural History* 69, no. 2 (1995): 166.

64. J. A. Leon and Joseph Hume, *On Sugar Cultivation in Louisiana, Cuba, &c. and the British Possessions* (London: John Ollivier, 1848), 15-18.

65. Roger G. Knight, *Sugar, Steam and Steel: The Industrial Project in Colonial Java, 1830-1850* (Adelaide, Australia: University of Adelaide Press, 2014), 194-195.

66. John A. Heitmann, "Organization as Power: The Louisiana Sugar Planters' Association and the Creation of Scientific and Technical Institutions, 1877-1910," *Journal of the Louisiana Historical Association* 27, no. 3 (1986): 287, 291; J. Carlyle Sitterson, *Sugar Country: The Cane Sugar Industry in the South 1753-1950* (Lexington: University of Kentucky Press, 1953), 255-257.

67. Stuart George McCook, *States of Nature: Science, Agriculture, and Environment in the Spanish Caribbean, 1760-1940* (Austin: University of Texas, 2002), 87-88.

68. Bosma and Curry-Machado, "Turning Javanese," 109; T. Lynn Smith, "Depopulation of Louisiana's Sugar Bowl," *Journal of Farm Economics* 20, no. 2 (1938): 503; Thomas D. Rogers, *The Deepest Wounds: A Labor and Environmental History of Sugar in Northeast Brazil* (Chapel Hill: University of North Carolina Press, 2010), 104.

69. 다음을 보라. J. H. Galloway, "Botany in the Service of Empire: The Barbados Cane-Breeding Program and the Revival of the Caribbean Sugar Industry, 1880s-1930s," *Annals of the Association of American Geographers* 86, no. 4 (1996).

70. 다음을 보라. Leida Fernandez-Prieto, "Networks of American Experts in the Caribbean: The Harvard Botanic Station in Cuba (1898-1930)," in *Technology and Globalisation: Networks of Experts in World History*, ed. David Pretel and Lino Camprubi (London: Palgrave Macmillan, 2018), 159-188.

71. Association Hawaiian Sugar Planters and A. R. Grammer, *A History of the Experiment Station of the Hawaiian Sugar Planters' Association, 1895-1945* (Honolulu: Hawaiian Sugar Planters' Association, 1947), 183.

72. Peter Griggs, "Improving Agricultural Practices: Science and the Australian Sugarcane Grower, 1864-1915," *Agricultural History* 78, no. 1 (2004): 13, 21.

73. W. P. Jorissen, "In Memoriam Dr. Hendrik Coenraad Prinsen Geerligs: Haarlem 23. 11. 1864—Amsterdam 31. 7. 1953," *Chemisch Weekblad: Orgaan van de Koninklijke Nederlandse Chemische Verenging* 49, no. 49 (1953): 905-907.

8. 세계적 설탕, 국가적 정체성

1. Hugh Thomas, *Cuba; or, the Pursuit of Freedom* (London: Eyre and Spottiswoode, 1971), 100.

2. Anthony Trollope, *West Indies and the Spanish Main* (London: Chapman and Hall, 1867), 131.

3. J. D. B. De Bow, "The Late Cuba Expedition," *Debow's Review: Agricultural, Commercial, Industrial Progress and Resources* 9, no. 2 (1850): 173.

4. *New York Times*, August 24, 1860.

5. Leslie Bethell, "The Mixed Commissions for the Suppression of the Transatlantic Slave Trade in the Nineteenth Century," *Journal of African History* 7, no. 1 (1966): 92.

6. Joan Casanovas, "Slavery, the Labour Movement and Spanish Colonialism in Cuba, 1850-1890," *International Review of Social History* 40, no. 3 (1995): 377-378. 다음도 참조하라. Rebecca J. Scott, "Gradual Abolition and the Dynamics of Slave Emancipation in Cuba, 1868-86," *Hispanic American Historical Review* 63, no. 3 (1983): 449-477.

7. David Turnbull, *Travel in the West Cuba: With Notices of Porto Rico, and the*

Slave Trade (London: Longman, Orme, Brown, Green, and Longmans, 1840), 261.

8. Francisco de Arango y Parreno, *Obras*, vol. 2 (Havana: Impr. Enc. Rayados y Efectos de Escritorio, 1889), 649–658; David Murray, "The Slave Trade, Slavery and Cuban Independence," *Slavery & Abolition* 20, no. 3 (1999): 121.

9. Lilia Moritz Schwarcz, *The Spectacle of the Races: Scientists, Institutions, and the Race Question in Brazil, 1870-1930* (New York: Hill and Wang, 1999), 128.

10. Gilberto Freyre, *The Mansions and the Shanties (Sobrados e Mucambos): The Making of Modern Brazil* (New York: A. A. Knopf, 1968), 388–389.

11. Gilberto Freyre, *New World in the Tropics: The Culture of Modern Brazil* (New York: Alfred A. Knopf, 1959), 128–131.

12. Schwarcz, *The Spectacle of the Races*, 10.

13. Alejandro de la Fuente, "Race and Inequality in Cuba, 1899–1981," *Journal of Contemporary History* 30, no. 1 (1995): 135.

14. April J. Mayes, *The Mulatto Republic: Class, Race, and Dominican National Identity* (Gainesville: University Press of Florida, 2015), 115; Edward Paulino, *Dividing Hispaniola: The Dominican Republic's Border Campaign against Haiti, 1930-1961* (Pittsburgh: Pittsburgh University Press, 2016), 150, 159.

15. Mayes, *The Mulatto Republic*, 44, 80.

16. Aarti S. Madan, "Sarmiento the Geographer: Unearthing the Literary in Facundo," *Modern Language Notes* 126, no. 2 (2011): 266.

17. J. H. Galloway, *The Sugar Cane Industry: An Historical Geography from Its Origins to 1914* (Cambridge: Cambridge University Press, 1989), 187–188.

18. Donna J. Guy, "Tucuman Sugar Politics and the Generation of Eighty," *The Americas* 32, no. 4 (1976): 574; Henry St John Wileman, *The Growth and Manufacture of Cane Sugar in the Argentine Republic* (London: Henry Good and Son, 1884), 12.

19. Patricia Juarez-Dappe, "*Caneros* and *Colonos:* Cane Planters in Tucumán, 1876–1895," *Journal of Latin American Studies* 38, no. 1 (2006): 132–133; Daniel J. Greenberg, "Sugar Depression and Agrarian Revolt: The Argentine Radical Party and the Tucumán Caneros' Strike of 1927," *Hispanic American Historical Review* 67, no. 2 (1987): 310–311; Oscar Chamosa, *The Argentine Folklore Movement: Sugar Elites, Criollo Workers, and the Politics of Cultural Nationalism, 1900-1955* (Tucson: University of Arizona Press, 2010), 79–80, 82–83; Adrian Graves, *Cane and Labour: The Political Economy of Queensland Sugar Industry, 1862-1906* (Edinburgh: Edinburgh University Press, 1993), 26, 33, 77–78, 89, 126, 248.

20. Maria Elena Indelicato, "Beyond Whiteness: Violence and Belonging in the Borderlands of North Queensland," *Postcolonial Studies: Culture, Politics, Economy* 23, no. 1 (2020): 104; N. O. P. Pyke, "An Outline History of Italian

Immigration into Australia," *Australian Quarterly* 20, no. 3 (1948): 108.

21. Tadeusz Z. Gasinski, "Polish Contract Labor in Hawaii, 1896–1899," *Polish American Studies* 39, no. 1 (1982): 20–22; Edward D. Beechert, *Working in Hawaii: A Labor History* (Honolulu: University of Hawaii Press, 1985), 86–87, 119, 124–139.

22. Wayne Patterson, "Upward Social Mobility of the Koreans in Hawaii," *Korean Studies* 3 (1979): 82, 89.

23. Sven Beckert, *Empire of Cotton: A Global History* (New York: Alfred A. Knopf, 2014), 287.

24. Joseph L. Love, "Political Participation in Brazil, 1881–1969," *Luso-Brazilian Review* 7, no. 2 (1970): 7; Inés Roldán de Montaud, "Política y elecciones en Cuba durante la restauración," *Revista de Estudios Politicos*, no. 104 (1999): 275.

25. Scott, *Degrees of Freedom: Louisiana and Cuba after Slavery* (Cambridge, MA: Harvard University Press, 2008), 70; Rick Halpern, "Solving the 'Labour Problem': Race, Work and the State in the Sugar Industries of Louisiana and Natal, 1870–1910," *Journal of Southern African Studies* 30, no. 1 (2004): 22.

26. J. C. Rodrigue, "'The Great Law of Demand and Supply': The Contest over Wages in Louisiana's Sugar Region, 1870–1880," *Agricultural History* 72, no. 2 (1998): 160.

27. Paolo Giordano, "Italian Immigration in the State of Louisiana: Its Causes, Effects, and Results," *Italian Americana* 5, no. 2 (1979): 165; J. P. Reidy, "Mules and Machines and Men: Field Labor on Louisiana Sugar Plantations, 1887–1915," *Agricultural History* 72, no. 2 (1998): 184.

28. Rebecca J. Scott, *Degrees of Freedom*, 85, 93, 189–99; Halpern, "Solving the 'Labour Problem,'" 23.

29. J. Vincenza Scarpaci, "Labor for Louisiana's Sugar Cane Fields: An Experiment in Immigrant Recruitment," *Italian Americana* 7, no. 1 (1981): 20, 27, 33–34; Giordano, "Italian Immigration," 165; Reidy, "Mules and Machines," 188.

30. Mark D. Schmitz, "Postbellum Developments in the Louisiana Cane Sugar Industry," *Business and Economic History* 5 (1976): 89.

31. Anonymous, "Salutatory," *Louisiana Planter and Sugar Manufacturer*, 1888, 1.

32. Mark Schmitz, "The Transformation of the Southern Cane Sugar Sector: 1860–1930," *Agricultural History* 53, no. 1 (1979): 274, 277; Anonymous, "Leon Godchaux," *Louisiana Planter and Sugar Manufacturer*, 1899, 305–306.

33. Giordano, "Italian Immigration," 168–172.

34. Reidy, "Mules and Machines," 189–190, 196; William C. Stubbs, "Sugar," *Publications of the American Economic Association* 5, no. 1 (1904): 80; J. Carlyle Sitterson, *Sugar Country: The Cane Sugar Industry in the South 1753-1950*

(Lexington: University of Kentucky Press, 1953), 277, 394.

35. 다음을 보라. John Wesley Coulter, "The Oahu Sugar Cane Plantation, Waipahu," *Economic Geography* 9, no. 1 (1933): 60-71.

36. This resonates with Ann Laura Stoler, "Sexual Affronts and Racial Frontiers: European Identities and the Cultural Politics of Exclusion in Colonial Southeast Asia," in *Tensions of Empire: Colonial Cultures in a Bourgeois World*, ed. Frederick Cooper and Ann Laura Stoler (Berkeley: University of California Press, 1997), 226.

37. A. Featherman, "Our Position and That of Our Enemies," *Debow's Review: Agricultural, Commercial, Industrial Progress and Resources* 31, no. 1 (1861): 31.

38. Featherman, "Our Position," 27.

39. 이에 관해서는 다음을 보라. Ann Stoler, "Rethinking Colonial Categories: European Communities and the Boundaries of Rule," *Comparative Studies in Society and History* 31, no. 1 (1989): 134-161.

40. J. A. Delle, "The Material and Cognitive Dimensions of Creolization in Nineteenth-Century Jamaica," *Historical Archeology* 34 (2000): 57.

41. Lawrence N. Powell, *The Accidental City: Improvising New Orleans* (Cambridge, MA: Harvard University Press, 2013), 287-290.

42. Henry Koster, *Travels in Brazil* (London: Printed for Longman, Hurst, Rees, Orme, and Brown, 1816), 393-394; Elena Padilla Seda, "Nocorá: The Subculture of Workers on a Government-Owned Sugar Plantation," in *The People of Puerto Rico: A Study in Social Anthropology*, ed. Julian H. Steward (Urbana: University of Illinois Press, 1956), 274-275.

43. Colleen A. Vasconcellos, *Slavery, Childhood, and Abolition in Jamaica, 1788-1838* (Athens: University of Georgia Press, 2015), 43.

44. Bryan Edwards, *The History, Civil and Commercial, of the British Colonies in the West Indies ...*, vol. 2 (London: Printed for John Stockdale, 1793), 16-17.

45. Freyre, *Mansions*, 177.

46. Frederick Law Olmsted, *A Journey in the Seaboard Slave States: With Remarks on Their Economy* (New York: Dix and Edwards, 1856), 594, 635.

47. Edwin Farnsworth Atkins, *Sixty Years in Cuba: Reminiscences ...* (Cambridge: Riverside Press, 1926), 46; Antonio Benítez Rojo, "Power / Sugar / Literature: Toward a Reinterpretation of Cubanness," *Cuban Studies* 16 (1986): 19.

48. John Mawe, *Travels in the Interior of Brazil: Particularly in the Gold and Diamond Districts of that Country ...* (London: Longman, Hurst, Rees, Orme, and Brown, 1812), 281.

49. Featherman, "Our Position," 27.

50. George Washington Cable, *Madame Delphine: A Novelette and Other Tales*

(London: Frederick Warne, 1881); Alice H. Petry, *A Genius in His Way: The Art of Cable's Old Creole Days* (Rutherford, NJ: Fairleigh Dickinson University Press, 1988), 32.

51. 다음을 보라. Gilberto Freyre, *The Masters and the Slaves (Casa-Grande and Senzala): A Study in the Development of Brazilian Civilization*, trans. Samuel Putnam (New York: Knopf, 1946).

52. Freyre, *New World*, 92; Freyre, *Mansions*, 431. 다음도 참조하라. José Vasconcelos, *La raza cosmica: Mision de la raza iberoamericana, Argentina y Brasil* (México: Espasa-Calpe Mexicana, 1948).

53. Gilberto Freyre, *Order and Progress: Brazil from Monarchy to Republic* (New York: Knopf, 1970), xix.

54. April Merleaux, *Sugar and Civilization: American Empire and the Cultural Politics of Sweetness* (Chapel Hill: University of North Carolina Press, 2015), 108–115.

55. Edward E. Weber, "Sugar Industry," in *Industrialization of Latin America*, ed. L. J. Hughlett (New York: McGraw-Hill, 1946), 398; Merleaux, *Sugar and Civilization*, 114–119.

56. R. B. Ogendo and J. C. A. Obiero, "The East African Sugar Industry," *GeoJournal: An International Journal on Human Geography and Environmental Sciences* 2, no. 4 (1978): 343, 347.

57. Ulbe Bosma, *The Sugar Plantation in India and Indonesia: Industrial Production, 1770-2010* (Cambridge: Cambridge University Press, 2013), 197, 210.

58. Manuel Correia de Andrade, *The Land and People of Northeast Brazil* (Albuquerque: University of New Mexico Press, 1980), 81; Weber, "Sugar Industry," 393–394.

59. J. C. K., "The Sugar–Palm of East Indies," *Journal of the Royal Society of Arts* 59, no. 3048 (1911): 567–569; Charles Robequain, "Le sucre de palme au Cambodge," *Annales de Geographie* 58, no. 310 (1949): 189; D. F. Liedermoij, "De Nijverheid op Celebes," *Tijdschrift voor Nederlandsch Indie* 16, 2, no. 12 (1854): 360. 다음도 참조하라. Harold E. Annett, *The Date Sugar Industry in Bengal: An Investigation into Its Chemistry and Agriculture* (Calcutta: Thacker Spink, 1913).

60. Roger Owen, "The Study of Middle Eastern Industrial History: Notes on the Interrelationship between Factories and Small–Scale Manufacturing with Special References to Lebanese Silk and Egyptian Sugar, 1900-1930," *International Journal of Middle East Studies* 16, no. 4 (1984): 480–481.

61. Bosma, *The Sugar Plantation*, 191.

62. Mildred Maddocks and Harvey Washington Wiley, *The Pure Food Cook Book: The Good Housekeeping Recipes, Just How to Buy—Just How to Cook* (New York: Hearst's International Library, 1914), 3.

63. Merleaux, *Sugar and Civilization*, 133.

64. Weber, "Sugar Industry," 410-417.

65. Leigh Binford, "Peasants and Petty Capitalists in Southern Oaxacan Sugar Cane Production and Processing, 1930-1980," *Journal of Latin American Studies* 24, no. 1 (1992): 51-54; Manuel Moreno Fraginals, *El ingenio: El complejo economico social cubano del azucar* (Havana: Comisión Nacional Cubana de la UNESCO, 1964), 82.

66. John Richard Heath, "Peasants or Proletarians: Rural Labour in a Brazilian Plantation Economy," *Journal of Development Studies* 17, no. 4 (1981): 278; Andrade, *Land and People*, 86.

67. Gonzalo Rodriguez et al., *Panela Production as a Strategy for Diversifying Incomes in Rural Area of Latin America* (Rome: United Nations Food and Agriculture Organization, 2007), xvi, 10, 17.

68. Bosma, *The Sugar Plantation*, 86.

69. Bosma, *The Sugar Plantation*, 134-135; Leone Levi, *On the Sugar Trade and Sugar Duties: A Lecture Delivered at King's College, London, Feb. 29, 1864* (London: Effingham Wilson, 1864), 19-20.

70. Quoted in Bosma, *The Sugar Plantation*, 135.

71. Bosma, *The Sugar Plantation*, 136-137.

72. Alexander Burnes, *Travels into Bokhara: Being the Account of a Journey from India to Cabool, Tartary and Persia ... in the Years 1831, 1832, and 1833*, 3 vols. (London: J. Murray, 1834), 1:44.

73. James Mylne, "Experiences of an European Zamindar (Landholder) in Behar," *Journal of the Society of Arts* 30, no. 1538 (1882): 704.

74. This section is derived from Bosma, *The Sugar Plantation*, 138-142, and app. I, 271.

75. J. W. Davidson, *The Island of Formosa: Historical View from 1430 to 1900 ...* (New York: Paragon Book Gallery, 1903), 450, 457. The essay by Wykberg Myers is included in Davidson, *The Island of Formosa*, 449-451.

76. Mylne, "Experiences of an European Zamindar," 706.

77. Bosma, *The Sugar Plantation*, 146, 150, 205.

78. Bosma, *The Sugar Plantation*, 206.

79. Bosma, *The Sugar Plantation*, 206.

80. Bosma, *The Sugar Plantation*, 207-208.

81. Krishna Kumar Birla, *Brushes with History* (New Delhi: Penguin India, 2009), 594-595.

82. Bosma, *The Sugar Plantation*, 241-242.

83. "Background Study: Pakistan," *Proceedings of Fiji / FAO Asia Pacific Sugar Conference, Fiji, 29-31 October 1997*, https://www.fao.org/3/X0513E/x0513e23.

htm; M. S. Rahman, S. Khatun, and M. K. Rahman, "Sugarcane and Sugar Industry in Bangladesh: An Overview," *Sugar Tech* 18, no. 6 (2016): 629.

84. Aashna Ahuja, "15 Jaggery (Gur) Benefits: Ever Wondered Why Our Elders End a Meal with Gur?," *NDTV Food*, August 24, 2018, https://food.ndtv.com/health/15-jaggery-benefits-ever-wondered-why-our-elders-end-a-meal-with-gur-1270883.

9. 미국의 설탕 왕국

1. Paul Leroy Vogt, *The Sugar Refining Industry in the United States: Its Development and Present Condition* (Philadelphia: Published for the University, 1908), 2.

2. J. Carlyle Sitterson, "Ante-Bellum Sugar Culture in the South Atlantic States," *Journal of Southern History* 3, no. 2 (1937): 179, 181-182, 187.

3. Gordon Patterson, "Raising Cane and Refining Sugar: Florida Crystals and the Fame of Fellsmere," *Florida Historical Quarterly* 75, no. 4 (1997): 412.

4. Lucy B. Wayne, *Sweet Cane: The Architecture of the Sugar Works of East Florida* (Tuscaloosa: University of Alabama Press, 2010), 3, 38-39, 98, 147.

5. Eleanor C. Nordyke and Richard K. C. Lee, *The Chinese in Hawaii: A Historical and Demographic Perspective* (Honolulu: East-West Center, 1990), 197; Carol A. MacLennan, *Sovereign Sugar Industry and Environment in Hawaii* (Honolulu: University of Hawaii Press, 2014), 85; Dorothy Burne Goebel, "The 'New England Trade' and the French West Indies, 1763-1774: A Study in Trade Policies," *William and Mary Quarterly* 20, no. 3 (1963): 344; Markus A. Denzel, "Der seewärtige Einfuhrhandel Hamburgs nach den 'Admiralitäts-und Convoygeld-Einnahmebüchern' (1733-1798): Für Hans Pohl zum 27. März 2015," *Vierteljahrschrift fur Sozial-und Wirtschaftsgeschichte* 102, no. 2 (2015): 150. 다음도 참조하라. Nathaniel Bowditch and Mary C. McHale, *Early American-Philippine Trade: The Journal of Nathaniel Bowditch in Manila, 1796* (New Haven, CT: Yale University, Southeast Asia Studies / Cellar Book Shop, Detroit, 1962).

6. C. Y. Shephard, "The Sugar Industry of the British West Indies and British Guiana with Special Reference to Trinidad," *Economic Geography* 5, no. 2 (1929): 151.

7. Sumner J. La Croix and Christopher Grandy, "The Political Instability of Reciprocal Trade and the Overthrow of the Hawaiian Kingdom," *Journal of Economic History* 57, no. 1 (1997): 172, 181.

8. La Croix and Grandy, "The Political Instability," 182-183.

9. César J. Ayala and Laird W. Bergad, "Rural Puerto Rico in the Early Twentieth Century Reconsidered: Land and Society, 1899-1915," *Latin American Research Review* 37, no. 2 (2002): 66-67.

10. April J. Mayes, *The Mulatto Republic: Class, Race, and Dominican National*

Identity (Gainesville: University Press of Florida, 2015), 48–49.

11. Mark Schmitz, "The Transformation of the Southern Cane Sugar Sector: 1860–1930," *Agricultural History* 53, no. 1 (1979): 284.

12. Herbert Myrick, *Sugar: A New and Profitable Industry in the United States ...* (New York: Orange Judd, 1897), 1.

13. April Merleaux, *Sugar and Civilization: American Empire and the Cultural Politics of Sweetness* (Chapel Hill: University of North Carolina Press, 2015), 33–38.

14. Merleaux, *Sugar and Civilization*, 36–37.

15. F. Schneider, "Sugar," *Foreign Affairs* 4, no. 2 (1926): 320; Frank R. Rutter, "The Sugar Question in the United States," *Quarterly Journal of Economics* 17, no. 1 (1902): 79.

16. 다음을 보라. Sven Beckert, *The Monied Metropolis: New York City and the Consolidation of the American Bourgeoisie, 1850-1896* (Cambridge: Cambridge University Press, 2001).

17. Deborah Jean Warner, *Sweet Stuff: An American History of Sweeteners from Sugar to Sucralose* (Washington, DC: Smithsonian Institution Scholarly Press / Rowman and Littlefield, 2011), 8.

18. Christian Schnakenbourg, "La disparition des 'habitation-sucreries' en Guadeloupe (1848-1906): Recherche sur la désagrégation des structures préindustrielles de la production sucriere antillaise apres l'abolition de l'eslavage," *Revue francaise d'Histoire d'Outre-Mer* 74, no. 276 (1987): 288.

19. Warner, *Sweet Stuff*, 23; Alfred S. Eichner, *The Emergence of Oligopoly: Sugar Refining as a Case Study* (Baltimore, MD: Johns Hopkins Press, 1969), 52–55.

20. Eichner, *The Emergence of Oligopoly*, 59, 65, 69, 72.

21. Eichner, *The Emergence of Oligopoly*, 84–87.

22. Eichner, *The Emergence of Oligopoly*, 16, 150, 152, 184–187.

23. J. Carlyle Sitterson, *Sugar Country: The Cane Sugar Industry in the South 1753-1950* (Lexington: University of Kentucky Press, 1953), 302, 312.

24. Jacob Adler, *Claus Spreckels: The Sugar King in Hawaii* (Honolulu: Mutual, 1966), 101.

25. Adler, *Claus Spreckels*, 29; "To Fight the Sugar Trust: Claus Spreckels as Belligerent as Ever and Ready for the Fray, *New York Times*, April 25, 1889; Eichner, *The Emergence of Oligopoly*, 153–154.

26. Eichner, *The Emergence of Oligopoly*, 166, 172.

27. James Burnley, *Millionaires and Kings of Enterprise: The Marvellous Careers of Some Americans Who by Pluck, Foresight, and Energy Have Made Themselves Masters in the Fields of Industry and Finance* (London: Harmsworth Brothers, 1901), 212.

28. Shephard, "The Sugar Industry," 151.

29. Henry Steel Olcott, *Sorgho and Imphee, the Chinese and African Sugar Canes: A Treatise upon Their Origin, Varieties and Culture, Their Value as a Forage Crop, and the Manufacture of Sugar* ... (New York: A. O. Moore, 1858), 23.

30. Warner, *Sweet Stuff*, 145.

31. Olcott, *Sorgho and Imphee*, 27; C. Plug, "Wray, Mr Leonard Hume," in *S2A3 Biographical Database of Southern African Science*, accessed April 10, 2022, https://www.s2a3.org.za/bio/Biographfinal.php?serial=3197.

32. Olcott, *Sorgho and Imphee*, 228, 230–231.

33. Olcott, *Sorgho and Imphee*, iv, v, 243–245; Warner, *Sweet Stuff*, 146; Isaac A. Hedges and William Clough, *Sorgo or the Northern Sugar Plant* (Cincinnati, OH: Applegate, 1863), vi.

34. Warner, *Sweet Stuff*, 150, 153.

35. Leonard J. Arrington, "Science, Government, and Enterprise in Economic Development: The Western Beet Sugar Industry," *Agricultural History* 41, no. 1 (1967): 5.

36. Adler, *Claus Spreckels*, 25.

37. Warner, *Sweet Stuff*, 94; Alfred Dezendorf, "Henry T. Oxnard at Home," *San Francisco Sunday Call* 90, no. 40 (July 10, 1904).

38. Jack R. Preston, "Heyward G. Leavitt's Influence on Sugar Beets and Irrigation in Nebraska," *Agricultural History* 76, no. 2 (2002): 382–383.

39. Arrington, "Science, Government, and Enterprise," 15–17; Thomas J. Osborne, "Claus Spreckels and the Oxnard Brothers: Pioneer Developers of California's Beet Sugar Industry, 1890–1900," *Southern California Quarterly Southern California Quarterly* 54, no. 2 (1972): 119–121; Eichner, *The Emergence of Oligopoly*, 232.

40. Gerald D. Nash, "The Sugar Beet Industry and Economic Growth in the West," *Agricultural History* 41, no. 1 (1967): 29. 다음도 참조하라. Preston, "Heyward G. Leavitt's Influence."

41. Anonymous, "American Beet Sugar Company," *Louisiana Planter and Sugar Manufacturer* 2, no. 17 (1899): 268; Eichner, *The Emergence of Oligopoly*, 243–244.

42. Matthew C. Godfrey, *Religion, Politics, and Sugar: The Mormon Church, the Federal Government, and the Utah-Idaho Sugar Company, 1907-1921* (Logan: Utah State University Press, 2007), 62–64.

43. Matthew C. Godfrey, "The Shadow of Mormon Cooperation: The Business Policies of Charles Nibley, Western Sugar Magnate in the Early 1900s," *Pacific Northwest Quarterly* 94, no. 3 (2003): 131; Godfrey, *Religion, Politics, and Sugar*,

65, chap. 3, 107-117; Eichner, *The Emergence of Oligopoly*, 239-240.

44. César J. Ayala, *American Sugar Kingdom: The Plantation Economy of the Spanish Caribbean, 1898-1934* (Chapel Hill: University of North Carolina, 1999), 36, 57.

45. 다음을 보라. Edwin Farnsworth Atkins, *Sixty Years in Cuba: Reminiscences …* (Cambridge: Riverside Press, 1926), 108; Ayala, *American Sugar Kingdom*, 94.

46. Atkins, *Sixty Years in Cuba*, 186.

47. Mary Speck, "Prosperity, Progress, and Wealth: Cuban Enterprise during the Early Republic, 1902-1927," *Cuban Studies*, no. 36 (2005): 53.

48. Ayala, *American Sugar Kingdom*, 58-62; Antonio Santamaría García, "El progreso del azúcar es el progreso de Cuba: La industria azucarera y la economía cubana a principios del siglo XX desde el análisis de una fuente: *El Azucar. Revista Industrial Tecnico-Practica*," *Caribbean Studies* 42, no. 2 (2014): 74.

49. Ayala, *American Sugar Kingdom*, 80.

50. Robert B. Hoernel, "Sugar and Social Change in Oriente, Cuba, 1898-1946," *Journal of Latin American Studies* 8, no. 2 (1976): 229, 239.

51. Ayala, *American Sugar Kingdom*, 80, 94-95.

52. Muriel McAvoy, *Sugar Baron: Manuel Rionda and the Fortunes of Pre-Castro Cuba* (Gainesville: University Press of Florida, 2003), 22-23.

53. R. W. Beachey, *The British West Indies Sugar Industry in the Late 19th Century* (Oxford: B. Blackwell, 1957), 128-132.

54. McAvoy, *Sugar Baron*, 73.

55. E. M. Brunn, "The New York Coffee and Sugar Exchange," *Annals of the American Academy of Political and Social Science* 155 (1931): 112; McAvoy, *Sugar Baron*, 73.

56. McAvoy, *Sugar Baron*, 82-83, 95, 199; Ayala, *American Sugar Kingdom*, 88-89.

57. Rémy Herrera, "Where Is Cuba Heading? When the Names of the Emperors Were Morgan and Rockefeller … : Prerevolutionary Cuba's Dependency with Regard to U.S. High Finance," *International Journal of Political Economy* 34, no. 4 (2005): 33-34, 46.

58. Boris C. Swerling, "Domestic Control of an Export Industry: Cuban Sugar," *Journal of Farm Economics* 33, no. 3 (1951): 346; Speck, "Prosperity, Progress, and Wealth," 54.

59. Laura Mason, *Sweets and Candy: A Global History* (London: Reaktion Books, 2018), 71.

60. Michael D'Antonio, *Hershey: Milton S. Hershey's Extraordinary Life of Wealth, Empire, and Utopian Dreams* (New York: Simon and Schuster, 2006), 36-59.

61. D'Antonio, *Hershey*, 106-107, 131, 161-166.

62. Thomas R. Winpenny, "Milton S. Hershey Ventures into Cuban Sugar,"

Pennsylvania History: A Journal of Mid-Atlantic Studies 62, no. 4 (1995): 495.

63. Ayala, *American Sugar Kingdom*, 83–84, 95.

64. Peter James Hudson, *Bankers and Empire: How Wall Street Colonized the Caribbean* (Chicago: University of Chicago Press, 2018), 147, 189, 202.

65. 다음을 보라. Hudson, *Bankers and Empire.*@

66. Ayala, *American Sugar Kingdom*, 108, 112–115, 226–227, 240; Victor Selden Clark, *Porto Rico and Its Problems* (Washington, DC: Brookings Institution, 1930), 404, 431; Harvey S. Perloff, *Puerto Rico's Economic Future: A Study in Planned Development* (Chicago: University of Chicago Press, 1950), 136.

67. John Emery Stahl, "Economic Development through Land Reform in Puerto Rico" (PhD diss., Iowa State University of Science and Technology, 1966), 11–12; J. O. Solá, "Colonialism, Planters, Sugarcane, and the Agrarian Economy of Caguas, Puerto Rico, between the 1890s and 1930," *Agricultural History* 85, no. 3 (2011): 359–361; Javier Alemán Iglesias, "Agricultores independientes: Una introducción al origen de los colonos en el municipios de juncos y sus contratos de siembra y molienda, 1905–1928," *Revista de los Historiadores de la Region Oriental de Puerto Rico*, no. 3 (2019): 32–36.

68. Matthew O. Edel, "Land Reform in Puerto Rico, 1940–1959," *Caribbean Studies* 2, no. 3 (1962): 28–29.

69. Ellen D. Tillman, *Dollar Diplomacy by Force: Nation-Building and Resistance in the Dominican Republic* (Chapel Hill: University of North Carolina Press, 2016), 70; Ayala, *American Sugar Kingdom*, 106–107; Humberto García Muniz, *Sugar and Power in the Caribbean: The South Porto Rico Sugar Company in Puerto Rico and the Dominican Republic, 1900-1921* (San Juan, Puerto Rico: La Editorial, 2010), 261, 330.

70. Bruce J. Calder, "Caudillos and Gavilleros versus the United States Marines: Guerrilla Insurgency during the Dominican Intervention, 1916–1924," *Hispanic American Historical Review* 58, no. 4 (1978): 657–658.

71. Louis A. Pérez, "Politics, Peasants, and People of Color: The 1912 'Race War' in Cuba Reconsidered," *Hispanic American Historical Review* 66, no. 3 (1986): 533–537.

72. Sara Kozameh, "Black, Radical, and *Campesino* in Revolutionary Cuba," *Souls* 21, no. 4 (2019): 298.

73. Serge Cherniguin, "The Sugar Workers of Negros, Philippines," *Community Development Journal* 23, no. 3 (1988): 188, 194.

74. Jeffrey L. Gould, "The Enchanted Burro, Bayonets and the Business of Making Sugar: State, Capital, and Labor Relations in the Ingenio San Antonio, 1912–1926," *The Americas* 46, no. 2 (1989): 167–168.

75. Volker Schult, "The San Jose Sugar Hacienda," *Philippine Studies* 39, no. 4 (1991): 461-462.

76. Myrick, *Sugar*, 19.

77. Gail M. Hollander, *Raising Cane in the 'Glades: The Global Sugar Trade and the Transformation of Florida* (Chicago: University of Chicago Press, 2009), 23.

78. 다음을 보라. Pat Dodson, "Hamilton Disston's St. Cloud Sugar Plantation, 1887-1901," *Florida Historical Quarterly* 49, no. 4 (1971): 356-369.

79. Hollander, *Raising Cane*, 86.

80. John A. Heitmann, "The Beginnings of Big Sugar in Florida, 1920-1945," *Florida Historical Quarterly* 77, no. 1 (1998): 50-54; Geoff Burrows and Ralph Shlomowitz, "The Lag in the Mechanization of the Sugarcane Harvest: Some Comparative Perspectives," *Agricultural History* 66, no. 3 (1992): 67.

81. 다음을 보라. Patterson, "Raising Cane," 416-418.

82. Gail M. Hollander, "Securing Sugar: National Security Discourse and the Establishment of Florida's sugar-producing region," *Economic Geography* 81 (2005): 252-253, 354.

83. "Alfonso Fanjul Sr.," in *Palm Beach County History Online*, accessed January 26, 2022, http://www.pbchistoryonline.org/page/alfonso-fanjul-sr.

10. 보호무역주의가 등장하다

1. Noël Deerr, *The History of Sugar*, vol. 2 (London: Chapman and Hall, 1950), 490-491.

2. S. L. Jodidi, *The Sugar Beet and Beet Sugar* (Chicago: Beet Sugar Gazette Company, 1911), 3, 5; Rudolf Freund, "Strukturwandlungen der internationalen Zuckerwirtschaft: Aus dem Institut für Weltwirtschaft und Seeverkehr," *Weltwirtschaftliches Archiv* 28 (1928): 7-8; Em Hromada, *Die Entwicklung der Kartelle in der osterreichisch-ungarischen Zuckerindustrie* (Zurich: Aktien-Buchdruckerei, 1911), 29.

3. Dirk Schaal, "Industrialization and Agriculture: The Beet Sugar Industry in Saxony-Anhalt, 1799-1902," in *Regions, Industries and Heritage: Perspectives on Economy, Society and Culture in Modern Western Europe*, ed. Juliane Czierpka, Kathrin Oerters, and Nora Thorade (Houndsmills, England: Palgrave Macmillan, 2015), 138.

4. "Future with Origin," KWS, accessed December 21, 2021, https://www.kws.com/corp/en/company/history-of-kws-future-with-origin/.

5. Roger G. Knight, *Sugar, Steam and Steel: The Industrial Project in Colonial Java, 1830-1850* (Adelaide, Australia: University of Adelaide Press, 2014), 193.

6. Thomas Henry Farrer, *The Sugar Convention* (London: Cassell, 1889), 3.

7. Quoted in William Smart, *The Sugar Bounties: The Case for and against*

Government Interference (Edinburgh: Blackwood and Sons, 1887), 47.

8. Farrer, *The Sugar Convention*, 47.

9. Philippe Chalmin, *The Making of a Sugar Giant: Tate and Lyle: 1859-1959* (Chur, Switzerland: Harwood Academic, 1990), 36–37.

10. George Martineau, "The Statistical Aspect of the Sugar Question," *Journal of the Royal Statistical Society* 62, no. 2 (1899): 308.

11. F. W. Taussig, "The Tariff Act of 1894," *Political Science Quarterly* 9, no. 4 (1894): 603.

12. Chalmin, *The Making of a Sugar Giant*, 37.

13. George S. Vascik, "Sugar Barons and Bureaucrats: Unravelling the Relationship between Economic Interest and Government in Modern Germany, 1799–1945," *Business and Economic History* 21 (1992): 338.

14. Overton Greer Ganong, "France, Great Britain, and the International Sugar Bounty Question, 1895–1902" (PhD diss., University of Florida, 1972), 258–261.

15. F. W. Taussig, "The End of Sugar Bounties," *Quarterly Journal of Economics* 18, no. 1 (1903): 130–131; Deerr, *The History of Sugar*, 2:491.

16. Fritz Georg Von Graevenitz, "Exogenous Transnationalism: Java and 'Europe' in an Organised World Sugar Market (1927–37)," *Contemporary European History* 20, no. 3 (2011): 258.

17. Martineau, "The Statistical Aspect," 321, 323.

18. B. Pullen–Burry, *Jamaica as It Is, 1903* (London: T. F. Unwin, 1903), 183.

19. E. Cozens Cooke, "The Sugar Convention and the West Indies," *Economic Journal* 17, no. 67 (1907): 315–322; Edward R. Davson, "Sugar and the War," *Journal of the Royal Society of Arts* 63, no. 3248 (1915): 263–266.

20. Paul Leroy Vogt, *The Sugar Refining Industry in the United States: Its Development and Present Condition* (Philadelphia: Published for the University, 1908), 90.

21. Vascik, "Sugar Barons," 339.

22. J. Van Harreveld, "Voortdurende Verschuiving van Ruwsuiker naar Wit-Suiker," *Archief voor de Suikerindustrie in Ned.-Indie* 33, no. 2 (1925): 1279.

23. Hendrik Coenraad Prinsen Geerligs, *De Rietsuikerindustrie in de Verschillende Landen van Productie: Historisch, Technisch en Statistisch Overzicht over de Productie en den Uitvoer van de Rietsuiker* (Amsterdam: De Bussy, 1931), 35–36.

24. Ulbe Bosma, *The Sugar Plantation in India and Indonesia: Industrial Production, 1770-2010* (Cambridge: Cambridge University Press, 2013), 171.

25. C. Y. Shephard, "The Sugar Industry of the British West Indies and British Guiana with Special Reference to Trinidad," *Economic Geography* 5, no. 2 (1929): 155.

26. Freund, "Strukturwandlungen," 34.

27. 다음을 보라. Bessie C. Engle, "Sugar Production of Czechoslovakia," *Economic Geography* 2, no. 2 (1926): 213-229.

28. Quentin Jouan, "Entre expansion belge et nationalisme italien: La Sucrerie et Raffinerie de Pontelongo, image de ses époques (1908-1927)," *Histoire, Economie et Societe* 34, no. 4 (2015): 76; Manfred Pohl, *Die Geschichte der Sudzucker AG 1926-2001* (Munich: Piper, 2001), 129.

29. Bill Albert, "Sugar and Anglo-Peruvian Trade Negotiations in the 1930s," *Journal of Latin American Studies* 14, no. 1 (1982): 126-127.

30. Von Graevenitz, "Exogenous Transnationalism," 261.

31. C. J. Robertson, "Geographical Aspects of Cane-Sugar Production," *Geography* 17, no. 3 (1932): 179; Bosma, *The Sugar Plantation*, 159-160, 162.

32. Brian H. Pollitt, "The Cuban Sugar Economy and the Great Depression," *Bulletin of Latin American Research* 3, no. 2 (1984): 8, 13.

33. Anonymous, "Irrigation of Atrophy?," *Sugar: Including Facts about Sugar and the Planter and Sugar Manufacturer*, 41, no. 10 (1946): 26-28; Reinaldo Funes Monzote, *From Rainforest to Cane Field in Cuba an Environmental History since 1492* (Chapel Hill: University of North Carolina Press, 2008), 228, 229, 256, 261, 272.

34. 유럽 사탕무설탕생산자 국제연맹(CIBE)은 독일과 오스트리아, 벨기에, 프랑스, 이탈리아, 폴란드, 체코슬로바키아의 사탕무 설당 생산사조합들로 구성되었고, 네덜란드와 스웨덴이 비공식 회원국으로 참여했다. 다음을 보라. Francois Houillier and Jules Gautier, *L'organisation internationale de l'agriculture: Les institutions agricoles internationales et l'action internationale en agriculture* (Paris: Libraire technique et economique, 1935), 164.

35. Michael Fakhri, *Sugar and the Making of International Trade Law* (Cambridge: Cambridge University Press, 2017), 92-93.

36. Houillier and Gautier, *L'organisation internationale*, 165.

37. Chalmin, *The Making of a Sugar Giant*, 151.

38. Bosma, *The Sugar Plantation*, 216.

39. Bosma, *The Sugar Plantation*, 217.

40. John. T. Flynn, "The New Capitalism," *Collier's Weekly* (March 18, 1933): 12.

41. Clifford L. James, "International Control of Raw Sugar Supplies," *American Economic Review* 21, no. 3 (1931): 486-489.

42. *De Indische Courant*, December 9, 1930.

43. Bosma, *The Sugar Plantation*, 217-218.

44. Arthur H. Rosenfeld, "Een en Ander omtrent de Suiker-Industrie in Formosa," *Archief voor de Suikerindustrie in Ned.-Indie* 37, no. 2 (1929): 1024-1026, translated from *International Sugar Journal*, 31, no. 369 (September 1929).

45. Cheng-Siang Chen, "The Sugar Industry of China," *Geographical Journal* 137,

no. 1 (1971): 30.

46. *De Locomotief,* February 12, 1932.

47. 다음을 보라. Von Graevenitz, "Exogenous Transnationalism"; Anno von Gebhardt, *Die Zukunftsentwicklung der Java-Zucker-Industrie unter dem Einfluß der Selbstabschließungstendenzen auf dem Weltmarkt* (Berlin: Ebering, 1937), 135; James, "International Control," 490–491.

48. Gebhardt, *Die Zukunftsentwicklung,* 56; Bosma, *The Sugar Plantation,* 220.

49. Gail M. Hollander, *Raising Cane in the 'Glades: The Global Sugar Trade and the Transformation of Florida* (Chicago: University of Chicago Press, 2009), 116.

50. Pollitt, "The Cuban Sugar Economy," 15–16.

51. Theodore Friend, "The Philippine Sugar Industry and the Politics of Independence, 1929–1935," *Journal of Asian Studies* 22, no. 2 (1963): 190–191.

52. Guy Pierre, "The Frustrated Development of the Haitian Sugar Industry between 1915 / 18 and 1938 / 39: International Financial and Commercial Rivalries," in *The World Sugar Economy in War and Depression 1914-40,* ed. Bill Albert and Adrian Graves (London: Routledge, 1988), 127–128.

53. *Soerabaiasch Handelsblad,* July 9, 1937, extra edition.

54. Muriel McAvoy, *Sugar Baron: Manuel Rionda and the Fortunes of Pre-Castro Cuba* (Gainesville: University Press of Florida, 2003), 203.

55. Von Graevenitz, "Exogenous Transnationalism," 278–279.

56. Fakhri, *Sugar,* 120; Kurt Bloch, "Impending Shortages Catch Sugar Consumers Napping," *Far Eastern Survey Far Eastern Survey* 8, no. 12 (1939): 141.

57. Eastin Nelson, "The Growth of the Refined Sugar Industry in Mexico," *Southwestern Social Science Quarterly* 26, no. 4 (1946): 275; Roger Owen, "The Study of Middle Eastern Industrial History: Notes on the Interrelationship between Factories and Small-Scale Manufacturing with Special References to Lebanese Silk and Egyptian Sugar, 1900–1930," *International Journal of Middle East Studies* 16, no. 4 (1984): 480–481.

58. Plinio Mario Nastari, "The Role of Sugar Cane in Brazil's History and Economy" (PhD diss., Iowa State University, 1983), 77–79; Barbara Nunberg, "Structural Change and State Policy: The Politics of Sugar in Brazil since 1964," *Latin American Research Review.* 21, no. 2 (1986): 55–56.

59. Peter Post, "Bringing China to Java: The Oei Tiong Ham Concern and Chen Kung-po during the Nanjing Decade," *Journal of Chinese Overseas* 15, no. 1 (2019): 45.

60. H. Y. Lin Alfred, "Building and Funding a Warlord Regime: The Experience of Chen Jitang in Guangdong, 1929–1936," *Modern China* 28, no. 2 (2002): 200–201; Post, "Bringing China," 53–55; G. R. Knight, *Commodities and Colonialism: The*

Story of Big Sugar in Indonesia, 1880-1942 (Leiden: Brill, 2013), 150, 220.

61. Erika Rappaport, *A Thirst for Empire: How Tea Shaped the Modern World* (Princeton, NJ: Princeton University Press, 2017), 234-252.

62. H. D. Watts, "The Location of the Beet-Sugar Industry in England and Wales, 1912-36," *Transactions of the Institute of British Geographers*, no. 53 (1971): 98-99.

63. Albert, "Sugar and Anglo-Peruvian Trade," 127; C. J. Robertson, "Cane-Sugar Production in the British Empire," *Economic Geography* 6, no. 2 (1930): 135; Michael Moynagh, *Brown or White?: A History of the Fiji Sugar Industry, 1873-1973* (Canberra: Australian National University, 1981), 119.

64. Chalmin, *The Making of a Sugar Giant*, 75; Hermann Kellenbenz, *Die Zuckerwirtschaft im Kolner Raum von der Napoleonischen Zeit bis zur Reichsgrundung* (Cologne: Industrie-und Handelskammer, 1966), 92.

65. Darra Goldstein, *The Oxford Companion to Sugar and Sweets* (Oxford: Oxford University Press, 2015), 307.

66. Carl Henry Fe, "Better Must Come: Sugar and Jamaica in the 20th Century," *Social and Economic Studies* 33, no. 4 (1984): 5.

67. David Hollett, *Passage from India to El Dorado: Guyana and the Great Migration* (Madison, WI: Fairleigh Dickinson University Press, 1999), 56-63.

11. 프롤레타리아트

1. Sam R. Sweitz, "The Production and Negotiation of Working-Class Space and Place at Central Aguirre, Puerto Rico," *Journal of the Society for Industrial Archeology* 36, no. 1 (2010): 30.

2. Maureen Tayal, "Indian Indentured Labour in Natal, 1890-1911," *Indian Economic & Social History Review* 14, no. 4 (1977): 521-522, 526, 544; Duncan Du Bois, "Collusion and Conspiracy in Colonial Natal: A Case Study of Reynolds Bros and Indentured Abuses 1884-1908," *Historia: Amptelike Orgaan* 60, no. 1 (2015): 98-102.

3. Bill Albert, "The Labour Force on Peru's Sugar Plantations 1820-1930," in *Crisis and Change in the International Sugar Economy 1860-1914*, ed. Bill Albert and Adrian Graves (Norwich, England: ISC Press, 1984), 203, 206.

4. Ulbe Bosma and Jonathan Curry-Machado, "Two Islands, One Commodity: Cuba, Java, and the Global Sugar Trade (1790-1930)," *New West Indian Guide* 86, nos. 3-4 (2012): 253-254. 인도에 관해서는 다음을 보라. Ulbe Bosma, *The Sugar Plantation in India and Indonesia: Industrial Production, 1770-2010* (Cambridge: Cambridge University Press, 2013), 270.

5. 1920년의 헥타르당 사탕무 설탕 원당 생산량을 평균 5톤(1890년 헥타르당 4톤을 토대

로 추정)으로 잡고 헥타르당 최소한 노동자 한 사람이 필요하다고 보고 계산했다. H. Paasche, *Zuckerindustrie und Zuckerhandel der Welt* (Jena, Germany: G. Fischer, 1891), 43.

6. Ulbe Bosma, *The Making of a Periphery: How Island Southeast Asia Became a Mass Exporter of Labor* (New York: Columbia University Press, 2019), 81–88.

7. Eleanor C. Nordyke, Y. Scott Matsumoto, *The Japanese in Hawaii: Historical and Demographic Perspective* (Honolulu: Population Institute, East-West Center, 1977), 164.

8. J. Vincenza Scarpaci, "Labor for Louisiana's Sugar Cane Fields: An Experiment in Immigrant Recruitment," *Italian Americana* 7, no. 1 (1981): 20, 33, 34; J. P. Reidy, "Mules and Machines and Men: Field Labor on Louisiana Sugar Plantations, 1887–1915," *Agricultural History* 72, no. 2 (1998): 188.

9. M. Bejarano, "La inmigración a Cuba y la política migratoria de los EE.UU. (1902–1933)," *Estudios Interdisciplinarios de America Latina y rl Caribe* 42, no. 2 (1993): 114.

10. Patrick Bryan, "The Question of Labour in the Sugar Industry of the Dominican Republic in the Late Nineteenth and Early Twentieth Century," *Social and Economic Studies* 29, nos. 2–3 (1980): 278–283; April J. Mayes, *The Mulatto Republic: Class, Race, and Dominican National Identity* (Gainesville: University Press of Florida, 2015), 83; Samuel Martínez, "From Hidden Hand to Heavy Hand: Sugar, the State, and Migrant Labor in Haiti and the Dominican Republic," *Latin American Research Review* 34, no. 1 (1999): 68.

11. Edward Paulino, *Dividing Hispaniola: The Dominican Republic's Border Campaign against Haiti, 1930-1961* (Pittsburgh: Pittsburgh University Press, 2016), 54; Richard Lee Turits, "A World Destroyed, a Nation Imposed: The 1937 Haitian Massacre in the Dominican Republic," *Hispanic American Historical Review* 83, no. 3 (2002): 590–591.

12. Jorge L. Giovannetti, *Black British Migrants in Cuba: Race, Labor, and Empire in the Twentieth-Century Caribbean, 1898-1948* (Cambridge: Cambridge University Press, 2000), Kindle, 44.

13. Louis A. Pérez, "Politics, Peasants, and People of Color: The 1912 'Race War' in Cuba Reconsidered," *Hispanic American Historical Review* 66, no. 3 (1986): 524–525.

14. César J. Ayala, *American Sugar Kingdom: The Plantation Economy of the Spanish Caribbean, 1898-1934* (Chapel Hill: University of North Carolina, 1999), 172; Barry Carr, "Identity, Class, and Nation: Black Immigrant Workers, Cuban Communism, and the Sugar Insurgency 1925–1934," *Hispanic American Historical Review* 78, no. 1 (1998): 83.

15. Klaus J. Bade and Jochen Oltmer, "Polish Agricultural Workers in Prussia-Germany from the Late 19th Century to World War II," in *The Encyclopedia of Migration and Minorities in Europe: From the 17th Century to the Present*, ed. Klaus J. Bade et al. (Cambridge: Cambridge University Press, 2011), 595–597.

16. Dirk Musschoot, *Van Franschmans en Walenmannen: Vlaamse Seizoenarbeiders in den Vreemde in de 19de en 20ste Eeuw* (Tielt, Belgian: Lannoo, 2008), 32–33, 38; E. Sommier, "Les cahiers de l'industrie française: V: Le sucre," *Revue des Deux Mondes (1829-1971)* 2, no. 2 (1931): 354.

17. Musschoot, *Van Franschmans*, 51, 83, 111, 246; Christiaan Gevers, *De Suikergastarbeiders: Brabantse Werknemers bij de Friesch-Groningsche Suikerfabriek* (Bedum, the Netherlands: Profiel, 2019), 20.

18. Mark Wyman, *Round-Trip to America: The Immigrants Return to Europe, 1880-1930* (Ithaca, NY: Cornell University Press, 1993), 37–38, 129.

19. Gary Okihiro, *Cane Fires: The Anti-Japanese Movement in Hawaii* (Philadelphia: Temple University Press, 1991), 27.

20. Allan D. Meyers, "Material Expressions of Social Inequality on a Porfirian Sugar Hacienda in Yucatán, Mexico," *Historical Archaeology* 39, no. 4 (2005): 118. 다음도 참조하라. John Kenneth Turner, *Barbarous Mexico: An Indictment of a Cruel and Corrupt System* (London: Cassell, 1911).

21. 예를 들면 다음을 보라. Matthew Casey, "Haitians' Labor and Leisure on Cuban Sugar Plantations: The Limits of Company Control," *New West Indian Guide* 85, nos. 1–2 (2011): 14.

22. G. R. Knight, *Commodities and Colonialism: The Story of Big Sugar in Indonesia, 1880-1942* (Leiden: Brill, 2013), 199; Bosma, *The Sugar Plantation*, 190.

23. Bosma, *The Sugar Plantation*, 177.

24. Jacques Adélaide-Merlande, *Les origines du mouvement ouvrier en Martinique 1870-900* (Paris: Ed. Karthala, 2000), 113, 127, 139, 170, 173.

25. Rosemarijn Hoefte, "Control and Resistance: Indentured Labor in Suriname," *New West Indian Guide* 61, nos. 1–2 (1987): 8, 11–12.

26. R. W. Beachey, *The British West Indies Sugar Industry in the Late 19th Century* (Oxford: B. Blackwell, 1957), 153.

27. West India Royal Commission, *Report of the West India Royal Commission* (London: Printed for Her Majesty's Stationery Office by Eyre and Spottiswoode, 1897), 8, 17, 64, 66.

28. 다음을 보라. Walter Rodney, "The Ruimveldt Riots: Demerara, British Guiana, 1905," in *Caribbean Freedom: Economy and Society from Emancipation to the Present: A Student Reader*, ed. Hilary McD. Beckles and Verene Shepherd (Kingston, Jamaica: Ian Randle, 1996), 352–358.

29. US Congress and House Committee on Ways and Means, *Reciprocity with Cuba*

Hearings before the Committee on Ways and Means, Fifty-Seventh Congress, First Session January 15, 16, 21, 22, 23, 24, 25, 28, 29, 1902 (Washington, DC: Government Printing Office, 1902), 175, 194.

30. Elizabeth S. Johnson, "Welfare of Families of Sugar-Beet Laborers," *Monthly Labor Review* 46, no. 2 (1938): 325; Dennis Nodín Valdés, "Mexican Revolutionary Nationalism and Repatriation during the Great Depression," *Mexican Studies* 4, no. 1 (1988): 3.

31. 쿠바에 관해서는 다음을 보라. Giovannetti, *Black British Migrants*, 56.

32. Max Weber, *Die Verhaltnisse der Landarbeiter im ostelbischen Deutschland: Preussische Provinzen Ost-u. Westpreussen, Pommern, Posen, Schlesien, Brandenburg, Grossherzogtumer Mecklenburg, Kreis Herzogtum Lauenburg* (Leipzig: Duncker and Humblot, 1892), 491.

33. Manuel Gamio, *Mexican Immigration to the United State: A Study of Human Migration and Adjustment* (New York: Arno Press, 1969), 31.

34. Kathleen Mapes, *Sweet Tyranny: Migrant Labor, Industrial Agriculture, and Imperial Politics* (Urbana: University of Illinois Press, 2009), 128.

35. Dennis Nodín Valdés, "Settlers, Sojourners, and Proletarians: Social Formation in the Great Plains Sugar Beet Industry, 1890–1940," *Great Plains Quarterly* 10, no. 2 (1990): 118.

36. Jim Norris, *North for the Harvest: Mexican Workers, Growers, and the Sugar Beet Industry* (St. Paul: Minnesota Historical Society Press, 2009), 43n.7, 44.

37. Elizabeth S. Johnson, "Wages, Employment Conditions, and Welfare of Sugar Beet Laborers," *Monthly Labor Review* 46, no. 2 (1938): 325; Valdés, "Mexican Revolutionary," 4, 21–22.

38. Johnson, "Wages, Employment Conditions," 322.

39. Louis Fiset, "Thinning, Topping, and Loading: Japanese Americans and Beet Sugar in World War II," *Pacific Northwest Quarterly* 90, no. 3 (1999): 123.

40. Victor S. Clark, *Labor Conditions in Hawaii: Letter from the Secretary of Labor Transmitting the Fifth Annual Report of the Commissioner of Labor Statistics on Labor Conditions in the Territory of Hawaii for the Year 1915* (Washington, DC: Government Printing Office, 1916), 63.

41. Melinda Tria Kerkvliet, *Unbending Cane: Pablo Manlapit, a Filipino Labor Leader in Hawaii* (Honolulu: Office of Multicultural Student Services, University of Hawaii at Mānoa, 2002), 23–28; Okihiro, *Cane Fires*, 71–76, 84–98.

42. US Congress, House Committee on Immigration, and Naturalization, *Labor Problems in Hawaii. Hearings before the Committee on Immigration and Naturalization, House of Representatives, 67th Congress, 1st Session on H.J. Res. 158 ... Serial 7—Part 1-2, June 21 to June 30 and July 7, July 22, 27 and 29,*

Aug. 1, 2, 3, 4, 10, and 12, 1921 (Washington, DC: Government Printing Office, 1921), 278–279.

43. US Congress, House Committee on Immigration, and Naturalization, *Labor Problems in Hawaii*, 361.

44. Kerkvliet, *Unbending Cane*, 25; Okihiro, *Cane Fires*, 52.

45. F. P. Barajas, "Resistance, Radicalism, and Repression on the Oxnard Plain: The Social Context of the Betabelero Strike of 1933," *Western Historical Quarterly* 35 (2004): 33; Tomás Almaguer, "Racial Domination and Class Conflict in Capitalist Agriculture: The Oxnard Sugar Beet Workers' Strike of 1903," *Labor History* 25, no. 3 (1984): 339.

46. Kerkvliet, *Unbending Cane*, 59–60.

47. 예를 들면 다음을 보라. Humberto García Muniz, *Sugar and Power in the Caribbean: The South Porto Rico Sugar Company in Puerto Rico and the Dominican Republic, 1900-1921* (San Juan, Puerto Rico: La Editorial, 2010), 409; Albert, "The Labour Force on Peru's Sugar Plantations 1820–1930," 213–214.

48. Elsbeth Locher–Scholten, *Ethiek in Fragmenten: Vijf Studies over Koloniaal Denken en Doen van Nederlanders in de Indonesische archipel, 1877-1942* (Utrecht: Hes Publishers, 1981), 103.

49. Barry Carr, "Mill Occupations and Soviets: The Mobilisation of Sugar Workers in Cuba 1917–1933," *Journal of Latin American Studies* 28, no. 1 (1996): 134.

50. Oscar Zanetti, "The Workers' Movement and Labor Regulation in the Cuban Sugar Industry," *Cuban Studies*, no. 25 (1995): 185.

51. John Ingleson, *Workers, Unions and Politics: Indonesia in the 1920s and 1930s* (Leiden: Brill, 2014), 28.

52. 사회적 조건에 관해서는 다음을 보라. I. T. Runes, *General Standards of Living and Wages of Workers in the Philippine Sugar Industry* (Manila: Philippine Council Institute of Pacific Relations, 1939).

53. Carr, "Mill Occupations," 132–133.

54. Ken Post, *Arise Ye Starvelings: The Jamaican Labour Rebellion of 1938 and Its Aftermath* (The Hague: Nijhoff, 1978), 3; Alejandro de la Fuente, "Two Dangers, One Solution: Immigration, Race, and Labor in Cuba, 1900–1930," *International Labor and Working-Class History* 51 (1997): 43–45; M. C. McLeod, "Undesirable Aliens: Race, Ethnicity, and Nationalism in the Comparison of Haitian and British West Indian Immigrant Workers in Cuba, 1912-1939," *Journal of Social History* 31, no. 3 (1998): 604.

55. Hudson, *Bankers and Empire*, 217–218, 269.

56. Ayala, *American Sugar Kingdom*, 118.

57. Peter James Hudson, *Bankers and Empire: How Wall Street Colonized the*

Caribbean (Chicago: University of Chicago Press, 2018), 264–265; Raymond E. Crist, "Sugar Cane and Coffee in Puerto Rico, II: The Pauperization of the Jíbaro; Land Monopoly and Monoculture," *American Journal of Economics and Sociology* 7, no. 3 (1948): 330; J. A. Giusti-Cordero, "Labour, Ecology and History in a Puerto Rican Plantation Region: 'Classic' Rural Proletarians Revisited," *International Review of Social History* 41 (1996): 53–82.

58. 다음을 보라. Victor Selden Clark, *Porto Rico and Its Problems* (Washington, DC: Brookings Institution, 1930); Matthew O. Edel, "Land Reform in Puerto Rico, 1940–1959," *Caribbean Studies* 2, no. 3 (1962): 26; Hudson, *Bankers and Empire*, 263–267.

59. Quoted in Robert Whitney, *State and Revolution in Cuba: Mass Mobilization and Political Change, 1920-1940* (Chapel Hill: University of North Carolina Press, 2001), 119.

60. Robert Whitney, "The Architect of the Cuban State: Fulgencio Batista and Populism in Cuba, 1937–1940," *Journal of Latin American Studies* 32, no. 2 (2000): 442.

61. Whitney, *State and Revolution*, 155; Giovannetti, *Black British Migrants*, 240.

62. 예를 들면 다음을 보라. Édouard de Lepine, *La crise de fevrier 1935 a la Martinique: La marche de la faim sur Fort-de-France* (Paris: L'Harmattan, 1980); O. Nigel Bolland, *On the March: Labour Rebellions in the British Caribbean, 1934-39* (Kingston, Jamaica: Ian Randle, 1995), 280.

63. Bolland, *On the March*, 279–285, 340–356.

64. Jeremy Seekings, "British Colonial Policy, Local Politics, and the Origins of the Mauritian Welfare State, 1936–50," *Journal of African History* 52, no. 2 (2011): 162.

65. Post, *Arise ye Starvelings*, 350–351; Bolland, *On the March*, 299, 301, 312–313, 325.

66. Carl Henry Fe, "Better Must Come: Sugar and Jamaica in the 20th Century," *Social and Economic Studies* 33, no. 4 (1984): 21–22, 24.

67. Edward D. Beechert, *Working in Hawaii: A Labor History* (Honolulu: University of Hawaii Press, 1985), 272–273.

68. US Department of Labor, *Labor Unionism in American Agriculture* (Washington, DC: Government Printing Office, 1945), 83, 87.

69. Barajas, "Resistance, Radicalism," 37, 41–42, 48; Department of Labor, *Labor Unionism*, 96, 129; Carlos Bulosan, *America Is in the Heart: A Personal History* (Manila: National Bookstore, 1973), 195, 196.

70. Department of Labor, *Labor Unionism*, 59, 238–253, 387.

71. 이건의 보고서는 다음에 들어 있다. *National Labor Relations Act: Hearings before the United States House Special Committee to Investigate National Labor*

Relations Board, Seventy-Sixth Congress, Third Session, on May 2, 3, 1940, vol. 22 (Washington, DC: Government Printing Office, 1945), 4525–4526.

72. J. Norris, "Growing up Growing Sugar: Local Teenage Labor in the Sugar Beet Fields, 1958–1974," *Agricultural History* 79, no. 3 (2005): 301.

73. 다음을 보라. Ramiro Guerra, *Azucar y poblacion en las Antillas* (Havana: Cultural, 1927), 86.

74. A. M. P. A. Scheltema, *The Food Consumption of the Native Inhabitants of Java and Madura: Done into English by A.H. Hamilton* (Batavia: Ruygrok / National Council for the Netherlands and the Netherlands Indies of the Institute of Pacific Relations, 1936), 62. 다음도 참조하라. Runes, *General Standards of Living;* Yoshihiro Chiba, "The 1919 and 1935 Rice Crises in the Philippines: The Rice Market and Starvation in American Colonial Times," *Philippine Studies* 58, no. 4 (2010): 540.

75. Samuel Farber, *Revolution and Reaction in Cuba, 1933-1960: A Political Sociology from Machado to Castro* (Middletown, CT: Wesleyan University Press, 1976), 85.

76. Whitney, "The Architect," 454, 459.

77. 다음을 보라. Edel, "Land Reform."

78. Ulbe Bosma, "The Integration of Food Markets and Increasing Government Intervention in Indonesia: 1815–1980s," in *An Economic History of Famine Resilience,* ed. Jessica Dijkman and Bas Van Leeuwen (London: Routledge, 2019), 152–154.

79. J. van Gelderen, *The Recent Development of Economic Foreign Policy in the Netherlands East Indies* (London: Longmans, Green, 1939), 84.

80. William Arthur Lewis, *Labour in the West Indies the Birth of a Workers' Movement* (London: New Beacon Books, 1977), 16.

81. William Arthur Lewis, "Economic Development with Unlimited Supplies of Labour," *Manchester School of Economic and Social Studies* 22, no. 2 (1954): 183.

82. Norman Girvan, "W. A. Lewis, the Plantation School and Dependency: An Interpretation," *Social and Economic Studies* 54, no. 3 (2005): 215, 218; W. Arthur Lewis, *Growth and Fluctuations 1870-1913* (London: George Allen, 1978), 161, 200.

83. W. Arthur Lewis, *The Theory of Economic Growth* (London: Allen and Unwin, 1955), 410.

84. Lewis cited in Girvan, "W. A. Lewis," 205–206.

85. Seekings, "British Colonial Policy," 165.

86. Guerra, *Azucar y poblacion,* 117, 23.

87. Gilberto Freyre, *The Mansions and the Shanties (Sobrados e Mucambos): The Making of Modern Brazil* (New York: A. A. Knopf, 1968), 135–136, 407.

88. Josué de Castro, *Geography of Hunger: With a Foreword by Lord Boyd Orr*

(London: Victor Gollancz, 1952), 113.

89. Castro, *Geography of Hunger*, 117.

90. Castro, *Geography of Hunger*, 198; John Boyd Orr, *Food Health and Income: Report on a Survey of Adequacy of Diet in Relation to Income* (London: Macmillan, 1937), 11.

91. Celso Furtado, *The Economic Growth of Brazil: A Survey from Colonial to Modern Times* (Berkeley: University of California Press, 1968), 109.

92. Manuel Correia de Andrade, *The Land and People of Northeast Brazil* (Albuquerque: University of New Mexico Press, 1980), 193–206.

12. 실패한 탈식민화

1. Walter Edward Guinness Moyne, *Royal Commission on West India Report* (London: Colonial Office, Great Britain, 1945), 422–423. 프랑스령 앤틸리스 제도에 관해서는 다음을 보라. Charles Robequain, "Le sucre dans l'Union française," *Annales de Geographie* 57, no. 308 (1948): 340.

2. John Wesley Coulter, "The Oahu Sugar Cane Plantation, Waipahu," *Economic Geography* 9, no. 1 (1933): 64, 66; James A. Geschwender and Rhonda F. Levine, "Rationalization of Sugar Production in Hawaii, 1946–1960: A Dimension of the Class Struggle," *Social Problems Social Problems* 30, no. 3 (1983): 358.

3. Charles Edquist, *Capitalism, Socialism and Technology: A Comparative Study of Cuba and Jamaica* (London: Zed, 1989), 38–42, 45.

4. Robequain, "Le sucre dans l'Union française," 333; Joseph T. Butler Jr., "Prisoner of War Labor in the Sugar Cane Fields of Lafourche Parish, Louisiana: 1943–1944," *Louisiana History*, 14, no. 3 (1973): 284.

5. James E. Rowan, "Mechanization of the Sugar Beet Industry of Scottsbluff County, Nebraska," *Economic Geography* 24, no. 3 (1948): 176, 179; Jim Norris, "Bargaining for Beets: Migrants and Growers in the Red River Valley," *Minnesota History* 58, no. 4 (2002): 200, 202, 207.

6. J. A. Mollett, "Capital and Labor in the Hawaiian Sugar Industry since 1870: A Study of Economic Development," *Journal of Farm Economics* 44, no. 2 (1962): 386.

7. Edquist, *Capitalism, Socialism and Technology*, 32–33; Oscar Zanetti, "The Workers' Movement and Labor Regulation in the Cuban Sugar Industry," *Cuban Studies*, no. 25 (1995): 198, 202–203; John Paul Rathbone, *The Sugar King of Havana: The Rise and Fall of Julio Lobo, Cuba's Last Tycoon* (New York: Penguin, 2010), 185–186.

8. Alec Wilkinson, *Big Sugar: Seasons in the Cane Fields of Florida* (New York: Vintage, 1990), 72; George C. Abbott, *Sugar* (London: Routledge, 1990), 89.

9. David S. Simonett, "Sugar Production in North Queensland," *Economic Geography* 30, no. 3 (1954): 231.

10. Deborah Jean Warner, *Sweet Stuff: An American History of Sweeteners from Sugar to Sucralose* (Washington, DC: Smithsonian Institution Scholarly Press / Rowman and Littlefield, 2011), 78; Wilkinson, *Big Sugar*, 14–15; John A. Heitmann, "The Beginnings of Big Sugar in Florida, 1920–1945," *Florida Historical Quarterly* 77, no. 1 (1998): 61.

11. Albert Viton, *The International Sugar Agreements: Promise and Reality* (West Lafayette, IN: Purdue University Press, 2004), 31, 34.

12. Viton, *The International Sugar Agreements*, 84–96.

13. G. Johnson Harry, "Sugar Protectionism and the Export Earnings of Less Developed Countries: Variations on a Theme by R. H. Snape," *Economica* 33, no. 129 (1966): 34, 37. 다음도 참조하라. R. H. Snape, "Some Effects of Protection in the World Sugar Industry," *Economica* 30, no. 117 (1963): 63–73.

14. Michael Fakhri, *Sugar and the Making of International Trade Law* (Cambridge: Cambridge University Press, 2017), 199; Abbott, *Sugar*, 204–206.

15. Pope John XXIII, *Mater et magistra*, encyclical letter, *The Holy See*, May 15, 1961, https://www.vatican.va/content/john-xxiii/en/encyclicals/documents/hf_j-xxiii_enc_15051961_mater.html (sec. 143).

16. 다음을 보라. Matthew O. Edel, "Land Reform in Puerto Rico, 1940-1959," *Caribbean Studies* 2, no. 3 (1962): 26–60.

17. Abbott, *Sugar*, 87.

18. Martijn Bakker, *Ondernemerschap en Vernieuwing: De Nederlandse Bietsuikerindustrie, 1858-1919* (Amsterdam: NEHA, 1989), 89.

19. 다음을 보라. Bert Smit and Krijn Poppe, "The Position, Role and Future of Cooperative Sugar Refineries in the EU," in *Proceedings of the 74th International Institute of Sugar Beet Research Congress, Dresden, July 1-3, 2014* (Brussels: International Institute of Sugar Beet Research, 2014).

20. Manfred Pohl, *Die Geschichte der Sudzucker AG 1926-2001* (Munich: Piper, 2001), 293-294.

21. 다음을 보라. William R. Sharman, "Louisiana Sugar Co-Ops Help Raise Prosperity," *News for Farmer Cooperatives*, March 19, 1965.

22. "The Sugarbeet Growers Association Story," Red River Valley Sugarbeet Growers Association, accessed February 1, 2022, https://rrvsga.com/our-story/.

23. Ulbe Bosma, *The Sugar Plantation in India and Indonesia: Industrial Production, 1770-2010* (Cambridge: Cambridge University Press, 2013), 149–150.

24. Bosma, *The Sugar Plantation*, 207-208, 234, 241.

25. 예를 들면 다음을 보라. Peter Singelmann, "The Sugar Industry in Post-

Revolutionary Mexico: State Intervention and Private Capital," *Latin American Research Review* 28, no. 1 (1993): 61–88; Jack. F. Williams, "Sugar: The Sweetener in Taiwan's Development," in *China's Island Frontier Studies in the Historical Geography of Taiwan*, ed. Ronald G. Knapp (Honolulu: University of Hawaii Press, 1980), 228–229, 238.

26. James S. Kus, "The Sugar Cane Industry of the Chicama Valley, Peru," *Revista Geografica*, no. 109 (1989): 61–66.

27. Bosma, *The Sugar Plantation*, 229.

28. Manley quoted in Carl H. Feuer, *Jamaica and the Sugar Worker Cooperatives the Politics of Reform* (Boulder, CO: Westview Press, 1984), 177.

29. Bosma, *The Sugar Plantation*, 239–248, 255, 256.

30. Michael R. Hall, *Sugar and Power in the Dominican Republic: Eisenhower, Kennedy, and the Trujillos* (Westport, CT: Greenwood Press, 2000), 5, 19, 21–22.

31. Mina Roces, "Kinship Politics in Post-War Philippines: The Lopez Family, 1945–1989," *Modern Asian Studies* 34, no. 1 (2000): 203.

32. Eliyahu Ashtor, "Levantine Sugar Industry in the Later Middle Ages: An Example of Technological Decline," in *Technology, Industry and Trade: The Levant versus Europe, 1250-1500*, ed. Eliyahu Ashtor and B. Z. K. edar (Hampshire, England: Ashgate, 1992), 240, 242.

33. Vincent A. Mahler, "Britain, the European Community, and the Developing Commonwealth: Dependence, Interdependence, and the Political Economy of Sugar," *International Organization* 353 (1981): 477.

34. Clem Seecharan, *Sweetening 'Bitter Sugar': Jock Campbell, the Booker Reformer in British Guiana, 1934-1966* (Kingston, Jamaica: Ian Randle, 2005), 265.

35. Mahler, "Britain, the European Community," 480.

36. J. E. Meade, "Mauritius: A Case Study in Malthusian Economics," *Economic Journal* 71, no. 283 (1961): 525.

37. Richard L. Bernal, "The Great Depression, Colonial Policy and Industrialization in Jamaica," *Social and Economic Studies* 37, nos. 1–2 (1988): 44.

38. Philippe Chalmin, *The Making of a Sugar Giant: Tate and Lyle: 1859-1959* (Chur, Switzerland: Harwood Academic, 1990), 354–355; George L. Backford, "The Economics of Agricultural Resource Use and Development in Plantation Economies," *Social and Economic Studies* 18, no. 4 (1969): 329, 331.

39. George L. Beckford and Cherita Girvan, "The Dynamics of Growth and the Nature of Metropolitan Plantation Enterprise," *Social and Economic Studies* 19, no. 4 (1970): 458–459. The World Bank quoted in Chalmin, *The Making of a Sugar Giant*, 375.

40. Al Imfeld, *Zucker* (Zurich: Unionsverlag, 1986), 72.

41. Michael Moynagh, *Brown or White?: A History of the Fiji Sugar Industry, 1873-1973* (Canberra: Australian National University, 1981), 124; David Merrett, "Sugar and Copper: Postcolonial Experiences of Australian Multinationals," *Business History Review* 81, no. 2 (2007): 218-223.

42. A. M. O'Connor, "Sugar in Tropical Africa," *Geography* 60, no. 1 (1975): 25.

43. 다음을 보라. Jerry Gosnell, *Gallic Thunderbolt: The Story of Rene Leclezio and Lonrho Sugar Corporation* (Durban: Pinetown, 2004).

44. Samuel E. Chambua, "Choice of Technique and Underdevelopment in Tanzania: The Case of Sugar Development Corporation," *Canadian Journal of African Studies* 24, no. 1 (1990): 27-28, 30-31; Barbara Dinham and Colin Hines, *Agribusiness in Africa* (Trenton, NJ: Africa World Press, 1984), 172-173.

45. Abbott, *Sugar*, 104; Imfeld, *Zucker*, 60-63.

46. Tijo Salverda, "Sugar, Sea and Power: How Franco-Mauritians Balance Continuity and Creeping Decline of Their Elite Position" (PhD diss., Vrije Universiteit Amsterdam, 2010), 126.

47. "The Recovery of Taiwan Sugar Industry," *Taiwan Today*, March 1, 1952, https://taiwantoday.tw/news.php?unit=29,45&post=36816.

48. Tom Barry, Beth Wood, and Deb Preusch, *The Other Side of Paradise: Foreign Control in the Caribbean* (New York: Grove Press, 1984), 55-74 (Vicini quoted on p. 74).

49. Roces, "Kinship Politics," 190, 194, 195.

50. Salverda, "Sugar, Sea and Power," 119.

51. Grant H. Cornwell and Eve W. Stoddard, "Reading Sugar Mill Ruins: 'The Island Nobody Spoiled' and Other Fantasies of Colonial Desire," *South Atlantic Review* 66, no. 2 (2001): 137.

52. Jorge F. Perez-Lopez, "Cuban-Soviet Sugar Trade: Price and Subsidy Issues," *Bulletin of Latin American Research* 7, no. 1 (1988): 143; Gail M. Hollander, *Raising Cane in the 'Glades: The Global Sugar Trade and the Transformation of Florida* (Chicago: University of Chicago Press, 2009), 166.

53. Chalmin, *The Making of a Sugar Giant*, 474; Ben Richardson, *Sugar* (Cambridge: Polity, 2015), 76-77.

54. Thomas J. DiLorenzo, Vincent M. Sementilli, and Lawrence Southwick, "The Lomé Sugar Protocol: Increased Dependency for Fiji and Other ACP States," *Review of Social Economy* 41, no. 1 (1983): 37-38.

55. Pohl, *Die Geschichte*, 295-300, 313.

56. Pohl, *Die Geschichte*, 301.

57. D. Gale Johnson, *The Sugar Program: Large Costs and Small Benefits* (Washington, DC: American Enterprise for Public Policy, 1974), 9.

58. Harold A. Wolf, "Sugar: Excise Taxes, Tariffs, Quotas, and Program Payments,"

Southern Economic Journal 25, no. 4 (1959): 421.

59. David J. Gerber, "The United States Sugar Quota Program: A Study in the Direct Congressional Control of Imports," *Journal of Law & Economics* 19, no. 1 (1976): 113, 116.

60. 다음을 보라. Thomas J. Heston, "Cuba, the United States, and the Sugar Act of 1948: The Failure of Economic Coercion," *Diplomatic History* 6, no. 1 (1982): 1-21.

61. Alan Dye and Richard Sicotte, "U.S.-Cuban Trade Cooperation and Its Unraveling," *Business and Economic History* 28, no. 2 (1999): 28. 다음도 참조하라. Willard W. Radell, "Cuban-Soviet Sugar Trade of Large Cuban Sugar Factories in the 1984 'Zafra,'" *Cuban Studies* 17 (1987): 141-155.

62. Thomas A. Becnel, "Fulbright of Arkansas v. Ellender of Louisiana: The Politics of Sugar and Rice, 1937-1974," *Arkansas Historical Quarterly* 43, no. 4 (1984): 301.

63. Thomas H. Bates, "The Long-Run Efficiency of United States Sugar Policy," *American Journal of Agricultural Economics* 50, no. 3 (1968): 525; Daniel M. Berman and Robert Heineman, "Lobbying by Foreign Governments on the Sugar Act Amendments of 1962," *Law and Contemporary Problems* 28, no. 2 (1963): 417.

64. Berman and Heineman, "Lobbying," 423-425.

65. Johnson, *The Sugar Program*, 58, 76.

66. Michael S. Billig, *Barons, Brokers, and Buyers: The Institutions and Cultures of Philippine Sugar* (Honolulu: University of Hawaii Press, 2003), 91.

67. Raul Fernandez, "Bitter Labour in Sugar Cane Fields," *Labour, Capital and Society* 19, no. 2 (1986): 245; Edward A. Evans and Carlton G. Davis, "US Sugar and Sweeteners Markets: Implications for CARICOM Tariff-Rate Quota Holders," *Social and Economic Studies* 49, no. 4 (2000): 16; Won W. Koo, "Alternative U.S. and EU Sugar Trade Liberalization Policies and Their Implications," *Review of Agricultural Economics* 24, no. 2 (2002): 350.

68. Brent Borrell and Ronald C. Duncan, "A Survey of the Costs of World Sugar Policies," *World Bank Research Observer* 7, no. 2 (1992): 172.

69. Scott B. MacDonald and F. Joseph Demetrius, "The Caribbean Sugar Crisis: Consequences and Challenges," *Journal of Interamerican Studies and World Affairs*. 28, no. 1 (1986): 44; Julie Lynn Coronado and Raymond Robertson, "Inter-American Development and the NAFTA: Implications of Liberalized Trade for the Caribbean Sugar Industry," *Caribbean Studies* 29, no. 1 (1996): 128-129.

70. Billig, *Barons*, 68.

71. Serge Cherniguin, "The Sugar Workers of Negros, Philippines," *Community Development Journal* 23, no. 3 (1988): 194.

72. Borrell and Duncan, "A Survey of the Costs," 176-178; MacDonald and Demetrius, "The Caribbean Sugar Crisis," 41-42.

73. Pamela Richardson-Ngwenya, "Situated Knowledge and the EU Sugar Reform: A Caribbean Life History," *Area* 45, no. 2 (2013): 190.

74. Michael S. Billig, "The Rationality of Growing Sugar in Negros," *Philippine Studies* 40, no. 2 (1992): 165.

75. Philippe Grenier, "The Alcohol Plan and the Development of Northeast Brazil," *GeoJournal* 11, no. 1 (1985): 64; C. R. Dabat, "Sugar Cane 'Plantations' in Pernambuco: From 'Natural Vocation' to Ethanol Production," *Review (Fernand Braudel Center)* 34, nos. 1-2 (2011): 134; Barbara Nunberg, "Structural Change and State Policy: The Politics of Sugar in Brazil since 1964," *Latin American Research Review.* 21, no. 2 (1986): 59.

76. 다음을 보라. Madhav Godbole, "Co-Operative Sugar Factories in Maharashtra: Case for a Fresh Look," *Economic and Political Weekly* 35, no. 6 (2000): 420-424.

77. Bosma, *The Sugar Plantation*, 248-249, 260; "About Us," Birla Sugar, accessed April 17, 2022, https://www.indiamart.com/birla-sugarkolkata/aboutus.html.

78. Donna L. Chollett, "From Sugar to Blackberries: Restructuring Agro-Export Production in Michoacán, Mexico," *Latin American Perspectives* 36, no. 3 (2009): 82. 다음도 참조하라. Donna L. Chollett, "Renouncing the Mexican Revolution: Double Jeopardy within the Sugar Sector," *Urban Anthropology and Studies of Cultural Systems and World Economic Development* 23, nos. 2-3 (1994): 121-169.

13. 주식회사 설탕

1. Donald F. Larson and Brent Borrell, *Sugar Policy and Reform* (Washington, DC: World Bank, Development Research Group, Rural Development, 2001), 3.

2. 다음을 보라. Stephen Haley, *Sugar and Sweetener Situation and Outlook Report* (Washington, DC: Economic Research Service, US Department of Agriculture, January 2000), 24-39; Richard Gibb, "Developing Countries and Market Access: The Bitter-Sweet Taste of the European Union's Sugar Policy in Southern Africa," *Journal of Modern African Studies* 42, no. 4 (2004): 569, 570.

3. Penny Fowler and Rian Fokker, "A Sweeter Future: The Potential for EU Sugar Reform to Contribute to Poverty Reduction in Southern Africa," *Oxfam Policy and Practice: Agriculture, Food and Land* 4, no. 3 (2004): 4.

4. Gibb, "Developing Countries and Market Access," 578; Andrew Schmitz, Troy G. Schmitz, and Frederick Rossi, "Agricultural Subsidies in Developed Countries: Impact on Global Welfare," *Review of Agricultural Economics* 28, no. 3 (2006):

422; Won W. Koo, Alternative U.S. and EU Sugar Trade Liberalization Policies and Their Implications," *Review of Agricultural Economics* 24, no. 2 (2002): 348.

5. Jan Douwe van der Ploeg, "The Peasantries of the Twenty-First Century: The Commoditisation Debate Revisited," *Journal of Peasant Studies* 37, no. 1 (2010): 18.

6. 수레시는 보조금 총액이 560억 달러라고 주장한다. Gawali Suresh, "Distortions in World Sugar Trade," *Economic and Political Weekly* 38, no. 43 (2003): 4513.

7. "ILO Global Farm Worker Issues," *Rural Migration News* 9, no. 4 (October 2003), https://migration.ucdavis.edu/rmn/more.php?id=785.

8. Alicia H. Lazzarini, "Gendered Labour, Migratory Labour: Reforming Sugar Regimes in Xinavane, Mozambique," *Journal of Southern African Studies* 43, no. 3 (2017): 621-622.

9. 예를 들면 다음을 보라. "Colombia: Sugar Cane Harvesters Demand Rights at Work," International Trade Union Confederation, September 25, 2008, https://www.ituc-csi.org/colombia-sugar-cane-harvesters?lang=en.

10. Edward Suchman et al., "An Experiment in Innovation among Sugar Cane Cutters in Puerto Rico," *Human Organization Human Organization* 26, no. 4 (1967): 215. 다음도 참조하라. Allan S. Queiroz and Raf Vanderstraeten, "Unintended Consequences of Job Formalisation: Precarious work in Brazil's Sugarcane Plantations," *International Sociology* 33, no. 1 (2018): 128-146.

11. Julie Lynn Coronado and Raymond Robertson, "Inter-American Development and the NAFTA: Implications of Liberalized Trade for the Caribbean Sugar Industry," *Caribbean Studies* 29, no. 1 (1996): 128.

12. *Wikipedia* s.v., "The Price of Sugar (2007 Film)," accessed April 17, 2022, https://en.wikipedia.org/wiki/The_Price_of_Sugar_ (2007_film); "Who Are the Richest Entrepreneurs in Central America and the Dominican Republic?," *Dominican Today*, June 29, 2020, https://dominicantoday.com/dr/economy/2020/06/29/who-are-the-richest-entrepreneurs-in-central-america-and-the-dominican-republic/.

13. Amy Serrano, "A Black Camera Interview: Documentary Practice as Political Intervention: The Case of "Sugar Babies": A Conversation With," *Black Camera* 22-23 (2008): 39.

14. Serrano, "A Black Camera Interview," 35.

15. Anthony W. Pereira, "Agrarian Reform and the Rural Workers' Unions of the Pernambuco Sugar Zone, Brazil 1985-1988," *Journal of Developing Areas* (1992): 173-175, 178, 188.

16. Eduardo Simoes and Inae Riveras, "Amnesty Condemns Forced Cane Labor in Brazil," *Reuters*, May 29, 2008, https://www.reuters.com/article/us-brazil-amnesty-cane/amnesty-condemns-forced-cane-labor-in-brazil-

idUSN2844873820080528; Queiroz and Vanderstraeten, "Unintended Consequences," 137-138.

17. Dionne Bunsha, "Machines That Mow Down Migrants," *Dionne Bunsha* (blog), March 31, 2007, https://dionnebunsha.wordpress.com/2007/03/31/machines-that-mow-down-migrants; Saturnino M. Borras, David Fig, and Sofía Monsalve Suárez, "The Politics of Agrofuels and Mega-Land and Water Deals: Insights from the ProCana Case, Mozambique," *Review of African Political Economy* 38, no. 128 (2011): 221, 224.

18. Terry Macalister, "Sun Sets on Brazil's Sugar-Cane Cutters," *Guardian*, June 5, 2008, https://www.theguardian.com/environment/2008/jun/05/biofuels.carbonemissions.

19. 다음을 보라. Jussara dos Santos Rosendo, "Social Impacts with the End of the Manual Sugarcane Harvest: A Case Study in Brazil," *Sociology International Journal* 1, no. 4 (2017): 121-125.

20. "Migrant Workers, Super-Exploitation and Identity: Case of Sugarcane Cutters in Gujarat," *Economic and Political Weekly* 23, no. 23 (1988): 1153. 다음도 참조하라. Jan Breman, "Seasonal Migration and Co-Operative Capitalism: The Crushing of Cane and of Labour by the Sugar Factories of Bardoli, South Gujarat," *Journal of Peasant Studies* 6, no. 1 (1978): 41-70; no. 2 (1979): 168-209.

21. Pooja Adhikari and Vani Shree, "Human Cost of Sugar: Living and Working Conditions of Migrant Cane Cutters in Maharashtra," Oxfam India Discussion Paper, February 3, 2020, https://d1ns4ht6ytuzzo.cloudfront.net/oxfamdata/oxfamdatapublic/2021-02/Human%20Cost%20of%20Sugar Maharashtra%20Case-2.pdf?33ji.96dQfp5xHQ9svfwmnaSKEywIEC.

22. Manfred Pohl, *Die Geschichte der Sudzucker AG 1926-2001* (Munich: Piper, 2001), 127.

23. 예를 들면 다음을 보라. Alexander Claver and G. Roger Knight, "A European Role in Intra-Asian Commercial Development: The Maclaine Watson Network and the Java Sugar Trade c.1840-1942," *Business History* 60, no. 2 (2018): 202-230.

24. John Paul Rathbone, *The Sugar King of Havana: The Rise and Fall of Julio Lobo, Cuba's Last Tycoon* (New York: Penguin, 2010), 111-113.

25. Ulbe Bosma, "Up and Down the Chain: Sugar Refiners' Responses to Changing Food Regimes," in *Navigating History: Economy, Society, Knowledge and Nature*, ed. Pepijn Brandon, Sabine Go, and Wybren Verstegen (Leiden: Boston: Brill, 2018), 267; Al Imfeld, *Zucker* (Zurich: Unionsverlag, 1986), 77-82.

26. Frederick F. Clairmonte and John H. Cavanagh, "World Commodities Trade: Changing Role of Giant Trading Companies," *Economic and Political Weekly* 23, no. 42 (1988): 2156; Thomas Braunschweig, Alice Kohli, and Silvie Lang,

Agricultural Commodity Traders in Switzerland—Benefitting from Misery? (Lausanne, Switzerland: Public Eye, 2019), 5.

27. Philippe Chalmin, *The Making of a Sugar Giant: Tate and Lyle: 1859-1959* (Chur, Switzerland: Harwood Academic, 1990), 668–671; "Sir Saxon Tate Bt," *Telegraph*, September 5, 2012.

28. "Foreign Business," Mitr Phol Group, accessed April 18, 2022, https://www.mitrphol.com/offshore.php.

29. Birla, *Brushes with History*, 5–7.

30. "History Timeline," ASR Group, accessed April 18, 2022, https://www.asr-group.com/history-timeline; Bosma, "Up and Down," 259, 266.

31. Gary W. Brester and Michael A. Boland, "Teaching Case: The Rocky Mountain Sugar Growers' Cooperative: 'Sweet' or 'Sugar-Coated' Visions of the Future?," *Review of Agricultural Economics* 26, no. 2 (2004): 291.

32. "Tate and Lyle Sugar Division Sold to US Company," *Agritrade*, August 7, 2010, https://agritrade.cta.int/en/layout/set/print/Agriculture/Commodities/Sugar/Tate-and-Lyle-sugar-division-sold-to-US-company.html.

33. Ben Richardson, *Sugar* (Cambridge: Polity, 2015), 204.

34. Alex Dubb, Ian Scoones, and Philip Woodhouse, "The Political Economy of Sugar in Southern Africa—Introduction," *Journal of Southern African Studies* 43, no. 3 (2017): 448; Haley, *Sugar and Sweetener Situation*, 24–39; United States Department of Agriculture, *Sugar: World Markets and Trade* (May 2022), 7, Foreign Agricultural Service, https://www.fas.usda.gov/data/sugar-world-markets-and-trade.

35. Ben Richardson, "Restructuring the EU–ACP Sugar Regime: Out of the Strong ThereCame Forth Sweetness," *Review of International Political Economy* 16, no. 4 (2009): 674; European Commission, "EU Sugar Quota System Comes to an End," *CTA Brussels Office Weblog*, October 9, 2017, http://brussels.cta.int/indexa9a6.html?option=com_k2&view=item&id=15325:eu-sugar-quota-system-comes-to-an-end.

36. "Südzucker—Corporate Profile," *Agritrade*, September 27, 2014, https://agritrade.cta.int/en/Agriculture/Commodities/Sugar/Suedzucker-corporate-profile.html.

37. "Tereos—Corporate Profile," *Agritrade*, July 23, 2014, https://agritrade.cta.int/en/Agriculture/Commodities/Sugar/Tereos-corporate-profile.html.

38. Mark Carr, "AB Sugar's Modern Slavery Statement 2018," November 2018, https://www.absugar.com/perch/resources/abs-modern-slavery-statement-2018-2.pdf.

39. "Acquisition of Illovo Minority Interest Update," Associated British Foods, May 25, 2016, https://www.abf.co.uk/media/news/2016/2016-acquisition-of-illovo-

minority-interest-update.

40. Coronado and Robertson, "Inter-American Development," 121, 134; J. Dennis Lord, "End of the Nation-State Postponed: Agricultural Policy and the Global Sugar Industry," *Southeastern Geographer* 43, no. 2 (2003): 287; "About Us," Alliance for Fair Sugar Policy, accessed January 27, 2022, https://fairsugarpolicy. org/about/.

41. Colin Grabow, "Candy-Coated Cartel: Time to Kill the U.S. Sugar Program," *Policy Analysis*, no. 837 (April 10, 2018): 2, https://www.cato.org/publications/ policy-analysis/candy-coated-cartel-time-kill-us-sugar-program.

42. Alec Wilkinson, *Big Sugar: Seasons in the Cane Fields of Florida* (New York: Vintage, 1990), 79.

43. Gail M. Hollander, *Raising Cane in the 'Glades: The Global Sugar Trade and the Transformation of Florida* (Chicago: University of Chicago Press, 2009), 258.

44. Deborah Jean Warner, *Sweet Stuff: An American History of Sweeteners from Sugar to Sucralose* (Washington, DC: Smithsonian Institution Scholarly Press / Rowman and Littlefield, 2011), 80.

45. Zachary Mider, "Rubio's Deep Sugar Ties Frustrate Conservatives," *Bloomberg*, January 29, 2016, https://www.bloomberg.com/news/articles/2016-01-28/ rubio-s-deep-sugar-ties-frustrate-conservatives; Grabow, "Candy-Coated Cartel," 8; Timothy P. Carney, "At Kochfest, Rubio Defends Sugar Subsidies on National Security Grounds," *Washington Examiner*, August 2, 2015, https:// www.washingtonexaminer.com/at-kochfest-rubio-defends-sugar-subsidies-on-national-security-grounds.

46. Peter Wallsten, Manuel Roig-Franzia, and Tom Hamburger, "Sugar Tycoon Alfonso Fanjul Now Open to Investing in Cuba under 'Right Circumstances,'" *Washington Post*, February 2, 2014.

47. Tim Lang and Michael Heasman, *Food Wars: The Global Battle for Minds, Mouths, and Markets*, 2nd ed. (London: Earthscan, 2004), table 8.4; "Tate & Lyle Europe (031583)," FarmSubsidy.org, accessed January 27, 2022, https:// farmsubsidy.org/GB/recipient/GB47951/tate-lyle-europe-031583-gb-e16-2ew/ source.

48. Scott B. MacDonald and F. Joseph Demetrius, "The Caribbean Sugar Crisis: Consequences and Challenges," *Journal of Interamerican Studies and World Affairs*. 28, no. 1 (1986): 37; "Flüssig ist billiger," *Spiegel*, October 3, 1976, http:// www.spiegel.de/spiegel/print/d-41136649.html. 다음도 참조하라. E. K. Aguirre, O. T. Mytton, and P. Monsivais, "Liberalising Agricultural Policy for Sugar in Europe Risks Damaging Public Health," *BMJ (Online)* 351 (2015): h5085.

49. Dan Roberts, "Sweet Brexit: What Sugar Tells Us about Britain's Future outside

the EU," *Guardian*, March 27, 2017, https://www.theguardian.com/business/ 2017/mar/27/brexit-sugar-beet-cane-tate-lyle-british-sugar; Michael Savage, "Brexit Backers Tate & Lyle Set to Gain L73m from End of EU Trade Tariffs," *Guardian*, August 8, 2020, https://www.theguardian.com/business/2020/ aug/08/brexit-backers-tate-lyle-set-to-gain-73m-from-end-of-eu-trade-tariffs.

50. 다음을 보라. ATO Guangzhou Staff, *People's Republic of China: Annual Chinese Sugar Production Growth Expected to Slow, Prices Rise*, GAIN Report Number: CH196006 (Guangzhou: US Department of Agriculture Foreign Agricultural Service, 2019); Y. R. Li and L. T. Yang, "Sugarcane Agriculture and Sugar Industry in China," *Sugar Tech* 17, no. 1 (2015): 1-8.

51. "Base in China, March onto the Global Scene," COFCO, accessed April 18, 2022, http://www.cofco.com/en/AboutCOFCO/; "Sugar," COFCO International, accessed April 18, 2022, https://www.cofcointernational.com/products-services/ sugar/.

52. Fowler and Fokker, "A Sweeter Future," 23-30; Alan Terry and Mike Ogg, "Restructuring the Swazi Sugar Industry: The Changing Role and Political Significance of Smallholders," *Journal of Southern African Studies* 43, no. 3 (2017): 585, 592, 593; Emmanuel Sulle, "Social Differentiation and the Politics of Land: Sugar Cane Outgrowing in Kilombero, Tanzania," *Journal of Southern African Studies* 43, no. 3 (2017): 517, 528; P. James and P. Woodhouse, "Crisis and Differentiation among Small-Scale Sugar Cane Growers in Nkomazi, South Africa," *Journal of Southern African Studies* 43, no. 3 (2017): 535-549.

53. 다음을 보라. P. Zuurbier et al., "Land Use Dynamics and Sugarcane Production," in *Sugarcane Ethanol: Contributions to Climate Change Mitigations and the Environment*, ed. P. Zuurbier and J. van de Vooren (Wageningen, the Netherlands: Wageningen Academic Publishers, 2008): 29-62.

54. Thomas D. Rogers, *The Deepest Wounds: A Labor and Environmental History of Sugar in Northeast Brazil* (Chapel Hill: University of North Carolina Press, 2010), 182, 188, 199, 204, 210.

55. Ujjayant Chakravorty, Marie-Hélene Hubert, and Linda Nostbakken, "Fuel versus Food," *Annual Review of Resource Economics* 1 (2009): 658.

56. 다음을 보라. Adhikari and Vani Shree, "Human Cost of Sugar."

57. Carol B. Thompson, "Agrofuels from Africa, Not for Africa," *Review of African Political Economy* 35, no. 117 (2008): 517; Mohamad Shohibuddin, Maria Lisa Alano, and Gerben Nooteboom, "Sweet and Bitter: Trajectories of Sugar Cane Investments in Northern Luzon, the Philippines, and Aceh, Indonesia, 2006-2013," in *Large-Scale Land Acquisitions: Focus on South-East Asia*, ed. Christophe Gironde, Christophe Golay, and Peter Messerli (Boston: Brill-Nijhoff,

2016), 112–117; Borras, Fig, and Suárez, "The Politics of Agrofuels"; Marc Edelman, Carlos Oya, and Saturnino M. Borras, *Global Land Grabs: History, Theory and Methods* (Abingdon, England: Routledge, 2016); 다음을 보라. Yasuo Aonishi et al., *Not One Idle Hectare: Agrofuel Development Sparks Intensified Land Grabbing in Isabela, Philippines: Report of the International Fact Finding Mission: May 29th-June 6th 2011: San Mariano, Isabela, Philippines* (Quezon City, Philippines: People's Coalition on Food Sovereignty, 2011); "ITOCHU and JGC Launch Large-Scale Bio-Ethanol Production and Power Plant Businesses in the Philippines," ITOCHU Corporation, accessed April 18, 2022, https://www.itochu.co.jp/en/news/press/2010/100408.html.

58. "Cambodia/Thailand: Court Ruling on Mitr Phol Watershed Moment for Corporate Accountability in SE Asia," Amnesty International, July 31, 2020, https://www.amnesty.org/en/latest/news/2020/07/court-ruling-mitr-phol-case-watershed-moment-for-se-asia-corporate-accountability/.

59. "Thailand: Evicted Cambodian Villagers Sue Giant Mitr Phol; Amnesty International Submits Third Party Intervention to Thai Court," Amnesty International, July 30, 2020, https://www.amnesty.org/en/documents/asa39/2806/2020/en/.

60. Blessings Chinsinga, "The Green Belt Initiative, Politics and Sugar Production in Malawi," *Journal of Southern African Studies* 43, no. 3 (2017): 511, 514; Carr, "AB Sugar's Modern Slavery Statement 2018."

61. "Tate & Lyle Sugar to Be Fairtrade," *BBC News*, February 23, 2008, http://news.bbc.co.uk/2/hi/uknews/7260211.stm.

62. "Rooted in Sustainability," ASR Group, accessed April 18, 2022, https://www.asr-group.com/Sustainability-Report; "Sustainability," Taiwan Sugar Corp., accessed April 18, 2022, https://www.taisugar.com.tw/english/CP2.aspx?n=10960.

63. "Environment," Sugar Cane Growers Cooperative of Florida, accessed April 18, 2022, https://www.scgc.org/environment/.

64. 예를 들면 다음을 보라. "Florida: Republican 'Green Governor' Seeks to Reverse Predecessor's Legacy," *Guardian*, January 23, 2019, https://www.theguardian.com/us-news/2019/jan/23/florida-govrnor-ron-desantis-water-reservoir-environment.

65. Kenneth Starr et al., *The Starr Report* (Washington, DC: Government Printing Office, 1998), 38; Marion Nestle, *Food Politics: How the Food Industry Influences Nutrition and Health* (Berkeley: University of California, 2002), 109–110; Hollander, *Raising Cane*, 252, 261.

66. Kristin Wartman, "Food Fight: The Politics of the Food Industry," *New Labor Forum* 21, no. 3 (2012): 76–77; Hans Jürgen Teuteberg, "How Food Products

Gained an Individual 'Face': Trademarks as a Medium of Advertising in the Growing Modern Market Economy in Germany," in *The Rise of Obesity in Europe: A Twentieth Century Food History*, ed. Derek J. Oddy, P. J. Atkins, and Virginie Amilien (Farnham, England: Ashgate, 2009), 84.

67. Harriet Friedmann, "From Colonialism to Green Capitalism: Social Movements and Emergence of Food Regimes," in *New Directions in the Sociology of Global Development*, ed. Frederick H. Buttel and Philip D. McMichael (Bingley, England: Emerald Group Publishing, 2005), 251–253.

68. "Sweet News: Fairtrade Sugar Newsletter," April 2020, https://files.fairtrade.net/Fairtrade-Sugar-Newsletter_2_2020_external-edition.pdf.

14. 천연 식품보다 더 달게

1. Sergey Gudoshnikov, Linday Jolly, and Donald Spence, *The World Sugar Market* (Cambridge: Elsevier Science, 2004), 11–12.

2. Won W. Koo, "Alternative U.S. and EU Sugar Trade Liberalization Policies and Their Implications," *Review of Agricultural Economics* 24, no. 2 (2002): 338.

3. D. Gale Johnson, *The Sugar Program: Large Costs and Small Benefits* (Washington, DC: American Enterprise for Public Policy, 1974), 6.

4. Carolyn Crist, "Few Smokers Know about Added Sugar in Cigarettes," *Reuters*, October 26, 2018, https://www.reuters.com/article/us-health-cigarettes-sugar-idUSKCN1N02UC; Robert Proctor, *Golden Holocaust: Origins of the Cigarette Catastrophe and the Case for Abolition* (Berkeley: University of California Press, 2011), 33–34.

5. William Watts, "On the Proximate Cause of Diabetes Mellitus," *The Lancet* 45, no. 1129 (1845): 438.

6. Steven Blankaart, *De Borgerlyke Tafel* (Amsterdam: J. ten Hoorn, 1683), 41–42, 102.

7. Gary Taubes, *The Case against Sugar* (London: Portobello Books, 2018), 240.

8. Jean Anthelme Brillat-Savarin, *Physiologie du gout ou meditations de gastronomie transcendante* (Paris: A. Sautelet, 1828), 106, 221.

9. Leone Levi, *On the Sugar Trade and Sugar Duties: A Lecture Delivered at King's College, London, Feb. 29, 1864* (London: Effingham Wilson, 1864), 12.

10. W. Banting, Letter on Corpulence: Addressed to the Public. with Prefatory Remarks by the Author Copious Information from Correspondents and Confirmatory Evidence of the Benefit of the Dietary System Which He Recommended to Public Notice. (London: Harrison & Sons, 1863).

11. John Harvey, *Corpulence, Its Diminution and Cure without Injury to Health* (London: Smith, 1864), 96.

12. Thomas Low Nichols, *Eating to Live: The Diet Cure: An Essay on the Relations of*

Food and Drink to Health, Disease and Cure (London, 1877), 43–45.

13. Taubes, *The Case*, 116.

14. Gary Taubes, *Good Calories, Bad Calories* (New York: Knopf, 2007), ix, x.

15. John Yudkin, *Pure, White and Deadly* (London: Viking, 2012), vii.

16. John Yudkin, "Sugar and Disease," *Nature* 239, no. 5369 (1972): 197; Taubes, *The Case*, 6–7; Richard J. Johnson et al., "Potential Role of Sugar (Fructose) in the Epidemic of Hypertension, Obesity and the Metabolic Syndrome, Diabetes, Kidney Disease, and Cardiovascular Disease," *American Journal of Clinical Nutrition* 86, no. 4 (2007): 901; H. B. Anderson, "Diet in Its Relation to Disease," *Public Health Journal* 3, no. 12 (1912): 713.

17. Manuel Correia de Andrade, *The Land and People of Northeast Brazil* (Albuquerque: University of New Mexico Press, 1980), 99, 124; William Arthur Lewis, *Labour in the West Indies the Birth of a Workers' Movement* (London: New Beacon Books, 1977), 16; Deborah Jean Warner, *Sweet Stuff: An American History of Sweeteners from Sugar to Sucralose* (Washington, DC: Smithsonian Institution Scholarly Press / Rowman and Littlefield, 2011), 33.

18. *Encyclopædia Iranica* s.v., "Sugar," last modified July 20, 2009, https://www.iranicaonline.org/articles/sugar-cultivation.

19. C. J. Robertson, "The Italian Beet-Sugar Industry," *Economic Geography* 14, no. 1 (1938): 13–14.

20. Romuald Le Pelletier de Saint-Rémy, *Le questionnaire de la question des sucres* (Paris: Guillaumin, 1877), 216–220.

21. Charles Robequain, "Le sucre dans l'Union française," *Annales de Geographie* 57, no. 308 (1948): 323, 333; Koo, "Alternative U.S. and EU Sugar Trade," 338.

22. John Perkins, "Sugar Production, Consumption and Propaganda in Germany, 1850–1914," *German History* 15, no. 1 (1997): 25–30.

23. Wendy A. Woloson, *Refined Tastes: Sugar, Confectionery, and Consumers in ineteenth-Century America* (Baltimore, MD: Johns Hopkins University Press, 2002), 36–37, 54, 55, 118.

24. Henry Mayhew, *London Labour and the London Poor*, vol. 1 (New York: Dover, 1968), 202–203.

25. Darra Goldstein, *The Oxford Companion to Sugar and Sweets* (Oxford: Oxford University Press, 2015), 758; Robert H. Lustig, *Fat Chance: Beating the Odds against Sugar, Processed Food, Obesity, and Disease* (New York: Penguin Group, 2013), 261; Paul Pestano, Etan Yeshua, and Jane Houlihan, *Sugar in Children's Cereals: Popular Brands Pack More Sugar Than Snack Cakes and Cookies* (Washington, DC: Environmental Working Group, 2011), 5.

26. Erika Rappaport, *A Thirst for Empire: How Tea Shaped the Modern World*

(Princeton, NJ: Princeton University Press, 2017), 71–74, 81–82.

27. Philip B. Mason, Xiaohe Xu, and John P. Bartkowski, "The Risk of Overweight and Obesity among Latter-Day Saints," *Review of Religious Research* 55, no. 1 (2013): 132.

28. Taubes, *The Case*, 42.

29. Goldstein, *The Oxford Companion*, 87–88; Samira Kawash, *Candy: A Century of Panic and Pleasure* (New York: Faber and Faber, 2013), 85.

30. April Merleaux, *Sugar and Civilization: American Empire and the Cultural Politics of Sweetness* (Chapel Hill: University of North Carolina Press, 2015), 213.

31. Goldstein, *The Oxford Companion*, 87.

32. Irving V. Sollins, "Sugar in Diet Part I: An Educational Problem," *Journal of Educational Sociology* 3, no. 6 (1930): 345.

33. Perkins, "Sugar Production," 31.

34. Julia Csergo, "Food Consumption and Risk of Obesity: The Medical Discourse in France 1850–1930," in *The Rise of Obesity in Europe: A Twentieth Century Food History*, ed. Derek J. Oddy, P. J. Atkins, and Virginie Amilien (Farnham, England: Ashgate, 2009), 169–170; Martin Bruegel, "A Bourgeois Good?: Sugar, Norms of Consumption and the Labouring Classes in Nineteenth-Century France," in *Food, Drink and Identity: Cooking, Eating and Drinking in Europe since the Middle Ages*, ed. Peter Scholliers (Oxford: Berg, 2001), 107–110; Maurice Halbwachs, *L'evolution des besoins dans les classes ouvrieres* (Paris: F. Alcan, 1933), 122.

35. Hans Jürgen Teuteberg and Günter Wiegelmann, *Der Wandel der Nahrungsgewohnheiten unter dem Einfluss der Industrialisierung* (Göttingen: Vandenhoeck and Ruprecht, 1972), 299.

36. Halbwachs, *L'evolution des besoins*, 122; Bruegel, "A Bourgeois Good?," 111.

37. Perkins, "Sugar Production," 32; Siegmund Ziegler, "Die Weltzuckerproduktion während des Krieges und der Zuckerpreis," *Weltwirtschaftliches Archiv* 15 (1919): 53–54; Kawash, *Candy*, 105.

38. Merleaux, *Sugar and Civilization*, 59, 65, 68–69; Kawash, *Candy*, 107.

39. Barak Kushner, "Sweetness and Empire: Sugar Consumption in Imperial Japan," in *The Historical Consumer: Consumption and Everyday Life in Japan, 1850-2000*, ed. Penelope Francks and Janet Hunter (New York: Palgrave Macmillan, 2012), 140–141.

40. Rappaport, *A Thirst for Empire*, 122, 139, 152.

41. Joe Bertram Frantz, "Infinite Pursuit: The Story of Gail Borden" (PhD diss., University of Texas, 1948), 68–69.

42. Laura Mason, *Sweets and Candy: A Global History* (London: Reaktion Books, 2018),

83-86.

43. Goldstein, *The Oxford Companion*, 753; Harvey Washington Wiley, *Foods and Their Adulteration: Origin, Manufacture, and Composition of Food Products: Infants' and Invalids' Foods: Detection of Common Adulterations* (Philadelphia: P. Blakiston's Son, 1917), 485.

44. Gail Hollander, "Re-Naturalizing Sugar: Narratives of Place, Production and Consumption," *Social & Cultural Geography* 4, no. 1 (2003): 64.

45. Kawash, *Candy*, 98, 112.

46. Kawash, *Candy*, 55, 67.

47. Warner, *Sweet Stuff*, 44, 109-119, 133.

48. Wiley, *Foods and Their Adulteration*, 470.

49. Warner, *Sweet Stuff*, 20, 24-25.

50. Ulbe Bosma, *The Sugar Plantation in India and Indonesia: Industrial Production, 1770-2010* (Cambridge: Cambridge University Press, 2013), 171.

51. Alice Ross, "Health and Diet in 19th-Century America: A Food Historian's Point of View," *Historical Archaeology* 27, no. 2 (1993): 47.

52. Goldstein, *The Oxford Companion*, 95-96.

53. Woloson, *Refined Tastes*, 214.

54. Merleaux, *Sugar and Civilization*, 106.

55. Ziegler, "Die Weltzuckerproduktion," 63, 65.

56. Merleaux, *Sugar and Civilization*, 19.

57. Lustig, *Fat Chance*, 172.

58. Goldstein, *The Oxford Companion*, 757.

59. Mark Pendergrast, *For God, Country, and Coca-Cola: The Definitive History of the Great American Soft Drink and the Company That Makes It* (London: Weidenfeld and Nicolson, 1993), 238.

60. Goldstein, *The Oxford Companion*, 737.

61. Kushner, "Sweetness and Empire," 135-136, 139.

62. K. Walden, "The Road to Fat City: An Interpretation of the Development of Weight Consciousness in Western Society," *Historical Reflections* 12, no. 3 (1985): 332.

63. Merleaux, *Sugar and Civilization*, 147; Kawash, *Candy*, 191.

64. Woloson, *Refined Tastes*, 194.

65. Mildred Maddocks and Harvey Washington Wiley, *The Pure Food Cook Book: The Good Housekeeping Recipes, Just How to Buy—Just How to Cook* (New York: Hearst's International Library, 1914), 11, 237.

66. 다음을 보라. Weston A. Price, *Nutrition and Physical Degeneration* (Redland, CA: P. B. Hoeber, 1939); Merleaux, *Sugar and Civilization*, 221-222.

67. Taubes, *The Case*, 125.

68. Yudkin, *Pure, White and Deadly*, 127.

69. Sollins, "Sugar in Diet Part I," 342, 345–346; Irving V. Sollins, "Sugar in Diet Part II: An Experiment in Instruction in Candy Consumption," *Journal of Educational Sociology* 3, no. 9: 548.

70. *Revenue Revision of 1943: Hearings before the Committee of Ways and Means House of Representatives. Seventy-Eighth Congress. First Session, 1014-1031* (Washington, DC: Government Printing Office, 1943).

71. Hollander, "Re-Naturalizing Sugar," 65.

72. "Encourage Sugar Consumption," *Sugar (Including Facts about Sugar and the Planter & Sugar Manufacturer)*, June 25–27, 1947.

73. Marion Nestle, "Food Industry Funding of Nutrition Research: The Relevance of History for Current Debates," *JAMA Internal Medicine* 176, no. 11 (2016): 1685–1686.

74. Sanjay Basu et al., "The Relationship of Sugar to Population-Level Diabetes Prevalence: An Econometric Analysis of Repeated Cross-Sectional Data," *PLoS ONE* 8, no. 2: e57873 (p. 6). 키스 프로젝트의 방법론이 지닌 결함을 간명히 설명한 것으로는 다음을 보라. Lustig, *Fat Chance*, 111.

75. Yudkin, *Pure, White and Deadly*, 41; Pana Wilder, "No One Profits from Candy in the Schools," *Middle School Journal Middle School Journal* 15, no. 4 (1984): 18; Marion Nestle, *Food Politics: How the Food Industry Influences Nutrition and Health* (Berkeley: University of California, 2002), 197.

76. Nestle, *Food Politics*, 214.

77. Jonathan C. K. Wells, "Obesity as Malnutrition: The Role of Capitalism in the Obesity Global Epidemic," *American Journal of Human Biology* 24, no. 3 (2012): 272.

78. US Senate Select Committee on Nutrition and Human Needs, *Short Dietary Goals for the United States* (Washington, DC: Government Printing Office, 1977), 4, 5.

79. US Senate Select Committee on Nutrition and Human Needs, *Short Dietary Goals*, 4. 나는 설탕 산업이 지방과 설탕에 관한 헥스테드의 입장을 변화시키지 못했을 수 있다는 존스와 오펜하이머의 견해에 동의하지만, 헥스테드의 윤리 위반은 변명의 여지가 없다. 다음을 보라. David Merritt Johns and Gerald M. Oppenheimer, "Was There Ever Really a 'Sugar Conspiracy'? Twists and Turns in Science and Policy Are Not Necessarily Products of Malevolence," *Science* 359, no. 6377 (2018): 747–750.

80. Lustig, *Fat Chance*, 169.

81. Nestle, *Food Politics*, 59, 66.

82. Yudkin, *Pure, White and Deadly*, 66.

83. WHO, *Diet, Nutrition, and the Prevention of Chronic Diseases: Report of a WHO Study Group* (Geneva: WHO, 1990), 94.

84. Sarah Boseley and Jean McMahon, "Political Context of the World Health Organization: Sugar Industry Threatens to Scupper the WHO," *International Journal of Health Services* 33, no. 4 (2003): 831–833; Joint WHO / FAO Expert Consultation on Diet, Nutrition and the Prevention of Chronic Diseases, *Diet, Nutrition and the Prevention of Chronic Diseases: Report of a Joint WHO / FAO Expert Consultation* (Geneva: WHO, 2003), 56–58, 66.

85. Geoffrey Cannon, "Why the Bush Administration and the Global Sugar Industry Are Determined to Demolish the 2004 WHO Global Strategy on Diet, Physical Activity and Health," *Public Health Nutrition* 7, no. 3 (2004): 369–380; David Stuckler et al., "Textual Analysis of Sugar Industry Influence on the World Health Organization's 2015 Sugars Intake Guideline," *Bulletin of the World Health Organization* 94, no. 8 (2016): 566–573; Boseley and McMahon, "Political Context"; WHO, *Guideline: Sugars Intake for Adults and Children* (Geneva: WHO, 2015), 4.

86. J. Putnam and J. Allshouse, "U.S. Per Capita Food Supply Trends," *Food Review* 21, no. 3 (1998): 1–10.

87. WHO, *Set of Recommendations on the Marketing of Foods and Non-Alcoholic Beverages to Children* (Geneva: WHO, 2010), http://www.who.int/dietphysicalactivity/publications/recsmarketing/en/index.html; WHO, "WHO urges Global Action to Curtail Consumption and Health Impacts of Sugary Drinks," news release, October 11, 206, https://www.who.int/news/item/11-10-2016-who-urges-global-action-to-curtail-consumption-and-health-impacts-of-sugary-drinks.

88. Alex Wayne, "Senate Panel Suggests Tax on Sweet Drinks to Pay for Health Care Overhaul," Commonwealth Fund, May 18, 2009, https://www.commonwealthfund.org/publications/newsletter-article/senate-panel-suggests-tax-sweet-drinks-pay-health-care-overhaul; Chen Zhen et al., "Habit Formation and Demand for Sugar-Sweetened Beverages," *American Journal of Agricultural Economics* 93, no. 1 (2011): 175.

89. Lustig, *Fat Chance*, 245; V.v.B., "Chicago's Soda Tax Is Repealed: A Big Victory for Makers of Sweet Drinks," *Economist*, October 13, 2017, https://www.economist.com/democracy-in-america/2017/10/13/chicagos-soda-tax-is-repealed.

90. Emi Okamoto, "The Philadelphia Soda Tax, while Regressive, Saves Lives of Those Most at Risk," *A Healthier Philly*, April 9, 2019, https://www.phillyvoice.com/philadelphia-soda-tax-regressive-saves-lives-most-at-risk; Chuck

Dinerstein, "Soda Tax Continues to Decrease Sales, but There's No Evidence of Health Benefit," American Council on Science and Health, April 12, 2018, https://www.acsh.org/news/2018/04/12/soda-tax-continues-decrease-sales-theres-no-evidence-health-benefit-12829.

91. Zhen et al., "Habit Formation," 190.

92. Nathalie Moise et al., "Limiting the Consumption of Sugar Sweetened Beverages in Mexico's Obesogenic Environment: A Qualitative Policy Review and Stakeholder Analysis," *Journal of Public Health Policy* 32, no. 4 (2011): 468, 470; A. R. Lopez, "Mexico's Sugar Crusade Looking Forward," *Harvard International Review* 37, no. 3 (2016): 48–49.

93. Lawrence O. Gostin, "Why Healthy Behavior Is the Hard Choice," *Milbank Quarterly* 93, no. 2 (2015): 243; David Agren, "Mexico State Bans Sale of Sugary Drinks and Junk Food to Children," *Guardian*, August 6, 2020, https://www.theguardian.com/food/2020/aug/06/mexico-oaxaca-sugary-drinks-junk-food-ban-children#:~:text =The%20southern%20Mexican%20state%20of,drinks%20and%20sweets%20to%20children.

94. 예를 들면 다음을 보라. "The 2018 UK Sugar Tax," Diabetes.co.uk, January 15, 2019, https://www.diabetes.co.uk/nutrition/2018-uk-sugar-tax.html.

95. Gostin, "Why Healthy Behavior," 243, 245; Miguel Ángel Royo-Bordonada et al., "Impact of an Excise Tax on the Consumption of Sugar-Sweetened Beverages in Young People Living in Poorer Neighbourhoods of Catalonia, Spain: A Difference in Differences Study," *BMC Public Health* 19, no. 1 (2019): 1553; Wissenschaftliche Dienste Deutscher Bundestag, "Ausgestaltung einer Zuckersteuer in ausgewählten Ländern und ihre Auswirkung auf Kaufverhalten, Preise und Reformulierung Aktenzeichen," WD 5-3000-064 / 18 (Berlin Deutscher Bundestage 2018); Wissenschaftliche Dienste Deutscher Bundestag, "Studien zu gesundheitlichen Auswirkungen einer Zuckersteuer," WD 9-3000-028 / 1 (Berlin: Deutscher Bundestage, 2018); Hans Jürgen Teuteberg, "How Food Products Gained an Individual 'Face': Trademarks as a Medium of Advertising in the Growing Modern Market Economy in Germany," in *The Rise of Obesity in Europe: A Twentieth Century Food History*, ed. Derek J. Oddy, P. J. Atkins, and Virginie Amilien (Farnham, England: Ashgate, 2009), 77; S. ter Borg et al., *Zout-, Suiker- en Verzadigd Vetgehalten in Levensmiddelen*, RIVM 2019-0032 (Bilthoven, the Netherlands: RIVM, 2019), 64.

96. Yudkin, *Pure, White and Deadly*, 168–169.

97. Nestle, *Food Politics*, 2013 edition, xi.

98. 다음을 보라. Al Imfeld, *Zucker* (Zurich: Unionsverlag, 1986).

99. Anahad O'Connor, "Coca-Cola Funds Scientists Who Shift Blame for Obesity

Away from Bad Diets," *New York Times*, August 9, 2015, https://well.blogs. nytimes.com/2015/08/09/coca-cola-funds-scientists-who-shift-blame-for-obesity-away-from-bad-diets/?r=1. 다음도 참조하라. C. Herrick, "Shifting Blame / Selling Health: Corporate Social Responsibility in the Age of Obesity," *Sociology of Health & Illness* 31, no. 1 (2009): 51-65.

100. 다음을 보라. Aseem Malhotra, Grant Schofield, and Robert H. Lustig, "The Science against Sugar, Alone, Is Insufficient in Tackling the Obesity and Type 2 Diabetes Crises—We Must Also Overcome Opposition from Vested Interests," *Journal of the Australasian College of Nutritional and Environmental Medicine* 38, no. 1 (2019): a39; A. Malhotra, T. Noakes, and S. Phinney, "It is Time to Bust the Myth of Physical Inactivity and Obesity: You Cannot Outrun a Bad Diet," *British Journal of Sports Medicine* 49, no. 15 (2015): 967-968.

101. Lustig, *Fat Chance*, 192-194.

102. Pendergrast, *For God, Country*, 337.

103. Gail M. Hollander, *Raising Cane in the 'Glades: The Global Sugar Trade and the Transformation of Florida* (Chicago: University of Chicago Press, 2009), 164.

104. Perkins, "Sugar Production," 30-31.

105. Klaus Roth and Erich Lück, "Die Saccharin-Saga Ein Molekülschicksal," *Chemie in Unserer Zeit* 45, no. 6 (2011): 413-414.

106. *Britannica* s.v., "Monsanto," accessed April 17, 2022, https://www.britannica. com/topic/Monsanto-Company.

107. 다음을 보라. Carol Levine, "The First Ban: How Teddy Roosevelt Saved Saccharin," *Hastings Center Report* 7, no. 6 (1977): 6-7.

108. Marvin L. Hayenga, "Sweetener Competition and Sugar Policy," *Journal of Farm Economics* 49, no. 5 (1967): 1364.

109. Klaus Roth and Erich Lück, "Kalorienfreie Süße aus Labor und Natur: Süß, süßer, Süßstoff," *Chemie in unserer Zeit* 46 (2012): 172.

110. Roth and Lück, "Kalorienfreie Süße," 173.

111. Warner, *Sweet Stuff*, 194.

112. Andrew Cockburn, *Rumsfeld: His Rise, Fall, and Catastrophic Legacy* (New York: Scribner, 2007), 64.

113. Robbie Gennet, "Donald Rumsfeld and the Strange History of Aspartame," *Huffington Post* May 25, 2011, https://www.huffpost.com/entry/donald-rumsfeld-and-the-sb_805581.

114. Warner, *Sweet Stuff*, 211-212; Cockburn, *Rumsfeld*, 66-68.

115. "Findings on Risk from Aspartame Are Inconclusive, Says EFSA," CORDIS, May 8, 2006, https://cordis.europa.eu/article/id/25605-findings-on-risk-from-aspartame-are-inconclusive-says-efsa. New research by Morando Soffriti and

his team has not changed the position of EFSA. 다음도 참조하라. Morando Soffritti et al., "Aspartame Administered in Feed, Beginning Prenatally through Life Span, Induces Cancers of the Liver and Lung in Male Swiss Mice," *American Journal of Industrial Medicine* 53, no. 12 (2010): 1197–1206.

116. Warner, *Sweet Stuff*, 212, 214.

117. 다음을 보라. Bertram O. Fraser-Reid, *From Sugar to Splenda: A Personal and Scientific Journey of a Carbohydrate Chemist and Expert Witness* (Berlin: Springer, 2012).

118. 헨리 테이트도 어브램 라일도 노예 소유와는 직접적인 관련이 없다는 점을 강조해야 한다. 다음을 보라. "The Tate Galleries and Slavery," Tate, accessed January 13, 2022, https://www.tate.org.uk/about-us/history-tate/tate-galleries-and-slavery.

119. Linda Bonvie, Bill Bonvie, and Donna Gates, "Stevia: The Natural Sweetener That Frightens NutraSweet," *Earth Island Journal* 13, no. 1 (1997): 26–27.

120. Sybille de La Hamaide, "Miracle Sweetener Stevia May Have a Sour Note," *Reuters*, May 24, 2012, https://www.reuters.com/article/us-sugar-stevia/miracle-sweetener-stevia-may-have-a-sour-note-idUSBRE84M0Y120120523; "Commission Regulation (EU) No 1131/2011 of 11 November 2011 Amending Annex II to Regulation (EC) No 1333/2008 of the European Parliament and of the Council with regard to Steviol Glycosides," *Official Journal of the European Union*, November 12, 2011.

121. Thomas Le Masson, "Tate & Lyle vend 5 usines au sucrier français Tereos," *Les Echos*, May 10, 2007.

122. "Tate & Lyle Sells Molasses Unit," *Independent*, November 26, 2011, https://www.independent.co.uk/news/business/news/tate-amp-lyle-sells-molasses-unit-2143999.html.

123. Gandhi Sukhmani et al., "Natural Sweeteners: Health Benefits of Stevia," *Foods and Raw Materials* 6 (2018): 399.

124. International Diabetes Federation, *IDF Diabetes Atlas 9th Edition* (Brussels: International Diabetes Federation, 2019), 39–40, https://www.diabetesatlas.org/en/resources/.

맺음말

1. Sven Beckert, *Empire of Cotton: A Global History* (New York: Alfred A. Knopf, 2014), 440.

도판 출처

23쪽   KITLV 153524, Leiden University Libraries, Netherlands

35쪽   Institute of History and Philology, Academia Sinica, Taiwan 제공

51쪽   Marie-Louise von Wartburg 제공

63쪽   Cecilia Heisser/Nationalmuseum Sweden

78쪽   Henry Koster, *Travels in Brazil*, London, 1816, p. 336. Slavery Images

82쪽   Amsterdam City Archives, Netherlands

134쪽   W. A. V. Clark, "Ten Views in the Island of Antigua," plate III. (London: Thomas Clay, 1823)/British Library/Wikimedia Commons

181쪽   Bibliotheque nationale de France / CIRAD, France

198쪽   ⓒThe Trustees of the British Museum

200쪽   Adolphe Duperly, "Destruction of the Roehampton Estate January during Baptist War in Jamaica" (1833)/Wikimedia Commons

234쪽   Swire Archives 제공

251쪽   Metropolitan Museum of Art/Wikimedia Commons

259쪽   Nationaal Museum van Wereldculturen, Netherlands

278쪽   Library of Congress Prints and Photographs Division, LC-DIG-fsa-8a24782

289쪽   viajesviatamundo.com

297쪽   Khalid Mahmood/Wikimedia / CC BY-SA 3.0

307쪽   Library of Congress/Wikimedia Commons

337쪽   TrangHo KWS/Wikimedia Commons / CC BY-SA 3.0

364쪽   Nationaal Museum van Wereldculturen, Netherlands

367쪽   KITLV 10735, Leiden University Libraries, Netherlands

370쪽   Nakskov lokalhistoriske Arkiv, Denmark 제공

418쪽   Eric Koch for Anefo, National Archive, The Hague, Netherlands

459쪽   Data sources: Stephan Guyenet and Jeremy Landen, "Sugar Consumption in the US Diet between 1822 and 2005," Online Statistics Education: A Multimedia Course of Study, Rice University (https://onlinestatbook.com/2/casestudies/sugar.html); Julius Wolf, "Zuckersteuer und Zuckerindustrie in den europäischen Ländern und in der amerikanischen Union von 1882 bis 1885, mit besonderer Rücksichtnahme auf Deutschland und die Steuerreform daselbst," *FinanzArchiv* 3, no. 1 (1886): 71; James Russell, *Sugar Duties: Digest and Summary of Evidence Taken by the Select Committee Appointed to Inquire into the Operation of the Present Scale of Sugar Duties* (London:

Dawson, 1862), Appendix 1, 87; H. C. Prinsen Geerligs, *De ontwikkeling van het suikergebruik* (Utrecht: De anti-suikeraccijnsbond, 1916); *Cahiers de l'I.S.E.A., Economies et Societes* (Paris: Institut de science économique appliquée, 1971): 1398, Table 16; Hans-Jürgen Teuteberg, "Der Verzehr von Nahrungsmitteln in Deutschland pro Kopf und Jahr seit Beginn der Industrialisierung: Versuch einer quantitativen Langzeitanalyse," *Archiv fur Sozialgeschichte* 19 (1979): 348; FAO, *The World Sugar Economy in Figures 1880–1959* (Rome: FAO, 1961), table 14; FAOSTAT, "Food Balance Old," https://www.fao.org/faostat/en/#data/FBSH (with sugar*0.9 accounting for loss); FAOSTAT, "Food Balance 2010-," https://www.fao.org/faostat/en/#data/FBS

462쪽 Free Library of Philadelphia, Print and Picture Collection 제공

478쪽 USFDA

찾아보기

ㅇ

설탕

2500년 동안 설탕은 어떻게 우리의 정치, 건강, 환경을 변화시켰는가

1판 1쇄 2024년 1월 10일

지은이 | 윌버 보스마
옮긴이 | 조행복

펴낸이 | 류종필
편집 | 이정우, 권준, 이은진
경영지원 | 홍정민
표지 디자인 | 석운디자인
본문 디자인 | 이미연
교정교열 | 문해순

펴낸곳 | (주)도서출판 책과함께
　　　　주소 (04022) 서울시 마포구 동교로 70 소와소빌딩 2층
　　　　전화 (02) 335-1982
　　　　팩스 (02) 335-1316
　　　　전자우편 prpub@daum.net
　　　　블로그 blog.naver.com/prpub
　　　　등록 2003년 4월 3일 제2003-000392호

ISBN 979-11-92913-59-9 03900